場面と主体性・主観性

ひつじ研究叢書〈言語編〉

第 132 巻　日英語の文法化と構文化　　　　　秋元実治・青木博史・前田満　編

第 133 巻　発話行為から見た日本語授受表現の歴史的研究　　　　　森勇太　著

第 134 巻　法生活空間におけるスペイン語の用法研究　　　　　堀田英夫　編

第 135 巻　ソシュール言語学の意味論的再検討　　　　　松中完二　著

第 136 巻　インタラクションと学習　　　　　柳町智治・岡田みをを　編

第 137 巻　日韓対照研究によるハとガと無助詞　　　　　金智賢　著

第 138 巻　判断のモダリティに関する日中対照研究　　　　　王其莉　著

第 139 巻　語構成の文法的側面についての研究　　　　　斎藤倫明　著

第 140 巻　現代日本語の使役文　　　　　早津恵美子　著

第 141 巻　韓国語 cita と北海道方言ラサルと日本語ラレルの研究　　　　　円山拓子　著

第 142 巻　日本語史叙述の方法　　　　　大木一夫・多門靖容　編

第 143 巻　相互行為における指示表現　　　　　須賀あゆみ　著

第 144 巻　文論序説　　　　　大木一夫　著

第 145 巻　日本語歴史統語論序説　　　　　青木博史　著

第 146 巻　明治期における日本語文法研究史　　　　　服部隆　著

第 147 巻　所有表現と文法化　　　　　今村泰也　著

第 148 巻　場面と主体性・主観性　　　　　澤田治美・仁田義雄・山梨正明　編

第 149 巻　現代日本語の視点の研究　　　　　古賀悠太郎　著

第 150 巻　現代日本語と韓国語における条件表現の対照研究　　　　　金智賢　著

第 151 巻　多人数会話におけるジェスチャーの同期　　　　　城綾実　著

第 152 巻　日本語語彙的複合動詞の意味と体系　　　　　陳奕廷・松本曜　著

第 153 巻　現代日本語における分析的な構造をもつ派生動詞　　　　　迫田幸栄　著

第 154 巻　「主題 − 解説」構造から見た韓国語 -n kes-ita と日本語ノダ　　　　　李英蘭　著

第 155 巻　接続表現の多義性に関する日韓対照研究　　　　　池玟京　著

第 157 巻　日本語指示表現の文脈指示用法の研究　　　　　庵功雄　著

第 158 巻　広東語文末助詞の言語横断的研究　　　　　飯田真紀　著

ひつじ研究叢書
〈言語編〉
第148巻

場面と主体性・主観性

澤田治美・仁田義雄・
山梨正明 編

ひつじ書房

まえがき

　本書は、『場面と主体性・主観性』と題する論文集である。澤田治美さんと何らかのご縁のある 30 名以上の方々の論文を集めて成った一書である。文をはじめ様々な言語表現の形式・構造・意味内容のあり方に大きな影響を与える場面や言語主体等の問題に思いを巡らせながら言語現象を追った多様な論文を集めて成った一書である。取り扱われている言語も、英語・日本語・中国語・スペイン語・ドイツ語・スウェーデン語など多岐に及ぶ。本書は、また澤田治美さんの古稀をお祝いする書でもある。

　澤田治美さんは、英語を考察対象の中心とする言語学者であるが、日本語にも深い関心と豊かな研究実績を持っておられる研究者である。また、多くの研究者の協力を得ながら、『ひつじ意味論講座』全 7 巻を編者としてまとめ上げておられる。

　私と澤田治美さんとのご縁は、澤田さんの日本語への関心そしてそれへの深い造詣を通してのことである。その一例として、澤田さんは、時枝文法に深い関心を持っておられるし、その時枝にある意味において影響を受け、自らの構文論を構築された渡辺実さんにも興味を持っておられた。私も編者の一人として加わった渡辺実さんの古稀のお祝いをも兼ねた論文集『日本語文法―体系と方法―』にも寄稿しておられる。澤田治美さんは、日本語研究者にもよく知られた存在である。

　ここで、日本語研究の領域から言語研究に与える本書の意義についてごく簡単に触れておく。主に文という存在を取り上げ、本書の基本姿勢が掘り起こす問題提起を具体的に瞥見する。文は、叙述対象としての外界・内面の客体的世界を言語主体が自らの捉え方で描き取った言語活動の単位体的存在である。その意味で、文は、客体と主体がいろいろなあり方・程度性を有しながら一体となった統一

v

体的全体すなわち主客相即の存在である。文が描き取っている叙述内容に対する話し手の捉え方およびその叙述内容を聞き手に発話・伝達する話し手の述べ伝え方は、話し手がよりそのまま直接的に現れる主体的な部分・存在ではあるが、文の中に描き取られている対象世界であっても、既に言語主体の捉え方により描き出された存在であることからして、純客観的な存在ではない。主体化された客体的世界と言えよう。もっとも、日本語には「彼は直ぐに来る<u>だろう</u>。」や「あの家、大きい<u>ね</u>。」の「だろう」や「ね」のように、話し手の捉え方・述べ方しか表せない形式も存するが、事はさほど単純ではない。(a)「おそらく来る<u>かもしれない</u>人がまだ来ていないのだろう。」と (b)「おそらく彼は来ない<u>かもしれない</u>。」では、「かもしれない」の主体性・客体性が異なる。(a) は、「おそらく来る<u>可能性のある</u>人がまだ来ていないのだろう。」にでも概略言い換えができ、ここでの「おそらく」は、「かもしれない」ではなく、「だろう」と呼応しあっている。それに対して、(b) では、「かもしれない」は、[彼ガ来ナイ] という叙述内容に対する話し手の確からしさへの程度性を含んだ捉え方を表している。(b) の「おそらく」は「かもしれない」と呼応しあっている。(a) の「かもしれない」に比して、(b) の「かもしれない」の方が、より話し手の主体的な捉え方を表している。また、改めて言うまでもないことではあるが、「あの家、<u>大きい</u>ね。」の「大きい」は、「あの家」の大きさという属性を表すが、純客観的に属性を表しているわけではない。話し手の捉え方をも含んだ属性である。すなわち他の話し手であれば、同じ大きさの家が「あの家、手狭だね。」と表現されることもあろう。

このように、主体性・主観性を問うことは、また客体性・客観性をも問うことであり、文の意味や構造、使用される構造位置での形式の意味のあり方など言語現象全般を問うことにつながっていく。主体性・主観性と客体性・客観性とが複雑・多様に絡み合う言語現象に対して、本書の基本姿勢が切り拓いてくれる地平が実り豊かであることを期待している。

仁田義雄

目　次

まえがき　　　　　　　　　　　　　　　仁田義雄　　v

序論　　　　　　　　　　　　　　　　　澤田治美　　I

I　場面
Situation

限定を表すとりたて表現が使われる場面と主体性・主観性
　　　日本語とスペイン語の対照研究　　　　野田尚史　　17

発話場面を切り取る文法的手段の類型
　　　「現実嵌入」の観点より　　　　　　　堀江薫　　39

日本語「〜てある」構文の話し手（観察者）と行為者
　　　話し手・発話場面の重要性　　　　　　高見健一　　63

場面と意味概念化における文脈化・その複層性
　　　引用構文の分析を通して　　　　　　藤井聖子　　89

親族名称の子供中心的用法の類型と場面、視点
　　　対照語用論的アプローチ　　　　　　　澤田淳　　107

英語における場所の前置詞
　　　認知言語学と位相空間論の接点を求めて　今仁生美　　161

II　主体性・主観性
Subjectivity

発話の主観性と構文のメカニズム
　　　語用論的構文論に向けて　　　　　　　山梨正明　　187

認知語用論と主体性　ポライトネスを中心に　林宅男　　221

ムーアのパラドックス、思考動詞、主観性　飯田隆　　251

矛盾文と「望ましさ」主観性について 阿部宏 271

日本語形容詞文と主観分化 加藤重広 295

係助詞の主観性 半藤英明 317

主観性から見た日本語受動文の特質 益岡隆志 339

III モダリティと証拠性
Modality and Evidentiality

モダリティと命題内容との相互連関 仁田義雄 361

What is happening to *must* in Present-day English?
A contrastive perspective on a declining modal auxiliary Karin Aijmer 387

Modal concord in Swedish and Japanese Lars Larm 403

日本語の証拠性と言語類型論 宮下博幸 425

モダリティーの主観化について
〈必要〉を表す文の場合 宮崎和人 449

英語法副詞と英語法助動詞の共起と話し手の心的態度について
岡本芳和 465

束縛的モダリティを表す need to と have to をめぐって
動機づけとメンタル・スペースの観点から 長友俊一郎 485

IV 命題・文に対する態度
Propositional and Sentential Attitudes

Logic and lexical semantics of propositional attitudes
Daniel Vanderveken 517

累加の接続詞とその論理 森山卓郎 547

「気持ちの言語化」の日中対照 井上優 569

The discourse-pragmatic properties of the Japanese negative
intensifier *totemo* Osamu Sawada（澤田治） 593

日本語の自動詞・他動詞・受身の選択

　　日韓中母語話者の比較　　　　　　　　　　　杉村泰　615

中古語の実在型疑問文をめぐって

　　『枕草子』を資料として　　　　　　　　　　高山善行　639

「語り」におけるスペイン語直説法過去完了の機能　和佐敦子　657

V　言語行為と談話
Speech Acts and Discourse

モダリティの透明化をめぐって

　　疑似法助動詞 have to を中心として　　　　　澤田治美　677

アイデンティティと同定

　　言語行為論における一つの説明　　　　　　　久保進　701

Meaning in the use of natural language　　Candida de Sousa Melo　723

ドイツ語の談話標識 Weißt du was?［英 You know what?］の通時的発達

　　説教集、戯曲、小説、映画における言語使用から見る変化の経路　佐藤恵　743

あとがき　　　　　　　　　　　　　　　　　　山梨正明　773

執筆者一覧　　　　　　　　　　　　　　　　　　　　　775

序論

澤田治美

1. 本論集の精神

　Benveniste（1966）や Lyons（1982）の先駆的な研究以来、語
用論や認知言語学の発展とあいまって、ここ40年の間、言語研究
において、場面と主体性・主観性（subjectivity）という、言語の
外にあって、それでいて、言語について考える際に不可欠の要素が
ますます重要視されるようになってきた。言語の背後に存在するも
のが、表現の支え（もしくは、下地）を成し、水面下の意味（言外
の意味）を作り上げている。古典的名著『國語學言論』（1941、岩
波書店）の中で、時枝誠記は、言語の外的な存在条件として、「主
体」、「場面」、「素材」を挙げた（以下、この書に言及する際には、
便宜上、『国語学言論』（2007、岩波文庫）によることにする）。

　現代言語学の歴史において、言語を研究する際に言語外の条
件（もしくは要因）を研究することが不可欠であるという立場
は、1960年代から1970年代のはじめにかけて隆盛を極めた生
成意味論（generative semantics）のそれでもあった。J. R. Ross、
R. Lakoff、G. Lakoff、J. D. McCawley、P. Postal、C. Fillmore な
どをはじめとするすぐれた言語学者による斬新な論文が数多く出版
された。生成意味論は、コンテクストを捨象して言語の形式的特
性を重視し、統語論の自律性を遵守するチョムスキー流の研究パ
ラダイムに対する「反旗」でもあった。生成意味論の精神によれ
ば、言語形式は、前提、言語行為、（発話および社会状況を含む）
場面（＝コンテクスト）、主体性、主観性、さらには、会話の目的、
話題、ポライトネスなどを直接に反映したものである（Huck and
Goldsmith（1995）参照）。*1

　生成意味論を唱えた言語学者の一人、R. Lakoff は、女性語研

究のパイオニアとされる『言語と女性の地位』(*Language and Woman's Place*)の論評付き拡大版(2004)(初版は 1975 年に出版)の中で、自分がかって書いたこの本に、出版から約 30 年たった 2004 年の時点で、次のような「注釈」を付け加えている。すなわち、「言語形式の選択の仕方は、話し手自身とは誰か(何者か)、聞き手は誰か、話し手・聞き手はどこにいるのか、話し手・聞き手は何を達成したいのか、話し手・聞き手は何について話しているのか、といったことに基づいている」という。そして、この考えは、生成意味論の暗黙の想定であるとしている(R. Lakoff (2004:104))*2。筆者には、すべての生き物が環境を抜きにしては生きられないように、言語もコンテクストを抜きにしては成立し得ないと思われる。生成意味論の想定は極めてまっとうな精神を表していると言えよう。

言語形式には、事象(=出来事)、話題、視点、モダリティ、聞き手に対する態度などを忠実に反映している面があると考えられる。例えば、誰かが、2018 年 9 月 8 日の新聞を見て、下のように発話したとしよう。

(1) [[[[[錦織はまたもやジョコビッチに負け] てしまったん] です] って] ね]。

第一に、この文の「錦織はまたもやジョコビッチに負け」という成分は、一流のテニス選手である錦織がまたもやジョコビッチに負けたという外界の出来事(=素材)について述べている。この場合、主語の「錦織」は、話題化され、文頭に置かれている。ただし、この成分は、外界の出来事をそのまま客観的に(すなわち、ビデオカメラで写したように)映し出したものではない。なぜなら、立場を変えれば、「ジョコビッチはまたもや錦織に勝っ」のようにも表現され得るからである。(1) では、この外的な出来事は、錦織の立場に立って描写されているのである。

第二に、2018 年 9 月 8 日の新聞であるからには、おのずと、その試合は全米オープンであり、しかも、1 回戦とか 2 回戦ではないことがわかる(強い選手同士はシードされているために、早い回では当たらない)。こうした知識は、テニスに関する「世界知識」に

属する。

第三に、「またもや」とあるので、これまで錦織はジョコビッチに負けたことがあることがわかる。この知識は、前提的知識である。

第四に、「てしまった（ん）」という成分は、その事象が起こったことに対する話し手の心的態度（＝残念な気持ち）を表している。

第五に、丁寧語「です」という成分は、聞き手（場面の要素）に対する敬意（もしくは、ポライトネス）を表している（すなわち、聞き手の身分は、話し手と同等か目上である）。

第六に、「って」という成分は、その情報が（新聞に基づく）「伝聞」であることを表している。

第七に、「ね」という成分は、聞き手（場面の要素）に対する「確認」という言語行為を表している。

（1）の各括弧に表示されているように、これら5つの成分がこの順序で連結している（そして、それ以外の順序は許されない）ということは、言語形式が、言語外の要素である、外界の事象（＝素材）、話し手（主体）の心的態度、聞き手（場面）に対する志向性（敬意、確認）を階層的に反映したものであることを示唆しているように思われる。

注目すべきは、今や、形式意味論や論理学の分野においても、主観性や視点が重要視されつつあるということである。Lasersohn（2017: 6–7）が論じているように、例えば、ジョンとメアリーがジェットコースターに乗って、次のような会話を交わしたとしよう。

（2）Mary: This is fun!
　　　（この乗り物は面白いわ！）
　　　John: No, it isn't!
　　　（いや、とんでもない！）

ジェットコースターに関して、メアリーの方は「面白い」と言い、ジョンの方は「面白くない」と言う。かと言って、どちらかが偽りを述べているわけではない。この理由は、fun（＝面白い）という形容詞が個人の主観的判断を表すからである。このような「相対的な真理」が、主観性や視点を導入することによってどのように論理的に分析されるかは、極めて興味深いテーマと言えよう。

序論　　3

2. 主体、場面、素材

　上述したように、時枝は、言語成立の外部的な成立条件として、次の3つを挙げた（時枝（1973[18]: 166, 2007: 57））。

1. 言語主体（＝話し手）
2. 場面（聞き手、およびその他）
3. 素材

　まず、「言語主体」とは、表現行為あるいは理解行為の主体であり、これがなければ言語行為は成立し得ない。すなわち、言語主体は「言語成立の一切の根源であつて、言語は、主体によって性格づけられる」（時枝（1973[18]: 163））とされる。

　次に、「場面」について、時枝は、以下のように述べている。

　　… 場面は、話手に対立して、表現が向けられる当の相手を焦点として、その周囲に拡げられた情景、環境であつて、それは、話手と、ある志向関係において結ばれてゐる。言語表現は、常に何等かの場面において成立するものであり、場面は表現の下地であるといつてよい。表現と場面との間には、機能的関係が存在する。即ち、言語表現は、場面に制約されると同時に、また場面をも制約し、これを変化させる。場面を変化させるといふことは、主体と聞手との関係を変化させることである。

　　　　　　　　　　　　　　　　　（時枝（1973[18]: 163–164））

　時枝の言う「場面」は、「只単に聴手にのみその内容が限定せられるべきものではなくして、聴手をも含めて、その周囲の一切の主体の志向的対象となるものを含むものである」（時枝（2007: 61））とされる。言い換えれば、「場面」は、物理的かつ心理的な「場」である。すると、主体の志向作用には、主体の心的態度以外にも、視点、立場、モダリティ、ダイクシス、前提、推意（もしくは、含み）、言語行為（もしくは、発話行為）、ポライトネスなども関係し得る。さらに、志向対象には、発話場面以外にも、談話、社会、文化、歴史、教育、ビジネス、家庭などの、より広いコンテクスト（もしくは、「場」）も含まれ得るのではなかろうか。このような要因が言語表現の成立にとって重要な位置を占めていることは、疑い

ようのない事実である（より詳しくは、『ひつじ意味論講座　第1〜7巻』(2010〜2015)「序論」参照）。

例えば、「ただいま！」という単純な帰宅の挨拶でも、その物理的場面及び心的態度は千差万別である。子供がランドセルを背負って学校から帰った時の元気のよい掛け声の場合もあれば、主婦が買い物から帰った際の独り言の場合もある。前者の場合には、通常、「お帰り！」の応答を期待して発話されているが、後者の場合にはそうではない。両者は、発話の調子を異にしている。さらには、海外の戦地から何年かぶりに故郷の我が家に無事に帰宅した兵士の発話の場合もあり得よう。

最後に、「素材」とは、「主体によって語られる一切の事物事柄である」（時枝（1973[18]: 165））。

上で挙げた、言語行為の外部的な存在条件としての、「主体」、「場面」、「素材」は、以下のような三角形によって示されている。

図1　主体、場面、素材の三角形

言語行為は、このような三角形によって支えられ、成立するものとされる。時枝によれば、言語は、

　　誰（主体）かが、誰（場面）かに、何（素材）かを語る（表現する）ところに成立する（時枝（1973[18]: 166））。

時枝は、主体、場面、素材の関係について、有名な次の図を提示している（図2）。

CDは「事物情景」であり、客体的世界に属している。Bは、この客体的世界CDに対する主体Aの志向作用を表している。上述したように、場面の最も具体的なものは聞き手であるとされるが、主体Aにとっての場面は、BとCDとが融合したものである。それゆえ、時枝によれば、場面は、純客体的世界でもなく、また、純主体

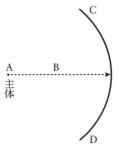

図2　場面に対する主体の志向性

的な志向作用でもなく、主客の融合した世界である。時枝（2007: 61）は、「かくして我々は、常に何等かの場面に於いて生きているということが出来るのである。例えば、車馬の往来の劇(はげ)しい道路を歩いている時は、我々はこれらの客観的世界と、それに対する或る緊張と興奮との融合した世界即ちこの様な場面の中に我々は歩行して居るのである。従って、我々の言語的表現行為は、常に何等かの場面に於いて行為されるものと考えなくてはならない」と述べている。

3. 主体性と主観性

3.1　はじめに

本論集のタイトルで用いられている「主体性・主観性」は、英語の"subjectivity"に対応する用語である（詳しくは、『ひつじ意味論講座　第5巻　主観性と主体性』参照）。

今日、"subjectivity"を重視する代表的な言語学者として、TraugottとLangackerを挙げることに異論はないであろう。しかし、二人の提唱する"subjectivity"の概念は、「話し手の関与」（speaker's involvement）という点で共通してはいるが、周知の通り、大きな隔たりがある。

欧米の言語学においては、"subjectivity"を重視した初期の学者として、Benveniste（1966）やLyons（1977, 1982）などが挙げられる。1980年代の終わりから90年代になって、Traugott（1989）とLangacker（1990）の記念的な論文が出版された。しかし、注

目すべきは、日本語学においては、Benveniste や Lyons よりもはるかに早い時代（1950 年代初頭）に、しかも高いレベルで、時枝誠記、金田一春彦、渡辺実、芳賀綏などの研究があったことを見逃すべきではない。以下、"subjectivity" という用語に対して、Traugott の場合には「主観性」を、Langacker の場合には「主体性」を当てることにする。

3.2　Traugott

　Traugott (2010: 33) は、主観性に関して、自らの立場の出発点にあるのは、Lyons (1982: 102) による「主観性」であると述べている。Lyons (1982: 102) の言う「主観性」とは、「自然言語が、その構造と通常の働き方の中に言語行為者による自己ならびに自らの態度・信念の表出に備えているさま」である。

　さらに、Traugott の言う「相互主観性」（もしくは、間主観性、共同主観性）（intersubjectivity）とは、「自然言語が、その構造と通常の働き方の中に、言語行為者による、聞き手の態度・信念、とりわけ、聞き手の「フェース」(face) もしくは「自己像」(self-image) の表出に備えているさま」である (Traugott (2010: 33))。要するに、主観的表現、相互主観的表現とは、それぞれ、話し手の態度や視点を表す表現（「主観的」）、聞き手に対する話し手の言語行為を表す表現（「相互主観的」）である。Traugott (2010: 34) によれば、表現は次のような（間）主観性の漸次的推移性（cline）に沿って捉えることができるという。

（3）非主観的　―　主観的　―　相互主観的

　Traugott (1995: 31, 2010: 35) の見解では、主観化（subjectification）、相互主観化（intersubjectification）とは、以下のようなメカニズムである。

　　意味がしだいに命題（発話の内容）に対する話し手の主観的な信念状態・態度を表出するようになっていく（主観化）。いったん主観化されると、聞き手中心の意味を符号化するようになっていく（相互主観化）。

これは、次のように体系化されている（Traugott and Dasher（2002: 225））。

(4) 非主観的 ＞ 主観的 ＞ 相互主観的

3.3. Langacker

Langacker の認知文法 では、意味とは「概念化」に他ならない（この場合の「概念化」には、概念（concept）だけでなく、感覚的（sensory）・情緒的（emotive）経験、あるいは直近の（社会的、物理的、言語的）コンテクストの認識なども含まれている（Langacker（1991: 4ff.））*3。それゆえ、意味とは、話し手が状況を、どの視点（vantage point）から対象を認知するかということと深くかかわっており、客観的にはまったく同じ状況でも、視点が違えば表現の仕方も違ってくる。認知言語学では、あらゆる表現は話し手による捉え方（もしくは、把握）（construal）の所産であるとされる。

"subjectivity" に関して、Langacker は下のように述べている。以下、Traugott の言う意味での "subjective" は「主観的」と、Langacker の言う意味での "subjective" は「主体的」と表現することにする（太字は原文の太字を踏襲）。

> Traugott の場合、subjectivity（主観性）と subjectification（主観化）の定義は、ある状況が存在する**領域（domain）**に関係している（**概念内容**（conceptual **content**）の問題）。それゆえ、ある表現がしだいに subjective（主観的）になっていくという言い方をすることには意味がある。しかしながら、私の場合には、subjectivity（主体性）と subjectification（主体化）という用語は、**視点（vantage point）**と関係している（**捉え方（construal）**の問題）。私の定義では、ある表現ないしはその意味がどの程度 subjective（主観的）であるかということは意味を持たない。すなわち、ある特定の要素がその場面全体の内部でどう捉えられているのかについて云々することしかできないのである。　　　　　　（Langacker（2006: 17–18））

Langacker の言う「主体的」（subjective）、「客体的」（objective）とは、ある実体の捉え方に関係している。Langacker は、以下のよ

8　　澤田治美

うに述べている（太字は原文の太字を踏襲）。

　　私の言う「主体的」、「客体的」は、それぞれ、概念の**主体**（subject）と**客体**（object）に関係している。ある実体（entity）が**客体的に捉えられている**（objectively construed）とは、それが、概念の明示的・焦点的な客体として「舞台上」（"on stage"）に置かれている場合である。他方、ある実体が**主体的に捉えられている**（subjectively construed）とは、それが、概念の非明示的かつ無意識の主体として、「舞台外」（"offstage"）に置かれている場合である。ここで、問題となるのは、概念化**する者**（the conceptualiz**er**）と概念化**される事物・事柄**（what is conceptualiz**ed**）との、換言すれば、概念化の暗黙の主体と概念化の（明示的な）客体との、本来的な非対称性である。

　「客体的な捉え方」とは、その実体や状況が、それを捉える主体と対立し、対象化されている場合のことである。Langacker（2002a: 316）はメガネの例を挙げている。例えば、メガネをはずしてそれを眺め、「このメガネはいつ買ったのかな」とつぶやくとき、メガネという実体は、知覚・概念化の客体である。一方、メガネをかけて物を見ているとき、メガネは知覚・概念化する側にまわっている。すなわち、メガネは概念化の主体と化している＊4。

4.　本論集の内容

　本書は、総数31本の論文から成る一大論文集である。本書の特徴は、以下の点にあると言えよう。第一に、収録された論文数が豊富なことである。「場面」、「主体性」、「主観性」に関してこれだけの数の論文が収録された論文集は（国際的に見ても）稀有である。第二に、海外からの寄稿があること、また、英語による論文も含まれていることである。「場面」、「主体性」、「主観性」といった概念が英語で論じられることは、英語の国際的な発信力から言っておおいに意義のあることである。第三に、現代日本語だけでなく、古典日本語、英語、スペイン語、ドイツ語、スウェーデン語、中国語、

序論　9

フランス語なども研究対象となっており、分析の広がりが存在することである。言語類型論、比較・対照言語学も展開されている。第四に、分析視点の多様性が挙げられる。すなわち、各論文は、日本語学、英語学、スペイン語学、ドイツ語学、スウェーデン語学、中国語学、フランス語学などの個別言語学の枠組みに加えて、認知言語学、論理学、形式意味論、言語行為論、意味論、語用論、認知語用論、言語類型論、構文論など、多彩な視点や枠組みに基づいて各自のテーマにアプローチしている。

　各論文の内容をテーマ別に見るならば、「主体性と主観性」に関するもの、「場面」に関するもの、「モダリティとエビデンシャリティ（証拠性）」に関するもの、「言語行為、談話」に関するもの、「命題・文に対する態度」に関するもの、などがある。とはいえ、各論文の多くは、複数のテーマに関係する分析の深さ、視野の広さを有している。

　末筆ながら、本書のためにすぐれた論考をお寄せいただいた執筆者各位、さらに、出版不況が叫ばれる中、本書の価値と出版の意義を認め、本書の出版に尽力していただいたひつじ書房の松本功社長、31本もの論文すべてに丹念に目を通して、表記法・参考文献その他をすべてチェックし、懇切丁寧にサポートしていただいた編集部の海老澤絵莉氏に心から感謝するものである。

---

*1　1970年代の後半になって生成意味論は明らかに「下火」になった。しかし、だからといって、生成意味論が「間違っており、解釈意味論が正しかった」とみなすことはできないであろう。生成意味論は、統語論的な現象を説明するに際してコンテクスト的な要素を取り入れようとしたがために説明が解釈意味論に比べて格段に複雑になったといった方が適切であろう。現代の言語理論においては、言語現象は、コンテクスト、すなわち、言語外の要因を抜きにしてはその本質と豊かさを解明できないことは、語用論、社会言語学、談話分析、認知言語学などの研究成果からも明らかである。Huck and Goldsmith（1995）には、付録として、解釈意味論者であった Ray Jackendoff, さらには、生成意味論者であった George Lakoff, John Robert Ross, Paul M. Postal と編者たちとの対話が収められていて、極めて有益であり興味深い。George Lakoff によれば、生成意味論は、

Relational Grammar, Squishes, Cognitive Semantics, Construction Grammar, Cognitive Grammar, Mental Spaces, Frame Semantics, Discourse Pragmatics, Autolexical Grammar などへと進化したという（Huck and Goldsmith（1995: 118–119））。

*2 この書は、ジェンダーと言語の研究のパイオニアとなった古典的な書である。この中で、著者の R. Lakoff が論じていることは、女性が使うことば、および、女性に関することばは女性の無力さ（powerlessness）を表していると主張したが、このこの名著は、大きな反響を巻き起こし、2004年に、メアリー・ブチョルツ（Mary Bucholtz）編集の下に、論評付き拡大版が出版された。

*3 このように考えるならば、Langacker の「概念化」は、時枝の「場面」の要素を含んだ概念であると考えられる。

*4 時枝文法においては、「詞」は、概念過程を経て成立したものであり、主体に対立する客体界を表現したものである。一方、「辞」は、主体的なもの（判断、情緒、欲求など）の直接的表現である。「辞」は「詞」を包み込む関係にあるとされる。両者は「秩序を異にし、次元を異にしている」（時枝（2007: 267）のである。主体と客体の区別に関して、時枝は、「宛も物を包む風呂敷は、観察的立場においてはそれ自身一の物としての存在であるが、主体的立場に於いては、物を包むことに本質があると考えられる様なものである。望遠鏡は、それ自体一個の物であるが、これを使用する立場に於いては、それは視る機能として考えられるのに等しい」と述べている。Langacker のメガネのたとえと時枝の望遠鏡のたとえは平行している。

参考文献

Athanasiadou, Angeliki, Costas Canakis, and Bert Cornillie. (eds.) (2006) *Subjectification: Various Paths to Subjectivity*. Berlin: Mouton de Gruyter.

Benveniste, Émile. (1966) *Problèmes de linguistique Générale*. Paris: Gallimard.

Brisard, Frank. (2002) (ed.) *Grounding: The Epistemic Footing of Deixis and Reference*. Berlin: Mouton de Gruyter.

Davidse, Kristin, Lieven Vandelanotte, and Hubert Cuyckens. (eds.) (2010)*Subjectification, Inersubjectification and Grammaticalization*. Berlin: De Gruyter Mouton.

芳賀綏（1954）「"陳述"とは何もの？」『国語国文』23(4), pp.47–61.

Huck, Geoffrey J. and John A. Goldsmith (1995) *Ideology and Linguistic Theory: Noam Chomsky and the Deep Structure Debates*. London: Routledge.

金田一春彦（1953a）「不変化助動詞の本質―主観的表現と客観的表現の別について―」(上／下)『国語国文』22 (2–3)：pp.1–18, 15–35. 京都大学国文学会.

金田一春彦（1953b）「不変化助動詞の本質、再論―時枝博士・水谷氏・両家に答えて―」『国語国文』22 (9)：pp.49–56. 京都大学国文学会.

Lakoff, Robin. (2004) *Language and Women's Place: Text and Commentaries (Revised and Expanded Edition)*. Oxford: Oxford University Press.

Langacker, Ronald W. (1990) Subjectification. *Cognitive Linguistics* 1: pp.5–38.

Langacker, Ronald W. (1991) *Foundations of Cognitive Grammar*. Vol. II. *Descriptive Application*. Stanford, Cal.: Stanford University Press.

Langacker, Ronald W. (2002a) *Concept, Image, and Symbol: The Cognitive Basis of Grammar*. Berlin: Mouton de Gruyter.

Langacker, Ronald W. (2002b) Deixis and Subjectivity. In Brisard (ed.) (2002), pp.1–28.

Langacker, Ronald W. (2002c) Remarks on the English Grounding Systems. In Brisard (ed.) (2002), pp.29–38.

Langacker, Ronald W. (2006) Subjectification, Grammaticalization, and Conceptual Archetypes. In Angeliki Athanasiadou, Costas Canakis, and Bert Cornillie (eds.), pp.17–40.

Lasersohn, Peter. (2017) *Subjectivity and Perspective in Truth-Theoretic Semantics*. Oxford: Oxford University Press.

Lyons, John. (1977) *Semantics II*. Cambridge: Cambridge University Press.

Lyons, John. (1982) Deixis and subjectivity: *Loquor, ergo sum?* In Robert J. Jarvella and Wolgang Klein (eds.) *Speech, Place, and Action: Studies in Deixis and Related Topics*. pp.101–124. New York: Wiley.

仁田義雄（1980）『語彙論的統語論』明治書院.

仁田義雄（1991）『日本語のモダリティと人称』ひつじ書房.

仁田義雄（2010）『日本語文法の記述的研究を求めて』（仁田義雄日本語文法著作選　第4巻）ひつじ書房.

仁田義雄（2016）『文と事態類型を中心に』くろしお出版.

澤田治美（1993）『視点と主観性』ひつじ書房.

澤田治美（2006）『モダリティ』開拓社.

澤田治美（編）（2010–2015）『ひつじ意味論講座　第1〜7巻』ひつじ書房.

澤田治美（編）（2011）『ひつじ意味論講座　第5巻　主観性と主体性』ひつじ書房.

Searle, John R. (1983) *Intentionality: An Essay in the Philosophy of Mind*. Cambridge: Cambridge University Press.（坂本百大（監訳）（2006）『志向性―心の哲学』誠信書房）.

Stein, Dieter and Suzan Wright. (eds.) (1995) *Subjectivity and Subjectivization: Linguistic Perspectives*. Cambridge: Cambridge University Press.

時枝誠記（1941）『國語学原論』岩波書店.

時枝誠記（1950）『日本文法　口語篇』岩波書店.

時枝誠記（1953）「金田一春彦氏の『不変化助動詞の本質』を読んで」『国語国文』22（5）：pp.55–58. 京都大学国文学会.

時枝誠記（1973[18]）『現代の国語学』有精堂.

時枝誠記（2007）『国語学原論』（上下）岩波書店.

Traugott, Elizabeth Closs. (1989) On the Rise of Epistemic Meanings in English: An Example of Subjectification in Semantic Change. *Language* 65, pp.31–55.

Traugott, Elizabeth Closs. (1995) "Subjectification in grammaticalization". In Dieter Stein and Suzan Wright (eds.) *Subjectivity and Subjectivization: Linguistic Perspectives*, pp.31–54. Cambridge: Cambridge University Press.

Traugott, Elizabeth Closs and Richard B. Dasher. (2002) *Regularity in Semantic Change*. Cambridge: Cambridge University Press.

Traugott, Elizabeth Closs. (2010) (Inter)subjectivity and (inter)subjectification: A reassessment. In Kristin Davidse, Lieven Vandelanotte, and Hubert Cuyckens (eds.), pp.29–71.

渡辺実（1954）「叙述と陳述—述語文節の構造—」『国語学』13/14, pp.20–34. 国語学会.

渡辺実（1971）『国語構文論』塙書房.

山梨正明（1995）『認知文法論』ひつじ書房.

山梨正明（2000）『認知言語学原理』くろしお出版.

山梨正明（2009）『認知構文論—文法のゲシュタルト性』大修館書店.

山梨正明（2017）『自然論理と日常言語—ことばと論理の統合的研究』ひつじ書房.

I

場面

Situation

限定を表すとりたて表現が使われる場面と
主体性・主観性
日本語とスペイン語の対照研究

野田尚史

要旨

　日本語とスペイン語の限定を表すとりたて表現の対照研究を行った。「だけ」「しか」などと「sólo」（だけ）などの対応関係を調査したところ、(i) と (ii) のような違いが明らかになった。

(i)　日本語では、「他は該当しない」という意味を、限定を表すとりたて表現で表すことが多い。スペイン語では、それをとりたて表現を使わずに、聞き手に推論させたり、他の構文を使って表したりすることが多い。

(ii) 限定を表すとりたて表現は、日本語では集合の中の個体をとりたてるために使われる。スペイン語ではそれだけでなく、性質や程度をとりたてるためにも使われる。

キーワード

　日本語、スペイン語、対照研究、とりたて、限定、推論、個体、性質、程度、日本語学習者

1.　とりたて表現が使われる場面と主体性・主観性

　とりたて表現とは、日本語の場合は主に「も」「だけ」「さえ」のようなとりたて助詞によって、限定や極端、類似などの意味を表すものである。

　とりたて表現は、客体的、客観的に、ある事態を表すものではない。話し手が主体的、主観的に、他の事態との関係を考えて、ある

事態を表すものである。

　たとえば、次の（1）では、とりたて表現「だけ」によって「朝、食べた」のが「リンゴ」に限られることが表されている。とりたて表現「だけ」がない（2）は、リンゴを食べたことが述べられているだけで、他のことは述べられていない。実際にはリンゴ以外のものも食べた可能性があるが、リンゴ以外のものも食べたかどうかは述べられていない。「だけ」がある（1）では、リンゴ以外のものを食べなかったことが積極的に表されている。

　（1）　朝、リンゴだけ食べた。

　（2）　朝、リンゴを食べた。

　とりたて表現は主体的、主観的に使われるものである。そのため、客観的には同じだと考えられる事態について述べる場合でも、話し手が事態をどうとらえているかによって、とりたて表現の使い方が変わることがある。

　野田尚史（2012）でも指摘されているように、たとえば、同じ事態を表していても、次の（3）のように対比を表すとりたて表現「は」が使われる場合もあれば、その次の（4）のように類似を表すとりたて表現「も」が使われる場合もある。

　（3）　兄は寿司職人です。弟はエスニックレストランのオーナーです。

　（4）　兄は寿司職人です。弟もエスニックレストランのオーナーです。

　（3）は次の（5）のような場面で使われる。話し手が「兄が寿司職人であること」と「弟がエスニックレストランのオーナーであること」を対比的に表したい場面である。

　（5）　兄は寿司職人です。弟はエスニックレストランのオーナーです。私は辛い料理が苦手なので、兄の店にはよく行きますが、弟の店にはほとんど行きません。

　一方、（4）は次の（6）のような場面で使われる。話し手が「兄が寿司職人であること」と「弟がエスニックレストランのオーナーであること」を類似のものとして表したい場面である。

　（6）　兄は寿司職人です。弟もエスニックレストランのオーナー

です。だから、外食はいつもどちらかの店で、他の店に行くことはあまりありません。

このように、とりたて表現について考察するときには、とりたて表現が使われる場面と、話し手が事態をどうとらえているかという話し手の主体性・主観性を十分に考える必要がある。

2. とりたて表現の対照研究の必要性

日本語のとりたて表現の研究は、沼田善子（1986）以降、寺村秀夫（1991）、益岡隆志・野田尚史・沼田善子（編）（1995）、沼田善子（2000、2009）、沼田善子・野田尚史（編）（2003）、澤田美恵子（2007）、日本語記述文法研究会（編）（2009）、中西久実子（2012）などが出版され、近年、特に盛んになってきている。

しかし、日本語と他の言語との対照研究はまだ低調である。それは、日本語以外の多くの言語で、「とりたて表現」に当たるものの研究があまり行われていないからでもある。

とりたて表現のような主体的、主観的な表現は、客体的、客観的な表現より、言語によって使い方が違うことが多いと考えられる。同じ場面でも、ある言語ではとりたて表現が使われ、他の言語ではとりたて表現が使われないといったことが起きやすい。

野田尚史（2015）では、反限定（例示、ぼかし）を表すとりたて表現は日本語では使われるが、スペイン語ではあまり使われないことが指摘されている。

これは、たとえば次のようなことである。次の（7）では「お茶」に反限定を表すとりたて表現「でも」が使われているが、そのスペイン語訳である（8）ではそのようなとりたて表現が使われず、「お茶を飲もうよ」という表現になっている。

(7) でもそう言えず「いいからお茶でも飲もうよ。私いれるから。」と言って話をそらした。

（吉本ばなな『デッドエンドの思い出』p.208）

(8) Sin embargo, me guardé esas palabras y cambié de tema:

-Ya ha pasado, no te preocupes. Vamos a tomar un té. Yo lo

preparo. 　（Yoshimoto. *Recuerdos de un callejón sin salida.* p.191)

　日本語の（7）では、反限定を表すとりたて表現「でも」によって、「飲む」のは「お茶」に限らず、それと似たもの、たとえば「コーヒー」や「紅茶」でも構わないことを表している。一方、スペイン語の（8）では、同じことを表すのに反限定を表すとりたて表現が使われていない。必ずしも「お茶」に限られないことを、とりたて表現を使わずに、語用論的に聞き手に推測させているのだと考えられる。

　このように、とりたて表現の使い方は言語によって違うことが多い。とりたて表現が使われる場面と主体性・主観性をより詳しく考察するためには、対照研究によって言語による違いも分析したほうがよいだろう。そこで、この論文では日本語とスペイン語のとりたて表現を対照する。

3．日本語とスペイン語のとりたて表現

　「とりたて」は、日本語では主に「だけ」のようなとりたて助詞で表される。「ただ」のようなとりたて副詞が使われることもある。一方、スペイン語では、主に「sólo」（だけ）のような副詞で表される。

　野田尚史（2015）では、日本語とスペイン語のとりたて表現の意味は次の表1のように6種に分類されている。「限定－反限定」「極端－反極端」「類似－反類似」という3系列に分けられ、それぞれの3系列は「限定」と「反限定」のように互いに反対の意味を表す2項対立になっている。

　野田尚史（2015）では、次の（9）と（10）が主張されている。

（9）　表1の3系列のそれぞれ左側のもの（限定・極端・類似）は、日本語でもスペイン語でも同じように使われることが多い。

（10）表1の3系列のそれぞれ右側のもの（反限定・反極端・反類似）は、日本語では使われるが、スペイン語ではあまり使われない。

　この論文で取り上げるのは、このうち限定を表すとりたて表現で

表1　とりたて表現の意味体系

	日本語	スペイン語		日本語	スペイン語
限定	だけ ばかり しか こそ（特立）	sólo（だけ） exclusivamente （だけ） precisamente （まさに）	反限定	でも（例示） も（柔らげ） なんか（例示）	o algo así （か何か）
極端	まで（意外） さえ（意外） も（意外） でも（意外）	incluso（まで） hasta（まで） ni（さえ） ni siquiera （さえ） aun（でも）	反極端	なんて （低評価） ぐらい （最低限） こそ（譲歩）	al menos （少なくとも）
類似	も（類似）	también（も） tampoco（も）	反類似	は（対比）	［音調や語順 で表す］

ある。限定を表すとりたて表現は、日本語でもスペイン語でも同じように使われることが多い。

　といっても、それは、反限定や反極端、反類似を表すとりたて表現に比べれば、日本語とスペイン語でそれほど大きな違いはないというだけである。日本語とスペイン語の限定を表すとりたて表現の対応関係を調査すると、対応しないタイプもかなりあることがわかる。

　この論文では、限定を表すとりたて表現について、日本語とスペイン語で対応しないタイプについて詳しく考察し、それぞれの言語で話し手のどのような主体性、主観性がどのようにとりたて表現に反映されるかを明らかにする。

4.　日本語とスペイン語の対応関係の調査方法

　日本語とスペイン語の限定を表すとりたて表現の対応関係を実証するために、日本語の長編小説 5 作品とそれぞれのスペイン語訳 5 作品、スペイン語の長編小説 5 作品とそれぞれの日本語訳 5 作品の合計 20 作品について調査を行った。

　調査を行う小説原文は、次の（11）と（12）の条件を満たすも

のにした。

(11)1985 年以降（最近約 30 年以内）に出版されたものである。

(12)舞台が現代であり、会話文も地の文も現代語になっている。

その翻訳作品は、次の（13）と（14）の条件を満たすものにした。

(13)日本語から直接スペイン語に、あるいはスペイン語から直接日本語に翻訳されたものである。

(14)翻訳者の 1 人以上が翻訳先の言語の母語話者である。

そして、それぞれの作品の著者や翻訳者が重ならないように作品を選んだ。なるべく著者や翻訳者の言語使用の個性が調査結果に影響を与えないようにするためである。調査した小説とその翻訳は、この論文の最後に「調査資料」として示している。

日本語とスペイン語のとりたて表現の対応関係の調査は、次の（15）と（16）の両方を行った。

(15)小説原文のとりたて表現が翻訳作品でどのように表されているか

(16)翻訳作品のとりたて表現が小説原文でどのように表されているか

日本語とスペイン語の対応関係は、この（15）と（16）について次の（17）から（19）の 3 つに分けた。

(17)日本語でもスペイン語でも限定を表すとりたて表現が使われる場合

(18)日本語では限定を表すとりたて表現が使われるが、スペイン語では使われない場合

(19)日本語では限定を表すとりたて表現が使われないが、スペイン語では使われる場合

この論文ではそれぞれの場合の例数を示すことがあるが、その数は前の（15）と（16）を合わせたものである。ただし、とりたて表現かどうかの判断が難しい場合や、原文と翻訳文の構造が違うために対応しているかどうかの判断が難しい場合があるため、概数である。

なお、野田尚史（2015）でも同じ 20 作品を使って日本語とスペ

イン語の対応関係を調査しているが、そのときに比べ今回のほうが
それぞれの作品全体を対象にして、より正確な対応関係を調査して
いる。

5. 日本語でもスペイン語でも
   限定を表すとりたて表現が使われる場合

　限定を表すとりたて表現は、「ある事態に該当するのはとりたて
の対象になっている要素に限られ、同じカテゴリーに属する他の要
素は該当しない」ことを表す。

　たとえば、次の（20）では、「2」に対して限定を表すとりたて
表現「だけ」が使われている。ここでは、「偶数」なのは「2」に
限られ、それと同じ「素数」というカテゴリーに属する「3」や
「5」などは「偶数」に該当しないことが表されている。

　（20）「それに、2 だけが偶数だよ」

（小川洋子『博士の愛した数式』p.86）

　この（20）に対応するスペイン語は、次の（21）である。スペ
イン語でも日本語と同じように、限定を表すとりたて表現「sólo」
（だけ）が使われている。

　（21）Además, sólo el 2 es par.

（Ogawa. *La fórmula preferida del profesor*. p.105）

　今回の調査によると、日本語でもスペイン語でも同じように限定
を表すとりたて表現が使われている例は、全体の約半数である。

　詳しい対応関係は、表2と表3に示すとおりである。表2は、限
定を表す日本語のとりたて表現「だけ」「しか」「ばかり」「こそ」
がスペイン語でとりたて表現として表されているかどうかを調査し
た結果である。日本語でとりたて表現で表されているものがスペイ
ン語でもとりたて表現で表されている「対応」が1184例、日本語
でとりたて表現で表されているものがスペイン語ではとりたて表現
で表されていない「非対応」が2110例あった。

　一方、表3は、限定を表すスペイン語のとりたて表現「sólo」
「solo」「precisamente」「exclusivamente」が日本語でとりたて表

表2　日本語のとりたて表現のスペイン語に対する対応関係

日本語＼スペイン語	対応	非対応
だけ	852	1284
しか	229	322
ばかり	63	320
こそ	40	184
計	1184	2110

表3　スペイン語のとりたて表現の日本語に対する対応関係

スペイン語＼日本語	対応	非対応
sólo	1163	485
solo	24	69
precisamente	58	100
exclusivamente	5	2
計	1250	656

現として表されているかどうかを調査した結果である。スペイン語でとりたて表現で表されているものが日本語でもとりたて表現で表されている「対応」が1250例、スペイン語でとりたて表現で表されているものが日本語ではとりたて表現で表されていない「非対応」が656例あった。

　表2の例数と表3の例数を合計すると、日本語とスペイン語で対応しているものが2434例、日本語とスペイン語で対応していないものが2765例であった。つまり、対応しているものが47％、対応していないものが53％だった。

6.　日本語では限定を表すとりたて表現が使われるが、スペイン語では使われない場合

　日本語では限定を表すとりたて表現「だけ」「しか」「ばかり」「こそ」などが使われているが、それに対応するスペイン語では限定を表すとりたて表現が使われていないことがある。

　この6.では、そのような対応関係になるのはどのようなときかを明らかにする。最初に6.1で日本語とスペイン語の基本的な違いについて述べ、そのあと日本語でどのとりたて表現が使われているかによって分けて考察する。6.2では「だけ」、6.3では「しか」、6.4では「ばかり」、6.5では「こそ」が使われている場合を取り上げる。

24　　野田尚史

6.1　日本語とスペイン語の基本的な違い

　日本語では、「ある事態に該当するのはとりたての対象になっている要素に限られ、同じカテゴリーに属する他の要素は該当しない」ことをとりたて表現で表すことがスペイン語より多い。

　一方、スペイン語では、「同じカテゴリーに属する他の要素は該当しない」ことをとりたて表現を使わずに、聞き手に推論させたり、他の構文を使って表したりすることが日本語より多い。

　そのため、日本語では限定を表すとりたて表現「だけ」「しか」「ばかり」「こそ」などが使われているが、それに対応するスペイン語では限定を表すとりたて表現が使われていないことが多くなる。

6.2　日本語では「だけ」が使われるが、
　　　スペイン語ではとりたて表現が使われない場合

　日本語で「だけ」が使われている例のうち、スペイン語ではとりたて表現が使われていないものが60％近くある。たとえば次の（22）と（23）のような対応例である。

（22）わたしの興味のあるものが、きみの手のうちにあるのを知っている、と、それだけ言えばじゅうぶんだろう。

（サフォン『風の影（上）』p.87）

（23）Baste decir que sé que tienes algo que me interesa.

（Zafón. *La sombra del viento*. p.69）

　日本語の（22）では、「それを言う」だけで「じゅうぶん」であり、それ以外のことを言う必要はないことが「だけ」で表わされている。

　一方、それに対応するスペイン語の（23）では、限定を表すとりたて表現は使われていない。「baste」（十分だ）によって、それ以外は必要ではないことを聞き手に推論させていると考えられる。

　次の（24）と（25）も、日本語では「だけ」が使われているが、スペイン語ではとりたて表現が使われていない対応例である。

（24）あたしに出来ることはそれだけです。

（東野圭吾『容疑者Ｘの献身』p.351）

（25）Es todo lo que puedo hacer.

限定を表すとりたて表現が使われる場面と主体性・主観性　　25

(Higashino. *La devoción del sospechoso X*. p.325)

日本語の（24）では、「あたしに出来ること」は「それ」に限られ、それ以外のことはできないことが「だけ」で表わされている。

一方、それに対応するスペイン語の（25）では、限定を表すとりたて表現は使われていない。「todo」（すべて）を使って、「それが私にできることのすべてだ」というように表現されている。

6.3　日本語では「しか」が使われるが、スペイン語ではとりたて表現が使われない場合

日本語で「しか」が使われている例のうち、スペイン語ではとりたて表現が使われていないものが60％近くある。たとえば次の（26）と（27）のような対応例である。

(26)睡眠を<u>わずかしか</u>取らず、食べ物にもほとんど手をつけなかった。　　　　　　　　（メンドサ『奇蹟の都市』p.268）

(27)había dormido <u>muy pocas horas</u> y apenas había tocado la comida.　　（Mendoza. *La ciudad de los prodigios*. pp.404–405）

日本語の（26）では、睡眠を取ったのは「わずか」に限られ、それ以上ではないことが「しか」で表されている。

一方、それに対応するスペイン語の（27）では、限定を表すとりたて表現は使われていない。「muy pocas」（ほんのわずか）という否定的な表現によって、それ以上ではないことを聞き手に推論させていると考えられる。

次の（28）と（29）も、日本語では「しか」が使われているが、スペイン語ではとりたて表現が使われていない対応例である。

(28)「やっぱり<u>それしか</u>ないかな」

（片山恭一『世界の中心で、愛をさけぶ』p.144）

(29)—Sí. <u>No queda más</u> remedio.

（Katayama. *Un grito de amor desde el centro del mundo*. p.136）

日本語の（28）では、アキのパスポートを彼女の家から持ち出す手段は「それ」に限られ、それ以外の手段はないことが「しか」で表わされている。

一方、それに対応するスペイン語の（29）では、限定を表すと

26　野田尚史

りたて表現は使われていない。「no」（ない）と「más」（他の）を使って、「他の手段はない」というように表現されている。

6.4 日本語では「ばかり」が使われるが、スペイン語ではとりたて表現が使われない場合

日本語で「ばかり」が使われている例のうち、スペイン語ではとりたて表現が使われていないものが80％以上ある。たとえば次の（30）と（31）のような対応例である。

（30）毎年男の子ばかりを生み続け、五人の息子を授かりました。

（カステジャーノス・モヤ『崩壊』p.166）

（31）y ella parió cada año, siempre niños, que se convirtieron en cinco muchachos. （Castellanos Moya. *Desmoronamiento*. p.165）

日本語の（30）では、生み続けたのは「男の子」に限られ、女の子は生んでいないことが「ばかり」で表されている。

一方、それに対応するスペイン語の（31）では、限定を表すとりたて表現は使われていない。「siempre」（いつも）によって、「niños」（男の子 [複数]）が続いたことが表されている。

次の（32）と（33）も、日本語では「ばかり」が使われているが、スペイン語ではとりたて表現が使われていない対応例である。

（32）礼のうつっている写真ばかりではなかった。

（川上弘美『真鶴』p.187）

（33）No todo eran fotografías de Rei. （Kawakami. *Manazuru*. p.152）

日本語の（32）では、壁に貼ってある写真が「礼のうつっている写真」に限られ、それ以外はないことが「ばかり」で表わされ、そして、それが否定されている。

一方、それに対応するスペイン語の（33）では、限定を表すとりたて表現は使われていない。「todo」（すべて）を使って、「すべてが礼の写真だった（のではない）」というように表現されている。

6.5 日本語では「こそ」が使われるが、スペイン語ではとりたて表現が使われない場合

日本語で「こそ」が使われている例のうち、スペイン語ではと

りたて表現が使われていないものが80％以上ある。たとえば次の
（34）と（35）のような対応例である。

（34）「こういうふうに人とくっついて寝るのこそが、したかった
　　　ことかも、鍋よりも。」
　　　寝る前に岩倉くんはそう言った。

（吉本ばなな『デッドエンドの思い出』p.38）

（35）—Creo que era esto, dormir arrimado a alguien, lo que me
　　　apetecía hacer, y no el *nabe* —dijo Iwakura antes de quedarse
　　　dormido.　（Yoshimoto. *Recuerdos de un callejón sin salida.* p.40）

日本語の（34）では、「したかったこと」は「こういうふうに人
とくっついて寝るの」に限られ、他ではないことが「こそ」で表さ
れている。

　一方、それに対応するスペイン語の（35）では、限定を表すと
りたて表現は使われていない。「こういうふうに人とくっついて寝
るのが、したかったことかも」という意味の分裂文が使われている。
つまり、「esto」（これ）とともに「dormir arrimado a alguie」（だ
れかにくっついて寝ること）をコピュラ「era」（だった）の直後に
置き、その後に「lo que me apetecía hacer」（したかったこと）を
置く分裂文という構文である。この構文によって、したかったこと
が「これ」、つまり「だれかにくっついて寝ること」に限られるこ
とが表されている。

　なお、スペイン語の分裂文については、日本語との対照も含め、
野田尚史（1994）で詳しく述べられている。

　次の（36）と（37）も、日本語では「こそ」が使われているが、
スペイン語ではとりたて表現が使われていない対応例である。

（36）パパこそ震えてるわ、大丈夫なの、と彼女は訊いた。

（メンドサ『奇蹟の都市』p.220）

（37）Y usted, padre, ¿está temblando?, ¿se encuentra bien?, dijo
　　　ella.　　　（Mendoza. *La ciudad de los prodigios.* p.332）

日本語の（36）では、「震えてる」のが「パパ」に限られること
が「こそ」で表わされている。

　一方、それに対応するスペイン語の（37）では、限定を表すと

りたて表現は使われていない。文頭で話題を変える「y」(そして)と「usted」(あなた)と「padre」(パパ)を使って、話し手である自分ではなく、聞き手である「パパ」のことであることがはっきり表されている。

7. 日本語では限定を表すとりたて表現が使われないが、スペイン語では使われる場合

前の6.で見た対応関係とは逆に、日本語では限定を表すとりたて表現が使われていないが、それに対応するスペイン語では限定を表すとりたて表現「sólo」(だけ)などが使われていることがある。

この7.では、そのような対応関係になるのはどのようなときかを明らかにする。最初に7.1で日本語とスペイン語の基本的な違いについて述べ、そのあとスペイン語でとりたて表現が何をとりたてているかによって分けて考察する。7.2では限定を表すとりたて表現が性質をとりたてている場合、7.3では程度をとりたてている場合を取り上げる。さらに、7.4では日本語で性質や程度をとりたてる場合について述べる。

7.1 日本語とスペイン語の基本的な違い

日本語では、限定を表すとりたて表現は、基本的に集合の中の個体をとりたて、「ある事態に該当するのはとりたての対象になっている個体に限られ、集合の中の他の個体は該当しない」ことを表すために使われる。

一方、スペイン語では、限定を表すとりたて表現は、集合の中の個体をとりたてるだけでなく、個体とは言えない性質や程度をとりたてることもできる。

そのため、日本語では限定を表すとりたて表現が使われていないが、それに対応するスペイン語では限定を表すとりたて表現「sólo」(だけ)などが使われている場合が出てくる。

限定を表すとりたて表現が使われる場面と主体性・主観性　29

7.2 日本語ではとりたて表現が使われないが、スペイン語では性質をとりたてるとりたて表現が使われる場合

日本語ではとりたて表現が使われていないが、スペイン語では性質をとりたてるとりたて表現が使われている場合がある。たとえば次の（38）と（39）のような対応例である。

(38)「どうせにわか雨なんだ。明日、朝日が射して暑くなれば、何だってすぐに乾くさ」 （小川洋子『博士の愛した数式』p.193）

(39)—De todos modos, es sólo un chubasco. Mañana, al amanecer, cuando haga calor, se secará todo.

(Ogawa. *La fórmula preferida del profesor.* p.226)

日本語の（38）では、性質を表す「にわか雨」に対して限定を表すとりたて表現が使われていない。日本語では、限定を表すとりたて表現がそのような性質をとりたてることはできない。

一方、それに対応するスペイン語の（39）では、「un chubasco」（にわか雨）に対して限定を表すとりたて表現「sólo」（だけ）が使われている。限定を表すとりたて表現「sólo」（だけ）を使うことによって、「にわか雨」に対して「長雨」や「豪雨」などとの間に「雨のひどさ」という序列があることを示し、「にわか雨」がたいした雨ではないことを表している。日本語ではこのようなことを表すために限定を表すとりたて表現を使うことはできないが、スペイン語ではできる。

次の（40）と（41）も、日本語ではとりたて表現が使われていないが、スペイン語では性質をとりたてるとりたて表現が使われている対応例である。

(40)人間というのは、なかなかプライドを捨てられないらしいね。でも時間の問題だとおじさんはいっていた。

（東野圭吾『容疑者Xの献身』p.325）

(41)A la gente le cuesta deshacerse de su orgullo. Pero también me dijo que era sólo cuestión de tiempo.

(Higashino. *La devoción del sospechoso X.* p.300)

日本語の（40）では、性質を表す「時間の問題」に対して限定

を表すとりたて表現が使われていない。この「時間の問題だ」は、1つの「問題」という個体を表しているのではなく、「時間が経てば、変わる」というような意味の性質を表している。

一方、それに対応するスペイン語の（41）では、「era cuestión de tiempo」（時間の問題だった）に対して限定を表すとりたて表現「sólo」（だけ）が使われている。限定を表すとりたて表現「sólo」（だけ）を使うことによって、「時間の問題」に対して「対応が必要な問題」や「解決不可能な問題」などとの間に「問題の深刻さ」という序列があることを示し、「時間の問題」が深刻な問題ではないことを表している。

同じ「問題」であっても、前の（40）（41）とは違い、次の（42）（43）ではスペイン語の（43）だけでなく日本語の（42）でも「値段の問題」をとりたてるとりたて表現「だけ」が使われている。

（42）「なんで、ぼくがもってるって思うんです？」
　　　「そんなことを、ここで議論するつもりはないよ、ダニエル。要するに、値段の問題だけだ。きみがあれをもっていることは、もうずいぶんまえから知っている。人が話す。わたしはきく」　　　　　　　　　（サフォン『風の影（上）』p.87）

（43）—¿Qué le hace pensar que lo tengo?
　　　—Eso está fuera de la discusión, Daniel. Es sólo una cuestión de precio. Hace mucho que sé que lo tienes. La gente habla. Yo escucho.　　　　　　（Zafón. *La sombra del viento.* p.69）

この（42）と（43）では、「値段の問題」が性質ではなく種類、つまり集合の中の個体を表しているからである。これらの文では、限定を表すとりたて表現「だけ」や「sólo」（だけ）を使うことによって、「ここで議論する問題」に該当するのは「値段の問題」に限られ、「ぼくがもっていると思う理由」などは該当しないことを表している。

7.3 日本語ではとりたて表現が使われないが、 スペイン語では程度をとりたてるとりたて表現が 使われる場合

日本語ではとりたて表現が使われていないが、スペイン語では程度をとりたてるとりたて表現が使われている場合がある。たとえば次の（44）と（45）のような対応例である。

（44）三歳だったもの。あたし。　　　　　　　（川上弘美『真鶴』p.178）

（45）Yo sólo tenía tres años.　　　　（Kawakami. *Manazuru*. p.145）

日本語の（44）では、程度を表す「三歳」に対して限定を表すとりたて表現が使われていない。日本語では、限定を表すとりたて表現が「三歳」のような程度をとりたてることはできない。

一方、それに対応するスペイン語の（45）では、「tenía tres año」（三歳だ）に対して限定を表すとりたて表現「sólo」（だけ）が使われている。限定を表すとりたて表現「sólo」（だけ）を使うことによって、「三歳」に対して「四歳」や「五歳」などとの間に「若さ」という序列があることを示し、「三歳」が若いことを表している。日本語ではこのようなことを表すために限定を表すとりたて表現を使うことはできないが、スペイン語ではできる。

次の（46）と（47）も、日本語ではとりたて表現が使われていないが、スペイン語では程度をとりたてるとりたて表現が使われている対応例である。

（46）サンチェス＝マサスがクリェイに着いたのは、銃殺の五日前ですから。　　　　　　（セルカス『サラミスの兵士たち』p.231）

（47）Sánchez Mazas llegó sólo cinco días antes de que lo fusilaran.　　　　（Cercas. *Soldados de Salamina*. p.191）

日本語の（46）では、程度を表す「銃殺の五日前」に対して限定を表すとりたて表現が使われていない。

一方、それに対応するスペイン語の（47）では、「cinco días antes de que lo fusilaran」（銃殺の五日前）に対して限定を表すとりたて表現「sólo」（だけ）が使われている。限定を表すとりたて表現「sólo」（だけ）を使うことによって、「銃殺の五日前」に対して「銃殺の1か月前」や「銃殺の1年前」などとの間に「銃殺まで

の期間の長さ」という序列があることを示し、「銃殺の五日前」が銃殺の直前だったことを表している。

ここで注意が必要なのは、「程度」と「数量」は違うということである。「程度」と違って「数量」に対しては、日本語でも限定を表すとりたて表現が使える。

たとえば、(48) と (49) では数量を表す「一冊」に対して限定を表すとりたて表現が日本語でもスペイン語でも使われている。

(48) 一生の間に詩集は一冊しか出版しなかったが、おそらくサンチェス＝マサスはつねに自分を詩人とみなしていただろうし、本質的にずっと詩人だった。

（セルカス『サラミスの兵士たち』p.91）

(49) Aunque sólo publicó un libro de poemas en vida, es posible que Sánchez Mazas se sintiera siempre un poeta, y acaso esencialmente lo fue;　　(Cercas. *Soldados de Salamina*. p.80)

日本語で限定を表すとりたて表現が「一冊」のような数量をとりたてることができるのは、「三歳」のような程度とは違って、「一冊」のような数量は集合の中の個体としてとらえられるからだと考えられる。

7.4　日本語で性質や程度をとりたてる場合

前の7.1から7.3では、日本語では限定を表すとりたて表現は基本的に集合の中の個体をとりたてるだけで、個体とは言えない性質や程度をとりたてないことを述べた。それは、次の (50) のような「だけ」が不自然になるからだった。

(50) ?どうせにわか雨だけなんだ。

この (50) のように性質や程度を表す名詞に「だけ」や「しか」を直接付けるのは難しい。性質や程度を限定したいときは、次の (51) のように「ただ（の）」「たった（の）」「わずか」などの修飾語を使ったり、その次の (52) のように「にすぎない」という表現を使うのが自然なことが多い。

(51) どうせただのにわか雨なんだ。

(52) どうせにわか雨にすぎないんだ。

限定を表すとりたて表現が使われる場面と主体性・主観性　　33

とりたて表現を使う場合は、次の（53）のように「でしかない」を使うことになる。「しか」ではなく「だけ」を使う場合は、その次の（54）のように「なだけだ」を使うことになる。

（53）どうせにわか雨でしかないんだ。

（54）でも、ただ詩的なだけかと言うと、それは嘘になるだろうね。　　　　　　　　　（ボラーニョ『野生の探偵たち（上）』p.85）

（53）の「しか」や（54）の「だけ」は、名詞などに直接とりたて表現が付くのではなく、「時間の問題だ」や「詩的だ」という述語にとりたて表現が付いたものである。「でしかない」の「で」や「なだけ」の「な」は、名詞などを述語にするために付けられた「だ」の活用形である。

8. 日本語学習者の限定を表すとりたて表現の使用

この8.では、ここまで見てきた日本語とスペイン語の限定を表すとりたて表現の対応関係に関連して、日本語を母語ではない言語として学習している日本語学習者のとりたて表現の使用を取り上げる。

森本順子（1992）や中西久実子（2012）では、日本語学習者が次の（55）の「1000円だけでした」のような「名詞＋だけだ」で不自然な発話をしやすいことが指摘されている。

（55）S：あの悪い経験はい、ひとつだけでした、わたしの髪の
　　　　　毛を切ってもらった時は、〈ええ〉その人は、わたしの
　　　　　ことを全然、き、聞かないでー、ふ、あ短く、しました、
　　　　　〈あそう〉うん、それはそれは変でした｛笑い｝、〈あー〉
　　　　　大変でしたほんとに
　　　T：あでもな、なんにも聞かないで切ったんですか
　　　S：うんわたしは何回もあん長さを、のぼりたい長さは大切
　　　　　ですけど彼は、あの、あの、その日はカットがー、あ
　　　　　の、1000円だけでした、〈うん〉あのほんとに、悪い
　　　　　所でした、だめ、それあの、秋休みのところのーとき

でしたけれど、前はこう、でしたけど、〈うん〉そのヘ
アカットのあとでーあの、こーんな、〈ふーん〉それは
あの、あのそれ以外は全然問題ないですね｛笑い｝

（KYコーパス：英語話者、上級−上（EAH03））

この「1000円だけでした」は、「1000円」に「だけ」を付けて
「たったの1000円だった」という意味を表そうとして不自然にな
ったものである。前の7.3と7.4で指摘したように、日本語では限
定を表すとりたて表現を程度を表す名詞に直接付けて、程度が低い
ことを表すことはできないからである。

「1000円」には、次の（56）のように程度を表す場合と、その
次の（57）のように数量を表す場合がある。それぞれ森本順子
（1992）で「質による規定」、「量による規定」と呼ばれているもの
である。

（56）パスタランチは、税抜き<u>1000円</u>です。

（57）財布の中には、<u>1000円</u>しかなかった。

前の（55）の「1000円」は、この（56）の「1000円」と同じ
く、程度を表すと考えられる。（55）の「1000円だけでした」が
不自然になるのは、「1000円」が程度を表すものだからである。

一方、スペイン語では、程度を表す「1000円」を「sólo」（だ
け）でとりたてることができる。前の（55）の話者Sは英語母語話
者であるが、英語でも程度を表す「1000円」を「only」でとりた
てることができる。

英語話者やスペイン語話者が「1000円だけでした」のような不
自然な「だけ」を使うのは、英語やスペイン語からの干渉の可能性
がある。

9. まとめと今後の課題

この論文で述べた主な点を簡単にまとめると、次の（58）から
（60）のようになる。

（58）限定を表すとりたて表現は、反限定（例示）を表すものな

どに比べて、日本語とスペイン語の違いは大きくない。し
かし、日本語の小説 5 作品とそのスペイン語訳、スペイン
語の小説 5 作品とその日本語訳の対応関係を調査すると、
「日本語とスペイン語で同じように限定を表すとりたて表現
が使われている」のではない例が、全体の約半数ある。

(59) 日本語では、「それに該当するのはとりたての対象に限られ、
他は該当しない」という意味を、限定を表すとりたて表現
で表すことが多い。一方、スペイン語では、それをとりた
て表現を使わずに、聞き手に推論させたり、他の構文を使
って表したりすることが多い。

(60) 限定を表すとりたて表現は、日本語では基本的に集合の中
の個体をとりたてるために使われる。一方、スペイン語で
は集合の中の個体をとりたてるだけでなく、個体とは言え
ない性質や程度をとりたてることもできる。

今後の課題としては、次の（61）と（62）があげられる。

(61) 極端を表すとりたて表現と類似を表すとりたて表現も、限
定を表すとりたて表現と同じように日本語とスペイン語の
違いが大きくないと考えられているが、日本語とスペイン
語の対応関係を詳細に調査する必要がある。

(62) 日本語とスペイン語だけでなく、日本語と他のさまざまな
言語のとりたて表現の対応関係を詳細に調査する必要があ
る。

今後、日本語と他の言語のとりたて表現について詳細な対照研究
をしていくことによって、言語によって場面と主体性・主観性がど
う違うのかを明らかにする研究も進んでいくと期待される。

付記 この論文は、国立国語研究所共同研究プロジェクト「対照言語学の観点
から見た日本語の音声と文法」の研究成果である。

調査資料

【日本語の小説とそのスペイン語訳】

小川洋子『博士の愛した数式』新潮社，2003.

Ogawa, Yoko. *La fórmula preferida del profesor*. Yoshiko Sugiyama y Héctor
　　Jiménez Ferrer（訳）. Funambulista. 2008.

片山恭一『世界の中心で、愛をさけぶ』小学館，2001.

Katayama, Kyoichi. *Un grito de amor desde el centro del mundo*. Lourdes Porta
　　（訳）. Alfaguara. 2008.

川上弘美『真鶴』文藝春秋，2006.

Kawakami, Hiromi. *Manazuru*. Marina Bornas Montaña（訳）. Acantilado,
　　2013.

東野圭吾『容疑者Ｘの献身』文藝春秋，2005.

Higashino, Keigo. *La devoción del sospechoso X*. Francisco Barberán（訳）.
　　Ediciones B, 2011.

吉本ばなな『デッドエンドの思い出』文藝春秋，2003.

Yoshimoto, Banana. *Recuerdos de un callejón sin salida*. Gabriel Álvarez
　　Martínez（訳）. Tusquets. 2011.

【スペイン語の小説とその日本語訳】

Bolaño, Roberto. *Los detectives salvajes*. Anagrama. 1998.

ボラーニョ，ロベルト『野生の探偵たち（上）（下）』柳原孝敦・松本健二
　　（訳），白水社，2010.

Castellanos Moya, Horacio. *Desmoronamiento*. Tusquets. 2006.

カステジャーノス・モヤ，オラシオ『崩壊』寺尾隆吉（訳），現代企画室，
　　2009.

Cercas, Javier. *Soldados de Salamina*. Tusquets. 2001.

セルカス，ハビエル『サラミスの兵士たち』宇野和美（訳），河出書房新社，
　　2008.

Mendoza, Eduardo. *La ciudad de los prodigios*. Seix Barral. 1986.

メンドサ，エドゥアルド『奇蹟の都市』鼓直・篠沢眞理・松下直弘（訳），国
　　書刊行会，1996.

Zafón, Carlos Ruiz. *La sombra del viento*. Planeta. 2001.

サフォン，カルロス・ルイス『風の影（上）（下）』木村裕美（訳），集英社文
　　庫，集英社，2006.

【日本語学習者コーパス】

KYコーパス，鎌田修・山内博之，version 1.2，2004.

参考文献

澤田美恵子（2007）『現代日本語における「とりたて助詞」の研究』くろしお
　　出版.

寺村秀夫（1991）『日本語のシンタクスと意味Ⅲ』くろしお出版.

中西久実子（2012）『現代日本語のとりたて助詞と習得』ひつじ書房.

日本語記述文法研究会（編）（2009）『現代日本語文法5　とりたて・主題』くろしお出版.

沼田善子（1986）「とりたて詞」，奥津敬一郎・沼田善子・杉本武『いわゆる日本語助詞の研究』pp.105–225. 凡人社.

沼田善子（2000）「とりたて」，金水敏・工藤真由美・沼田善子『時・否定と取り立て』（日本語の文法2），pp.151–216. 岩波書店.

沼田善子（2009）『現代日本語とりたて詞の研究』ひつじ書房.

沼田善子・野田尚史（編）（2003）『日本語のとりたて―現代語と歴史的変化・地理的変異―』くろしお出版.

野田尚史（1994）「日本語とスペイン語の主題化」『言語研究』105：pp.32–53, 日本言語学会.［https://www.jstage.jst.go.jp/article/gengo1939/1994/105/1994_105_32/_pdf］

野田尚史（2012）「とりたてとコンテクスト」，澤田治美（編）『ひつじ意味論講座　第6巻　意味とコンテクスト』pp.165–181. ひつじ書房.

野田尚史（2015）「日本語とスペイン語のとりたて表現の意味体系」『日本語文法』15–（2）：pp.82–98, 日本語文法学会.

益岡隆志・野田尚史・沼田善子（編）（1995）『日本語の主題と取り立て』くろしお出版.

森本順子（1992）「誤用研究ノート―「だけだ」を中心にして―」，藤森ことばの会（編）『藤森ことば論集』pp.322–296（左pp.35–61）. 清文堂出版.

発話場面を切り取る文法的手段の類型
「現実嵌入」の観点より

堀江薫

要旨

　本論文は、森有正（1977）が提唱した「現実嵌入」という概念を援用し、日本語において発達している、発話場面を切り取る2つの文法的手段のタイプの特徴を、他言語との比較を通じて示す。1つは、発話行為状況を切り取り、名詞修飾節内部に臨場感をもって再現する「主節現象」であり、もう1つは、特定の発話場面における話者のスタンスを明確にしないまま終止させる「脱従属化（言いさし）」である。これらの文法的手段が確立していることは、森が主張したように、日本語は、命題の中に「今、ここ」の発話行為状況が不可避的に嵌入する程度の高い言語であることを示している。

キーワード

　発話場面、現実嵌入、主節現象、臨場感、名詞修飾節、引用節、脱従属化、言いさし、主観性、間主観性

1.　はじめに

　話し手が特定の場面・文脈において事態を自分もしくは自分の共感する参加者の観点から捉える「主観性（subjectivity）」が文法構造にどの程度直接的に反映されているかに関しては、言語間でかなりのバリエーションがあることが知られている（Lyons（1982）、Iwasaki（1993）、Ikegami（2005）、Uehara（2006）、池上（2011）、上原（2011））。主観性の文法構造への反映の程度差を通言語的に

捉えることは、言語の構造的特徴（例：語順）に基づく従来の「言語類型論」の方法論では難しい。このため、「類型論的に異なる文法的特徴を有する言語間の構造的相違点・類似点を、その背後にある、当該言語間の社会・文化的側面を含めた広義の認知・伝達様式（認知スタイル）及び伝達慣習（コミュニカティブ・プラクティス）の相違・類似と相関させて解明しようとする学問分野」（堀江・パルデシ（2009：2））である「認知類型論」という、認知言語学の知見を言語類型論の分析手法と融合させた研究領域が必要となる。

　「主観性」と文法構造との関わりに関して、筆者は、認知類型論の観点から、これまでプラシャント・パルデシ氏らとの一連の共同研究において、一人称主語である話し手・書き手が動作の受け手である場合に受動文が用いられる頻度を小説原文とその翻訳版、映画のセリフ原文とその字幕などによって構成されるパラレルコーパスを用いて調査した（堀江・パルデシ（2009：第4章））。その結果、英語、中国語、韓国語などの言語と比べて、日本語は行為の被害性の有無に関わらず日本語は一貫して高い頻度で受動文を選択する傾向が見られた。日本語と対照的であったのがマラーティー語（インド・ヨーロッパ語族）であり、英語、中国語、韓国語と比べても顕著に高い頻度で能動文が一貫して選好される傾向が見られた。上記の話し手・書き手が動作の受け手となっている場合に受動文が選択される傾向が日本語において顕著に高いことは、日本語において「主観性」（例：話し手・書き手の視点）が文法構造に反映する程度が相対的に他言語よりも高いことを主張してきた。

　また、聞き手・読み手の信念や行動、社会的地位に対して話し手・書き手が払う配慮・注意などの「間主観性（intersubjectivity）」が文法構造にどの程度直接的に反映するかに関しても、やはり言語間でかなりの変異が観察される（Horie, Kim, and Tamaji（2007）、堀江（2016））。

　本論文では、森有正（1977）が提案した「現実嵌入」という概念を援用し、文法構造に「今・ここ」という「（発話）場面」と切り離せない話し手の「主観性」や話し手と聞き手の「間主観性」が直接反映する度合いが他言語に比べて顕著に高い傾向が、日本語の

持つどのような認知類型論的な特徴と関連しているのかを考究する。

　本論文の構成は以下の通りである。第2節では哲学者の森有正が用いた「現実嵌入」という概念を導入する。第3節では、「現実嵌入」という観点から見た際に、日本語の中で顕著に見られるいくつかの文法現象が統一的に説明できることを示す。

2.「現実嵌入」という概念

　日本語のような言語において「主観性」「間主観性」が顕著に文法構造に反映する現象を考える上で参考になるのが、以下に示す、哲学者森有正が用いていた「現実嵌入」という概念である。森は言語に深い洞察を持つ哲学者であり、特にフランスで日本語を教えた経験に基づいて、フランス語に代表されるヨーロッパ言語との対比で母語である日本語に対して深い考察を巡らしている。以下少し長いが森の『経験と思想』(1977) から引用させて頂く。ある意味では、現在の認知言語学の「主観性」の観点からの日本語の分析（例：池上嘉彦氏による一連の研究）を先取りするような洞察が随所に窺える。

　最初に森による「現実嵌入」という概念の規定を提示する。

　　ごく簡単な例をとってみると、"Le cheval court." という仏文を日本語にする場合、「馬は走る」という風に「馬」を主格にし、それに動詞「走る」を加えてみても、文法的には全く正しいけれども、日本語としてはどうしても変である。（中略）殊に助詞の「は」のニュアンスが非常に微妙であって、その微妙さに対応する何かを加えなければ、どうしてもそれだけでは安定しない。

　　「馬は走るものである」、「馬が走ってくる」、「馬が走っていく」、「馬は走るさ」「馬は走るよ」「馬が走っている」「この馬はよく走る」、その他無数のバリエーションがあるであろうが、それを規則化することは不可能ではないにしても、それはもう殆ど無意味に近い。（中略）助詞は、その数は限定されてはいるが、あるいは独立して、あるいは互に組合せられて、殆ど無限に複

雑で予料できない現実のニュアンスを映す作用をもち、またそ
ういう無限の可能性を含みうるものとしてのみ観念されること
が出来るのである。ただしかし、その「無限の可能性」は「現
実」のそれであって、助詞に内在するものではない。助詞はそ
のもつ方向性のみによって分類されうるもので、その内容とし
ては無限定の現実を映すという規定できない性質をもつのみで
ある。だからそれは、英仏語などにおける前置詞、前置句、あ
るいは後置詞などと違って、言葉の内部の一部であるよりも、
言葉と「現実」とを結びつける紐帯の如きものである、と言っ
た方がよりよいように思う。(中略)それは、この紐帯によっ
て、現実と言葉とが関係をもつということではない。現実と言
葉とは始めから関係していて、それを更めて言うのは無意味で
ある。ここで言う紐帯とは、それによって「現実」が「言葉の
世界」に嵌入するという意味である。換言すれば、「現実」が
「言葉の世界」に嵌入するという意味である。私はそれを日本
語における「現実嵌入」と呼びたいと思う。

(森(1977: 119–122;下線(点線)は引用者))

　森は「現実嵌入」の表象が、「助詞」という特定の品詞に限らず、
日本語の文法構造の様々な局面に遍在にしていることを観察してい
る。その中には「指示詞」も含まれる。

　　このことは助詞以外の品詞をとっても、説明することができ
　る。例えば、代名詞、あるいは指示詞である。所謂コーソーア
　ードの体系である。(中略)「これは本だ」と言う場合、「これ」
　は現にそこにある本そのものである。だから、その本が極めて
　判っきりしていれば、「これは」というのを省いても一向差し
　支えがない。だから現実が言葉の中に嵌入していると言っても
　よいし、あるいは言葉が現実の中に嵌入していると言ってもよ
　い。また「これ」は「それ」、「あれ」などに対して、話者の近
　くにあるもの、あるいはこれから話者が言及しようとするもの
　を指しており、話者とその話し相手が判っきりと対話の展開す
　る「空間」を、その対話そのものの構成自体としてそこにあら
　しめるのであって、言葉はそこから抽象されていない。(中略)

こういう「現実嵌入」は、感覚の理性への嵌入と一般的に言い換えてもよい。 (ibid: 119–123)

さらに、森は、敬語体系についても同じ観点から分析を提示している。

日本語の敬語が複雑極まりないことは周知の事実である。しかも、日本人である以上、原則として敬語法を決して間違えないことも亦事実である。我々には敬語法を無視して話す方がずっと意識的努力を要する。これには2つのことが言えると思う。敬語法（貶語法も含む）が日本語全体のノーマルな性格であり、敬語法を離れた言い方はむしろ例外的なのである。これが1つと、以上のことと関連しているが、これ亦「現実嵌入」の顕著な例だということである。日本の社会が上下的、直接的二項関係の連鎖・集合から構成されていることは、すでに述べたところであるが、敬語法こそは、そういう社会構成そのものを内容としているのである。 (ibid: 126)

次に、森は日本語における「助動詞」の使用における「現実嵌入」の現象を取り上げる。

日本語の言表は、各々の体言に、原則として、助詞がつくと共に、文章全体には（特に現代語においては）助動詞がついて全体の締めくくりをする。助動詞は陳述全体に話し手のその陳述に対する主観的限定を加えるもので、本質的に一人称的である。例えば、「これは本です」と言えば、意味から言えば、「これは本である」「これは本だ」と全然同じであるが、この二者に比較してより丁寧に言うという態度を示している。もっと丁寧になると「これは本でございます」という風になる。話し手の態度を示す意味で一人称的と言ったが、もとより文法的に一人称であるとは簡単に言い切れない。そうかと言って、二人称や三人称では無論ない。また非人称と言うのもおかしい。私は、これも亦日本語における「現実嵌入」の顕著な例であって、話し手と話し相手との、その場合の「二項関係」の中に、社会的階層が現れているものであると考える。 (ibid: 129–130)

このように日本語における具体的な「現実嵌入」現象を分析した

後に森は、「現実嵌入」的な性質が、日本語において「命題」を思惟の対象として客体化して操作することを非常に難しくしているという考察を提示している。

　　今私は、この「命題」をむつかしい、論理学で定義されるような厳密な意味においてではなく、「判断を言語であらわしたもの」（岩波『広辞苑』）というごく普通の意味に解する。1つの命題には、主語と繋辞があり、それが繋辞によって関係づけられて結合されている。その各項は、完全に表明された概念あるいは表象で、その関係を肯定したり、否定したりする。その作用にも色々様態がある。しかし何にしても、この命題の形をとることは、主語が三人称として客体化され、それに対して主体が判断を下すということになる。判断には肯定、否定、条件などがあるが、それらの可能性の間から主体は選ぶことが出来る。こうしてあるもの、あるいは事柄に関して命題が建てられる。あるいは観念が確保され、その観念相互の間の論理的な関係も次第に明らかにされて、1つの思想が形成されて来る。ただその際必要なことは、そういう操作は、凡て言語が命題を構成することによって行われるのであるが、その言葉は、それ自体の中に意味を荷なう概念であって、その言葉の中に「現実嵌入」が絶対に起ってはならないのである。それが起ると精神はその自由な操作を行うことが出来なくなり現実との接触から起る情動に左右されて精神であることを止めてしまうのである。精神といっても、何もそういう実体が存在するというわけではなく、そういう概念の操作を行う主体をそう名づけるのである。そしてこの命題性はヨーロッパの言語文法の基本的性格をなしている。「現実嵌入」が言語の一部になってしまっている日本語、更にそれと一体となっている経験が、こういう次第であるのは、思想というものに対して、殆ど致命的であるように思われる。　　　　　　　　　　　　　　　　　　　　（ibid: 136–137）

　　上記の「現実嵌入」という概念は、言語の文構造が「命題」を表す際に、命題以外の、発話場面における「発話行為状況」（話し手の視点、感情、評価；話し手の聞き手に対する配慮、情報の共有・

提示等）への言及をどの程度直接文法構造に反映させるかという点において言語間で明確な相違があるということを示している。具体的には、ヨーロッパ言語が、文構造において「命題」を「発話行為状況」から切り離して表示することを可能にするのに対して、日本語においては、その文構造において「命題」を「発話行為状況」から切り離して表示することが不可能に近いということを述べている。これは、すぐれて認知類型論的な考察であり、近年の「主観性」による言語類型（例：Ikegami（2005）、池上（2011））をより本質的な形で先取りしていると言える。

　発話場面の「発話行為状況」が「命題」から切り離しがたく融合する傾向の強い言語と、「命題」が発話場面の「発話行為状況」から独立する傾向の強い言語という類型は、Hurford（2006）が言語の起源を考える上で想定した以下の2つの仮説と平行的に捉えることができる（以下引用箇所の邦訳は筆者による）。

（1）伝達行為基盤仮説（Communicative Act Foundation Hypothesis）

記号伝達者の外にあるいかなるものも記述しない、原初的・他者志向的な行為が原初的な伝達部門を構成し、その基盤の上に、発話内の力と記述的内容を組み合わせたより複雑な発話タイプが形成された。

（2）独立記述仮説（Independent Description Hypothesis）

伝達的な内容を伴った発話は、受容者への意図された効果を含むいかなる発話内行為的な表現からも独立して発生した。
(Hurford 2006: 173)

Hurford は、言語の起源を社会的なものと考える立場から、（1）の仮説が（2）の仮説よりも説得的であると主張している。もし Hurford の主張するように（1）が言語の起源の仮説としてより妥当なものであるとすれば、「現実嵌入」的な現象が顕著に見られる言語は、そうでない言語に比べて、より言語の原初的な特徴をとどめていると言えるかもしれない。類似した観察は池上（2011: 64–65）によっても述べられている。

　もう1つは、言語の〈進化〉に関わる問題である。〈主観的把

握〉においては人は直接〈体験〉を通して〈事態〉と関わるが、〈客観的把握〉では〈事態〉とは〈間（ま）をとる〉というスタンスで接する。もし、現時点での言語の進化に関するさまざまな言説が指摘するように、言語の使用が〈身体性〉に密着した形でのものから、〈身体性〉とは乖離した形のものへと進化していくのであるとすると、日本語は人間言語としての〈始原への近さ〉（中略）を今なおかなり豊かに保持しているということになる。

森（1977）が述べるように「現実嵌入」の顕著な日本語のような言語は哲学的な思惟を抽象的に行うのには確かに不向きかもしれない。しかし、日本語は、「発話行為状況」の場面的な臨場感をより直截的に伝達することが可能であるという点で、以下の3節で見るような様々な興味深い文法現象を表象している。次節では「現実嵌入」の具体的な表象と考えられるいくつかの文法現象を考察する。

3. 「現実嵌入」の諸相

本節では、日本語において「命題」部分への「現実嵌入」が顕著に観察される2つの文法現象を他言語との対照を通じて示す。

3.1 いわゆる「主節現象」

1970年代に生成意味論者達が中心となって、英語を主要な対象言語として、従属節において「主節」に特有の統語現象が（例外的に）観察される現象を「主節現象（main clause phenomena）」という名称で同定され、主節現象に関して統語・意味論的、語用論的観点から多くの研究が行われた（Green（1976））。当時の代表的な研究に、主節現象は、主節動詞が補文の命題が真であることを前提とする述語（「叙実述語」）ではなく、命題が真であることを断定する述語（「断定述語」）である場合に生起するという知見を提示したHooper and Thompson（1973）、の研究がある。(3) は「倒置（inversion）」の1つである「否定構成素前置（negative constituent preposing）」という主節に典型的な統語現象であり、変形生成文法

においては「根変形（Root Transformation）」と呼ばれた変形操作の１つである。

(3) a. I have never had to borrow money.

　　 b. *Never have I had* to borrow money.

(Hooper and Thompson 1973: 265)

Hooper and Thompson は、（3b）のような主節に典型的な統語現象が従属節において許容される場合（4）と許容されない場合（5）があることに着目した。

(4) I <u>exclaimed</u> that *never in my life had I seen* such a crowd.

(ibid: 474)

(5) *He <u>was surprised</u> that *never in my life had I seen* a hippopotamus.

(ibid: 479)

Hooper and Thompson は、（4）と（5）のような相違を説明する上で重要なのは「断定（assertion）」という概念であることを主張した。「断定」は以下のように定義される。

　　文の断定はその中核的意味あるいは命題である。ほとんどの場合、平叙文の断定は主節において見出される。文の断定は否定や疑問の過程の通常の適用によって否定あるいは疑問の対象となることができる部分として同定できる。すべての断定は話し手の断定であると通常は仮定される。しかし、我々は、否定や疑問のテストが厳密に適用された場合に見られるように、埋め込まれた陳述の中には断定の特徴を備えたものがあることをここで主張する。

(ibid: 473)

（4）は exclaim という主節述語は、補文節の命題が「断定」を表すことを可能とするタイプの述語であるため否定構成素前置という主節現象を許容する。これに対して、（5）の be surprised という主節述語は、補文節の命題が「前提」を表すことを要求するタイプの述語であるため、否定構成素前置という主節現象が許容されない。

　主節現象は近年生成文法論者によっても着目され、カートグラフィー等の観点から生産的に研究されている（例：長谷川（2008）、遠藤（2014））。（6）は、倒置現象が、補文以外の従属節（この場合副詞節）において観察される例である。

発話場面を切り取る文法的手段の類型　　47

(6) We don't look to his paintings for common place truths, though *truths they contain* none the less (Guardian, G2, 18.02.3, page 8, col 1)　　　　　　　　(Haegeman (2009: 13))

　主節現象は、話し手の「断定」や「強調」などが、本来「前提」的な背景情報を表す従属節という例外的な環境で表象される際に生じる文法現象であり、「現実嵌入」の典型例である。ただし、英語のような言語では（4）（5）（6）のような現実嵌入現象はかなり有標な現象である。

　主節現象の中で特異な位置づけを持つのが「引用」現象である。言語学的な観点からは「引用」は「直接引用」「間接引用」の2種類に分かれ、両者が文法的にどのように区別されるかは言語間で異なる。例えば、英語は「直接話法（direct speech）」（7a）と「間接話法（indirect speech）」（7b）の形式的な区別が明確な言語である。

(7) a.　David said to me after the meeting, '*In my opinion, the arguments in favor of radical changes in the curriculum are not convincing.*'

　　b.　David said to me after the meeting *that in his opinion the arguments in favor of radical changes in the curriculum were not convincing.*

　　　　　　　(Quirk et al. (1985: 1021)、山口 (2009: 27) に引用)

　両者のうち、発話場面の臨場性をより詳細に表現しているのは「直接話法」（7a）である。「直接話法」を山口（2009）は以下のように定義する。

(8) 直接話法とは、他人（過去の自分を含む）のことばを（現時点での）自分のことばとは異なる独立したことばとして提示する方法。元話者やその発話（思考）様態などを示す伝達部と直接引用された他人のことばを提示する被伝達節（引用部）からなる。引用部は元話者の視点で統一され、伝達節やポーズ・音調等によって引用者のことばから明示的に区別される。　　　　　　　　　　　（山口 (2009: 26–27)）

　「直接話法」は典型的な主節現象であり、言語によっては、従属節（例：関係節、補文）内に生起する際には「間接話法」への転

換が必要になる英語はそのような言語の１つである。山口（2009）は、英語において「fact や rumor などの情報内容を担う一定の名詞にかぎり、情報内容を間接話法的に伝える that 節を従えることができる。」と述べ、以下の例文を挙げている。

(9) The band denied the rumor *that they may be splitting up.* （解散するんじゃないかといううわさを否定した。）

この that は（10）に示すように英語の補文構造において汎用的に用いられる補文化辞であり、引用節を表すための専用形式ではないことに注意されたい。

(10) a. He {said/thought/knew} *that he would have to quit smoking soon.*

b. the {news/fact/possibility} *that President Trump would visit Japan next month*

英語においては、「間接話法」の引用節（補文）を関係節の主名詞に直接接続することは不可能である。

(9') the band * （which denied) *that they may be splitting up* （解散するんじゃないかという（ことを否定した）バンド）

しかしながら、英語においても、「直接話法」を関係節の主名詞に直接接続出来る場合がある。興味深いことに、その場合、以下の（11a）に示すように、通常の「後置型関係節」（11b）でなく英語では通常容認されない「前置型関係節」という有標の統語的手段が用いられる。この場合、統語構造の有標性が「現実嵌入」という有標な状況を図像的に表示していると言える。（11a）のような関係節は修飾節を後置した通常の語順（11b）では表現することができない。

(11) a. Dan: You're referring to the recent "not fun" event... also known as the "You two share a brother, oh, no, you don't!" rollercoaster.

Gossip Girl: Season 2, Episode 16 "You've Got Yale!"

(19 Jan. 2009)

(http://www.imdb.com/title/tt1266851/ 横森大輔氏，直話)

b. ...*the rollercoaster { ∅ /of/that/(in/by)which/where}

発話場面を切り取る文法的手段の類型　　49

"You two share a brother, oh, no, you don't!"

　英語と対照的に、日本語や韓国語のような言語においては、名詞を主要部とする「名詞修飾節」に「直接話法（直接引用）」を接続する「という」「との」「la ko ha-nun（という）」といった補文化辞が文法化している。

（12）a. 「火事だ！」*（という）声

　　 b. "Pwul-iya!"　　　　　*(la-(ko-ha)-nun)　soli
　　　 火事 - コピュラ：下称　　と - いう - 現在連体形　声

　表面的には、（12a, b）の日韓語の名詞修飾節は（11a）の英語の関係節と平行的である。両者の相違点は、第一に、（11a）の直接引用節が修飾する英語関係節が非常に有標性の高い構造であるのに対して、（12）の直接引用節が修飾する日韓語の名詞修飾節はごく通常の構造であることである。第二の相違点は、（11a）においては媒介する文法形式（例：補文化辞）なしで直接引用節が主要部名詞に接続しているのに対して、（12）では「という」「la-(ko-ha)-nun」という補文化辞が直接引用節と主要部名詞の間に介在していることである。

　（12）で用いられる補文化辞「という」「la-(ko-ha)-nun」は、ある特定の場面において発せられた発話を主要部名詞に接続するために用いられる形式であり、省略することはできない。一方、（11a）の英語の関係節の場合には直接引用節と主要部名詞の間に何らの媒介形式も用いられていない。「現実嵌入」という観点から見た場合、「という」や「la-(ko-ha)-nun」といった補文化辞は元話者の発話が他者によって「引用」されていることを明示化する形式であるため、それらが介在することにより、ある特定の場面でなされた発話の直接性を減じることになる。Haiman（1983）の図像性（iconicity）の原理を援用すれば、英語の（10a）の場合は、直接引用節と主要部名詞の間の言語的距離（linguistic distance）は最小であり、何らの文法形式も介在しないことによって、「直接引用節」と主要部名詞が並置され、両者の間の密接な概念的距離（conceptual distance）が表象される。これに対して、日韓語の（12）の場合、補文化辞が介在することで直接引用節と主要部名詞

の間の概念的距離がより隔てられていることが表象される。

(13) ［直接引用節］｛φ｝主要部名詞（英語：(11a)）

　　　［直接引用節］｛* φ / という /la-ko-ha-nun｝主要部名詞（日
　　　韓語：(12)）

　興味深いことに、「話しことば」性の高い書き言葉という特徴を
有するインターネット環境（例：ブログ）においては、主要部名詞
と直接引用節の間の概念的距離を接続する際に、「という」や「と
の」といった既に確立した補文標識の代わりに、より形態的に単純
であったり、より話しことば的な特徴の顕著な文法形式が発達しつ
つある。これは日本語が名詞修飾節という統語的な依存性の高い環
境において「引用」という客観性を減じ、「現実嵌入」の場面的臨
場感を高める方向で言語手段を精緻化している例である。(14) は
補文化辞の「という」の代わりに口語的縮約形である「って」が用
いられている例であるが、約束のなされた発話場面の臨場感を高め
る効果を上げている。

(14) 春華：明日は、ひさしぶりの練習なしの休日。［ワリカンな
　　　ら、いつでもつき合う］｛って｝［約束］よ。

　　　　　　　　　　　　（あだち充『H2』ワイド版5巻）（山口 (2009: 152)）

　「という」や「との」といった正規の補文化辞に代わってインタ
ーネット環境において用いられる様々な「代替形式」に着目した先
駆的な研究はメイナード（2008）である。メイナードは豊富な用
例を収集し、引用節の関与する以下の2つの名詞修飾節のタイプを
同定した（15 (i), (ii)）の図式化は筆者によるものであり、(15i)
の「って」は筆者による追加である）。

(15) (i).「直接会話修飾節」

　　　　　［引用節］｛って / な / の / φ｝主要部名詞

　　　(ii).「類似会話修飾節」

　　　　　［引用節］｛みたいな / 的（な）/ 系（の）｝主要部名詞
以下に（15 (i), (ii)）の具体例を挙げる。

(16) (i)　a.　この前泊まってすごくよかった｛って｝旅館、ど
　　　　　　　のなんて旅館だっけ？　　　　　（山口 2009: 152）

　　　　　b.　「ご主人さまが2年間の長期の旅から帰ってきまし

たよ。」{な}イメージ

c. 「どうかしましたか。」{の}問い

d. 「来た！」{φ}感強まる。*1

((b) 〜 (d) はメイナード (2008: 73–75))

(16)(ii) e. 「私たち便器の方で流しますから、押したりとかしないで下さいね。」{みたいな}トイレ。

(山口 (2009: 152))

f. 「で、あんたはこんなとこで何してんの？」{的}表情 (メイナード (2008: 80))

g. 「日本すごい！」{系}バラエティ批判

(https://tv-dmenu.jp/news/_plusd_20170313/https://tv-dmenu.jp/news/_plusd_20170313/)

(15)(i) と (15)(ii) の間には引用元の発言者自身の発言の再現（直接会話修飾節）か、ある発話状況でいかにも発言されそうな内容を引用者が作成しているか（類似会話修飾節）という違いはあるものの、いずれもある発話場面と密接に結びついた「発話」を、なるべく「引用」のもつ間接性を減らして臨場感を高める方向で発達した引用形式という共通点がある。これらの形式はいずれも「発話」（メイナードの言うところの「直接会話」または「類似会話」）を主要部名詞に接続させるために用いられている点に注目頂きたい。

通言語的に日本語においては名詞修飾節の使用頻度が高いことが指摘されており（Collier-Sanuki (1993)、Wang, Horie, and Pardeshi (2009)、堀江・パルデシ (2009)）、これは、いわゆる「関係節（relative clause）」に比べた場合、日本語の名詞修飾節が広い機能領域をカバーしていることが原因であるという主張がなされている。具体的には、情報構造の点で関係節が典型的には背景的・旧情報を表すのに対して、日本語の名詞修飾節は以下に示すように前景的・新情報を担うことも珍しくない。

(17) レンコ、バス停に止まっていたバスに飛び乗る。[閉まる]ドア。（シナリオ、ト書き『お引越し』）　(坪本 (2014: 61))

(18) [やわらかで上品な甘味を醸し出す]、淡い茶色の砂糖。

[先がすぼまった]、微妙な形のイイホシユミコさん作のカ

ップ。［一見アンバランスなようで、緻密に計算しつくされ
た］フォルム。　　　　　　　　　　　　　（石黒（2007: 166））

(19) 桜井署によると、現場は［遮断機や警報機がない］踏切。

（大西（2013: 27））

　（15（i）（ii））の「発話場面」を切り取るような臨場感を醸し出
す引用名詞修飾節は（17〜19）の、引用を伴わないながらも前景
的（新情報的）な臨場感を現出する名詞修飾節と機能的に連続して
いると思われる。

　日本語において「主節現象」を内包する名詞修飾節が分化し様々
なタイプが出現している背景には、これまでも日英語や日韓語など
の対照言語学的研究において指摘されてきた、日本語における「名
詞構造への選好性」というべき文体的な志向性が見られる（Hinds
(1986)、金（2003））。これは、名詞を主要部とする構造の中に
旧情報（背景的情報）のみならず新情報（前景的情報）をも含め
た様々な種類の情報を表象させるという情報の集約（information
packaging）の仕方が日本語において好まれることを示唆している。

3.2　「言いさし」の分化と非丁寧体終止形の有標性

「現実嵌入」の別の表象といえるのが、日本語学で「言いさし」
と呼ばれる現象である。これは、発話行為参加者が、参加している
発話場面においてその瞬間に行っている陳述や判断を完結させず、
保留状態にとどめる（あるいはとどめる印象を与える）文法的手段
である。「言いさし」は特に話し言葉で顕著に観察される現象であ
るが、最近では、話し言葉に近い文体のエッセイ等で多用されてい
る例が見られる。以下に『漂うままに島に着き』（内澤旬子，朝日
出版社，2016）からの具体例をあげる。

(20) しかしそもそも美味しくてまっとうなモノを食べたいとい
　　　う願いとともに、現金に頼りっぱなしの暮らし、どうよ？
　　　と疑問に思ってきている人も多いように思えるわけで。

（ibid: 253）

(21) なぜかそういう若者（？）との接点がほとんどないので伝
　　　聞なのであるが。　　　　　　　　　　　　（ibid: 255）

(22) ほとんどが専門職能を持たないので、地元の企業や観光業などに非正規で雇用された宿泊施設や飲食店で働い<u>たり</u>。

(ibid: 255)

(23) 私が若い頃の「女ひとりで乗り込む」は、もっとこう、負い目があって、それを跳ね返すだけの意志や意地があり、アウトローを気取ったりもした<u>ような</u>。 (ibid: 255)

(24) 私の場合は本業で稼ぐしかない。スローライフのはずなのに、全然スローじゃない<u>し</u>。 (ibid: 257)

(25) 長い目で見たら心配でもあるの<u>だけれど</u>。 (ibid: 258)

(26) 東京で起業するよりは、それでも資金は少なくてすむの<u>だから</u>。

(ibid: 259)

　内澤の同書では「言いさし」が頻繁に使用されている。これは、作家の文体（スタイル）上の選好もあるが、「エッセイ」が、書き言葉でありながら話し言葉的な特徴を多分に含ませることのできるジャンルであることとも無縁ではない。

　3.1節で見た「主節現象」を内包する名詞修飾節は、発話場面を切り取りつつ主要部名詞でいわば「閉じる」構造であった。これに対して「言いさし」は文末という述語の生起する位置に、本来は文を終止する述語終止形の代わりに「接続助詞」(21, 22, 24, 25, 26)、「形式名詞」＋コピュラの連用形（20）、様態の助動詞「ようだ」の連体形（23）といった様々な「非終止形述語」形式を用いて、文を形の上では完全に終結させずいわば「半開き」の状態のままにして終えることを可能にする文法形式である。

　「言いさし」は近年、言語類型論の分野において「脱従属化(insubordination)」という名称で急速に研究が進展してきている(Evans (2007)、Evans and Watanabe (2016))。確かに、「脱従属化」は類型論的な特徴を異にする様々な言語において見られ、語順に関しても日本語のように動詞が文末に生起する言語以外の言語でも広く観察される。飯田 (2012) は、SVOの基本語順を有するフランス語において、原因・理由を表す接続詞 *parce que*（「〜ので」）によって導かれる副詞節が脱従属化し、主節として用いられる現象を指摘している。以下の（27）において、話者Aは、部屋

探しをしている話者Bに、以前自分が見つけた物件について話しているが、B70のparce que節は、主節を補って解釈し難く、「原因・理由」を表しているようにも思われない。飯田によれば、フランス語母語話者は、B70のparce que節は「原因・理由」ではなく、話者Bのロフトに対する意見を述べており、さらに、B70の発話には、聞き手に同意を求める効果が生じているという観察を示した。

(27)A69- J'avais vu un # un T1, un TI, un studio de 35 m2 # avec mezzanine ## de 15 m2 # en centre < ça c'est > # 390 euros.

　　　　私は、T1（部屋のタイプ。小さい風呂場付きの部屋。）、T1を見たよ。町の中心地で、15平方メートルのロフトが付いた35平方メートルのワンルームマンション。〈それ、それは〉390ユーロだよ。

　　B69- ## ah ouais #

　　　　えっ本当？

　　A70 - donc eee

　　　　だからえーっと

　　B70- *Parce qu'*une mezzanine # quand t'es toute seule, c'est pas mal.

　　　　（住むのが）一人だけの時のロフトは悪くないよね。

　　　　（『フランス語話し言葉コーパス』、東京外国語大学大学院グローバルCOE「コーパスに基づく言語学教育研究拠点」Aix, 01_OG_NH_100222）

　このように、しかし、日本語においては、SOVという語順で述語が文末に来るため、特に会話においては発話場面において対面している聞き手をどのように待遇するかというスピーチスタイルの選択が非常に重要になる。このことから日本語においては（28）に示すように「普通体」「丁寧体」という形ですべての述語が2種類のスピーチスタイルの形式を備えており、これ以外に「よ」「ね」に代表される終助詞の体系（29）が備わっている。

(28)a.　普通体：{読む，暑い，綺麗だ，夏だ}。

　　b.　丁寧体：{読みます，暑いです，綺麗です，夏です}。

発話場面を切り取る文法的手段の類型　　55

(29)終助詞：a. {読む，暑い，綺麗だ，夏だ} {よ / ね, etc.}。

　　　　　b.{読みます，暑いです，綺麗です，夏です} {よ /
　　　　　ね, etc.}。

　日本語と同様に文末のスピーチスタイル形式が文法化している韓
国語においては、日本語のような「終助詞」の体系はないが、その
代わり、日本語よりも細かく「普通体」と「丁寧体」の文末述語形
式（終結語尾）が分化している。両言語のスピーチスタイル形式の
分化の違いは表1に示す通りである。

表1　日韓語のスピーチスタイル形式の分化

	日本語	韓国語
丁寧体	丁寧体（敬体）	上称 略待上称 中称
非丁寧体	普通体（常体）	下称 半言 等称

　表1から分かるように、韓国語の場合は非丁寧体3つの形式に分
化し、その間で細かい使い分けがある。例えば、非丁寧体の形式3
つのうち基盤的に最も高頻度に用いられているのが「半言」という
スピーチスタイルの終結語尾であり、時に「下称」という別の「非
丁寧体」のスピーチスタイルの終結語尾に切り替わるという現象
が観察される。堀江・金（2009）によると、親しい間柄の韓国語
母語話者10人の自然会話（約258分）に現れた発話数2705個の
うち、2426個（89.7%）に「半言」の終結語尾が用いられ、残り
279個（10.3%）に「下称」の終結語尾が用いられていた。

表2　韓国語のスピーチスタイル「半言」と「下称」の機能的区別

	日本語	韓国語
非丁寧体	普通体（常体）	下称：聞き手を低める言い方
		半言：聞き手を高めない言い方

　2つのスピーチスタイル形式がどのように切り替わるかは20代
男性が2歳年上の姉に対してテレビゲームをしながら話しかけてい

る（30）の発話断片から見て取れる。この発話断片で話者は基本
的に「半言」という親しい間柄の聞き手に対して用いられる最も無
標のスピーチスタイルの終結語尾を用いており（30a, b, c, f）、独
話に近い発話で「下称」という、聞き手を低めるという点で待遇
的に有標なスピーチスタイルの終結語尾に切り替えている（30e）。
そして、発話場面で同時進行しているゲームの進行状況を聞き手に
実況的に伝える発話で終結語尾ではなく連結語尾を用いる「言いさ
し」形式を用いている（30d）。

(30) a.　우리 지금 거의 끝나가고 있어.

　　　　Wuli cikum keuy kkuthna ka-ko iss-e.
　　　　私達　今　　ほぼ　終わる　行く－進行－終結語尾

　　　　「（ゲームの制限時間について）もうすぐ終わっちゃうよ。」

　　 b.　지금 빨리 해야 돼.

　　　　Cikum ppalli hay-ya tw-ay.
　　　　今　　　早く　　しなくちゃ－終結語尾（半言）

　　　　「早くしなくちゃ。」

　　 c.　큰일났어, 누나

　　　　Khunilnass-e,　　　　　　　　nwuna.
　　　　大変ことになった－終結語尾（半言）　姉

　　　　「大変だよ、姉さん。」

　　 d.　지금 우리 거의 끝나가서

　　　　Cikum wuli keuy kkuthna ka-se.
　　　　今　　　私達 ほぼ　終わって－行く－連結語尾（言いさし）

　　　　「ほとんど終わりに近づいていて。」

　　 e.　이 게임은, 어, 너무 어렵다.

　　　　I keyim-un　　e,　　nemwu elyep-ta.
　　　　このゲーム－は　ああ　すごく 難しい－終結語尾（下称）

　　　　「このゲームは、ああ、ものすごく難しい。」

　　 f.　너무 하드해

　　　　Nemwu hatuh-ay.
　　　　すごく　ハードだ－終結語尾（半言）

　　　　「すごくハードだ。」

発話場面を切り取る文法的手段の類型　　**57**

この発話断片から、韓国語においては、日本語に比べると非丁寧体において文を終結するスピーチスタイル形式（「半言」の終結語尾）が安定的に使用されており、相互行為上の必要に応じてより有標なスピーチスタイル形式（「下称」の終結語尾）に切り替えられていることが分かる。

　日韓語のように文末のスピーチスタイル形式が文法化しているのも発話場面を共有する会話参与者への待遇という「現実嵌入」の表象である。そして特に日本語の「普通体」の述語形式（28a）は、会話において必ずしも使い勝手の良くない有標の形式であり、（29a）のように「よ」や「ね」に代表される終助詞を伴う場合が多い。これは、表3に示すMaynard（1997）の調査結果からも分かる。日本人同士の3分間の会話における文末形式の生起頻度を見ると、終助詞（「Final particles」）が他の形式よりも顕著に高頻度で用いられていることが分かる。対照的に「普通体」の「ル形」（例：読む）（「Verb (simple nonpast)」や「タ形」（例：読んだ）「Verb (simple past)」の生起頻度は相対的に低い。

表3　日本人同士の3分間の会話における文末形式の頻度
　　　（Maynard 1997: 119）

Type	Number	%
Final particles	436	35.05
Nominals	204	16.40
Taglike Auxiliary Forms	121	9.73
Verb (simple nonpast)	**103**	**8.28**
Verb (gerund)	93	7.48
Conjunctions	70	5.63
Adverbial phrases	69	5.55
Grammatical particles	47	3.78
Verb (simple past)	**46**	**3.70**
Fillers	42	3.38
Nominalization	13	1.05
Total	1,244	100.03（ママ）

　注目すべきは、（31）に示すような典型的な「接続助詞」系の「言いさし」（「Conjunctions」）がかなりの頻度で生起している点

である。

(31) 言いさし：{読む，暑い，綺麗だ，夏だ}{けど/から/し，
etc.}。

実際には、堀江（2015）で詳細に論じたように、日本語の「言いさし」の種類は非常に多く、機能も多様である（例：(20〜26)）。日本語の会話においては、上述したように相対的に「普通体」の終止形述語形式が使いづらいため、会話参与者（聞き手）への待遇上、普通体の終止形述語形式に終助詞を伴わせることが多い（29a）。しかし、終助詞は、例えば「よ」であれば「情報の専有」、「ね」であれば「情報の共有」（cf. 神尾（1990））といったようにそれぞれの形式が相互行為上特定の機能・ニュアンスを有していることから、聞き手に対して特定の相互行為上のスタンスを示すことを避けたい場合には既存の文終止形式では事足りない。日本語の会話においては聞き手に対して明確な相互行為上のスタンスを示すことを避ける（non-committal な）発話場面が相対的に多いことから様々な「言いさし」形式が分化しているものと考えられる。

4. おわりに

本論文では、「現実嵌入」という観点から、日本語において、発話場面の臨場感を従属節において表象させたり、インフォーマルな発話場面で話し手が会話参与者（聞き手）に対して相互行為上の明確なスタンスを保留にするための様々な文法的手段が発達していることを他言語との比較を通じて明らかにした。

謝辞　本研究の準備段階で名古屋大学大学院の李戴賢氏に貴重な御助言を頂いた。本研究は、科学研究費（基盤研究（Ｃ））：課題番号 16K02624「中断節の語用論的機能に関する通言語的対照研究：連体・準体節と連用節の対比を中心に」（代表：堀江薫）の支援を一部受けています。

＊1 興味深いことに、金（近刊）や Kim and Horie (in press) によると、韓国語においても (i) のような直接会話修飾節が観察されるようになっているという（例文は金（近刊）より）。

 "Thimkhim cikhye tal-la" $\{\phi\}$ chengwen
 チーム名 守って くれる‐命令   請願
 「チーム・キム（を）守ってくれ $\{\phi\}$ **請願**」

参考文献

Collier-Sanuki, Yoko. (1993) Relative Clauses and Discourse Strategies. In Choi, Soonja (ed.) *Japanese/Korean Linguistics* 3, pp.54–66. Stanford: CSLI.

遠藤喜雄（2014）『日本語カートグラフィー序説』ひつじ書房.

Evans, Nicholas. (2007) Insubordination and Its Uses. In Nikolaeva, Irina (ed.) *Finiteness*, pp.366–431. Oxford: Oxford University Press.

Evans, Nicholas, and Honore Watanabe. (eds.) (2016) *Insubordination*. Amsterdam: John Benjamins.

Green, Georgia M. (1976) Main Clause Phenomena in Subordinate Clauses. *Language* 52(2): pp.382–397. Linguistic Society of America.

Haegeman, Liliane. (2009) Main Clause Phenomena and the Derivation of Adverbial Clauses. In *Proceedings of the 18th International Symposium on Theoretical and Applied Linguistics* (ISTAL). (ed.) Aristotle University of Thessaloniki.

Haiman, John. (1983) Iconic and Economic Motivation. *Language* 59(4): pp.781–819. Linguistic Society of America.

長谷川信子（編）（2008）『日本語の主文現象』ひつじ書房.

Hinds, John. (1986) *Situation vs. Person Focus*. Tokyo: Kurosio publishers.

Hooper, Joan B., and Sandra A. Thompson. (1973) On the Applicability of Root Transformations. *Linguistic Inquiry* 4(4): pp.465–497.

Horie, Kaoru, Joung-Min Kim, and Mizuho Tamaji. (2007) Where Japanese Contrasts with Korean and Mandarin Chinese: Intersubjectivity, Modality, and the Differential Pragmatic-semantic Foundations Across Languages. *Studies in Pragmatics* 9, pp.1–16. The Pragmatics Society of Japan.

堀江薫・金アラン（2009）「韓国語のスピーチレベルシフトの文法的・社会言語学的・語用論的分析―日本語との対比を通して」日本語用論学会第12回大会．招聘研究発表（2009.12.5 龍谷大学）.

堀江薫・プラシャント パルデシ（2009）『言語のタイポロジー―認知類型論のアプローチ』研究社.

堀江薫（2015）「日本語の「非終止形述語」文末形式のタイポロジー―他言語との比較を通じて」益岡隆志編『日本語研究とその可能性』pp.133–167.

開拓社.

堀江薫（2016）「対照語用論」加藤重広・滝浦真人編『語用論研究法ハンドブック』pp.133–157. ひつじ書房.

Hurford, James R. (2006) *The Origins of Meaning*. Oxford: Oxford University Press.

飯田理恵子（2012）『フランス語の話し言葉における従属接続詞 *parce que* の機能的拡張—日本語の「カラ」との比較を通じて』名古屋大学大学院国際言語文化研究科修士論文.

Ikegami, Yoshihiko. (2005) Indices of a 'Subjectivity-prominent' Language: Between Cognitive Linguistics and Linguistic Typology. *Annual Review of Cognitive Linguistics* 3(1) : pp.132–164. Amsterdam: John Benjamins.

池上嘉彦（2011）「日本語と主観性・主体性」澤田治美編『ひつじ意味論講座 第 5 巻 主観性と主体性』pp.49–67. ひつじ書房.

石黒圭（2007）『よくわかる文章表現の技術Ⅴ—文体編』明治書院.

Iwasaki, Shoichi. (1993) *Subjectivity in Grammar and Discourse: Theoretical Considerations and a Case Study of Japanese Spoken Discourse*. Amsterdam: John Benjamins.

神尾昭雄（1990）『情報のなわばり理論—言語の機能的分析』大修館書店.

金廷珉（近刊）「韓国語の直接引用修飾節に関する一考察」プラシャント・パルデシ・堀江薫編『日本語と世界の言語の名詞修飾表現』ひつじ書房.

金恩愛（2003）「日本語の名詞志向構造（nominal-oriented structure）と韓国語の動詞志向構造（verbal-oriented structure）」『朝鮮学報』188（07）: pp.1–83. 朝鮮学会.

Kim, Yewon and Kaoru Horie. (in press) From manner to pseudo quotation: The grammaticalization of Korean *sik* ('style, manner') and Japanese *fuu* ('wind, manner'). *Japanese/Korean Linguistics* 26. Stanford, CA: CSLI.

Lyons, John. (1982) Deixis and subjectivity: *Loquor, ergo sum*? In : Jarvella, R. J., and W. Klein (eds.) *Speech, Place and Action: Studies in Deixis and Gesture*, pp.101–124. Hoboken, NJ: John Wiley and Sons.

Maynard, Senko K. (1997) *Japanese Communication*. Honolulu: University of Hawaii Press.

メイナード・泉子・K.（2008）『マルチジャンル談話論—間ジャンル性と意味の創造』くろしお出版.

森有正（1977）『経験と思想』岩波書店.

大西美穂（2013）「文末が名詞で終わる報告・引用表現」『日本語用論学会第15回大会論文集』pp.25–32. 日本語用論学会.

Quirk, Randolph et al. (1985) *A Comprehensive Grammar of the English Language*. London: Longman.

坪本篤郎（2014）「いわゆる主要部内在型関係節の形式と意味と語用論」益岡隆志他編『日本語複文構文の研究』pp.55–84. ひつじ書房.

Uehara, Satoshi. (2006) Toward a Typology of Linguistic Subjectivity: A Cognitive and Cross-linguistic Approach to Grammaticalized Deixis. In Angeliki Athanasiadou, Constas Canakis and Bert Cornillie (eds.) *Subjectification:*

Various Paths to Subjectivity, pp.75–117. Berlin: Mouton de Gruyter.

上原聡（2011）「主観性に関する言語の対照と類型」澤田治美編『ひつじ意味論講座　第5巻　主観性と主体性』pp.69–91. ひつじ書房.

Wang, Luming, Kaoru Horie, and Prashant Pardeshi. (2009) Toward a Functional Typology of Noun Modifying Constructions in Japanese and Chinese: A Corpus-based Account." In: Inagaki Shunji et al. (eds.) *Studies in Language Sciences* 8, pp.213–228. Tokyo: Kurosio publishers.

山口治彦（2009）『明晰な引用，しなやかな引用―話法の日英対照研究』くろしお出版.

日本語「〜てある」構文の話し手（観察者）と行為者
話し手・発話場面の重要性

高見健一

要旨

　本稿では、従来の研究で不適格とされている日英語の文でも、別の場や文脈で用いられると適格となる事実を示し、文の適格性には、「言語内の要因」だけでなく、「言語外の要因」も大きく関わっていることを指摘する。そして、特に日本語の「〜てある」構文を考察し、動詞の意味のみに基づくこれまでの分析の不備を指摘して、この構文の適格性を説明するには、問題となる動作の行為者と話し手（観察者）が異なる場合だけでなく、同一人物の場合も考慮する必要があることを示す。そして同時に、この構文は話し手の心的態度を反映する主観的表現であることを指摘する。

キーワード

　「〜てある」構文、話し手、観察者、結果、状態変化、位置変化、意図性

1.　はじめに

　ある構文が適格となったり不適格となったりする理由を考える際に、生成文法のような形式的言語研究では、統語的要因が関わっていると考え、語彙意味論のような意味論研究では、動詞などの意味特性が関わっていると考えるのが一般的である。しかし私達は、ある適格文と不適格文を目の前にしたとき、両者を決定づけている要因が何であるか、最初は分からない。そのため、より多くの適格文

と不適格文を調べ、統語的、意味的要因だけでなく、文全体の機能や談話的、語用論的要因も関与しているのではないかという点を常に意識しておく必要があると考えられる。そしてこれまでの研究で、不適格とマークされている文でも、その文が異なる場面で発話されたり、話し手と聞き手が先行文脈により一定の情報を共有していれば、適格となる場合があるかも知れないという点も意識しておく必要があると考えられる。つまり、ある構文の適格性には、その文を構成する要素、すなわち「言語内の要因」だけでなく、その文の話し手・聞き手、場面、文脈、語用論的知識など、その文を取り巻く「言語外の要因」も関わっているかも知れないという点を常に意識しておく必要があると考えられる。

　本稿はこのような観点に立ち、まず第2節で、日英語の様々な構文を取り上げ、ある不適格文が別の場面や文脈で発話されると適格文になることを観察する。そしてこのような事実から、それぞれの構文の適格性には、上で述べた「言語外の要因」が大きく関与していることを指摘する。次に第3節で、日本語の「～てある」構文（例えば、「公園に桜の苗木が植えてある」）を考察する。従来、この構文は、対象物（先の例では「桜の苗木」）の状態や位置を変化させ、現在においてその結果が残っていることを表す表現であり、意図的な動作を表す他動詞のみ用いられると説明されてきた。第3節では、このような説明が多くの例を処理できるものの、重要な問題があることを指摘する。そして、「～てある」構文で示される動作（先の例では、「桜の苗木を植える」）の行為者（動作主）と、この文の話し手（観察者）を認識し、この構文の適格性を説明するには、両者が異なる場合だけでなく、同一人物の場合も考慮しなければならないことを示す。さらに、「～てある」構文は、話し手の心的態度が如実に反映した主観的表現であることを指摘し、この構文が適格となるための意味的・機能的制約を提唱する。

2. 場面を考慮することの重要性

　生成文法や語彙意味論の研究では、様々な構文の適格例と不適格

例が対比され、その構文が適格となる統語的、意味的条件が提唱されているが、そこで提示される文は、しばしばそれが発話される場面や状況が考慮されず、その文のみの研究者の内省的判断に依存している。そのため、不適格文として提示されている文でも、その文の発話場面を変えたり、文脈を与えたりすると、たちまちにして適格文になる場合がある。筆者は、久野暲氏とのこれまでの共同研究において、この点を幾度となく指摘し、統語論研究においては、純粋な統語的要因だけでなく、様々な非統語的（意味的、談話的、語用論的）要因も考慮しなければならないと提唱してきた。例えば、次の例を見てみよう。

(1) a. ＊ろくな学生が論文を書かない。　　　（西垣内（1993: 165））

　　 b. ［大学4年生20名対象の授業の期末試験で、17名は合格したが、3名が不合格となり、担当の教師は苦肉の救済策として、その3名に論文を書かせ、その論文が提出された際に次のように言う］
　　　　［ろくな学生が論文を書かなかったので、いい内容のものはないだろうが、読んでみよう。

(2) a. ＊物価に下がってもらった。　　　（影山（1996: 32））

　　 b. 就職難やリストラで不景気が続き、給料さえカットされるんだから、もうあとは物価に下がってもらうしか道はないね。

(3) a. ＊学生が酒を3人飲んだ。

　　　　　　　　　　　　　　　（Miyagawa & Arikawa（2007: 660））

　　 b. 昨日のコンパで、学生がビールを6人、酎ハイを4人、酒を3人飲んだ。

　西垣内（1993）は、(1a)の不適格文を提示し、否定対極表現の「ろくな」は、他動詞文の主語にはつかず、「学生がろくな論文を書かない」のように、目的語にのみつくと主張している。しかし(1a)は、(1b)のような場面で発話されると適格であるため、このような主張は妥当とは言えない。「ろくな…ない」という表現は、高見・久野（2006：第2章）で示したように、「学生がろくな論文を書かない」であれば、話し手が、(i)「学生がいい論文を書くと

いい」という想定をした上で（含意）、結果として（ii）「学生がいい論文を書かず、悪い論文ばかり書く」と述べる（断定）ことになる。そうすると、(1a) が唐突に発話されると、この文は「優秀な学生が論文を書かず、出来の悪い学生ばかりが論文を書く」と述べていることになる。しかし、このようなことは学校社会で常識的には考えられず、起こりそうにない状況の描写であるため不適格となるが、(1b) が適格なのは、まさにこのような状況を設定しており、話し手の断定と一致しているためである。

　ここで、「ろくな…ない」という表現は、話し手の想定（含意）も重要な役割を果たしていることを次の対比を用いて指摘しておきたい。

（4）a. ＊昨夜、私の店が火事になったが、ろくな物が焼けず、ほっとした。

　　　b. 昨夜、腹いせにあいつの家に火をつけてやったが、ろくな物が焼けず、残念だった。

「ろくな物が焼けず」という文自体は、(4a, b) ともに同じであるが、(4a) は不適格、(4b) は適格である。その理由は、(4a) では話し手が「いい物（貴重で大切な物）が焼けるといい」という、常識上あり得ない想定をしているためであり、(4b) では放火犯人の話し手がまさにそのような想定をしているためである。したがって、「ろくな…ない」構文は、話し手の心的態度が刻印された「主観的意味」を持っており、それを明らかにするためには、発話の場面や (4a, b) のような文脈の中でこの表現を考察しなければならない。

　影山（1996）は、「〜てもらう」構文には、「走る、踊る」のような主語の意図的行為を表す非能格動詞（と他動詞）のみ現れ、「下がる、落ちる」のような主語の非意図的事象を表す非対格動詞は現れないと主張し、(2a) の不適格文を提示している。しかし (2a) は、この文が唐突に発話されると不適格であるものの、(2b) のような文脈で用いられると適格になる。そのため、非対格動詞が「〜てもらう」構文に一律に現れないとは言えない。「〜てもらう」構文は、その埋め込み文の表す事象（(2a) だと「物価が下がった」）を、話し手が、主文主語指示物にとって利益になると考え、

その利益が「ニ」格名詞句指示物（(2a) だと「物価」）のおかげで
あると考えていることを示すものである。(2a) だけだと、物価が
下がったことしか述べられておらず、それが話し手にどのような利
益をもたらしたか不明であるのに対し、(2b) では、「〜てもらう」
の前後の文脈でその利益が示されているため、両者で適格性が異な
ると考えられる（詳細は高見・久野 (2002: 第6章) 参照）。その
ため、「〜てもらう」構文に関しても、動詞のみでその適格性が決
まるわけではなく、話し手が主語指示物の利益を文脈で明示してい
るかどうかという、「主観的意味」の考察が不可欠である。

　Miyagawa and Arikawa (2007)（黒田 (1980)、Miyagawa
(1989) 等も参照）は、(3a) のような例を提示し、主語の「学生」
を修飾する「3人」は、「学生が 3 人酒を飲んだ」のように、主語
の直後に置くことはできるが、目的語と動詞の間には置けないと
主張している。しかし、この文が (3b) のような対比的文脈で用い
られるとまったく自然であるため、主語を修飾する数量詞が一律に
目的語の後ろに位置しないとは言えない。日本語の文の情報構造は、
通例、動詞の位置が文末に固定されているので、動詞が旧情報（よ
り旧い情報）を表す場合は、その直前の要素が文中で最も新しい
（最も重要な）情報を表す（久野 (1978: 60) 参照）。したがって、
(3a) では「3人」が最も新しい情報を表すことになるが、唐突に
「酒を3人」と述べているため、この文は「酒を」が「3人」より
旧い情報であると解釈できず、不自然に感じられる。一方 (3b) で
は、学生が飲んだアルコールの種類とそれぞれの種類のアルコール
を飲んだ学生の数が対比的に述べられ、統計的な報告がなされてい
る。そしてこの場合、それぞれのアルコールの種類をまず提示し、
その後にその種類のアルコールを飲んだ学生の数を提示しているた
め、後者の人数がより重要であり、この文全体の焦点要素であるこ
とがはっきりする。そのため、(3b) は適格となる（詳細は高見・
久野 (2014: 第3章) を参照）。よって、「数量詞遊離」の適格性も、
(3a) のような単独の文に基づく内省的判断にのみ依存して考察す
るのは不十分であり、文が発話される場面や文脈、文の情報構造や
話し手が強調したい要素など、語用論的・機能的要因や話し手の意

図に関する考察が不可欠である。

英語に関しても同様のことが言える。次の例を見てみよう。

(5) a. * Pictures of **himself**[i] don't portray **John**[i] well.

(cf. Belletti & Rizzi (1988: 312))

　b. (**John**[i] is very unhappy with the artist he hired.) None of the pictures of **himself**[i] by the artist portray **him**[i] well.

(6) a. ??/*How red did you boil the lobster?

(McNulty (1988: 154))

　b. I'm going to boil my lobster medium red. How red do you want me to boil yours?

(7) a. * John left e angry [the reception for the ambassador from Ulan Bator]. (Larson (1988: 5))

　b. I don't know why, but Smith often gets offended at parties he goes to and leaves them angry at the hosts. Only two nights ago, he left e angry [the reception which was given in his honor], because ....

生成文法では、(5a) は、Chomsky (1981) の「束縛原理A」(= 再帰代名詞は、その統率範疇で先行詞にc統御されなければならない) により、主語の一部である himself が、動詞句内の先行詞 John にc統御されず、不適格であると説明されている。しかし、同様の文が (5b) のような文脈の後で発話されると、まったく適格となる。これは、Kuno and Takami (1993: Ch. 5) で示したように、「picture of himself のような絵画名詞内の再帰代名詞は、その再帰代名詞の指示対象が、絵画等が自分を描いていることを意識している場合に用いられる」という制約があるためである。(5a) で、「ジョンの絵がジョンをうまく描いていない」と言っても、そのような客観的描写からは、ジョンがその絵のことを知っているかどうか分からない。一方、(5b) のような文脈が与えられると、ジョンは自分が雇った芸術家が描いた絵のことを意識しているのが明らかであり、(5b) は (5a) と異なり適格となる。つまり、単独の (5a) のような文のみを考察しただけでは、絵画名詞の再帰代名詞の使用を的確に捉えられず、そのような文がどのような場面で発話される

か、どのような文脈のもとで使用されるかを考察して初めてその使用が捉えられる。したがって、ここでも純粋な統語的要因ではなく、「意識」というような非統語的要因が統語現象の適格性を決定づけている。

　McNulty (1988: 154) は (6a) を不自然、不適格としているが、この文も (6b) のような文脈で用いられると適格になる。両者の違いは、次の理由によると考えられる。人が物をゆでるとき、卵のように「固ゆで」、「半熟」など、「固さ」は意識されるが、「赤ゆで」などは一般的でなく、「赤さ」が意識にのぼることは通例ないし、普通の状況では「赤さ」に程度があるとは意識されない。そのため、(6a) のような疑問文が唐突に発話されると不適格と判断される。しかし (6b) では第1文で、boil : medium red の結びつきが提示されているため、聞き手は fully boiled, medium boiled, lightly boiled のようなゆで方の違いを意識し、ロブスターをゆでたときの「赤さ」に程度があるものと意識できる。つまり、第1文が第2文の「呼び水的効果」(priming effect) となり、boil : how red の結びつきがスムーズになり、「赤さ」の程度が意識されるので、(6b) は適格となる (詳細は Kuno and Takami (1993: Ch. 2) を参照)。

　Larson (1988) は、重名詞句移動 (Heavy NP Shift) は、付加詞 ((7a) だと主語 John を叙述する angry) が主語指向の場合は適用できないとして、(7a) を提示している (e は移動した要素の痕跡)。しかし、同様の文が (7b) のような文脈で用いられるとまったく適格となるため、このような主張は維持できない。この違いは、文の各構成要素は、通例、旧情報から新情報へ流れるという、文の情報構造に依存している。つまり、V + NP + AP パターンで重名詞句移動が適用されるのは、V + AP パターンが旧情報を伝達する場合である (詳細は Kuno and Takami (1993: Ch. 4) を参照)。(7a) が唐突に発話されると、「ある場所を怒って立ち去る」という状況は一般的でないため、この文で問題となっているのが、ジョンがレセプションを立ち去ったとき、怒っていたかどうかではなく、ジョンが怒った状態でどこを立ち去ったかであると解釈することが難しい。よって、この文は不適格となる。一方 (7b) では、スミス氏がパー

ティーを怒って立ち去ることがしばしばあることが先行文で述べられているため、第2文では V + AP の left angry が旧情報として解釈される。そのため、この文はスミス氏が怒った状態でどこを立ち去ったかを述べようとしていると唯一的に解釈され、適格となる。

3. 日本語の「〜てある」構文

3.1 これまでの説明

日本語では、動詞に「〜てある」という表現を伴う次のような文が頻繁に用いられ、伝統的な日本語文法研究や近年の生成文法、語彙意味論等で多くの関心を集め、その意味解釈や適格性条件が議論されてきた（松下（1924）、高橋（1969）、吉川（1973）、寺村（1984）、Miyagawa（1989）、影山（1996）等参照）。

(8) a.　野菜がきれいに洗ってある。

　　 b.　壁にモネの絵が掛けてある。

　　 c.　卒業式のために椅子はもう体育館に並べてあります。

(8a–c) では、本来、「野菜を洗う、モネの絵を掛ける、椅子を並べる」という他動詞表現の目的語である「野菜、モネの絵、椅子」が、「ガ」や「ハ」でマークされて主語や主題になり、他動詞の「洗う、掛ける、並べる」に「〜てある」がついている。高橋（1969）は、「〜てある」表現が、「対象に変化を生ずる動きが終わった後、その対象を主語にして、結果の状態を述語として表したものである」と述べ、吉川（1973）は、この表現が「動作の終わった後の結果の状態を表す」と述べている。また寺村（1984: 147, 151）は、この表現が「処置の結果の存在」、言い換えれば、「人が何かに対して働きかける動作、行為の既然の［= 動作がすべて終了した］結果の存在をいう」と述べている（下線はすべて筆者）。さらに高橋（1969）と寺村（1984）は、「〜てある」表現に用いられる動詞は意図的（意志的）な動作を表す動詞であると述べ、吉川（1973）は、上に示した「〜てある」の意味から、「〜てある」表現が表す動作は、何かの「準備のためにした動作だ」という意味が派生してくると述べている（松下（1924）も参照）。

このような説明は、日本語教育の分野でもなされており、Jorden (1963: 282) は、この表現が「誰か人が行なった行為の結果が残っている」ことを表すものであると述べ（下線は筆者。Jorden and Noda (1988: 88–89) も参照）、『みんなの日本語初級 II 教え方の手引き』（スリーエーネットワーク、2001）では、「『〜てあります』（『〜てある』）には、人の動作を示す他動詞が使われ、人が何らかの意図や目的を持って行なった行為の結果として物の現在の状態を表す」と説明され、同時に、この表現では、「準備など、将来のために前もってしておくことが述べられる」と書かれている（pp.54–55）。

　以上の「〜てある」表現に関する説明で、ほぼ全員が一致している見解を (9i) のようにまとめて示す。(9ii) は、これらの研究者達の一部で付加的に提唱されている説明である（以下、「〜てある」を伴う文を「〜てある」構文と呼ぶ）。

(9)　**伝統的日本語文法研究・日本語教育での「〜てある」構文の説明：**

　　(i)　「〜てある」構文は、ある動作が終わった後に生じる結果が現在において残っていることを表す表現である。

　　(ii)　この構文が指し示す過去の動作は、何かの準備のために前もって行なわれた動作である。

　この説明によれば、(8a–c) は、野菜が洗って置いてあり、モネの絵が壁に掛かっており、椅子が並べた状態で置いてあるため、それぞれの動作がなされたあとの結果が残っているので、適格であると言える。

　上記のような伝統的な説明とは別に、近年、Miyagawa (1989) は生成文法の枠組みで、影山（1996）は語彙意味論の枠組みで、「〜てある」構文の適格性に関して提案を行なっている。彼らは、「〜てある」が他動詞と共起する場合、動詞の表す動作の結果、対象物を変化させたり移動させたりして、対象物の「状態変化」や「位置変化」を意図的に引き起こす他動詞のみ許されると主張している。彼らが提示する例を以下に見てみよう。

(10)a.　窓が開けてある。（状態変化）

日本語「〜てある」構文の話し手（観察者）と行為者　　71

b.　お湯が沸かしてある。（状態変化）

(11)a.　現金が金庫に入れてある。（位置変化）

b.　花が霊前に供えてある。（位置変化）

(12)a.　*子供が褒めてある。

b.　*あの人が殴ってある。

c.　*お父さんの肩が叩いてある。

d.　*杖が握ってある。

e.　*弾が獲物に撃ってある。

f.　*フライ（ボール）が外野に打ってある。

　(10a, b) では、動詞の表す動作の結果、対象物（主語の「窓」や「お湯」）が状態変化を受け、(11a, b) では、対象物（主語の「現金」や「花」）が位置変化を受けている。一方 (12a, b) では、人が褒められたり、殴られても、普通は、目に見えるような状態変化はないと Miyagawa (1989) は言う。影山 (1996) は、「〜てある」構文に用いられる動詞は、「状態変化ないし位置変化を意図的に引き起こす他動詞でなければならず」(p. 186)、そのため (12b–d) の「殴る、叩く、握る」のような「打撃や接触の動詞」は用いられないと述べている。また影山 (1996: 65–66) は、(11a, b) の動詞「入れる、供える」等は、対象物が必ず目標の場所に到達していることを示すのに対し、(12e, f) の動詞「撃つ、打つ」等は、対象物が必ずしも目標の場所に到達していないことを示すと述べている。例えば (11a) で、現金を金庫に入れれば、現金は必ず金庫にあるが、(12e) では、弾を獲物に撃っても、弾が獲物に当たらない場合もあるというわけである。

　以上の Miyagawa (1989)、影山 (1996) の「〜てある」構文に関する主張は、次のようにまとめられる。

(13)**「〜てある」構文に課される状態・位置変化制約**：「〜てある」構文には、状態変化ないし位置変化を意図的に引き起こす他動詞のみ用いられる。（結果状態を伴わない「打撃・接触動詞」は用いられない。）　　（影山 (1996: 186) 参照）

　私達はここで、(13) の「状態・位置変化制約」は、(9) の伝統的な説明と同趣旨の主張であり、いわばコインの裏表であることに

気がつく。なぜなら、ある動作・行為が対象物の状態や位置を変化させれば、その変化ゆえに結果が残ることになり、対象物の状態や位置が変化しなければ、その動作・行為のあとに結果は生じないからである。そして実のところ、高橋（1969）は、上で指摘したように、「〜てある」表現は、「対象に変化を生ずる動きが終わった後、その対象を主語にして、結果の状態を述語として表したものである」と述べ、さらにこの構文に用いられる動詞は、「対象に変化を生ずる他動詞である」と述べている（金田一（編）（1976: 128））。また吉川（1973）は、「〜てある」構文に用いられる動詞の多くが、「乾かす、直す」のような対象を変化させる意味を表す動詞や、「置く、掛ける」のような対象の位置を変化させる意味を表す動詞であると述べており（下線は筆者。金田一（編）（1976: 254））、（13）の制約はこの点とも共通している。

　以上から、（9）と（13）の説明を統合して、「〜てある」構文に対する制約を次のように規定しておこう。

(14)**「〜てある」構文に対する従来の説明**：「〜てある」構文は、対象物の状態や位置を変化させて、現在においてそのあとの結果が残っていることを表す表現であり、意図的な動作を表す他動詞のみ用いられる。

3.2　これまでの説明の問題点

　（14）の従来の説明は、「〜てある」構文の多くの例を説明できるものの、2つの重要な問題があると考えられる。1つは、「〜てある」構文で示されている動作の行為者（動作主）を考慮に入れず、誰かが行なった動作で対象物に変化が生じているかや、結果が残っているかを観察者である話し手が観察できるかどうかという点のみを考えている点である。つまり、観察者である話し手は、行為者とは別であるとの想定に立っており、両者が同一である場合を考慮に入れておらず、そもそもこれら2つの立場を区別していない。しかし、観察者である話し手が、同時に行為者でもあれば、自分が当該の行為を行なったことを自ら知っているので、その動作のあとに変化や結果が生じなくても、「〜てある」構文を用いることができる。

例えば次の例を見てみよう。

(15) a. ＊子供が褒めてある。（=12a）（Miyagawa）

　　　b. （生徒たちのリサイタルの後で）

　　　　　先生：子供たちみんなに、「よくがんばって偉かった」
　　　　　　　　と褒めてやらなければなりませんが、褒め忘れ
　　　　　　　　た子供はありませんか。

　　　　　助手：太郎君と夏子さんはもう褒めてありますが、花
　　　　　　　　子さんがまだ褒めてありません。

(16) a. ＊あの人が殴ってある。（=12b）（Miyagawa）

　　　b. 親分：奴らをこらしめのため、手厳しく殴りつけてお
　　　　　　　　くべきだ。

　　　　　子分：（平次と権助は殴ってありますが、）三平がまだ
　　　　　　　　殴ってありません。

(17) a. ＊お父さんの肩が叩いてある。（=12c）（影山）

　　　b. ［状況：あるマッサージ院では、客が家で自分の肩をよ
　　　　　　く叩いてから来るように勧めている。］

　　　　　お客：肩のこりがひどいんで、よろしくお願いいたし
　　　　　　　　ます。

　　　　　マッサージ師：両肩とも十分叩いてありますか？

　　　　　お客：私、左利きなんで、（右肩は十分叩いてあるんで
　　　　　　　　すが、）左肩がまだ少ししか叩いてありません。

　（12a–c）の不適格文と同様の文が、（15b）、（16b）、（17b）のよう
な場面、文脈で発話されるとまったく適格となる。したがって、両
者の適格性の違いは、従来の説明が妥当でないことを示している。
そして同時に（15b）、（16b）、（17b）が適格なのは、これらの文の
話し手が、すべて当該の行為を行なった行為者本人であることと関
係しており、観察者としての話し手と当該の行為を行なった行為者
の区別、および両者が同一の場合を考慮しなければならないことを
示している。

　同じことが次の例に関しても言える。

(18) a. ＊杖が握ってある。（=12d）（影山）

　　　b. ［観光ガイドが、長い吊り橋を渡り終えた親子連れのお

客さん達に〕

　　　　子ども達の手がしっかりと握ってあったので、不安に

　　　　なる子はいませんでしたね。

(19) a. ＊弾が獲物に撃ってある。（=12e）（影山）

　　 b. 睡眠弾がすでに一発あの虎に撃ってあるので、すぐに

　　　　眠るでしょう。

(20) a. ＊フライ（ボール）が外野に打ってある。（=12f）（影山）

　　 b. 〔高校野球のコーチが、参観に来た父兄に〕

　　　　もう百本以上もゴロが内野に打ってありますから、こ

　　　　れから、外野フライの練習に入ります。

　(18b) では、子供達の手を握っていたのは、子供達の親であるが、観光ガイドはその事実を知っているため、子供達の手に握ったあとが残っていなくても (18b) のように言える。一方 (19b)、(20b) の話し手は、睡眠弾を虎に撃ったり、ゴロを内野に打った行為者本人であるため、たとえ変化や結果が残っていなくてもこのような文を用いることができる。この点が分かると、(19a) も、(睡眠) 弾を撃った本人の発話と考えれば、適格文となる。この文が、例えばサハリ観光のバスから降りた観光客の発話としては不適格なのは、弾が見えるわけではないからであろう。もし、「弾」が、アニマルコントロールに使われる催眠銃の羽根付きの矢のことであれば、この文は適格となる。

　これまでの説明の 2 つ目の問題点は、すでに吉川 (1973) や寺村 (1984) が気づいていたことであるが、対象物の変化を引き起こさない動詞でも、「〜てある」構文に用いられるという点である。次の例を見てみよう。

(21) a. 来週休講にすることはもう学生達に話してある。

　　 b. 湯加減はもう見てありますから、お風呂にどうぞ。

　　 c. 宿泊はもう予約してあるので、大丈夫です。

　「話す、見る、予約する」などは、これらの動作が行なわれても、その対象物は変化しないし、結果も残らないが、(21a–c) はまったく適格である。この点に関して吉川 (1973) は、「対象を変化させることを意味しない動詞では、単にその動作が行なわれた後の状態

である、ということを表すに過ぎない」と述べ（下線は筆者、[金田一（編）(1976: 254)]）、寺村（1984: 147）は、「現在の状況を述べる場合」であると説明している。しかし、このような例は、(9)の説明の重要な反例であるにもかかわらず、例外的扱いしかされず、その後のMiyagawa (1989)、影山（1996）の研究でも取り上げられなかった。

　読者の方はもうお気づきのことと思うが、(21a–c)の話し手は、それぞれの動作を行なった行為者であることに注意されたい。従来の研究では、行為者と話し手（観察者）が同一人物である場合についての考慮が欠けていたことを上で指摘したが、「〜てある」構文に関する従来の研究では、例えば「窓が開けてある」（=10a）のような例が数多く用いられてきたにもかかわらず、この文が2つの意味、すなわち、行為者と話し手が同じ場合の解釈（(10a)だと、話し手自身が窓を開けて、窓がすでに開いた状態になっているという場合）と、行為者と話し手が違う場合の解釈（(10a)だと、話し手が開いている窓を見て、誰かが窓を開けた状態にしているという場合）があることについての明確な認識が欠けていたように思われる。そして、この認識があったなら、(21a–c)のような重要な反例が、行為者（あるいは、その代理人）と話し手（観察者）が同じ場合の解釈しかないことがすぐに認知され、そして、「話す、見る、予約する」が、「状態・位置変化」動詞でも「結果」動詞でもないにもかかわらず、これらの文が適格であることは、次のような仮説に容易に結び付けられていたことと思われる。

(22)「Vてある」構文が適格文であるためには、Vが表す動作が過去において行なわれたことを示す明らかな証拠を話し手（観察者）が持っていなければならない。Vの行為者が話し手自身であれば、その行為の証拠が目に見えなくても、話し手は、自分の行なった行為についての明らかな証拠を持っていることになる。

3.3　「〜てある」構文に課される意味的・機能的制約

従来、「〜てある」構文は、「ある動作が終わった後に生じる<u>結果</u>

が現在において残っていることを表す表現である」というのが定説であった。ただ、この「結果」というのは、対象物の状態変化や位置変化のような目に見える結果のみを指すものであった。そのため、「～を話す、見る、発表する、予約する」のような対象物の状態変化や位置変化を表さない他動詞表現を用いた「話してある、見てある、発表してある、予約してある」等が例外扱いされてきた。しかし、このような動詞句表現は無限に存在する。そのため本稿では、「～てある」構文の意味を指定するのに、「結果」という表現を避けて、「過去に行なわれた行為に起因する状態が発話時において有意義である」という表現を用いる。この定義によれば、「魚が焼いてある」は、誰かが過去に魚を焼いた後の状態が発話時に有意義であるためには、発話時には魚が焼けていなければならないので、過去の「魚を焼く」という行為の結果を表す表現ということになる。他方、「来週休講にすることはもう学生達に話してある」(=21a) は、「学生達はもう休講のことを覚えているはずだ」とか、「繰り返して学生達に話す必要はない」とか、「もう教務課に通知する必要はない」とかいう、様々な有意義性を持ち得る。したがって、次の単純過去形文 (23a)、(24a) と「～てある」構文 (23b)、(24b) の意味の違いは、前者が過去に行なわれた行為を単に客観的に述べているのに対し、後者は、過去に起きた行為の発話時における意義を述べる文ということになる。

- (23) a. 誰かが鶴を千羽折った。
  - b. 鶴が千羽折ってある。
- (24) a. 誰かが柱時計の電池を抜いた。
  - b. 柱時計の電池が抜いてある。

次に、(25a) と (25b) を比べてみよう。

- (25) [店員が店長に携帯電話で]

  朝一番に店にやってきたのですが、

  - a. *誰かが店のガラスにいたずら書きをしました。
  - b. 店のガラスにいたずら書きがしてあります。

(25a) は、誰かの過去の行為と店員が直面している発話時の状態とがつながらないので、不適格である。一方 (25b) は、「～てあ

る」構文を使うことによって店員の発話時の窮状を表しているので、誰かの過去の行為とその発話時における意義がつながって適格となる。(25a) の不適格性は、名指しではないものの、「誰かが」によって主語を明記することによって、行為者にその行為の責任を帰する意味合いがあることにも起因するであろう。その点、(25b) では行為者が伏せられているから、そのような意味合いがない。

　次に、「～てある」構文には、高橋 (1969)、寺村 (1984) 等が主張しているように、意図的（意志的）な行為を表す動詞のみ現れると考えられる。ただ、その行為は、人が何らかの目的を持って行なう行為であり、松下 (1924)、吉川 (1973) や日本語教育で主張されている、何かの準備のためになされた行為であると考えるのは妥当でないように思われる。これらの点について以下で説明したい。まず、次の例を見てみよう。

(26) a.　魚が焼いてある。

　　 b. *家が焼いてある。

(27) a.　爪がきれいに切ってある。

　　 b. *指が一本切ってある。

(26)、(27) の (a) 文は適格であるが、(b) 文は不適格である。(a) 文の人が魚を焼いたり、爪を切る行為は、その人が何らかの目的を持って行なう意図的行為である。一方、(b) 文の人が家を焼いたり、指を切るのは、普通は、その人が誤ってやってしまう非意図的行為である。したがって、「～てある」構文が適格となるためには、過去において行なわれた行為が、その行為者が何らかの目的を持って行なう意図的行為でなければならないと考えられる。

　上記の考察は、例えば (27b) の「指を切る」というような、普通は人が不注意で誤ってやってしまう非意図的行為でも、その人が意図的に指を切るような行為になれば、次のように適格となることからも裏づけられる。

(28) [暴力団の組員になりたい男が暴力団の組長に向かって]

　　　この小指がちゃんと一本切ってありますから、私を組員にしてください。

　以上から、「～てある」構文に用いられる動詞は、人が何らかの

目的で行なう意図的行為であると考えられるが、この「何らかの目的で」は、「何かの準備のために」した動作とほぼ同じであると思われるかも知れない。両者の違いを明確にするために、次の例を見てみよう。

(29)a.　こんな所にゴミが捨ててある。

　　b.　こんな所に落書きがしてある。

これらの文の話し手、つまり、当該事象の観察者は、ある所にゴミを捨てたり、落書きをした人、つまり、当該事象の行為者が、何かの準備のためにそのような行為をしたとは普通考えないであろう。そのため、「～てある」構文で表される動作が、すべて何かの準備のためになされたと想定するには無理があり、条件が強すぎると考えられる。ただ (29a, b) で、ゴミを捨てた行為者は、自分の身の周りをきれいにするためであったり、落書きをした行為者は、何か表現したいことを書き残しておくためだったり、何らかの目的を持ってそのような行為を行なっている。したがって、「～てある」構文の表す動作は、「何かの準備のために」なされたと考えるより、行為者が何かの目的でなしたと考えるのが妥当であると思われる。そして、「何かの目的で」という制限は、「何かの準備のために」という解釈を行為者の観点からの解釈に限定し、観察者の観点から切り離したものである。

　以上の考察を統合して、「～てある」構文の適格性に関して次の制約を立てることができる。

(30)**「～てある」構文に課される意味的・機能的制約：**「～てある」構文は、動詞が表す意図的行為が、過去において誰かによって何らかの目的でなされたことが話し手（疑問文の場合は聞き手）に明らかで、その行為に起因する状態が発話時において話し手にとって有意義であることを主張する表現である。

　この制約から明らかなように、話し手は「～てある」構文を用いることにより、過去において誰かが何らかの目的で行なった行為に起因する状態が発話時において有意義であることを主張しているため、「～てある」構文は話し手の心的態度を如実に反映する構文で

あり、その点で主観的表現であることが分かる。そして、以上の考察から、「〜てある」構文は、誰かの過去における意図的行為がもたらす現在の状態を、その行為主体（行為者）ではなく、被行為主体に焦点を置いて記述する、言わば「受身文」的表現であると言える。

（30）の制約により、上で提示した例文の適・不適格性はすべて説明できる。例えば、（15a, b）、（17a, b）（以下に再録）を見てみよう。

(15) a. ＊子供が褒めてある。(=12a) (Miyagawa)

　　b. （生徒たちのリサイタルの後で）

　　　　先生：子供たちみんなに、「よくがんばって偉かった」と褒めてやらなければなりませんが、褒め忘れた子供はありませんか。

　　　　助手：太郎君と夏子さんはもう褒めてありますが、花子さんがまだ褒めてありません。

(17) a. ＊お父さんの肩が叩いてある。(=12c) (影山)

　　b. ［状況：あるマッサージ院では、客が家で自分の肩をよく叩いてから来るように勧めている。］

　　　　お客：肩のこりがひどいんで、よろしくお願いいたします。

　　　　マッサージ師：両肩とも十分叩いてありますか？

　　　　お客：私、左利きなんで、（右肩は十分叩いてあるんですが、）左肩がまだ少ししか叩いてありません。

（15a）では、誰かが子供を褒めても、観察者である話し手は、そのような行為が過去において誰かによってなされたかどうか分からない。よって（30）の制約に違反して不適格である。一方、（15b）の「太郎君と夏子さんはもう褒めてあります」では、行為者である話し手にとっては、その行為を自分がすでに行なっていることが明らかである。よって（30）の制約を満たして適格となる。同様に、（17a）では、お父さんの肩を叩いたのが、話し手自身であることが示されておらず、誰かがお父さんの肩を叩いても、観察者である話し手には、そのような行為が過去において誰かによってなされたか

80　　　高見健一

どうか分からない。一方 (17b) では、行為者である話し手にとっ
ては、肩を叩くという行為を自分が行なったことが明らかである。
よって、(30) の制約により、両者に適格性の違いが生じる（(16a,
b)、(18a, b) – (20a, b) も同様に説明できる）。

　(30) の制約は、Miyagawa (1989) が提示する次の文の不適格性
も自動的に説明できる。

(31) a. ＊アイスクリームが好んである。

　　 b. ＊花子が愛してある。

　　 c. ＊クラスメートが嫌ってある。

　これらの文が不適格なのは、「好む、愛する、嫌う」が、いずれ
も人が何らかの目的で行なう意図的な行為ではなく、非意図的な
状態を表すため、(30) の制約に違反しているからである（(26b)、
(27b) の不適格性も同様に説明できる）。

3.4　自動詞の「〜てある」構文と「Xを〜てある」構文

　これまで、他動詞の目的語 X が主語や主題となる「X が／は〜
てある」構文を議論してきたが、「〜てある」構文には自動詞も現
れ、さらに他動詞の目的語 X がそのまま「ヲ」格でマークされる
「X を〜てある」構文もある。本節では、これら 2 つの場合を観察
し、それらの適格性も (30) の制約で捉えられることを示したい。

　まず、自動詞の「〜てある」構文を考えてみよう。

(32) a. 　＊玄関の照明が消えてある。（非意図的事象）

　　 b. 　＊満月が出てあるから、お月見をしよう。（非意図的事
　　　　　象）

(33) a. 　＊学生達がプールで泳いである。（意図的行為）

　　 b. 　＊従業員が汗をかいて働いてある。（意図的行為）

　自動詞の「消える、出る」が用いられた (32a, b) は不適格で、
他動詞の「消す」を用いて「消してある」とするか、「〜ている」
という表現を用いて、「消えている、出ている」のように表現しな
ければならない。そして (32a, b) の不適格性は、「照明が消える、
満月が出る」が、人の意図的行為ではないため、(30) の制約を満
たしていないからだと考えられる。(33a, b) の動詞「泳ぐ、働く」

は意図的行為であるが、これらの文だけでは、そのような行為が主語指示物（行為者）によって過去においてなされたかどうか、話し手（観察者）には不明なため、(30) の制約を満たさず不適格であると考えられる。

一方、次のような自動詞の「〜てある」構文は、かなり適格性が高く、ほぼ容認可能である。

(34) a. 大学時代にもう十分遊んでありますから、これからは仕事に精を出します。

　　 b. 夕べはもう十分寝てあるから、今日は徹夜をしても大丈夫だ。

(Jacobsen (1991: 197)、原沢 (2005: 33) の例文を変更)

　　 c. あのピッチャーは、冬場にたっぷり走り込んであるので、延長線になってもスタミナは大丈夫だ。

(34a, b) の話し手は、自分自身が大学時代に十分遊んだことや、昨夜十分寝たことがよく分かっている。また (34c) の話し手は、話題となっているピッチャーが冬場にたっぷり走り込んでいることを知っている。つまり、これらの文では、意図的行為が何らかの目的で過去において主語指示物によって行なわれたことが、話し手（観察者）に明らかなことが示されており、(30) の制約が満たされて適格となる。

次に、「X を〜てある」構文を考えてみよう。

(35) a. 老後のために、ある程度のお金を貯えてあります。

　　 b. 美味しいお寿司を注文してある。

「X を〜てある」構文の特徴は、他動詞の目的語が「X を」としてそのまま現れるため、その主語、つまり他動詞が表す動作の行為者が、構文法的主語として存在することである。(35a, b) では、その主語が話し手であることが文脈から明らかなので省略されているが、次のように（主題化されて）明示されることもある。

(36) a. 私達は老後のために、ある程度のお金を貯えてあります。

　　 b. 私は、美味しいお寿司を注文してある。

(35a, b)、(36a, b) では、話し手がお金を貯えたり、お寿司を注

文したのは、話し手が何らかの目的で行なった意図的行為であり、話し手はそのような行為を自分が行なったことがよく分かっている。よって、これらの文は (30) の制約を満たして適格となる。

(30) の制約は、次のような「X を〜てある」構文の適格性の違いも説明できる。

(37) a. *あのピッチャーは変化球を<u>キャッチャーに</u>投げ<u>てある</u>。

b. ［春のキャンプで投球練習をしているピッチャーがコーチに］

（私は）昨日までにもう十分変化球を<u>投げてあります</u>から、今日はストレートに取り組みたいと思います。

(38) a. *花子は「平家物語」を<u>暗記してある</u>。

b. ［試験の日の朝、子供が母親に］

僕はもう「平家物語」を<u>暗記してある</u>から、今日の試験は大丈夫だよ。

(37a) の文だけでは、ピッチャーがキャッチャーに過去において変化球を投げたことを、話し手が分かっていることを示す要素がない。一方 (37b) では、話し手が昨日までに変化球を十分投げたことが、文脈から明らかであり、話し手自身がその行為を行なっている。よって、前者は (30) の制約に違反して不適格、後者はそれを満たして適格となる。同様に、(38a) の文だけでは、花子が過去において平家物語を暗記したかどうかは、話し手には不明である。一方 (38b) では、話し手が平家物語を暗記したことは、話し手には明瞭である。よって、これらの文の対比も (30) の制約により説明できる。

以上から、(30) の制約は、「X が／は〜てある」構文の適格性だけでなく、自動詞の「〜てある」構文と「X を〜てある」構文の適格性も捉えられる制約であることが明らかになったことと思われる。

最後に、これら 3 つの構文の違いは何だろうか。それは、「X が／は〜てある」構文は、上で述べたように、行為者を伏せて、被行為主体（その行為を受ける物や人）に焦点を置いて記述する、言わば「受身文」的表現であるのに対し、自動詞の「〜てある」構文と「X を〜てある」構文は、行為者の主体性を保ち、行為者に焦点を

置いて記述する、言わば「能動文」的表現である、という点である。そして、「〜てある」構文自体は、「行為主体」や「被行為主体」という概念から独立して、単に、「動詞の表す意図的行為が、過去において誰かによって何らかの目的でなされたことが話し手（疑問文の場合は聞き手）に明らかで、その行為に起因する状態が発話時において話し手にとって有意義であることを主張する表現である」ということである。

4. 結び

　本稿では、まず第2節で、生成文法や語彙意味論の研究で不適格とマークされている文でも、それらが別の場面や文脈で発話されると適格になる事実を指摘し、ある構文の適格性には、第1節で言及した「言語内の要因」だけでなく、「言語外の要因」も大きく関与していることを示した。そして第3節で、日本語の「〜てある」構文を考察し、従来の分析の不備を指摘するとともに、この構文の適格性を説明するには、従来明確には認識されなかった「行為者」と話し手である「観察者」の識別が重要であり、両者が異なる場合だけでなく、同一人物である場合も考慮する必要があることを示した。そして、「〜てある」構文が話し手（観察者）の心的態度を反映した主観的表現であることを指摘し、次の仮説を提出した。

(30)**「〜てある」構文に課される意味的・機能的制約：**「〜てある」構文は、動詞が表す意図的行為が、過去において誰かによって何らかの目的でなされたことが話し手（疑問文の場合は聞き手）に明らかで、その行為に起因する状態が発話時において話し手にとって有意義であることを主張する表現である。

　さらにこの仮説は、「Xが／は〜てある」構文だけでなく、これまであまり議論されなかった自動詞の「〜てある」構文や「Xを〜てある」構文の適格性も捉えられることを示した。

　ある構文の適格性を説明する際、生成文法等の従来の分析では、第1節で述べたように、「言語内の要因」のみを考察する傾向が強

かったように思われる。しかし本稿で示したように、「〜てある」構文1つを取り上げても、他動詞か自動詞か、「状態・位置変化動詞」かどうか、といったような「言語内の要因」だけでなく、この文を発話する話し手（観察者）が当該の行為の行為者であるかどうか、話し手は自分が観察する状況をなぜ単純過去形の文を用いず、「〜てある」構文を用いて表現するのか（(25a, b) 参照）、というような「言語外の要因」が極めて重要であることが分かった。

このような考察の重要性は、「〜てある」構文との関連でよく議論される「〜ている」構文についても言える。従来、動詞に「〜ている」という表現が伴うと、(39a, b) のように、ある動作の継続、進行（＝動作継続）を表す場合と、(40a, b) のように、ある事象が起こった後の結果状態（＝結果継続）を表す場合があることが指摘されてきた（詳細については、高見・久野（2006：第4章）参照）。

(39) a. 生徒達が運動場で<u>走っている</u>。（動作継続）

b. 太郎がバイオリンを<u>弾いている</u>。（動作継続）

(40) a. 道端で子犬が<u>死んでいる</u>。（結果継続）

b. バスが停留所で<u>止まっている</u>。（結果継続）

そして、どのような場合に動作継続や結果継続になるかに関して、金田一（1950）以降、それぞれの動詞の特性に注目して説明がなされてきた（工藤（1991, 1995）、Hirakawa（2003）等を参照）。しかし、次の対比を見てみよう。

(41) a. 財布が<u>落ちている</u>。（結果継続）

b. ［白糸の滝を見上げて］

　　見て！　あんなにたくさんの水が<u>落ちている</u>よ。（動作継続）

「落ちる」という同一の動詞でも、(41a, b) で解釈が明らかに異なる。その理由は、話し手（観察者）が、誰かの財布がその人の例えばポケットから地面に落ちて行く様子を観察するのは、それがあまりに短時間のため、通例できないのに対し、滝が流れ落ちる様子は継続的動作であるため、観察できるからである。つまり、動作継続か結果継続かを決定づけているのは、動詞そのものの特性というより、観察者がそれぞれの継続状態を観察できるかどうかであり、

「観察者」という認識がこれまでの研究では欠けていたように思われる。したがってその点でも、個々の動詞の特性というような「言語内の要因」に加え、「観察者」というような「言語外の要因」が「〜ている」構文の解釈に重要な影響を与えていることになる。

　本稿での考察から、今後の構文研究において、「言語内の要因」だけでなく、「言語外の要因」にも十分な配慮をして研究を進める必要があることが明らかになったことと思われる。

謝辞　本稿は、久野暲先生とのこれまでの共同研究に負うところが多く、特に第3節は、高見・久野（2014: 第1章）に基づいて、そこでの考察に「場面と主観性」という視点を加えたものである。多くの時間を割いて議論をして下さった久野暲先生にここに記して感謝したい。なお本研究は、平成28年度科学研究費補助金（基盤研究（C）課題番号16K02777）の助成を受けている。

参考文献

Belletti, Adriana and Luigi Rizzi. (1988) Psych-Verbs and θ-Theory. *Natural Language and Linguistic Theory* 6 (3) : pp.291–352.

Chomsky, Noam. (1981) *Lectures on Government and Binding*. Dordrecht: Foris.

原沢伊都夫（2005）「テアルの意味分析―意図性の観点から」『日本語文法』5（1）: pp.20–38.（日本語文法学会）くろしお出版.

Hirakawa, Makiko. (2003) *Unaccusativity in Second Language Japanese and English*. Hituzi Syobo.

Jacobsen, Wesley M. (1991) *The Transitive Structure of Events in Japanese*. Kurosio Publishers.

Jorden, Eleanor Harz and Mari Noda. (1988) *Japanese: The Spoken Language*. New Haven: Yale University Press.

影山太郎（1996）『動詞意味論』くろしお出版.

金田一春彦（1950）「国語動詞の一分類」『言語研究』15: pp.48–63. 日本言語学会.　金田一春彦（編）（1976）『日本語動詞のアスペクト』pp.5–26. むぎ書房.（再録）

金田一春彦（編）（1976）『日本語動詞のアスペクト』むぎ書房.

工藤真由美（1991）「アスペクトとヴォイス」『現代日本語のテンス・アスペクト・ヴォイスについての総合的研究』（1988–1990年度科学研究費報告書）pp.5–40.

工藤真由美（1995）『アスペクト・テンス体系とテクスト―現代日本語の時間の表現』ひつじ書房.

久野暲（1978）『談話の文法』大修館書店.

Kuno, Susumu and Ken-ichi Takami. (1993) *Grammar and Discourse Principles: Functional Syntax and GB Theory*. Chicago: University of Chicago Press.

黒田成幸（1980）「文構造の比較」國廣哲弥（編）『日英語比較講座　第2巻』pp.23–61. 大修館書店.

Larson, Richard. (1988) Light Predicate Raising. *Lexicon Project Working Papers* 27: pp.1–104. Lexicon Project Center for Cognitive Science, MIT. Cambridge, MA 02139.

松下大三郎（1924）『標準日本文法』紀元社.

McNulty, Elaine. (1988) *The Syntax of Adjunct Predicates*. Doctoral dissertation, University of Connecticut.

Miyagawa, Shigeru. (1989) *Structure and Case Marking in Japanese*. New York: Academic Press.

Miyagawa, Shigeru and Koji Arikawa. (2007) Locality in Syntax and Floating Numeral Quantifiers. *Linguistic Inquiry* 38 (4) : pp.645–670.

西垣内泰介（1993）「日本語の格付与の文法と言語獲得理論」『上智大学言語学会会報　第8号』(Proceedings of SLS 8) : pp.160–172. 上智大学.

高橋太郎（1969）「すがたともくろみ」金田一春彦（編）（1976）『日本語動詞のアスペクト』pp.117–153. むぎ書房.

高見健一・久野暲（2002）『日英語の自動詞構文―生成文法分析の批判と機能的解析』研究社.

高見健一・久野暲（2006）『日本語機能的構文研究』大修館書店.

高見健一・久野暲（2014）『日本語構文の意味と機能を探る』くろしお出版.

寺村秀夫（1984）『日本語のシンタクスと意味』II. くろしお出版.

吉川武時（1973）「現代日本語動詞のアスペクトの研究」金田一春彦（編）（1976）『日本語動詞のアスペクト』pp.155–327. むぎ書房.

場面と意味概念化における文脈化・その複層性

引用構文の分析を通して

藤井聖子

要旨

　本稿では、文法構文の使用場面・コンテクストが文法的振る舞い
や意味の様相や構文変異に与える影響に関して、フレーム意味論・
構文理論の観点を援用しつつ分析し、場面と意味概念化を考察する。
引用ト構文の意味・用法のうち、特に、ある場面・コンテクストに
おいて用いられ、場面特有な意味概念化が可能になる新奇的用法に
関して、フレーム意味論におけるフレームの一種「文脈化相互作用
フレーム」（本事例では「報道フレーム」）に基づき分析する。この
分析を通して、場面と主体性・意味概念化における文脈化、および
文脈化の複層性を論考する。

キーワード

　フレーム意味論、文脈化の複層性、外的文脈化、内的文脈化、引
用ト構文、構文変異、意味概念化、言語的フレーム、認知フレーム、
文脈化相互作用フレーム

1. はじめに

　本稿では、文法構文の使用場面・コンテクストが文法的振る舞い
や意味の様相、さらに構文変異に与える影響に関して、フレーム意
味論・構文理論の観点を援用しつつ分析し、場面と主体性の意味概
念化を考察したい。この考察のために、引用構文の意味・用法のう
ち、特に、ある場面・コンテクストにおいて新奇的用法が許容され、

場面特有な意味概念化が可能になる変異用法を分析する（特に5節6節）。

まず2節で理論的背景を概観し種々の「フレーム」を導入する。3節以降、引用ト構文の分析を通して、場面と主体性・意味概念化における文脈化の諸相を考察する。まず、3節・4節で、引用ト構文の複数の用法の分析を概説した上で、5節6節で、ある場面・コンテクストにおいて場面特有な意味概念化が可能になる引用ト構文の新奇的用法に関して、フレーム意味論におけるフレームの一種「文脈化相互作用フレーム」（本事例では「報道フレーム」）に基づき分析する。6節6.2では、場面と意味概念化における文脈化の複層性を考察する。7節が結語である。

2. 理論的背景

2.1 場面・コンテクストと意味概念化を捉えるために

主体性・主観性と場面の理論俯瞰に関しては、本企画の編者（澤田・仁田・山梨）による論考（本書序論、他）並びに『ひつじ意味論講座』序論における澤田（2011, 2014）等の論考において、時枝（1973）や Benveniste（1966）・Lyons（1977, 等）・Langacker（1990）・Traugott（1989）等に関する極めて優れた概観・総説が提示されており、本研究もそれら同様の理論的基盤に発する。とりわけ、主体性・主観性に関して、Langacker（1985, 1990）・Traugott（1989, 1985）両者による異なる 'subjectivity' の捉え方を区別することに関しても同じ立場をとる。その上で、主体性（客体性）・主観性の概念化が立脚する場面・文脈化を考察するにあたり、本稿で特に着目するのが、フィルモアの文法・意味・語用論研究からの知見である。

ダイクシス研究の礎を築いた Fillmore（1971, 1975, 1997, etc.）に代表される洞察・論考に鑑み、言語学の国際的展開において「linguistic pragmatics 言語学的語用論の父」とも称されるフィルモア（Charles J. Fillmore 1929–2014）は、その研究史の中で、様々な観点から多様な「場面」「コンテクスト」「文脈（化）」を考察

し論じてきた。その筆頭が、誰もが認めるとおり、前出ダイクシス（deixis）の研究である。発話場所・発話時とそれらにおける話者・聞き手を軸とする発話場面に依存して解釈が可能になる言語現象を体系的に捉えるために、ダイクシスの分析と理論的枠組みを考案し提案した（Fillmore 1971, 1975, 1997）。ダイクシスは、物理的・空間的指示性や時空間的指示性はもちろんのこと、社会的関係性や認識的・心理的関係性や談話的指示性にも拡張する概念・現象でもある。

2.2　場面・コンテクストと意味概念化を捉えるためのフレーム

　さらに、フィルモアの言語観が人間の言語知識・言語使用・言語理解を捉えるために不可欠であると重視した「場面」「コンテクスト」の切り口に、言語（語彙・構文）の意味の概念化に寄与する背景知識の諸相がある。人間が語彙・構文によって背景知識を喚起・想起し視点をとって概念化する意味をも捉えようとする試みである。背景知識が意味の概念化に寄与する諸相を、フレーム意味論（Fillmore（1982, 1985）etc.）において、フレーム（frame）という概念で捉え、語彙・構文が喚起・想起する意味フレームとそれ故に可能になる意味概念化の有り様を明確にしてきた。また、語彙が喚起する意味フレームおよびフレーム要素が、述語の項構造にマッピングする構文構成を分析・記述する手法を、語彙と文法構文の記述・分析に繋げた。フレーム意味論のその後の展開やフレームネット構築に関しては、Fillmore and Atkins (1992), Petruck (1996), Fillmore, Johnson and Petruck (2003), 藤井・小原 (2003), Fillmore (2006), Fillmore and Baker (2010), 内田 (2015) 等に譲り、本稿では割愛する。

　Fillmore (1982) のフレーム意味論におけるフレームとは、その中のどれか一部を理解するためには、その全体の構造を理解することが必要になるような関係で有機的に繋がっている場面に関する体系的知識構造である。言語コミュニティにおける意味理解や言語的相互作用の基盤となる概念構造や信念・慣習・制度的パターンや場

面構造等のスキーマ化された表象である。

このようなフレームに関して、フレーム意味論の基本概念・捉え方を提示するFillmore（1982）等は、さらに、言語使用・理解において二種類のフレームが喚起・想起されるとしている。人間（即ち言語使用者）は、文・発話（の部分または全体）を理解する際、(i) その文・テクストが表象し特徴づける外界世界の局面・位相や構成要素をスキーマ化し結びつける能力を働かせることができる。加えて、(ii) 言語のある文・発話・テクストが使われている場面・状況をスキーマ化し結びつける能力を発揮する。これら二種のスキーマ化を可能にする背景知識が二つの種類のフレームである。後者(ii) が、'interactional frames'「文脈化相互作用フレーム」と呼ばれているフレームで、本稿での構文変異の分析において着目する文脈化フレームである。

前者 (i) が、フレーム意味論で一般的によく知られている類のフレームであり、当初Fillmore（1982）で「認知フレーム」'cognitive frames'と呼ばれていた類型である。この「認知フレーム」'cognitive frames'（Fillmore（1982）時点の術語）にはさらに二種類あり、(i-a) 語彙・構文の意味・特質ゆえに直接的に喚起されるフレーム (evoked frame) と、(i-b) 発話・文・テクストの意味を統合し解釈する認知プロセスを通して想起されるフレーム（invoked frame）とがある。この識別に関して、フレームネット構築後のフィルモア等の最近の論考において、前者細分を 'linguistic frame'（言語的フレーム）と、後者細分を 'cognitive frames'（認知フレーム）と呼び直している。これら経緯と最近の展開を踏まえ、本稿では、細分 (i-a) を「言語的（喚起）フレーム」evoked 'linguistic frames'と、細分 (i-b) を「認知的（想起）フレーム」invoked 'cognitive frames'と呼ぶことにする。

2.3　コンテクスト・意味概念化のための各種フレームと、構文の用法

次節3節では、まず3.1項の引用ト構文の基本的用法において、前者 (i-a) の中の「言語的フレーム」'linguistic frames'が喚起さ

れる用法を示す。引用ト構文の用法によっては、(i-b) の「認知的
フレーム」'cognitive frames' も関与する。

　後者 (ii)、「文脈化相互作用フレーム」'interactional frames' が、
本稿での構文変異の分析において着目する文脈化フレームである。
本稿では、5節6節において、言語使用のある場面・コンテクスト
において、この「文脈化相互作用フレーム」が構文の新奇的用法
を可能にし、場面特有な意味概念化が可能になる事例を提示し、場
面・コンテクストに依拠する構文の有様を考察する。6節で、この
「文脈化相互作用フレーム」'interactional frames' に立ち戻り、具体
例を示す。

2.4　言語使用における構文の変異用法の分析に向けて

　言語使用の変異に関しては、社会言語学的研究において（例えば
Labov 変異理論に基づき）地域・世代・年齢・性別等社会的要因
による変異が広範に分析されてきたことがよく知られている。他方、
構文的アプローチ（Construction Grammar 構文理論等）において
も、言語の使用場面・コンテクストに依拠する言語変異を捉える分
析が（前出とは異なる文法構文（化）の観点から）重要視され、コ
ンテクスト・場面が構文の許容性・形式・意味・用法・使用条件・
選好性等に与える影響を、構文の記述に組み込む研究が理論的にも
実証的にも進められてきている（Fried (2010), Östman (2005),
Fischer (2010), Matsumoto (2010, 2014), Nikiforidou (2010),
Ruppenhofer and Michaelis (2010)）。

　本研究は、後者・構文的アプローチでの構文変異研究の流れをく
みつつ、フィルモアが Fillmore (1981) で論考する語用論的コンテ
クストによって変容する構文の意味解釈・用法や、上述フレーム意
味論のフレーム二種のうち特に 'interactional frames' 文脈化（相互
作用）フレームに着目して、引用ト構文のジャンル・文脈特有な新
奇的構文用法の分析を提示する。

3. 引用ト構文の用法概観

　場面と主体性・意味概念化における文脈化の諸相を考察しつつ、本節以降、引用ト構文の事例分析に入る。以下、3節でまず、引用助詞トを主成分とする引用ト節（句）が参与する構文（これを本稿で「引用ト構文」と呼ぶ）の複数の用法を導入した上で、引用ト構文の副詞的外付け用法に関して、大規模均衡コーパスの分析を通して、構文として一貫した統語的・意味的特徴が見いだせることを概観する（4節）。その上で、5節以降、特にテレビ・スポーツ報道というジャンルでの報道コンテクストにおいて最近頻繁に用いられ始めている（これまでの構文用法・記述を越える）新奇的構文の用法を指摘し、この分析を通して、文法構文の使用場面・コンテクストが文法的振る舞いや構文変異に与える影響の様相を示し、場面と構文の意味概念化における文脈化に関してフレーム意味論の観点から考察する。

3.1　引用ト構文の多様性（1）　喚起フレームと【内の関係】

　所謂引用助詞トが表示する引用ト節（句）の用法は、多様である（代表的先行研究として、国立国語研究所（1951）、寺村（1981）、藤田（1986, 2000）、山崎（1993）等が詳しい）。最初に、本研究で【内の関係】とよぶ用法を簡潔にまとめる。

　まず、コミュニケーション・発話動詞（「言う」「話す」「語る」「説明する」「提案する」等）や思考動詞・認知動詞（「思う」「考える」「回答する」「判断する」「予想する」）等の構成する主節の文構成要素・主動詞の項構造の項として位置付けられる構文が基本的用法としてあげられる。この範疇の構文を形成する思考動詞・認知動詞は非常に多い。（1）（2）がその各々の一例である。

　（1）「…理沙は命が危ないんです」と言った。　　　　（BCCWJ）

　（2）「こういうのがやりたいのにな」と思った。　　　　（BCCWJ）

BCCWJ：『現代日本語書き言葉均衡コーパス』（以下同様）

　この現象を本研究が援用するフレーム意味論での意味関係で捉えると、様々な発話動詞（「言う」「話す」、他）が『伝達・意思

疎通』'Communication' と呼ばれる意味フレームやその親フレーム傘下のフレーム（'Statement', 'Communication_response', 'Summarizing' 等）を喚起し、その意味フレームにおいて、引用ト節（句）がそのフレームに参与するフレーム要素 'frame element'「発話内容」を表象している（例：(1)）。また、思考動詞・認知動詞（「思う」「考える」、他）は、『思考』'Cogitation' という意味フレームまたはその親フレーム傘下の意味フレーム（'Assessing', 'Worry', 'Coming_up_with' 等）を喚起し、その意味フレームにおいて、引用ト節（句）がそのフレーム要素 'frame element'「思考内容」を表象している（例：(2)）。

さらに、(3) の例のように、感情動詞の類い（「喜ぶ」「驚く」「悲しむ」「怒る」「心配する」「後悔する」「安心する」等）も引用ト節（句）を項としてとる。

(3) 危なかった、と修作は安心した。　　　　　　（BCCWJ）

これら感情動詞が『感情』'Emotions' フレーム傘下の様々な意味フレーム（'Emotion_by_stimulus', 'Experiencer_focued_emotion', 'Feeling', 'Judgement', 等）を喚起し、その意味フレームにおいて、引用ト節（句）が感情の内容を表象している。即ち、述語が「感情の内容」というフレーム要素 'frame element' を参与者として含むフレームを喚起する喚起語となる。

さらに、述語の項構造に限らず、名詞等が意味的フレーム喚起語となり引用ト節（句）が用いられることもある（藤井（2010, 2011））。

(4) …よく分かったと手紙を送った。　　　　　　（BCCWJ）

(4) では「送る」という動詞ではなく「手紙」がフレーム喚起語となっている*1。即ち、語彙項目「手紙」が喚起する意味フレームが、引用ト節で表される通信内容というフレーム要素を同時に喚起する。

このように、引用ト節（句）が、主節の語彙によって喚起される意味フレームの中でのフレーム要素（発話内容，思考内容，心情内容等）を表出する場合を、本研究で【内の関係】と呼ぶ。なお、この3節3.1でみている語彙・構文によって喚起される意味フレーム

は、2節で概説した二種の意味フレームのうち、前者（「認知フレーム」'cognitive frames'）の細分、「言語的喚起フレーム」である。主節の語彙の意味的特徴によって（1, 2, 3の場合は加えて項構造によっても）喚起される意味フレームの中で、同時に喚起されるフレーム要素を引用ト節（句）が表出している。

3.2 引用ト構文の多様性（2） 副詞的【外付けの関係】

他方、（5）（6）で例示されるように、主節の喚起するフレームの外に位置付けれる（主節の項構造の外でもある）副詞節的用法もある。この副詞節的用法では、主節の語彙が想起する意味フレームの中のフレーム要素として引用ト節（句）が位置づけられるわけではなく、主節の提示する事象・事態を補完する【外付けの関係】となっている。

（5）熱が出たので　インフルエンザの疑いがあってはいけないとクリニックに行きインフルエンザ検査をしました。

（6）鮮魚がセンターで安くて鮮度がよかったからとイワシを一箱いただきました（五十匹くらい）。　　　　　　　　　（BCCWJ）

このように、意味的に、主節が喚起する意味フレームのフレーム要素でなく補完的【外付けの関係】を呈する用法を、本稿で（引用ト構文の）「外付け用法」と呼ぶ。

例えば、この用法の（5）（6）においては、前項3.1で見た用法と異なり、述語（「クリニックに行きインフルエンザ検査をする」「（イワシを）いただく」等）の喚起するフレームにおいて直接的に引用ト節（句）との関係が理解可能になるわけではない。しかし、次節で示す日本語の引用ト節（句）構文の特質も掛け合わせ、その文脈において引用ト節（句）の意味機能や主節内容との関連付けを解釈することができる。この引用ト構文の用法には、テクストから解釈される動作主の行為に心情（往々にして動機）が伴うことを想起する「認知的フレーム」が関与していると考えられるだろう。

以下、新奇用法の分析に向けてのベースライン予備分析として、4節でコーパスに基づく副詞的「外付け」用法の意味的・統語的特徴の分析を提示した上で、その意味的・統語的特徴から逸脱する新

奇的用法の分析（5節6節）へと論を進める。

4.（引用ト構文）外付け用法の統語的・意味的特徴
　　コーパス分析

『現代日本語書き言葉均衡コーパス』（BCCWJ 国立国語研究所）
を用いて、引用ト節（句）構文の187,307用例を分析した。表1に、
分析対象にした『現代日本語書き言葉均衡コーパス』から抽出した
引用ト節（句）構文の、8種のジャンルごとの出現頻度を（引用ト
構文生起度数、外付け用法の生起度数・その生起率、外付け以外の
用法の生起度数の順に）示す*2。なお、外付け用法の出現頻度が、
ジャンルによる分布の偏りを示すことがこの定量分析で分かったが
（藤井2016）、ここでは割愛する。

表1　BCCWJでのジャンル別、引用ト構文全体の生起度数と外付け用法生起度
　　　数・生起率

ジャンル	コーパス語数	引用ト構文生起度数	外付け用法生起度数	外付け用法生起率（%）	外付け以外の生起度数
白書	4,882,812	17,513	2	0.011	17,511
書籍：文学 （文学全体の約72 %）	6,324,175	84,149	272	0.323	83,877
書籍：言語	398,497	6,244	27	0.432	6,217
書籍：技術工学	1,115,821	11,733	45	0.384	11,688
書籍：自然科学	1,074,332	13,684	58	0.424	13,626
書籍：哲学	1,403,199	19,623	57	0.290	19,566
書籍：歴史	2,141,841	27,846	118	0.424	27,728
書籍：総記	521,436	6,515	25	0.384	6,490
計	17,862,113	187,307	604	0.322	186,703

　同コーパスから抽出した【外付けの関係】の副詞節的用法604
事例を用いて、意味的・語用論的特徴に関して仮説（a）（b）に基
づき分析したところ、（ジャンル間の分布偏りにもかかわらず）（a）
（b）が共通する特徴としてみられた（Fujii（2014））。
　（a）ト引用部の主体者（主観者・話者）が、主節述部の（意味

的）動作主（主節述部の主語、または、動作主が文法的主語以外で表出され視点移動を伴う構文においては動作主）と一致している。

(b) 引用部は、(a) で同定されるト節引用部の主体者の、主節述部の行為・事態に参与・従事する際の発話・心情を表出している。

例えば、(5)(6)(3節3.2からの再録)の例で特徴 (a)(b) を確認しよう。

(5) 熱が出たので <u>インフルエンザの疑いがあってはいけない</u>とクリニックに行きインフルエンザ検査をしました。

(6) <u>鮮魚がセンターで安くて鮮度がよかったから</u>とイワシを一箱いただきました（五十匹くらい）。　　　　　　(BCCWJ)

特徴 (a) に関して、(5) ではト引用部の主体者が主節述部の主語（definite null instantiation 非表示の特定主語）と一致している。(6) では、ト引用部の主体者（話者）が、（主節述部の主語とは一致していないが）主語以外の動作主（イワシを与えた動作主）と解釈される。抽出したコーパスデータ604用例中、598例において (5) のように主体者が主節述部の主語に一致していた。残る6例が、主節述部の主語とは一致していない例であったが、それら6例におけるト引用部の主体者（話者）が主語以外の動作主となっていた。

特徴 (b) に関しては、ト引用部が、その主体者（話者）が主節述部の行為・事態に参与・従事する際（(5) では、「クリニックに行きインフルエンザ検査をした」際、(6) では「（イワシを買ってきてくれた相手が）イワシを一箱渡してくれた」際）の心情（動機）・発話を表出している。

以上の分析は、ジャンルによる出現傾向の偏りにもかかわらず、副詞的外付け用法が一貫した意味的・統語的特徴をもつ生産的構文として使用されていることを示すものである。ここでみたのは、書き言葉における引用ト構文の特徴の分析であるが、これら (a)(b) の特徴は、話し言葉でも同様に顕著である。会話の分析に加え、Fujinaga (2016) 等での話し言葉ナラティブの分析においても、外付け用法の引用ト構文の上記特徴が検証・支持された。

5. スポーツ報道ジャンルにおける、
（引用ト構文）外付け用法の新奇用法

　本稿5節では、以上概観した先行研究からの知見、及び、本研究で行なった大規模均衡コーパス（書き言葉、話し言葉を含む）分析で一般化されうる引用ト節（句）構文の特徴付け（4節）に適合しない（ある意味矛盾する）新奇用法が、最近のテレビのニュースやスポーツ番組でのスポーツ報道というジャンルにおいて、頻繁に使われ始めていることを指摘する。（7）（8）（9）がその典型的な発話例である。

（7）ショートで2位につけた町田はフリーで1位を狙い…。
　　　四回転を目指しましたが足首が曲がりすぎたと　転倒しました。

（8）全豪オープンテニス。
　　　錦織圭は…　うまく対応できたと　二試合を制します。

（9）プロ野球は交流戦　ロッテは同点の六回、竹原。
　　　難しいボールだったけど、うまく身体が反応したと、巨人先発の内海から二号ソロホームラン、二対一と勝ち越します。

　（7）（8）（9）はすべて、テレビニュースでのスポーツ報道におけるレポーターの発話（実例）である。

　（7）（8）（9）では、あるスポーツ試合等既定の出来事を報道する場面において、レポーターが試合等既定の出来事を報告するとともに、そのスポーツ試合のイベント終了後にインタビュー等で当該スポーツ選手が回顧的に発言したコメント内容を、引用ト節で表出している。（10）にト引用構文のこの用法の構文スキーマを示す。例えば、（8）では、レポーターが報道場面において「錦織圭は二試合を制します」と試合結果を報道する際、錦織圭が試合後の別場面でのインタビュートにおいて「うまく反応できた」と振り返りのコメントをしていたことを同時に報告している。この用法の場面と意味概念化のコンテクストを図にすると、（8）の場合（11）のようになる。

場面と意味概念化における文脈化・その複層性　　99

(10)

(reporter)[*(speaker/player)* [post-event comment <past tense>]ト　past event]

(11) 構文スキーマの図式：(8) の場合

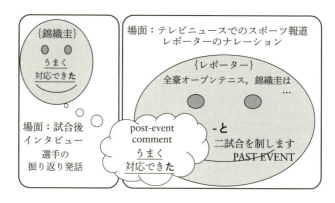

　この引用ト節が、過去形をとる節となっている意味から明確なとおり、主体者のその行為・事態に従事する際の発話・心情を表出しているわけではなく、スポーツ選手が試合後に試合を振り返ってコメントする回顧的発話である。主体者のその行為・事態に従事する際の発話・心情を表出していない点で、4節でみた（大規模コーパスの用例に一貫した特徴として見出した）特徴に適合しない。
　これら (7)(8)(9) の発話用例を、文脈から取り出して、日本語母語話者に見せ聞いてもらうと、解釈不可ではないが奇妙な文だと感じる話者が殆どで、非文とする話者も多い。4節のコーパス分析において一般化されうる引用ト節（句）構文の特徴に適合していないことが、「奇妙な発話」との直感等新奇性を感じさせる要因であろう。なお、即座に (7)(8)(9)（いずれかの）の文が「自然に理解できる」と反応した話者も少数ながらあり、「スポーツ報道で…」等と述べ漠然とスポーツの報道場面・コンテクストを想起して解釈していたことも興味深い（そのような反応をした話者からは「スポーツ報道ニュースを好んで日常的に視聴している」との報告もあった）。この用法の発話用例自体を聞いたことがあるインプット効果に加えて、この発話を聞いてその発話場面（及び次節で考察

100　　藤井聖子

する報道フレーム）が想起できるかどうかが、この発話の（発話意図通りの）解釈が自然と可能になるかどうかの要因であると言えるだろう。

6. 場面と意味概念化における文脈化

6.1 「文脈化相互作用フレーム」'interactional frames'「報道フレーム」

（7）（8）（9）で例示される構文スキーマ（10）を呈する副詞的外付け用法は、書き言葉（BCCWJ等）でも通常の話し言葉でもみられず、他のジャンルでは恐らく非文とも捉えられる構文の意味・形式である。それにもかかわらず、これらの発話が日本語熟達使用者には（新奇的ながら）発話意図どおりに理解可能になるのはなぜなのか。

それは、スポーツ報道ジャンルにおける報道場面を想起し、その報道場面に関する背景知識、具体的には「ナレーターが、スポーツの出来事を報道する際、選手・プレーヤーの事後インタビュー等での選手のコメントを引用しつつ、出来事（結果）を報告する」という「報道フレーム」が背景知識として想起されうるためである。発話の場面・コンテクストのスキーマ化知識として「報道フレーム」を想起することにより、場面に即した構文の意味概念化のための文脈化が可能になる。この点が、本稿での著者の主張である。

2節で概説したフィルモアのフレーム意味論における異なる種類のフレームに立ち戻ると、（7）（8）（9）で「報道フレーム」として想起される発話場面とその文脈化に関するフレームは、後者（ii）の「文脈化相互作用フレーム」'interactional frames' である。ここで想起される「文脈化相互作用フレーム」としての「報道フレーム」は、発話の場面・状況をスキーマ化し発話と結びつけ、発話の文脈化を可能にする背景知識である。

このようにスキーマ化された「報道フレーム」（具体的には「ナレーターが、選手・プレーヤーの事後インタビュー等でのコメントを引用しつつ、出来事（結果）を報告する」場面のスキーマ）を想

場面と意味概念化における文脈化・その複層性　101

起し、報道フレームに照応して発話を文脈化することにより、構文要素（ト引用節等）と「報道フレーム」におけるフレーム要素とのマッピングが可能になり、報道場面における報道主体・レポーターの発話の概念化と、その報道場面に埋め込まれた（報道主体・レポーターとは異なる）別の主体・スポーツ選手の回顧的発話の位置づけ・概念化・文脈化が可能になる。

6.2　文脈化の複層性　外的文脈化と内的文脈化

ここで、（7）（8）（9）のような構文スキーマ（10）を呈する副詞的外付け用法の場面と構文の意味概念化における文脈化に関して、さらに、その文脈化が複層構造になっていることを改めて考察したい。

一つ目は、報道場面という直接的な発話場面において、報道主体であるレポーター（話者）が試合結果など客観情報をレポーターの視点から報道するコンテクストの直示的な文脈化である。レポーターの報道場面は、まず、レポーターの発話が適切に産出され解釈される発話場面の外的世界を構成している。この一層目の場面の文脈化を、フィルモア（Fillmore（1981））の論考に鑑み、「外的文脈化」'external contextualization' として位置づけることにする。多くの場合多くの発話が発話場面に依拠するのは、まずこの意味での場面の外的文脈化であろう。

しかし、（7）（8）（9）のような構文スキーマ（10）（11）に基づく発話では、発話場面において報道主体・レポーターが報道する報道場面に埋め込まれた、別の場面が想起される。具体的には、報道主体・レポーターとは異なる主体・スポーツ選手が、発話時の報道場面とは異なる場面で試合後試合を振り返り回顧的自己コメントをするインタビュー場面が想起され構築される。この二層目の場面の文脈化を、フィルモア（Fillmore（1981））の論考に鑑み、「内的文脈化」'internal contextualization' として位置づけることにする。この試合後のインタビュー場面は、発話場面とは異なる時空間での場面であり、話し手と聞き手とが発話・テクストを産出し理解することにより心的に構築し経験し共想する文脈化である。

この二層目の場面の内的文脈化において重要なことは、話し手と聞き手とが発話・テクストの産出・理解において、ト引用構文が用いられている発話であるゆえに、報道場面から想起する文脈フレームをト引用構文の意味概念化に即して文脈化することにより共創しうる心的コンテクストであることである。

7. 結びと展望

　本稿では、場面と意味概念化における文脈化を考察するために、フレーム意味論における異なる種類のフレームに着目しつつ、ト引用構文の異なる用法において、語彙・構文がその意味概念化において喚起・想起するフレームを示しつつ、文脈化の諸相を考察してきた。

　とりわけト引用構文の新奇用法に関して、「報道フレーム」という「文脈化（相互作用）フレーム」を想起することにより、構文の新奇用法の適切な文脈化とその解釈が可能になることを示した。ここで重要なことは、そのような文脈化フレームを想起する用法において、文脈化フレームを想起することによって構文の通常用法とは異なる形式と意味概念化が可能になっていることである。さらに興味深いことは、そのような発話場面・文脈に特化した形式と意味機能の結びつきが、ト引用構文の特殊な構文スキーマとして捉えられることである。コンテクスト・ジャンルに特化した「文脈化（相互作用）フレーム」が構文の新奇用法・構文変異を生み出している。

　そのような副詞的外付け用法の新奇用法・構文変異において、場面と構文の意味概念化の文脈化が、「外的文脈化」および「内的文脈化」という複層構造になっていることも示した。とりわけ「内的文脈化」は、話し手と聞き手とが発話・テクストの産出と理解において、場面から想起する文脈フレームを語彙・構文の意味概念化に即して文脈化することにより共創しうる心的コンテクストである。

　このように、構文スキーマとともに場面に特有な文脈化フレームを想起して、発話場面での「外的文脈化」に加えて、構文に依拠した「内的文脈化」の共創が可能になることも、言語的語用論に根ざ

した文法知識の一部であると考える。この最後の点を検討するにつけ、「言語学的語用論の父」とされるフィルモアの文法観・言語観の一面を示唆する下記言明を引用したい。

The discourse grammarian's most important task is that of characterizing, on the basis of the linguistic material contained in the discourse under examination, the set of worlds in which the discourse could play a role, together with the set of possible worlds compatible with the message content of the discourse.

(Fillmore 1981: 149)

このような語用論・談話・文脈化を踏まえた言語分析・構文分析へのまなざしと使命感を、「場面と主体性・主観性」に着目する本編集企画（編者の知見・展望）の趣旨・探究に適合する一つの視点としたいと著者は考える。本稿で提示した構文のささやかな事例分析とその考察も、この視点での一分析である。

＊1　「分かったという手紙を送った」という文であれば、「分かった」が名詞「手紙」の補文となる統語構造をしているが、(4)では「手紙」の補文でもない。
＊2　『BCCWJ 領域内公開版』収録のテキストファイルを入力データとし、処理には、形態素解析ツール MeCab (http://mecab.sourceforge.net/, 工藤拓, 松本裕治)、及び、検索ツール ChaKi　(http://chasen.naist.jp/hiki/ChaKi/, 松本裕治等) を用いた。ChaKi による出力データに対して、人手で形態素の誤解析（共格や接続助詞などト形態素の誤解析検出）削除と用例意味解釈とコーディングを加えた。

参考文献

Benveniste, Emile. (1966) *Problèmes de linguistique Générale*. Paris: Gallimard.

Fillmore, Charles J. (1971) *Santa Cruz Lectures on Deixis*. Santa Cruz. LSA.

Fillmore, Charles J. (1975) *Santa Cruz Lectures on Deixis*. Bloomington: Indiana University Linguistics Club.

Fillmore, C. J. (1981) Pragmatics and description of discourse. In Cole, P. (ed.), *Radical Pragmatics*, pp.143–166. New York: Academic Press.

Fillmore, C. J. (1982) Frame semantics. In *Linguistics in the Morning Calm*, pp.111–137. Seoul: Hanshin Pub. Co.

Fillmore, C.J. (1985) Frames and semantics of understanding. *Quaderni di Semantica* 6: pp.222–254.

Fillmore, Charles J. and Beryl Atkins. (1992) Towards a frame-based organization of the lexicon: The semantics of RISK and its neighbors. Lehrer, A and Kittay, E. (eds.) *Frames, Fields, and Contrast: New Essays in Semantics and Lexical Organization.* pp.75–102. Hillsdale: Lawrence Erlbaum Associates.

Fillmore, Charles J. (1997) *Lectures on Deixis.* Stanford: CSLI Publications.

Fillmore, Charles J., Christopher R. Johnson and Miriam R.L. Petruck (2003) Background to Framenet, *International Journal of Lexicography*, Vol 16.3, pp.235–250.

Fillmore, Charles J. (2006) Frame semantics. In K. Brown (Ed.), *Encyclopedia of language and linguistics*, 2nd edition. pp.613–620. Oxford: Elsevier.

Fillmore, C. J. and Baker, C. (2010) A frames approach to semantic analysis in Heine, Bernd and Narrog, H. (eds) The Oxford Handbook of Linguistic Analysis. pp.313–339. Oxford University Press.

Fischer, K. (2010) Beyond the sentence: Constructions, frames and spoken interaction. *Constructions and Frames* 2(2): pp.185–207.

Fried, M. (2010) Grammar and interaction: New directions in constructional approach. *Constructions and Frames* 2(2): pp.125–133.

藤井聖子・小原京子（2003）「フレーム意味論とフレームネット」『英語青年』149（6）：pp.373–376, 378.

藤井聖子（2010）「BCCWJ を用いた語彙・構文彙の分析―所謂引用助詞「と」が標識する構文の場合―」『特定領域研究「日本語コーパス」平成22年度公開ワークショップ 研究成果 論文集』pp.521–528. 国立国語研究所.

藤井聖子（2011）「BCCWJ を用いた引用節（句）を含む構文の分析」国立国語研究所編『「現代日本語書き言葉均衡コーパス」完成記念講演会論文集』pp.141–146.

Fujii, S. (2014) A corpus-based analysis of adverbial uses of the quotative TO construction: Speech and thought representation without speech or thought predicates. In Giriko, M., N. Nagaya, A. Takemura, and T. J. Vance (eds.), *Japanese/Korean Linguistics*, Volume 22, pp.293–305. Stanford: CSLI Publications.

藤井聖子（2016）「ジャンルと文法―引用構文の新奇用法―」『言語科学会ハンドブック』pp.114–117.

Fujinaga, K. (2016) Perspective in Japanese narrative: The case of the quotative TO + V-*te iku* construction, *Language and Information Sciences, 13*, pp.55–70.

藤田保幸（1986）「文中引用句「～ト 」による「引用」を整理する」宮地裕（編）『論集日本語研究（一）現代編』明治書院.

藤田保幸（2000）『国語引用構文の研究』和泉書院.

国立国語研究所（1951）『現代語の助詞・助動詞』国立国語研究所.

Langacker, Ronald W. (1985) Observations and Speculations on Subjectivity. In

John Heiman (ed.) *Iconicity in Syntax*, pp.109–150.Amsterdam: John Benjamins

Langacker, Ronald W. (1990) Subjectification. *Cognitive Linguistics* 1: pp.5–38.

Lyons, John. (1977) *Semantics II*. Cambridge: Cambridge University Press.

Matsumoto, Y. (2010) Interactional frames and grammatical descriptions: The case of Japanese noun-modifying constructions. *Constructions and Frames* 2(2): pp.135–157.

Matsumoto, Y. (2014) Japanese relative clauses that stand alone. In Giriko, M., N. Nagaya, A. Takemura, and T. J. Vance (eds.), *Japanese/Korean Linguistics*, pp.213–230.Volume 22, 215–230. Stanford: CSLI Publications.

Nikiforidou, K. (2010) Viewpoint and construction grammar: The case of *past + now*. *Language and Literature* 19(3): pp.265–284.

仁田義雄（1991）『日本語のモダリティと人称』ひつじ書房.

Östman, J.-O. (2005) Construction discourse: A prolegomenon. In Östman, J-O and M. Fried (eds.), *Construction grammars. Cognitive grounding and theoretical extensions*, pp.121–144. Amsterdam: John Benjamins.

Petruck, M. (1996) Frame Semantics. In J. Verschueren, J.-O. Östman, J. Blommaert, and C. Bulcaen (Eds.), Handbook of Pragmatics, pp.1–13. Amsterdam and Philadelphia: Benjamins.

Ruppenhofer, J and L. Michaelis. (2010) A constructional account of genre-based argument omissions. *Constructions and Frames* 2(2): pp.158–184.

澤田治美（編）（2011）『ひつじ意味論講座5　主観性と主体性』ひつじ書房.

澤田治美（編）（2014）『ひつじ意味論講座3　モダリティ I：理論と方法』ひつじ書房.

寺村秀夫（1981）『日本語の文法（下）』大蔵省印刷局.

Traugott, Elizabeth Closs (1989) On the Rise of Epistemic Meanings in English: An Example of Subjectification in Semantic Change. *Language* 65: pp.31–55.

Traugott, Elizabeth Closs (1995) Subjectification in grammaticalization. In Dieter Stein and Suzan Wright (eds.) *Subjectivity and subjectivization: Linguistic Perspectives*, pp.31–54. Cambridge: Cambridge University Press.

時枝誠記（1973）『現代の国語学』有精堂.

内田諭（2015）『フレーム意味論に基づいた対照の接続語の意味記述』福岡：花書院.

山崎誠（1993）「引用の助詞「と」の用法を再整理する」『国立国語研究所報告105 研究報告集14』pp.1–29.国立国語研究所.

山梨正明（2009）『認知構文論―文法のゲシュタルト性』大修館書店.

親族名称の子供中心的用法の類型と場面、視点

対照語用論的アプローチ

澤田淳

要旨

日本語の「親族名称」（「親族用語」）（kinship terms）の使用の際立った特徴の１つに、子供の視点に立った「子供中心的用法」（または、「他者中心的用法」）（例：妻が夫を「パパ」と呼ぶ）と呼ばれる使われ方がある（鈴木（1973）等）。本稿では、日本語の特徴ある現象として捉えられてきた親族名称の子供中心的用法を、他言語との比較対照によって相対化することを試みる。

本稿では、親族名称の子供中心的用法を、使用場面に応じた４つのタイプに下位類型化した上で、配偶者を「パパ／ママ」等の「父母称詞」で「言及」（reference）・「呼称」（address）するケースを例に、日本語、英語、韓国語、中国語による比較を行う。さらに、子供中心的用法の下位類型化が通言語的な含意階層として一般化可能であるという仮説的見通しを与える。本稿の考察は、「対照語用論」（contrastive pragmatics）の１つの実践であるが、「語用論的類型論」（pragmatic typology）の観点からの親族名称研究に向けた１つの試みともなり得るものである。

キーワード

親族名称、子供中心的用法、場面、視点、対照語用論、語用論的類型論

1. はじめに

いま、Fillmore（1981: 144）に従い、統語論、意味論、語用論を、それぞれ、次のように捉えるならば、語用論は、「形式」、「機能」、さらには、コンテクストである「場面」（setting）の三者関係の中で成立する領域ということになる（統語論、意味論、語用論は、それぞれ、「相互依存的」（interdependent）な関係にあるものと想定する）（ibid.: 144）。

(1) 統語論：［形式（form）］
意味論：［形式（form）、機能（function）］
語用論：［形式（form）、機能（function）、場面（setting）］

（Fillmore（1981: 144））

本稿で考察の対象とする「親族名称」（「親族用語」）（kinship terms）は、その使用において、参与者間の社会的関係性や対人的関係性が認められる点で、T形（親称）／V形（敬称）の代名詞や敬語などと同様、「社会的ダイクシス」（social deixis）（ないしは、「社会・人称的ダイクシス」（socio-person deixis）（Huang（2014: 208）））の表現として機能し得るが（Fillmore（1975: 76、1997: 122）、Zeitlyn（1993: 209）等参照）、その使用上の制約や特徴は「場面」との関係抜きには捉え得ない点で、語用論的なアプローチが不可欠である。

親族名称が使用される「場面」の中には、話し手（主体）の心的態度も含まれ得ると言える。たとえば、次の例を見てみよう（Stivers（2007）も参照）。

(2) (Daughter coming home from school)
Mother: Where've you left your brother?

（Rühlemann（2019: 68））

Rühlemann（2019: 68）によれば、普段は、娘に対して、下の息子（すなわち、娘の弟）のことを‘Bob’のような名前で言及している母親が、娘に対して、‘your brother’のように発話した場合、母親は娘に対する（上の例では、弟を連れて帰って来ずに、姉としての責任を果たさなかったことに対する）不満の感情（批判的

な態度）を示していると解釈されるのが一般的であるという。ここ
での人称指示の使用には、「感情的ダイクシス」（emotional deixis）
の関与が認められる（Rühlemann（2019: 66–67）参照）。談話
において、普段使用している無標の人称指示形式（例: Bob）か
ら有標の指示形式（例：your brother）へと「カテゴリー転換」
（categorical shift）（Stivers（2007: 77））がなされた場合、そこに
は、聞き手に対する話し手の何らかの特別な伝達意図が含まれ得る。

　親族名称の使用には、様々な興味深い語用論的現象が認められ
るが、本稿では、主として鈴木（1967、1968、1973）以来、日本
語の特徴ある現象として捉えられてきた親族名称の「子供中心的
用法」（ないしは、「他者中心的用法」）（例：妻が夫を「パパ」と
呼ぶ）に焦点を当て、その用法を他言語との比較対照によって相
対化することを試みる。具体的には、親族名称の子供中心的用法
を、使用場面に応じた4つのタイプに下位類型化した上で、配偶
者を「パパ／ママ」等の「父母称詞」で「言及」（reference）、「呼
称」（address）するケースを例に、日本語、英語、韓国語、中国語
による比較対照を行う。さらに、子供中心的用法の下位類型化が通
言語的な含意階層として一般化可能であるという仮説的見通しを与
える。

2.　人称表現と運用の適切性

　私たちは、日々の生活の中で、人を言及・呼称する様々な表現
を使用している。人を指す（言及・呼称する）表現一般を「人称
表現」（田窪（1997、2010））と呼ぶとすると、人称表現には、(i)
「人称代名詞」*1、(ii)「名前・ニックネーム」、(iii)「パパ／マ
マ」「お父さん／お母さん」などの「親族名称」、(iv)「課長」「店
長」などの「地位・役職名称」、(v)「電気屋さん」「おまわりさ
ん」などの「職業名称」、(vi)「先生」「お客さん」などの「役割名
称」、(vii)「おじさん」「お嬢ちゃん」などの「年齢階梯語」（渡辺
（1979））などが含まれる（鈴木（1973）、Fillmore（1975、1997）、
金水（1986、1989）、Braun（1988）、小泉（1990）、田窪（1997、

2010)、金井（2002）、渡辺（2002）、Enfield and Stivers（eds.）
（2007）、滝浦（2008）、小田（2010）、澤田（2010）、Huang
（2014）、永田（2015）等参照）。

　Fillmore（1984: 126）は、「語用論には、当該の表現型（語、文
法形式、イントネーション、等）が当該の状況に適しているかどう
かに関する判断が含まれている」とする。このことは、人称表現の
使用の際にも当てはまる。次の久野（1977）の記述は、英語でも、
当該の状況（場面）に適合した人称表現の運用・選択が必要とされ
ることを示している。

（3）　よく「英語では会話の相手が誰であろうと"you"を用いれ
　　　ばよいが、日本語では「山田先生」「先生」「あなた」「君」
　　　「奥さん」などいろいろと使いわけをしなければならない
　　　から日本語は大変だ」と言われる。ところが、英語でもそ
　　　れほど楽ではないのである。まず第一に、日本語では、人
　　　と会った時のあいさつに、「おはようございます」「今日は」
　　　と言っていれば済むが、英語では、相手の名前を知ってい
　　　る場合は、"Good morning, John." とか "How are you,
　　　Mr. Smith." と、名前をつけるのが一般の習慣である。相
　　　手の名前を知っているべきで忘れてしまったような場合、
　　　相手に "Hi, John." と声をかけられて返事に "Oh, hi." と
　　　いっただけでは調子が悪い。日本語では相手の名前を忘れ
　　　てしまっても呼称に「先生」「おたく」「奥さん」などを使
　　　っていれば十分であるが、英語ではそうはいかない。特に、
　　　会話の場に居合わせた第三者のことを "he, she" というの
　　　は失礼になることが多い（後出）ので、名前を用いる必
　　　要が生じるが、その名前を忘れてしまった場合は大変困る。
　　　アメリカのパーティーなどで、よく "Do you remember
　　　John's wife's name?"（ジョンの奥さんの名前、覚えていま
　　　すか。）などと低い声で尋ねている人を見かける。これは特
　　　に、勤め先の同僚の、たまにしか会わない夫人の名前を尋
　　　ねる場合であることが多い。同僚をファースト・ネームで
　　　呼んでいる場合には、通常その夫人もファースト・ネーム

で呼ばなければならない。その夫人に直接、"Hi, ―"とあ
いさつする前の準備である。また、他の人との会話中、そ
の夫人が聞こえる所で、彼女のことを"John's wife"と言
えば、彼女に対して失礼である。これは話し手が彼女を一
個の人間としては見ず、あくまでも誰それの女房として見
ていることを示す表現だからである。　　（久野（1977: 306））

　久野（1977）の上の説明の中でも触れられているように、英語
の三人称代名詞 he/she の直示用法（現場内での直接的な指示）には、
対人配慮性に関わる語用論的制約がある。英語では、目の前にいる
人のことを本人に聞こえる形で he/she を使って直示的に指示する
ことは、その人に対して失礼な言い方となる（Fillmore（1975: 80、
1997: 117–118）、久野（1977: 312–317）、澤田（2010: 229）等）。
レストランでの注文場面を例に考えてみよう。店のウエイターが注
文を聞きにやってきた。客の男性は、一緒に来た連れの女性の料理
も一緒に注文することになった。この時、次のように、その連れの
女性を she によって直示的に言及すると、その女性に対して失礼な
言い方となってしまう（Fillmore（1997: 117））（# は語用論的・
対人配慮的に見て不適切な発話であることを示す）。

　(4)　#She's going to have a cheeseburger.

（Fillmore（1997: 117）参照）

　Fillmore（1997: 118）によれば、この場合、"Let's see, you wanted
the cheeseburger with everything, right?"（「ええと、君のほうはト
ッピングを全部入れたチーズバーガーだよね？」）や、"That'll be
two cheeseburgers. No, on the second thought, make mine a carrot-
and-raisin salad."（「チーズバーガーを 2 つお願いします。いや、
やっぱり、僕のほうは人参とレーズンのサラダにします」）など
のように、she の使用を回避して注文する工夫が必要となるとい
う *2。

　一方、he/she が照応として使われた場合、指示対象の人物が目の
前にいたとしても、直示の場合ほど顕著な語用論的違反は認められ
ないようである（久野（1977: 317））。次は照応 she の例である。

(5) 'This lady fell down—right outside our gate, so of course I brought her in.'

'Your wife is very kind, Mr—'

'Badcock's the name.'

'Mr Badcock, I'm afraid I've given her a lot of trouble.'

(Agatha Christie, *The Mirror Crack'd from Side to Side.* 31 頁)

（「このかたがね、ころばれたのよ―門のすぐまえのところで。だから家へお連れしたの―」

「奥さんに大変お世話になりました、あの……」

「バドコックという者です」

「バドコックさんですの。奥さんにずいぶんご迷惑をかけてしまいまして―」）

（アガサ・クリスティー（著）・橋本福夫（訳）『鏡は横にひび割れて』

31–32 頁）

　日本語の場合、三人称代名詞「彼／彼女」の使用は、次の（6）のような直示や、（7）のような照応に限らず、指示対象の人物が、話し手より同等以下（配慮を要しない人）であれば失礼とはならないが、話し手より目上（配慮を要する人）であれば失礼となる（木村（2012: 112）も参照）（（7）の下付きの i は同一指示を示す）*3。

（6）（懇親会後、幹事の学生が同学年の学生に指示する場面）

　　a.　じゃあ、山田君は {鈴木君／彼} を駅まで送ってもらえますか。　　　　　　（「彼＝鈴木君（同輩／後輩)」の場合）

　　b.　じゃあ、山田君は、{先生／#彼} を駅までお送りしてもらえますか。　　　　　　（「彼＝先生（目上)」の場合）

（7）a.　今度のパーティーには、鈴木君$_i$ と {鈴木君$_i$／彼$_i$} の奥さんも招待する予定です。

　　　　　　　　　　　（「彼＝鈴木君（同輩／後輩)」の場合）

　　b.　今度のパーティーには、先生$_i$ と {先生$_i$／#彼$_i$} の奥様もご招待する予定です。　　（「彼＝先生（目上)」の場合）

指示対象となる人物が「目上」か否かが運用上の適切性を決めるファクターとなるケースは、（共通語の）二人称代名詞「あなた」でも認められる（田窪（1997、2010）、金井（2002）、Shibatani

（2009）、永田（2015）等参照）（(8) の興味深い用例は、金井（2002: 83）による）*4。

(8) それはあきらかに影村の訊問であった。加藤を或る種の容疑のもとに取調べようとしている刑事の態度にも見えた。加藤は自分の顔のほてっていくのを感じていた。いかりが顔に出て来たのである。
「いったい、<u>あなた</u>はなぜ私にそんなことを訊ねるんです」
「<u>あなた</u>だと？」
影村はむっとしたような顔でいった。先生といわずにあなたといったことが影村には不愉快に思えたにちがいない。

（新田次郎『孤高の人（上）』100頁）（金井（2002: 83））

渡辺（2002: 80）が指摘する次の興味深い現象も、社会的上下関係が日本語の人称表現の運用の適切性を左右するファクターとなることを示唆している（ここで言う「代代名詞」とは、「代名詞に代わる普通名詞」を指す）。

(9) 例えば先生（男性）のお宅を訪問して、先生が留守であったとする。先生の配偶者が応待に現われたケースなら
　　　奥様からお伝え下さいませ
と代代名詞で言って帰ればよい。だが先生の母親が応待に現われたら、どんな言葉で相手を指せばよいだろうか。（中略）「お母様」は上向き語彙の一つだが、友人の母親などには言えても、目上の人の母親を指す代代名詞には不向きである。こうして、あれほど多い代名詞・代代名詞にもかかわらず、万事窮し、相手が「息子に何か伝えましょうか」と言ってくれるのを待って窮地を脱するしかない。

（渡辺（2002: 80））

3. 親族名称の運用

3.1 呼びかけ語と言及語

日本語の親族名称には、(a)「父／母」などのように、「呼びかけ語（呼称語）」(terms of address)（相手を呼ぶ言葉）としては使

えず、専ら「言及語」（terms of reference）（当該の人物を文中で言及・指示する言葉）として使われるタイプの語と、(b)「お父さん／お母さん」「パパ／ママ」などのように、呼びかけ語と言及語のどちらにも使われるタイプの語がある（親族名称における呼びかけ語と言及語の違いについては、鈴木（1973: 146–148）、Levinson（1983: 70）、Braun（1988: 11）、国広（1990: 4）等参照）。

(10) 親族名称 ⟨
    (a) 言及語専用：例）「父」「母」、等

    (b) 呼びかけ語・言及語兼用：例）「お父さん」「お母さん」「パパ」「ママ」、等

　親族名称は、その使用において、社会的ダイクシス性を帯びる（Fillmore（1975: 76, 81、1997: 112、118））。日本語では、(a) タイプの親族名称は、話し手自身の家族を言及する場合に使われた場合、「謙称語」となるため、専ら、家庭外のフォーマルな場で使用される。一方、(b) タイプの親族名称は、家庭の内外で使われるが、それらは「尊称語」（例：「お母さん」）や「親愛語」（例：「お母ちゃん」）であったり、「小児語」（例：「ママ」）であったりすることから、逆にフォーマルな場での言及語としての使用は、少なくとも規範では避けられる（例：[面接の場面で]｛母／?? お母さん／* ママ｝は小学校の教員です）（Fillmore（1975: 81，1997: 118）も参照）。

　Fillmore（1975: 81）の興味深い指摘によれば、英語では、話し手が自分の家族を親族名称で言及する場合、聞き手が話し手の家族の者であるかどうかによって、所有代名詞を付加した形で表すかどうかが変わるという。

(11) 子供は、父親や姉のような同一家族成員と話している時には、自分の母親のことを "Mommy" で言及するが、自分の家族でない人と話している時には、自分の母親のことを "My mommy" と言わねばならない。

（Fillmore（1975: 81、1997: 118））

　Fillmore（1975、1997）の記述は基本的には正しいと言えるが、手元には次のような実例もある。次の例は、帰宅した女性と、その

女性の妹の事件で警視庁警部や探偵ポアロと共に女性宅を訪れていたポアロの友人ヘイスティングズ大尉との間の会話例である。女性は初対面のヘイスティングズ大尉に対して、自身の両親を単独形のmum、dadで言及している。

(12)'I'm not a reporter, if that's what you're getting at.'

'Well, what are you?' She looked around. 'Where's mum and dad?'

'Your father is showing the police your sister's bedroom. Your mother's in there. She's very upset.'

(Agatha Christie, *The ABC Murders*. 103 頁)

(「わたしは新聞記者じゃありません、そう思っておられるかもしれませんが」

「あらそう、じゃあ、あなたは何者なの？」ぐるっとまわりを見まわした。「母さんと父さんはどこ？」

「お父さんは警察の人たちを妹さんの部屋へ案内しているところです。お母さんはあちらです。とても乱しておられますよ」)

(アガサ・クリスティー（著）・堀内静子（訳）『ABC 殺人事件』124 頁)

ヘイスティングズ大尉は女性（話し手）の家族ではないため、Fillmore（1975、1997）の記述に従えば、"my mum and dad" の使用を予測するところであるが、（12）では、"mum and dad" が使われている。詳細な調査は今後の課題となるが、（12）では、発話場面が話し手の自宅であるという点、さらには、心理的に聞き手をあまり考慮に入れていないという点が、後者の表現の使用を可能にしていると考えられる。

3.2 親族名称の子供中心的用法

子供中心的用法は、専ら、前節の（10）に挙げた呼びかけ語・言及語兼用の（b）タイプの親族名称で現れる。以下、本稿で親族名称と言う場合、（b）タイプの親族名称を指す。

日本語の親族名称の使われ方は、図1に示すような自己を中心とした分割線の上下で異なる点が鈴木（1973: 151）によって明らか

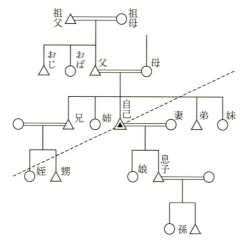

図1 家族・親族成員と分割線（鈴木（1973: 150））

にされている。

　話し手は、自分より目上の家族（親族）成員を自己から見た親族名称を使って呼びかけたり言及したりできるが（例：（お）姉さん／（お）姉ちゃん）、自分より目下の家族（親族）成員を自己から見た親族名称を使って呼びかけたり言及したりすることはできない（例：*（お）妹さん／（お）妹ちゃん）（鈴木（1973）参照)*5。

　一方で、話し手は、目上の家族成員を常に自己から見た親族名称を使って呼びかけたり言及したりするとは限らない（話し手が自分の母親を「おばあさん」と呼ぶ等）。また、次の鈴木（1973）の興味深いエピソードが示すように、話し手は、目下の家族成員を自己以外の者から見た親族名称を使って呼びかけたり言及したりすることもある。

　(13) 私の乗っていた国電山手線が、新宿駅に着いた時のことである。社内の乗客の殆んどが降りて、席がガラすきになっ

たと思うや、どっと新しくお客が乗込んできた。私の隣に足早にかけより席を占めた老婦人が、自分の側の席を掌でたたきながら、「ママここにいらっしゃい」と怒鳴ったものである。すると乗客の中から、赤ん坊を抱いた若い娘が現れて老婦人の側に座った。明らかに、母親が娘をママと呼んだのである。　　　　　　　　　　　　　　　（鈴木（1973: 167））

　鈴木（1973: 163–169）は、本来、話し手を原点とする「自己中心語」(egocentric words)、ないしは、「自己中心的特定体」(egocentric particulars)（Russel（1940: 108–115）［ラッセル（1973: 116–124)]）である親族名称が、聞き手である子供や、家族内の年少者の子供を原点として、それも、「誰々のママ」のような「誰々」を明示することなく、また、「誰々」を省略した形としてでもなく使われる点を指摘し、このような他者である子供を原点とした親族名称の使い方を、親族名称の「子供中心的用法」（「他者中心的用法」）と呼んでいる。この用法は、早くは、時枝（1939: 244）が「重點の移動による把握」を示す現象として*6、また、Fischer（1964: 122）が「子供中心視点」(child-centered viewpoint) を反映する現象として注目した日本語親族名称の特徴ある現象であるが、鈴木（1973: 168）によれば、この現象の背後には、子供と心理的に同調し、子供の立場に自己の立場を同一化させる「共感的同一化」(empathetic identification) の原理が働いているとされる（さらに、Fillmore（1975: 82、1997: 119–120)、澤田（2010: 231）、藤井（2011: 76）、内田（2011: 142–143)、Rühlemann（2019: 57）等参照)*7。

　日本語の親族名称の子供中心的用法は、話し手自身を指す「自称詞」、聞き手を指す「対称詞」、第三者を指す「他称詞」のいずれの場合にも現れる。鈴木（1973）では明確に示されていないが、自称詞、対称詞、他称詞それぞれの場合において話し手が採用する「視点」には、次のような相違が認められる。

　(14)日本語の親族名称の子供中心的用法における「視点」

　　a.　自称詞の場合：通例、「聞き手（＝子供）の視点」を採用*8

　　　　例）［父親が子供に向かって］パパのかばん持ってきて。

　b.　対称詞の場合：「家族の年少者の視点」を採用

　　　　例）［妻が夫に向かって］パパのかばんここにあるよ。

　c.　他称詞の場合：「聞き手（＝子供）の視点」、または、
　　　「家族の年少者の視点」を採用

　　　　例）［母親が子供に向かって］パパにかばん渡してきて。
　　　　　　［妻が夫のことを両親に向かって］パパのかばん知
　　　　　らない？

　自称詞として現れる場合については、田窪（1997、2010）によ
る次の指摘がある。

（15）例えば、母親が、自分のことを「お母さん、ママ」と呼ん
　　　で良いのは、相手にとって自分が母親である場合だけであ
　　　る。したがって、配偶者に向かって、自分のことを「ママ」
　　　と呼ぶことはできない。一人称で使われる「ママ、お母さ
　　　ん」は、いわば、「おまえのママ」＝「聞き手であるおまえ
　　　の母親である私」という意味で使われていると考えられる。
　　　自称詞としての用法は、末っ子を基準として名付けた一家
　　　の通称ではなく、対話相手の視点を採用して名付けた名称
　　　なのである。　　　　　　（田窪（1997: 30-31、2010: 279））

　すなわち、自称詞「ママ」は、次のように、聞き手が明示されな
い主題となり、pro の値を決めるという構造をなすとされる。

（16）［聞き手ᵢ［proᵢ［ママ］］....］　（田窪（1997: 30、2010: 279））

　しかし、実際には、「家族の年少者の視点」に基づく自称詞使用
を行う話者の存在が、特に「ママ」を自称詞として使用する女性の
中に一部認められる。

（17）（夫婦二人きりの場面。会社で若い女性社員から帽子をプレ
　　　ゼントされた夫に向かって妻が）これのお返しママが買う
　　　ね。　（「人間観察バラエティ　モニタリング」2017年2月9日放映）

　筆者の内省でも、たとえば次の例では、自称詞「お母さん」に比
べると、自称詞「ママ」の方が容認度が高いと感じられる。「ママ」
が小児語である点が「家族の年少者の視点」を採りやすくしている
のかもしれない。

118　　澤田淳

(18)（妻が夫に向かって：「お母さん／ママ」は話し手自身を指
　　　す）

　　　a. ＊ねえ、お父さん、お母さんのハンドバッグ、見なかっ
　　　　　た？

　　　b. ？ねえ、パパ、ママのハンドバッグ、見なかった？

　しかし、自称詞使用において、「家族の年少者の視点」が採れる
としても、それは限定的である。たとえば、夫に向かって自分のこ
とを「ママ」と言う人はいても、親に向かって自分のことを「マ
マ」と言う人は滅多にいないであろう。

　日本語における親族名称の自称詞使用に関しては、もう1点留
意すべき興味深い点がある。久野（1977）が指摘しているよう
に、日本語では、親族名称による自称詞は、聞き手である子供が
「かなりの年齢になっても用いられる」（ibid.: 329）という特徴が
認められる。これは、他言語と比較した場合に顕著な特徴と言え
るが、日本語において全く制限がないわけでもない（金水（1986:
481–482）参照）。たとえば、親（60代）が成人した子供（30代）
に対して父母称詞で自称する次の（19a）–（19d）の4つのケース
を考えた場合、それぞれのケースによって自然さが異なる。

(19)a. （60代の父親が、30代の娘に向かって）
　　　　　｛お父さん／父さん／パパ｝が駅まで迎えに行ってやろ
　　　　　うか。

　　　b. （60代の母親が、30代の娘に向かって）｛お母さん／母
　　　　　さん／ママ｝が駅まで迎えに行ってあげようか。

　　　c. （60代の父親が、30代の息子に向かって）｛??お父さん
　　　　　／?父さん／＊パパ｝が駅まで迎えに行ってやろうか。

　　　d. （60代の母親が、30代の息子に向かって）｛(?)/?お母
　　　　　さん／母さん／?/??ママ｝が駅まで迎えに行ってあげ
　　　　　ようか。

　一般に、娘と異なり、息子に対しては、親の自称詞使用に制限が
認められる（特に、父親の自称詞使用にそれが顕著である）。そこ
には、親子の間での自律性・癒着性をめぐる社会心理学的要因が働
いているものと思われる。

親族名称の子供中心的用法の類型と場面、視点　　119

英語における父母称詞による自称詞は、Hyams（2008: 2）が「マミーダイクシス」（mommy deixis）と称するように、「マザリーズ」（motherese）、または、「赤ん坊言葉」（baby talk）であり、基本的に、聞き手（子供）が幼児である（幼児扱いされている）場合に使用が限定されるようであるが（Wills（1977: 277–278）、廣瀬・長谷川（2010: 6）も参照）、久野（1977: 329）によれば、grandpa, grandma のような親族名称（「祖父母称詞」）による自称詞は、聞き手である孫が成年に達しても用いられるという。

> (20) 自称詞としての日本語の「お父サン、パパ」は子供がかなりの年齢になっても用いられるが、自称詞としての英語の"father, daddy, dad"は幼児に限られ、子供が幼稚園くらいの年齢になれば、"I"に完全に移行する。日本語の自称詞「オジイサン、オバアサン」、英語の自称詞"grandpa, grandma"は、「オ父サン、オ母サン」、"father, dad, mother, mommy"よりも寿命が長く、孫が成年に達しても用いられるようである。
> (久野（1977: 329））

次節では、配偶者を父母称詞単独で言及・呼称するケースを例に、日本語、英語、韓国語、中国語の親族名称の子供中心的用法について考察する。

4. 親族名称の子供中心的用法の言語対照
父母称詞の使用を例に

4.1 日本語

日本語の親族名称の子供中心的用法は、主として配偶者をどのように言及・呼称するのかを探る社会言語学的な調査の中で注目されてきた*9。先行研究の社会言語学的なアンケート調査（渡辺（1963）、言語生活編集部（1973）、米田（1986、1990）、長谷川（1988）、金丸（1993）、洪（2007）、劉（2017）等）の結果から、日本語の子供中心的な父母称詞の使用に関して次のような特徴・傾向が取り出せる。

> (21) a. 子供を持つ夫婦が配偶者への呼びかけ語として父母称

詞を使う人の割合は高く、特に、妻から夫への呼称においてそれが顕著である。

b. 子供が同席していない時よりも同席している時のほうが、父母称詞を使用する（人の）割合が増加する。

c. 家族以外の他人（特に、友人・知人）に対しても、配偶者を父母称詞で言及する人が一定の割合で存在する（特に、妻にそのような使用の傾向が強く認められる）＊10。

　本稿では、このような先行研究の知見を踏まえ、さらに他言語との対照を視野に入れ、親族名称の子供中心的用法を、使用場面に応じた次の4つの類型に区分する。A型からD型へと進むに従い、発話場における子供の存在は薄いでいき、それと共に子供への心理的な同調意識も弱まっていく。

(22)親族名称の子供中心用法の下位類型：

　　A型：子供が対話者である会話場面の中で、対話者である子供の立場から家族の者（話し手自身を含む）を言及するケース。

　　B型：子供が対話者ではなく傍聴者（bystander）として参加している家族同士の会話場面の中で、子供の立場から家族の者を言及・呼称するケース。

　　C型：子供が対話者としても傍聴者としても参加していない家族同士の会話場面の中で、子供の立場から家族の者を言及・呼称するケース。

　　D型：子供が、対話者としても傍聴者としても参加しておらず、また話題にも上っていない他人との会話場面の中で、子供の立場から家族の者を言及するケース。

　父称詞「パパ」（他称詞・対称詞の用法）を例に、タイプごとの例を挙げる（「パパ」は話し手の夫を指す）。

(23)A型：（母親が幼い子供に向かって）こうちゃん、パパどこ？

　　B型：（子供の前で妻が夫に向かって）パパ、ちょっと手伝って。

C型：（子供がその場にいない夫婦二人きりの時に妻が夫に
　　　向かって）パパ、ちょっと手伝って。

D型：（妻が友人に向かって）今日ね、パパ誕生日なの。

　表1、表2に、日本語母語話者22名を対象に行った（23）の例
の容認度調査の結果を示す（インフォーマントには、各例文の容認
度を「自然：✓」「やや不自然：?」「不自然：*」からなる選択肢の

表1　日本語母語話者による例文（23）の容認度判断

話者番号	年齢	性別	出身地	A型	B型	C型	D型
1	21	男性	静岡	✓	✓	✓	✓
2	22	男性	東京	✓	✓	*	*
3	21	女性	熊本	✓	✓	?	?
4	21	女性	埼玉	✓	✓	?	?
5	22	男性	埼玉	✓	✓	✓	✓
6	20	女性	千葉	✓	✓	✓	?
7	21	女性	埼玉	✓	✓	?	*
8	23	女性	千葉	✓	✓	✓	?
9	21	女性	東京	✓	✓	✓	✓
10	21	女性	千葉	✓	✓	✓	?
11	21	女性	東京	✓	✓	✓	?
12	21	女性	千葉	✓	✓	✓	?
13	20	女性	鹿児島	✓	✓	✓	✓
14	21	女性	神奈川	✓	✓	✓	?
15	21	女性	埼玉	✓	✓	?	?
16	20	女性	宮城	✓	✓	✓	?
17	21	女性	千葉	✓	✓	?	*
18	21	女性	東京	✓	✓	?	?
19	21	男性	神奈川	✓	✓	✓	?
20	22	女性	神奈川	✓	✓	✓	✓
21	21	女性	東京	✓	✓	?	?
22	21	男性	神奈川	✓	✓	?	*

表2　日本語母語話者による例文（23）の容認度判断の内訳＊11

	A型	B型	C型	D型
自然	22名（100%）	22名（100%）	13名（59.1%）	5名（22.7%）
やや不自然	0名（0%）	0名（0%）	8名（36.4%）	13名（59.1%）
不自然	0名（0%）	0名（0%）	1名（4.5%）	4名（18.2%）

中から1つ選ぶよう指示した。以下の英語、韓国語、中国語のインフォーマント調査についても同様）。

　C型、D型に関しては話者によって容認性の判断に揺れが認められるが、いずれも、日本語において一定程度定着したあり得る用法であると言える。

　D型の例で注意したいのは、次のような例との区別である。

（24）（妻が友人に向かって）<u>うちの子</u>、<u>パパ</u>のことが大好きなの。

　他人との会話であっても、このように、子供が話題の中心（主題）となった文脈で使われる（ないしは、主題となった子供を表す表現による意味的な束縛を受ける）父母称詞の例はD型からは除外しておく。この点は他言語のD型の有無を探る際の注意点ともなる。たとえば、韓国語では、（23）のD型に対応する例は基本的に成立しないが（4.3節参照）、次の例は適格となる（以下、ハングルのローマ字表記はYale式に拠る＊12）。

（25）（妻が友人に向かって）

우리애,	아빠를	참	좋아해.
wuli-ay,	appa-lul	cham	cohahay.
うちの‐子	パパ／お父さん‐を	本当に	好きだ

「うちの子、パパのことが大好きなの」

　さて、鈴木（1967: 9）は、「日本語の親族用語は、家族内では自己中心的相対語としてはほとんど機能しておらず、家という社会的集団の枠の中に於ける各人の絶対的地位を表わす、一種の固有名詞の性格を帯びている」と述べている＊13。日本語の親族名称が「相対的な関係詞としてではなく、半ば絶対詞のような働きをしている」とする鈴木（1967、1998）の主張は、日本語の親族名称の子供中心的用法の特徴ある一面を示した重要な指摘と言える＊14。親族名称の絶対詞化した運用が、日本語において子供中心的用法の広がりを保証しており、また、他言語と比較した場合の日本語の親族名称の子供中心的用法の特徴ともなっていると言えるからである。一方で、子供中心的用法を使う日本語話者の全てが、それらを絶対詞的に使用しているわけではないのも事実であろう。たとえば、普段、家で子供中心的用法（母称詞）をA型でのみ用いる話者（夫）

にとって、妻を指す「お母さん」は、「うちのお母さん」ではなく、「お前のお母さん」であり、「相対的な関係詞」としての機能を保持している＊15。

4.2　英語

次に、英語について見てみよう。鈴木（1973）は、英語親族名称の子供中心的用法（他者中心的用法）について次のように指摘している。

(26) 親族用語の他者中心的用法は、しかし日本語だけに見られるものではなく、英語にも限られた範囲で見られるものである。たとえば小さな子供に対しては、母親は夫（子供の父親）のことをdaddyなどと言う。しかしこのような用語は赤ん坊用語（baby talk）として、社会的にも区別されている点が日本語とは違っている。　　　（鈴木（1973: 169–170））

Fillmore（1975、1997）にも次のような記述が見られる。

(27) 話し手が聞き手の視点に立つという観点から首尾よく捉えることが可能な、人を指示する様々な方略がある。とりわけ、幼い子供との会話において、その子供の家族成員を同定するために使われる語は、子供が使う場合にふさわしい語が選ばれる。たとえば、母親は、自身の幼い子供に向かって話しかける時、自身を“Mommy”、自身の弟を“Uncle Willy”、自身の父親を“Grandpa”などと言うが、そこでは、母親は、自分から見てふさわしい語を使っているのではなく、子供から見てふさわしい語を使っているのである。　　　（Fillmore（1975: 82、1997: 119–120））

確かに、英語において、親族名称の子供中心的用法は幼い子供相手の発話（A型場面）で最もよく現れる。図2から図4、及び、(28)の例は、A型・他称詞／自称詞の例である（図4のdaddyは、話し手（父親）の内言の中で現れている点でやや特殊であるが、子供を意識した（ないしは、子供に語りかける外言発話に近い）内言発話であると考えられる点で、ここでは、A型の事例に含めておく）。

図2　子供に向かって夫を daddy で言及（A 型・他称詞）
(Lynn Johnston, *For Better or For Worse*.)（http://www.gocomics.com/forbetterorforworse/2014/04/15）

図3　子供に向かって妻を mom で言及（A 型・他称詞）
(Lynn Johnston, *For Better or For Worse*.)（http://www.gocomics.com/forbetterorforworse/2015/02/05）

図4　話し手は自身を daddy で言及（A 型・自称詞）
(Lynn Johnston, *For Better or For Worse*.)（http://www.gocomics.com/forbetterorforworse/2014/05/23）

(28) "Mama, what happened?" Duncan asked.
　　"Daddy hit Mommy with the car, but I'm okay now," I said.
　　　　　　　　　　　（Jennifer Belle, *The Seven Year Bitch*. 188 頁）
（母親が子供に向かって夫をdaddy、自身をmommyで言及：A型・他称詞／自称詞）

子供相手のＡ型自称詞／他称詞で問題となるのは、限定詞 your を伴う場合との違いである（図5、図6参照）。

親族名称の子供中心的用法の類型と場面、視点　　**125**

図5　子供に向かって夫をdadで言及（A型・他称詞）
(Paul Trap, *Thatababy*.)（http://www.gocomics.com/thatababy/2014/05/28）＊16

図6　子供に向かって夫をyour dadで言及（A型・他称詞）
(Paul Trap, *Thatababy*.)（http://www.gocomics.com/thatababy/2014/02/21）

　鈴木（1998: 182–183）でも論じられているように、子供相手の発話（A型）で現れる「限定詞yourが付く他称詞・自称詞」（以下、「your dad」型）と「限定詞yourが付かない他称詞・自称詞」（以下、「dad」型）は異なる視点構造を持つ。すなわち、後者の表現は、単に前者の表現から限定詞yourを省略した表現ではない。「your dad」型では、聞き手（子供）を明示的な参照点として導入してはいるものの、視点はあくまで話し手自身に置かれており、聞き手（子供）への心理的同調（共感的同一化）はない。一方、「dad」型では、話し手の視点が聞き手（子供）に移動しており、子供への心理的同調（共感的同一化）が認められる。心理的同調（共感的同一化）は、聞き手に対する話し手の保護者的立場を反映し得るが、このような保護者的視点を持つのは、通例、聞き手が幼い子供の場合である。「your dad」型と異なり、「dad」型が通例、幼い子供相手の発話に使用が限られるのはこのためであると言える。基本的に英語と同様の相違が、中国語の「爸爸」（お父さん／パパ）と「你爸」（お前のお父さん／パパ）でも認められる（4.4節

参照)。一方、典型的な「代名詞脱落言語」(pro-drop languages)
(Fillmore (1986: 95)) でもある日本語や韓国語では、A型場面で
の親族名称の使用においては、聞き手(子供)を対称代名詞で明示
化しないのが普通であるため(例:[母親が子供に向かって]{?お
前の/Ø}パパどこ?)、英語の「dad」型と「your dad」型のよう
な違いは顕在化しない。

　では、英語では、父母称詞を使った子供中心的用法は、「赤ん
坊用語」(baby talk)(ないしは、「マザリーズ」(motherese))と
してのみ使われるのであろうか。結論から言えば、必ずしもそう
ではない。英語では、配偶者の呼称としては、ファースト・ネー
ムや愛称表現(terms of endearment)(honeyなどの「甘味名称」
(saccharine terms)等)などの使用もよく見られるが(Schneider
and Homans (1955: 1202)、Schapera (1977: 1–3)、Passin (1979:
32)、国広 (1981: 32)、Culpeper and Haugh (2014: 25–26)等参
照)、父母称詞を使った呼称も見られる。大沼 (1968: 799–800)
は、「子供ができると、夫は妻から father, dad, daddy などと、妻
は夫から mother, mom, mommy などのように、いわゆる両親名
称(Parent terms)で呼ばれる事態も頻繁に起ってくる」とする。
Passin (1980: 32) も、日本ほどではないがアメリカの多くの家庭
でも、夫婦が互いを子供の前だけでなく夫婦二人きりの時でも父母
称詞で呼び合うことがあるとする。Schneider and Homans (1955:
1205) も、父母称詞による呼称が、子供たちが成人して遠くに行
ってしまった夫婦の中にも見出されるとする。高橋 (1995: 10–
29) も、英米の小説・戯曲の調査から配偶者を父母称詞で言及・呼
称する事例を指摘している。以下、先行研究で提示された事例、及
び筆者が収集した事例の一部からB型とC型の例を挙げる*17。

(29) Can Billie have an ice-cream, Daddy?　　(Levinson (1983: 72))

　　　　　　　　(B型:子供がいる前で、妻が夫を daday で呼称)

(30) CHRISTOPHER: Cattage pie?

　　TIM: All of us?

　　CHRISTOPHER: Yeah.

　　ANDREW: Not me cos I'll be at work. But the rest of you.

CHRISTOPHER: I love cottage pie.

DOROTHY: But daddy's having lunch at work, aren't you daddy?

ANDREW: I think so.　　　　　　（BNC-C: KBW 10834–10841）

（Rühlemann and O'Dnnell（2014: 335）、Rühlemann（2019: 57））

（B型：子供達がいる前で、妻（Dorothy）が夫（Andrew）をdadayで呼称）

(31)　"There's plenty of time!" she snapped.

"Come off it, Mum," reproved Mr. Smith. He turned to Derek. "Brought us back some interestin' little mementos from foreign parts?"

（Freeman, Gillian: *The Liberty Man*. 13 頁）（cf. Dunkling（1990: 84））

（B型：子供がいる前で、夫が妻を mum で呼称）

(32)　"Ere, Mum," he cautioned her. "I shouldn't 'ave told you really. Don't let on to Joan, will you?"

"I've forgotten what you told me already," said Mrs. Smith conspiratorially. "Dad!" she shouted. "Joan! Come and eat yer kippers while they're 'ot."

（Gillian Freeman, *The Liberty Man*. 60 頁）（cf. Dunkling（1990: 84））

（B型：子供がいる前で、妻が夫を dad で呼称）

(33)　"Does that mean you'll stay here in Detroit?" she asked.

"Some of the time," I answered. "My job will keep me on the move."

"I'll have your room redecorated," she said.

"Not so fast, Mamma," my father cut in. "Maybe Angelo wants a place of his own. He's not a boy any more."

"Do you, Angelo?" my mother asked.

（Harold Robbins, "The Betsy" 29 頁）

（B型：子供がいる前で、夫が妻を mamma で呼称）

(34)　"Mom?"

Russell always called me "Mom," and I really couldn't stand it.（中略）

"Don't call me Mom," I said. "I'm not your mother."

"Sorry," Russell said.

"But I can call you Mom, right, Mama?" Duncan said.

"Yes, Duncan, you can call me Mom."

(Jennifer Belle, *The Seven Year Bitch*. 188–189 頁)

（B 型：子供がいる前で、夫が妻を mom で呼称）

(35)'（略）Do you want some food?'

'Naw. I'm fine,' he said as he dumped the packages on the table and bent down to her. 'How're the kids, <u>Mom</u>?'

(Lois Battle, *War Brides*. 144 頁)（cf. Dunkling（1990: 175））

（C 型：子供がいない場で、夫が妻を mom で呼称）

(36)He drained the bottle and sat down next to her, putting his arm around her. 'And how are you, <u>Mom</u>? I'm sorry this had to happen now. I know you've been worried about Marge being sick and now it looks as though I'll be shipping out.'

'Do you really think so?'

'Don't talk foolish, honey.　　(Lois Battle, *War Brides*. 364 頁)

（C 型：子供がいない場で、夫が妻を mom で呼称）＊18

本稿では、さらに、英語母語話者22名（いずれもアメリカ英語母語話者）を対象に、次の例を基にした容認度調査を行った（「Dad」は話し手の夫を指す）。

(37)A 型：（母親が幼い子供に）

John, where's <u>Dad</u>?

B 型：（子供の前で妻が夫に）

<u>Dad</u>, can you give me a hand?

C 型：（子供がその場にいない夫婦二人きりの時に、妻が夫に）

<u>Dad</u>, can you give me a hand?

D 型：（妻が友人に向かって）

Well, today is <u>Dad</u>'s birthday.

結果は次の表3の通りであった（✔：自然、？：やや不自然、＊：不自然）。

英語において、A 型は安定した用法であり、B 型も比較的安定し

親族名称の子供中心的用法の類型と場面、視点　　**129**

表3　英語母語話者による例文（37）の容認度判断

話者番号	年齢	性別	出身地	A型	B型	C型	D型
1	45	男性	ニューヨーク	✓	✓	✓	*
2	71	男性	アイオワ	✓	✓	?	*
3	40	女性	アイオワ	✓	✓	*	*
4	70	女性	アイオワ	✓	✓	*	*
5	29	女性	メリーランド	✓	?	*	*
6	21	男性	カリフォルニア	✓	✓	?	*
7	21	選択せず	フロリダ	✓	✓	?	*
8	20	女性	オレゴン	?	✓	*	*
9	22	女性	フロリダ	✓	?	*	*
10	21	女性	オレゴン	✓	✓	*	*
11	21	選択せず	ハワイ	✓	?	*	*
12	56	男性	カリフォルニア	✓	✓	?	*
13	22	男性	カリフォルニア	✓	✓	?	*
14	23	男性	ワシントン	✓	?	*	*
15	21	女性	カリフォルニア	✓	*	*	*
16	22	男性	フロリダ	✓	✓	✓	?
17	21	男性	フロリダ	?	*	*	*
18	19	男性	コネチカット	?	*	*	*
19	20	男性	カリフォルニア	✓	?	*	*
20	20	男性	ハワイ	✓	*	*	*
21	19	男性	フロリダ	*	*	*	*
22	21	男性	イリノイ	✓	*	*	?

表4　英語母語話者による例文（37）の容認度判断の内訳

	A型	B型	C型	D型
自然	18名（81.8%）	11名（50.0%）	2名（9.1%）	0名（0%）
やや不自然	3名（13.6%）	5名（22.7%）	5名（22.7%）	2名（9.1%）
不自然	1名（4.5%）	6名（27.3%）	15名（68.2%）	20名（90.9%）

た用法と言える。C型は、小説などでは実例が確認されたが、イン
フォーマントによる容認度は総じて低いという結果であった（表4
参照）。D型の例に関しては、ほぼ全てのインフォーマントが「不
自然」と判断している。ただし、（37）のD型の例を、次の（38）
ように変えた例では、容認度が上がると回答したインフォーマント

130　澤田淳

がいた。

(38)（妻が友人に向かって）

My son is very excited, because today is（his）Dad's
birthday.

この例で、所有代名詞 his を省略した Dad 単独の場合、依然とし
て不自然であると判断する話者もいたが、そのような話者にとっ
ても、his を省略した場合の（38）の Dad の例と（37）の Dad（D
型）の例では、前者のほうが容認度が高いと感じられるようである。
(38) の例は、子供が話題となった文脈の中で使われている父称詞
の例であり、D 型の確例とは言えない（(24)、(25) 参照）。

次は、アガサ・クリスティ『ABC 殺人事件』のある一節である。
とあるカフェでウエイトレスとして働いていた若い女性エリザベス
（ベティ）・バーナードが何者かに殺されるという事件が起きた。警
視庁警部クロームと探偵ポアロらがエリザベス宅を訪れ、クローム
警部が両親に娘エリザベスについて聴取する場面である。

(39)'Weren't you alarmed when your daughter didn't come
home last night?'

'We didn't know she hadn't,' said Mrs Barnard tearfully.
'Dad and I always go to bed early. Nine o'clock's our time.
We never knew Betty hadn't come home till the police officer
came and said—and said—'

She broke down.　(Agatha Christie, *The ABC Murders*. 99 頁)＊19
（「昨夜お嬢さんが帰宅なさらなかったとき、心配なさらな
かったんですか」

「帰宅していないのを知らなかったんです」バーナード夫人
が涙ぐみながら言った。

「父さんとあたしは、いつも早めに寝ます。九時には寝るん
です。ベティが家に帰っていないことを知ったのは、警察
の方がいらして、あたしたちに知らせて—知らせて—」

バーナード夫人は泣き崩れた。

（アガサ・クリスティー（著）・堀内静子（訳）『ABC 殺人事件』119–120 頁）

ここでは、Barnard 夫人が警部達の前で夫を Dad で言及しており、

親族名称の子供中心的用法の類型と場面、視点　131

D型の例に感じられるが、ここでのDadが、殺害された娘が話題
となった文脈の中で使われている点にも留意する必要がある。すな
わち、ここでのDadは、Her dadの省略した形と解せる余地があ
り（実際、Her dadでもよい）、D型の確例とは言いにくい。ただ
し、（39）では、Her dadと異なり、原文のDadはやや不自然に感
じられるとする話者もおり、D型の可能性も必ずしも排除できない。
英語において、D型の用法があり得るのかについては、方言差や歴
史を含めた更なる調査が必要である。

　なお、（37）のA型の例に関しては、「やや不自然」と回答した
話者が3名、「不自然」と回答した話者が1名いた。そのうち、「や
や不自然」と回答した3名は、限定詞yourを伴うyour Dadがより
適切な使い方であるとしたが、図5の実例や他のインフォーマント
の判断を総合的に考慮に入れた場合、（特に幼い子供相手の発話の
場合）Dad単独形の使用は基本的に使用可能であると考えてよい
と思われる[20]。

4.3　韓国語

　次に、韓国語について見てみよう。韓国語において特徴的なのは、
次のように、子供を介した配偶者の言及・呼称形式が多様である点
である。

(40) 韓国語における子供を介した配偶者の言及・呼称形式：

　　(a)「子供（主に長子）の名前＋父母称詞」形：例) 민정아
　　　　빠 (minceng-appa)（ミンジョンパパ／お父さん）

　　　　　　　　　　　　　　　　　　（言及語、呼びかけ語で使用）

　　(b)「애（子供）＋父母称詞」形：例) 애아빠 (ay-appa)
　　　　（子供のパパ／お父さん）　　　　　　（言及語で使用）

　　(c)「子供の名前＋아 (a) ／야 (ya)（呼格助詞）」形：例)
　　　　예솔아 (yeysol-a)
　　　　（イェソルよ）　　　　　　　　　　（呼びかけ語で使用）

　　(d)「父母称詞」単独形：例) 아빠 (appa)（パパ／お父さ
　　　　ん）　　　　　　　　　　　（言及語、呼びかけ語で使用）

子供の名前や「子供」（애 (ay)) という名詞を介在させる (a)

と（b）は、「テクノニミー」（teknonymy）（Tylor（1889））である*21。テクノニミー用法は、子供が参照点として言語的に明示される点で、定義上、本稿で言う子供中心的用法とは区別される（鈴木（1998: 198–201）参照）。配偶者をテクノニミー形式で言及・呼称する現象は、後で見る中国語にも認められる（この点に関する韓国語と中国語の類似性については、李（2004）参照）。

（c）は、呼格助詞「아／야」を後接させて（名前の末音が子音の場合には아、母音の場合には야が用いられる）、夫が妻を子供の名前で呼んだり、祖父母が自分達の娘を孫の名前で呼んだりする特徴ある呼称形式であり、テクノニミーの「究極形」と言える。林・玉岡・深見（2002: 50）は、この「子供の名前＋아／야」型のテクノニミー形式が使われるのは、相手が妻や目下の親族である場合であるとしている（実際の使用報告としては、さらに、羅（1992: 88–90）、林（2001: 115）、洪（2007: 239）、尹（2012: 105）等参照）*22。林・玉岡・深見（2002: 45–46）は、日本語で多用される父母称詞単独の子供中心的用法が「子供に心理的に同一化して用いる呼び方」として発達したのに対して、韓国語で多用されるテクノニミー形式は、「直接呼ぶことを避けるために用いる間接的な呼び方」として発達したものであり、使用の背景や機能が異なるとしている（世界の諸言語を視野に収めた「実名敬避」の習俗に関する先駆的な研究としては、穂積（1926）を参照）。

（d）は子供中心的用法である。韓国語では、配偶者を父母称詞単独で呼ぶ現象はほとんど見られないとされる（林・玉岡・深見（2002）、宋（2002）、尹（2012）、洪（2007）等参照）。韓国語において、テクノニミー形（特に、「子供の名前＋父母称詞」形）の発達が父母称詞単独形の使用を限定的なものにさせているとも言える。

洪（2007）は、子供を持つ夫婦間での呼びかけ語のバリエーションとその使用率を日韓対照の観点から表5のようにまとめている（表5は、子供のいる既婚者（日本人男性130人、日本人女性96人、韓国人男性133人、韓国人女性100人）を対象としたアンケート調査（1998年〜1999年実施）の結果とされる。表5の中の「従子

表5　子供のいる夫婦間で使用される呼びかけ語（洪 (2007: 239))＊23

場面＼形式	呼称	夫婦二人きりの時 夫→妻	妻→夫	子供の前で 夫→妻	妻→夫	呼称	夫婦二人きりの時 夫→妻	妻→夫	子供の前で 夫→妻	妻→夫
人称代名詞	あなた	2.4	7.6	1.2	2.1	タンシン	6.2	5.1	8.4	8.0
	おまえ	2.4	—	0.8	—	ジャギ	13.9	27.3	3.1	9.0
名前	名前のみ	21.7	—	12.5	—	名前+ア（ヤ）	17.2	—	4.6	—
	名前+さん	2.3	4.4	0.8	2.1	名前+氏	6.2	5.1	0.8	4.0
	名前+ちゃん	6.2	4.4	3.9	—	姓名（FN）	2.3	—	2.3	—
	愛称	3.1	4.4	2.3	1.1	愛称	3.1	—	1.5	—
父称	おとうさん	—	55.4	—	77.7	アッパ	—	3.0	—	4.0
	おとうちゃん	—	2.2	—	2.1					
	ママ	—	6.5	—	11.7					
母称	おかあさん	24.8	—	46.9	—					
	おかっちゃん	2.3	—	0.8	—					
	かあさん	—	—	6.3	—					
	ママ	1.6	—	7.8	—					
従子名呼称						子供の名前+オンマ	7.8	—	28.2	—
						子供の名前+アッパ	—	22.2	—	41.0
						子供の名前+アボジ	—	—	—	2.0
						子供の名前のみ	8.5	—	12.2	—
感嘆詞	おい	24.0	—	11.0	—	ヨボ	27.7	27.3	28.2	27.0
	ねえ	—	3.3	—	—	オイ	6.2	—	6.9	—
						ジョギョ	—	2.0	—	1.2
その他	省略	4.7	4.4	1.2	1.1	省略	—	2.0	1.5	2.0
	あだ名	1.6	4.4	—	1.1	あだ名	0.8	—	—	—
	その他	2.9	3.0	4.5	1.0	その他	1.6	5.0	2.3	2.0
合計（%）		100	100	100	100	合計（%）	100	100	100	100

※ゴチック体の数字は使用率（または選好度）が最も高い呼称である。

名呼称」は（40）の（a）と（c）のタイプのテクノニミー形式を指す）。韓国語では、夫婦間での父母称詞単独形の使用（子供中心的用法）は限定的であるものの、完全には排除された用法ではないことがわかる（この点に関しては、Choi (1997)、許（2005）も参照）。

　韓国語の父母称詞の子供中心的用法の使用範囲をさらに探るため、本稿では、韓国語母語話者23名を対象に、（41）の例を基にした容認度調査を行った（「아빠（appa）」は話し手の夫を指す）。

（41）A型：（母親が子供に）

민정아,　　　그거　아빠한테　　　줘.

minceng-a,　　kuke　appa-hanthey　cw-e.

ミンジョン-や　それ　パパ／お父さん-に　あげる-命令

「ミンジョン、それパパ／お父さんにあげて」

B型：（子供がいる前で妻が夫に）

<u>아빠</u>,　　　　좀　　　　　도와줘.

appa,　　　　　com　　　　towacw-e.

パパ／お父さん　ちょっと　手伝う - 命令

「パパ／お父さん、ちょっと手伝って」

C型：（子供がその場にいない夫婦二人きりの時に、妻が夫に）

<u>아빠</u>,　　　　좀　　　　　도와줘.

appa,　　　　　com　　　　towacw-e.

パパ／お父さん　ちょっと　手伝う - 命令

表6　韓国語母語話者による例文（41）の容認度判断

話者番号	年齢	性別	出身地	A型	B型	C型	D型
1	27	女性	ソウル	✓	?	*	*
2	25	女性	チョルラブクド	✓	*	*	*
3	25	女性	ソウル	✓	✓	*	*
4	23	男性	ソウル	✓	?	?	*
5	21	男性	ソウル	✓	?	*	*
6	46	女性	ソウル	✓	*	*	*
7	45	女性	ソウル	✓	✓	*	*
8	44	女性	キョンギド	✓	*	*	*
9	52	女性	チョルラナムド	✓	?	?	?
10	47	女性	ソウル	✓	✓	*	*
11	51	女性	キョンサンナムド	✓	✓	?	*
12	50	女性	キョンギド	✓	*	*	*
13	52	女性	ソウル	✓	?	?	?
14	48	女性	キョンサンナムド	✓	✓	*	*
15	43	女性	キョンギド	✓	?	*	*
16	47	女性	キョンギド	✓	?	✓	✓
17	22	男性	テグ	✓	?	*	*
18	23	女性	ソウル	✓	*	*	*
19	22	女性	ソウル	✓	?	?	*
20	23	女性	キョンサンプクト	✓	✓	✓	*
21	23	女性	ソウル	✓	?	*	*
22	25	女性	テグ	✓	?	?	*
23	20	男性	ソウル	✓	✓	✓	?

「パパ／お父さん、ちょっと手伝って」

D型：（妻が職場の友人に向かって）

오늘, <u>아빠</u>　　　　생일이야.

onul, appa　　　　sayngil-iya.

今日　パパ／お父さん　誕生日 - だよ

「今日、パパ／お父さんの誕生日なの」

　結果は表6の通りであった（✓：自然、?：やや不自然、*：不自然）。

　韓国語では、B型は安定した用法とは言えないものの、完全に排除された用法とは言えない。C型の容認度はB型より低く、D型は基本的に許容されにくい（表7参照）*24。

表7　韓国語母語話者による例文（41）の容認度判断の内訳

	A型	B型	C型	D型
自然	23名（100%）	8名（34.8%）	3名（13.0%）	1名（4.3%）
やや不自然	0名（0%）	10名（43.5%）	6名（26.1%）	3名（13.0%）
不自然	0名（0%）	5名（21.7%）	14名（60.9%）	19名（82.6%）

4.4　中国語

　最後に、中国語について見てみよう。中国語における子供を介した配偶者の言及・呼称の代表的な形式としては、次のようなものがある。

(42)中国語における子供を介した配偶者の言及・呼称形式：

　　　(a)「「子供」＋父母称詞」形（例：孩子他爸（子供のパパ／お父さん））　　　　　　　　　　（言及語、呼びかけ語で使用）

　　　(b)「父母称詞」単独形（例：爸爸（パパ／お父さん））

　　　　　　　　　　　　　　　　（言及語、呼びかけ語で使用）

　(a)は、韓国語と同様のテクノニミー用法であり、(b)は子供中心的用法である。一般に、先行研究では、中国では、子供のいる夫婦が配偶者を父母称詞単独（例：爸爸／妈妈）で呼ぶことはないとされることが多い（輿水（1977:284）、呉（1994:569）、薛（2000:49）、陳（2001:28）、顧（2014:112）等参照)*25。一

方で、中国において配偶者を父母称詞単独で呼ぶ現象が必ずしも完全に排除されてはいない点が劉（2001 : 75）の調査結果から読み取れる*26。本稿では、中国人中国語母語話者21名を対象に、（43）の例による容認度調査を行った（「爸爸」は話し手の夫を指す）*27。

(43) A型：（母親が子供に）

小明，　　爸爸　　　　在　　哪？
明ちゃん　パパ／お父さん　いる　どこ

「明ちゃん、パパ／お父さんどこ？」

B型：（子どもの前で妻が夫に）

爸爸，　　　　幫一下忙。
パパ／お父さん　ちょっと手伝う

「パパ／お父さん、ちょっと手伝って」

C型：（子供がその場にいない夫婦二人きりの時に、妻が夫に）

爸爸，　　　　幫一下忙。
パパ／お父さん　ちょっと手伝う

「パパ／お父さん、ちょっと手伝って」

D型：（妻が職場の友人に向かって）

今天　是　爸爸　　　　的　生日。
今日　だ　パパ／お父さん　の　誕生日

「今日、パパ／お父さんの誕生日なの」

結果は表8の通りであった（✔：自然、？：やや不自然、＊：不自然）。韓国語と同様、B型とC型は安定した用法とは言えないものの、完全に排除された用法とは言えない。D型は基本的に許容されない（表9参照）。

A型の例に関しては、「やや不自然」と判断した話者が2名おり、その2名共に、限定詞「你」（あなた）を伴う「你爸」がより適切な使い方であると回答したが、薛（2005 : 177）、顧（2014 : 112）にも指摘があるように、基本的に幼い子供相手の発話であれば、「爸爸」を使うことは可能と言える。A型場面での「爸爸」と「你爸」の違いは、英語のdadとyour dadの違い（4.2節）と平行

表8　中国人中国語母語話者による例文（43）の容認度判断

話者番号	年齢	性別	出身地	A型	B型	C型	D型
1	21	女性	広東省	✓	*	*	*
2	25	男性	遼寧省	✓	✓	?	*
3	19	女性	広東省	✓	?	*	*
4	22	女性	広東省	✓	✓	✓	*
5	22	女性	広東省	✓	✓	✓	*
6	23	女性	広東省	✓	✓	✓	?
7	20	女性	上海市	✓	?	✓	*
8	19	女性	上海市	?	*	*	*
9	20	女性	遼寧省	?	*	*	*
10	23	女性	広東省	✓	✓	✓	*
11	23	女性	広東省	✓	✓	?	*
12	24	女性	広東省	✓	?	?	?
13	23	女性	上海市	✓	*	*	*
14	23	女性	広東省	✓	✓	✓	?
15	37	女性	遼寧省	✓	*	*	*
16	23	女性	浙江省	✓	?	?	*
17	23	女性	北京市	✓	*	*	*
18	31	男性	遼寧省	✓	*	*	*
19	24	女性	吉林省	✓	?	*	*
20	20	男性	遼寧省	✓	*	*	*
21	23	男性	黒竜江省	✓	✓	?	*

表9　中国人中国語母語話者による例文（43）の容認度判断の内訳

	A型	B型	C型	D型
自然	19名（90.5%）	8名（38.1%）	6名（28.6%）	0名（0%）
やや不自然	2名（9.5%）	5名（23.8%）	5名（23.8%）	3名（14.3%）
不自然	0名（0%）	8名（38.1%）	10名（47.6%）	18名（85.7%）

的であると言える。

　本稿では、さらに、台湾人中国語母語話者21名に対しても、（44）の例を使って同様の調査を行った（「爸爸」は話し手の夫を指す）。結果は表10の通りであった。

（44）A型：（母親が子供に）

小明，<u>爸爸</u>　　　在　　哪？
明ちゃん　パパ／お父さん　いる　どこ

「明ちゃん、パパ／お父さんどこ？」

B型：（子どもの前で妻が夫に）

<u>爸爸</u>，　　　　幫忙　　一下。
パパ／お父さん　手伝う　ちょっと

「パパ／お父さん、ちょっと手伝って」

C型：（子供がその場にいない夫婦二人きりの時に、妻が夫
に）

<u>爸爸</u>，　　　　幫忙　　一下。
パパ／お父さん　手伝う　ちょっと

表10　台湾人中国語母語話者による例文（44）の容認度判断

話者番号	年齢	性別	出身地	A型	B型	C型	D型
1	25	女性	台北市	✓	✓	?	*
2	25	男性	台北市	✓	✓	?	*
3	22	男性	高雄市	✓	?	*	*
4	24	女性	新北市	✓	✓	?	*
5	32	男性	台北市	✓	?	?	*
6	35	女性	台北市	✓	?	*	*
7	26	女性	台北市	✓	✓	?	*
8	24	女性	台北市	✓	✓	✓	*
9	25	女性	高雄市	?	✓	?	*
10	27	女性	台北市	✓	✓	?	*
11	20	女性	彰化市	✓	✓	✓	*
12	21	女性	台北市	✓	✓	✓	*
13	22	女性	台北市	✓	✓	✓	?
14	24	女性	新竹市	✓	✓	✓	?
15	25	女性	宜蘭市	✓	✓	✓	*
16	21	女性	台北市	✓	✓	?	*
17	23	女性	台中市	✓	?	*	*
18	26	女性	台北市	?	*	*	*
19	22	女性	基隆市	?	✓	✓	*
20	50	女性	宜蘭市	✓	✓	✓	*
21	33	女性	嘉義市	✓	?	*	*

親族名称の子供中心的用法の類型と場面、視点　　139

「パパ／お父さん、ちょっと手伝って」

D型：（妻が職場の友人に向かって）

今天　是　<u>爸爸</u>　　　的　生日。
今日　だ　パパ／お父さん　の　誕生日

「今日、パパ／お父さんの誕生日なの」

　表11が示すように、台湾人中国語母語話者では、中国人中国語母語話者に比べ、B型、C型の容認度が相対的に高い点が注目される（特に、B型において、中国人中国語母語話者との相違が顕著である）。台湾中国語では、B型がかなり安定した用法として確立していることが窺える。B型、C型が中国人中国語母語話者に比べ相対的に高い容認度を示す理由については現時点では明らかでないが、台湾における日本語の影響などが考えられるかもしれない。今後、質的・量的な調査を拡充させることで、中国人中国語母語話者と台湾人中国語母語話者との間で、親族名称の子供中心的用法の使用範囲（容認性）にどの程度の差異が認められるのか（明らかな差異が認められ得るのか否か）について、さらに調査を続けたい。

表11　台湾人中国語母語話者による例文（44）の容認度判断の内訳

	A型	B型	C型	D型
自然	18名（85.7%）	15名（71.4%）	8名（38.1%）	0名（0%）
やや不自然	3名（14.3%）	5名（23.8%）	8名（38.1%）	2名（9.5%）
不自然	0名（0%）	1名（4.8%）	5名（23.8%）	19名（90.5%）

4.5　親族名称の子供中心的用法と語用論的な含意階層

　以上、父称詞を例に、日本語、英語、韓国語、中国語の親族名称の子供中心的用法について、4つの下位類型に基づき考察を行った。本稿で行った容認度に関する調査は、小規模なものであり、今後、より大規模で詳細な調査を進めていく必要があるが、本稿のインフォーマント調査から、次の含意階層が1つの通言語的な仮説として提示可能であるように思われる。

　（45）親族名称の子供中心的用法の含意階層：

　　　A型＞B型＞C型＞D型

この階層によれば、たとえば、Ｄ型の用法を持つ言語であれば、Ａ型、Ｂ型、Ｃ型の用法も持ち、Ｃ型の用法を持つ言語であればＡ型、Ｂ型の用法も持つことが予測される。逆に、たとえば、Ｃ型の用法を持たない言語は、Ｄ型の用法も持たないといったことが予測される。

さらに、この階層は、個人や言語共同体の言語使用を予測する指標ともなり得る。たとえば、Ｃ型を使う話者はＡ型、Ｂ型も使うことを予測するが、Ｂ型を使わない話者がＣ型、Ｄ型を使うことはありにくいことを予測する。

また、子供中心的用法を使用する言語共同体において、Ａ型として使う話者の数が最も多く、下位の用法に進むにつれ、段階的に使用話者数の規模が小さくなることを予測する。小規模なインフォーマント調査からではあるものの、本稿の各言語のインフォーマント調査の結果は、基本的にこれらの予測を裏づける結果となっている。

さらに、子供中心的用法は、配偶者の言及・呼称形式としての父母称詞の使用で言えば、基本的には夫婦に子供が生まれてから使われ始めると言えるが、その場合、子供相手のＡ型の用法から始まり、このＡ型の用法が基盤となって、さらに階層の順序に沿う方向で使用範囲が広がっていくと推察される（もちろん、実際にどの用法の範囲まで拡げて使うかは、言語共同体や個人の慣習に拠る）。今後、実証的な調査によって、家庭内での親族名称の子供中心的用法の拡張的使用のプロセスが明らかになることが期待される。

5. おわりに

本稿では、親族名称の子供中心的用法を４つのタイプに類型化した上で、配偶者を父母称詞で言及・呼称するケースを例に、日本語、英語、韓国語、中国語による対照語用論的考察を行った。さらに、この子供中心的用法の類型化を通言語的な含意階層として一般化した。個人差・性差・世代差・地域（方言）差、さらには、他言語の影響などを考慮に入れたより精緻で大規模な社会言語学的調査は今後の課題となるが、本稿の枠組みによって、親族名称の子供中心的

用法に関する言語間の異同が従来よりもより精緻なレベルで捉えることが可能になると考える。

Verschueren（2016: 26）は、「対照語用論は、想定される普遍性（universality）の諸相と、言語使用の諸相において観察される多様性（variability）との緊張関係の中で発展するものである」とし、「語用論的類型論」（pragmatic typology）へと接続可能であると論じている。堀江（2016: 136）も、対照語用論と語用論的類型論とが連続的である点を指摘している。今後、本稿で扱った以外の言語も含めたより大規模で詳細な調査によって、（45）の階層の妥当性を検証していく必要があるが、本稿の考察は、語用論的類型論の観点からの親族名称研究に向けた1つの試みともなり得ると考える。

本稿では、配偶者を父母称詞で言及・呼称するケースに焦点を当てた考察を行ったが、今後はさらに、配偶者以外の家族を父母称詞で言及・呼称するケースや、父母称詞以外の親族名称による子供中心的用法の使用事例へと考察の範囲を広げていく必要がある。たとえば、同じ父母称詞でも、（23）で挙げたような配偶者を言及・呼称する場合と、次の（46）のような配偶者以外の家族を言及・呼称する場合とでは、子供中心的用法の現れやすさに違いがある（「パパ」は話し手の息子を指す）。

(46) A型：（祖母が自分の幼い孫に向かって）こうちゃん、<u>パパ</u>どこ？

B型：（孫の前で祖母が息子に向かって）<u>パパ</u>、ちょっと手伝って。

C型：（孫がその場にいない二人きりの時に祖母が息子に向かって）

<u>パパ</u>、ちょっと手伝って。

D型：（祖母が友人に向かって。パパ＝息子）

今日ね、<u>パパ</u>誕生日なの。 (cf. 23)

表12 日本語母語話者による例文（46）の容認度判断の内訳（cf. 表2）＊28

	A型	B型	C型	D型
自然	22名（100%）	5名（22.7%）	0名（0%）	0名（0%）
やや不自然	0名（0%）	12名（54.5%）	4名（18.2%）	0名（0%）
不自然	0名（0%）	5名（22.7%）	18名（81.8%）	22名（100%）

　一般に、自身の子供（息子・娘）を父母称詞で言及・呼称するケース＊29 は、自身の配偶者（夫・妻）を父母称詞で言及・呼称するケースに比べ、相対的に子供中心的用法が現れにくいことがわかる（表12参照）。前者のケースでは、親を指し示す父母称詞本来の用法からの逸脱の度合いがより大きい点が注目される。たとえば、話し手（自己）の「父親」を指す「パパ」（「パパ$_1$」とする）を「パパ」の本来的用法とした場合、話し手（自己）の「夫」を指す「パパ」（「パパ$_2$」とする）は、本来的用法から〈一世代分〉逸脱した用法であり、話し手（自己）の「息子」を指す「パパ」（「パパ$_3$」とする）は、本来的用法（「パパ$_1$」）からさらに〈二世代分〉逸脱した用法となっている（図7参照）。

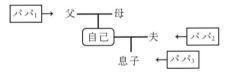

図7　「パパ」の用法

　自身の子供（息子・娘）を父母称詞で言及・呼称するケースが、自身の配偶者（夫・妻）を父母称詞で言及・呼称するケースに比べ、相対的に子供中心的用法が現れにくい点は、他の言語でも同様であると考えられる。今後、詳細な語用論的調査によって、子供中心的用法の現れ方の制約についてさらに考察を深めていく必要がある。
　さらに、日本語親族名称の子供中心的用法の使用が歴史的にどこまで遡れ、また、それがどのような場面で使用されていたのかも興味ある課題となる＊30。親族名称の子供中心的用法については、今後、歴史語用論的な調査も進めていく必要がある。その際、方言

での使用や方言間の差異も考慮に入れる必要があろう（日本方言研究会・柴田（編）（1978）、渡辺（1979）、国広（1981）等参照）。

親族名称の運用に関しては、さらに、「呼称反転」（「呼称逆転」）（address inversion）（Braun（1988）、Choi（1997）、Kraska-Szlenk（2018）等参照）の現象も注目される（親族名称の呼称反転については、早くはFillmore（1975:82）にアラビア語のデータに基づく指摘が見られる）。呼称反転の典型的な事例は、年長者である話し手が、年少者である聞き手に対して、年長者（話し手）自身が呼ばれている人称表現（典型的には、親族名称）を使って呼びかけるというものである（Braun（1988:265）、Kraska-Szlenk（2018:546）参照）*31。呼称反転は、たとえば、父親が息子や娘を父称詞（パパ）で、母親が息子や娘を母称詞（ママ）で呼んだりするといったように、（父母称詞に限らず）親族名称の使用において最もよく見られるものであるが、言語によっては、先生が生徒を「先生」と呼びかけるといったように、その他の人称表現（役割名称や虚構用法）でも見られるとされる（Braun（1988:265–296）参照）。

Kraska-Szlenk（2018:546）によれば、呼称反転は、呼びかけ語でのみ生じ、言及語では生じないとされる。また、親族名称において、非指小辞形式（non-diminutive forms）（例：father）に対応する指小辞形式（diminutive forms）（例：daddy）を持つ言語では、呼称反転は、後者の指小辞形式でのみ生じるとされる（ibid.:546）。また、言語によっては、年長者である話し手が、年少者である聞き手の性別に合う形で呼称反転が行われる言語もあるとされる（Braun（1988）、Kraska-Szlenk（2018）参照）。たとえば、Kraska-Szlenk（2018:546–547）によれば、スワヒリ語では、父親と母親はどちらも、息子に対しては父称詞（パパ）、娘に対しては母称詞（ママ）で呼びかけ、子供の性別に合った呼びかけとなるような「ジェンダー調整」（gender adjustment）が認められる（ジェンダー調整は、祖父母から孫への呼びかけなどでも見られる）とされる。

次の（47）、（48）は、スワヒリ語（バントゥー諸語）の親族

名称の呼称反転の例である（1：一人称（1st person）、APPL：適用態（applicative）、CL：名詞クラス標識（noun class marker）、CONS：順続相（consecutive aspect）、FV：終母音（final vowel）、OP：目的格代名詞（object pronoun）、PRES：現在時制（present tense）、SG：単数（singular number））（Kraska-Szlenk（2018））。

(47)（父母が娘に呼びかける場面）

 Mama, *n-a-omb-a*   *ni-pik-i-e*   *ch-akula.*

 mother 1SG-PRES-ask-FV OP1SG-cook-APPL-FV CL-food

 '*Mama*, please, cook the food for me.'

(48)（祖父母が孫息子（男孫）に呼びかける場面）

 Babu,   *ka-nunu-li-e*   *m-chele.*

 grandfather CONS-buy-APPL-FV CL-rice

 '*Babu*, [go and] buy rice [for me].'

（Kraska-Szlenk（2018: 563、564））（スワヒリ語）

呼称反転の原理（システム）に関しては未だ不明な点もあるが、Braun（1988: 292）は、言語類型論的な観点から、呼称反転が持つ「社会的意味」（social meaning）として、(i)「親密さ／愛情」（intimacy/affection）と(ii)「（権）力の差」（difference in authority）の2つが挙げられるとしている（親密さ・愛情・共感などの肯定的な感情表出が、呼称反転の使用において認められるとするという点に関しては、ブルガリア語の呼称反転を取り上げた Choi（1997: 394）や、スワヒリ語の呼称反転を取り上げた Kraska-Szlenk（2018: 579）でも指摘されている）。さらに、Braun（1988: 293）は、呼称反転の主たる源泉（発生基盤）が子供に向けた「赤ん坊言葉」（baby talk）である可能性を示唆している。親族名称の呼称反転と、本稿で取り上げた親族名称の子供中心的用法とは現象的には異なるが、この Braun（1988）の指摘は、親族名称の子供中心的用法が子供相手の A 型の用法から始まると想定する本稿の仮説（4.5 節参照）にも通じる面があり興味深い。

　親族名称の運用には、場面、視点、ダイクシス、ポライトネスなどの語用論的要因や、言語個別的な文化的・社会的要因が複雑に絡み合っており、その運用上の制約や特徴は未だ十分に解明されてい

ない。親族名称をはじめとする人称表現の本格的な語用論的研究は
まだ始まったばかりであり、今後、研究の更なる深化と拡がりが期
待される。

付記 本稿は、「国際モダリティワークショップ」(関西外国語大学、2015 年 8
月 28 日)、「京都言語学コロキアム第 12 回年次大会」(京都大学、2015 年 8 月
29 日)、「日本中部言語学会第 63 回定例研究会」(静岡県立大学、2016 年 12 月
10 日)で発表した内容に加筆・修正を施したものである。それぞれの会合で有
益なコメントをくださった方々、並びに、本研究の調査に協力された各言語の
インフォーマントの方々、特に、インフォーマントの紹介やコンサルタントと
して様々なご助言・ご指摘をして下さった黄智彦、朴賢率、張洪準、朱楽寧、
王詠晴、Joseph V. Dias、Jessica Tynes の各氏に心より感謝申し上げる次第で
ある。なお、本研究のインフォーマントへの調査・インタビューは、2015 年か
ら 2017 年の間においてなされたものである。
　本研究は、JSPS 科研費 JP16K16845(研究課題名:「ダイクシスに関する言
語学的研究―対照研究、歴史研究、方言研究の観点から―」)による助成を受
けている。

---

*1　日本語では、文法的には通常の名詞と区別されないため、独立した品詞と
して「人称代名詞」を認めない(または、人称代名詞という用語を使わない)
立場もあるが(たとえば、三上(1975: 34–35)参照)、人称と固定的に結び付
いた表現は存在することから、少なくとも意味的には日本語でも人称代名詞は
認められてよい(Fillmore(2003: 406)も参照)。
*2　次の久野(1977)の指摘も参照。
　(i)　英語には、"Who's she? The cat's mother?"という格言のような表現
　　　がある。これは、「"she"って誰のことだ。猫の母親のことか」の意味、
　　　つまり子猫には母猫の聞こえるところで、"Don't bother me. Find
　　　her."(うるさいね。自分の親の処へ行け。)と言えるが、人間には、
　　　本人の聞こえる所で"he, she"を用いてはいけないという意味である。
　　　　　　　　　　　　　　　　　　　　　　　　　(久野(1977: 312))
　　次は、教師が、女友達のことを(名前ではなく)三人称代名詞 she で言及し
た子供をたしなめる場面である。
　(ii)　'Stop that immediately! You are two very bold, wicked little—Ivor, I
　　　said stop!'
　　　He delivered a last triumphant thump, and gazed tragically up at
　　　teacher.
　　　'She stole my KitKat.'
　　　'And who is she? The cat's mother? Has she not got a name?'

(Liz Ryan, *The Past is Tomorrow.* 32頁)

*3　木村（2012）は、中国語の三人称代名詞「ta（他／她）」（彼／彼女）の使用においても、目上に対して、直示的（現場指示的）に使われた場合は、日本語と同様の敬語的制約が課されるが、一方、照応的（（現場内）文脈指示的）に使われた場合には、日本語の「彼／彼女」と異なり、敬語的制約が弱まるか無化されるという興味深い指摘を行なっている。

(i)　先行詞を介して間接的に現場の対象を指向する現場内文脈指示の"ta"は、現実の対象を眼前にして直接指示するかたちの現場指示的な"ta"よりも、部分的に許容度が高くなる；また、現実の対象が現場に居合わせない文脈指示的状況での"ta"は、その現場内文脈指示の"ta"よりもさらに一層許容度が高くなる；さらにまた、文脈指示的状況のなかでも、より際立ちにくい位置に現れる"ta"は、より際立ちやすい位置に現れる"ta"よりも容認されやすい。一般化すれば、目立ちやすい状況─言い換えれば、現実の対象（人物）との近接度がより高い状況─では、目上の人物に対しては、敬語性を明示することの必要性が高くなり、"ta"は憚られる傾向にある；逆に、目立ちにくい状況─言い換えれば、現実の対象（人物）との近接度がより低い状況─では、敬語性を明示することの必要性は小さくなり、代わって経済性が優先される傾向が強くなる、つまり、"ta"が用いられやすくなるということである。"ta"の敬語的適性とは、このように、それぞれの状況を背景に、敬語性と経済性のせめぎ合いのなかで、常に揺れ動くものなのである。　　　　　　　　　　　　　　　　　　（木村（2012:112））

*4　Helmbrecht（2013）は、世界の207の言語を対象とした調査に基づき、二人称代名詞におけるポライトネスのコード化の仕方を次の4つの類型に区分している。

(i)　a.　二人称代名詞がポライトネスの区別をコード化しない：136言語
　　　b.　二人称代名詞が2種類のポライトネスの区別をコード化する：49言語
　　　c.　二人称代名詞が3種類以上のポライトネスの区別をコード化する：15言語
　　　d.　二人称代名詞の使用がポライトネス上の理由により基本的に避けられる：7言語

　日本語は（id）の類型に含められている。（id）のタイプの言語としては、他に、ビルマ語、インドネシア語、クメール語、朝鮮語、タイ語、ベトナム語が挙げられており、いずれもアジアの言語である点が注目される（なお、Shibatani（2009:384）の記述に拠るならば、（id）のタイプの言語の中には、さらに、ゾンカ語（Dzongkha）（ブータン王国の標準語（公用語）。シナ・チベット諸語に属すると見られている）も含めることができよう）。

　ただし、「二人称代名詞の使用がポライトネス上の理由により基本的に避けられる」とされる日本語の特徴（Helmbrecht（2013））は、少なくとも「あなた」に関しては、中央語において歴史的に生じた特徴である。『日本国語大辞典（第二版）』では、「あなた」の語誌として、次の記述が与えられている（「あなた」の待遇値の歴史的変遷については、永田（2015）を参照）。

親族名称の子供中心的用法の類型と場面、視点　　**147**

(ii) 近世からは「おまえ」に替わって最高段階の敬意を表わす対称代名詞
の用法が、上方では宝暦（一七五一〜六四）ころから、江戸では明和
（一七六四〜七二）ころから見られる。文化（一八〇四〜一八）ころ
からは敬意の下限がさがり、近世末期には対等に使われる例もあるが、
大正・昭和の初期までは比較的高い敬意を保った。しかし、今日では
敬意が低下し、目上の者に対しては使われない。そのため、今日では、
上位者に対しては「…さん」のように名前を用いたり、「…先生」「…
部長」のように役職者名を用いたりすることが多い。

（『日本国語大辞典（第二版）』「あなた」語誌 (2)）

次の竹山道雄（1903年（明治36年）〜1984年（昭和59年））作『ビルマ
の竪琴』（1947年（昭和22年）〜1948年（昭和23年）連載）では、目上（上
官）に対して「あなた」が使われている。

(iii)「隊長」とついに前の古参兵がいいました。

「隊長、この鳥にこういう言葉をお教えになって、それがいまさら何
になりましょうか。いかに水島が死んだのを残念がっていられるとし
ても、それはあまりに女々しいというものです。あなたがあれに三角
山に行けとお命じになったのは、ただ死なせにおやりになったのとは
違います。（略）」　　　　　　　　（竹山道雄『ビルマの竪琴』98-99頁）

＊5　この制約の背景には、田窪（2010: 275）も指摘するように、「（お）〜さ
ん／（お）〜ちゃん」が本来的に敬称（または敬称由来の表現）であることが
要因の1つとして関与していると言えそうである（「ちゃん」は「さん」の変化
語）。他人の目下の家族成員に対してであれば、「（お）妹さん」のように、敬
称を含む目下の親族名称で呼ぶことができる（ただし、この場合でも、「（お）
妹ちゃん」などは普通使われない）。現代では「お妹さん」の使用はあまり聞
かれないが、次のように実例は存在する。

(i)「こちらに、仁木雄太郎さんと言われる方がいらっしゃるでしょう
か？」と言ったその声も、内心の不安を抑えていることが読みとれた。
「おります。兄ですわ」「ああ、ではお妹さんで？　悦子さんとおっし
ゃるのですね」　　　　　（仁木悦子『仁木兄妹長篇全集』）（BCCWJ）

(ii)「笠原信子さんのお妹さんでいらっしゃいますか？」
竹尾庶務課長は、やはり上体を斜めにしたまま、確かめるように訊い
た。　　　　　　　　　　　　　　　（松本清張『黒い樹海』27頁）

なお、鈴木（1973）が図1で提示する対称詞と自称詞の制約は、言語普遍的
な制約ではないようである。スィリアチャー・上原（2018）は、タイ語では、
自己の分割線より上の成員に対する自称詞として下位者の親族名称が使え得る
点を報告している。

＊6　時枝（1939: 14）の次の指摘を参照。

(i) 我が妻を子供に對して「お母さん」と呼び、或は妻自らを「お母さ
ん」と呼びかけ、或は長男を次男に對して「兄さん」と呼ぶのは、或
る事物を自己の立場に於いて把握せず、他の立場に於いて把握したこ
とを意味する。　　　　　　　　　　　　　（時枝（1939: 244））

＊7　日本語では、子供への共感的同一化（子供の視点への歩み寄り）は、親族
名称以外にも、一人称詞「僕」の対称詞的な使用や、役割・職業名称「先生」

「お巡りさん」などの自称詞的な使用（例：僕、お巡りさんが一緒にお母さん探してあげるね）、勧誘の助動詞「う／よう」の拡張的な使用（例：よい子は、おててを洗おうね）などにも見られる（Fischer（1964）、鈴木（1973）、Fillmore（1975、1997）、金水（1986、1989）、田窪（1997、2010）、Hirose（2000）、井上（2009）、内田（2011）、澤田（2014）等参照）。

　また、次のような幼稚園・保育園の先生による他称詞「お友達」の特徴ある使い方にも子供中心的視点が反映されている（鈴木（1968:362）も参照）。

（i）「先生！トマトの花が咲いてるよ！」お外遊びをするときに、トマトときゅうりの観察をしていたお友達が気付きました！

（幼稚園のホームページの日誌ブログ）

(http://www.m-caritas.jp/omuraseibo/blog/index.php/entry?page=3&date=201505)

　子供への共感的同一化は、直示動詞の使用にも見られることがある。次は、筆者が観察した実例である。現代共通日本語の規範では、それぞれ、「行く」、「くれる」となるところである（子供中心的用法の「パパ」、「じいじ」との共起性にも注目）。

（ii）（2歳7ヵ月の子供が一階の階段付近から二階にいる父親を呼ぶ）

　　　子供：パパおいでよー。

　　　父親：パパすぐ来るから、もうちょっと待っててね。（パパ＝話し手）

（iii）（1歳6ヵ月の孫がご飯をすくったスプーンを祖父に差し出したのをうけて祖父が）けいちゃん、じいじにあげるの？　　　（じいじ＝話し手）

＊8　ただし、後で見るように、一部の話者においては、「家族の最年少者の視点」に基づく自称詞の使用が認められる（例文（17）参照）。

＊9　たとえば、米田（1986）は、首都圏在住の夫婦185組（妻の平均年齢38歳、夫の平均年齢42歳）を対象に配偶者の呼び方に関する調査（1986年実施）を行い、その結果を次の表に示している（表において、「子供有」は子供のいる夫婦、「子供無」は子供のいない夫婦を示す）。

表 i　配偶者をどう呼ぶか（米田（1986:19））

妻が夫を呼ぶとき

	二人だけの場合			子供の前で
	子供有	子供無	全体	
名前	18.6%	47.8%	29.2%	5.9%
○○さん	10.2	10.4	10.3	4.2
愛称	3.4	26.9	11.9	—
他	5.1	10.4	7.0	1.7
父称	40.7	4.5	27.6	77.1
パパ	12.7	1.5	8.6	27.1
おとうさん	27.1	1.5	17.8	44.1
他	0.8	1.5	1.1	5.9
応答詞	22.0	28.4	24.3	5.9
対称代名詞	16.1	6.0	12.4	3.4
その他	2.5	13.4	6.5	7.6
計	118人	67人	185人	118人

夫が妻を呼ぶとき

	二人だけの場合			子供の前で
	子供有	子供無	全体	
名前	30.5%	52.2%	38.4%	16.9%
○○さん	24.6	22.4	23.8	13.6
愛称	5.1	23.9	11.9	1.7
他	0.8	6.0	2.4	1.7
母称	25.4	1.5	16.7	53.4
ママ	8.5	—	5.4	18.6
おかあさん	16.1	—	10.3	33.1
他	0.8	1.5	1.1	1.7
応答詞	28.8	28.4	28.6	15.3
おい	21.2	16.4	19.5	10.2
ねえ／ちょっと	7.6	11.9	9.2	5.1
対称代名詞	1.7	3.0	2.2	1.7
その他	12.7	4.5	9.7	12.7
計	118人	67人	185人	118人

＊10　20代〜60代の既婚者女性500人を対象としたブライダル総研（2011）によるアンケート調査（2011年実施）の結果によれば、「他人に話すときの夫

親族名称の子供中心的用法の類型と場面、視点　　149

の呼び方」は、1位が「旦那（さん）」（33.6％）、2位が「主人」（28.6％）、3位が「お父さん、パパ、おとうちゃん」（9.6％）であり、父称詞（お父さん、パパ、お父ちゃん）は、4位の「名前」（9.2％）、5位の「夫」（7.8％）よりも上位にランクインしている（なお、同様に、20代〜60代の既婚者男性500人を対象とした調査では、「他人に話すときの妻の呼び方」として、母称詞（お母さん、ママ、おかあちゃん）は、10位（2.2％）となっている）。

*11　回答の構成比（％）は小数点以下第2位を四捨五入しているため、合計は必ずしも100％とはならない（以下、同様）。

*12　Yale 式のローマ字表記に関しては、淺尾仁彦氏（国立研究開発法人情報通信研究機構）が開発された「ハングル→イェール式ローマ字変換」ツール（http://asaokitan.net/tools/hangul2yale/）を利用させて頂いた。

*13　鈴木（1998）における次の記述も参照。

(i)　（略）私は日本語に見られる他者中心的でかつ子供中心的な親族用語の使い方に対して oikonymy（ギリシャ語・oikos＝家）という新しい用語を提案する。日本語の場合は家（家族）という概念が決定的な役割を果たしているからである。（中略）次のように言う方が、もっと核心に迫れるかも知れない。家族内という文脈の中では、日本語の親族用語はもはや相対的な関係詞としてではなく、半ば絶対詞のような働きをしていると。いま述べた見方を支持すると思われる数多くの言語上の証拠のうち、〈うちの〉という表現を取上げてみよう。日本人が家の中で「お母さん」と言うとき、それは「私のお母さん」でも「お前のお母さん」でもない「うちのお母さん」の意味なのであって、この「うちの」は明言される必要がないのである。

（鈴木（1998: 203–204））

*14　このことは、次の例のように、家庭の内外を問わず、配偶者を一貫して父母称詞で言及・呼称する話者に特に当てはまる特徴と言える。

(i)　「人生の起点、起点で、かあちゃんのひと言が迷いを消してくれた。本当はだらしない弱い男だから強いパートナーで良かった。迷わず生きてこられたのは、かあちゃんのおかげ」。夫人に多くの勝ち試合を見せることができなかった悔しさは、来季晴らすしかない。（略）中畑監督は悲しみをこらえて、そして前を向いた。

（『スポーツニッポン』2012 年 12 月 7 日）（D 型）

*15　四コマ漫画『となりの山田くん全集1〜3』（いしいひさいち（著）、徳間書店）に登場する妻「まつ子」は、夫を一貫して「おとうさん」で言及・呼称するが、夫「たかし」は妻を「おかあさん」で言及・呼称するのは、子供に対してか子供の前だけである。

(i)　『となりの山田くん全集1〜3』における配偶者への言及・呼称形式
a.　「まつ子」（妻）が「たかし」（夫）を言及・呼称する場合：
A 型場面（子供に向かって）：おとうさん
B 型場面（子供の前で）：おとうさん
C 型場面（子供がその場にいない時）：おとうさん
D 型場面（他人の前で）：不明（調査範囲の資料では、この場面自体がなかった）

b. 「たかし（夫）がまつ子（妻）を言及・呼称する場合：
A型場面（子供に向かって）：かあさん
B型場面（子供の前で）：かあさん、まつ子、おい、等
C型場面（子供がその場にいない時）：まつ子、おい、等
D型場面（他人の前で）：不明（調査範囲の資料では、この場面自体
がなかった）

　妻「まつ子」の使用する「おとうさん」は絶対詞化している可能性が高いが、夫「たかし」の使用する「かあさん」は絶対詞化してはいない。

*16　図5、図6は、筆者の講義（青山学院大学2014年度「日本語学特講」）を受講した間宮亜沙子氏（当時、文学部日本文学科3年生）が紹介してくれたものである。

*17　次は、アメリカのインターネット新聞「ハフィントン・ポスト」（The Huffington Post）内のサイト「Huff Post Parents」に、コラムニストのMonique Honaman氏によって投稿された「(Don't) Call Me Mommy!」と題する記事（2013年8月26日投稿）の一部である。

(i)　What isn't as funny is when my husband calls me mommy. This has got to stop! It's like fingernails on a chalkboard. It's not just me. I hear many of my friends' husbands calling them mommy, too. It's not new. I recall my dad referring to my mother as "mom." In fact, if I remember correctly, I think my first husband used to call me "mom" too. What's up with this?（中略）
Husbands, trust me, leave "Mom" for the kids to use. Find your own special name for that wonderful woman in your life. After all, you married your wife, not your mother!
(Monique Honaman, '(Don't) Call Me Mommy!', HUFF POST PARENTS, Posted: 08/26/2013)
(http://www.huffingtonpost.com/monique-honaman/dont-call-me-mommy_b_3790470.html)

　このような記事が投稿・掲載される事実から見ても、英語において、夫が妻を母称詞で呼ぶ現象が認められることが示唆される。

*18　以下の例は、mother の例である（さらに、柏野（2011:163）も参照）。

(i)　'Pull yourself together, old lady. Try to hold up, mother,' urged her husband. 'We've got to get to the bottom of this.'
(Agatha Christie, *The ABC Murders.* 100頁)
（C型：子供がいない場で、夫が妻を mother で呼称）

(ii)　'Why, mother, that's fine,' said Mr Barnard. 'You're sure you're all right—eh?'
He patted her shoulder and drew her down into a chair.
(Agatha Christie, *The ABC Murders.* 98頁)
（C型：子供がいない場で、夫が妻を mother で呼称）

*19　この興味深い実例は、久保進氏（松山大学）からご提供頂いた。

*20　「不自然」と回答した1名は、Dad よりも Daddy の方が自然であるという理由で、(37) の A型の例を「不自然」と回答した。daddy は dad の指小形

とされ（『ランダムハウス英和大辞典（第2版）』の「daddy」参照）、「特に幼い子供が使ったり、子供に対して使う言い方で、dadより強い親しみをこめた語」（『ジーニアス英和大辞典』の「daddy」参照）ともされる（さらに、国広（1981: 21）参照）。dadとdaddyの微妙な意味の差異がこのインフォーマントの判断に影響を与えた可能性もあるが、詳細な理由は不明である。

*21 テクノニミーとは、「"子ども本位の呼称法"のことであり（"tekn"はギリシャ語の"tékn" = childに、"-onymy"は同じく"ōnumía" = nameに由来）、その代表的な型は、ある人を呼ぶときに、その人自身の個人名とか、あるいは通常の親族呼称で呼ぶのではなくて、その人の子や孫のなかの1人の個人名にもとづいて、「だれそれのお父さん（もしくはお母さん）」とか、「だれそれのおじいさん（またはおばあさん）」と呼ぶ方式である」（石川・梅棹・大林・蒲生・佐々木・祖父江（編）（1987: 500–501））。

日本語では、特殊な場面を除き、夫婦間でのテクノニミー的な使用は基本的にはないと思われるが、夫婦間以外ではその使用が認められる。たとえば、子供が友達（こうちゃん）の父親のことを「こうちゃんのお父さん」と呼ぶようなことは普通に見られる。さらに、木村（2017: 311）が興味深く指摘しているように、子供が友達（遥ちゃん）の父親を「遥ちゃんのおじちゃん」などと呼ぶこともある。これも、子供を介した呼び方である点で、テクノニミーの一種ではあるが、「遥ちゃんのお父さん」とはやや異質である。木村（2017: 311）の的確な説明によれば、「遥ちゃんのおじちゃん」は、「遥ちゃん（を参照点として、遥ちゃんにとって）のおじちゃん」ではなく、「遥ちゃん（を参照点として、私にとって）のおじちゃん」を意味している。ここでの「おじちゃん」は、渡辺（1979）の言う「年齢階梯語」、ないしは、鈴木（1973）やBraun（1988）などの言う親族名称の「虚構用法」（fictive use）とみなし得る。

*22 任・井出（2004: 230）は、韓国語では、「〈주리 엄마（ジュリ オンマ）〉（ジュリのお母さん）という呼び方だけでなく、〈주리야（ジュリ ヤ）〉と、子供の名前に〈아〉や〈야〉をつけて母親を呼ぶこともかなり多い」とし、「この傾向は子どもが大きくなるまで続くというのだが、子どもの名前で家族から呼ばれると、母親は自分が呼ばれているのかそれとも子どもが呼ばれているのか、判断に苦しむという話だ」と述べている。

本稿の筆者によるインタビューでは、テグ（大邱）出身のインフォーマントの一人が、実際に自身の親族内で（40）（c）のタイプのテクノニミー形式が使われていると回答した。このインフォーマントによると、母方の祖父母がインフォーマントの母親のことを「子供の名前（＝インフォーマントの名前）＋아／야」型のテクノニミー形式で呼ぶことがあるという。

*23 表5の「日本人」の「父称」の枠内の「ママ」は誤植（正しくは「パパ」か）と思われる。

*24 D型の例を「自然」と判断したインフォーマントが1名いたが（話者番号16）、韓国語母語話者の中では例外的な存在であると考えられる。

なお、조선일보사・국립국어원（朝鮮日報社・国立国語院）（1996: 79–80, 91）は、妻が夫を「아빠」（パパ）で呼ぶ者が現れるようになったのは、戦後、日本語の影響によるものであるとする旨の説を紹介している（韓（1994: 72–73）、金（2002: 284–285）も参照）。慎重に検討する必要があるが、当該言語におけ

る子供中心的用法の使用が他言語の影響を受ける可能性を示唆する点では興味深い。

*25　次は、輿水（1977: 284）における記述である。

(i)　（略）中国では自分の妻を子どもと同様に「おかあさん」と呼んだり、他人の子どもを大人が「おにいちゃん」「おねえちゃん」と呼ぶことはしない。前者は子どもの名前を添えて、たとえば"Xiǎo-Yīn de mā（小英的妈）"（英ちゃんのおかあさん）といったり、後者は"xiǎo dìdi（小弟弟）""xiǎo mèimei（小妹妹）"という（dìdi、mèimei はそれぞれ「弟」「妹」の意）。ただし、親が子に向かって自分のことを"bà〔ba〕（爸〔爸〕）"（おとうさん）、"mā〔ma〕（妈〔妈〕）"（おかあさん）といったり、小学校の教師が児童に向かって自分のことを"lǎoshī（老师）"ということはできる。　（輿水（1977: 284））

*26　劉（2001: 75）の次の記述を参照。

(i)　（略）中国では、子供のいる夫婦がお互いに相手を、子供の立場からの呼称語を使って、「爸爸」（お父さん）、「媽媽」（お母さん）と呼ぶ現象は大変少なく、60人のうち2人しかいなかった。これに近い中国語の呼称語として「孩子他爸」（子供の父さん）、「孩子他媽」（子供の母さん）があり、きわめて普通に使われる。子供を介して相手を呼ぶという姿勢は両国語に共通しているが、中国語の場合、その間接性が言葉の表に現れることが多いことになる。　（劉（2001: 75））

なお、劉（2017: 160–162）によれば、子供に同調して、自分の両親あるいは配偶者の両親を「爷爷」（おじいさん）、「奶奶」（おばあさん）といった「祖父母称詞」で呼びかけることは、中国でも比較的よく見られる（そのような使用を自然とみなす話者は少なくない）とのことであり、自己より上の世代の親族に対しては、子供中心的用法の比較的安定した使用が認められるようである（この点については、さらに、薛（2000: 49）の指摘も参照）。

*27　(43) のB型、C型の例文について少し補足しておく。予備調査の段階で、中国人のインフォーマントからは、次の (ii) よりも (i) の語順のほうが自然であり、一方の台湾人のインフォーマントからは、(i) よりも (ii) の語順のほうが自然であるとの回答を、それぞれ複数得た。そのため、本調査では、中国人のインフォーマントには (i) の例文、台湾人のインフォーマントには (ii) の例文を使って調査を行った。(43) と後で見る (44) とで、B型、C型の例文が異なるのはこのためである。

(i)　爸爸，幫一下忙。（パパ／お父さん、ちょっと手伝って）
(ii)　爸爸，幫忙一下。（パパ／お父さん、ちょっと手伝って）

*28　インフォーマントは、(23) の例の調査におけるインフォーマントと同一である。

*29　(13) のエピソード（鈴木（1973））に現れる「ママ」もこのケースにあたる。

*30　金（2002）、小松（2016: 252–255）で指摘されているように、近世後期江戸語の作品では子供中心的用法の使用が認められる。

(i)　^{金五郎（父）→金之助（子）}「オヽ坊か、ばばアにだつこしていいのう。おつかアは内にかえ。」（人情本、仮名文章娘節用（後編中巻）・70頁）（A型）

親族名称の子供中心的用法の類型と場面、視点　153

(ii)（略）下着ばかりになりて、袢へ入り^{金五郎（父）→小三（母）}「サア、おつかアも寝ねえか、坊主はおれが抱いて寝よう。」^{小三（母）→金五郎（父）}「あなたが抱いておよつたら、それこそ潰しておしまひなさるだらう。」

（人情本、仮名文章娘節用（後編中巻）・79頁）（B型）

＊31　Braun（1988: 266）は、呼称反転（と見られる）現象の存在が確認・報告されている言語として、アルバニア語、アラビア語、アルメニア語、アバール語（Avar）（北東カフカース諸語）、ベンガル語、ベルベル語（berber）（アフロ・アジア語族）、ブルガリア語、ダリー語（Dari）（アフガニスタンで用いられるペルシア語）、フランス語、グルジア語、ドイツ語、ギミ語（Gimi）（パプア諸語）、ギリシア語、ハンガリー語、イタリア語、メグレル語（Mingrelian）（南カフカース諸語）、ノルウェー語、ペルシア語、ルーマニア語、ロシア語、セルビア・クロアチア語、スバン語（Svan）（南カフカース諸語）、トルコ語、ヤンス語（Yansi）（バントゥー諸語）を挙げる（各言語の邦訳は『言語学大辞典』（三省堂）に拠った）。

　この中では、特に、アラビア語、イタリア語、ルーマニア語における呼称反転に関して、多くの研究がなされている（Braun（1988）参照）。また、Kraska-Szlenk（2018）は、スワヒリ語における呼称反転の現象を指摘している。

引用例出典

○曲山人「仮名文章娘節用」『近代日本文学大系 第21巻 人情本代表作集』国民図書、1926年／○松本清張『黒い樹海』講談社、1973年／○新田次郎『孤高の人（上）』新潮社、1969年／○竹山道雄『ビルマの竪琴』新潮社、1957年／○アガサ・クリスティー（著）・堀内静子（訳）『ABC殺人事件』早川書房、2003年／○アガサ・クリスティー（著）・橋本福夫（訳）『鏡は横にひび割れて』早川書房、2003年／○ Agatha Christie, *The ABC Murders.* Harper Collins Publishers. 1936.／○Agatha Christie: *The Mirror Crack'd from Side to Side.* New York: Harper Collins Publishers. 1962.／○Lois Battle: *War Brides.* London: A Howard and Wyndham Company. 1982.／○Jennifer Belle, *The Seven Year Bitch.* Riverhead Books. 2011.／○Harold Robbins: *The Betsy, The Storyteller, The Pirate.* London: Chancellor Press. 1994.／○Liz Ryan: *The Past is Tomorrow.* North Yorkshire: Magna Large Print Books. 2000.

参考文献

Braun, Friederike. (1988) *Terms of Address: Problems of Patterns and Usage in Various Languages and Cultures.* Berlin: Mouton de Gruyter.

ブライダル総研（2011）「夫婦の呼び方ランキング」『ブライダル総研 Research News』
　　http://bridal-souken.net/research_news/files/soukenRN_110907.pdf

陳露（2001）「現代日中両言語における親族呼称の対照研究」『千葉大学社会文化科学研究』5: pp.21–31. 千葉大学.

Choi, Gwon-Jin. (1997) Viewpoint shifting in Korean and Bulgarian: The use of kinship terms. *Pragmatics*. 7 (3) : pp.389–395.

조선일보사・국립국어원（1996）『우리말의 예절 (상)』조선일보사.

（朝鮮日報社・国立国語院『国語の礼節（上）』朝鮮日報社）

Culpeper, Jonathan and Michael Haugh. (2014) *Pragmatics and the English Language*. New York: Palgrave Macmillan.

Dunkling, Leslie. (1990) *A Dictionary of Epithets and Terms of Address*. London:Routledge.

Enfield, N. J. and Tanya Stivers (eds.) (2007) *Person Reference in Interaction: Linguistic, Cultural and Social Perspectives*. Cambridge: Cambridge University Press.

Fillmore, Charles. J. (1975) *Santa Cruz Lectures on Deixis 1971*. Indiana: Indiana University Linguistic Club.

Fillmore, Charles. J. (1977) Topics in lexical semantics. In: Roger W. Cole (ed.) *Current Issues in Linguistic Theory,* pp.76–138. Bloomington: Indiana University Press.

Fillmore, Charles J. (1981) Pragmatics and the description of discourse. In: Peter Cole (ed.) *Radical Pragmatics*. pp.143–166. New York: Academic Press.

Fillmore, Charles. J. (1984) Remarks on contrastive pragmatics. Jacek Fisiak (ed.) *Contrastive Linguistics: Prospects and Problems*. pp.119–142. Berlin: Mouton de Gruyter.

Fillmore, Charles. J. (1986) Pragmatically controlled zero anaphora. *Proceedings of the Twelfth Annual Meeting of the Berkeley Linguistics Society*. pp.95–107.

Fillmore, Charles. J. (1997) *Lectures on Deixis*. Stanford: CSLI Publications.

Fillmore, Charles. J. (2003) Pronouns. In: William J. Frawley (ed.) *International Encyclopedia of Linguistics,* second edition, pp.406–407. Oxford: Oxford University Press.

Fischer, J. L. (1964) Words for self and others in some Japanese families. *American Anthropologist*. 66 (6), Part 2: The Ethnography of Communication. pp.115–126.

藤井洋子（2011）「日本語の親族呼称・人称詞に見る自己と他者の位置づけ —相互行為の「場」における文化的自己観の考察」『日本女子大学紀要　文学部』60: pp.73–86. 日本女子大学.

顧令儀（2014）「親族語彙」沖森卓也・蘇紅（編）『日本語ライブラリー　中国語と日本語』pp.105–113. 朝倉書店.

韓先熙（1994）「韓国では夫をどう呼ぶか—日本語との対照を交えて」『ことば：研究誌』15: pp.70–88. 現代日本語研究会.

長谷川禮子（1988）「日本語における呼びかけ語の使われかた—配偶者を直接呼ぶことばについて」『洗足論叢』17: pp.1–15. 洗足学園音楽大学.

言語生活編集部（1973）「妻は夫をどう呼ぶか」『言語生活』262（7月号）:

pp.48–53.

Helmbrecht, Johannes. (2013) Politeness distinctions in pronouns. In: Matthew S. Dryer and Martin Haspelmath (eds.) *The World Atlas of Language Structures Online*. Leipzig: Max Planck Institute for Evolutionary Anthropology. (Available online at http://wals.info/chapter/45, Accessed on 2018–08–26.)

Hirose, Yukio. (2000) Public and private self as two aspects of the speaker: A contrastive study of Japanese and English. *Journal of Pragmatics*. 32: pp.1623–1656.

廣瀬幸生・長谷川葉子（2010）『日本語から見た日本人―主体性の言語学』開拓社.

許庭銀（2005）「韓日夫婦の呼称の対照調査」『信大日本語教育研究』5: pp.178–182. 信州大学人文学部日本語教育学研究室.

穂積重遠（1926）『實名敬避俗研究』刀江書院.

洪珉杓（2007）『日韓の言語文化の理解』風間書房.

堀江薫（2016）「対照語用論」加藤重広・滝浦真人（編）『語用論研究法ガイドブック』pp.133–157. ひつじ書房.

Huang, Yan. 2014. *Pragmatics*. Oxford: Oxford University Press. Second edition.

Hyams, Nina. (2008) Reflections on motherese. In: Sano, Tetsuya, Miwa Isobe, Mika Endo, Koichi Otaki, Koji Sugisaki, and Takeru Suzuki (eds.) *Enterprise in the Cognitive Science of Language: Festshrift in Honor of Yukio Otsu*. pp.1–12. Tokyo: Histuzi Syobo Publishing.

任栄哲・井出里咲子（2004）『箸とチョッカラク―ことばと文化の日韓比較』大修館書店.

井上優（2009）「話し手自身に対する敬称・愛称の使用について」『日中言語研究と日本語教育』2: pp.94–103. 好文出版.

石川栄吉・梅棹忠夫・大林太良・蒲生正男・佐々木高明・祖父江孝男（編）（1987）『文化人類学事典』弘文堂.

金井勇人（2002）「失礼さという観点から見た二人称指示の体系」『早稲田大学大学院文学研究科紀要（第3分冊）』48: pp.83–91. 早稲田大学大学院文学研究科.

金丸芙美（1993）「人称代名詞・呼称」『日本語学』臨時増刊号 vol.12: pp.109–119.

柏野健次（2011）『英語語法ライブラリー―ペーパーバックが教えてくれた』開拓社.

金世朗（2002）「家族間の呼称表現における通時的研究―子供中心的用法に着目して」『現代社会文化研究』24: pp.269–286. 新潟大学大学院現代社会文化研究科.

木村英樹（2012）『中国語文法の意味とかたち―「虚」的意味の形態化と構造化に関する研究』白帝社.

木村英樹（2017）『中国語はじめの一歩〔新版〕』筑摩書房.

金水敏（1986）「名詞の指示について」『築島裕博士還暦記念国語学論集』

pp.467–490. 明治書院.

金水敏（1989）「代名詞と人称」北原保雄（編）『講座日本語と日本語教育4 日本語の文法・文体（上）』pp.98–116. 明治書院.

小泉保（1990）『言外の言語学―日本語語用論』三省堂.

小松寿雄（2016）「江戸語・明治東京語の父母の称」近代語学会（編）『近代語研究　第十九集』pp.251–269. 武蔵野書院.

小森由里（2013）「親族間で用いられる他称詞の運用―話題の人物を捉える視点と表現形式」『社会言語科学』16（1）：pp.109–126. 社会言語科学会.

輿水優（1977）「中国語における敬語」大野晋・柴田武（編）『岩波講座日本語4　敬語』pp.271–300. 岩波書店.

Kraska-Szlenk, Iwona. (2018) Address inversion in Swahili: Usage patterns, cognitive motivation and cultural factors. *Cognitive Linguistics*. 29 (3)：pp.545–583.

国広哲弥（1981）「アメリカの親族呼称」堀素子・F・C・パン（編）『言語社会学シリーズ　No.3　ことばの社会性』pp.19–38. 文化評論出版.

国広哲弥（1990）「「呼称」の諸問題」『日本語学』vol9（9月号）：pp.4–7.

久野暲（1977）「英語圏における敬語」大野晋・柴田武（編）『岩波講座日本語4　敬語』pp.301–331. 岩波書店.

李明実（2004）「夫婦呼称における名前と親族名称の使用について―大阪・北京・ソウルでのアンケート調査を通して」『人間文化学研究集録』14：pp.49–73. 大阪府立大学大学院人間文化学研究科.

Levinson, Stephen C. (1983) *Pragmatics*. Cambeidge: Cambridge University Press.

林炫情（2001）「日本語と韓国語における呼称の対照研究序論」『国際協力研究誌』7（1）：pp.107–121. 広島大学国際協力研究科.

林炫情・玉岡賀津雄・深見兼孝（2002）「日本語と韓国語における呼称選択の適切性」国立国語研究所『日本語科学』編集委員会（編）『日本語科学』11：pp.31–52. 図書刊行会.

劉柏林（2001）「中日の親族呼称について」『言語と文化』5：pp.61–78. 愛知大学語学教育研究室.

劉寧（2017）「日中両言語における呼称表現についての対照研究」博士論文、東北大学大学院文学研究科.

三上章（1975）『三上章論文集』くろしお出版.

永田高志（2015）『対称詞体系の歴史的研究』和泉書院.

日本方言研究会・柴田武（編）（1978）『日本方言の語彙―親族名称、その他』三省堂.

Nikolayeva, Larysa.（2014）*Typology of Kinship Terms*. Frankfurt am Main: Peter Lang Edition.

小田希望（2010）『英語の呼びかけ語』大阪教育図書株式会社.

大沼雅彦（1968）「呼び掛け語の文法覚え書」『英語青年』12月号：pp.799–800.

Passin, Herbert.（1980）*Language and Cultural Patterns*. Tokyo: Kinseido.

羅聖淑（1992）「韓国と日本の言語行動の違い―既婚女性の呼称を中心に」『日

本語学』11（13）（12月号）：pp.81–91.

Rühlemann, Christoph. (2019) *Corpus Linguistics for Pragmatics: A Guide for Research*. London: Routledge.

Rühlemann, Christoph and Matthew Brook O'Dnnell. (2014) Deixis. In: Karin Aijmer and Christoph Rühlemann (eds.) *Corpus Pragmatics: A Handbook*. pp.331–359. Cambridge: Cambridge University Press.

Russell, Bertrand. (1940) *An Inquiry into Meaning and Truth : The William James Lectures for 1940, Delivered at Harvard University*. London: George Allen and Unwin Ltd.（バートランド・ラッセル（著）・毛利可信（訳）（1973）『意味と真偽性―言語哲学的研究』文化評論出版.）

澤田淳（2010）「直示と視点」澤田治美・高見健一（編）『ことばの意味と使用―日英語のダイナミズム』pp.222–233. 鳳書房.

澤田淳（2014）「視点、文脈と指標性―英語指示詞における聞き手への指標詞シフトの現象を中心に」『語用論研究』15：1–23. 日本語用論学会.

Schapera, I. (1977) *Kinship Terminology in Jane Austen's Novels*. London: Royal Anthropological Institute of Great Britain and Ireland.

Schneider, David M. and George C. Homans. (1955) Kinship terminology and the American kinship system. *American Anthropologist*. 57: 1194–1208.

薛鳴（2000）「親族名称に見られる関係表示―日本語と中国語の比較から」『社会言語科学』2（2）：pp.43–57. 社会言語科学会.

薛鳴（2005）「親族名称と呼称からみる人間関係―日本語と中国語の比較」井出祥子・平賀正子（編）『講座社会言語科学第一巻　異文化とコミュニケーション』pp.170–195. ひつじ書房.

Shibatani, Masayoshi. (2009) Honorifics. In: Keith Allan (ed.) *Concise Encyclopedia of Semantics*. pp.381–390. Amsterdam: Elsevier.

スィリアチャー・ロイケオ・上原聡（2018）「日タイ語の親族名称の用法に関する認知言語学的考察―親族名称系自称詞に注目したケーススタディー」『認知言語学論論文集　第18巻』pp.293–304. 日本認知言語学会.

宋有宰（2002）「日韓両言語の親族呼称について―鈴木孝夫（1973）の「虚構的用法第2種」の考察」『金沢大学国語国文』27: pp.92–84. 金沢大学大学院社会環境科学研究科.

Stivers, Tanya. (2007) Alternative recognitionals in person reference. In: N. J. Enfield and Tanya Stivers (eds.) *Person Reference in Interaction: Linguistic, Cultural and Social Perspectivs*. pp.73–96. Cambridge: Cambridge University press.

鈴木孝夫（1967）「トルコ語の親族用語に関する二、三の覚え書」『言語研究』51: pp.1–15. 日本言語学会.

鈴木孝夫（1968）「言語と社会」服部四郎・沢田允茂・田島節夫（編）『岩波講座哲学 XI　言語』pp.339–368. 岩波書店.

鈴木孝夫（1973）『ことばと文化』岩波書店.

鈴木孝夫（1998）『鈴木孝夫言語文化学ノート』大修館書店.

高橋みな子（1995）『英語の呼称―ことばにみる人間関係』近代文藝社.

滝浦真人（2008）『ポライトネス入門』研究社.

田窪行則（1997）「日本語の人称表現」田窪行則（編）『視点と言語行動』pp.13–44. くろしお出版.

田窪行則（2010）『日本語の構造―推論と知識管理』くろしお出版.

時枝誠記（1939）「敬語法及び敬辭法の研究」中島文雄（編）『京城帝國大學文學會論纂　第八輯　語文論叢』pp.231–289. 岩波書店.

Tylor, Edward B. (1889) On a method of investigating the development of institutions: Applied to laws of marriage and descent. *The Journal of the Anthropological Institute of Great Britain and Ireland.* 18: pp.245–272.

内田聖二（2011）『語用論の射程―語から談話・テクストへ』研究社.

Verschueren, Jef. (2016) Contrastive pragmatics. In: Jan-Ola Östman and Jef Verschueren (eds.) Handbook of Pragmatics. pp.1–34. Amsterdam: John Benjamins.

渡辺実（2002）『国語意味論』塙書房.

渡辺友左（1963）「家族の呼び方―都内のある職場でのアンケートから」『言語生活』8月号：pp.42–49.

渡辺友左（1979）『国立国語研究所報告64　各地方言親族語彙の言語社会学的研究（1）』秀英出版.

Wills, Dorothy Davis. (1977) Participant deixis in English and baby talk. In: Catherine Snow E. and Charles A. Ferguson (eds.) *Talking to Children: Language Input and Acquisition.* pp.271–295. Cambridge: Cambridge University Press.

米田正人（1986）「夫婦の呼び方―アンケート調査の結果から」『言語生活』416（7月号）：pp.18–21.

米田正人（1990）「ある社会組織の中の呼称―夫婦の呼び方と職場での呼びかけについて」『日本語学』9（9）（9月号）：pp.19–24.

尹秀美（2012）「韓国人夫婦はお互いをどう呼び合うか？―夫が妻を呼ぶ時」『金沢大学文化資源学研究』4: pp.103–108. 金沢大学人間社会研究域附属国際文化資源学研究センター.

呉世平（1994）「文化背景による呼称の相違 ―中国語と日本語の親族呼称を中心に」『経営研究』7（2）：pp.569–590. 愛知学泉大学.

Zeitlyn, David. (1993) Reconstructing kinship, or, the pragmatics of kin talk. *Man.* 28 (2)：pp.199–224.

英語における場所の前置詞
認知言語学と位相空間論の接点を求めて

今仁生美

要旨

　この稿では、主に英語の場所の前置詞 on、at、from … to、in を取り上げ、これらの前置詞の特性は位相空間論における「境界、離散、区間、内部」といった概念を用いて分析することで、認知言語学などにおけるイメージスキーマを用いる分析よりもより統一的に説明できることを示す。具体的には、on は「境界」、at は「離散」、from … to は「区間」、そして in は「境界の内部」と関連をもつことを示す。区間については、日本語の「A から B まで」と「A から B に」の用法の違いも併せて分析する。これは、認知言語学と位相空間論の接点を求める試みでもある。

キーワード

　場所の前置詞、位相空間、境界、離散、区間、認知言語学、イメージスキーマ

1.　はじめに

　自然言語は、人間のきわめて高度な計算システムである。どんなに単純な文であっても、その背後には、いまだ解明できていない複雑な働きが潜んでいる。その複雑な働きの構造的・論理的な側面は、これまで、理論言語学とくに統語論や意味論、そして最近では数学を援用する語用論によってかなりの部分が扱われ、また分析されてきた。いま、以前にも増して、これらの領域に数学化の波が押し寄

せている。他方、こういった言語学の理論化の波にいくらか対峙する形で、70年代ごろから人間の認知と言語の関係を扱う認知言語学が台頭してきた。認知言語学は、人間が外界をどのように認識し、その認識のあり方が言語にどのように反映するかを追求することに重きがある。そのため、数学化を強める伝統的な理論言語学と人間の認知と言語の関係を探る認知言語学という二つの流れはいまだ方法論を共有するところまでは至っていない。しかしながら、将来的にはこの二つの流れは一つの統合された大きな流れとなることが予想される。たとえば、ロボットに言語の機能を搭載する場合、ロボットは言語の数学的な側面を計算しつつ、外界の何をどう切り取り言語化すべきなのかを主観的に判断しなければならない。椅子の背もたれに一匹の蝶々が翅を休めているのを見て、ロボットはどのようにその状景を言語化するだろうか。そう考えたとき、言語の数学的な側面と言語に関わる主観的かつ認知的な側面が融合しなければ、人間のように話せるロボットは実現しないことが分かる。

　本論は、認知言語学の知見を位相空間論の観点から見直すことを目的とする。具体的には、onやatといった英語の前置詞（およびいくつかの日本語の後置詞）を取り上げ、これらの語彙の特性を分析するにあたって位相空間論における諸概念がきわめて有効であることを示す。本論は、また、認知言語学と理論言語学の双方において利用可能な理論（言語理論への位相空間論の組み込み）を探る試みでもある*1。

2. 場所の前置詞と時間表現

　まず図1と図2を見られたい。図1と図2の状景はいずれも（1）の文によって表すことができるが、

　（1）The ladybug is on the box.
テントウ虫が止まっている周辺の様子は図1と図2でかなり異なる。

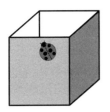 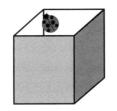

図1　箱の外のテントウ虫　　図2　箱の中のテントウ虫

　それでもロボットにどちらの場合も on が使えると判断させるためには、われわれはロボットに何を教えればよいだろうか。認知言語学では、Cooper (1968)、Leech (1969)、Miller and Johnson-Laird (1976)、Herskovits (1986) など多くの研究で、on を用いることができるのは対象物（この場合はテントウ虫）が何かの「表面 (surface)」に接触しているときであるとする分析を行っている。これに対し、本論では、これを位相空間における「境界 (boundary)」への接触とする分析を取る（図1と図2の箱の表面はすべて境界である）。「表面」を「境界」に置き換えることの利点の一つは、場所の前置詞を用いた on time のような時間表現の意味用法を説明しやすくなるということである（on time は「きっかり」という意味をもつが、次章で述べるように、この「きっかり」という意味は「一次元の対象（たとえば時間）の境界は点である」ということから導くことができる）。このことは後の章で詳しく論じる。

　本論では、空間表現 α が時間表現 β として用いられる場合、一般的に α と β は位相的な特性を共有していると考える。位相的特性が共有されている例を一つ見ておこう。

(2) Mary skipped over the small pool.
(3) Mary skipped Saturday and Sunday.

skip という動詞はもともと物理的な空間移動を表す語彙であるが、(2) と (3) に見るように場所と時間のいずれにも用いられる。まず空間移動を表す (2) から見てみよう。メアリは、道を歩いていて、水たまり（すなわち障害）に突き当たる。そこでメアリは水たまりを飛び越し、再びその先を進んでいくのであるが、このときの水たまりが境界 M である。図3の一番下の図（物理的世界）が

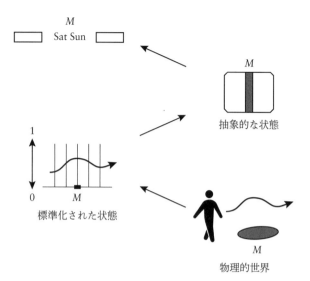

図3　skipと位相
Imani and Takarajima（2014）

これに相当する。さて、メアリが移動すると、軌跡 ρ が残る。この ρ を位相の世界に取り込むと、図3の「標準化された状態」となる。これは、区間（0から1）にその軌跡 ρ を取ったものである。中央にある黒い部分が M に相当する。skip を時間表現として用いる場合は、標準化された状態から1次元の世界への抽象化が行われる。具体的には、区間をつぶす（つまり削除する）形で抽象化が行われ、図3の「抽象的な状態」が得られる（なお論点を分かりやすくするために抽象的な状態を2次元的に表してある）。(3) の skip Saturday and Sunday が指すのは、この抽象的な状態である（Saturday と Sunday を合わせたものが M に相当する）。

なお、「区間の削除」は、次の図4の標準化された状態で捉えた方が直感的に分かりやすいかもしれない（図3の標準化された状態

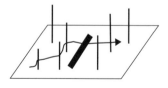

図4　標準化された状態

は図 4 のそれと基本的には同じものである)。

　本論で空間表現 α と時間表現 β が位相的な特性を共有していると言うときは、以上のような物理世界から時間世界への抽象化を念頭においている。

　さて、以下の章ではこういった図を用いて議論を行うが、注意が必要なのは、本論では図は補助的な役割しかもっておらず、またイメージスキーマとも異なるということである。

　イメージスキーマは、一般的には、視覚や身体的な運動に基づく図像を指す (Brugman (1981))。認知言語学におけるイメージスキーマの役割は非常に大きい。これは、われわれが (一部の) 語彙の意味を図像的に理解している可能性があり、イメージスキーマはそれがどのような図像パターンであるのかを示す働きをもつからである。また、そのことと関連して、イメージスキーマは語彙がなぜ多義性をもつのかといった問題への取り組みにも大いに役立ってきた。ただ、イメージスキーマそのものは、語彙の位相的な詳細を理論化したものではない。たとえば次の (4) の文における on の用法を説明するために図 5 のようなイメージスキーマを描いても、on の位相的な情報は不明なままである (少なくともロボットにとってはそうである)。

(4) The box is on the desk.

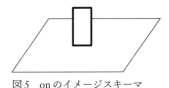

図 5　on のイメージスキーマ

机の上に箱が置いてある状況でロボットに on を選ばせるという目的からすれば、「箱は机の表面に接地している」という情報の方がより有用なのであり、その意味で図像は本論では 2 次的な働きしかもたない。

　イメージスキーマは、また、すべての空間的表現に適用できるわけではない。例として「近さ」を考えてみよう。「a は b に近い」は二つの対象 a, b と他の対象との相対的な近さを測る表現である。

より正確には、「aはbに近い」という発話が適切であるためには、対象aが他方の対象bの境界に接触していてはならず、かつ、その境界に（同じ状況の中の他の対象と相対的に）「近い」場所に位置していなければならない。しかしながら、実際には「近さ」というのは意外に難しい性質をもつ。その点を具体例を用いて考えてみよう。「円」という語彙は、日本語では、2次元の平面を表す場合と、平面としての円の境界を表す場合がある。この違いは、(5)と(6)の違いに対応する*2。

(5) 黒丸は、円の上にある。
(6) 黒丸は、円の近くにある。

図6　円と黒丸

つまり、「円」は、(5)では平面として認識され、(6)では線として認識されている。さて、図6では、確かに、黒丸が円の境界に対して、かなり近い位置にあるように思える。しかし、次の(7)を見られたい。図7の線は輪ゴムを表すものとする。

(7) 黒丸は、輪ゴムの近くにある。

図7　輪ゴムと黒丸

図7の図に関しては、(7)を用いて表現することに躊躇する人が多い。ところが、実は、図6と図7における境界と黒丸との距離関係は互いに非常に似ているのである。つまり、いずれの図においても輪ゴムと黒丸が接近している部分（σ）と離れている部分（τ）があり、σの値はτのそれに比べかなり小さい。それにも関わらず、図7を描写する文として(7)を用いることが難しいのである。

もう一つの状況を見てみよう。図7ではわれわれは輪ゴムの内部

をいわゆる背景（landmark）としその中で黒丸と輪ゴムの距離を測っているが、図8のように黒丸に対して輪ゴムが作る空間とそれを囲む空間とが比較されている場合は、(7)は自然となる。

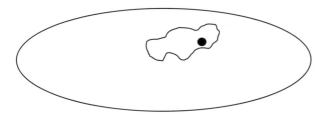

図8　二つの空間の比較

このような「近さ」をイメージスキーマで表すのはかなり難しい。つまり、二つの対象物が「近い」図像を描いても、「近い」という語彙の意味・用法を完全に説明することはできない*3。

　なお、従来の認知言語学には、場所の前置詞を分析するにあたってイメージスキーマを用いるアプローチの他に、意味の最小単位すなわち意義素（sememe）を用いるアプローチがある（Bennett (1975)）。このアプローチでは、たとえばoverであれば、[LOCATIVE superior]を基本的意味とした上で、overの多義性を説明するためにそこにSOURCEやPATHといった意義素を加えていく。(8)はその一例で、(8a)の前置詞句は(8b)のような意義素の組み合わせとして表示される（Bennett (1975)）。

(8)　a.　I removed the lamp from over the table.
　　　b.　[SOURCE[LOCATIVE[superior of table] place]]

意義素を用いるこのアプローチは、しかしながら、本論の目的を満たす方法論とはならない。なぜなら、SOURCEやLOCATIVEという意義素が具体的に（すなわち位相的に）何を意味しているのかは依然不明なままであるからである。

　以上、イメージスキーマや語彙素を用いる従来のアプローチでは、場所の前置詞の位相的な性質についてはいわば示唆されているに留まり、その意味でまだ詳しく分析されているわけではないことを見てきた。以下では、主に英語の場所の前置詞を取り上げ、これらの語彙が「境界（boundary）」、「離散（discreteness）」、「経路

英語における場所の前置詞　　167

（path）」といった位相空間論における諸概念に関連する可能性があること、また、これらの概念が on time のような場所の前置詞を用いた時間表現の用法を説明するのにも有効であることを示していくことにしたい*4。

3. 前置詞 on と位相

　on の空間的用法についてはすでに前節で述べた。テントウ虫の例でいえば、テントウ虫が止まっている場所に応じて、われわれは on the desk や on the ceiling などさまざまな表現を用いる。しかし、共通しているのは対象物が何かの表面に接しているということである。認知言語学では、先に述べたように、on の用法を表面への接触とする分析を行うことがほとんどであるが、本論では境界への接触とする分析をとる。

　「表面」を「境界」に置き換える利点として、ここでは on を用いた時間表現を見てみよう。

　（9） The train arrived at the station on time.

（9）において列車が 2 時に到着する予定だったのであれば、（9）はその電車が 2 時きっかりに駅に到着したことを意味する。さて、on の空間的制約は「なにかが空間上の境界に接する」というものであることはすでに見た。これを時間で見た場合、on time は、「なんらかの事態が時間上の境界に接している」ことになるが、1 次元である時間の「境界」とは図 9 におけるような「点」である（図 9 では、点が境界であることが分かりやすいように、2 次元の境界である円弧（点線の部分）を描き入れてある）。

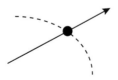

図 9　時間軸上の境界

on time が「きっかり」という意味をもつのはこのためである。ち

なみに、次の(10)のin time は、会議の開始の時刻に間に合ったという意味をもつ。

(10) John came to the meeting in time.

以下の章で述べるように、in の場合、対象物は境界の「内部」に位置する。図10では、黒丸を会議の開始時間とすると、黒丸によって示されている境界の内側（すなわち黒丸と白丸の間）が時間の内部である。

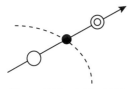

図10　境界の内側と外側

白丸は、会議が始まる時刻（黒丸）よりも前にある。in time が「間に合う」という意味をもつのはこのためである。一方、図4の二重丸によって表される時刻は（動作主が黒丸の手前の時間軸上にいる場合）境界の外部に位置するため、in time にはならない。いわゆる「遅刻」を表すことになる。

　なお、場所の前置詞を考察するにあたっては、前置詞の機能的（functional）な働きを考慮することも重要であることはよく知られている（Garrod et al (1999)、Coventy et al (2001)、Tyler and Evans (2003)）。on の場合でいうと、対象となる個体は境界に接している必要があるが、接しているものすべてについて on が使えるわけではない。(11)を見てみよう。

(11) John is on the wall.

ジョンが壁に寄り掛かっている場合、確かにジョンは壁に接しているが(11)は不自然である。しかし、ジョンがスパイダーマンであれば、(11)は自然である。このことは、on が使えるのは、境界への接触が対象物にとって必要なことであったり、何らかの特別な意味をもっている場合であるときであることを示している。

英語における場所の前置詞　　169

4. 前置詞 at と位相

atの先行研究において概ね共通しているのは、atは（12i）と（12ii）のような性質をもつとする点である（Cooper (1968)、Leech (1969)、Quirk et al (1985)、Herskolvits (1986)、Lindstromberg (1997)）。

(12) F at G という表現において、
　　(i) F は G の近くあるいは G の中に位置しており、
　　(ii) G の位相的構造は重要な意味をもたない。

(12ii) については、Leech (1969) や Lindstromberg (1997) が「G の次元は重要な意味をもたない」とし、Quirk et al (1985) が「G は次元をもたない（dimensionless）」つまり点であるとしている。こういった分析に対し、本論では、atは「離散（discreetness）」を表すと考える。この離散という性質をatの典型的な例を用いて見てみよう。

(13) I will meet you at the station tomorrow.

(13) が表す状況は、たとえば、図11のように表すことができる。

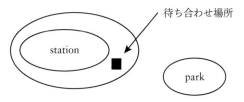

図11　離散する二つの空間

(13) が表す状況で重要なのは、駅が、他の位相的な対象（図11の場合は公園）と離散の関係にある（つまり互いに位相的に独立している）ということである。つまり、(13) が述べているのは、待ち合わせ場所は駅であってけっして公園ではないということである（この場合、駅と公園は互いに位相的に独立していさえすればよいので、両者は隣接していてもかまわない）。本論では、これがatの働きであると考える。

(12) の (i) と (ii) に関しては、いずれも離散の性質から導か

れる。まず（12i）であるが、本論の考えにしたがえば、F at G は G が他の位相空間から離散しているかどうかをみる表現である。そのため、F と G の位相的関係そのものは重要ではない。つまり、F at G の場合は、F が位置するのは G（＝駅）の中であってもよいし外であってもよい。また（12ii）に関しても、離散性は G の位相構造の詳細には関与しないことから、G の次元も問題とはならない。

　at の離散性を具体例で見ておこう。

（14）I am now at Safeway.

（15）I am now in Safeway.

話し手は大型食料品店の Safeway にいて、友達と電話で話をしているとしよう。このとき、話し手が自分の居場所を友達に知らせる場合、（14）が可能である。これは、この時点では、話し手は、Safeway にいるのであって他の場所ではないということを相手に知らせることができれば十分であるからである（離散性）。しかしながら、電話の相手が話し手が Safeway にいることをすでに知っている場合は、位置情報をもたない at は不適切（infelicitous）となり、（15）のように位相的な詳細を相手に伝えることが必要になる。

　at がもつこの離散の性質は、at が時間表現に用いられるときにも現れる。認知言語学でよく取り上げられる次のような例文を考えてみよう。

（16）Mary is always busy at Christmas.

（17）Mary is always busy on Christmas.

（16）では、メアリが忙しいのはクリスマスの期間を含むその前後である。つまり、メアリはクリスマスの準備やその後片付けで忙しかったという意味合いをもつ。at は位相的な構造に関して何の情報ももたらさないのであるから、at Christmas では、クリスマスの日あるいはその前後の日を表すことになる。他方、（17）では、メアリの忙しさはクリスマスの日に限られる。on Christmas は、先に述べたように、事態がクリスマスという「境界」に接していることを表すが、このときの境界とは時間軸上の点である。このことから、on Christmas はクリスマスの日のみに言及することになる。時間表現における at と on のこういった相違は、次の例でも観察できる。

英語における場所の前置詞　171

(18) Air Force One arrived at Narita Airport at 14:00.

(19) Air Force One arrived at Narita Airport on Monday.

(18) では、大統領専用機はきっかり2時ではなく2時少しすぎ（あるいはその少し前）に成田空港に着いたのであっても構わない。これに対し、（19）の方は、大統領専用機はまさしく月曜日に成田空港に着いたのでなければならない*5。

さて、at の用法は単に位相的な特性のみで決まるのではない。at も他の前置詞と同様、機能的な用法をもつ。そのことを（20）の例文で見てみよう。

(20) *A spider is walking at the desk.

話し手は机の上を歩くクモを見ているのだとしよう。この状況では、クモは机に隣接している。しかしながら、（20）のように発話することはできない。この理由として、われわれの認知活動の性質が関与している可能性がある。つまり、われわれは、動いているものを見ているとき、そのものの位相的な情報を特定してそれを報告しようとする。たとえば歩いているクモを報告するときは、（21）に挙げるような表現が選ばれるだろう。

(21) A spider is walking {on, on the left side of, under, ...} the desk.

これに対し、at G は、G が他の位相的対象物から離散していることを表すのみで、位相構造に関する情報はもたない。このため、われわれは歩いているクモに対し（20）を不自然と感じるのであろう。逆にいえば、なにかがじっとしているのを見ている場合は、at の使用が可能になるということになる。（22）を見られたい。

(22) A tiger was ambushing at the big tree.

（22）では、トラに動きがない。このため、トラがいるのは木が立っている場所なのかそれとも別の場所なのかという情報つまり離散性が意味をもちうるのである。

5. from A to B および「A から B まで」「A から B に」と位相

from A to B は、一見するときわめて単純な用法をもつように見える。つまり、A は出発点を表し、B は到着点を表す。しかしなが

ら、from A to B に対応する日本語の表現には「A から B まで」と「A から B に」の2種類があることからも伺えるように、区間を表す表現に関してはもう少し立ち入ってその性質を調べる必要がある。

　まず、われわれは位相空間における「区間」を実世界ではどう同定・認識するのか、その仕方について考えてみよう。まず、考えうる一つの方法は、移動者 C がある地点 S から移動を始めて別の地点 T に到達するとき、その C が辿った経路 ρ を一区間と見なすものである。これを表したものが、図 12 の（Γ）である（ρ は実線部分）。この経路 ρ は移動者 C が地点 S からゴールの T へ移動した結果得られる区間である。本論ではこの区間 ρ を「ゴール志向区間」と呼ぶことにする。もう一つの方法は、連続する経路から一区間を切り取るというものである。図 12 の（Σ）がこれに相当する。本論ではこれを「抽出区間」と呼ぶことにする。

2種類の部分的経路（partial path）

（Γ）ゴールへの移動の結果得られる区間（ゴール志向区間）

（Σ）連続した経路から部分的に抽出した区間（抽出区間）

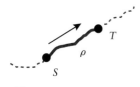

図 12

要するに、われわれが区間を認識するとき、移動者 C が目的地に向かって移動したときに残す痕跡を一つの区間と認識する場合と、一つの連続した経路からある部分を切り取ってそれを一つの区間と認識する場合の2通りがあるということになる。以下では前者の区間（ゴール志向区間）ρ を Γ、後者の区間（抽出区間）ρ を Σ と表

すことにする。

　さて、この2種類の区間ΓとΣは、それぞれ日本語の「AからBに」と「AからBまで」に対応する。そのことを以下で見てみよう。日本語の場合、(23)と(24)に示されるように、空間的な移動を表す後置詞としては「AからBに」と「AからBまで」のどちらも可能である。

　(23)昨日、太郎は、車でサンノゼに行った。

　(24)昨日、太郎は、車でサンノゼまで行った。

しかしながら、(23)と(24)には微妙な差がある。太郎はシアトルに住んでいるのだとしよう。サンノゼ(San Jose)は、シアトルとロサンジェルスの中間にある町である。このとき、(23)では太郎の目的地はサンノゼであるのに対し、(24)では太郎がサンノゼで一泊し、その後さらに実際の目的地に向かって移動したという(弱い)ニュアンスがある*6。

　(23)と(24)のこの違いが生じる理由は、次の(25)のような対応関係があるからである。

　(25)a. 「AからBに」は「ゴール志向区間(Γ)」を表す

　　　b. 「AからBまで」は「抽出区間(Σ)」を表す

まず、(25b)の方から見てみよう。図12の「抽出区間」を見ると分かるように、区間ρは、連続した経路を一部切り出したものである。区間を「切り出す」場合、通常は、ρの先にも経路は続いている。(24)においてサンノゼが移動の途中であるというニュアンスを生むのはこの理由による。

　ところで、連続する経路からある区間ρを切り出す場合、理屈をいえば、図13のようにもともとその区間に(切り出すための)目盛りがついていたのであると解釈することもできる。

(Σ')

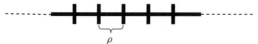

図13　目盛りのついた抽出区間

この目盛りがもっともうまく機能するのは「時刻」である。時間は1次元の連続した対象物であるため、ρ を切り出すためには時間軸上に切り出すための目印になるようなものが必要となる。すでに述べたように、こういった区間の抽出に対応するのは「A から B まで」であり、「A から B に」ではない。この点は次のような例に反映される。

(26) a.　太郎は、1時から5時までその事務所で働いた。

　　 b.　* 太郎は、1時から5時にその事務所で働いた。

(27) a.　太郎は、1から10まで数えた。

　　 b.　* 太郎は、1から10に数えた。

時刻や自然数は、「目盛り」がついた連続経路である。(26) と (27) において「A から B に」よりも「A から B まで」の方が自然であるのは、そのためであると考えられる。

他方の「A から B に」はゴール志向性をもつ。(28) を見てみよう。

(28) a.　太郎は、風邪が治らないので、病院に行った。

　　 b.　# 太郎は、風邪が治らないので、病院まで行った。

風邪が治らない場合、通常は病院は太郎の最終目的地であるはずである。そのため、ゴール志向である「A から B に」の (28a) の方が自然なのである。

以上、日本語における区間表現を見てきた。以下では、英語の場合を考えてみたい。まず、空間的な区間を表す表現を見てみよう。

(29) John drove from Seattle to San Jose.

(30) John drove to San Jose.

英語の場合、空間的な区間を表す表現としては from A to B しかない。この from A to B には、主体が移動の途中であるというニュアンスがなく、その意味ではこの表現は「ゴール志向区間」を表す日本語の「A から B に」に近い。では from A to B が時間表現を表す場合はどうだろうか。

時間の場合、英語には from A to B と from A until B の2種類がある（日本語の場合は「A から B まで」のみである）*7。

(31)　John worked from 1pm to 5pm.

英語における場所の前置詞　175

（32）　John worked from 1pm until 5pm.

（31）と（32）はどちらも自然な文であるが、両者に違いがないわけではない。次の文を見られたい。

（33）*?John worked to 5pm. *8

（34）　John worked until 5pm.

（33）と（34）を比べると分かるように、until 5pm は単独でも（from A がなくても）自然であるが、to 5pm は単独で用いることはかなり難しい。このため、区間を表す時間表現としては（from A to B ではなく）from A until B の方が基本である可能性が高い。実際のところ、時間の慣用句には（35）のように from A to B を用いることができないものがある *9。

（35）They were hunting from dusk {till/*to} dawn.

結果として、時間に関していえば、抽出区間を表すのは基本的には from A until B であるということになる。

　議論をまとめておこう。まず日本語の場合、区間の取り方に 2 種類ある。空間の場合は「A から B に」がゴール志向区間 Γ を表し、「A から B まで」が抽出区間 Σ に対応する。時間の場合は「A から B まで」の 1 種類のみで、抽出区間 Σ を表す。

	ゴール志向区間	抽出区間
空間	A から B に	A から B まで
	B に	B まで
時間	*A から B に	A から B まで
	*B に	B まで

図 14　日本語の場合

　これに対し、英語では、空間表現は from A to B のみであり、これが抽出区間であることを示唆するようなデータは今のところない。to B の B はゴールを表すというのがデフォルトであると考えられるので、本論では、from A to B は「ゴール志向区間」としたい *10。時間に対しては、from A to B と from A until B の 2 種類がある。両者を比較すると、時刻（抽出区間）を表す表現として問題なく使用されているのは from A until B の方である。

176　　今仁生美

	ゴール志向区間	抽出区間
空間	from *A* to *B*	
	to *B*	
時間	from *A* to *B*	from *A* until *B*
	* to *B*	until *B*

図15　英語の場合

6.　前置詞 in と位相

in は、基本的には、位相における「境界」の「内部」に言及するときに用いられる。たとえば、

(36) Blue sands are in the sandglass.

の場合、砂時計のガラスの部分が境界であり、この境界が内部を形成する。(36) はこの内部に砂があることを述べた文である。ただ実際には、in *A* という表現は（厳密な意味での）境界の内部を表さないことが多いことはよく知られている。たとえば、tea in the cup の場合、厳密には、紅茶はカップの「内部」にあるのではない。むしろ、紅茶そのものはカップの外部にあると言う方が正しい。しかしながら、われわれは、in の機能的な意味、すなわち、なにかをある空間の中に留めるという働きから、カップが作る閉じた空間すなわち内部を想像し、その内部に紅茶が閉じ込められていると見なすのである。有名な the bulb in the socket (Herskovits (1986)) や the pear in the bowl (Garrad et al (1999)) も同様の例である。はめられた電球は、理屈ではソケットの外に位置するが、ソケットにねじ込まれているため落下をまぬがれている。また、ボウルに盛られた果物の山の上に洋ナシが乗っている場合、その洋ナシはボウルの淵よりも上方に位置していてもかまわない。洋ナシはボウルから転げ落ちていないことから、ボウルが仮想的に作る閉じた空間の内部に洋ナシが閉じ込められていると見なせるからである。

in は、このように3次元の世界では、正確には「内部」ではない空間に対しても用いられ、そのことと関連して、機能的な意味用法をもつことが多い。in の位相的な性質、つまり「内部」を表す

英語における場所の前置詞　177

という性質は、むしろ時間のような1次元の世界の方に強く現れる。ただし、ここで注意が必要なのは、時間の「内部」はゴール志向区間を表す場合と抽出区間を表す場合があるという点である。次の例を見られたい。

(40) a. John got to the station in an hour.
　　 b. John walked in the park for an hour.

in an hour と for an hour の容認可能性は、よく知られているように、動詞の telicity に左右される。(41) に示されるように、get to the station のような telic な動詞句と for は共起せず、walk in the park のような atelic な動詞句と in は共起しない。

(41) a. * John got to the station for an hour. （telic）
　　 b. * John walked in the park in an hour.（atelic）

telic な動詞句が用いられている (40a) の場合、駅に辿り着くのにかかった時間は1時間であってそれ以上ではない。これに対し、atelic な動詞句が用いられている (40b) の場合、実際に公園を歩いたのは1時間以上であっても構わない。

まず in an hour から見てみよう。本論では、in an hour は、前節で述べた「ゴール志向区間」を表すと考える（図12を以下に再掲する）。

(Γ)

図12　ゴールへの移動の結果得られる区間（ゴール志向区間）

(40a) が述べているのは、ジョンがある地点 (S) から移動を始めてゴールの駅 (T) に着いたとき、1時間経っていたということである。つまり、1時間以上の時間はかかっていないことになるが、これはゴール志向区間が予測することである。他方、for an hour は、本論では「抽出区間」に対応する。一般的に、時間の抽出の仕方は、事態に応じてさまざまでありうる。公園を3時間歩いた場合、3時間が一つの区間となるが、この区間はさらに図16のように小

さい区間に分割されうる（たとえば、最初の1時間を池の周り、次の2時間を公園の丘陵部分を歩いた場合など）。
　（Σ"）

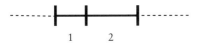

図16　分割される区間

抽出区間は、連続する区間からある区間を抜き出したものである。この特徴は、(40b) において実際のジョンの公園散策は3時間であっても構わない点に反映される。

7. Monday はなぜ on Monday なのか

　時刻には at、曜日や日付には on、そして月や年には in が用いられる。この使い分けの理由はどこにあるのだろうか。Wierzbicka (1993) は、"Why do we say IN April, ON Thursday, AT 10 o'clock?" というタイトルの論文の中で、(37) に挙げる3種類の時間表現についてそれぞれ (38) のように分析している。

(37) a.　at 2 o'clock, at 3:17
　　 b.　on Monday, on the 20th
　　 c.　in January, in 2017
(38) a.　"At" implies "the sameness of time"
　　 b.　"On" implies that we can easily find X in terms of a larger spatial frame Y for "X on Y"
　　 c.　"In" implies the concept of 'part'　　(Wierzbicka (1993))

つまり、at A はなんらかの事態がまさにこの時刻 A に起こることを意味し、on A は「容易に同定することができる」時間単位に用いられる*11。最後の in A は、年や月のように、より小さい単位あるいは部分から構成されているものに適用される。以上が Wierzbicka の分析であるが、以下では本論の分析を振り返る形で彼女の同じ問いに答えてみたい。

　時刻は時、分、秒を単位とし、3時17分22秒のように秒単位ま

英語における場所の前置詞　179

で測ることができる。しかしながら、われわれは、普段の生活の中で常に正確な時刻を意識しつつ行動しているわけではない。「3時17分22秒に家を出た」などと発話するのはごく稀であり、通常はある程度の不正確さを前提として時刻に言及する。前章で見たように、こういった時間の不正確さを許容するのが at である。at A は、位相的には A と A 以外の対象物が互いに「離散」していることに重点を置く表現であり、A そのものの位相的な構造には関与しない。そのため、3時17分と発言した場合でも、実際は3時17分ちょうどではなく、3時17分22秒であってもよい。つまり、at は、日常的には多少の不正確さが必要となる時間に用いるのに適しているのである。

in に関しては、本論と Wierzbicka の分析に大きな相違はない。月は30前後の日を含み、年は12の月を含む。月や年が複数の要素を含んでいるという認識に対しては、対象の「内部」を表す in を用いるのが妥当である。

最後の on は、本論では、境界への接触を表す。時間軸上の境界は点であるので、on A の A は長さがないものとして認識されていることになるが、この「長さがない時間表現」に相当するのが曜日や日付である。曜日や日付が時間的な長さをもたないことは、Wierzbicka (1993) でも指摘されている。

(39) *Thursday* is not the name of a period of time; rather, it is the name of a simple, indivisible entity ...

(Wierzbicka (1993: 446), 斜字は著者によるもの)

その例として彼女は *during Thursday が容認不可能であることを挙げているが (Wierzbicka (1993: 445))、日本語でも、「?? 木曜中働いた」や「??22日中働いた」は容認可能性がかなり低い。at が時間の不正確さを許容するのに対し、曜日や日付は時間を比較的少数の対象に分割したものであるからそこに不正確さが入ると使いにくい。また曜日や日付に対しては、われわれは年や月ほどは「内部」を意識しない。つまり、時間においては、「内部」は二つの境界（点）に挟まれることになるが、この二つの点（0時と次の0時）を設定することは、曜日や日付の場合あまり実質的な意味がな

い。そのため、曜日や日付には on が選ばれたのであると考えられる。

8. 結語

　本論の出発点は、「ロボットが人間のように話をするためには、われわれはロボットに何を教える必要があるか」という問いである。これまでの自然言語の研究は言語の構造そのものを対象にすることが多かった。しかしながら、ロボットは、言語の構造を理解し、抽象的な推論だけをしていればよいわけではない。ロボットは、自分が置かれた状況を言語化するという非常に難しい作業を行うことも要求される。たとえば、蝶々が椅子の背もたれに止まっていることを報告するとき、on を使うのかそれともそれ以外の前置詞を使うのか自ら決めることができるのでなければならない。

　こういった認識と語彙の選択との関連をもっとも深く分析してきたのは認知言語学である。認知言語学では、場所の前置詞の分析に対してはイメージスキーマがしばしば援用されてきた。しかしながら、イメージスキーマそれ自体は位相に関する情報を理論化したものではない。現実的には、位相と言語を結びつける数学的システムが明確にされなければロボットは適当な前置詞を選ぶことさえできない。本論では、今後の認知言語学の一つの方向として位相空間論における諸概念を自然言語の分析に組み込むことを試みた。

謝辞　この論文を書くにあたって、長年に渡って言語と位相の問題について共に議論を重ねてきた宝島格氏に深く感謝したい。また、折に触れて励ましの言葉を下さり今回も大へん貴重なコメントを下さった澤田治美先生に、さらに、この研究に対して多くの有益なコメントを下さった東海意味論研究会のメンバーにも心から感謝したい。

---

*1　本論の内容は主に Imani and Takarajima（2014）、宝島・今仁（2012）、

英語における場所の前置詞　181

宝島・今仁（2015）に基づいている。

＊2　英語のnearと日本語の「近い」は、図6に関して多少の違いがある。英語を母語とするインフォーマントによると、英語では、図6の状況を表すのにnearを用いることはできない。つまり、図6の状況を表すのは（i）であり（ii）ではない。

(i) The dot is in the circle.

(ii) The dot is near the circle.

また、circleという語彙は、円の境界を意味し、平面としての円を意味しない。

＊3　「近い」および「遠い」という尺度は、「近い将来」や「遠い将来」のように時間表現でも用いられる。しかしながら、「近いうちに飲みに行きましょう」が自然であるのに「遠いうちに飲みに行きましょう」や「近いうちに飲みに行った」は言えないなど、今回は紙面の都合上論じることができなかったが、「近い」「遠い」には分析が必要となる現象が多い。

＊4　理論言語学の方にはoutsideのように方向性をもつ表現をベクトルで表すベクトル意味論がある。たとえば、"outside the house"は、{v ∈ space (〚the house〛 | |v| > 0)}のようなベクトルの集合を表すものとして分析される（Zwarts 1997）。ベクトル意味論は位相空間論で用いられる概念を言語理論の中に編入するおそらく最初の試みであり、その意味できわめて重要なものであるが、現時点での本論の議論とは直接の関係にないためここでは論じない。

＊5　（18）において、大統領専用機が2時きっかりに着く必要がなく、そのことが本論の主張から導くことができることは、澤田治氏から指摘していただいた（pc）。

＊6　このニュアンスは強いものではない。実際のところ「どこにいくの」と聞かれて「ちょっと駅まで」と返答する場合は、駅が目的地である読みが強い。しかし、「#トイレまで行ってもいいですか」や以下の（28b）に見るように目的地が強く意識される場合は、文は不適切（infelicitous）になることが多い。このことから、本論では、「Bまで」は経路がBの先まで伸びているニュアンスをもたらす働きをもつと考える。

＊7　from A until B と意味的には同じ（ただし口語的）表現として from A till B がある。本論では、from A until B を扱うが、同じことは from A till B にもあてはまる。

＊8　Karttunen（1974: 286）では "The princess slept to 9 o'clock" が自然な文として挙げられているが、4人のnative speakersに確認したところ、2人が不自然、残りの2人が「完全に不自然であるわけではないが、かなり不自然である」と判断した。そのため、本論では（33）は不自然な文として扱う。

＊9　この例文は Paul McGrath 氏に提供していただいた（pc）。

＊10　from A until B が空間的な区間を表すことはほとんどない。例外は "You may sleep on the train until Tokyo" のような文であるが、この場合でも "until it gets to Tokyo" のような時間的な読みが強い。

＊11　onに「簡単に同定できる」性質がある点について Wierzbicka（1993）は次のように述べている："the letter in the book" の場合は手紙は本のどこにあるのか分からないが、"the letter on the book" であれば本の位置はすぐに分かる。

参考文献

Bennett, D.C. (1975) Spatial and temporal use of English prepositions. London: Longman.

Boroditsky, L. (2000) Metaphoric structuring: understanding time through spatial metaphors. Cognition 75: pp.1–28.

Brugman, C. (1981) *The Story of Over*, M.A. Thesis University of California, Berkeley.

Cooper, G. S. (1968) A semantic analysis of English locative prepositions. Bolt, Beranek and Newman report No.1587.

Coventry, K. R. et al (2001) The interplay between geometry and function in the comprehension of Over, Under, Above and Below. Journal of Memory and Language 44 (3): pp.376–398.

Garrod, S. et al (1999) In and on: Investigating the functional geometry of spatial prepositions. Cognition 72: pp.167–189.

Herskovits, A. (1986) Language and Spatial Cognition: An Interdisciplinary Study. Cambridge University Press.

Imani, I and I. Takarajima. (2014) "Topological Approaches to Locative Prepositions" in the proceedings of the 2014 IEEE Symposium Series on Computational Intelligence.

Karttunen, L. (1974) "until" *Proceedings of the 10th Regional Meeting of the Chicago Linguistic Society* 10: pp.284–297.

Leech, G. N. (1969) *Towards a semantic description of English*. London: Longman.

Lindstromberg, S. (1997) English Preposition Expanded. Amsterdam: John Benjmin.

Miller and Johnson-Laird (1976) *Language and Perception*. Cambridge: Cambridge University Press.

Quirk, R et al. (1985) A comprehensive Grammar of the English Language. London: Longman.

Taylor, J. (1989) *Linguistic categorization Prototypes in Linguistic Theory*. Oxford University Press.

Tyler, A. and Evans, V. (2003) *The Semantics of English Prepositions: Spatial Scenes*, Embodied Meaning and Cognition. Cambridge University Press.

Wierzbicka, Anna. (1993) "Why do we say *in* APRIL, *on* THURSDAY, *at* 10 O' CLOCK? In search of an explanation," *Studies in Language* 17(2): pp.437–454.

Zwarts, J. (1997) Vectors as relative positions: a compositional semantics of modified PPs. Journal of Semantics 14: pp.57–86.

宝島格・今仁生美 (2012)「話者の想定から見た「中」と「間」の空間的および時間的用法」『名古屋学院大学論集 言語・文化篇』23(2)：pp.21–42.

宝島格・今仁生美 (2015)「「まで」の使用における話者の想定」『名古屋学院大学論集 言語・文化篇』第26巻第2号：87–96.

II

主体性・主観性
Subjectivity

発話の主観性と構文のメカニズム
語用論的構文論に向けて

山梨正明

要旨

　従来の文法を中心とする研究（特に、構文を中心とする文法の研究）では、問題の構文が使用される発話の場面や文脈の要因が関わる語用論の観点から見た構文の体系的な研究は試みられていない。またこれまでの研究では、談話・テクストの伝達機能と構文の関係、複数の構文から成る隣接対のグローバルな発話機能、等に関する研究はなされていない。本稿では、認知言語学の観点から、以上の対話レベル、談話・テクストレベルにおける構文と語用論の接点に関わる言語現象を考察し、新たな構文研究の可能性（語用論的構文論の可能性）を探っていく。

キーワード

　発話の力、モダリティ、スピーチアクト・イディオム、慣用的構文、グローバル構文、修辞的定型表現、ゲシュタルト的構成体、複合的ネットワーク

1. 語用論と構文研究

　これまでの文法を中心とする研究（特に、構文を中心とする文法の研究）では、文レベルにおける構文の形式と意味の対応関係に基づく文法現象は考察の対象となっているが、問題の構文が使用される具体的な発話の場面や文脈の要因が関わる語用論との関連から見た構文現象の体系的な研究は試みられていない。また、従来の文法

を中心とする研究では、構文の語用論的な意味や構文の発話機能に関わる意味の綿密な分析はなされていない。一般に構文の研究で注目されるのは、構文の形式と意味の対応関係である。しかし、これまでの構文の研究で分析の対象となっている意味は、文の構成要素である名詞、動詞、等によって特徴づけられる命題レベルの意味が中心になっており、命題レベルを越えるモダリティに関わる意味、命題的な態度を反映する意味、発語内的な力や発語媒介的な力に関わる意味、会話の含意に関わる意味などを含む構文の語用論的な機能の分析は、体系的にはなされていない。また、これまでの構文の研究では、個々の構文の形式と意味の関係に関する分析はなされているが、会話文脈や対話文脈における個々の構文の語用論的機能、複数の構文の連なりから成る談話・テクストの伝達機能と構文の関係、複数の構文から成る隣接対のグローバルな発話機能、等に関する研究は本格的にはなされていない。本稿では、文・文法レベルにおける構文と意味論の接点に関わる問題だけでなく、発話レベル、談話・テクストレベルにおける構文と語用論の接点に関わる以上の問題の諸相を考察していく。

2. 構文の基本パターンと発話の力の乖離

　言葉は、単に客観的な情報のやりとりのために使われるだけでなく、喜怒哀楽を表現したり、お互いの存在をたしかめあったり、相手に行動をうながしたり、自分や相手の立場や行動を規制したり、円滑な人間関係を維持するというように、さまざまな目的のために使われる。日常言語における構文の機能を明らかにしていくためには、構文の形式や意味の側面を考察していくだけでなく、実際の伝達の場において構文を使用する際の話し手と聞き手の対人関係、話題、伝達の目標、等を背景として遂行される発話行為のさまざまな機能の体系的な考察を行なっていく必要がある。

　一般に、基本的な構文のタイプは、疑問、命令、感嘆、等の文法的な法（mood）の範疇に基づいて区分することが可能であるが、この法に基づく構文のタイプと発話の力のタイプは、次の点で厳密

に区別する必要がある。構文のタイプと発話の力は、かならずしも一対一に対応する訳ではない。

　以下の例から明らかなように、同じ法をになう構文が異なる発話の力をもつ場合、また逆に異なる法をになう構文が同じ発話の力をもつ場合が広範にみられる（Huddleston（1976: 129）、山梨（1986: 38–41））。（以下の各例の文末の Imp.、Decl.、Int.、Excl. は、それぞれ命令文（Imperative）、平叙文（Declarative）、疑問文（Interrogative）、感嘆文（Exclamative）の略とする。）

(1)　発話の力〔命令〕

　　a.　Go home! <Imp.>

　　b.　I command you to go home. <Decl.>

(2)　発話の力〔依頼〕

　　a.　 Please pass the salt. <Imp.>

　　b.　Would you mind passing the salt? <Int.>

(3)　発話の力〔陳謝〕

　　a.　Please accept my sincere apologies. <Imp.>

　　b.　 Will you please accept my sincere apologies? <Int.>

　　c.　I apologize most sincerely. <Decl.>

(4)　発話の力〔勧誘〕

　　a.　Do let me take you to see 'Hamlet' on Friday. <Imp.>

　　b.　Would you like to come and see 'Hamlet' on Friday? <Int.>

　　c.　I invite you to come and see 'Hamlet' on Friday. <Decl.>

(5)　発話の力〔質問〕

　　a.　Do you know the victim? <Int.>

　　b.　I ask you whether you know the victim. <Decl.>

(6)　発話の力〔感嘆〕

　　a.　Hasn't she a marvellous voice? <Int.>

　　b.　What a marvellous voice she has! <Excl.>

(1)〜(6) の諸例は、それぞれ命令、依頼、陳謝、勧誘、質問、感嘆の発話の力になっているが、各グループの構文の種類は、平叙文（Decl.）、疑問文（Int.）、命令文（Imp.）、感嘆文（Excl.）と

発話の主観性と構文のメカニズム　　189

多岐に渡っている。

　法に基づく命令文、平叙文、疑問文、感嘆文の区分は、構文の統語的な基本パターンの違いを示すものであるが、発話の力のタイプは、これらの構文のタイプの数以上に存在する。

　この点は、次の例から明らかである。

(7) a. I name this ship the *Queen Elizabeth*.

　　b. I bet you sixpence it will rain tomorrow.

　　c. I apologize.

　(7) のa〜cは、構文の区分からみればいずれも平叙文であるが、発話の力の観点からみた場合、a〜cは、それぞれ命名、賭け、陳謝の発話の力をになう発話として異なる。また、(8) のa〜dは、文法的にはいずれも命令文であるが、これらの文は、それぞれ依頼、提供、忠告、等の異なる発話の力の解釈が可能である。

(8) a. Lend me 10 dollars.

　　b. Have another beer.

　　c. Don't work too hard.

　　d. Sleep well.

　以上の考察から、発話の力は、法の範疇に基づく構文の統語構造と文法形式から十分に決定されるのではないことは明らかである。発話の力は、むしろ話し手、聞き手の信念、前提、意図、対人関係などの文脈に関する各種の要因によって相対的に決められる。この事実は、対話の隣接対を構成する慣用構文の意味機能と語用論的機能を考察する際に重要な役割をになう。

3.　慣用構文の隣接対と発話の状況依存性

　これまでの言語学の研究は、主に規則依存型の文法観を前提とする言語現象の分析に力点がおかれている。しかし、規則中心の言語学のアプローチでは一般的に規定できない状況依存型の慣用構文の研究（特に対話の隣接対を構成する慣用構文の語用論的な研究）は体系的にはなされていない。実際の言語伝達における言葉のメカニズムを明らかにしていくためには、対話文脈（特に隣接対の発話文

脈）における慣用構文の研究が重要な役割をになう。日常言語による会話のかなりの部分は、その場の状況に対応した表現を介してメッセージが伝えられる。慣用化された言語表現（i.e. 慣用構文）は、このタイプの言語表現の一種である。以下では、特に対話の隣接対を構成する慣用構文の基本タイプと発話の語用論的な機能の関係を考察していく。

　日常言語の対話を構成する隣接対は、基本的には平叙文、疑問文、等の文型からなる構文とこの種の構文の断片から構成されている。しかし、この種の構文（ないしはその断片の表現形式）だけからは、隣接対を構成する発話間の関連性や連結性を理解することは不可能である。隣接対の関連性、連結性を理解するためには、隣接対のを構成する発話の語用論的な機能や修辞的な機能をみていく必要がある。

　次の例をみてみよう。

（1）a.　BIFF: I wanna see the boss.

　　　　LINDA: You're not going near him! ... Get out of this
　　　　　　house!　　（Arthur Miller, *Death of A Salesman*: p.97）

　　b.　BIFF: We're gonna have an abrupt conversation, him
　　　　　and me.

　　　　LINDA: You're not talking to him!　　（*ibid.*: p.99）

　（1）のa、bの対話は、いずれも平叙文と平叙文からなる対話であり、一見したところ、この種の発話は、陳述の機能をになう発話のようにみえる。もしこれらの平叙文が陳述の機能だけをになう発話として理解されるならば、隣接対の発話間の関連性は認められない。しかし語用論的には、これらの対話の LINDA の発話は、否定的な命令の機能になっている。（1）のa、bの隣接対は、この種の語用論的な発話機能を介した自然な発話の対として理解することができる。

　（1）の発話を構成する平叙文には、語用論的な発話の機能は明示されていない。これに対し、次の発話の Salomé の発話には、ask、demand の遂行動詞の使用からも明らかなように、要求ないしは命令の語用論的な発話の機能が明示されている。

発話の主観性と構文のメカニズム　　191

(2) Salomé: I ask of you the head of Jokanaan.

Herod: No, no, I do not wish it. ...

Herodias: Yes, you have sworn. Everybody heard you.

You swore it before everybody. ...

Salomé: I demand the head of Jokanaan.

(Oscar Wilde, *Salomé*: p.342)

　以上は、平叙文の構文の語用論的な発話機能の一面であるが、発話の語用論的な機能の多様性は、次の対話における疑問文の構文にもみられる。

(3) a.　"Wouldn't I love to be in Key West with you,"

Johnny says. ...

"Wrong number," I say.

(Ann Beattie, *The Burning House*: p. 235)

　　 b.　—Would I trouble you for a glass of fresh water, Mr Byrne? he said.

—Certainly, sir.　　(James Joyce , *Ulysses*: p. 146)

　　 c.　"No, you're real bright, for a ... ."

"Would you like this martini in your hair?"

(Robert A. Heinlein, *A Stranger in a Strange Land*: p. 27)

　　 d.　NICK:　Oh, sure. I'm going to be a personal screwing machine!

MARTHA:　Isn't that nice.

(Edward Albee, *Who's Afraid of Virginia Woolf?*: p. 47)

　(3) のaとbの最初の発話、cとdの二番目の発話は、統語的には疑問文であるが、その語用論的な機能は文字通りの質問とは解されない。(3) のa、bの疑問文の発話は、語用論的にはそれぞれ勧誘、依頼の機能をになっている。これに対し、(3) のc、dの発話は、語用論的にはそれぞれ間接的な警告や皮肉の発話として機能している。

　また、(4) のa、bの隣接対の発話の一方は、いずれも条件文からなっているが、この種の条件文は、単に論理的関係を構成する前件 (antecedent) としての条件文ではなく、間接的な依頼を含意する

条件文として機能している。

(4) a.　A: I hope you ... find everything all right.

　　　　B:　... If anything should come up, the key to the back door is hanging by the icebox.

　　　　　　(Thornton Wilder, *The Happy Journey to Trenton and Camden*: p.60)

　　b.　'Now, if we put this chesterfield against the wall and move everything out of the room except the chairs, don't you think?'

　　　　'Quite.'　　(Katharine Mansfield, *The Garden Party*: p.72)

　(4) のa、bの対話の条件文の前件は、統語的には後続の後件 (consequent) に相当する言語表現と呼応関係にあるようにみえる。しかし、この種の条件文は、論理的関係な前件と後件からなる条件文とは異なる。例えば、(3) のaの条件表現の前件 (If anything should come up) は、表層レベルにおける後件 (the key to the back door is hanging by the icebox) と論理的な関係にはない。また、bの条件表現の前件の直後には、(論理的な条件文の場合) 後件として通常は平叙文がくるはずであるが、否定疑問文がきており、この両者の間には、前件と後件の論理的な関係は認められない。

4. 隣接構文の連結の短絡性

　隣接対を構成する発話の一部は、論理的な推論や語用論的な推論を通して関連づけられている。しかし、日常言語の伝達（とくに口語的な文脈における伝達）を可能とする対話のかなりの部分は、短絡的な発話の連結からなる隣接対によって構成されている。

　隣接対の短絡的なつながりの一面は、いわゆる切り返し（repartee）が関わる対話にみられる。

(1)　"Take the baby with you."

　　"The pram is broken."

　　"Carry her."

　　"She'll piss on my shirt."

　　"Take the rubber sheet."

発話の主観性と構文のメカニズム　　193

"How am I going to study, watching her?
She'll crawl into the pond."

(James P. Donleavy, The Ginger Man: p.53)

　この対話は、命令文と平叙文の隣接対の連なりから構成される対話であり、前者の命令文は依頼、後者の平叙文はこの依頼に対する拒否の発話として機能している。この種の発話の隣接対は、一見したところ直接的な依頼〜拒否のパターンのようにみえるが、厳密には両者の発話の間に埋め込みの隣接対が圧縮され、背景化されている。

　例えば、（1）の最初の隣接対を、埋め込まれている隣接対まで補って理解するならば、（2）の対話が可能となる。（破線のボックスで囲まれた部分が、埋め込まれた隣接対に相当する。）

（2）　"Take the baby with you."
　　　　"No."
　　　　"Why?"
　　　　"The pram is broken."

（1）の対話の命令文と平叙文からなる各隣接対には、基本的に（2）のタイプの埋め込み部分の発話を補って解釈することが可能である。

　日常言語の対話のかなりの部分は、＜刺激〜反応＞的で、短絡的（short-circuited）な隣接対から構成されている。この種の短絡的な隣接対の対話としては、以下のような例が考えられる。

（3）　A:　Remember Pearl Harbor !

　　　　B:　No more Hiroshimas ! No more Nagasakis!

（4）　"I don't want to argue with you."

　　　　"Nor I with you," she said.

(Philip Roth, Goodbye Columbus: p.58)

（5）　'What's wrong? You're as tense as a cat.'

　　　　'Me? Ha, that's a laugh. I'm as calm as a summer night.'

(Woody Allen, The Kugelmass Episode: p.24)

（6）　"Before God I swear this creed."

　　　　"Before God! If Jesus heard that, he would puke."

(James S. Kunen, *Strawberry Statement*: p.113)

(7) Who are you? What do you want?

Well, I'm not the Avon Lady, that's for sure.

(Dick de Bartolo, *The Return of MAD*: p.74)

この種の対話の一部は、隣接対のパターンそれ自体が、統語的な観点、修辞的な観点からみて慣用化している。例えば、(3) の対話は、"Remember X!" 〜 "No more Y!" の構文として慣用化している。(4) の場合には、対話対の二番目の文が、否定文の発話に対する切り返しの構文（この場合、空所化（gapping）の構文）として慣用化している。(5)〜(7) の対話では、特に切り返しの発話が、修辞的な切り返しの構文として慣用化している。(5) では、"Ha, that's a laugh." の構文それ自体が、切り返しのイディオムとして慣用化している。(6) と (7) の場合には、隣接対を構成する二番目の条件文（ないしは平叙文）が、反語的な切り返しの構文として修辞的に慣用化している。

5. グローバル構文と隣接対

一見したところ、日常言語の対話を構成する個々の構文は、文脈から独立しそれ自体の意味をになう表現として存在しているようにみえる。しかし、構文によっては、その構文の前後の構文との関係が理解できない限り、当該の構文の慣用的な意味（ないしはその構文のゲシュタルト的な意味）が把握できない事例が広範に存在する。

次の (1)、(2) の文は、いずれも平叙文の構文であり、文脈抜きでもその字義通りの意味を理解することは可能である。しかし、伝達の手段としての日常言語の観点からみた場合、この種の構文は、これに先行する発話との関連で意味をもつ構文である。

(1) a. I wasn't born yesterday.

b. I'm not made of money.

c. The sky is the limit.

d. You can say that again.

e.   You're on.

f.   You've got me.

(2) a.   I made it.

b.   You did it.

c.   That figures.

d.   That's a shame.

e.   That's it.

例えば、(1) のタイプの構文は、(3)〜(8) のタイプの対話における B の応答に使用される構文として意味をもつ。

(3) A: Drinking too much is not good for your health.

     B: I wasn't born yesterday. (=1a)

(4) A: Can you lend me 100 dollars?

     B: I'm not made of money. (=1b)

(5) A: Take Bill to the bar. One or two will fix him up.

     B: Oh, no. With him, the sky is the limit. (=1c)

(6) A: That meeting was awful!

     B: You can say that again. (=1d)

(7) A: Let's play mah-jong.

     B: You're on. (=1e)

(8) A: Who did it?

     B: You've got me. (=1f)

また、上記の (2) のタイプの構文は、(9)〜(13) のタイプの対話における B の応答に使用される構文として意味をもつ。とくに、(2) のタイプの構文は、it、that を含む構文である。したがって、この種の構文の使用は、問題の代名詞や指示詞が言及する状況、場面、等を保証する先行発話の存在を前提としない限り意味をもたない。

(9) A: Did you pass the exam?

     B: I made it. (=2a)

(10)A: I've got a new job.

     B: You did it. (=2b)

(11)A: Mary thought that you were seeing Carol.

B: Oh, that figures. (=2c)

That's why he kept ignoring me.

(12) A: They can't make it to our party.

B: Oh, that's a shame. (=2d)

(13) A: Is there anything else?

B: No. That's it. (=2e)

次のタイプの命令文はどうか。

(14) a. Get out of here.

b. Give me a break.

c. Don't count on it.

d. Don't pull my leg.

e. Be my guest.

この種の命令文も、先行発話に対する切り返し、コメント、応答、等の機能を果たす構文であり、(15)〜(19)のような対話における言語使用の文脈において意味をもつ構文である。

(15) A: I have a date tomorrow. I can't wait!

B: Get out of here! (=14a)

(16) A: You're gonna have to finish this today.

B: Come on, Boss. Give me a break. (=14b)

(17) A: John said he is going to come to Bill's party.

B: Don't count on it! (=14c)

(18) A: I won a thousand dollars.

B: Don't pull my leg. (=14d)

(19) A: Can I sit here?

B: Be my guest. (=14e)

次の文は、一見したところ文頭に主語を欠いている点で、(人称、時制の形態的なマーキングを除くならば) 命令文と同じ統語的パターンとなっている。

(20) a. Sounds great.

b. Beats me.

c. Got it.

しかしこの種の文は、次の対話例から明らかなように、文脈的に

発話の主観性と構文のメカニズム　　197

は主語が背景的に存在するという点で、頭部省略（prosiopesis）の典型例であり、文型としては平叙文の変異形とみなすことができる。

(21) A: How about having dinner with me?

B: Sounds great.

(22) A: How come it's like this?

B: Beats me.

(23) A: Did you get it?

B: Got it.

　一見したところ、日常言語の対話を構成する個々の構文は、文脈から独立しそれ自体の意味をになう表現として存在しているようにみえる。しかし、以上の考察から明らかなように、構文によっては、その構文の前後の構文との関係が理解できない限り、当該の構文の慣用的な意味（ないしはその構文のゲシュタルト的な意味）が把握できない事例が広範に存在する。

　これまでの構文文法の研究は、構文が生起する対話文脈やテクスト文脈を捨象し、個々の文自体の構文的な意味だけを問題にしている。しかし、伝達の手段としての日常言語の観点からみた場合、構文の中には、話し手と聞き手（ないしは書き手と読み手）が織りなす対話やテクストの先行文との関連ではじめてその慣用的（ないしはゲシュタルト的）な意味をもつ構文が広範に存在する。

　本節にみた構文は、慣用的にはいずれも問題の対話を構成する隣接対において意味をもつ構文である。この点を考慮するならば、むしろこれらの構文が生起する隣接対それ自体を、グローバル構文（global constructions）として規定する必要がある。母語の話者は、単に個々の単語や構文を慣習的に習得しているのではなく、本節にみたような隣接対のグローバル構文のパターンを習得している。この種の言語慣習的な知識が習得されているからこそ、日常言語の実際の運用において、臨機応変に柔軟な対話やテクストの展開を可能とする伝達を行っていくことが可能となる。

6. 語用論的制約と構文現象

　生成文法に代表される自律的な統語論の枠組みは、統語現象は、発話行為や会話の含意に関わる語用論的な要因や言語運用に関わる要因からは独立した形式的な制約によって規定可能であるという前提に立っている。しかし、統語現象の中には、語用論的な要因や言語運用に関わる要因を考慮しない限り、その文法性の適否を予測することが不可能な現象が広範に存在する。本節では、補文構造、等位構造、等の統語構造と語用論的な要因、運用的な要因との相互作用の一面を考察する。特に、以下の考察では、統語論の自律性を前提とする従来の形式文法の研究で等閑視されてきた言語現象を考察し、構文を中心とする文法研究の問い直しを図っていく。

6.1　語用論的な含意と統語論の相互関係

　（1）の例に示されるように、基本的に標準的な英語の文法では、that-節には倒置文は不適切である。しかし、（2）の例では、that-節に倒置文が可能である。

（1）a.　* I think that is John guilty.

　　　b.　* They expect that will the man be promoted.

（2）a.　 I've just discovered that *are we ever in trouble!*

　　　b.　 Don't forget that *am I ever mad at you!*

（McCawley（1998: 559））

　（1）と（2）の事実は、一見したところ矛盾する事実のように考えられる。しかし、（2）の例の that-節の倒置文は感嘆文であり、語用論的には、それぞれ（3）の右辺に示される平叙文の命題を含意する。この点で、that-節に倒置文を含む（2）の例は容認可能である。（3の ─(*)→ は、語用論的な含意関係を示すものとする。）

（3）a.　 Are we ever in trouble! ─(*)→ We are in trouble.

　　　b.　 Am I ever mad at you! ─(*)→ I am mad at you.

　基本的に同様の点は、because-節に倒置文を含む次の例にも当てはまる。

（4）a.　 I'm gonna have breakfast now, because *am I ever*

発話の主観性と構文のメカニズム　　199

hungry!

b. We should have another party, because *what a good time everyone had at the last one!*

c. The Knicks are going to win, because *who on earth can stop Bernard?*

d. I guess we should call off the picnic, because *it's raining, isn't it?*

(Lakoff (1984: 474))

基本的に、because- 節には倒置文は生起しないが、(4) の a、b の because- 節には感嘆文、c、d の because- 節にはそれぞれ修辞疑問文、付加疑問文が生起しており、これらの文は、語用論的にはそれぞれ (5) の右辺に示される平叙文の命題を含意する。この点で、because- 節に倒置文を含む (4) の例は容認可能である。

(5) a. Am I ever hungry! —(*)→ I am hungry.

b. What a good time everyone had at the last one!
—(*)→ Everyone had a good time at the last one.

c. Who on earth can stop Bernard? —(*)→ Nobody can stop Bernard.

d. It's raining, isn't it? —(*)→ It's raining.

口語的なスタイルの日常言語の構文には、この種の語用論的な含意を考慮しない限り予測不可能な埋め込み文が広範に存在する。

次の例は、Lakoff の指摘する統語的融合体 (syntactic amalgam) と呼ばれる構文の例である (Lakoff (1974: 321–324))。

(6) a. John invited *you'll never guess how many* people to his party.

b. Babe Ruth hit *how could anyone forget how many* home runs?

(7) Irving's gone *God knows* where.

(8) a. John is going to, *I think it's* Chicago on Saturday.

b. John is going to, *I'm sorry to say it's* Chicago on Saturday.

(9) John is going to, *I think it's* Chicago on, *I'm pretty sure he said it was* Saturday to deliver a paper on *was it* morpholexemes?

200　山梨正明

これらの例では、通常、連体修飾の表現がくるべき位置に、平叙文、感嘆文、付加疑問文が生起している。統語的な構造だけをみた場合には、この種の構文は破格的な構文であり、基本的な文法規則からみる限り予測不可能な構文である。しかし、これらの埋め込まれた構文は、語用論的には連体修飾による叙述の機能をになっており、この点で、(6)〜(9)の例は容認可能な構文として理解される。

6.2　語用論的含意と等位構造

統語的な観点からみた場合、and に代表される等位接続詞は、基本的に同じ文法範疇や同じタイプの文の構成素を結びつけるものと考えられる。この種の等位構造の典型は、次の用例にみられる。(以下のイタリックの部分が、問題の等位構造に相当する。)

(10) a.　John speaks *English and French*.

　　 b.　Mary is always *gentle and kind*.

　　 c.　The man trod *slowly and carefully*.

　　 d.　I often see her on my way *to and from* school.

　　 e.　We *sang and danced*.

　　 f.　She told me *that she was very tired and that she wouldn't join us*.

(10) の a では名詞、b では形容詞、c では副詞、d では前置詞 e では動詞、f では節が、and によって等位的に結びつけられている。(10) の a〜f の等位構造は、いずれも文の構成素の統語関係から成っている。これに対し、(11)〜(14) の例では、発話レベルにおいて基本的に同じ文タイプが等位構造を形成している。

(11)(平叙文)

　　 a.　Ted went home and Mary stayed at the office.

　　 b.　Tom played the piano and I played the violin.

(12)(疑問文)

　　 a.　Where are you and what are you doing?

　　 b.　What is the problem and what do you want to know?

(13)(命令文)

　　 a.　Get up quick and study.

b. Close the window and go to bed immediately.

（14）（感嘆文、祈願文）

a. How kind of you and how nice of you!

b. May God bless you and may you succeed!

これらの例をみる限り、等位構造は、語彙レベル、句レベル、節レベル、文レベルのいずれにおいても、同じ語彙範疇ないしは文法範疇の構成要素によって規定されるようにみえる。

しかし、実際の言語使用を観察した場合、次の（15）～（18）の a の例から明らかなように、異なる文型の等位接続が存在する（Cf. 山梨（1986: 81）、Yamanashi（1989: 297–299））。

（15）（命令文 & 平叙文）

a. Wash the toilet and the car is still dirty.

b. [The car is still dirty ─(*)→ Wash the car]

（16）（疑問文 & 命令文）

a. Hey, where is your knife and hold your fork tight.

b. [Where is your knife? ─(*)→ Hold your knife.]

（17）（平叙文 & 疑問文）

a. The sleeves are a bit tight and isn't the waist too tight?

b. [Isn't the waist too tight? ─(*)→ The waist is too tight.]

（18）（命令文 & 平叙文）

a. Please buy some sugar and we need soy sauce, too.

b. [We need soy sauce ─(*)→ Buy soy sauce.]

（15）～（18）の a の構文は、表層レベルにおいては、明らかに異なる文型の等位構造から成っている。しかし、語用論的にみた場合、これらの a の構文の等位節の一方からは、b に示される会話の含意が誘引される。（b の ─(*)→ は、会話の含意を示す。）この会話の含意のレベルでみるならば、（15）～（18）の a の構文は、語用論的に同じ発話の機能をになう等位節から成る構文として解釈することが可能となる。すなわち語用論的には、（15）と（16）の a は、〈命令 - 命令〉、（17）の a は〈陳述 - 陳述〉、（18）の a は〈依頼 - 依頼〉の会話の含意ないしは発話の力をになう等位構文として解釈することが可能となる。

日常の会話では、以上にみられるような異なる文型から成る等位構文が広範に観察される。

(19) 'Will you come with me, young sir, if you please,' he said, opening the door, 'and I shall have the pleasure of taking you home.'　　　　　　　(Charles Dickens, *David Copperfield*: p.178)

(20) a. May I invite you to lunch, and then we could have a bit of a planning session about it all afterwards.
　　　　　　(B. Jean Naterop and Rod Revell, *Telephoning in English*: p.99)

　　 b. Could I ask you to check with your bank and let me know exactly when the remittance was made, you know, date, which bank, ... and so on.　　　　(*ibid*.: p.80)

(21) Why don't you come on over to our side, and we'll blow the hell out of 'em. ... What d'ya say?
　　　　　　(Edward Albee, *Who's Afraid of Virginia Woolf?*: p.99)

　これらの例では、基本的に第1等位節が、後続の等位節の語用論的な発話行為の準備条件（ないしは適切性条件）を示す発話機能をになっている。

　同じ文型からなる等位構文でも、各等位節が同じ語用論的な機能をになう節として共起しているとは限らない。次の会話例をみてみよう。

(22) a. I'm very pleased about that. And I'm very grateful to you for arranging things.

　　 b. In the meantime, I'd like to apologize on behalf of the company and thank you for being so cooperative about it.
　　　　　　(B. Jean Naterop and Rod Revell, *Telephoning in English*: p.104)

(23) a. Hurry into bed now and shut your eyes and go right to sleep!　(Sherwood Anderson, *The Triumph of the Egg*: p.121)

　　 b. You eat like a pig, and somebody should tell you.
　　　　　　(Phillip Roth, *Portnoy's Complaint*: p.33)

　(22) のa、bの等位構文は基本的に平叙文から成り、各等位節の発話機能も陳述型ないしは態度表明型として共通している。(23)

発話の主観性と構文のメカニズム　　203

のa、bの等位構文の場合にも、各等位節は命令文ないしは平叙文であり、基本的な文型は同じである。しかし、この種の構文の等位節の発話機能は異なる。(23) のaの最初の等位節は次の等位節の発話行為の前提となり、次の等位節は、最後の等位節の発話行為の前提としての遂行的な発話の機能をになっている。この点で、(23) のaの構文の等位節は、中立的な等位関係にはなっていない。(23) のbの等位節は、いずれも平叙文であるが、各節の語用論的な機能は異なる。この構文の後続の等位節は、最初の等位節の発話をしたことの理由づけの発話の機能をになっている。この点で、やはり (23) のbの構文の等位節も、中立的な等位関係にはなっていない。

6.3 疑似等位構文のゲシュタルト性と等位構造制約

一般に、等位構造が関わる構文に関しては、次のような制約が存在する。すなわち、等位構造の等位項 (conjunct) に含まれるどの要素も、その等位項の外に移動してはならない、という制約が存在する (Ross (1986: 97–120))。この制約は、一般に、等位構造制約 (coordinate structure constraints) と呼ばれている。(24) のaの例を考えてみよう。

(24) a.　I went to the store and Mike bought some whisky.

b.　* Here's the whisky which I went to the store and Mike
bought.　　　　　　　　　　　　　　　　　(Ross (1986: 103))

(24) のa は、典型的な等位構造の構文であるが、この場合、第2等位項の一部である some whisky をこの等位項の外に移動した (24) のbの文は非文となる。

しかし、この種の等位構造制約に関しては、次のような例が問題になる。

(25) a.　I went to the store and bought some whisky.

b.　Here's the whisky which I went to the store and bought.

(Ross (1986: 103))

(26) What did Harry go to the store and buy?

(Lakoff (1986: 152))

これらの例のうち、(25) のbと (26) の例では、接続詞の and に後続する第2等位項の一部が外置されている。したがって、この種の例は上の等位構造制約の反例になるように見える。

　しかし、このタイプの等位構造の構文は、次の点で通常の等位構文とは異なる。まず、この種の構文の第1等位項にくる動詞は、(27) に示されるように、典型的には第2等位項の行為を行うための前提となる移動の動詞（典型的には go ないしは come）である。

(27) a.　Go and shut the door.

　　　b.　Come and visit us.

この種の等位構文の第1等位項の行為は、第2等位項の行為の前提となる移動の行為であるという点で、この構文に関わる二つの行為は一体化している。この点は、(28)、(29) にみられるように、この種の構文の接続詞の and が省略される事実からも裏づけられる。

(28) a.　Go shut the door.

　　　b.　Come visit us.

(29) Go jump in the water.

類例は、(30)、(31) の第1文の台詞にもみられる。

(30) "I'll go see him," Nick said to George. "Where does he live?"
　　　The cook turned away.　　　(Ernest Hemingway, *The Killers*: p.8)

(31) "May I come see you tonight and show you?" ... "How about after tennis?" "I'll be sweaty after, Brenda said.

　　　　　　　　　　　(Philip Roth, *Goodbye Columbus*: p.5)

Lakoff (1986) は、第1等位項に go や come のような移動動詞がくる等位構文は、一連の行動系列を規定するシナリオに基づく特殊な構文であり、この種の構文に限り、上記の等位構造制約は適用しないとしている (*ibid.*: 157)。

　これに対し、ここでは、この種の等位構文は、字義通りの等位関係から成る構文ではなく、二つの行為（すなわち、移動の行為とこれを前提とする後続の行為）がゲシュタルト的に一体化した疑似等位構文とみなす。この種の構文が複数の行為の一体化したゲシュタルト的な特徴をもっている点は、上記の (28)〜(31) のような

接続詞の and が省略された構文によって裏づけられる。このように ゲシュタルト的に一体化した構文は、統語的にも意味的にも単文として機能する構文とみなすことができる。この点で、(25) と (26) のタイプの構文には、字義通りの等位関係から成る構文に適用される等位構造制約は適用しないことになる。

7. 慣用的構文の諸相

これまでの伝統的な文法観（ないしは生成文法に代表される文法観）には、構文は語彙から成る内部構造をもち、構文の意味は、一般的に、構成要素としての個々の語彙の意味の総和として、文法規則に基づいて予測できるという前提が存在する。この種の文法観を前提とするならば、日常言語の構文という言語単位は、語彙レベルや慣用句レベルの言語単位とは異なる存在として位置づけられることになる。しかし、日常言語を構成する言語表現を綿密に観察した場合、個々の語彙と文法規則による規定という文法観では予測できない慣用的構文が広範に存在する。

7.1 儀礼的構文

慣用的構文の一例としては、挨拶の表現が考えられる。日本語では、「おはよう」のような表現がその典型例である。柳田 (1964) は、この表現の使用に関し、次のように述べている：「早朝の言葉、これは今ほとんどオハヨウの一つに統一しかかっていて、それは何をいうつもりなのかも不明になりかかっていますが、本来は早く起き出したねと、相手の勤勉を感嘆する意味でありました。それゆえに八時、九時に顔を洗いに出るような朝寝坊に対しては、今でも気のこまかい人は、…この語を発しません。」(柳田 (1964: 84)) この説がどの程度妥当であるかはここでは問わないが、いずれにせよ、この種の表現が現在の日本語の用法として、慣用化のプロセスを経て儀礼的構文として機能していることは明らかである。

挨拶に関する英語の儀礼的構文の典型例としては、次のような表現が挙げられる。

(1) a. Good Morning.

b. Bye for now.

c. Long time no see.

d. How do you do?

(1) の例のうち、a〜c の表現は、文法的にみて明らかに慣用化された発話である。これに対し、d の表現は、一見したところ通常の疑問文のようにみえる。しかし、この表現が挨拶の発話として使われる場合には、時制、人称、等に関し、次のような制約が存在する。

(2) a. How do you do?

b. * How did you do yesterday?　　　(Sweet (1982: 156))

(3) i. How do you do?

ii. a. *How does he do?

b. How does he do it?　　　(Pike (1967: 602))

この種の事実は、How do you do? という表現が、定型表現として慣用化していることを示している。この点は、さらにこの表現が、定型表現の言語単位として複数化されている（4）の例からも明らかである。

(4) How-do-you-do's were exchanged.　　　(Sweet (1982: 156))

この種の儀礼的な発話に対し、次のタイプの発話は、喜怒哀楽、驚き、感嘆、等に関わるより慣用的な発話である。

(5) a. Damn! Dear me! Dear, dear!

b. (Good) Lord! (Good) heavens! By Jove!

(Zandvoort (1957: 208))

(6) a. Oh me! Oh my!

b. By golly! By God,

c. Gracious me! Goodness gracious!　　　(Nida (1966: 166))

d. Woe! Woe! Eternal woe!　　　(Onions (1904: 50))

(7) a. Peace! Silence!　　　(Onions (1904: 50))

b. All aboard! Down in front!

c. Hats off! Forward, brave companions!

(Curme (1931: 435))

発話の主観性と構文のメカニズム　　207

(8) a. Murder! Fire! Police!

b. This one! To the ropes!

c. Dearest! You over there! My boy!　　（Nida (1966: 168)）

　基本的に、伝統的な文法における文の類型は、平叙、疑問、感嘆、命令などのいわゆるムード（mood）の相違によって分類される。ムードの観点からみるならば、(5)～(8) の例の大半は、感嘆ないしは命令のタイプの慣用的な発話である。

7.2　感嘆のムードと構文

　前節の感嘆のムードに関わる発話は、文レベルの分節を伴わない、一語発話ないし二語発話の構文である。これに対し、次のタイプの発話は、文の部分的な分節を伴う感嘆文としての機能をになっている。

(9) a. What a terrible accident!

b. How foolish of him!　　　　　　　　（Onions (1904: 50)）

(10) a. What he has suffered!

b. What confidence they have in him!

（Sonnenschein 1916 [Part III]: 26, 27）

　次のタイプの構文も、広い意味では感嘆文の一種とみなすことができる。しかし、この種の構文は、相手の発話の内容に対し意外性、否定的な態度など示すエコー的な構文である。

(11) I marry her!（cf. {Shall I/am I to} marry her?）

(12) a. Me do that!?

b. Me be a fool for his sake!?　　　　（Nida (1966: 167)）

(13) a. He a gentleman!

b. She a beauty!

c. That fellow a poet!　　　　　　　　　　　（*ibid.*）

　この種の構文のうち、(11) と (12) のタイプでは、述語が不定形であるという特徴がみられる。（また、(12) の場合には、主語の位置に目的格の代名詞がきている。）これに対し、(13) の場合には、be-動詞に相当する述語が省略されている。

7.3 願望、祈りのムードと構文

願望や祈りのムードに関わる構文の一種としては、(14) と (15) のタイプの例が考えられる。

(14) i. a. May you be happy!

b. May I be hanged!

c. May every blessing wait on my Beverley.

(Poutsma (1904: 265))

ii. a. Long may he live.

b. May you be successful.　　　(Kruisinga (1911: 222))

iii. a. I wish that you may always be happy.

b. May you always be happy.　　　(Skinner (1957: 49))

(15) i. a. God save the Queen!

b. God bless you!

c. God forbid!　　　(Poutsma (1904: 265))

ii. a. God save the King.

b. Long live the King.　　　(Kruisinga (1911: 222))

願望文は、その基本的な機能からみて、現実には実現していない事態を仮定しその実現を願う構文である。以下の例に示されるように、この事態の仮定性をマークする構文のパターンは多様である。

(16) a. Would that I had never seen it!

b. Oh were I there!

c. Oh that I might recall him from the grave!

d. If I only had known it!

e. If somebody would only take me with him!

(Deutschbein (1926: 121, 122))

(17) i. a. Would he might come!

b. Would he were here!　　　(Sapir (1921: 38))

ii. a. Would to God that they could!

b. I would to God that he could do it!　　(Nida (1966: 167))

(18) a. Oh were I there!

b. Oh! Could I feel what I have felt or be what I have been.

(Onions (1904: 47))

発話の主観性と構文のメカニズム　　209

これらの願望文の場合には、感嘆詞の有無は別として、基本的に文（ないしは節）レベルの統語構造に基づく構文の形式をになっている。これに対し（19）の場合には、感嘆詞と to- 不定詞のみの発話の断片が願望文の構文として機能している。

(19) a.　Oh, to be nothing, nothing.

b.　　Oh, to have been there!　　　　　　　(Onions (1904: 47))

以上の例から明らかなように、願望文（ないしは祈願文）としては、現在（または未来）に関する願いの表現と現在（または過去）の事実の反対を願う表現が存在する。ただし、ここまでにみた表現には、対人関係的に否定的な意味をになう例は示されていない。もし、願望文や祈願文を広い意味で解釈するならば、God damn you!、Damn (and blast) him!、Damn it!、God damn it!、Goddammit!、Damnit (all)!、To hell with (Down with) tyranny! のような罵りの発話に関わる表現も、願望や祈願の表現の一種とみなすことも可能である。

7.4　命令のムードと構文

統語的な構造の観点からみた場合、命令のムードに関わる構文も、想像以上に多様である。英語の命令文では、潜在的な主語は二人称であり、意図性を伴う動詞が肯定文の枠に生起するパターンが一般的である。さらに、この種の一般的な命令文は、態やアスペクトに関しては、受動態や完了相の形はとらない。しかし、次の例は、以上の一般的な命令文の条件の一部を破った形の構文である。

(20) 〈3 人称 - 命令文〉

d. Everybody run!

e. Nobody move now!

b. Heaven help him!　　　　　　　　　(Nida (1966: 167))

(21) 〈完了 - 命令文〉

a.　　Have done, for more I hardly can endure.

b.　　Therefore ha' done with words: To me she's married, not unto my clothes.　　　　　　　(Pousma (1922 : 86))

c.　　Have done! Have done with such nonsense.

(Curme (1931: 435))

d. Make haste, have done with preambles. （太田（1954: 28））

(22)〈受動 - 命令文〉

a. Don't be swayed by such considerations!

b. Be guided by your higher nature! （Curme（1931: 436））

c. Be guided by your better judgment! （Nida（1966: 167））

さらに、完了相と受動の態が統合された命令文や進行相の命令文の例として、次のような表現が観察される。

(23)〈完了／受け身 - 命令文〉

Don't have been told anything about it! （Curme（1931: 436））

(24)〈進行形 - 命令文〉

Don't be talking! Let me just suck this in as we go along.

以上の命令文の場合には、統語的な形式の違いはあるが、命令としての発話の力が認められる。しかし、命令のムードの文型をとる構文のなかには、以下の例のように、慣用化の過程を経て字義通りの命令の発話の力が漂白化された構文も存在する。

(25) i. Come what may, I'll do it.

ii. a. Be it so.

b. Happen what might.

c. Cost what it might, he would have it.

(Onions (1904: 48))

(26) i. a. Catch me!/Catch me at it!

[=You won't catch me doing it.]

b. Fancy finding you in the train!

c. Suppose now that ... . （Poutsma（1922: 89））

ii. a. Look, here he comes.

b. Say I should succeed at the Bar.

c. Suppose now that ... . (*ibid.*)

この種の発話のうち、特に（26）の ii の Look, Say のタイプの発話の場合には、命令の発話の力が漂白し、語用論的には相手の注意をうながすための談話の機能をになう表現になっている。類例としては、さらに *Say* I just got on Saturday another letter ...、*Listen* did

発話の主観性と構文のメカニズム　**211**

you get any shoes?、*Look* I want to ask you two questions（Fries
（1952: 103））が挙げられる。Fries は、命令形の形式をとるこの種
の文頭の表現を、注意喚起の標識（attention-getting signals）と呼
んでいる。

7.5　平叙文のムードと構文

　平叙文という場合には、基本的に主部 - 述部（e.g. S-V, S-V-O,
等）の一般的な構文パターンが問題となる。本節では、主部 - 述部
の一般的な平叙文の構文パターンとは異なる、特殊な構文パターン
の一面を考察する。

　基本的に、平叙文の構文パターンをとる言語表現といっても、主
語、目的語、等ないしは冠詞、指示詞、接続詞、等の構成要素を欠
く構文パターンも広範に存在する。その一例としては、次のような
頭部省略が関わる表現が考えられる。

(27) i.　a.　(I) Beg your pardon.

　　　　b.　(It) Doesn't matter.

　　　　c.　(It) Serves you right.

　　ii.　"How long you think you'll be stayin' around here?" he
　　　　asked. "Don't know," Perce said ... .

（Arthur Miller, *The Misfits*: p.348)

(28) i.　a.　(The) Trouble is they can't help us.

　　　　b.　(A) Couple of months ago they visited the family.

　　ii.　a.　(I) believe I can find one.

　　　　b.　(It would have) been a good thing if ... .

　　　　c.　(The) coffee's cold.　　　　（Joos (1961: 25)）

この種の例では、主語の代名詞や冠詞が省略されている。

　基本的に、頭部省略の場合には、省略される位置が文頭のしかる
べき部分に限られるが、次のタイプの表現の場合には他の部分の省
略も可能である。

(29)（ニュースのヘッドライン）

　　a. Betrayal by Clan Led to Hussein's Capture

（*The New York Times*, December 15, 2003)

b. Number of Children Continues to Decline

(*The Japan Times*: May 5, 2008)

c. Clinton and Obama Make Final Push Before Primaries

(*The New York Times*: May 5, 2008)

(30)（電報文）

   a.   Arrive Narita 11:30 JAL 9 Mon-Bill.

   b.   Shipping hardware today. Letter follows.

(31)（広告、掲示、等）

   i. a. Fresh Today

       b. How to Win Friends and Influence People

   ii. a. Danger: Falling Rocks

       b. No Exist/No Entrance

   iii. a. No Credit

       b. No Waiting

       c. No Hiring

この種の表現は、必ずしも主部／述部の構文パターンに基づく表現ではないが、法ないしはムードの観点からみた場合には、平叙法の機能をになう表現の一種と言える。このタイプの表現には、文頭以外の位置にも省略が認められる。また、これらの表現は基本的に慣用化された表現であるが、事例によっては、文脈が与えられない限り解釈が困難な例も認められる。例えば、(31) の iii の例は、一見したところ、文頭が存在や所有の導入表現で始まる例のようにみえる。しかし、No Credit は [We don't give credit]、No Waiting は [You don't have to wait here]、No Hiring は [We are not hiring at present] のように、状況によってその具体的な意味は異なる。

平叙法の機能をになう特殊表現としては、さらに次のような例が挙げられる。

(32)（ト書き）

   a.   Light dim. Three figures discerned. DEELEY slumped in armchair, still.

        KATE curled on a sofa, still. ANNA standing at the window, looking out.   (Harold Pinter, *Old Times*: p.3)

b. A Room. A window in the back wall, the bottom half covered by a sack.

An iron bed along the left wall. ... On the gas stove a statue of Buddha.

Down right, a fireplace. (Harold Pinter, *The Caretaker*: p.15)

(33)（料理のインストラクション）

HEIDELBERG SOUP [3–4 servings]

2 cans frozen potato soup, diluted with milk ...

12 green onions, chopped, including some of the green

black pepper parsley

(Peg Bracken, *The I Hate to Cook Book*: p.27)

この種の例では、名詞句、前置詞句、等の句レベルの構成要素が、全体として並列的な言語表現の一部を作り上げている。

これらの並列表現とは異なるが、日常言語には、問題の文全体が慣用的な構文として使用される例が広範に存在する。その典型例としては、諺に使われる構文が考えられる。

(34) i. a. Speech is silver, silence is gold.

b. You scratch my back, I'll scratch yours.

c. The effect speaks, the tougue needs not.

ii. a. Great profits, great risks.

b. No pains, no gains.

c. Other times, other manners.

iii. a. Out of sight, out of mind.

b. Like father, like son.

c. In for a penny, in for a pound.

iv. a. Soon gotten, soon spent.

b. Seldom seen, soon forgotten.

c. First come, first served.

v. a. The older one grows, the more one learns.

b. The nearer the church, the farther from God.

c. The more haste, the less speed.

文法的な関係からみた場合、(34) の i〜v の例は、いずれも並

列ないしは平置（parataxis）の統語的なパターンからなっている。
（34）の例の基本的な違いは、並列される構成要素にある。（34）の
iの場合には文、iiの場合には名詞句、iiiの場合には前置詞句、ivの場合には副詞＋過去分詞、vの場合には定冠詞＋比較表現が構成素として並列されている。

　以上の例にみられるような平置ないしは並列の統語的パターンからなる構文は、主に諺のような慣用的な構文であり、特殊な構文のようにみえる。しかし、構文の発展の段階を考えた場合、歴史的にはこの種の並列構文が基本的であり、いわゆる従属（hypotaxis）の統語パターンからなる構文は、並列的な統語パターンの構文から派生してきている。例えば、従属節の補文構造をとる複文の"I tell you that he has gone."は、基本的には"He has gone. I tell you that."のような並列構文の後続文の指示代名詞のthatが、その指示機能を失い補文標識の機能をになうようになった構文である。また、従属節の関係節構造をとる複文の"John is the name that my parents gave me."は、基本的には"John is the name. My parents gave me that."のような並列構文の後続文の指示代名詞のthatが、その指示機能を失い関係代名詞の機能をになうようになった構文である（cf. Onions（1904: 156））。この点を考慮するならば、（34）の諺にみられる並列の統語パターンの構文は、必ずしも修辞的な技巧や人為的な統語操作の結果としての表現ではなく、言語の歴史的な発達過程において、思考の原初的な型を表現する基本的な構文パターンの一面を反映する表現とみなすことができる。

8. 結語にかえて

　「文法」という言葉は、これまでの学校文法、伝統文法、理論言語学の研究のいずれの分野においても中心的な概念となっている。しかし、この用語は、日常言語の実際の姿を理解する際に誤解を招く用語である。「文法」は、基本的には言葉の規則（字義通りには文の法則）を意味する。このように理解されるため、母語話者の言葉は、その言語の語彙を文法という規則に従って組み合わせていく

ことにより可能となる、という言語観が作られることになる。この言語観は、学校文法や伝統文法だけでなく、生成文法の言語観の前提となっている。生成文法のアプローチでは、文法は有限の規則からなり、この規則の再帰的な適用により、形式的に適切な文の集合をアルゴリズム的に生成する規則依存型のモデルとして規定される。このプローチでは、例えば、英語の文法の中核とされる標準的な文の基本構造は、主部としての名詞句と述部としての動詞句からなり、この標準的な文の基本構造から逸脱する構文（例えば、主語を欠く構文、倒置文、空所化文、等）は、省略、移動などの統語的な操作により派生的に規定される。また、生成文法のアプローチでは、統語規則によって一般的に予測できないイディオムは、辞書における語彙項目と同様、（標準的なデータを構成するコアの文法に対する）例外的な事例としてリストされる。

　しかし、本稿で考察した日常言語の多様な構文は、生成文法の省略、移動、等の統語的な操作によって単純に予測できる事例ではない。生成文法のアプローチでは、恐らくこの種の事例は、標準的なデータを構成するコアの文法に対する例外的な事例としてリストし、いわゆる標準的な文の基本構造を反映する言語データのみを、統語規則によって予測するという反論が予想される。しかし、慣用化された発話の断片、慣用句、修辞的定型表現、スピーチアクト・イディオム、比喩（換喩、提喩、等）の構文、グローバル構文、等によって特徴づけられる多種多様な言語現象を考慮するならば、むしろ生成文法が標準的なデータを構成すると仮定するコアの言語事例の方がマイナーな現象とみなされることになる。

　規則による予測と例外処理を試みる生成文法のアプローチは、本質的にルール／リストの二分法の誤謬を犯していることになる（Langacker（1987: 29））。

　これに対し、認知言語学のアプローチでは、語彙、句、文、等のいずれの言語単位も、形式と意味の慣習的な関係からなるゲシュタルト的な構成体として規定される。認知言語学の視点からみた場合、日常言語の文法は、語彙レベルであれ、句レベル、文レベル、隣接対の談話レベルであれ、形式と意味の慣習的な関係からなるゲシュ

タルト的な構成体の複合的なネットワークとして規定される。換言するならば、このアプローチでは、（語彙レベルの言語単位と同様）慣用句、慣用化された発話の断片、修辞的定型表現、スピーチアクト・イディオム、グローバル構文、標準的な文とされる言語表現のいずれの言語単位も、形式と意味の慣習的な関係からなる構成体として、相対的に規定される。したがって、認知言語学のアプローチでは、生成文法のアプローチが前提とするルール／リストの二分法の誤謬の問題は起こらない。認知言語学のアプローチでは、文法は、生成文法が仮定する抽象的で形式的な規則の集合といった理論仮構物ではなく、形式と意味の慣習的な関係からなるゲシュタルト的な構成体の複合的なネットワークとして規定されることになる。この認知言語学の複合ネットワークの一般的な規定により、言語事実の適切な記述・説明が可能となる。

引用例出典

（英米小説・戯曲）

Edward Albee: *Who's Afraid of Virginia Woolf?* Harmondsworth, Middlesex: Penguin Books, 1962.

Woody Allen: The Kugelmass Episode. In: Alan Coren (ed.) *Modern Humour.* Harmondsworth, Middlesex: Penguin Books, 1983.

Sherwood Anderson: The Triumph of the Egg. In: Morton J. Weiss (ed.) *10 Short Plays.* New York: Dell, 1963.

Ann Beattie: The Burning House. In: *The Burning House.* New York: Ballantine, 1979.

Dick de Bartolo: *Return of MAD Look at Old Movies.* New York: Signet, 1970.

Charles Dickens: *David Copperfield.* Harmondsworth, Middlesex: Penguin Books, 1966.

James P. Donleavy: *The Ginger Man.* New York: Medallion Books, 1959.

Robert A. Heinlein: *A Stranger in a Strange Land.* New York: Medallion Books, 1961.

Ernest Hemingway: The Killers. In: M. Edmund Speare *et al.* (eds.) *A Pocket Book of Short Stories.* New York: Washington Square Press. 1969.

James Joyce: *Ulysses.* Harmondsworth, Middlesex: Penguin Books, 1922.

James S. Kunen: *The Strawberry Statement.* New York : Avon, 1970.

Katherine Mansfield: The Garden Party. In: *The Garden Party and Other Stories.* Harmondsworth, Middlesex: Penguin Books, 1922.

Arthur Miller: *Death of A Salesman*. Harmondsworth, Middlesex: Penguin Books, 1949.

Arthur Miller: The Misfits. In: Raymond Carver and Tom Jenks (eds.) *American Short Story Masterpieces*. New York: Dell, 1987.

Harold Pinter: *The Caretaker*. In: *Complete Works of Harold Pinter*. Vol.2, New York: Grove Press, 1977.

Harold Pinter: Old Times. In: Plays: Four. London: Methuen, 1981.

Philip Roth: *Goodbye Columbus*. New York: Bantam Books, 1959.

Phillip Roth: *Portnoy's Complaint*. New York: Bantam Books, 1970.

Oscar Wilde: Salomé. In: *The Importance of Being Earnest and Other Plays*. Harmondsworth, Middlesex, Penguin Books, 1986.

Thornton Wilder: The Happy Journey to Trenton and Camden. In: Morton J. Weiss (ed.) *Ten Short Plays*. New York: Dell, 1963.

（その他）

Peg Bracken: *The I Hate to Cook Book*. New York: Fawcett, 1960.

B. Jean Naterop and Rod Revell: *Telephoning in English*. Cambridge: Cambridge University Press, 1987.

柳田国男：『毎日の言葉』（角川文庫）東京：角川書店、1964。

参考文献

Austin, John L. (1962) *How to Do Things with Words*. Cambridge, MA: Harvard University Press.

Curme, George O. (1931) *Syntax*. Boston: D.C. Heath & Co.

Deutschbein, Max. (1926) *System der Neuenglischen Syntax*. Leipzig: Verlag von Quelle & Meyer.

Fries, Charles C. (1952) *The Structure of English*. New York: Harcour, Brace and Company.

Goldberg, Adele E. (1995) *Constructions: A Construction Grammar Approach to Argument Structure*. Chicago: University of Chicago Press.

Grice, H. Paul. (1975) "Logic and Conversation," Peter Cole and Jerry Morgan (eds.) *Syntax and Semantics,* pp.41–58, New York: Academic Press.

Huddleston, Rodney. (1976) *An Introduction to English Transformational Syntax*. London: Longman.

Joos, Martin. (1961) *The Five Clocks*. New York: Harcourt, Brace & Jovanovich.

Kruisinga, Etsko. (1911) *A New English Grammar for Dutch Students*. Vol.I, Groningen: P. Noordhoff.

Lakoff, George. (1974) "Syntactic Amalgams." *Papers from the 10th Regional Meeting of the Chicago Linguistic Society*, 10: pp.321–344.

Lakoff, George. (1984) "Performative Subordinate Clauses." in *Proceedings of the BerkeleyLinguistic Society*, 10: pp.472–480, Berkeley: Berkeley Linguistic Society.

Lakoff, George. (1986) Frame Semantic Control of the Coordinate Structure Constraint. *Papers from the 22nd Regional Meeting of the Chicago Linguistic Society*, Part 2, 22: pp.152–67.

Lakoff, George. (1987) *Women, Fire, and Dangerous Things*. Chicago: University of Chicago Press.

Langacker, Ronald W. (1987) *Foundations of Cognitive Grammar*. Vol.1, Stanford: Stanford University Press.

Langacker, Ronald W. (2003) "Constructions in Cognitive Grammar." *English Linguistics* 20: pp.41–83.

Langacker, Ronald W. (2008) *Cognitive Grammar: A Basic Introduction*, Oxford: Oxford University Press. (山梨正明 監訳『認知文法論序説』研究社、2011)

Langacker, Ronald W. (2009) *Investigations in Cognitive Grammar*. New York/Berlin: Mouton de Gruyter.

McCawley, James D. (1998) *The Syntactic Phenomena in English*. Chicago: University of Chicago Press.

Nida, Eugene A. (1966) *A Synopsis of English Syntax*. The Hague: Mouton.

Onions, Charles T. (1904) *An Advanced English Syntax*. London: Kegan Paul.

太田　朗 (1954)『アメリカ風物誌』北星堂書店.

Pike, Kenneth L. (1967) *Language in Relation to a Unified Theory of the Structure of Human Behavior*. The Hague: Mouton.

Poutsma, Hendrik. (1904) *A Grammar of Late Modern English*. Part I. Groningen: P. Noordhoff.

Poutsma, Hendrik. (1922) *Mood and Tense of the English Verb*. Groningen: P. Noordhoff.

Ross, John. (1986) *Infinite Syntax!* Norwood, N.J.: Ablex.

Sapir, Edward. (1921) *Language: An Introduction to the Study of Speech*. New York: Harcourt, Brace. & Co.

Skinner, Burrhus F. (1957) *Verbal Behavior*. New York: Prentice-Hall.

Sonnenschein, Edward A. (1916) *A New English Grammar*. Parts I-III, Oxford: Oxford University Press.

Sweet, Henry. (1892) *A New English Grammar*. Part I. Oxford: Oxford University Press.

山梨正明 (1986)『発話行為』大修館書店.

山梨正明 (1988)『比喩と理解』東京大学出版会.

Yamanashi, Masa-aki. (1989). "Pragmatic Functions of Sentence and Text Coordination in Natural Language." *Text* [Mouton de Gryuter] 9 (3): pp.291–315.

山梨正明 (1995)『認知文法論』ひつじ書房.

山梨正明 (2000)『認知言語学原理』くろしお出版.

Yamanashi, Masa-aki. (2001) "Speech-Act Constructions, Illocutionary Forces, and Conventionality." In Daniel Vanderveken and Susumu Kubo (eds.) Essays on Speech Act Theory, pp.225–238. Amsterdam: John Benjamins.

山梨正明 (2009)『認知構文論―文法のゲシュタルト性』大修館書店.

山梨正明 (2012)「認知のダイナミズムと構文現象」澤田治美 (編)『ひつじ意味論講座　第 2 巻：構文と意味』pp.1–29. ひつじ書房.

山梨正明 (2015)『修辞的表現論―認知と言葉の技巧』開拓社.

Zandvoort, Reinard W. (1957) *A Handbook of English Grammar*. London: Longmans, Green & Co.

認知語用論と主体性

ポライトネスを中心に

林宅男

要旨

人は言語記号を使って世界のモノや事象を主体的に解釈・表現するだけでなく、コミュニケーションの場では自身の意図や心的態度などを伝えるために主体的にその解釈・表現を操作する。このように言語記号と意味の主体的関係は二重構造を持ち、言語使用の場面における概念的意味表象の形式は語用論的機能によって動機づけられることが多い。ここでは、この点を踏まえ、ポライトネス表現を中心に、相互行為の場における形式と意味がどのように結び付いているかを、認知言語学と語用論を融合する認知語用論のアプローチに基づいて解明する。

キーワード

主体性、語用論、認知言語学、認知語用論、ポライトネス

1. はじめに

言語の意味には二つの形で主体性が関わっていると言える。一つは、人間が言語を使って世界を解釈・表現する際の主体性である。これは、記号が表す内容は、人間が「差異」(differences) に注意を向けて分節した世界であると指摘した Fernand De Saussure (1857–1913) の理論に遡ることができる。彼は記号が表す世界とは、客観的に捉えられた現実でははく、人によって概念的にカテゴリー化され、話者によって「命名」(naming) されたものであると

論じた。言語形式の意味と主体性の関係は、最近の認知言語学の研究よって大きく前進した。その主張は、言語形式が表す意味は人が経験的知識に基づいて主体的に捉えた概念的なものであり、その概念化は一般的認知能力によってもたらされるというものである。言語の意味の主体性は、対象や事象に対する概念的意味だけでなく、個々の使用者に対して及ぼす意味においてもみられる。この二つ目の主体性は、記号の意味とは、その使用者の解釈的意味によって対象にもたらされるものであるとした Charles Peirce (1839–1914) の理論に遡ることができる。それは、記号の意味はそれを使う個々の使用者の知識や使用の場面によって左右され決定される、というものである。言語の使用上の意味には、発話の意図や心的態度の他、発話者のアイデンティティ・役割など様々なものがあるが、話し手はその目的に応じて主体的に（そして時には通常とは異なる形で）言語形式を操作する。

　相互行為における社会的目的の達成には、相手との人間関係の維持が含まれる。その場合、Grice の協調の原理よりも社会的原理としてのポライトネスが優先されることが多い (Leech (1983))。すなわち、そこではどのような発話を使うことが最も効率的な情報伝達の方法であるかよりも、発話をどのようにデザインするのが相手に対する配慮をより効果的に伝えることになるのかの方がより重要な関心事になる。また、言語の社会的機能は話者が行う言語的レパートリーからの選択を制約・動機づける主要な要因であり、フェイスへの配慮は、ある場面でなぜ特定の言語形式（語彙・構文）が選好されるのかを説明する機能的要因の一つであると言える (Brown and Levinson (1987[1978]: 256–257))。本稿では、この考えを深めるために、ポライトネス表現の選択に見られる主体性を「認知語用論」（山梨（2001, 2004: 69–108）、Hayashi（2013）のアプローチを使って検討する。

　本稿の構成は次の通りである。先ず、2 節で語用論研究の二つのアプローチについて述べ、3 節で認知語用論の特徴に触れる。その後、4 節で認知語用論のアプローチに基づき、主体的なフェイスへの配慮の意識がポライトネス表現の概念的意味とどのように結び付

くかを論じる。5節ではポライトネスの分析以外の語用論テーマを扱った認知語用論の研究事例を簡単に紹介し、6節で全体をまとめる。

2. 語用論の二つのアプローチ

現在の語用論は、アリストテレス以来の論理学的アプローチによる古典的な意味分析に異を唱える形で始まった（Austin (1962)、Searl (1969)）。それは、言語記号が表す命題的意味を世界との対応関係（＝真理値）によって論理的に分析するのではなく、記号と世界の間に人間を介在させ、言語使用者としての人間が記号を通してどのように自分の意図を伝え相手の意図を解釈するかを扱うものである。以後、語用論ではコミュニケーションの場においてどのような表現が用いられ、どのような意味を持つかを機能的に分析するようになった。

しかし、その研究のスタンスには、語用論を言語研究の一分野と捉える立場と言語研究の方法論として捉える立場があり、それぞれの研究対象やスコープも異なる（Huang (2007)、Haberland (2010)、Hayashi (2013)、(2016)）。前者は、「構成的立場」（componential view）と呼ばれるもので、語用論を、音声学、音韻論、形態論、統語論、意味論などと並列的扱い、それ自体を独立した分野と見なす。この立場における語用論の主な研究トピックは、直示、含意、前提、指示、発話行為などに限定されることが多い（例 Yule (1996)、Levinson (1983)）。一方、後者は、「観点的立場」（perspective view）と呼ばれるもので、上で挙げたような（音声、語彙、文などの）言語レベルやトピックに限定せず、すべての言語現象を（文化、社会、認知などの）様々な機能的要因に照らし、言語形式と意味の関係を分析する（Verschueren (1999)）。この研究アプローチにとって重要な課題は、「どのような言語表現が使われるか」というよりも、「どのような理由で（A ではなく B という）特定の表現が使われるのか」である（Haberland and Mey (1977: 5)、Haberland (2010: 57)）。その分析の前提になるのは、人が特

定の言語形式を選ぶのはそれがコミュニケーションの場における必要性に「適合する」（adapt to）意味を喚起するからであるという主張である（Verschueren (1999: 61–68)）*1。では、人はそのような意味の喚起のためにどのように発話を主体的にデザインするのであろうか—その適合性を生み出すためのロジックは何か。本稿では、観点的立場に基づき、ポライトネスを例に、この問題について、認知語用論のアプローチからの分析を示す。

3. 認知語用論のアプローチ

ポライトネスに見られる主体的表現の検討に入る前に、本節では先ず「認知語用論」の概念について述べる。認知語用論は認知言語学（認知意味論）と（特に観点的立場に基づく）語用論を融合する研究アプローチである（林 (2009)、Hayashi (2013, 2016)）。以下では、先ず 3.1 でこの二つの理論の相違点と共通点について簡単に触れ、次に 3.2 でこの融合的アプローチの特徴と有用性を述べる*2。

3.1 認知語用論と認知言語学

語用論と認知言語学はそれぞれに異なる言語現象を、異なる原理やメカニズムに照らして捉えてきた。先ず語用論は、言語使用のダイナミックな現象を研究の対象とし、言語表現の意味を文脈との関係から、包括的・多角的に捉えてきた。その研究目的は、言語主体による記号の使用から生まれる意図的意味の解明であり、そこで取り上げられるのは文脈に照らした記号の使用上の意味の伝達・解釈の行動学的原理とメカニズムである。それに対して、認知言語学は主に文や語レベルに見られる言語の概念的意味と形式の関係を扱ってきた。その中心的課題の一つは、「概念的意味の記号化」のプロセスに関わる認知的原理の解明である。

しかし、語用論と認知言語学はいくつかの共通の言語観を持つ（林 (2009)、Hayashi (2013, 2016)）。特に重要なのは、双方とも言語の意味と形式との関係を機能的に分析する点である。また、認

知言語学では、意味論と語用論を厳密に区別せず、意味に対して
いわゆる「百科事典的アプローチ」（encyclopaedic approach）を
とる（Lakoff (1987)、Jackendoff (1983)、Langacker (1987a, b)）。
それは、意味を自律的な知識としての「辞書的部分」と他の種類の
知識を含む「百科事典的部分」に分ける従来の形式的言語学を否定
するものであり、「中核的意味」と「語用論的（社会的・機能的）
意味」は意味タイプの違いに過ぎず前者は後者に包含（subsume）
される、という立場である（Evans (2010: 47–48)）。次に、認知
言語学は、（観点的）語用論同様、統語論の自律性を認めず、原則
的に意味論と統語論を区別しない（Evans & Green (2006: 478)）。
それは、「象徴的単位」（symbolic unit）としての言語は基本的に
（音声）形式と意味の組み合わせから成り、様々な言語形式（音素、
形態素、語、慣用句、文）を動機付けるのは使用に基づく意味であ
ると捉える立場である（Langacker (1987)）。また、認知言語学で
は、意味とは外界のモノについての外延的な「概念」（concept）で
はなく、話し手が主体的に捉えた「概念化」（conceptualization）
であると規定される（Langacker (2008: 30, 43)）。

3.2　認知語用論のアプローチの特徴と有用性

　上で述べたように語用論と認知言語学は異なる原理を掲げて別々
に発展してきたが、この二つの間にはいくつかの重要な共通点があ
る。ここではその二つの融合的研究としての認知語用論の双方向的
有用性について述べる（林 (2006)、Hayashi (2016)）。先ず一つ
は、認知言語学からの語用論に対する貢献である。認知言語学では
概念的意味及びそれに依拠する言語形式を人間が持つ様々な一般的
認知能力（例　スキーマ化、参照点、プロファイル、プロトタイ
プ、範疇化）によって説明する。認知語用論では、その知見を援用
し、談話の諸現象を明らかにすることができる。それは、脳科学の
原理に基づく文レベルの形式と意味の関係を談話レベルの関係にも
当てはめ、記述的にも説明的にも従来の語用論の考察を深めること
である。一方、この融合的研究は語用論からの認知言語学の発展に
も寄与する。語用論は、意図的意味、文の統語的現象、テキストや

会話の構造、対人的（相互行為的）意味、談話方略、社会的言語現象など広範囲に亘る言語現象を扱う。認知言語学は、語用論研究が示唆するそのような多角的で幅広い研究成果を取り入れることにより、「知・情・意」を含む言語研究を科学的に推進することができる。従来の認知言語学の研究の多くはその分析対象を語や文レベルに限定して概念的に分析してきたが、この融合的研究ではそれを包括的観点からよりダイナミックに明らかにすることにより、「認知言語科学」として発展させることができる。

4. 認知語用論から見たポライトネスと主体性

　言語表現には間接表現や敬語などにみられるように慣例的で固定的なものがある一方、多くが使用の場面に応じてストラテジー（方略）として主体的に選択される。その場合、言語の使用上の効果はその形式が持つ概念的意味と無関係ではない。従来のポライトネスの研究の多くは、様々な場面で使われる配慮表現について、特定の理論にもとづいて、その選択が話者のニーズにどのように適合するかが論じられてきた。しかし、その語用論的意味と形式の関係（＝特定の形式がどのようにして語用論的効果をもたらすか）についての論理的根拠については、必ずしも十分な検討がされてこなかった。ここでは、この点について、Hayashi（2013）を基に、ポライトネスに見られる語用論的意味を「概念化（＝捉え）」が想起する「効果」の観点から検討し、その主体的意味を論じる。以下、4.1でコミュニケーションにおける意味の効果と概念化の関係、4.2で概念化とポライトネスの関係、そして4.3で概念化から捉えたポライトネスの主体的意味について述べる。

4.1 「効果」と概念化
　語用論では、聞き手が「X（という表現）は何を意味するか」ではなく、「話者はXによって何を意味するか」を問題にする（Leech（1983: 6））。このような意味の研究は、様々な形で言語の「効果」（effect）という概念で論じられてきた。この特徴を最

初に指摘したのは記号論者の Charles Peirce である。彼は、「記号」（'representamen'（=sign））の意味とは記号の解釈者にとっての意味であり、記者の効果としての解釈的理解（＝「解釈項」（'interpretant'）によってその「対象」（'object'）にもたらされる意味であるとした（Short (2004)）。また、Peirce の理論を受け継ぎ*3、初めて「語用論」（pragmatics）という用語を使って記号研究を「語用論」、「意味論」（semantics）、「統語論」（syntactics）の3分野に分けた Charles Morris（Morris (1938) は、後の定義で「効果」という概念を語用論の一要素に挙げている（Morris (1946: 218–219)）。Grice (1957) は記号の意味には「自然的意味」（natural meaning）と「非自然的意味」（non-natural meaning）があり言語記号は後者に当たるとした上で*4、話者が何かを意味するとは聞き手が話者の意図に気付く「効果」であるとした（Grice (1968: 58)）。更に、Grice の理論を発展させた Sperber and Wilson (1986) によると、関連性とは発話によって聞き手が保持する世界（文脈的想定）に何らかの変化をもたらすことであり、コミュニケーションを成立させているのは発話の「（文脈的）効果」（[contextual] effects）であるという。会話の推論的意味は、その効果の一つに当たる。本稿ではこれらの研究をベースにして、言語使用に於ける「効果」の概念的側面を扱う。

　語用論では言語形式の概念的意味分析は（Morris 以降）積極的には行われてこなかったが、上で述べたように言語の意味は概念を表すというものは Saussure の主張に遡ることが出来る（De Saussure (1916)）。それは、言語体系は概念的に分断されたシニフィエ（signifié）（記号の意味）とシニフィアン（signifiant）（記号表現）の恣意的組み合わせから成り、世界の存在は言語による分節化（naming）によって概念的に規定されるというものである。また、それは異なる言語習慣はそれぞれに異なる「現実世界」を構築し、異なる言語を使う人は異なる考えを持つという「言語相対論」（linguistic relativity）（Sapir (1929)）の考えにも通じる。

　一方、認知言語学では、言語が表す意味は、人間が目、耳、皮膚などの感覚器官や経験的知識を通して脳の中で作り上げている

「現実世界」であり、それには一般的認知能力が関与するという立場を取る（Fillmore (1982)、Lakoff (1987)、Langacker (1987)、Talmy (1988)）。例えばLangacker (1987) は、言語形式の意味には、モノ、関係、プロセスをどのようにプロファイル（＝際立ちを与えられる）するかという認知的操作が反映されると考える。それに従えば、言語表現の意味とはプロファイル化に基づく「捉え方」（construal）を「概念化」したものであり、捉え方の違いが異なる「効果」を生み出すといえる。本稿では、ポライトネスの現象を、様々な認知的操作によって伝えられる意味の効果を通して明らかにする。

4.2　概念化とポライトネス

　以下では、本稿での言語分析の理論的基盤を明らかするために、Hayashi (2013) を元に、先ず概念化とは何かについて論じ（4.2.1）、次にポライトネスとの関係を指摘する（4.2.2）。

4.2.1　概念化

　上で述べたように、認知言語学では言語形式の意味はそれを使用する話者が概念的に構築する世界を表すという立場を取る。Langacker (2008: 30–31) は、この主張に基づき、意味とは「概念」ではなく、「概念化」であるとし、その動的（主体的）な側面を強調する。「概念化」は「同じ場面を様々に構想し描写することが出来る歴然たる能力」（Langacker (2008: 43)）によるものであり、同じ状況が別の形式で表現されている場合には、別の概念化がそのベースになっている。また、概念化の対象となるのは物理的で静的なものだけでなく広範囲にわたる談話的・語用論的要素も含まれ（Langacker (2008: 30)）、ポライトネスもその一つに含まれると考えられる。

　概念化は 1) 話者が現実について中立的な立場で思い抱く「概念内容」（'conceptual content'）と、2) 同じ概念内容について様々に描写する「捉え」（'construal'）から成る（Langacker (2008: 44–54)）。概念内容とは、世界についての様々な考えや経験の百科事

228　林宅男

典的知識を指し、「ドメイン」(domain) と呼ばれる (Langacker 2008: 44–54)＊5。一方、「捉え」とは、世界をどのように理解し、それを描写するかであり、その選択肢は語や構文の選択に制約をかける。捉えの認知的操作には、何かに主体的に「注目する」(profile) という人間の基本的能力が関わり、特定の部分に際立ちを与えることは言語表現に反映される。例えば、「水が入っているコップ」という概念内容は、英語では何に注目するかによって (1) のような表現の選択肢ができる (Langacker (2008: 43–44))。

(1) a. *the glass* with water in it

  b. *the water* in the glass

  c. the glass is *half full*

  d. the glass is *half empty*   (Langacker (2008: 44) に基づく)

　(1a) から (1d) は、それぞれ、(斜体で示した) 液体が入った容器全体、容器の中にある液体、容器に入っている液体、容器に残っている液体、が注目された結果の表現であると言える＊6。注目された要素に対する認知的際立ちの効果は言語表現全体の意味に表れている。このような捉えの操作からの分析は、観点的語用論の関心事である「どうして話者は自身のメッセージをこのようなデザインで言語化したのか」という課題に対して認知的な説明原理を提供する。次節では、ポライトネスに焦点を当て、その目的の達成に必要な発話のデザインと概念化の関係について述べる。

4.2.2　ポライトネス

　ポライトネスの学問的研究の先駆けとなったのは、Lakoff (1973)、Leech (1983)、Brown and Levinson (1987[1978]) に代表される、いわゆる「合理主義的」(rationalistic) ポライトネス理論である。その特徴は、ポライトネスを目的達成のための方略的行為と捉え、「発話行為理論」(Austin (1962)、Searle (1969)) や「協調の原理」(Grice (1975)) を取り込み、ポライトネスを発話の意図的意味の観点から明らかにする点にある。この合理主義的ポライトネス理論 (とりわけ後に多くの研究の理論的範型となった Brown and Levinson (1987[1978] 以下 B&L と省略) の「フェイ

ス」に基づく理論)に対しては、特にアジアの言語体系に見られる社会規範的表現に当てはまらないとして、その普遍性と妥当性を疑問視する指摘や代案が出された（Matsumoto（1988）、Gu（1990）、Hill et.al（1986）、Ide（1989））。また、最近ではそのような慣例的表現を含めてポライトネスを実際の談話の相互作用の中で捉えようとする「言説的アプローチ」（discursive approach）が提案された（Eelen（2001）、Watts（2003）、Mills（2003））*7。しかし、それらの研究では、実際の相互行為における儀礼的・慣習的な行為とストラテジーとしての行為を体系的に区別する原理については明確に示されておらず、このアプローチが上の合理主義的理論に取って代わる状況には至っていない。

著者は、B&Lのフェイス（face）の概念を修正し、ポライトネスを慣習的なものも含めた目的達成のためのフェイス補償ストラテジーとして統一的に説明するモデルを提唱した（林（2005）、Hayashi（2013））。これは、「二重構造モデル」（dual structure model）と呼ぶもので、フェイスは「認知的フェイス」と「情意的フェイス」の二つのタイプからなる。図1に示すように後者は前者に埋め込まれた二重階層的構造（[情意的フェイス [認知的フェイス]]）を成す。

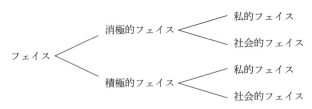

図1　フェイスの二重構造モデル　（林（2005: 208）に基づく）

認知的フェイスはメンバー自身が認知されるべきものとして持つ「必要物」（needs）を指し、情意的フェイスは認知的フェイスを実現して欲しいという願望を指す。この二つは、B&Lがフェイスの定義で最初にあげる「主張」（claim）（p.61）と、二番目にあげる「願望」（want）（p.62）の側面にそれぞれ相当する。このモデルの

もう一つの特徴は、下位レベルの（認知的）フェイスを「私的フェイス」（private face）と「社会的フェイス」（social face）の二つに分ける点にある。この二つは並列的な関係にあり、前者は感情、人格、行動様式、考え方など個人のパーソナリティに関するもので、後者は、社会的立場、地位、役割等のアイデンティティに関するものを指す*8。このモデルでは、必要物としての（私的・社会的）フェイスを認識することが、願望としての（消極的・積極的）フェイスの形成のベースとなる。それは、話者が相手のフェイスを特定する際には、まず相手がどのようなアイデンティティを持つ人物であるかを判断することが必要であり、それによって相手がどのようなことを望んでいるかを決めるという考えに基づく*9。

このような構成から成るフェイスは前節で述べた概念化の対象として捉えることができる。それは、「認知的フェイス」の特定は「概念内容」に、「情意的フェイス」の特定は、「捉え」に相当するという主張である（林（2013））。言い換えると、認知的フェイスについての情意的フェイスの概念化が、語用論的引き金（動機付け）となり、その場面に適切なポライトネス表現の言語形式（語、構文）の選択を導く。フェイスの特定にかかわる概念的認識は、適切な配慮表現を選択する際の前提となり、ある場面でどのように発話をデザインするのが最も適切かという判断をするにあたっての「資源」（source）になる。状況把握としてのフェイスの主体的概念化は、ある場面でどのようなポライトネス表現を使うかという主体的な言語形式選択と結びつく。ポライトネスは、図1に示す四つのタイプのフェイスの組み合わせの認識に応じて、私的消極的ポライトネス、社会的消極的ポライトネス、私的積極的ポライトネス、社会的積極的ポライトネスに分類される。

4.3　英語のポライトネスの認知語用論

本節では、言語形式は世界の主体的な解釈の仕方を反映するという認知言語学の基本的な考えに照らし、実際のポライトネス表現の意味を概念化（捉え方）の観点から検討する。ここでは特に、フェイスの捉え方と情報の捉え方がどのように対応し、その捉え方の主

体的な操作によってどのようにポライトネスの意味が創出されるか
を示す*10。

　一般的認知能力としての「捉え」の能力は広範囲にわたり、その分
類や内容は重なる部分はあるものの研究者によってさまざまである。例
えば、Langacker (2008) では、1) 特定化 (specifying)、2) 焦点化
(focusing)、3) 顕著 (prominence)、4) 観点 (perspective) の4つに、
Talmy (1988) では、1) 構造的スキーマ化 (structural schematization)、
2) 観点の展開 (development of perspective)、3) 注意 (attention)、
4) 力のダイナミックス (force dynamics) の4つに、Croft and Cruse
(2004) では、1) 注意・顕著 (attention/salience)、2) 判断・比較
(Judgement/comparison) 3) 観点・位置 (Perspective/situatedness)、
4) 構成・ゲシュタルト (Constitution/Gestalt) の4つに大別されている。
本稿では、大枠 Langacker (2008) の分類をもとに検討する。

4.3.1　積極的ポライトネスと概念化

　ここでは積極的フェイスの捉えが、どのように情報内容の捉え
に影響し、その意味がポライトネスの表現として機能するかを示
す。ここでは、「フレーム化」(framing)、「トラジェクター・ラン
ドマーク調整」(trajectory/landmark alignment)、および「観点」
(vantage point) の4種類の捉えの操作とポライトネスの関係につ
いて論じる。

〈フレーム化〉

　我々は、語の意味を「フレーム」(frame) と呼ばれる概念的構
造によって理解する (Fillmore (1977, 1982))。それは、経験や社
会・文化的要素を統合する機能的知識の構造である。例えば、(2)
で、dad (おやじ) の代わりに father (父)、wasted (無駄にした)
の代わりに spent (過ごした) が使われると異なるニュアンスの意
味になる。これは、それぞれの語は異なるフレームの違った意味要
素を喚起するからである (Fillmore (1977, 1982))。

　(2)　My dad wasted most of the morning on the bus.

　Langacker (2008: 48–50) では、語彙素によって焦点化される

この種の要素や特性を「ドメイン」(domains) と呼び、意味の違いは語彙素が特定の要素に対して持つ接近性（accessibility）の程度違いによって起こると規定する。例えば、escargot と snail は実際には同じもの（カタツムリ）を指す語であるが、前者は後者と違い高級料理という意味要素がより中心的になる（Langacker (2008: 49)）。話者は、相互行為の目的に応じて主体的に適切な語彙を選択することができ、その選択は、相手のフェイスの願望を満たす場合にも行われる。この点について（3）の例を見てみよう。

(3) a.　We look forward very much to *dining* with you.

(B&L: 181)

b.　The library wishes to extend its thanks for your careful selection of *volumes* from your uncle *Dr Snuggs*'s bequest.　(B&L: 181)

(3a) の動詞 dinning は（上の escargot 同様）、そのドメインは eating などのより一般的語彙とは異なる社会的・文化的要素（例　フォーマリティ、上流階級、高尚性）を喚起する。ここでは、相手がそのような要素を志向する人物と捉え、そのフェイスの欲求と合致させる主体的概念化が語彙選択の動機付けになっている。この場合、話者は相手への積極的社会的フェイスに対して敬意を表していることになる*11。同様に（3b）の volumes も例えばアカデミズムなど books とは異なるドメイン要素を喚起する。

（3）とは対照的に、（4）で使われている「呼びかけ語」(vocatives) は、語の概念的ドメインが相手との心理的距離の近さを喚起する要素（例　親密さ、親愛、信頼）へのアクセスをもたらす。

(4) a.　Help me with this bag here, will you *luv (son, pal)*?

(B&L: 108)

b.　Come here *mate (honey, buddy)*.　(B&L: 108)

この場合、話者は相手が自分を「内の関係」にあるメンバーであるとみなしているという前提に立ち、その積極的フェイスの欲求を満たすことが語の選択の動機づけとなっている。

認知語用論と主体性　233

〈トラジェクター・ランドマーク調整〉

　話者は一度に複数のものに注意を払うことができるが、視覚と同様、その程度は同じではなく、注意の程度の違いは構文にも反映する。例えば、（5）のように、二つのモノの位置関係を表す場合、最も注目されるものは「トラジェクター」（trajectory=tr）となり、主語の位置に配置（alignment）されるのに対して、二次的なものは「ランドマーク」（landmark=lm）となって前置詞の目的語の位置に置かれる（Langacker (1987: 217–220, 2008: 72–73)）。

（5）　a.　*The stormy clouds* (tr) are above *the house* (lm).

　　　b.　*The house* (tr) is below *the stormy clouds* (lm).

　（5a）と（5b）の二つの文は、それぞれ、例えば、Where are the stormy clouds? と Where is the house? のような問いの答えに相当する。話者の注意は、前者ではあらし雲（the stormy clouds）、後者では家（the house）により多く払われている。会話では、このような位置関係は、話者によって主体的に選択される場合がある。例えば、（6）の発話では、相手の凧の位置が話者の凧の位置を参照点にして述べられている。

（6）　*Your kite* is flying above *mine*.

　この場合、話者には自分の凧と相手の凧のどちらを主語位置に置くかの選択肢があるが、例えば相手が会社の顧客であれば、社会的積極的フェイスへの考慮から、意図的に相手の凧をトラジエクターの位置に置くことがより適切となる*12。

〈観点〉

　視覚に類似するもう一つの一般的認知能力に「観点」（視点）（vantage point =VP）がある（Langacker (2008: 76)）。人はモノを異なる方向や場所から眺め、その観点から場面を見たままに描写するだけでなく、話者の依拠する立場や考えなどの心的態度を観点に反映させることが出来る*13。この観点の操作は上で述べたトラジェクター・ランドマークとも関係する。例えば、（7）に示すように、木と岩が見える場面を描写する場合、その関係は話者がどのような心的態度でそれを描写するかによって異なる構文が選択さ

れる。

(7) a.　VP1 → (a rock) - - (a tree) ← VP2

　　b.　VP1: The rock (tr) is in front of the tree (lm).

　　　　　The tree (tr) is behind the rock (lm).

　　c.　VP2: The tree (tr) is in front of the rock (lm).

　　　　　The rock (tr) is behind the tree (lm).

(Langacker, 2008:76 に基づく)

　(7a) は二つのモノ（岩と木）が存在する同じ場面に対して二つの観点（VP1、VP2）があることを表す。(7b) の二つの文は話者が岩の傍にいてこの二つのモノを捉えた意味を表す構文であるのに対して、(7c) では話者が木の傍にいてそれらを捉えた意味（VP2）を表す構文である。相互行為においては、話者がどの観点を取るかは発話の目的とも関係する。この点について (8) の例を検討する。

(8) a.　VP1 → (my house) - - (your house) ← VP2

　　b.　VP1: My house (tr) is in front of your house (lm).

　　　　　Your house (tr) is behind my house (lm).

　　c.　VP2: Your house (tr) is in front of my house (lm).

　　　　　My house(tr) is behind your house (lm).

　(8b) の構文は相手の家の側から主体的に捉えた観点を表すもので、(8c) よりも丁寧な構文になる。それは、相手の側の観点をとることが、相手の社会的積極的フェイスを尊重することになるからである。(8c) の二つの文は観点という点では同じ概念的効果をもつ。しかし、上で述べたトラジェクター・ランドマークの配置関係の効果が加わることにより、丁寧さの語用論的効果は、相手の家を主語に置く構文のほうが高くなる*14。

4.3.2　消極的ポライトネスと概念化

　ここでは消極的ポライトネスにあたる表現と話者の主体的概念化操作との関係について述べる。以下では、「フィギュアとグラウンド」（=「前景と背景」）調整（Figure-ground [foreground-background] alignment）、「プロファイル化」（profiling）、「スコープのプロファイル化」（profiling of scope）、そして「グラウンディ

認知語用論と主体性　　**235**

ング」(grounding) の四つの捉えの操作とポライトネスの関係を扱う。

〈フィギュアとグラウンド調整〉

上で述べたトラジェクター・ランドマーク調整の操作と関連する人間の主体的認知操作（能力）で、それとは少し異なる概念にフィギュアとグラウンド調整 (Figure-ground [foreground-background] alignment) がある。これは、モノの認識は個別の要素に還元できない全体的枠組みによって規定されると説くゲシュタルト心理学の理論に基づくもので、二つの対象がある場合、一つに「際立ち」(profile) を持たせて「前景化」(foregrounding) し、「その他のもの」(base) をその前景化を成立させるための場面として「背景化」(backgrounding) する認知的操作である (Langacker (1987a: 120))。例えば、「弧」や「斜辺」という ((「図」) (figure) となる) 概念の理解は、それぞれ「円」、「直角三角形」、という概念を「地」(ground) として「背景化」することによってその意味が主体的に捉えられる (Langacker (1987: 184, 1988: 59))。このようなフィギュアとグラウンドの関係は、語だけでなく構文にも反映される。(9) はこの調整がモノの空間関係として言語化された例である。

(9) The chair is on the carpet.

ここでは、椅子が前景化されてフィギュアとなり、カーペットがその位置関係を示す情報としてグラウンド化されている＊15。このような際立ちの程度の関整と構文の関係はモノを指す名詞句の間だけでなく、(10) のように二つの命題間の関係にも当てはまる (Croft and Cruse (2004: 57))。

(10) He often read a paper while he was waiting for a train.

ここでは、二つの事象が複文で構成され、構造的に後半の「列車を待っていた時に」という従属節がグラウンドとなり、「新聞を読んだ」という主節がフィギュアとなっている。このようなフィギュアとグラウンドの調整は、ポライトネスのような相互行為の場の目的によって影響されることがある。(11) は、相手の消極的フ

ェイスへの配慮を示すためにヘッジと呼ばれる遂行動詞 (hedged-performatives) が使われている例である。

(11) *I suppose* (*guess/think*) that Harry is coming.

(B&L:145、イタリックは加筆)

ここでは、ヘッジの発話行為を表す文がフィギュアとなって主節に置かれ、語用論的には従属節の命題は個人的な見解であり、間違っているかもしれないという意味を示唆する。この捉え方の主体的選択は、相手の持つ（自分の考えを侵害されたくないという）消極的フェイスの欲求に対する認識によって動機付けられている。

〈プロファイル化〉

何かに注意を向けるという認知操作は、全体の一部に焦点を当てて「プロファイル化」(profiling)（＝際立たせること）である。例えば、英語の rim（車輪の外縁）、spoke（rim と車軸とをつなぐ放射状の棒）、hub（spoke が集中する車軸）、という語は、wheel という語で表される車輪全体をベースにして、その一部をプロファイルする（Langacker (1987a: 246-248, 2008: 103-112)）。

プロファイル化は、文法的範疇としての動詞と名詞の区別にも当てはまる。名詞は、典型的には、モノを動詞はプロセスを指す。両者におけるプロファイル化は、時間的ドメインだけでなく、参与者関係の表出という点でも異なる（図2参照）。すなわち、名詞は参与者とは「独立的」(independent) であるのに対して、動詞は

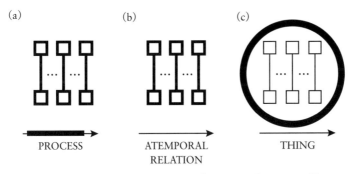

図2　モノとプロセスのプロファイルの比較（Langacker (1987a: 247)）

参与者に「依存的」（dependent）である（Langacker (1987: 246–248, 2008: 103–112)）。相互行為においては、動詞と名詞の選択は発話行為の場の目的に応じて主体的に行われる。例えば、（12）のように、同じ要請（request）の行為に対しても、ポライトネスの程度に応じて名詞表現を用いるか動詞表現を用いるかの選択肢がある。

(12) a.　I urgently request you to cooperate with me.

　　 b.　An urgent request is made for your corporation.

(B&L: 208)

（12）のa.かb.かの選択は、会話の参与者、特に動作の行為者（話者）、をプロファイルして捉えるかどうかで決まる。後者の選択は、相手の消極的フェイスへの配慮を反映するものであり、その主体的選択はポライトネスの目的と合致する。このことは、（13）の二つの文に見られる動詞句と名詞の使い分けにも当てはまる。

(13) a.　Can you give me a hand with this?

　　 b.　I would appreciate your assistance in this matter.

〈スコープのプロファイル化〉

　上で述べたように、何かに注意を向けて焦点を当てることは特定のモノや事象を主体的に選択することである。それは、いくつかの関連する要素へのアクセスが伴うことであると同時に、（視覚と同様に）何かを一定の広がり（範囲）の中で捉えることでもあると言える（Croft and Cruse (2004: 50)）。この範囲は、「スコープ」（scope）と呼ばれ、それには最も直接的に関連する最も限定された領域（"onstage region"）としての「直接スコープ」（immediate scope）と、その関係が間接的で最も外延的な領域としての「最大スコープ」（maximum scope）がある（Langacker (2008: 62–66)）。モノや事象が言語化されると、それと最もじかに関連する直接スコープがプロファイル（前景化）される。体の部位を指す語を例にとると、「指関節部」という語は、「指」の概念が直接スコープとして、「体」が最大スコープとして喚起される。また、「指」という語に対

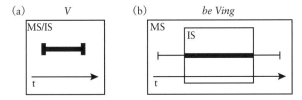

図3 時間のドメインにおけるプロファイル（Langacker (2008: 65)）

しては「手のひら」が、「手のひら」に対しては「腕」が直接スコープとして喚起される（Langacker (2008: 65)）。このスコープの区別は、時間軸の意識の範囲にも当てはまる。図3はスコープの観点から捉えた英語の動詞の進行形（be-ing）と非進行形の概念的意味の比較を示す。

図3が示すように、非進行形の形式では、プロファイル化は直接スコープと最大スコープの区別は関係しないのに対して、進行形の形式ではプロファイル化は直接スコープの中だけに該当する（Langacker (2008: 65)）。それは、進行形は、ある動作を、時間軸に沿って進むプロセス全体を背景にして、特定の時間範囲に限定してプロファイルするからである。しかし、相互行為の場面では、下の(14)のように、進行形は、発話時の実際の行為の始まりと終わりと一致しない場合にも使われる（Leech (2004: 29)）。

(14) a.　You *are forgetting* a moral argument against the use of drugs.
　　 b.　I *am hoping* you can lend me your car this afternoon.

その理由は、ここでは（現在）進行形（forgetting, hoping）が本来の非進行形（have forgotten、hope）に代わってポライトネスの目的で使われているからである。この語用論的効果は、動作を概念的に発話の時点の直接スコープにとどめることによって得られる。(14a)では、相手はいつもは薬物に対してまっとうな考えの持ち主であるという認識を示す積極的フェイスの尊重が、(14b)では相手が車を貸すことをためらっているかもしれないという消極的フェイスへの配慮が、そのような捉えを表す進行形を主体的に選択する動機付けになっている。

〈グラウンディング〉

　話者は、通常、相互行為の発話、参加者、時間、場所などを基点にして物事を捉える。このような認知的操作は「グラウンディング」（grounding）と呼ばれる。グラウンディングの操作は典型的には「直示表現」（dixes）によって言語化される＊16。英語では、例えば、聞き手の注意を談話の中の対象に向ける場合には、名詞を修飾する the、this、that などが使われ、発話の内容と発話時点で捉える現実との関係を示す場合には（主語が 3 人称単数で動詞が現在の）-s、（動詞の過去形の）-ed、（未来を表す）will などがグラウンディング要素として使われる（Langacker (2008: 259–309)）。動詞の現在形と過去形の意味の違いは、この二つの形式でプロファイルされたものが現行の発話行為（グラウンド）の文脈から「近位的」（distal）であるか、「遠位的」（proximal）であるかという捉えの違いであるといえる。

　しかし、この二つの使い分けは実際のグラウンディングとは異なることが多い。相互行為の場では、(15) に示すように、ポライトネスの方略として現在形の代わりに過去形が意図的に使われることがある（B &L: 204）。

(15) a.　Did you want something to eat?

　　 b.　Did you want a bag for this?

　　 c.　I wondered if you could tell me the way to the station.

　　 d.　What was your son's name again ?

　上の文では、話者は、質問、申し出、依頼、などの発話行為の内容をグラウンドから遠位のものとして表現することによって、相手のフェイスへの配慮を示している。それは、近位と遠位という捉え方が「現実と近い」（factual）か「現実から遠ざかる」（nonfactual）かという心理的な意味と結び付くからである。(15-a,b) では、相手が望んでいることが、(15-c) では自分の望んでいることが現在のことでありながら、それを非現実的なものとして心理的に遠ざけて過去形で表現することによって相手の消極的フェイスへの脅威を緩和しようとしていることになる。これらは、人為的に操作された時制にかかわるグランウンディングの要素が

「語用論的緩衝装置」（pragmatic softener）として使われる例である（Tailor 2003: 394–395）。フェイスへの脅威を緩和する効果は、(16) に見られるように、遠位の時制への意図的なシフトと継続のアスペクトの使用を組み合わせることによって更に高めることができる（Radden and Dirven, 2007: 210–211）。

(16) I *was wondering* whether you could do me a little favour.

(B&L: 204)

この文は、発話の内容をグラウンドから遠ざけて表す過去形の使用に加えて、自身の発話行為のスコープは限定的なものであるという進行形の捉えを使うことにより、更に丁寧な意味を表す。

5. その他の認知語用論研究

言語使用と概念化に関わる主体的効果には様々なものがある。本節では、その他の認知語用論研究の事例をいくつか紹介し、その重要性を示したい（Hayashi (2016) 林（掲載予定）参照）。

最初に挙げるのは、テキスト語用論研究の分野で早くから認知言語学のアプローチを取り入れた「文体研究」(stylistics) である。認知言語学の観点からの文体研究には「認知詩学」、「認知修辞学」、「認知文体論」、「認知物語論」などの呼び名が使われている。Lakoff and Turner (1989) の英詩の隠喩分析は、作者が概念や世界観をどのように構造化し、主体的解釈をもたらすかを示したもので、認知語用論としての文体研究の先駆けと言える。後の研究には、隠喩を用いて寓話の認知モデルを提示した Turner (1996)、俳句が作り出す創造的意味を「融合理論」(blending theory) を使って分析した Hiraga (2002)、文学テキストの主体的生成・理解のメカニズムを「融合理論」、「視点」、「図・地」から捉えた西田谷 (2006)、小説における登場人物の世界観を隠喩によって分析した Semino (2008)、などが挙げられる。

認知語用論はコミュニケーションにおける主体的推論の意味研究にも寄与する。Grice (1975[1967]) 以降の語用論では、発話の意味解釈のプロセスはもっぱら演繹的メカニズムに基づく「推

論モデル」（inferential model）によって説明されてきた。しかし、山梨（2001）では「間接発話行為」（indirect speech act）（Searle（1975））に基づく認知的メカニズムは言語主体の発見的プロセスであるとし、それを「参照点」（reference-point）（Langaker（1993））の能力によって説明する。参照点の原理は、慣習的間接発話行為だけでなく、言語使用のコンテクストに応じて解釈される発話の含意のメカニズムにも当てはまる。林（2009）では、「関連性理論」（relevance theory）（Sperber and Wilson（1986））による含意の演繹的プロセスを参照点のメカニズムによって再分析し、その意味が、発話や文脈情報を参照点とする並列的に処理によって得られると主張した[17]。

　相手に何かを伝える場合の情報の伝達単位は概念内容を表す情報構造として捉えることができる。その場合、どれくらいの量の情報をその構造に割り当てるのが適切かという判断には、伝えようとする情報が新か既知かという話者の主体的判断と関係する（Chafe（1994））。Langacker（2001: 154–155）では、実際の発話で話者が情報に対して割り当てる注意の焦点を「注意のフレーム」（attentional frame）[18] と呼ぶ。それは意味極においては、情報構造に対応する概念内容であり、音韻極では Chafe の「イントネーション・ユニット」（intonation unit）[19] に相当すると仮定する。﨑田（2010）は実際の発話データに照らし、注意のフレームの言語構造をイントネーション・ユニットによって分析し、注意のフレームによって割り当てられる注意のフレームは、構文として慣例的に定着している単位に合致するのではなく、発話の展開に応じて話者の主体的判断で変化するものが多いと指摘した。

　話者による言語形式の選択は相互行為の発話の連鎖の中で行われることが多い。その場合よく起こるのが、談話の目的に応じて話者が前の発話の言語的文脈に結び付けて同じようなパターンを使う「共鳴」（resonance）と呼ばれる写像現象である（Du Bois（2001, 2014）[20]。Sakita（2006）（および﨑田（2010））は、会話中の同じ場面で隣接して起こるこの並列的パターンは、具体的事例からより一般的な意味を主体的に抽出・拡張する「スキーマ化」

(schematization)（Langacker（1987a: 552, 1993: 369–377））に基づくとし、発話理解、レトリック表現、幼児の言語習得などで起こる共鳴のプロセスをスキーマの観点から説明した。

認知言語学は言語使用を社会的問題として批判的に扱う「批判的談話分析」（Critical Discourse Analysis, CDA）（Fairclough（1989））にも貢献する。CDA は心の構造を言語構造から機能的に明らかにしようとする点で認知言語学のアプローチと重なり、その融合的研究は、CDA の「認知言語学的アプローチ」（cognitive linguistic approach）とも呼ばれる（Hart and Lukeś（2007））*21。このアプローチでは、新聞、雑誌、テレビなどのマスメディア報道などに見られる言語表現や構文が偏見、権力、イデオロギーなどの社会的要因によってどのように操作されているかを認知言語学の主体的原理によって解き明かす。その研究には Chilton（1996）のメタファー研究を始め、O'Halloran（2003）によるプロトタイプ研究、Hart（2011）による力のダイナミックスを用いた分析、Marín Arrese（2011）による認知文法を用いた研究、Hart（2014）による捉えの操作の研究などがある。

6. おわりに

語用論と認知言語学は共通する言語観をもち、相補的な関係を有する。本稿では、この二つを融合する研究アプローチとしての認知語用論を用いて、ポライトネスが使われる場面における概念的主体性と語用論的主体性の関連を「効果」という概念にもとづいて検討した。人の行為は主体の意図や意思により行われるものであり、言語行為はポライトネスに限らず本来的に主体的なものである。認知語用論は、言語の使い手が談話においてどのような主体的選択を行うかを様々な文脈的要因と認知的原理に照らして検討するものであり、その貢献は他の多くのトピックについても期待できる。また、語用論と認知言語学を融合する認知語用論の研究は語用論と認知言語学の研究に対して双方向に寄与するアプローチであり、今後一層の展開が期待される。

＊1　構成的立場の語用論が言語の哲学的な研究の伝統を継承するものであるのに対して観点的立場を取る語用論は Morris（1938: 30）の定義に近い。

＊2　「認知語用論」という用語は言語使用に関わる認知的側面を扱う研究としても幅広く用いられている。中でも最もよく知られているのは Sperber and Wilson（1986）の「関連性理論」（relevance theory）である。この理論は、例えば言語表現の意味は百科事典的・文脈的背景知識に依拠するという立場を取るなど、認知言語学と類似する点もあるが、その言語理論にはいくつかの根本的な違いがある（Evans and Green（2006: 463–465））。本稿とは異なる内容の認知的語用論研究には他に、意図の表出と理解の認知プロセスを扱った Kasher（1991）、推論や理解に関与する語用論的知識の認知システムの研究としての Bara（2011）、相互行為の方略を会話のプランニングの観点から分析した著者自身の研究（Hayashi 1996, 1999）がある。

＊3　ただし、Morris の理論は、彼の師である George Herbert Mead の行動主義の影響を受けたもので、記号の意味は刺激に対する反応として存在する（Shook（2010: 281））。

＊4　Grice（1957: 377）は、自然的意味（meaningN）と非自然的意味（meaning NN）の違いを示す例として、Those spots mean（meant）measles.（meaningN）と Those three rings on the bell mean that the bus is full.（meaningNN）を使っている。

＊5　語彙を例に取ると、それは、基本的な知識（例　色、スペース、温度）と基本的ではない（高次）のもの（例　仕事、契約、雇用）という複数レベルのドメインの集合を呼び起こす。例えば、「コップ」という語の場合、その基本的な知識には、空間、湿り気、容器、液体を注ぎ入れる行為、水を飲む行為などの要素が含まれる（Langacker（2008: 44–45））。

＊6　このような捉えの操作は「前景化」・「背景化」と呼ばれるもので、4.3.2で扱う。

＊7　このアプローチでは相互行為の社会的側面に注目し、会話分析の手法を使って言語行動を社会・文化的秩序の維持のための慣習的行動として捉える。

＊8　B&L では、Goffman（1974）と異なり、成員が持つ自己のイメージとしてのフェイスは基本的に個人的なもの（personal preserves, personality）とされている。このモデルでは、人格などの個人的な側面に関する認識と、社会的アイデンティティや役割に関わる認識の両方が含まれる。

＊9　相互行為において相手のフェイスを的確に特定するためには、やりとりの場で相手が自分自身について抱いている認識を取り入れた「間主観的」なものでなければならない。Arundale（1997）が指摘したように、フェイスとは「再帰的」（reflexive）な「認識的構築物」（perceptual construct）であると言える。そうするとフェイスは「あなたの人物像についてのあなたの認識を考慮に入れた私の認識（認知的フェイス）についての、あなたの願望を考慮に入れた私の認識（情意的フェイス）」とも規定できる。

＊10　本節の内容は主に Hayashi（2013）での分析に主体性の考察を加えたものである。言語表現の選択の引き金となる相手のフェイスの再帰的認識については同論文5節（pp.365–393）を参照。

＊11　B&L ではこのような「対者敬語」（referent honorifics）は「消極的ポライトネス」と見なされているが、このモデルでは、相手の社会的フェイスの願望を満たす「積極的ポライトネス」になる（これと同じような解釈については、Pizziconi（2003: 1485–1486）を参照）。

＊12　これは、複数の項がある場合、話者の共感は他の位置よりも主語位置にあるものに置かれやすいという Kuno and Kaburaki（1977: 647）の「感情移入」の原則にも当てはまる（例 John met Mary（E（John）＞ E（Mary））。

＊13　Langacker（1987a: 122–123）は視点に関係する概念として、「観点」（vantage point）の他に視野の「位置づけ」（orientation）を挙げている。例えば、凧と家の上下の位置関係は、足で立った姿勢か頭を地面につけた倒立姿勢で見るか捉え方が異なる。

＊14　観点とポライトネスの関係は、次の英語のダイクシス come の用法にも当てはまる（B&L: 122）。

Oh, you're acting in Othello tomorrow night, are you?

I'll *come* and watch you from the gallery.

come は通常話し手の場所を拠点に自身の方向への動きを表現するが、この例ではその拠点は聞き手側におかれ、相手の積極的フェイスを尊重することになる。

＊15　4.2.1 の（1c）と（1d）の違いもこの認知操作の例に当たる。

＊16　Taylor（2003: 346）は、発話のコンテクストや発話行為の参与者の共有知識などもグラウンドに含む。

＊17　このモデルでは、発話の文脈、言語形式の命題が表す「表意」（explicature）、表意と発話の文脈の情報を元に得た「推意的前提」（implicated premise）、などが参照点となり「推意的結論」（implicated conclusion）（Sperber and Wilson（1986: 176–202））が導かれる。

＊18　Langacker（2001: 143–145）は、注意のフレームは「現行談話スペース」（current discourse space=CDS）（会話者が共有する発話事態のメンタルスペース）の中で焦点づけられ、時間の流れに沿って更新されていくと規定する。

＊19　イントネーション・ユニットとは、発話の際に分節化される意味的単位で、音韻的にはポーズ、音調の変化、音の強弱、声の質の変化などによって区切られる。

＊20　Du Bois（2001: 22）は会話者の間に見られるこのような形式的反復は意味の結び付けを強めるとし、それを「関与の原則」（principle of Engagement）と呼ぶ。

＊21　Hart（2015: 322）は認知言語学と CDA の相補的関係について、前者は後者に「認知的転回」（cognitive turn）をもたらす一方、後者は前者に「批判的転回」（critical turn）をもたらすと表現している。

参考文献

Arundale, Robert B. (1997) Culture Specific Assumptions and the Concept of Face: A Proposal toward a Cultural Universal for Studying Face Management in Using Language. *Edited and revised manuscript of the paper presented at the meeting of the International Pragmatics Association, Kobe, Japan*, 1993.

Austin, John L. (1962) *How to Do Things with Words*. Cambridge: Harvard University Press.

Bara, Bruno G. (2011) Cognitive Pragmatics: The mental Processes of Communication. *Intercultural Pragmatics* (8)3: pp.443–485.

Brown, Penepole and Stephan Levinson. (1987) *Politeness*. Cambridge: Cambridge University Press.

Chafe, Wallace L. (1994) *Discourse, Consciousness, and Time: The Flow and Displacement of Conscious Experience in Speaking and Writing*. Chicago: University of Chicago Press.

Chilton, Paul. (1996) *Security Metaphors: Cold war Discourse from Containment to Common house*. New York: Peter Lang.

Croft, William and Alan D. Cruse (2004) *Cognitive Linguistics*. Cambridge: Cambridge University Press.

De Saussure, Fernand. (1916) Cours de Linguistique Generale. Ed. Charles Bally and Albert Sechehaye. Paris: Payot, 1916. 1922. 1949. 1965. (Based on students' lecture notes, 1907–1911).

Du Bois, Jack. W. (2001) Towards a Dialogic Syntax. Draft manuscript.

Du Bois, Jack. W. (2014) Towards a Dialogic Syntax. *Cognitive Linguistics*, 25(3): pp.359–410.

Eelen, Gino (2001) *A Critique of Politeness Theories*. Manchester: St Jerome Publishing.

Evans, Vyvyan., and Green, Melanie. (2006) *Cognitive linguistics: An introduction*. Edinburgh: Edinburgh University Press.

Evans, Vyvyan. (2010) Cofnitive Linguistics. In Louise Cummings (Ed.), *The pragmatics encyclopedia*, pp.46–49. Abingdon: Routledge.

Fairclough, Norman. (1989) *Language and power*. London: Longman.

Fillmore Charles. C. (1977) Scenes-and-Frames Semantics. In Antonio Zampolli (ed.) *Linguistics Structures Processing*, pp.55–81. Amsterdam and New York: North Holland Publishing Company.

Fillmore, Charles. (1982) Frame Semantics. In the Linguistic Society of Korea (ed.), *Linguistics in the Morning Calm*, pp.111–137. Seoul: Hanshin.

Goffman, Erving. (1974) *Frame Analysis: An Essay on the Organization of Experience*. Cambridge: Harvard University.

Grice, Paul H. (1957) Meaning. *The Philosophical Review* 4(3): pp.377–388. Published by: Duke University Press on behalf of Philosophical Review Stable.

Grice, Paul H. (1967). Logic and conversation. *William James lectures*.

Grice, Paul H. (1968). Utterer's Meaning, Sentence Meaning and Word Meaning. *Foundations of Language* 4: pp.225–242.

Grice, Paul H. (1975[1967]). Logic and Conversation, *William James lectures*. In Peter Cole and Jerry L. Morgan (eds.) *Syntax and Semantics 3*, *Speech Acts*: pp.41–45. New York: Academic Press.

Gu, Yueguo. (1990) Politeness Phenomena in Modern Chinese. *Journal of Pragmatics*, 14(2): pp.237–257.

Hayashi, Takuo. (1996) Politeness in Conflict Management: A conversation Analysis of Dispreferred Message from a Cognitive Perspective. *Journal of Pragmatics* (25)2: pp.227–255.

Hayashi, Takuo. (1999) A metacognitive Model of Conversational Planning. *Pragmatics and Cognition* 7(1): pp.94–145.

林宅男（2005）「フェイスの考察―普遍的ポライトネス理論の構築に向けて」『英米評論』19: pp.191–220. 桃山学院大学総合研究所.

林宅男（2006）「認知語用論の展開参照点能力と推論」『言外と言内の交流分野』（小泉保博士傘寿記念論文集）pp.471–486. 大学書林.

林宅男（2009）「人は推論的意味をどのように理解するのか―「参照点起動の推論モデル」に基づく発話の含意の分析」『言語科学論集』15: pp.1–29. 京都大学大学院　人間・環境学研究科言語科学講座.

林宅男（掲載予定）「談話分析と認知言語学」『認知言語学大事典』朝倉書店.

Hayashi, Takuo. (2013) The Effect of Conceptualization on the Pragmatic Meaning of Politeness『語用論研究』15: pp.57–78. 日本語用論学会.

Hayashi, Takuo. (2016) Cognitive Pragmatics as an Account of Derivational Machinery: A research Trend in Japan. *East Asian Pragmatics* 1(2) : pp.231–250.

Harberland, Hartmut. (2010) Pragmatics as a Component vs. Pragmatics as a Perspective of Linguistics.『語用論研究』12: pp.54–68. 日本語用論学会.

Haberland, Hartmut and Jacob L. Mey. (1977). Editorial: Linguistics and pragmatics. *Journal of Pragmatics*, 1(1): pp.1–16.

Hart, Christopher and Dominik Lukeš (eds.). (2007) *Cognitive Linguistics in Critical Discourse Analysis: Application and Theory*, Newcastle: Cambridge Scholars Publishing.

Hart, Christopher. (2011) Force-interactive Patterns in Immigration Discourse: A Cognitive Linguistic Approach to CDA. *Discourse & Society* 22 (3): pp.269–286.

Hart, Christopher. (2014) Construal Operations in Online Press Reports of Political Protests." In Christopher Hart and Piotr Cap (eds.) *Contemporary Critical Discourse Studies*, pp.167–188. London: Bloomsbury.

Hart, Christopher. (2015) Cognitive Linguistics and Critical Discourse Analysis", In Ewa Dąbrowska and Dagmar Divjak (Eds.) *Handbook of Cognitive Linguistics*, pp.295–321. Berlin: Mouton de Gruyter.

Hill, B. Sachiko Ide, Shoko Ikuta, Akiko Kawasaki and Ttunao Ogino. (1986)

Universals of Linguistic Politeness. Quantitative Evidence from Japanese and American English. *Journal of Pragmatics*10: pp.347–371.

Hiraga, Masako. (2002) How Metaphor and Iconicity are Entwined in Poetry: A case in Haiku. In W. Muller and O. Fisher. (eds.) *From Sign to Signing*, pp.317–335. Amsterdam: John Benjamins.

Huang, Yan. (2007). *Pragmatics*. New York: Oxford University.

Ide, Sachiko. (1989). Formal Forms and Discernment: Two Neglected Aspects of Universals of Linguistic Politeness. *Multilingua* 8: pp.223–248.

Jackendoff, Ray. (1983) *Semantics and Cognition*. Cambridge, MA: MIT Press.

Kasher, Asa. (1991) On the Pragmatic Modules: A Lecture. *Journal of Pragmatics* 16: pp.381–397.

Kuno, Susumu and Etsuko Kaburaki. (1977) Empathy and Syntax. *Linguistic Inquiry* 8(4): pp.627–672.

Lakoff, Georg. (1987) Women, Fire, and Dangerous Things: What Categories Reveal about the Mind. Chicago/London: University of Chicago Press.

Lakoff, Robin. (1973) The Logic of Politeness: Or, Minding your p's and q's." In Caudia Corum, T. Cedric Smith-Stark, and Ann Weiser (eds.) *Papers from the Ninth Regional Meeting of the Chicago Linguistic Society*, pp.292–305. Chicago: Chicago Linguistic Society.

Lakoff, George. and Mark Turner. (1989) *More than cool reason: A field guide to poetic metaphor*. Chicago: The University of Chicago Press.

Langacker, Ronald W. (1987a) *Foundations of Cognitive Grammar Vol. 1: Theoretical Prerequisites*. Stanford: Stanford University Press.

Langacker, Ronald W. (1987b) *Foundation of cognitive grammar, Vol.2: Descriptive Application*. Stanford: Stanford University Press.

Langacker Ronald W. (1988) A view of Linguistic Semantics. In: Brygida Rudzka-Ostyn(ed.) Topics in Cognitive Linguistics, pp.49–90. Amsterdam: Benjamins.

Langacker Ronald W. (1993) Reference-point constructions. *Cognitve Linguistics*, 4(1): pp.1–38.

Langacker, Ronald W. (2001). Discourse in cognitive grammar. *Cognitive Linguistics* 12(2): pp.143–188.

Langacker, Ronald W. (2008) *Cognitive Grammar: A Basic Introduction*. New York: Oxford University Press.

Leech, Geoffrey. (1983) *Principles of Pragmatics*. London: Longman.

Levinson Stephen. (1983) *Pragmatics*. Cambridge: Cambridge University Press.

Marín Arrese, J. (2011) Effective vs. Epistemic Stance and Subjectivity in Political Discourse: Legitimising Strategies and Mystification of Responsibility." In Christopher Hart (ed.), *Critical discourse studies in context and cognition,* pp.193–224. Amsterdam: John Benjamins.

Matsumoto, Yoshiko. (1988) Reexamination of the Universality of Face: Politeness Phenomena in Japanese. *Journal of Pragmatics*, 12: pp.403–426.

Mills, Sara. (2003) *Gender and Politeness*. Cambridge: Cambridge University

Press.

Morris, Charles W. (1938) *Foundations of the theory of signs*. Chicago: University of Chicago Press.

Morris, Charles W. (1946). *Signs, Language and Behavior*. New York: Prentice Hall Inc.

西田谷洋（2006）『認知物語論とは何か？』ひつじ書房.

O'Halloran, Kieran. (2003) *Critical discourse analysis and language cognition*. Edinburgh: Edinburgh University Press.

Pizziconi, B. (2003) Re-examining Politeness, Face and the Japanese Language. *Journal of Pragmatics* 35: pp.1471–1506.

Radden, Günter and Rene Dirven. (2007) Cognitive English Grammar. Amsterdam/ Philadelphia: Benjamins.

Sakita, Tokomo. (2006) Parallelism in conversation: Resonance, schematization, and extension from the perspective of dialogic syntax and cognitive linguistics. *Pragmatics and Cognition* 14(3): pp.467–500.

崎田智子（2010）「認知と談話・情報」山梨正明（編）『言語運用のダイナミズム―認知語用論のアプローチ』（講座：認知言語学のフロンティア第4巻）pp.13– 86. 研究社.

Sapir, Edward. (1929) The status of linguistics as a science. *Language* 5: pp.207–214.

Searle, John R. (1969) *Speech Acts*. Cambridge: Cambridge University Press.

Searle John R. (1975) *Indirect Speech Acts*, In Peter Cole and Jerry L. Morgan (eds.), *Syntax and Semantics Volume 3: Speech Acts*, pp.59–82. New York: Academic Press.

Semino, Elena. (2008) A cognitive Stylistic Approach to Mind Style in Narrative Fiction. In R. Carter and P. Stockwell (eds.), *The Language and Literature Reader*, pp.269–277. London: Routledge.

Shook, John. (2010) *Morris, C.* In L. Cummings (ed.), *The pragmatics encyclopedia*, pp.280–282. Abingdon: Routledge.

Short, Thomas L. (2004) The Development of Peirce's Theory of Signs. In Cheryl Misak (ed.) *The Cambridge Companion to Peirce*, pp.214–240. Cambridge: Cambridge University Press.

Sperber, Dan and Deirdre Wilson. (1986) *Relevance: Communication and Cognition*. Oxford: Blackwell.

Talmy, Leonard. (1976) Semantic causative types. In Masayoshi Shibatani (ed.) *Syntax and Semantics*, pp.43–116. New York: Academic Press..

Talmy, Leonard. (1988) The relation of grammar to cognition. In Brygida Rudzka-Ostyn (ed.) *Topics in Cognitive Linguistics,* pp.165–205. Amsterdam: Benjamins.

Verschueren, Jef. (1999) *Understanding Pragmatics*. London: Arnold.

Taylor, John R. (2003) *Cognitive Grammar (Oxford Textbooks in Linguistics)*. New York: Oxford University Press.

Turner, Mark. (1996) *The Literary Mind*. New York: Oxford University Press.

山梨正明（2001）「認知語用論」小泉保編『入門語用論研究理論と応用』
pp.179–194. 研究社.

山梨正明（2004）『ことばの認知空間』開拓社.

Yule, George. (1996) *Pragmatics*. Oxford: Oxford University Press.

Watts, Richard J. (2003) *Politeness*. Cambridge: Cambridge University Press.

ムーアのパラドックス、思考動詞、主観性

飯田隆

要旨

　ムーアのパラドックスとは、「雨が降っているが、そうとは思わない」といった文がなぜ奇妙なのかを説明する問題である。この文で「思う」が一人称現在であることは、パラドックスの成立にとって本質的である。「思う」をはじめとする日本語の思考動詞における人称と時制の考察を通じて、こうした動詞が文末に一人称現在で現れる文が、話者の内的状態の記述ではなく、その表白としてはたらくことを明らかにし、ムーアのパラドックスをめぐるウィトゲンシュタインの考察が、日本語によくあてはまることを示す。

キーワード

　ムーアのパラドックス、思考動詞、主観性、一人称現在、表白と記述、ウィトゲンシュタイン

1.　ムーアのパラドックス

　ムーアのパラドックスとは、次のような英語の文について提起される問題である。

　（1）　It is raining, but I do not believe that it is.

ムーア自身は挙げていないが、次の文も同様の問題を提起する。

　（2）　It is raining, but I believe that it is not.

このパラドックスの生みの親であるイギリスの哲学者ムーア（G. E. Moore 1873–1958）が言うように、この文が述べている事態、

251

すなわち、雨が降っているときに、私がそうとは思っていなかったり、そうではないと思っていたりすることは、実際に十分起こりうることである。それにもかかわらず、私が、そうした可能性が現在生じていると言おうとすると、おかしなことになってしまう。私以外の他人ならば、この事態を簡単に述べることができる。二人称で「雨が降っているけれども、きみはそうとは思っていない」と述べることもできれば、三人称で「雨が降っているけれども、あのひとはそうとは思っていない」と述べることもできる。なぜ、私についての事実でありながら、私だけが述べることのできない事実などというものが、あるのだろうか。

　私がいま与えた解説からもわかるように、（1）や（2）に対応する日本語の文を見つけることはむずかしくない。しかし、そうした文が、ただひとつに決まるわけではない。三つの点で、選択の余地がある。第一は、「believe」という単語に対応する日本語の動詞として何を選ぶかであり、第二は、対応する動詞が決まったとしたとき、その動詞のアスペクトをどうするかであり、第三は、パラドックスを生み出すのに本質的なはたらきをしている（1）や（2）の一人称性をどう表現するかである。そうした日本語の文として自然だと私が思うのは、次である（「と」が「（）」の中に入っているのは、省略してもよいという意味である）。

　（3）雨が降っているが、そう（と）は思わない。

このように、「believe」に対応するのは「思う」とし、その非過去形（の否定）の使用によって、一人称現在であることを示すのが、日本語としてはいちばん自然なやり方だろう。「私」や「ぼく」といった表現を用いて、

　（4）雨が降っているが、私はそう（と）は思わない。

としてもよいが、これは少し形式ばった言い方であると私には感じられる。

　（3）についてもっと問題なのは、英語の「believe」に日本語の「思う」をあてがったことだろう。ムーアのパラドックスは、そもそも哲学に属する話題であり、しかも、それが当然関係するはずの言語哲学以外では、認識論あるいは知識論と呼ばれる哲学の分野と

の関連で論じられることが多い。そして、認識論もしくは知識論の文脈では、「believe」とその名詞表現「belief」は、「know」および「knowledge」との対比で論じられるのが常である。しかし、日本語でこの対比を表現しようとすると、いろいろとむずかしい問題が出て来る。

　一方で、「know」を「知る」に、「believe」を「思う」に対応させようとすると、「知る」には「知識」という名詞があるのに、「思う」には、自然な名詞表現が見つからない。これは決定的に不便である。そこで、「思う」の代わりに「信じる」を「believe」に対応する日本語の動詞として、「信念」をその名詞表現とするというやり方が、しばしば取られる。だが、「信じる」も「信念」も、ありふれた事柄に関しては使わないのがふつうである。こうした言葉を用いることがぴったり来るのは、宗教上や政治上の信条であって、たとえば、

　（5）雨が降っていると信じる。

といった発言は、おおげさすぎて滑稽か奇妙にひびく。ただし、いまの場合には、（3）の代わりに

　（6）雨が降っているが、そう（と）は信じない。

としても、（3）自体がおかしい文であるからだけかもしれないが、それほどおかしい文にはならないように思われる。よって、知識と信念という哲学では長い歴史をもつ問題との関連を示すために、（1）に対応する日本語の文として、こちらを採用することも可能だろう。

　もうひとつ問題なのは、英語の「believe」は状態動詞であるのに対して、日本語の「思う」も「信じる」も、状態動詞ではなくて出来事動詞であることである。よって、（3）や（6）ではなくむしろ、「ている」を付加した形を用いて

　（3a）雨が降っているが、そう（と）は思っていない。

　（6a）雨が降っているが、そう（と）は信じていない。

とすべきではないかということである。しかしながら、こちらを採用することには、少なくとも二つ問題があると思う。第一に、次節でも触れるが、（3a）と（6a）は一人称以外の文でもありうるので、

一人称であることを明示したければ、「私は」とか「ぼくは」といった表現が必要になる。第二に、後に取り上げる、ムーアのパラドックスをめぐるウィトゲンシュタインの考察との関係では、（3）と（6）の方が論点を鮮明にするに役立つ。そうした考察を離れても、（3）と（6）の方が自然さに関しては勝っていると筆者には感じられる。

ついでに、「know」を用いた文

（7）It is raining, but I do not know that it is.

も、ムーアのパラドックスと同じ問題を生み出すとされているので、こちらについても日本語ではどうなるかを見ておこう。「知る」が「know」に対応すると考え、（3）や（6）と同様な文を作ってみると

（8）雨が降っているが、そう（と）は知らない。

となるが、この文の奇妙さは、（3）や（6）の奇妙さとは違う奇妙さが加わっているように思われる。それは、「知る」が、いわゆる叙実動詞（factive verb）であるために、知られるべき、あるいは、知りうる事柄を明示的に述べたうえで、一人称で、それを自分が知らないと述べることから来る奇妙さである。したがって、そうした奇妙さを明らかにするためには、（8）よりも、もっと単純な文、

（9）雨が降っているとは知らない。

あるいは

（10）雨が降っていることは知らない。

で用が足りるだろう。したがって、ムーアのパラドックスとの関連では、むしろ次のような文を考えた方がよい。

（11）雨が降っているが、そうかどうかは知らない。

思いがけないことに、このちょっとした脱線は、ムーアのパラドックスの診断として出されてきたさまざまな診断のひとつを支持するように思われる。それは、ティモシー・ウィリアムソン（Williamson (2000: 252–253)）によるもので、だれかが何かを主張したり断言した場合、それが正当なものであるためには、その何かがそのだれかに知られていなければならず、ムーアのパラドックスを生み出す文は、この要件に抵触するからだという診断である。

（11）はたしかに、この診断を支持する。その最初の連言肢で「雨が降っている」と断言されているにもかかわらず、それに続くもうひとつの連言肢で、その断言が知識の裏打ちをもたないことがわかってしまうからである。（2）や（4）が問題を引き起こすことは、現在の認識論において広く受け入れられているテーゼ、つまり、だれかがpということを知っているのならば、そのだれかはpと思っている、あるいは、pと信じているのでなくてはならないというテーゼと、「主張や断言は、知識の裏打ちを必要とする」というウィリアムソンの主張から帰結する。

ウィリアムソンの診断は、ムーアのパラドックスの診断としてひんぱんに目にするものよりもすぐれていることは確かである。それによれば、だれかがpと正当に主張や断言できるためには、そのだれかはpと思っているか信じていなければならないというものであるが、これは（11）のような文がなぜ問題であるかを説明しない。なぜならば、雨が降っていると思っていたり信じていたりしていても、そうだと知っていないことは、十分に可能だからである。

ムーアのパラドックスに現れる文を、一人称以外の文にしたり、過去形の文にしたとき、もはやパラドックスが生じないことも、こうした考えによって容易に説明できる。そのことを確かめるために、（3）を

（12）雨が降っているが、かれはそう（と）は思わない。

のように三人称に変えたり、

（13）雨が降っていたが、私はそう（と）は思わなかった。

のように過去形にしてみよう。

（12）と（13）はいずれも、あいかわらず最初の連言肢として「雨が降っている」もしくは「雨が降っていた」という断言を含んでいる。よって、ウィリアムソンの主張によれば、そうした断言は、そうした断言を行う者の知識に裏打ちされていなければならない。（3）の場合、その第二の連言肢がこの条件と矛盾したのに対して、（12）についても、また、（13）についても、同様の事態は生じない。（12）の場合の「かれ」は、「雨が降っている」と断言している話し手ではないし、（13）の場合、「雨が降っていた」といま断

言している私ではなく、それより過去の私が、この知識を雨が降っていた時点でもっていなかったことは十分ありうるからである。

　しかしながら、多くの論者が指摘している*1 ように、ウィリアムソンのような診断は、問題となっている文の発話については、正しい説明を与えるかもしれないが、そうした文が表現している内容を口に出さず、ただ考える場合については、説明を与えてくれない。つまり、雨が降っているが、自分はそうとは思っていないと、自分の心の中で考えようとすると、おかしなことになるのはなぜかを説明することもまた必要なのである。

　ウィリアムソンのような解決策を、文の発話だけでなく、それが表そうとしている考えを心のなかで抱く場合にも拡張することで、この問題に対処しようとすることもできるかもしれない*2。だが、この論文では、これまで述べてきたような解決案とはまったく異なる方向で、ムーアのパラドックスに取り組んだウィトゲンシュタインの考えを取り上げたい。そうすることは、意外にも、日本語こそが、ウィトゲンシュタインの考えをもっともよく例証する言語であるかもしれないという推測に導く。

2. 思考動詞と人称

　ここまでの例文に出てきた「思う」、「信じる」、「知る」といった動詞を、「思考動詞」と呼ぼう*3。

　思考動詞がその一部である心的述語に関して、日本語には、英語よりもずっと厳しい人称制限がある。いま次の二つの英文をできるだけ自然な日本語に直せと言われたとしよう。

（14）I am in pain.

（15）She is in pain.

　その場合出てくる日本語の文としていちばんありそうなのは、次だろう。

（16）痛い。

（17）痛そうだ。

（16）は、単独の形容詞がその基本形で使われているだけの文で

あるにもかかわらず、痛いのがだれかについて、聞き手が間違える心配はない。それは、話し手以外にはありえない。このように、日本語では、心的述語が文末で基本形で用いられるとき、それは一人称でなくてはならない。それに対して、心的述語を二人称か三人称で用いる際には、述語づけが何らかの証拠に基づいていることを、「そう」や「よう」といった表現によって示すか、あるいは

（17a）痛がっている。

のように、痛みが振舞いにも表れていることを示す表現を用いる必要がある。逆に、心的述語に「そう」や「よう」が伴っているときには、その述語の主語が話し手でないことがわかる。

（14）や（16）といった文を発話することによって、話し手は自身の痛みを表明している。ウィトゲンシュタインにならって、こうした発話を「表白（Äußerung, avowal）」と呼ぼう。こうした発話は「一人称権威（first person authority）」をもつ。つまり、そうした発話は証拠によって裏付けられる必要がないにもかかわらず、嘘をついていると思われるとか、言い間違えをしていると考えられるといった特別の理由がない限り、正しいとされる*4。それとは対照的に、他人に痛みを帰属するときには、必要があれば、その証拠を提出する用意がなければならない。一人称の表白と三人称の記述との区別は、英語の（14）と（15）よりも、日本語の（16）と（17）の方が数段はっきりしている。両者を比較することによって、心的述語の使用において、日本語では、表白が、報告や記述から、いかに明確に区別されるかがわかるだろう。

英語の（14）と（15）を見ている限り、そこでの違いは、主語が「I」か「she」であるだけであって、両者とも同じ種類の事態を記述しているのだという考えが出てきても、おかしくない。しかしながら、これらの文を日本語に翻訳するならば（16）と（17）になるという事実は、（14）と（15）とが違った種類の文であることを明らかにする。また、その違いは、（16）が話者の内的状態を報告しているのに対して、（17）は話者以外の誰かの外的振舞いを報告していることにあると言うことも正しくない。（16）は、内的状態を報告しているのではなく、痛みを表現している。また、（17）

ムーアのパラドックス、思考動詞、主観性　　257

は記述ではあるが、それは単に他人の振舞いについてのものにすぎないのではなく、まさに他人の痛みについての記述である。他人の痛みの記述は、その証拠の存在を示唆する「そう」や「よう」が必要なだけのことである。（17a）の場合は、さらにはっきりとしている。「痛がる」に対して「痛がるふりをしている」という表現があることを思い出せばよい。

「痛い」のような形容詞は状態述語としてはたらく。状態述語の特徴は、その基本形が、現在もしくは将来の状態を述べるのに用いることができる点にある。それは、出来事述語の基本形が将来の出来事を述べることしかできないのと対照的である。（18）に現れる動詞「行く」は、出来事述語であるのに対して、（19）の「いる」は、日本語では数少ない状態述語を構成する動詞である。

（18）田中さんは東京に行く。

（19）田中さんは東京にいる。

（18）が現在生じている出来事について述べていると解釈できないのに対して、（19）は、それが将来成り立つ状態について述べていると解釈することもできるが、現在成り立っている状態について述べていると解釈する方が一般的である。そして、このことは人称にかかわりない。（19）に対応する一人称の文、

（19a）（私は）東京にいる。

を見ればよい。

前節で問題とした三つの思考動詞、つまり、「知る」、「思う」、「信じる」は、すべて出来事動詞である。しかしながら、「思う」と「信じる」は、基本形で用いられた場合、他の出来事動詞のように、将来の出来事について述べるのではないという点で、きわめて特殊である。次を見られたい。

（20）全員が無事に帰ったと信じる。

（21）全員が無事に帰ったと思う。

「信じる」も「思う」も心的述語であるから、基本形で現れている以上、（20）も（21）も一人称の文である。「信じる」も「思う」も出来事動詞であり、時制は非過去であるから、（18）がそうであるように、将来の出来事——これから信じることになるだろうとか、

思うようになるだろうとか―を述べることになると予想されるのに、実際はそうはならない。話し手が、全員が無事に帰ったと信じたり思ったりするのは、発話時より後においてではなく、発話時においてである。

この点を除けば、「信じる」と「思う」は、他の出来事動詞と同様にはたらく。(20) と (21) を三人称に変えて

(22) 全員が無事に帰ったと山田さんは信じる。

(23) 全員が無事に帰ったと山田さんは思う。

とした場合、これらの文が述べているのは、現在の状態ではなく、将来の出来事である（これらの文が奇妙だと思うひとは、文末に「さ」や「ね」などの終助詞を付加してみるとよい）。これは、「信じる」と「思う」が出来事動詞であることと一致する。

(20) と (21) が何らかの事象について述べているのだと考える限り、二つの可能性がある。これらの文は、現在生じている出来事について述べているのか、あるいは、現在成り立っている状態について述べているかである。

「信じる」や「思う」と特徴づけられる出来事が発話と同時に生じているとする、第一の可能性は考えにくい。たしかに、ある特定の時点で生じる心的エピソードを指すのに、「信じる」や「思う」という動詞を使うことはありえないことではない。しかしながら、そうしたエピソードについて述べることは常に、それが過去になってからでなければできないようにみえる。

(23a) その瞬間、全員が無事に帰ったと信じた。

(23b) その瞬間、全員が無事に帰ったと思った。

は、たしかに、ある時点で生じる心的出来事について述べる文であるとみなせる。しかしながら、現在形で

(23c) いまこの瞬間、全員が無事に帰ったと信じる。

(23d) いまこの瞬間、全員が無事に帰ったと思う。

とするならば、意味の取れない文になる。

では、(20) と (21) は、発話者の現在の状態、すなわち、信じているとか思っているといった心的状態について述べているのだろうか。

ムーアのパラドックス、思考動詞、主観性　259

そうすると、これらの文は、次の文と同じことを述べていることになろう。

（24）全員が無事に帰ったと信じている。

（25）全員が無事に帰ったと思っている。

　出来事動詞への「ている」の付加は、状態述語を形成する。よって、（24）と（25）は、話者の現在の状態について述べている文と解釈できよう。ただし、（24）と（25）は、三人称の文としても用いることができる。たとえば、（24）と（25）は、三人称の主語が明示された

（26）全員が無事に帰ったと山田さんは信じている。

（27）全員が無事に帰ったと山田さんは思っている。

とそれぞれ同じことを述べている場合もある。よって、一人称であることがコンテキストから明らかではない場合には、「私は」といった語句を付け加える必要があろう。

　（26）と（27）は、（22）と（23）とは違い、山田さんの現在の内的状態について述べている文だと考えられる。では、（24）と（25）も、私の現在の内的状態について述べる文なのだろうか。そして、（20）と（21）も、「ている」を欠いてはいるが、同様に、私の現在の内的状態について述べる文なのだろうか。

　こう考えたい誘惑は強い。しかしながら、そう考えないことも可能である。それは、現在の議論の最初の前提、すなわち、（20）と（21）は何らかの事象について述べる文であるという前提を否定することである。

　つまり、「痛い」という文が、私の内的状態の報告ではなく、私の痛みの表現（表白）であったのと同様、（20）と（21）は、私の内的状態の報告でなく、私の信念や考えの表現（表白）であるとみなすことである。

　「ている」形を用いた（24）と（25）についても、（20）と（21）と同様に、記述ではなく、表白として使うことは、十分ありうることだろう。しかしながら、（24）と（25）については、一人称であっても「よう」「らしい」といった表現を付加することが可能である。すなわち、

（27a）佐藤さんは信用できないと私は信じているようだ。

（27b）佐藤さんは信用できないと私は思っているらしい。

といった文は、理解可能である。こうした文が、心理的カウンセリングの後で発せられる場合を考えればよい。自分ではこれまでそう信じていたり思っているとは気付いていなかったが、第三者から指摘されて、自分のこれまでの振舞いはそう信じたり思ったりしていることを示していると納得するような場合である。したがって、（27a）の後で（24）と言うような場合、（24）は、表白ではなく、自分をいわば外から見て行う記述になる。

それに対して、（20）と（21）に関しては、（27a）や（27b）に対応する文は存在しない。

（27c）＊佐藤さんは信用できないと私は信じるようだ。

（27d）＊佐藤さんは信用できないと私は思うらしい。

はどちらも、文法的に許されない文である。よって、「信じる」「思う」で終わる文は、記述としてはたらくことはできず、表白でしかありえないと結論できる。

ここで、一人称現在の「思う」には、直接的な断言を避けるための、一種の様相表現としての用法があることに触れておかなければならない。つまり、（21）のような文は

（28）全員が無事に帰った。

といった断言をやわらげるために、しばしば用いられる。しかしながら、それは、（21）が同時に、話者の態度の表白でもあることを妨げるものではない。（21）を用いて、話者は、（28）によって表わされる「考え」を表白するとともに、（28）を主張するときと同様に、その正しさにコミットするのである。「信じる」には、類似の用法はない。この点は、日本語の「思う」が、次節で取り上げるウィトゲンシュタインの考えをよく例証すると考えるひとつの理由である。

さて、（16）と（17）に見られるような心的述語に関する人称制限は、過去形でも存在する。

（29）痛かった。

（30）痛かったようだ。

という二つの文で、（29）は、一人称以外ではありえず、「よう」の存在は、（30）が二人称か三人称でしかありえないことを示している。

　非過去形の（16）と（17）の場合と同様、過去における自身の痛みを報告するには「痛い」に時制辞「た」を付加するだけでよいのに、他人の過去の経験について述べるためには、間接性を表す「よう」や「そう」のような表現が必須になる。

　（20）と（21）を過去時制の文に直すと次のようになる。

（31）全員が無事に帰ったと信じた。

（32）全員が無事に帰ったと思った。

　いずれの文も、ふつうの会話においては、一人称以外に解釈できないことに違いはない。例外は、これらの文が、物語や小説の中で使われる場合である。そうした「語り」の文脈では、登場人物の心理を直接述べることが許されているからである。物語の語り手が、どんな証拠に基づいて、登場人物の内面を知っているのかという問いは、通常立てられない。

　一人称以外の解釈を許さないとしても、（20）と（31）、あるいは、（21）と（32）の違い、つまり、現在形と過去形のあいだの違いは大きい。それは、過去形になった場合、それはもはや、表白ではなく、記述もしくは報告になることである。（31）と（32）は、話し手に生じた過去の心的出来事を報告している。そうした出来事が生じたことを直接知っているのは話し手だけだから、第三者がそれを報告する際には間接性を表す表現が必要になる。（31）と（32）が一人称としてしか解釈されないのは、それゆえである（ここでも物語の文脈は例外である）。

　（31）と（32）が表白でないゆえに、そうした発言から、話者が「全員が無事に帰った」ということの正しさに現在コミットしていると推論することはできない。それに対して、（20）と（21）からは、そう推論できたことを思い出そう。この違いは、ムーアのパラドックスとの関連で重要になる。

　日本語における人称制限は、何を信じ思うのかを自分で表明することと、それを他人に帰属させることとのあいだに存在する認識論

的溝を反映している。自分が何を信じ何を思うかは端的に言うことができるのに対して、他人が何を信じ思っているかについては常に、そうした信念や考えを帰属するための根拠となる何らかの証拠や手がかりを示す必要があるからである。

この違いがもっとも明確に現れるのは、動詞「信じる」と「思う」が文末で基本形で用いられた文においてである。そうした一人称現在の文は、話者の現在の心的状態を報告しているのではない。それは、心的述語が一人称現在で使われるときの通例として、記述ではなく表白なのである。いわゆる命題的態度を表す次のような動詞もまた、「信じる」や「思う」と同様の特徴をもっている。

　　望む、おそれる、期待する、あやぶむ、予想する、推測する

このことは、たとえば、次のような例文によって確かめられるだろう。

（33）全員が無事に帰ったと望む。

（34）全員が無事に帰ったのではないとおそれる。

（35）全員が無事に帰ったと推測する。

このいずれの文も、一人称としてしか解釈されず、また、話者の心的状態の記述ではなく、そこで話題となっている命題への話者の態度の表明であるとみなすべきである。

これらの動詞がその基本形で文末に用いられている一人称現在の文のこうした特徴は、同じ一人称現在であっても、「ている」の付加によって失われる。先に挙げた（24）と（25）に加えて、「おそれる」を用いた例を挙げておこう。

（24）全員が無事に帰ったと信じている。

（25）全員が無事に帰ったと思っている。

（36）全員が無事に帰ったのではないとおそれている。

先にも述べたように、これらの文は、一人称であるとは限らず、他のどんな人称でもありうる。それでも、これらの文が一人称で用いられる場合には、それを表白として用いることも可能である。

基本形ではなく、「ている」形ならば、他人の心的状態を記述することができるということは、説明を必要とする。ひとつの説明は、こうである。「信じる」、「思う」、さらには、上に挙げた「望

む」「おそれる」のような動詞は、広く受け入れられている金田一春彦の動詞分類（金田一（1950））によれば瞬間動詞に分類される。「ている」が付加されることによって、これらの動詞は、時間的に広がりをもつ状態を表すことになる。よって、他人の場合であっても、外に現れる振舞いからそのひとの心的状態がどうあるかについての証拠や手がかりを得るだけの時間があることになる。

　こうした説明の正しさはいま措くとしても、伝聞や推測を示す「そう」や「よう」を付加しなくとも、「ている」形だけで、他人の心的状態を記述できるということは、日本語が、他人への心的状態の直接的帰属を許す程度には、非独我論的であることを示すと言うこともできよう。

　これまで考察してきた思考動詞は、すべて非叙実的（non-factive）な動詞である。それに対して、「知る」を代表とする叙実的な思考動詞については事情は異なる。そうした動詞としては、「知る」以外に次のようなものを挙げることができよう。

　　気付く、後悔する、証明する

　（20）の「信じる」、あるいは、（21）の「思う」を「知る」に変えて得られる文

　（37）全員が無事に帰ったと知る。

は、一人称ではありえない。先の（22）と（23）の場合と同様、（37）はそのままでは奇妙だが、文末に「よ」や「ね」といった終助詞を付ければ、問題はなくなり、その意味は、会話の相手、もしくは、そこで話題になっている人物が、全員が無事に帰ったと知るようになるだろうというものになる。

　話者自身について言うためには、「知る」に「ている」を付加して、状態述語にして、

　（38）全員が無事に帰ったことを知っている。

　あるいは、

　（39）全員が無事に帰ったと知っている。

とする必要がある。ただし、どちらの文も一人称としてしか使えないというわけではない。話題になっている誰かが「知っている」ということでも十分ありうる。

次に、（37）を過去形にした

（40）全員が無事に帰ったと知った。

を考えよう。（31）と（32）の場合と同様、物語や小説の文脈以外では、この文は一人称としての解釈しかない。それに対して、（38）と（39）については、それを過去形にした文は、どの人称でもありうる。

　（31）や（32）とは違い、（40）からは、話者が「全員が無事に帰った」の正しさにコミットしていると推論できるが、これは、「知る」が叙実動詞であることによる。（40）を主張する話者は、知識の対象として、「全員が無事に帰った」が正しいことにコミットするが、（40）自体は、第一義的には、話者が過去のあるときにその知識を得るようになったという心的出来事の報告である。全員が無事に帰ったのではないと考えるのならば、その理由で（40）がまちがっていると批判することはできる。しかし、何かを知るようになるということは、その主体にしか直接的に知ることのできない心的出来事である。したがって、（40）が知識の誤った主張を含む、つまり、全員が無事に帰ったということは正しくないと考えるとしても、それだけでは、（40）の話し手が、そのことを知るようになったと思ったことを否定することはできない。この限りで、一人称とそれ以外との対比は、「知る」の場合であっても存在する。「気付く」と「後悔する」についても同様のことが成り立つことは容易に確かめられよう。

　しかしながら、人称間のこうした対比は、「思う」のような非叙実的な思考動詞の場合とは根本的に違う。それは、叙実的な思考動詞を用いた一人称現在の文は一人称権威をもたないことから来る。（38）や（39）が一人称で使われる場合を考えよう。本人が「知っている」と言うことは決して、その発言の正しさを保証しない。それは、一般に、知っているかどうかは本人の申告だけで決まるのではなく、知られているとされる事態が成り立つかどうかにも左右されるからである。したがって、（38）や（39）のような文は、（20）や（21）の文とは違い、表白としてははたらかないのである。

3. 言語と主観性

ムーア自身から始まり、現在に至るまで、ムーアのパラドックスの提起する問題とは、(1) や (2) といった文が、可能な事態を述べているにもかかわらず、矛盾に陥ることなしに、それを言ったり考えたりすることができないのはなぜかという問題だと考えられてきた。問題のこうした把握の出発点には、(1) や (2) が、事態の記述であり、真理条件をもつという仮定がある。

ウィトゲンシュタインのアプローチはまったく異なる。そのことをよく表わしているのは、最近まで「哲学探究 第二部」という名称で知られてきた原稿*5 での、ムーアのパラドックスを扱っている部分の最初に置かれた二節であろう（邦訳、368頁）。

　86.「私は…と思う」のような表現は、どのようにして用いられるようになったのか。あるとき、（思うという）現象に気づいたのだろうか？

　自分自身と他人を観察して、思うということを発見していたのだろうか？

　87.　ムーアのパラドックスは、次のように言うことができる。「こういう事情だと私は思う」という発言（Äußerung）は、「こういう事情だ」という発言（Behauptung）と似たように使われる。けれども、こういう事情だと私は思うという仮定（Annahme）は、こういう事情だという仮定と似たようには使われない。

他人が何を思っているかを知るためには、その他人を観察する必要がある。その他人がどう振る舞うか、また、何を言うかを観察する必要がある。しかし、自分が何を思っているかを知るためにも、同じように自分を観察する必要があるだろうか。そんなことはないはずである。では、観察によるのでないのならば、どうやって「思う」という言葉を自分自身に対して使えるようになったのだろうか。

これが、86節で立てられている問いである。そして、その答えは、次の87節に含まれている。すなわち、ひとは、あるとき、ただpと言う代わりに「pと思う」と言ってよいことを学ぶのであ

る。ここで「pと思う」が、「発言（Behauptung）」でなく、「表白（Äußerung）」と言われていることに注意しよう。「pと思う」と言うことは、pと言うことの代わりとしてはたらくが、同時に、その発言は観察からの証拠には基づかない表白なのである。

「pと思う」がpの代わりとなるのならば、そこから、ムーアのパラドックスを生み出す文が「矛盾と同様」であることが、直ちに出て来る。

(41) 雨が降っている。

と言う代わりに、

(42) 雨が降っていると思う。

と言うことが許されるのだとしよう。そうすると、(3) は、

(43) 雨が降っていると思うが、そう（と）は思わない。

という明らかな矛盾となる。他方、ムーアのパラドックスを生み出すもうひとつの形の文、

(44) 雨が降っているが、そうではないと思う

は、

(45) 雨が降っていると思うが、そうではないと思う。

となり、これは、ある命題とその否定がともに正しいと思っていることを自ら主張していることになる。

ウィトゲンシュタインのこうした考えは、たしかに日本語の「思う」にぴったりあてはまる。前節でも指摘したように、「信じる」と違って、「思う」は、ひんぱんに一種の様相表現として文末で用いられるが、そのとき、「pと思う」が、pの代わりとして使われていると言うことには説得力がある。

ウィトゲンシュタインの基本的洞察は、純粋な一人称現在の観点からは、pと言ったり考えることと、「pと思う」と言ったり考えることは、同じだということである。しかし、ひとは純粋な一人称現在の観点にとどまり続けることはできない。自分以外の他人、また、現在以外の時点における自分もまた、そこからの観点をもつということを、ひとは学ぶからである。

たとえば、私の友人が「雨が降っている」と言うけれども、そうではないことを私が知っているといったことは、十分に起こりうる。

この場合、友人の観点からは「雨が降っている」という考えは「雨が降っていると思う」という考えと交換可能であるが、私にとっては、「雨が降っている」という考えと「かれは雨が降っていると思っている」という考えとは交換可能ではない。私の友人の「雨が降っている」という発言はまちがいだと私は考える。では、同じ友人の「雨が降っていると思う」という発言もまた、まちがいだと私は考えるだろうか。そうではないことは、友人に起っていることが、私にも起こりうるという可能性を考えれば自然に出てくる。

そうした可能性があることは、過去における私のpという考えで、その後、それがまちがいだったと判明したものを思い出せばわかる。昨日の正午私が抱いた「雨が降っている」という考えは、同じ時点での私の「雨が降っていると思う」という考えと、その時点で交換可能である。しかしながら、その後、外に出た私は道路がまったく濡れていないのに気付いて、先の自分の考えがまちがいだったことに気付く。「雨が降っている」という先ほどの私の考えはまちがいとして撤回されなければならないが、それと同時に私が抱いた「雨が降っていると思う」という考えも撤回されなければならないだろうか。私がそうしないとすれば、それは私が、世界と、私に現れる世界との違いを認めたことの結果でなければならない。こうした食い違いの可能性を認めることは、世界の側でpが成り立つことと、私に現れる世界でpが成り立つこと、言い換えれば「pと思う」が成り立つことは異なりうるということを認めることである。さらにそれは、pがまちがいであっても、「pと思う」が正しいということはありうると認めることでもある。

こうして、ひとは、他人と過去の自分については、pと「pと思う」とが交換可能ではないことを学ぶ。さらにひとは、自分が、他人や過去の自分が置かれたのと同じような状況に置かれることを想像することができる。交換可能性が、一人称以外の人称や現在以外の時制で、また、仮定といった文脈の中で成り立たないことは、こうした想像から説明できる。

さらにひとは、一人称現在の観点を取りながらも、同時に別の人称や時制からの観点を考慮することができるようになる。私に現れ

る世界、すなわち、一人称現在の観点からは成り立っている、pと「pと思う」の交換可能性が、私に現れる世界と区別される世界においては成り立っていないという可能性を考慮しつつ、pという考えを抱くことができるようになる。このとき、pと言うことと「pと思う」と言うことは、明らかに異なる。後者は正しくとも、それゆえ前者も正しいということはもはや成り立たなくなるのである。

＊1 たとえば、Moran（1997: 144）および Huemer（2007: 144）を参照。

＊2 前註に挙げた Huemer（2007）がこれを試みている。

＊3 工藤真由美による動詞分類（工藤（1995: 76））では、「思う」と「信じる」が、「思考動詞」の部類に入れられている。「知る」もまた、工藤の思考動詞に入るのかどうかはわからないが、叙実動詞である「さっする」が思考動詞に分類されているところから、「知る」をこの部類に入れることも許されるのではないかと考える。なお、この節は、筆者の論文 Iida（2018）の一部で扱った材料を用いていることを断っておく。

＊4 Davidson（2001）の第1章と第2章を参照されたい。また、Glock（1996）の「avowal」の項目も参照のこと。

＊5 2009年に出版された『哲学探究』の第四版以降、その「第一部」と「第二部」とは独立の作品とされ、それまでの「第一部」が「哲学探究」、「第二部」が「心理学の哲学―断片 Philosophie der Psychologie—Ein Fragment」と呼ばれるようになっている。この作品からの引用は、第四版で付された各リマークへの通し番号により、丘沢静也氏による邦訳（2013年）の頁数を添える。

参考文献

Davidson, Donald (2001) *Subjective, Intersubjective, Objective*. Oxford: Clarendon Press.（ドナルド・デイヴィドソン、『主観的、間主観的、客観的』、清塚邦彦・柏端達也・篠原成彦（訳）、（2007）、春秋社）

Glock, Hans-Johann (1996) *A Wittgenstein Dictionary*. Oxford: Blackwell.

Huemer, Michael (2007) "Moore's Paradox and the norm of belief" in Nuccetelli, S. and Seay, G. (eds.), *Themes from G.E.Moore: New Essays in Epistemology and Ethics*. pp.142–157, Oxford: Clarendon Press.

Iida, Takashi (2018) "Knowledge and belief in the mirror of Japanese" in Mizumoto, M., Stich, S. & McCready, E. (eds.), *Epistemology for the Rest of the World*. pp.22–55, Oxford : Oxford University Press.

金田一春彦（1950）「国語動詞の一分類」『言語研究』15: pp.48–63.

工藤真由美（1995）『アスペクト・テンス体系とテクスト―現代日本語の時間の表現』ひつじ書房.

Moran, Richard (1997) "Self-knowledge: discovery, resolution, and undoing" *European Journal of Philosophy* 5: pp.141–161.

Williamson, Timothy (2000) *Knowledge and Its Limits*. Oxford: Oxford University Press.

Wittgenstein, Ludwig (1953/2009) *Philosophische Untersuchungen*. Revised 4th edition by Hacker, P.M.S and Schulte, J. (2009) Oxford: Blackwell. The first edition published in 1953.（ルートヴィヒ・ヴィトゲンシュタイン『哲学探究』丘沢静也訳（2013）岩波書店）

矛盾文と「望ましさ」主観性について

阿部宏

要旨

「(故障したあるロボットについて) こんなロボットはもうロボットじゃない!」のような X ≠ X であることを述べる特殊な構文があり、矛盾文と呼ばれる。文字どおりにはナンセンスな文であるが、適切な文脈・状況では自然な発話となる。この構文は事実の記述ではなく、文からの情報の排除という方策に訴えることで、「望ましさ」主観性の表明を企図したものである。矛盾文と対称的関係にある同語反復文においては、「望ましさ」主観性のみならず「真実性」主観性、「実現要請」主観性の介入も観察される。

キーワード

主観性、望ましさ、真実性、実現要請、プラス評価、マイナス評価

1. はじめに

X ≠ X であることを述べる (1)*1 のような奇妙な構文があり、矛盾文と呼ばれる。主語が代名詞化した (2) のような構文も、この変種である。(1) や (2) には対象に対するマイナス評価が感じられるが、文脈・状況を変えれば全くあるいはほとんど同じ文が (3) のようにプラス評価が感じられる発話に変化する。またこれらは、X = X であることを述べる (4) のような同語反復文が否定文に置かれたものとも考えられよう*2。

(1) (故障したあるロボットについて) こんな/このロボットは

{もう／もはや} ロボットじゃない！

(2) （故障したあるロボットについて）こんなの／これは {もう／もはや} ロボットじゃない！

(3) （高度な視聴覚機能を備えたあるロボットについて）このロボットは {もう／もはや} ロボットじゃない！

(4) （車輪で動く、外見がロボットらしくないロボットについて）立って歩かなくても、ロボットはロボットだ！

　XがXでないことを主張する（1）〜（3）のような発話は不条理で、情報価値がない。しかし、これらの構文は実際上よく用いられ、（5）や（6）のように適切な文脈に置かれさえすれば不自然さは感じられない。つまり情報伝達ではないにせよ、何らかの機能を果たしていることは明らかである。

(5) （自衛隊をより正当に位置づける必要性について）人は食える限り革命はしません。自衛隊はいまなお憲法違反です。国民の支持と敬意がない軍隊は軍隊ではありません。一旦緩急あって某々国に攻められれば、アメリカは日本を守らないでしょう。　　（巻末随筆「二世山本夏彦「何用あって現世へ」」

　　　　（（聞き手・小林久美子）『文藝春秋』2011年4月号 p. 369)

(6) （ミステリィの読者を批判して）何故なら、ミステリィの読者は、荒唐無稽なことを好まないからだ。自由な発想、自由な表現に対して、極めて否定的かつ排他的である。どちらかというと、非常に視野が狭い。彼らには彼らの暗黙の否定のルールがあって、それから逸脱する作品には、「アンフェア」というレッテルを貼ろうとする。「これは、ミステリィではない」とか、「本格じゃない」と言うのである。

　　　　（森博嗣（2007）『工学部・水柿助教授の逡巡』幻冬舎文庫 p. 111）

　こうした矛盾文について、同語反復文との関係で坂原のプロトタイプ意味論、および大久保の言語内論証理論の立場からの分析が提案されている。

　プロトタイプ意味論によれば、カテゴリの構造は数学的集合の概念とは異なり、当該カテゴリを特徴づける典型的属性を多く備えたプロトタイプ的メンバーとそうではない周辺的メンバーとで構成さ

れた不均質な構造になっている*3。そこで坂原（2002）*4 は、例えば「ネズミを捕る」という属性に注目した場合、プロトタイプ的な「ネズミを捕るネコ」とそうではない周辺部に位置する「ネズミを捕らないネコ」にカテゴリが分割される危機にさらされる、とする。（7）の同語反復文は、この分割化に瀕したカテゴリを再均質化する働きである。結果的に発話の意味は、「ネズミを捕らないネコであっても、同じネコであることに変わりはない」ということになる。他方（8）のような矛盾文についても、やはり同じカテゴリ概念に基づいて説明可能とされた。つまり、この発話はカテゴリの周辺部に位置している「ネズミを捕らないネコ」を、「ネコ」のカテゴリ自体から排除すべきという主張である。

（7）ネズミを捕らなくても、ネコはネコだ。

（8）ネズミを捕らないネコなんて、ネコじゃない。

この種のカテゴリ観について、大久保（2000）*5 によって興味深い基本的疑義が呈されている。プロトタイプ意味論の立場からは、そのカテゴリを特徴づける主要な属性を多く有する個体がカテゴリの中心部に位置する一方で、主要な属性を欠く個体は周辺部に追いやられ、カテゴリ外へ放逐される危機に瀕している、ということになろう。しかし他方で、カテゴリの中心部で安定しているはずのプロトタイプ的個体を対象とした（9）や（10）のような矛盾文も自然なのである。これは、矛盾文においてはプロトタイプ的なカテゴリ観よりも発話者の個人的判断の方が優先される仕組みであることを示すものである。実際には、ほとんどのケースで個人的判断はプロトタイプ的なカテゴリ観と一致するであろう。しかし、（9）や（10）におけるような特殊な判断基準をもつ個人を想定してみた場合に、個人的判断の優先というこの現象が顕在化してくるのである。

（9）（ペット化されたネコ以外受け入れられない話し手が）ネズミを捕るネコなんてネコじゃない。

（10）（車に厳しい判断基準をもつ話し手が）どこにもあるような車なんて、車じゃない。

大久保は矛盾文については、むしろDucrotの言語内論証理論*6 による説明が有効であるとする。言語内論証理論とは、言語

には論拠立てに関わる一連の特殊な表現があり、これらは潜在的あるいは顕在的に想定された結論に対する論拠として機能する、という仮説である。

例えば「しかし」は逆接の接続詞とされるが、(11)において「彼女がやってきた」ことと「お父さんも一緒だった」ことは、直接に反対の内容を述べているわけではない。これらがそれぞれ相反する関係に置かれるのは、「楽しいデートになりそうだ」という潜在的結論が想定され、「彼女がやってきた」がそれを支持する論拠、「お父さんも一緒だった」がそれを否定する論拠として見なされるからである。「しかし」は、より強力な論拠として後者を提示し、結論の成立を阻止する機能である。(12)においても同様に、「合格しそうだ」という潜在的結論に対して、「満点だった」がそれを支持する論拠、「カンニングが発覚した」がそれを否定する論拠となる。

(11) (デートで) 約束の場所に彼女はやってきた。しかし、お父さんも一緒だった。

(12) 彼は満点だった。しかし、後日にカンニングが発覚した。

純粋な個人的判断にもっぱら依拠する (9) と (10) のような例はプロトタイプ意味論からは説明不可能であったが、この言語内論証理論に立脚する大久保説によれば以下のような説明が可能である。矛盾文は不条理で現実の記述と解釈することはできないが、ここでは潜在的に「飼わない」(9)、「買わない」(10) のような結論がそれぞれ想定されており、(9) の「ネズミを捕るネコ」や (10) の「どこにでもあるような車」はこれらの結論を支持する論拠として機能していると考えられる。プロトタイプ意味論にとって属性は対象に内在するものであるが、言語内論証理論における結論は発話者個人によって様々なものが想定可能である。したがって、「ネズミを捕るネコ」(9) や「どこにでもあるような車」(10) などのプロトタイプ的属性を有する個体についても、発話者によって「飼わない」や「買わない」などの結論もありえる。

これは、矛盾文を発話者の主観的判断との関係でとらえようとした、きわめて興味深い分析である。しかし、例えば (13) や (14)

の矛盾文を安定させる文脈・状況を考えてみよう。確かに、（13）については、（論拠）「二階建ての新幹線」→（結論）「乗らない」、「写真に撮らない」、「廃止した方がいい」など、（14）については、（論拠）「電気で動く」→（結論）「買わない」、「使わない」、「人にあげてしまった方がいい」などといった潜在的構造が仮定できないこともない。しかし、この種の矛盾文を安定させるためには、あえてそのような具体的結論を想定しなくても、例えば（13）については、二階建て新幹線を嫌う一階建ての従来型新幹線のマニアの発言、（14）については、電動アシスト機能を嫌うシンプルな自転車愛好者の発言、といった文脈・状況があれば十分ではなかろうか。

（13）二階建ての新幹線なんて新幹線じゃない！

（14）電気で動く自転車なんて自転車じゃない！

またプラス評価が感じられる（15）や（16）のような矛盾文については、一般的に具体的結論の想定が困難である。

（15）（美術品であふれたある家について）この家は｛もはや｝家じゃない！

（16）（ある非常に優秀な学生について）あの学生は｛もう｝学生じゃない！

ここで、例えば（15）や（16）に後続可能な発話を考えた場合、以下のようにものになるのではなかろうか。

（15）（美術品であふれたある家について）この家は｛もはや｝家じゃない！ 美術館だ！

（16）（ある非常に優秀な学生について）あの学生は｛もう｝学生じゃない！ 教授だ！

これらにおいて、「美術館だ」（15）や「教授だ」（16）をそれぞれの矛盾文の結論と考えることはできないであろう。これらはいわばメタファーであり、「家」の否定がその価値評価において「家」以上、つまり「美術館」的、「学生」の否定がその価値評価において「学生」以上、つまり「教授」的という形で、メタファー的表現は前の発話のプラス評価をそれぞれさらに強める働きをしている。つまりこれらの発話の機能は、当該の対象の称揚に尽きるのではなかろうか。

矛盾文と「望ましさ」主観性について　　275

矛盾文が問題とするのは、プロトタイプ意味論的な属性ではなく、言語内論証理論における結論でもなく、対象へのマイナスやプラスの評価そのものなのではなかろうか。そこで、本論で提案を試みる仮説は、矛盾文は話者の「望ましさ」主観性を表明する、というものである*7。以下では、第2節で「望ましさ」主観性の概説、第3節で矛盾文の分析、第4節で同語反復文について関連する現象の指摘をそれぞれ行いたい。

2.「望ましさ」主観性

　本節では「望ましさ」主観性の可能性について、赤塚、河西、Brunot、Bally らの指摘を参考に、検討してみたい。

　条件文を扱った赤塚・坪本（1998）は、（17）のように条件節の命題が「望ましい」ものであれば、帰結節の命題も「望ましい」もの、（18）のように条件節の命題が「望ましくない」ものであれば、帰結節の命題も「望ましくない」ものになることを指摘している*8。

(17) If you eat spinach [DESIRABLE], you'll be strong [DESIRABLE].

(18) If you don't eat spinach [UNDESIRABLE], I'll spank you [UNDESIRABLE]. 　　　　　　　　　（以上、赤塚・坪本（1998:17））

条件文には（17）や（18）のような「If A, B.」型の典型的タイプ以外に様々な変種があるが、赤塚によれば上記の関係が英語のみならず日本語においても一貫して観察されるという。例えば、「Aとは、B」では「望ましくなさ」と「望ましくなさ」のペアしか許容されないが、（19）に対して（20）が不自然なのは、「望ましくなさ」と「望ましさ」が組み合わされてしまったためである。

(19) そんな暗いところで本を読んでは [UNDESIRABLE]、目を悪くしますよ [UNDESIRABLE]。

(20) ?? あんなに勉強しては [UNDESIRABLE]、きっと優等生になる [DESIRABLE]。（以上、Akatsuka（1997:327）なお、例文をローマ字から、漢字ひらがな表記に変えた。）

また河西（2006、2009、2010）は、言語研究で問題にされることの多いカテゴリ観について、プロトタイプ意味論とは似て非なる興味深い概念を提示している。例えば、「彼女は母親であって母親ではない、彼女は母親ではないが母親である、彼女は母親は母親だが、母親らしいことはやっていない」などの発話を説明するにあたって、以下のようなカテゴリ観に訴える。

> …ソシュール的な辞項の価値は、言語外現実の中に潜在する価値が反映しているのでもなければ、種のゲシュタルトに支配されているのでもなく、同じ言語体系内の他の辞項との間に引かれる恣意的な外部境界線によって生み出される対立関係によって決定される。このようなカテゴリーの外部環境に加えて、さらにカテゴリー内部に内部境界線が引かれることにより、「母親」という同一カテゴリーの内部で、上例のような「母親らしい母親」と「母親らしくない母親」がさらに分節される。しかし、この内部分節された「母親らしい母親」と「母親らしくない母親」の対立は、例えば、「父親」と「母親」のような異なる辞項の対立によるソシュール的「価値」のような対立ではなく、むしろ、同一辞項内にある対立であって、その一方の対立項（ここでは、「母親らしい母親」（の成員））にプラスの価値評価が付与され、それと同時に、もう一方の対立項（ここでは「母親らしくない母親」（の成員））にマイナス評価が与えられる。対立性、恣意的分節行為という特徴を持つという点では、ソシュールの言う言語記号の価値と類似していると言えるが、カテゴリー内部の価値評価的な対立という現象は安易にソシュールの記号論における「価値」という考え方と同一視してはならないと思われる。
> (河西（2010: 447））

こうした赤塚の「望ましさ」「望ましくなさ」、河西の「プラス評価」「マイナス評価」は、特定の現象を説明可能というのみならず、言語における主観性という、より一般的な観点からの位置づけが可能なのではなかろうか。この点で興味深いのは、以下のようなフランスの文法学者Brunotの指摘である。

　発話の行為は、問いかけであれ、肯定的あるいは否定的発話行

為であれ、極度に多様な性質を帯びて、われわれの判断、感情、
意志にさらされることになる。それは、確実あるいは可能性、
望みあるいは恐れ、命令あるいは回避勧告、などの対象となる。
これらは**概念の様態**である。 （拙訳）＊9

　これをより現代的な表現に置き換えるならば、以下のようになろ
う。

　発話には疑問文、否定文、肯定文の形態があり、その意味も無
限に多様である。しかしいずれにおいても、発話には発話者
の主観性が介入する。その主観性には「真実性」、「望ましさ」、
「実現要請」などがある。つまり、命題は発話者の心の様態に
包まれて提示される。

　さらにスイスの言語学者Ballyもまた、同様の3種の主観性につ
いて言及している。

　文（phrase）は、思想の伝達のできるだけ単純な形式である。
／思考（penser）とは、表象にたいしてこれを認証し、評価
し、または欲求しつつ反応することである。／したがってそれ
は、あるものがある、またはないと判断することであり、ある
いはそれが望ましいまたは望ましくないと評価することであり、
あるいはそれがある、またはないことを欲することである。ひ
とは雨がふっていると〈信じる〉か、〈信じない〉か、〈うたが
う〉かであり、ひとは雨がふっていることを〈悦ぶ〉か〈悲し
む〉かであり、ひとは雨がふることを、またはふらないこと
を〈願う〉のである。／第一のばあいには、ひとは事実判断を、
第二のばあいには価値判断を、第三のばあいには意欲を、言表
するのだ。／第一の操作は悟性に、第二のそれは感情に、第三
のそれは意志にぞくする。意志はその終局を行動の中にもつが、
この終局は言語活動をこえるとはいえそれの機能の一なのであ
る。／思想はそれゆえ、これを思考主体の能動的参加をまった
く欠いた単純な表象にひきもどすことはできない＊10。

（『一般言語学とフランス言語学』pp.27–28）

　ところで、任意の発話の意味は、最終的にどのようにして決まる
のだろうか。そこには複数のレベルが関わり、かつこれらはある種

の階層構造をなしているはずであるが、ここで注目したいのは、意味構築に関する澤田（2011: v）の以下のような重層的モデルである。この図は、まず命題的意味が中核にあり、それをモダリティ的意味が包み*11、さらにそれが発話場面的意味および社会・文化的意味に置かれ、発話の最終的内容が決定される、という構造を示すものである。本論が扱う主観性は、このモダリティ的意味にあたるものである。また、発話場面的意味は狭義の文脈・状況、社会・文化的意味は広義の文脈・状況ともいえよう。

文脈・状況については狭義のものであれ広義のものであれ、無数のヴァリエーションが想定可能であるが、命題を直接的に包む主観性の方は有限数であり、BrunotやBallyのようなラベルづけが可能なはずである。また、主観性は文法カテゴリを横断するものでもあろう。つまり、ある同一の主観性が、様々な品詞や熟語的表現など、異なった複数の文法カテゴリによっても担われうる。

例えばBrunotの「確実あるいは可能性」、Ballyの「〈信じる〉か、〈信じない〉か」は、（21）や（22）などのような助動詞や文副詞によって表されるものがそれにあたると考えられる。これらは、モダリティ研究の中心的テーマともなっている「真実性」主観性である。

(21) He *may* have gone to Paris.
(22) *Perhaps* he went to Paris.

（以上、Lyons（1997）in Palmer（1986: 17））

しかし注目したいのはBrunotやBallyが、これに加えて「望みあるいは恐れ」「〈悦ぶ〉か〈悲しむ〉か」、「命令あるいは回避勧

告」「〜することを、または〜しないことを〈願う〉」を、それぞれ「真実性」と同等の重要性をもつものとして指摘していることである。前者を任意の事態に対する発話者の「望ましさ」、後者を「実現要請」と考えれば、発話において命題は「真実性」を含めて主としてこの3種の主観性のいずれかを帯びて提示される、ということになろう。

ところで、これらの主観性にとってそれを表す記号が常に必要とされるのだろうか。(23)と(24)を対比されたい。

(23)(ある知人について) あの人は先生だ。だから、君のその疑問については、きっと丁寧に答えてくれるよ。

(24)(ある人について) あの人は先生だ {よ}。だって、いつも本を読んでいるから。

(25)(ある人について) あの人はたぶん先生だ {よ}。だって、いつも本を読んでいるから。

同一の文であるが、(23)は断定で、(24)は「真実性」の推測である。したがって、(24)は「真実性」の記号「たぶん」を伴った(25)とほぼ同じ意味になる。このことは、主観性は必ずしもそれを表す特定の記号を必要としない、ことを示唆するものである。

3. 矛盾文

第1節で矛盾文はマイナス評価あるいはプラス評価を帯びることを指摘したが、実はこれらの評価を帯びないタイプもあり、結局矛盾文には(26)、(27)、(28)の3種の別があると考えなければならない。なお、(26)と(27)には、「単なる鉄くずだ!」(26)や「人間だ!」(27)のようなメタファー的表現が後続可能である。

(26)【マイナス評価】(故障したあるロボットについて) こんな／このロボットは {もう／もはや} ロボットじゃない! (=(1)) {単なる鉄くずだ!}

(27)【プラス評価】(高度な視聴覚機能を備えたあるロボットについて) このロボットは {もう／もはや} ロボットじゃない! (=(3)) {人間だ!}

(28)【評価なし】（ロボットのように見えるある着ぐるみについて）このロボットはロボット｛なんか｝じゃない。中に人が入っているんだ。

　評価なしの（28）のような文も、「ほぼ人間と同様の柔軟な動きをし、会話さえできる最新のロボットかと思ったら、ガッカリだった。」というマイナスのニュアンスで提示されることがあろう。しかし、これは文脈・状況に起因するマイナスの意味合いであり、例えばほぼ同じ文についてプラスの意味合いに転じる（29）のような展開も考えられるのである。また（28）の矛盾文には、（26）や（27）に見られる「単なる鉄くずだ！」や「人間だ！」のような、メタファー的表現を後続させることは不可能である。したがって、文脈・状況によって生まれるマイナスやプラスの意味合いと、（26）や（27）に見られるような構文自体に由来するマイナス評価やプラス評価は、明確に区別されなければならない。澤田の概念に依るならば、前者は単に「発話場面的意味」ということになろう。後者のみが命題を直接的に包む「モダリティ的意味」、つまり主観性にあたるものなのである。

(29)（ロボットのように見えるある着ぐるみについて）このロボットはロボットじゃない｛ぞ｝。中に東西大学のロボット研究者が入っているんだ。だから、ロボットについて何でも教えてくれるよ。

　矛盾文の実例のほぼすべては、（5）や（6）のようなマイナス評価タイプであるが、稀に（30）や（31）のようなプラス評価タイプも観察される。

(30)大体からして私は〈ムーン・リバー〉が嫌いである。曲名も曲想もめめしい。大の男が聴く曲かよ、と思う。ところがジョナサンのピアノ・トリオにかかると〈ムーン・リバー〉が〈ムーン・リバー〉じゃなくなるのだ。別の〈ムーン・リバー〉に変貌するのだ。

（寺島靖国（2013）『JAZZ偏愛主義』DU文庫（Disk Union）pp.365–366）

(31)（中上）健次はもう、以前の健次ではない。芥川賞候補になった話題作を書いた新進気鋭の作家であり、「文藝」はもと

より「すばる」や「季刊藝術」からも依頼が来て、つぎこそ芥川賞をねらえる逸材として注目されていた。

(高山文彦 (2007)『エレクトラ』文藝春秋 p. 264)

マイナスであれプラスであれ評価ありタイプと評価なしタイプの間には、もう1つ大きな違いが観察される。前者においては (32) や (33) のように反論が不可能なのに対して、後者においては (34) のように反論が可能なことである。

(32) A:（故障したあるロボットについて）「<u>この／こんなロボット</u>は {もう／もはや} <u>ロボットじゃない！</u>（= 26)」— # B:「いや、それは本当のロボットだよ。」

(33) A:（高度な視聴覚機能を備えたあるロボットについて）「<u>このロボット</u>は {もう／もはや} <u>ロボットじゃない！</u>（= 27)」— # B:「いや、それは本当のロボットだよ。」

(34) A:（ロボットのように見えるある着ぐるみについて）「<u>このロボットはロボット</u> {なんか} <u>じゃない</u>。中に人が入っているんだ。（= 28)」—B:（相手の誤解を指摘して）「いや、それは本当のロボットだよ。いったんスイッチを切って、中を見てみればわかるよ。ロボットじゃないのは、その隣のヤツだよ。」

マイナス評価 (32)・プラス評価 (33) タイプに対して対話者の反応を想定してみるならば、むしろ例えば (35) や (36) のようなものになろう。

(35) A:（故障したあるロボットについて）「<u>この／こんなロボット</u>は {もう／もはや} <u>ロボットじゃない！</u>（= 26)」—B:「いや、そんなに落胆するなよ。修理すればまた使えるから。」

(36) A:（高度な視聴覚機能を備えたあるロボットについて）「<u>このロボット</u>は {もう／もはや} <u>ロボットじゃない！</u>（= 27)」—B:「このロボット、そんなにスゴイかなあ…」

マイナス評価 (32)・プラス評価 (33) において反論が不可能なのは、「当該の対象＝ロボット」という現実が疑う余地のない前提として対話者間で共有されているためである。したがって、これら

の発話は対象が事実としてロボットでないという情報を伝えるのではなく、むしろ当該のロボットへの評価が「望ましくない」か「望ましい」かをもっぱら問題にしているのである。この理由で、共発話者の反応は、（34）のように事実を問題とするのではなく、「修理すればまた使える」（35）、つまり「望ましさ」が全くなくなってしまったわけではない、「そんなにスゴイかなあ…」（36）、つまり「望ましさ」はそれほど高いものではない、といった、対象への評価を問題とするものにならざるをえないのである。

他方、評価なし（28）タイプは明確に情報伝達機能を果たしている。ここで主語の「このロボット」は、正確には「このロボットのように見えるもの」というべきところを縮小した省略的表現と考えるべきであろう。したがって発話者が提供する情報に誤りがあれば、（34）のように共発話者は事実的観点からそれを訂正することが可能となる。

評価なしタイプの出現頻度はプラス評価タイプと同様に極めて低いが、実例を1例（37）あげておきたい。ここにおいても「このパラドックス」は、「この、これまでパラドックスといわれてきたもの」という意味の省略的表現であることが了解されよう。

(37)（ゼノンの飛ぶ矢のパラドックスについて）実際に見ると、矢は飛んでいくが、右のように考えると矢は止まっていることになり矛盾するというのです。／しかし、「唯識」的に見るならば、<u>このパラドックスはパラドックスではない</u>ことが簡単にわかります。それをいま論証してみましょう。

（横山紘一（2011）『阿頼耶識の発見』幻冬舎新書 p. 153–154）

矛盾文の実例のほぼ全てが、マイナス評価タイプであることを述べた。評価なしタイプは主語が省略的表現に置かれた特殊ケースであり、頻度が少ないであろうことが了解されるが、プラス評価タイプの実例がほとんど見つからないのはなぜなのだろうか。これについては、以下のような否定文そのものに起因する理由が考えられよう。

（38）や（39）においてそれぞれ「子供は3人未満」、「成績はB、C、Dのいずれか」が自然な解釈になるように、量や程度の否定は

尺度上のより上には向かわずより下に向かう傾向になる。これは任意の量・程度は通常それ以下の量・程度を経てその段階に至ったものと考えられやすく、それゆえに、当該の量・程度の否定はそれにまだ至らない段階を自動的に意味してしまうからである。したがって、「望ましさ」主観性の程度解釈もこの傾向性を反映し、矛盾文における否定は当該対象に常識的に想定される「望ましさ」度よりはるか以下といった解釈となり、その逆の上に向かう、つまり「望ましさ度」がずっと高いとする解釈は、その方向に誘導する強力な文脈があった時にのみ発現する、ということになるのであろう。

（38）彼の子供は 3 人ではない。

（39）（AA、A、B、C、D のいずれかをつける成績判定システムで）成績は A ではなかった。

4. 同語反復文

矛盾文にとどまらず、「望ましさ」主観性は様々な現象の説明概念として有効であるように思われる。本節では、構文として対称的関係にある同語反復文について考察してみたい。

矛盾文は不条理ゆえに情報価値がない、ということであったが、同語反復文の X＝X の方は、あまりに自明すぎて情報価値がない、とうことになろう。したがって、同語反復文も矛盾文同様に情報伝達を意図したものではないことになる。

情報伝達の積極的拒否という意味では、同語反復文の最も純粋な形態は情報伝達拒否タイプともいえる（40）や（41）のようなものであろう。

（40）A（子供）：「独立行政法人てなに？」―B（独立行政法人の意味を知らないが、そのことを子供に悟られたくない親）：「独立行政法人は独立行政法人だ。オマエ、そんなことも知らないのか。」

（41）A：「さっき、あの本見ればわかるっていってたけど、どの本のこと？」― B（本のタイトルが英語で、しかも長いので面倒くさくなって）：「あの本はあの本だ。うるさいなあ。

いまオレ忙しいんだよ。」

　（40）や（41）におけるBの状況は、情報の提供は回避したいが、せめて最低限の誠意を示すべく沈黙は避け会話は続けようというものである。そこで、情報量がゼロで、枠組みだけの文が要請されることになる。

　他方この逆の、（42）や（43）のような有情報タイプの同語反復文もありうる。

（42）（漫画家になった中学の同級生の山田君の漫画中で、山田君が山田という名前で登場することについて）この連載では、山田が山田だ。

（43）（演劇部のある公演で、顧問の先生が先生の役を演じることについて）この劇では、先生が先生なんだ。

　これらは形態こそX＝Xの同語反復文であるが、主語のXと述語のXとでは指示対象が異なっている。つまり、（42）は「同級生の山田君（＝主語のX）が、この漫画では山田という登場人物（＝述語のX）として出てくる。」、（43）は「演劇部顧問の先生（＝主語のX）が、この劇では先生役（＝述語のX）を演じる。」ということで、その機能は（44）や（45）のような発話と結局は同じである。つまり、（42）や（43）は見かけこそ同語反復文だが、情報伝達機能を明確に担っているのである。

（44）映画「跳んだカップル」では、薬師丸ひろ子が山場圭だ。（＝女優の薬師丸ひろ子が、山場圭の役を演じている。）

（45）X中学校では、幼なじみの竹田宏君が校長だ。

　しかし実例観察上の出現頻度という点からは、情報伝達拒否タイプも有情報タイプも同語反復文の中心的な用法ではない。頻度が高いのはむしろ（46）～（49）のような、プラス評価やマイナス評価を感じさせる発話なのである。

（46）【プラス評価】（盗品らしい宝石を、怪しい店で安く買って）盗品でも、宝石は宝石。トクしたなあ。

（47）【プラス評価】鞄のなかには、マラッカの旧市街の売店で買った缶ビールが入っていた。もうすっかりぬるくなってしまっただろうが、ビールはビールである。

矛盾文と「望ましさ」主観性について　　285

（下川裕治（2012）『週末アジアでちょっと幸せ』朝日文庫 p. 96）

（48）【マイナス評価】（泥棒の被害者が）アイツは改心して最近
　　　は慈善活動家として有名らしいが、しょせん泥棒は泥棒だ。

（49）【マイナス評価】中川先生の秘書として私はそれなりに評価
　　　され、力があるとちやほやもされた。しかし、秘書は秘書。
　　　使われの身だ。中川先生あっての鈴木宗男なのだから、偉
　　　くなったとか力があると思ったら大間違いだと、いつも自
　　　分に言い聞かせていた。

（鈴木宗男（2012）『政治の修羅場』文春文庫 p. 109）

　（46）〜（49）に一貫して観察されるのは、まずある X について
ある種の例外的状況が提示され、それに関連して X ＝ X が出現する、
という構図である。

　（46）や（47）においては、「（宝石が）盗品」（46）や「（ビール
が）ぬるくなった」（47）という悪い状況が提示され、同語反復文
は「それは結局はそれほど悪いことではない」と訂正するような機
能を果たしている。結果的に発話は、マイナスに落ちかけた当該対
象を元に戻すことになり、プラス評価を示すものとなる。したがっ
て、「宝石の「望ましさ」度はみな同じ」（46）、「ビールの「望ま
しさ」度はみな同じ」（47）というのが同語反復文の主張であると
考えられよう。

　逆に（48）や（49）においては、まず「（泥棒が改心して）改慈
善事業家になった」（48）や「（秘書が）評価され、力がある」
（49）という良い状況が提示され、同語反復文は「それは結局はそ
れほど良いことではない」と訂正するような機能を果たしている。
結果的に発話は、プラスに上がりかけた当該対象を元に戻すことに
なり、マイナス評価を示すものとなる。つまり、「泥棒の「望まし
くなさ」度はみな同じ」、「秘書の「望ましくなさ」度はみな同じ」
というのが同語反復文の主張である。

　以上の観察により、矛盾文のみならず同語反復文においても「望
ましさ」主観性が働いていることが了解されよう。同語反復文もま
た、文から情報を排除し、矛盾文と同様に文を枠組みのみにしよう
という積極的な方策なのではなかろうか。これが純粋に貫徹される

のが、（40）や（41）のような情報伝達拒否タイプである。しかし、情報がゼロのX＝Xには、通常は命題を外から包んでいるはずの主観性が、いわば文の内部に流れ込んでくるのである。結果的に、発話は「XがXである」ことではなしに、「どのXの「望ましさ」度も同一である」ことを主張することとなる。

ところで、出現頻度はより低いが、「望ましさ」主観性では説明がつかない、「遵守勧告」（50）（51）や「同一化」（52）（53）とでもラベルづけしたくなるようなタイプの存在を指摘しておきたい。

(50)【遵守勧告】小学生相手でも、<u>約束は約束だ</u>！

(51)【遵守勧告】（競走馬・ディープインパクトの薬物疑惑について）ディープインパクトの関係者側には言い分もあるようだが、<u>決まりは決まり</u>。知らなかったとか、分からなかったでは済まない。

（漫画家・倉田真由美氏の談話、2006年11月16日のテレビ・ニュース）

(52)【同一化】デジタルでもアナログでも、壁に掛かっていても腕に巻かれていても、<u>時計は時計</u>。みんな時間を計るためのもの。

(53)【同一化】もう少しわかりやすくいいかえてみましょう。／ここに白い紙があり、上に三角定規が置いてあると考えてください。私はそれを上から見ています。そこで三角定規を動かしてそれを別の紙に移動します。すると、最初の紙には何もなくなり、後の紙に三角定規が置かれています。しかし、<u>三角定規は三角定規</u>であって、どこへいこうと同一物です。私も視線を移動すると、定規という実在が常にあります。物体が移動しただけのことです。

（佐伯啓思（2014）『西田幾多郎』新潮選書 p. 156）

（50）や（51）においても、まずある種の例外的状況が提示され、それに関連してX＝Xが出現するという構図は同じである。しかし、ここではプラス評価やマイナス評価ではなく、Xを遵守すべきという発話者の意見表明がなされている。まず「小学生が相手」（50）や「言い分はある」（51）といういかにも遵守しなくても許されそうな状況が提示され、それでも「約束は守るべき」（50）、「決

まりは守るべき」（51）という当該事項遵守への勧告である。つまり、Xを完全に実現せよというのが同語反復文の主張と考えられよう。

（52）や（53）においては、「デジタル、アナログ、壁に掛かっている、腕に巻かれている」（52）のような対象の多様性や「最初の紙、後の紙」（53）という状況の多様性が提示され、それでも「全ての対象を通じて時計という同一性は保たれる」（52）、「各状況を通じて三角定規の同一性は保たれる」（53）とされる。発話は、個体や状況のヴァリエーションにも拘わらず当該概念や当該対象が一貫して存在し続ける、ことを述べるものである。つまり、Xの存在は真実であるというのが同語反復文の主張であると考えられよう。

そこで、（50）や（51）の「遵守勧告」は「実現要請」主観性、（52）や（53）の「同一性」は「真実性」主観性が機能したものと考えると、非常に興味深いことに、同語反復文においては、BrunotやBallyが指摘した「真実性」、「望ましさ」、「実現要請」という3種の主観性がすべて顕現してくる、ということになろう＊12。

最後に、同語反復文について他の2つのタイプの存在を指摘しておきたい。かなり出現頻度の高い（54）や（55）のような並列タイプと、出現頻度は非常に低いが研究文献ではほぼ必ず扱われる（56）や（57）のような制限タイプである。並列タイプは2つの同語反復文がペア化したX＝X, Y＝Yの形態をとる。これは、「XとYは混同の危機に瀕しているが、XはXとして、YはYとして存在する。つまり両者は明確に別物である。」ことを述べるもので、「真実性」主観性が機能したものと考えられよう。

（54）【並列】（政治家に）手続き上のそんな細かい部分は官僚に任せればいいよ。<u>政治家は政治家、官僚は官僚。</u>

（55）【並列】こうなってくると、「われを排列しておきて尽界とせり」以下の文章（＝道元の正法眼蔵）はすこぶる明快である。「この尽界の頭々物々」、つまり人間もその他のものもたがいに少しも排除しあうことがない。草は草でたがいに妨げず、木は木でたがいに妨げることがない。草が木になってしまうことはなく、木が成長途中で草になるもので

もない。牛は牛、馬は馬で、牛とも馬ともつかない怪物に
なったりはしない。この点は、自分が自分になることを誰
一人妨害しないのと同じことである。草が草になる時、木
が木になる時、自分が自分になる時、それぞれに成長する
のである。

（岩田慶治（1983）『理想』第602号1983年7月号 p. 129）

　制限タイプは、主語省略が可能な日本語にあっては、（56）の
{}部分のない文のように形態上は同語反復文でないことが多いが、
ここで省略された主語はXであり、つまりは同語反復文と同等の
発話であることが了解されよう。このタイプにはプラス評価が感じ
られるが、まず「1ヶ月以上あってこそ」（56）、「娯楽の選択肢が
限られ」（57）のような制限的条件が提示され、その限定されたX
のみがプラス評価を受けるという意味で、「望ましさ」主観性の機
能が想定されよう。

(56)【制限】（フランス人が）1ヶ月以上あってこそ、{ヴァカン
　　　スは｝ヴァカンスだ！

(57)【制限】まるで学園生活のような日活の調布撮影所で芽生え
　　　る初恋。ロケ先での秘密のあいびき。（浅丘）ルリ子の恋と
　　　冒険は、いちいち「濃い」。それは、娯楽の選択肢が限られ、
　　　スターがスターだった時代ゆえの濃さ。"デコラティブ"と
　　　形容してもいい。　　（島村麻里「林真理子著『RURIKO』への書評」

『河北新報』2008年6月8日第25面）

5. まとめ

　矛盾文はX ≠ Xという不条理で、情報価値のない構文であるが、
適切な文脈に置かれれば自然な発話として機能する。これは情報価
値の欠如が「望ましさ」主観性の介入を促すからである。この構文
で、否定は事実関係の否定ではなく、Xに期待される「望ましさ度」
の否定として機能することになる。実例のほとんどは「望ましさ
度」が期待に満たないとするマイナス評価タイプであるが、文脈・
状況によっては否定が期待を大きく上回ることを意味するプラス評

価タイプも可能である。

　X＝X型の同語反復文も、自明なことを述べるだけの情報価値のない構文である。しかし、その情報価値の欠如がやはり主観性の介入を促す。特に興味深いのは、この構文にBrunotやBallyが指摘した「真実性」、「望ましさ」、「実現要請」という3種の主観性が機能してくることである。

　他にも、自明なことを述べる、（ある酒について）「これが酒だ！」、（戦争の悲惨さを目撃して）「これが戦争だ…」にそれぞれ感じられるプラス評価とマイナス評価は「望ましさ」主観性に、周知のことを確認するかのように述べる、（店のポスター）「万引きは犯罪です。」（煙草のパッケージ）「喫煙は健康に有害です。」に感じられる禁止は、当該の行為を回避せよという警告であり、「実現要請」主観性が機能したものではなかろうか。これらについてもやはり、情報価値の欠如と主観性の介入という、一貫した原理のもとに説明が可能なように思われる。

＊1　「A／B」は、AもBもいずれも可能なこと、｛｝は不可欠な要素ではないことをあらわす。
＊2　矛盾文の主語のXは（1）のように特定の対象（＝こんな／このロボット）を直接的に問題にする場合と、（ある駅弁の味が落ちたことについて）「最近は、駅弁が駅弁でなくなってしまった｛なあ｝。」のように集合（＝駅弁全体）を介して間接的に特定の対象（＝ある駅弁）を問題にする場合がある。他方、同語反復文の主語のXは（4）のように集合（＝ロボット全体）であることがほとんどである。
＊3　例えば以下のTaylorの指摘はこうしたプロトタイプ概念に基づいたものである：Let us suppose that entities are assigned membership in a category in virtue of their similarity to the prototype; the closer an entity to the prototype, the more central its status within the category. The notion of similarity thus underlies all categorization processes.　　　　　　　　（Taylor (2004: 65)）
＊4　坂原のプロトタイプ概念については、坂原（1993）、Sakahara（2008）も要参照。
＊5　他に、Okubo（2002）、Okubo（2003）も要参照。
＊6　Ducrotの言語内論証理論の概要や文献等については、例えば六鹿（2001: 220–232, 328–330）が参考になる。

＊7　筆者はこの観点から日本語やフランス語の矛盾文や同語反復文を考察した一連の論文（阿部（2008a）、阿部（2008b）、Abé（2009）、阿部（2012）、Abé（2013）、阿部（2015））を著してきたが、本論はその延長上のものである。また「望ましさ」主観性に関連する最近の論文としては、阿部（2018a）、阿部（2018b）がある。

＊8　ただし、全ての条件文に「望ましさ」や「望ましくなさ」が関与してくるとはいえないであろう。例えば、If you heat ice, it melts. や「もし2で割れなければ、それは奇数である」などの客観性が高く、それゆえに価値判断の対象になりづらい文については、「望ましさ」や「望ましくなさ」を想定することが不可能である。

＊9　Une action énoncée, renfermée, soit dans une question, soit dans une énonciation positive ou négative, se présente à notre jugement, à notre sentiment, à notre volonté, avec des caractères extrêmement divers. Elle est considérée comme certaine ou comme possible, on la désire ou on la redoute, on l'ordonne ou on la déconseille, etc. Ce sont là les **modalités de l'idée.**

(Brunot (1922: 507))

＊10　La phrase est la forme la plus simple possible de la communication d'une pensée. / Penser, c'est réagir à une représentation en la constatant, en l'appréciant ou en la désirant. / C'est donc juger qu'une chose est ou n'est pas, ou estimer qu'elle est désirable ou indésirable, ou enfin désirer qu'elle soit ou ne soit pas. On *croit* qu'il pleut ou *on ne le croit pas*, ou on en *doute*, on se *réjouit* qu'il pleuve ou on le *regrette*, on *souhaite* qu'il pleuve ou qu'il ne pleuve pas. / Dans le premier cas, on énonce un jugement de fait, dans le second un jugement de valeur, dans le troisième une volition. / La première opération relève de l'entendement, la deuxième du sentiment, la troisième de la volonté, qui a son aboutissement dans l'action, aboutissement qui est une des fonctions du langage tout en le dépassant. / La pensée ne se ramène donc pas à la représentation pure et simple, en l'absence de toute participation active d'un sujet pensant.

(Bally (1932 [1965]: 35))

＊11　この種の主観性観については、時枝の言語過程説に類似の概念を見出すことができよう：「詞と辞によって表現される思想内容を、思想内容そのものとして見れば、客観的な自然、人事であり、また主観的な感情、意志等であつて、そこに何等の差異を見出すことが出来ないのであるが、これを表現に即して考へるならば、そこに根本的な相違があることは既に述べたところである。即ち、詞は、思想内容を概念的、客体的に表現したものであることによって、それは、言語主体即ち話手に対立する客体界を表現し、辞は専ら話手それ自体即ち言語主体の種々な立場を表現するのである。…この関係は、また別の言葉で云へば、客体的なものを、主体的なもので包む、或いは統一してゐるとも云ふことが出来るのである。」（時枝（1950）［1978］：204–206）

＊12　Wierzbicka は、不定冠詞の有無で例えば A war is a war. が「戦争は義務的に遂行しなければならない。」、War is war. が「戦争とは全て良くない結果を引き起こす。」のように、意味に違いが出てくるという非常に興味深い指摘を提示している（Wierzbicka (1987: 105–107)）。この違いは、本論の立場から

は、前者は「遵守勧告」、つまり「実現要請」主観性、後者は「マイナス評価」、つまり「望ましさ」主観性が発現したものということになる。ところで、英語と同様に冠詞のある言語であるフランス語とそれを欠く日本語との比較から、前者においては「遵守勧告」解釈におかれる語彙の幅が広いことが観察される。例えば日本語では、以下で同語反復文とその前の文との繋がりに唐突感を否めないが、それぞれの仏訳は全く自然なものとなる：「少し金くれよ. ＃友だちは友だちだ.」「わが軍は海外で捕らえられた市民を救出に行かなければならない. ＃国家は国家だ.」、（それぞれの仏訳）Tu me donneras un peu d'argent. *Un ami est un ami.* / Notre armée doit aller sauver des citoyens prisonniers à l'étranger. *Un pays est un pays.* 不定冠詞の機能が、「実現要請」主観性の関与を促す働きをしていると考えられよう。

参考文献

阿部宏（2008a）「日本語における「望ましさ」概念について」In A. Jablonski et al (eds.) *Civilisation of Evolution, Civilisation of Revolution, Metamorphoses in Japan 1900–2000, Proceedings of the international conference in Japanese Studies held in Krakow in October 2007.* pp.81–94. Krakow: Museum of Japanese Art & Technology Manggha.

阿部宏（2008b）「トートロジーと主観性について」『日本認知言語学会論集』第8巻. pp.212–222.

Abé, Hiroshi. (2009) La tautologie et la notion subjective de « désirabilité ». In *Current Issues in Unity and Diversity of Languages, Collection of the papers selected from the 18th International Congress of Linguists held at Korea University in Seoul on July 21–26.* pp.3266–3278. Korea: Dongnam Publishing Co.

阿部宏（2012）「フランス語におけるムードとモダリティ」『ひつじ意味論講座　第3巻　モダリティ I：理論と方法』pp.225–247. ひつじ書房.

Abé, Hiroshi. (2013) A propos de l'hétérogénéité de la phrase contradictoire en français. In *Actes du XXVIe Congrès International de Linguistique et de Philologie Romanes.* Tome V. pp.323–329. Berlin: De Gruyter.

阿部宏（2015）『言葉に心の声を聞く─印欧語・ソシュール・主観性』東北大学出版会.

阿部宏（2018a）「ソシュールと国語学」松澤和宏編『21世紀のソシュール』. pp.323–340. 水声社.

阿部宏（2018b）「「Xの中のX」と「望ましさ」主観性」中村芳久教授退職記念論文集刊行会編『ことばのパースペクティヴ』pp.429–439. 開拓社.

Akatsuka, Noriko. (1997) Negative conditionality, subjectification, and conditional reasoning. In A. Athanasiadou and R. Dirven (eds.) *On Conditionals Again : Current Issues in Linguistic Theory 143.* pp.323–355. Amsterdam: John Benjamins.

赤塚紀子・坪本篤朗（1998）『モダリティと発話行為』（日英語比較選集3）研

究社出版.

Bally, Charles. (1932 [1965]) *Linguistique générale et linguistique française.* Berne: Editions Francke.（小林英夫訳（1970）『一般言語学とフランス言語学』岩波書店。）

Brunot, Ferdiand. (1922) *La pensée et la modalité, méthode, principe et plan d'une théorie nouvelle du langage appliquée au français.* Paris: Masson et Cie.

Evans, Vyvyan. (2007) *A Glossary of Cognitive Linguistics.* Salt Lake: University of Utah Press

河西良治（2006）「名実の意味論―カテゴリー化という問題」『中央大学紀要』文学科第98号：pp.87–126.

河西良治（2009）「名実の意味論―リアルという問題」『中央大学紀要』言語・文学・文化第104号：pp.91–129.

河西良治（2010）「否定：対立と超越」『否定と言語理論』pp.443–461. 開拓社.

大久保朝憲（2000）「「矛盾文」の発話機能」『仏語仏文学』（関西大学フランス語フランス文学会）第27号：pp.47–61.

Okubo, Tomonori. (2002) Analyses argumentatives des discours dits contradictoires. In Marion Carel (ed.) *Les facettes du DIRE、Hommage à Oswald Ducrot.* pp.225–235. Paris: Editions KIME.

Okubo, Tomonori. (2003) Discours truistes et discours extrémistes – polyphonie entre sujet et prédicat, *Dialogisme et nomination.* pp.171–180. Praxiling: Université Paul-Valéry.

Palmer, Frank. R. (1986) *Mood and Modality, Cambridge Textbook in Linguistics.* Combridge: Cambridge University Press.

六鹿豊（2001）「論拠立て」『フランス語学の諸問題 I』（東京外国語大学グループ・セメイオン）pp.220–232, 328–330. 三修社.

坂原茂（1993）「トートロジーについて」『東京大学・外国語科研究紀要・フランス語教室論文集』第40巻第2号：pp.57–83.

坂原茂（2002）「トートロジとカテゴリ化のダイナミズム」大堀壽夫編『認知言語学 II：カテゴリー化』（シリーズ言語科学3）pp.105–134. 東京大学出版会.

Sakahara, Shigeru. (2008) Dynamism of Category Reorganization in Tautology. In *NCKU FLLD Monograph Series Vol. 1, Languages across Cultures.* pp.205–221. Foreign Language and Literature Department. Tainan: National Cheng Kung University.

澤田治美（2011）「『主観性と主体性』序論」『ひつじ意味論講座　第5巻　主観性と主体性』pp.iii–xl. ひつじ書房.

Sweetser, Eve E. (1990) *From Etymology to Pragmatics, Metaphorical and Cultural Aspects of Semantic Structure.* Cambridge: Cambridge University Press.（澤田治美訳（2000）『認知意味論の展開 ― 語源学から語用論まで』研究社出版）

Taylor, John R. (2004) [2007] *Linguistic Categorization, Oxford Textbook in Linguistics.* Oxford: Oxford University Press.

時枝誠記（1950）［1978］『日本文法・口語篇』岩波全書.

Wierzbicka, Anna. (1987) Boys will be Boys 'Radical Semantics' vs. 'Radical Pragmatics'. pp.95–114. *Languages* 63/1.

日本語形容詞文と主観分化

加藤重広

要旨

　日本語の形容詞文のなかには、「このお茶は熱い」のように、個々の主観者としての認知主体の捉え方のばらつきを「このお茶は僕には熱い」のように表示できるものと、「彼の自動車は赤い」のように「僕には赤い」とはしにくいものが存在する。また、一般論として「お茶は熱い」と属性叙述することも自然な発話では見られない。本論では、このような主観分化にはそもそも形容詞文の表せる主観変異の幅が制約として関わること、形容詞の知覚モダリティの違いで主観分化と特殊属性叙述に対する制約が段階的に変わり、意味論的に連続的尺度が設定できることなどを主張する。

キーワード

　形容詞文、主観分化、易失性、特殊属性叙述、一般属性叙述、事象叙述化

1.　はじめに

　本論は、日本語において形容詞を主節述語として叙述を行う文（以下、形容詞文という）について、主観分化を許容する条件を明らかにするための記述と分析である。主観分化は、属性叙述表現を一般属性叙述から特殊属性叙述へと転じる操作に含まれるか、少なくとも、共通性があると考えられるので、特殊属性叙述の記述を行い、その後にそれと関連づけて主観分化と類似の操作について論じ

る。以下では、日本語における形容詞の理解のあり方について概観
し（第2節）、そのあとで、一般並びに特殊属性叙述に関わる言語
事実の確認（3.1）、特殊属性叙述の類型（3.2）、主観分化に対する
制約と特殊属性叙述の尺度の関係（3.3）の順に論じる。最後に全
体を総括して論を閉じる。

2. 日本語形容詞の概観

　日本語の形容詞が、形式的にク活用とシク活用に分けられる
ことはすでに江戸時代から指摘があり区分がなされていた（仁
田（1998）、加藤（2003）ほか）が、意味的にも、感覚・感情
形容詞と属性形容詞に分けることが長らく行われている。このう
ち、属性形容詞を状態と質に区分することも提案されている（樋
口（1996））が、これは一時的な状態と永続的な状態にあたり、属
性の易失性や永続性の認定に関わると見ることもできる（加藤
（2012））ので、後で論じる。仁田（1998）では、属性と感覚・感
情に加えて、評価・判断形容詞をいう第三の区分が設けられている。
そして、属性形容詞が連体修飾（＝装定）に偏るのに対し、それ以
外の2種類の形容詞は節の述部に現れる（＝述定）に偏るという。

　日本語の形容詞を意味的に見れば、いわゆる形容動詞や名詞の一
部が連続性をなしており*1、品詞体系を考察する上で、形容動詞
論争などこれまでも議論があったことはよく知られている。形容詞
といわゆる形容動詞の連続性は既に論じているので（加藤（2003,
2014, 2015））、ここでは触れない。本論では、形容詞を中心に論
じるが、必要に応じて形容動詞を述部に含む属性叙述文を扱うこと
にする。形容詞と形容動詞をまとめて以下「形容詞類」と呼ぶとす
ると、形容詞類のなかで形容動詞は比較的開かれたクラスであって
新造の語が加えやすいが、形容詞は閉ざされたクラスで新規に語を
追加するのは難しい。歴史的に見ると、形容詞が閉鎖類をなして
いることが、開放類である形容動詞の語彙的拡張を可能にしており、
促していると言えそうである。同じような事情が朝鮮語にもあると
いう（Sohn（2004））。

意味的に形容詞類を見るとき、日本語の形容詞・形容動詞は原則としてすべて段階的（gradable）であり、「かなり」「もっと」などの程度副詞と共起可能である*2。日本語の場合、段階性は名詞や動詞の一部にも認められるが、意味的に予測される段階性と統語的な性質が異なることもある。例えば、名詞の「赤」は形容詞の「赤い」と同じように段階的な属性を意味していると考えられるが、「もっと赤い布地」とは言えても「＊もっと赤の布地」とは言えない。「？その窓ガラスがかなり割れた」は自然ではないが、「この点について意見がかなり割れた」は受容度が高い。

　また、形容詞類は原則として対格（＝ヲ格）はとれないが、近年では「太郎が花子を好きだってさ」のような使い方が見られ、これは「太郎が花子のことを好きだってさ」のようにすると受容度が上がり、「太郎が花子のことを好きになったってさ」のようにすると「花子のことが好きになった」と受容度があまり違わなくなる*3。

　形容詞の過去テンス形は、基本形の語尾「い」を「かった」に置き換えることで得られる。「やさしい」は「やさしかった」となる。「かった」は、連用形語尾の「く」に「あり・ある」の連用形と「たり」がついた「くありたり」が本来の形であり、「くあ」が「か」に熟合し、「り」が消失し、促音便が生じて「かった」になったと説明できる。肥筑方言などでは、「やさしくあり」が「やさしか」という形で「あり」を起源的に包摂しているが、現代標準語では、基本形（現在テンス形）は「あり」を含まず、過去テンス形のみ「あり」を含むという不整合なパラダイムをなしている*4。もちろん、「は」「も」「こそ」などのとりたて詞を連用形のあとに挿入すれば、動詞なら「する」が現れるように、形容詞類や名詞述語では「ある」が現れる。「食べもする」「考えこそする」に対して、「やさしくはある」「かなしくもある」「立派でこそある」「学生でもある」のように「ある」が現れる点を見れば、丁寧語の「ます」と「です」の分担のように、動詞には「する」、それ以外には「ある」がデフォルトで現れると見ることができる*5。

　形容詞は非限界的であり、テイルを後接させることはできない。ただし、接続助詞のテを後接させることは可能なので、テイル形を

とらないのは形態論的な制約ではなく、意味論的な制約である。このことを裏付けるように、一部の方言は形容詞にもテイル形があり、一時性を表す機能がある（加藤（2012））。また、名詞述語はテイル形に相当するデイル形が標準語でも可能であり、形容動詞でも可能であるが、制約がある*6。しかし、「冷たくている」のように形容詞をテイル形にして用いることは標準語では許されない。

　形容詞が非限界的・無時間的で、動詞は限界的・時間的であることを原則とするのは一般的な見方である。名詞そのものは無時間であるから、動詞と名詞を両極として、形容詞をその中間に位置づけるのは広く見られる考え方と言ってよい（Baker（2003）、Croft（2003）、八亀（2008））。日本語に関しては、形容詞と形容動詞があることで、分裂型と区分されることもある（Wetzer（1996）、Dixon *et al.*（2004）、Backhouse（2004）、Hildebrandt（2014））が、時枝文法ほかで形容動詞という範疇を設けない考え方も一般的と言ってよいだろう（時枝（1941, 1950）、水谷（1951, 1978）、三原（2008）、加藤（2013））。形容動詞は、形容詞と比べた場合、段階性など意味的には大きな違いがないようだが、感覚・感情形容詞に相当する「感覚・感情形容動詞」はあまりなく、分布に偏りが見られる。例えば、「悲しい」「うれしい」「喜ばしい」などは、同義の形容動詞が見当たらない。「哀れだ」は感情形容詞のように見えるが、実際の使用を見ると評価形容詞と言うべきだろう。「残念だ」「幸せだ」は感情形容詞のように用いることがあるが、評価形容詞の用法もあり、両者の区分について論じる必要もある。

3.　属性・状態の解釈

3.1　言語的事実の確認
　一般に、次元（dimension）に関わる形容詞は、属性形容詞として感覚・感情形容詞と対比されることが多い。その基本的な特徴は、普遍性と概括することができる。

（1）北海道は広い。

　土地や領域の物理的な広さは普遍的なものである。例えば、北海

道の面積は、83424平方キロメートルほどだが、これは概念的なものであり、誰にとっても変わりはない。しかし、「広い」かどうかは簡単に断定できない。物理的な面積で比較するなら、グリーンランド島やスマトラ島よりは狭く、スリランカ本島や台湾本島よりは広いが、比較対象や基準によって変わってくる。従って、大陸や、本州・ボルネオ島・マダガスカル島などの島嶼と比べれば「北海道は広くない」ということもできる。これは言語学の概念で言えば範列関係的（paradigmatic）な比較にあたり、相対的な比較であって絶対的な比較ではない。比較は、別段、範列的関係をなす集合の中で行われなくてもよく、（2）のようにいうことも可能で、これは（3）のように言い換えることができる。（2）（3）は、現実と推定・想像を比較していると言ってもいい。

　（2）北海道は思っていたのより広い。

　（3）現実の北海道は、私が想定していた概念上の北海道より広い。

　これに対して、（1）は、比較や基準を捨象して、一般的に捉えて述べているのである。しかし、基準や比較対象を想定せずに、属性を一般化することができるのだろうか。これはやや撞着したロジックにも見えるが、具体的な基準や比較対象を想定するのではなく、抽象的な平均値や用いられることの多い比較の枠組みや範囲をおおざっぱに想定して、判断していると考えるべきである。例えば、「島の面積」を大まかに思い浮かべれば、北海道は「広い方」に入ると知っているということであり、島国である日本のなかでは、本州に次いで大きいということをわれわれが知っていて、その知識によって一般化しているに過ぎない。このときの知識は、加藤（2011）ほかでいう「世界知識」にあたる。世界知識は、語用論的には運用に関わる定義を与えることになるが、単純に言えば、個々人が知っている知識の総体であり、狭義には言語知識を除外したものである。われわれは、この世界知識を参照しながら、発話を行い、また、他者の発話を解釈している。（1）は、世界知識を特に限定や調整のないまま参照し、適用して解釈すれば、特に疑念や違和感は生じないだろう。このように世界知識を特に限定したり、条件を

付加したりすることなく、単純に用いることを、ここでは「世界知識の無標参照」と呼ぶことにしよう。わざわざ「無標」の参照とするのは、「グレートブリテン島に比べれば」のような条件を付加していないからであるが、世界知識は個々人で異なることを考慮するので世間一般とは異なる世界知識を有する場合を分析から除外するためでもある。

（4）北海道は狭い。

（5）ルソン島は広い。

世界知識は言語を実際に運用する場合には不可避に関与する。例えば、（4）は、多くの日本人の世界知識を無標参照すると不自然に感じられる。もちろん、「ニュージーランド南島よりも」「思っていたよりも」のように条件を付加すれば（4）は成立しうるので、この文が命題として常に偽になるわけではない。ただ、一般的な世界知識を単純に無標参照すると、自然に成立するとは言えない。（5）は、フィリピンのルソン島が北海道よりも広いことを知る人が少ないのであれば、受容度が高いとは言えなくなる。

（6）ダイアモンドはかたい。

（7）このパンはかたい。

世界知識を無標参照しているという点では（6）も同じである。事物の属性を述べるとき、（1）（5）や（6）などは、形容詞の意味に本質的に内在する「無時間性」があり、端的に言って、特に限定や条件の付加をしない限りいつでも成立する状態であり、原則として変化しない属性ということができる。この点は、山田（1908）が動詞と比較しながら既に以下のように指摘している。

（8）　なほ、他の方面よりこの二種の差をいはゞ、形容詞は殆超時間的に時間の制約を離れたる如きものなるに、動詞は其の推移的発作的なる特性として著しく時間の制限をうけ、又、空間に對しても形容詞よりは頗緊要なる關係を有するものなり。これ又其の特質より自然に導かれたるものなり。

(山田（1908）：250–251)

形容詞が無時間的（あるいは山田の謂では「超時間的」）に解釈されるのは上に見たように確かであるが、本論は、もう少し精密に

検証したい。同じように「かたい」という形容詞述語文になっていても、（6）と（7）は異なる。

（9）　錫はやわらかい。

（10）このパンはやわらかい。

（11）このお茶は熱い。

（12）お茶は熱い。

このことは、（9）と（10）にも当てはまる。「ダイアモンド」や「錫」は一般的な物質名であり、そのかたさややわらかさは物理的条件を変えない限り、まず変わることがない*7。一方、（7）と（10）の「このパン」が目の前に現存する特定の事物を指しているのであれば、異なる属性のパンとして成立することはありうるが、その属性はそのままの状態にしておいても容易に変わりうる。加藤（2012）では、地域方言における形容詞テイル形を分析する中で、その状態や属性を失わせるのが容易であるという《易失性》、その状態や属性が長く持続せず、いずれ失われる可能性がある《非永続性》（《一時性》とも）という特性を設定している。パンが乾燥して短時間の内にかたくなることは考えられるし、湿度が高い環境にあれば逆に柔らかくなることも考え得る。つまり、物質のかたさを述べている（6）（9）が《易失性》《非永続性》を持たないのに対して、特定のパンのかたさを述べている（7）（10）は《易失性》も《非永続性》も認められる。また、（11）は特定のお茶の温度に言及しているが、熱いお茶もそのまま放置すれば徐々に室温に近づいていくので、《易失性》《非永続性》が明確である。つまり、属性形容詞としてこれまで1つのカテゴリーと見なされてきたものも、もう少し細かに区分することが可能なのである。

興味深いのは（12）のような発話は世界知識を無標参照すると逆に不自然に感じられる点である。これは、（7）（10）を不特定化した「パンはかたい」「パンはやわらかい」でも同じことである。私たちの世界知識のなかでは、パンにかたいものもやわらかいものもあり、パン全般について「かたい」とも「やわらかい」とも断定しがたい。熱いお茶もぬるいお茶も冷たいお茶も存在することが（12）を不自然に感じさせているのもまったく同じ理由による。

3.2 一般属性叙述と特定時制化

前節で見たように、言及される事物の特定性・限定性が高まれば、抽象的な一般論として属性叙述を行うのではなく、特定の（多くは実在の）具体的な事物について特殊具体的な属性叙述を行うことになる。本論では前者を《一般属性叙述》と呼び、後者を《特殊属性叙述》と呼ぶことにする。前節の「錫はやわらかい」や「パンはやわらかい」は一般属性叙述であり、「このお茶は熱い」「このパンはかたい」などは特殊属性叙述である。一般属性叙述が成立するには、①《易失性》や《非永続性》がないこと、すなわち、その事物に永続的な安定した特性が必要である。この場合、その特性は、失われるとその事物そのものと認定されなくなるようなものではいけない。また、②その事物に広く共通の属性でなければならない。世界知識において、特定の事物にのみ当てはまるような属性であれば、一般属性叙述は成立しにくい。とは言っても、一般属性叙述が成立するために、例外なくその属性が成立しなければならないというほど厳密なものではない。少なくとも「一般的」であればよく、例外なく100％成り立たねばならないというようなものではない、ということである。

「ダイアモンドはかたい」ということは、永続的で安定した性質であり、ほぼすべてのケースに当てはまるので成立する。「パンはかたい」は、必ずしも永続性があるとは言えず、パンという事物によって当てはまることも当てはまらないこともあるので、不自然である。これは主に②の条件を満たしていないと言ってよいだろう。

（13）フランスパンはかたい。

（14）氷は冷たい。

現実のフランスパンの中にはやわらかいものもあるので、（13）は常に例外なく成り立つわけではないが、フランスパンの一般論としては許容されるだろう、②はこのように厳密ではなく、また、世界知識のなかで一般性が担保されていればよい。（14）の「氷」は常温の環境に置けば溶けて「冷たい」とは言えない温度になりうる。しかし、氷の冷たいという特性は本質的なものであり、それを失えば「氷」とは認められない。これは①の条件に合致していること

になる。「お茶」はぬるくなっても「お茶」に変わりなく、熱いお茶も冷たいお茶もありうるので、①②を満たさないことから（12）は不自然であるが、氷はぬるくなったら氷ではなく、氷はいずれも冷たいという一般論が成り立つので、（14）は成立する。重要なことは、これらが世界知識を参照していることである。

　一般属性叙述に対して特殊属性叙述は、成立を妨げる制約はあまりない。特殊属性叙述の典型は、「そのパン」のように特定指示を行うことで外延を大きく限定するタイプだが、過去時制にするなどして事実として述べるタイプと成立する事実の範囲を限定するタイプがある。例文とともに整理しておこう。

（15）このパンはうまい。

（16）A社が製造するビスケットはかたい。

（17）花子が住む北海道は広い。

（18）熊谷は暑かった。

（19）暑かった熊谷にも涼しい秋風が吹き始めました。

（20）太郎は花子にはやさしい。

（21）偏微分は初学者には難しい。

（22）Mサイズのシャツは次郎には小さい。

（23）特殊属性叙述の主要タイプ

　　　①属性主の指示の特定化・限定

　　　②属性叙述の時制特定化・限定（事象叙述化）

　　　③成立範囲の限定

属性を有する主体（本論ではおおむね主題化され「Xは」の形で現れるX）を指示上特定し、外延を狭めて限定する（23-①）例としては、（15）（16）がある。（15）は「この」「そんな」「あのような」など連体詞類の指示詞による限定を受けることが多い。このときの指示詞は、現場指示のことも文脈指示のこともあるが、現場指示の方が特定度が強くなる。「その」などの文脈指示の場合は先行詞の特定度をおおむね継承すると考えてよい。（16）のような連体修飾成分が先行する場合は、それによって外延が狭められ、補集合が活性化されるので、「A社が製造する」のではない「ビスケット」との比較が生じやすい。しかし、（17）は、意味論的な非限定用法

日本語形容詞文と主観分化　　303

として、「北海道」の外延を変えない解釈が優先され、この場合は、「花子が住む」という連体修飾成分で特定化されてはいないと言える*8。

形容詞のタ形は、非タ形の状態を単に過去時制にしただけではない。「熊谷は暑い」という属性叙述表現は、「熊谷」について、その属性を述べているが、形容詞の無時間的叙述が前面に出ており、単純な一般属性叙述である。しかし、これをタ形にした（18）は、話し手の直接的な経験か経験的知識に基づく陳述であるのが無標である。例えば、「昨日は熊谷まで行ったんですってね。どうでしたか」という問いかけに対する発話としての（18）なら、前日の時点で経験した状態を述べており、事象叙述化している。また、モダリティ助動詞を用いずに（18）のように言う場合は、通例、話者の直接経験の陳述する証拠性（evidential）表現になっている。あるいは、「昨年まで熊谷に住んでいたそうですね。どんなところでしたか」という問いかけに対して（18）を用いる場合は、特定の時点の叙述ではないが、話し手のそれまでの経験を証拠性表現として総括して述べたもので、事象叙述に近づいていると見なしてよいだろう。（18）は本論でいう特殊属性叙述にあたるが、直接経験をそのまま語っているなら、すでに事象叙述に相当し、経験の総括を知識として述べているなら属性叙述が特殊化することで事象叙述に近づいているのである*9。特定時点の状態を出来事として述べる場合は、経験事実をそのまま言語しており、抽象化のプロセスがないか、もしくは抽象化の度合いが低く、直接性の度合いが高い。証拠性の違いとして見るなら、「昨日、熊谷は暑かった」よりも「昔、熊谷は暑かった」のほうが抽象度・間接性が高いということになる。

連体修飾節の形容詞のタ形は、寺村（1984: 200ff）で状態性述語の従属節テンスとして論じられている。そこでの論点にあわせれば、（19）はタ形を非タ形に置き換えられる例ということになる。本論は、これを別の視点から論じたい。（19）における「暑かった熊谷」は「暑い熊谷」に置き換えても成立するが、この「暑い」は（17）で見た非限定用法に相当するから、熊谷の外延が狭まったとは考えられない。重要なのは、（19）を（24）のようには書き換え

にくいということである。

（24）？暑かった熊谷は九月になっても残暑が続いています。

「暑かった」を「暑い」にすれば（24）はそれほど不自然ではない。加藤（2013）では、《構文推意》*10 という概念を導入しているが、連体修飾節における属性叙述のタ形は、それが主節の時制では成立しないことを推意として示す構文推意の機能を有する。つまり、「暑かった熊谷」は主節事態としては「暑い」という状態が解消したり失われたりして成立していないという推意が得られるので、（19）であれば、その構文推意が全体の文解釈と合致するものの、（24）では、未だに暑いということなので、構文推意が全体の文解釈と整合せず、自然には成立しないのである。これは、「寒かった札幌にもやっと春が来ました」が自然であるのに対して「寒かった札幌はいまだに真冬日が続いています」が不自然であることと同様に説明ができる。これらは「暑い」「寒い」という非タ形を用いれば、連体修飾でも一般属性叙述として扱うことができるのでいずれでも成立するが、タ形ではこのような構文推意が生じるため、受容度にばらつきがあるのである。また、このような連体修飾における形容詞のタ形も一般性が低下し、限定的な解釈になっているという点では、やや特殊属性叙述に近づいていると言える（23-②）。成立する時点が限定されるという点では特殊属性叙述であるが、現在との違いをもって過去を遠隔化して対比性を確保すると見ることもできる。

もちろん、これは推意なので、キャンセルすることが可能であり、自然とは言えなくても非文とはならない。「昨夜の激しかった雨は」は「今朝すっかり上がった」のように続けるのが自然で、「いまでも激しく降っている」のように同事態性では相対的に受容度が低いという程度のことである。

ここで成立範囲の限定（23-③）としているものは、加藤（2013）で《主観分化》と呼ばれているものと部分的に重なる。一般に、属性形容詞とされるものは事物などの性質を述べるので、客観的な陳述だと見なされる。例えば、（25）（26）のように、誰が判断しても一般性があり、変異が想定されないものが、

その典型例である。

(25) 手稲山は高い。

(26) この布地は分厚い。

しかし、「客観」という用語は、言語研究に関する限り、あまり深く考えずに、不用意に用いられている面も否定できない。「客観」が認知主体が外的に捉える対象の姿として捉えられるものであれば、変異や変化がありうるはずだが、「客観性」「客観的」が主観による変異を排した普遍的な捉え方に傾くため、(25) では、誰がみても「高い」のであって、その認識は普遍的かつ一般的だと理解され、(26) は評価した者が誰であっても「分厚い」と同一判断が得られるのだと理解されるわけである。同一判断という普遍性をもって客観的評価と考えるのは、言語の科学的研究という枠組みを離れれば、特段問題はなかろうが、言語学的にはナイーブに過ぎると言わねばならない。つまり、(25)(26) は主観による差異や変異が解釈に混入しない、よって、評価する者や認知主体によらず同一の属性状態が認められるというのであれば、それは主観の無関与であって、いわば《無主観》とでも言うべきものである*11。

《無主観》は主観が関与していない状態だが、(25) は (27) のようにすれば、主観が関与していると見なさざるを得ない。

(27) 手稲山は高かった。

これは先に論じたように、手稲山を実際に見たり、登ってみたりした直接経験に基づく証拠性表現・特殊属性叙述・事象叙述化であって、主観が関与している。これは特定個人(=たいていは話者)の経験を《主観化》して叙述している表現である。加藤 (2013) でいう《主観分化》は、これとやや趣旨が異なっている。

(28) 手稲山は僕には高い。君は3000m級の山をいくつも登っているから、手稲山を高いとは思わないだろうけど。

実のところ、(28) は「手稲山は僕には高い」だけでは、人によって判断や評価が違うことはわかるものの、趣旨はわかりにくい。これは、山の高さは外形的に視認できる標高(視覚的に確認できる高さ)を想定するのがデフォルトの解釈だからで、登山の対象としての山岳の高さとして評価していることが後続部分を見てはじめて

わかるからである。(29) であれば、単独で登山する際の山の高さとしての評価であることがわかるので、成立する。

(29) 手稲山は、初心者が登るには、高い。

以上見たように、成立範囲の限定は、事態の成立を一般的に述べるのでなく、評価の仕方や利用方法やそのほかの条件などによって成立を特殊化するものである。成立範囲を限定すれば、他の条件下やデフォルトの解釈と異なっていても矛盾なく成立しうる。例えば、「この布地は分厚い。しかし、雑巾をつくるには薄い。」のようにすることも可能である。(23) は、「次郎には」として成立範囲を限定しているが、「シャツ」が衣類であることから着用して使用する場合に小さいことを述べていることが世界知識からわかる。

同様に (21) は、「偏微分」が知識や理解の項目であることから、理解したり使いこなしたりするのが「難しい」とわかるが、これも世界知識があってこそである。しかし、(30) は世界知識を参照しても一義的に解釈を決めることは難しい。「秋刀魚」は食べ物ではあるが、食べるのが難しいとすれば、きれいに食べることや作法通り食べるのが難しいと解すべきなのか、調理の材料とすれば捌いたり料理したりするのが難しいと解すべきなのか、あるいは秋刀魚の産地や鮮度を見極めるのが難しいと解すべきなのか、世界知識だけでは厳密に理解できず、他の文脈や情報を必要とするのである。

(30) この秋刀魚は花子には難しい。

また、「《人》には《形容詞》」という形式ではあるが、(20) は (30) とは異なる。「やさしい」が態度様態を表す形容詞で主体の意志的制御が可能な属性であれば、(20) の「花子にはやさしい」は、花子に優しく接するという意味である。このとき「やさしい」という判断は花子の判断であってもよいが、花子以外の判断であってもよい*12。

3.3 主観分化と制約

前節で見たように、客観が判断や認知の主体の捉え方としての主観にばらつきがないことを想定しているのだとすれば、誰が見ても同じように捉える場合は、個々の主観の捉え方に変異が生じないの

で、それが雑駁な理解としての客観に相当すると言える。つまり、このとき、客観とは主観の変異が小さく、共通部分がいずれの主観ともおおむね同一であることを前提にしたものである。

（31）このドレスは赤い。

（32）このホットケーキは丸い。

属性形容詞のうち、事物の形状や色などは、主観の変異が想定しにくく、しかも、すぐには変わらない（すなわち、《易失性》や《非永続性》を有しない）特性である。

（33）この概説書は（私には）易しい。

（34）このドレスは（*私には）赤い。

捉え方が判断者によって異なることが想定できれば、（33）のように「Xには」を付加しても不自然にならない。書籍のように理解すべき内容をもつものは、人によって難しいと捉えたり易しいと捉えたり主観の変異があることは私たちの世界知識に含まれている。Xという主観の持ち主による変異を明示して示すことを加藤（2013）は「主観分化」と呼んでおり、本論もそれに従う。主観分化も、特殊属性叙述化の一種と見ることができる。形容詞文における主観分化は、主観の変異が想定しやすいほど生じやすいが、主観の変異が想定しにくければ主観分化に制約がかかる、と言えるだろう。色や形状は主観の変異が原則として生じにくいが、その属性の範囲の主観変異を想定することで制約を弱めることは可能である。例えば、「このドレスは赤黒いとみん言うけれども、僕はそれほど黒っぽいとは思わない。つまり、このドレスは僕には十分赤い。」のようにすれば、受容度は高くなる。（35）は主観分化ではなく、成立範囲の限定にあたる。

（35）このドレスは赤い。しかし、暗がりで見ると黒い。

それでも直接接触せず視覚的にだけ認識する場合は、明るさや見る角度の影響は受けるものの主観変異は小さい。大きさや高さなども属性そのものは永続的で変わらないが、使用法を判断基準にすれば主観変異は大きくなる。聴覚や嗅覚での認識をしめす形容詞、例えば、「うるさい」や「くさい」は、視覚認識に比べれば対象と認知主体（主観の持ち主）の位置関係の影響を受けやすい。少なくと

も対象から離れればあまりうるさいともくさいとも感じなくなることは私たちが日常的に経験するところである。味覚や触覚は、接触（温度は空気との接触と考えればよい）を通じて得る認知であり、主観変異がさらに大きくなる。それ以外の形容詞のうち、対象の評価を中心とするものはさらに主観変異は大きい。感情形容詞や感覚形容詞は、その経験者としての主観の存在が不可欠なので、主観変異があることが想定され、主観が共有されないことも多い。なお、このときの感覚形容詞は「痛い」「眠い」などの内発感覚で五感を通じた知覚とは（少なくとも言語学的に）区別される。まとめると、おおむね（36）のような尺度を設定して理解できる。

（36）形容詞の主観変異のスケール

　　《小》非接触視覚＜接触視覚＜聴覚・嗅覚＜

　　　　　　　　　　味覚・触覚＜評価＜内発感覚・感情《大》

　主観変異は小さいほど主観分化しにくいが、主観分化が成立する合理的な理由があり、それが文脈などで示されれば、不可能ではないことは先に確認したとおりである。ただ、（37）のような形容詞の言い切りではなく、（38）のように《形容詞連用形》＋「見える・感じられる」とするほうが自然である。

（37）＊このドレスは私には赤い。

（38）　このドレスは私には赤く見える。

　これに対して、聴覚・嗅覚や味覚・触覚は、主観分化可能で、言い切りでもよいが、《形容詞連用形》＋「聞こえる・感じられる」でもよい。また、（43）（44）に見るように、「《主観者》は、《対象事物》が《形容詞》」という形式の総主文もおおむね可能である。

（39）子供の騒ぐ声が太郎にはうるさいようだが、私にはそれほどうるさくない。

（40）この発酵食品は私には {くさい／くさく感じられる}。

（41）この料理は私には {辛い／辛く感じられる}。

（42）この教室は私には {暑い／暑く感じられる}。

（43）私は子供の騒ぐ声がうるさい。

（44）私はこの教室が暑い。

総主文の形式では、イマココ性が強まることで事象叙述化する

ので、事物の特定性が高い方が自然である。(43) は「子供の騒ぐ声」よりも「あそこで子供が騒いでいる声」としたほうが受容度が高まる。

　評価の形容詞も、味覚・触覚の形容詞と同様に、いずれの形式でも用いられる。しかし、感覚・感情形容詞は、主観分化として表現できるものとできないものがあり、「感じられる」などをとる表現は冗長でやや不自然になるが、総主文の形式では用いやすい。

（45）　　私は肩が痛い。

（46）??　肩が私には {痛い／痛く感じられる}。

（47）　　私は彼の態度が悲しい。

（48）　　彼の態度が私には {悲しい／悲しく感じられる}。

　主観変異は、このように形容詞の意味論的な特性である程度尺度が設定できるが、実際の運用では既に確認したとおり、主観分化の妥当性が理解しやすいように作用する文脈や解釈があれば、変異の小さい場合でも成立することがある。これは、伝統的な言語学の見方では、意味論の課す制約のなかで語用論がその制約を緩める作用を持つと考えることになるだろうが、枠組みを変えて、運用によって意味的な中核が形成されると逆向きに考えることも可能だろう。

4.　まとめ

　日本語における形容詞の無標の用法は、無時間的（時間的限定のない）叙述を行い、一般属性叙述として成立するものだと考えることができる。これは、変化しない属性であることや、主観のばらつき（主観変異）がないか、小さいことを想定している。ここから逸脱することで、形容詞は認知や評価の主観性が強くなると考えることができる。そして、その逸脱性を左右するのは、言語知識として規定できる語彙的意味（あるいは意味論的意味）だけではなく、現実世界に関する知識（世界知識、あるいは、語用論的な、言語外の知識）が意味論的意味に強く干渉していると考えるべきである。液体の温度の高さとしての「熱い」は、私たちの現実世界では、時間の経過とともに容易に失われる属性である《易失性》や《非永続

性》を有している。私たちの現実世界には日常的に存在しないが、真空状態であれば、「熱い」という属性は相対的に失われにくくなる。これは、言語に世界知識が関与している状態であり、「一般的には」とか「常識的には」として却けず、記述に含められる枠組みが理想である。

本論では、一般属性叙述（限定されず、普遍性が高い）の状態から、限定度が高まり、普遍性が抑圧されていくことで特殊属性叙述の度合いが強まり、それが主観的叙述を容易にするとした。その典型的なものとしては、①属性主の指示の特定化・限定、②属性叙述の時制特定化・限定（事象叙述化）、③成立範囲の限定の3点を挙げて、順次例文を見ながら、例証を進めた。

「花は枯れやすい」は一般属性叙述であるが、一般に用いられる文としては、非文ではないものの、自然とも言えない。これが、「茎のやわらかい花は枯れやすい」のように、限定を行うことで受容度が上がるのは、特殊属性叙述の度合いが強まっているからである。事象や属性、あるいは、対象事物を限定することは、一般性・普遍性を低下させることであるが、それは、例外への許容度を増すことでもある。現実世界の中では、例外の一切ない事象はむしろまれで、例外が想定されている方が人間的な現実世界として受け入れやすい。また、主観の振れ幅の大きいもの、主観変異の大きい事象については、他者の主観の成立に対して一定の寛容さが必要であり、それはポライトネスのストラテジーともあいまって、コミュニケーション上の受容性に関わる。これは、ある意味で日本語のコミュニケーションで重視されている特性とも思えるが、それらの検証は稿を改めて行いたいと考えている。

＊1　この点を重視して村木（2012）では、従来の形容詞を第一形容詞、形容動詞を第二形容詞、名詞のうち格助詞を後接させて文の中で名詞句・付加詞として存在しにくいなど形容詞の性質の顕著なものを第三形容詞、としている。樋口（1996）の言う「質形容詞」には色に関する形容詞として「赤い」のほかに「緑の」「紫の」が含まれている。用例から見ると、いわゆる形容動詞や名

詞類も形容詞としていることが窺えるが、「緑の」はあっても「赤の」はなく、分類の基準が明示されておらず、恣意的である。なお、「緑」は格助詞をとって文中で名詞句などになれるので、村木（2012）の基準では第三形容詞にならないであろう。

＊2　英語の形容詞に、dead や alive のように比較級をとれない非段階的（ungradable）があるのとは異なると言われることが多いが、日本語でも個体の状態としての死は（1）に見るように程度表現化不可能である。

　　（1）＊このブリはもっと死んでいる。
　　（2）　A県では養殖のブリが数匹死んだそうだが、B県の養殖場では赤潮の発生でブリがもっと死んでいる。

　言うまでもなく（2）は個体の死の状態について「もっと死んでいる」と述べたのではなく、個体数について「もっと（多く）死んでいる」と述べているに過ぎない。これらからわかるのは、動詞のテイル形も属性叙述表現をなし、段階性を持つものがあること、段階性はその状態や属性の度合いを広く捉え、属性主体の数量について適切な解釈が成立すれば、それも許容されること、などであろう。

＊3　これは、「太郎が優秀だと思う」と「太郎を優秀だと思う」の関係とは異なるが、詳細は別稿で論じる。

＊4　中世から近代に一部で見られた「赤かり」という終止形は、「あり」を含んでいるが、これは肥筑方言などに「赤か」という終止形・連体形が残存していることをのぞけば、現代語からは消え去っている。

＊5　厳密に言えば、動詞以外（形容詞類や名詞述語）では、「ある」のほかに「なる」と「する」が軽動詞（light verb）として現れる。動詞の場合は、《動詞連用形》＋《副助詞》＋《軽動詞》というシンタグマで使える軽動詞は「する」だけで、動詞の意味・自他の違い・アクチオンスアルトによる差はない。例えば、「戻りはする」以外の「＊戻りはある」「＊戻りはなる」は適格でない。これに対して、動詞以外は軽動詞として「ある」以外に「する」と「なる」も使える。このとき、属性叙述としては「ある」を選ぶのがデフォルトであり、「する」「なる」を選ぶと事象叙述になる。形容詞の連用形のあとに「ある」が続く場合は副助詞がないと不自然だが、それ以外の場合は副助詞を欠いて軽動詞が連続してもよい。「する」と「なる」の選択は、①他動詞と自動詞をそれぞれ形成する場合、②非能格動詞と非対格動詞（無意志的自動詞と意志的自動詞、のように理解してもよい）のいずれかの対立をなす。例えば、「大きくする」と「大きくなる」は①の対立であり、「おとなしくする」と「おとなしくなる」は②の対立である。「明るくする」と「明るくなる」のように①②のいずれの解釈も可能な場合もあるが、この場合は「する」を用いた場合に自他両方の用法があるもので、「部屋を明るくする」（＝他動詞）、「今日は無理をして明るくしていました（＝明るく振る舞った）」（＝自動詞）のように使えるが、他動詞用法がデフォルトとみてよいだろう。

＊6　制約とは、通常の陳述（連体修飾でも連用修飾でもない非修飾、主節述部の終止形など）では使いにくく、時間的限定（意味論的には telicity に相当）を示す形式名詞などを連体修飾する用法が一般的であることだ。

　　（3）　太郎は大学生だ。

(4)？　太郎は大学生でいる。

(5)　太郎は、大学生でいるうちに、海外に行きたいという。

(6)　太郎は、来年の3月までは大学生でいられる。でも、4月からは社会人になるから、自覚と責任を持って生活して欲しい。

　これらは名詞述語の例であるが、(3)(4)を比較するとわかるように非修飾の陳述ではテイル形が不自然になる。しかし、連体修飾の(5)は「うち」で限定されることで、永続的な状態・非時間的な属性叙述ではなく、telicな事態に解釈され、自然に用いられる。(6)は「学生でいられる」と可能形になっているが、非修飾・陳述でも用いることが可能で、連体修飾という制約があるのではなく、時間的限定が明示される状況で用いないと自然にならないということだろうと考えられる。

　上記の例文の「大学生」を「健康」に置換すると形容動詞の用例が得られる。これも同様に「健康でいる」の言い切りはあまり自然でないが、「健康でいるうちに」のように連体修飾節にしたり、非修飾でも「いつまで健康でいられるかな」のように期間限定が明示されるようにしたりすれば、受容度は上がる。

＊7　もちろん、加熱したり加圧したり、特定物質と反応させたりすれば、変化することはありうる。しかし、そのままの状態で置いておけば属性がすぐに変化することはない。

＊8　もちろん、限定用法の解釈も可能でその場合は、「花子の住む北海道」と「花子の住んでいない北海道」を概念的に対比させることになる。この場合も固有名詞の北海道の指示する対象には変わりがないが、「花子が住む」という条件を満たすかどうかで対比を形成し、概念的意味においては限定を受けると言える。ただし、「花子が住む」という条件の充足の有無で北海道の広さが変わるとは考えられないため、(17)については語用論的にも限定用法が自然だとは言えない。しかし、「花子の住む北海道は楽しい」のようにすれば、「花子が住む」という条件が「楽しい」かどうかに影響することは考えられるので、限定用法か非限定用法かの違いを想定することができる。この種の語用論的な解釈合理性については別途論じるが、限定・非限定を含む意味解釈が語用論の影響を受けることは考えておかねばならない。

＊9　ここで論じている以外にも小説の書き出しとして「その日の熊谷は暑かった」のように用いることがありうる。このようなケースは、話者（＝小説の書き手）は直接経験したとは限らないが、疑似的に証拠性表現として用いている。例えば、「安政七年三月三日、明け方からの雪で桜田門の周辺も一面雪景色になっており、雨合羽を羽織っていても、降りしきるみぞれは冷たかった」のようなト書きを現代人が創作の中で用いたとしても、それは書き手の直接経験であることはなく、疑似証拠性表現に過ぎない。日常的な会話の中では、このような疑似証拠性表現は、会話の質の原則（Grice (1975)）に背馳する可能性があり、日本語の会話原理における知識管理の原則にも違反しているので不自然になるが、小説などでは許容される。詳細は別論に譲る。

＊10　加藤（2013: 88）では、構文推意（constructional implicature）を「特定の統語的構文が持つ無標の解釈のうち、語彙の変更や前提の追加で取り消しが可能なものを構文推意と呼ぶ」と定義している。取り消されることなく必ず成立する意味であれば、それは推意とは言えないが、成立しやすさや取り消し

日本語形容詞文と主観分化　　313

やすさにはばらつきがある、と言える。加藤（2013）では、推意を引き出す（あるいは、形成する）形式ごとに、語彙推意、構文推意、テクスト推意に三分している。単語レベルで生じる推意に対して、節の時制やアスペクトやモダリティによって生じるものが構文推意に分類されている。

＊11　日本語のモダリティの捉え方のなかにも、《命題＋認識モダリティ＋伝達》モダリティといった階層構造を《客観＋主観＋間主観》のように記述するケースが見られ、問題は根深いと感じる。このとき、「客観」を「無主観」あるいは「非主観」とすればよいわけではない。というのも、モダリティ部を除外した命題部が主観をまったく含まないとは言えず、主観性がないときもあるものの主観性をふくむときもあると考えなければならないからである。

＊12　「太郎は花子には優しい。いつも花子はそう思っている。」とすれば、花子の判断だが、「太郎は花子には優しい。私にも優しくしてくれればいいのに。」とすれば私の判断である。

参考文献

加藤重広（2003）『日本語修飾構造の語用論的研究』ひつじ書房.

加藤重広（2011）「世界知識と解釈的文脈の理論」『北海道大学大学院文学研究科紀要』134：pp.69–96.北海道大学.

加藤重広（2012）「属性の事象化と一時性―標準語と方言の差異に着目して―」,影山太郎（編）『属性叙述の世界』pp.113–141.くろしお出版.

加藤重広（2013）『日本語統語特性論（北大文学研究科研究叢書）』北海道大学出版会.

加藤重広（2014）「村木新次郎著『日本語の品詞体系とその周辺』」『日本語の研究』10（2）：pp.62–67.日本語学会.

加藤重広（2015）「形容動詞から見る品詞体系」『日本語文法』15（2）：pp.48–64.日本語文法学会.

寺村秀夫（1984）『日本語のシンタクスと意味II』くろしお出版.

時枝誠記（1941）『國語學原論』岩波書店.

時枝誠記（1950）『日本文法　口語篇』岩波書店.

仁田義雄（1998）「日本語文法における形容詞」『月刊言語』27（3）：pp.26–35.大修館書店.（再録『仁田義雄日本語文法著作選4』pp.329–339.）

樋口文彦（1996）「形容詞の分類―状態形容詞と質形容詞」『ことばの科学7』pp.39–60.むぎ書房.

水谷静夫（1951）「形容動詞辨」『國語と國文学』28（5）（再録：服部四郎ほか（編）（1979）『日本の言語学第四巻　文法II』大修館書店.）

水谷静夫（1978）「続形容動詞辨」『計量国語学』11（7）：pp.283–301.計量国語学会.

三原健一（2008）「いわゆるナ形容詞の結果述語を巡って」金子義明ほか（編）『言語研究の現在』開拓社.

村木新次郎（2012）『日本語の品詞体系とその周辺』ひつじ書房.

八亀裕美（2008）『日本語形容詞の記述的研究：類型論的視点から』明治書院.

山田孝雄（1908）『日本文法論』宝文館.

Backhouse, Anthony E. (2004) "Inflected and Uninflected Adjectives in Japanese", In: Dixon and Aikhenvald(eds)(2004), pp.50–73.

Baker, Mark C. (2003) *Lexical Categories: verbs, nouns and adjectives*, Cambridge: Cambridge University Press.

Bybee, Joan. (2006) "Linguistic change and universals" Miral and Gil(eds.) *Linguistic Universals*, pp.179–194. Cambridge: Cambridge University Press.

Croft, William. (2003[2]) *Typology and Universals*, Cambridge: Cambridge University Press.

Dixon, R.M.W. and Aikhenvald, Alexandra Y.(eds) (2004) *Adjective Classes*, Oxford: Oxford University Press.

Grice, Paul H. (1975) Logic and Conversation, In. Cole and Morgan (eds) *Syntax and Semantics vol.3: Speech Acts*, pp.41–58. New York: Academic Press.

Hildebrandt, Kristine. (2014) "Manange" Genetti (ed.) *How Languages Works*, pp.404–423. Cambridge: Cambridge University Press.

Sohn, Ho-Min. (2004) "The adjective class in Korean" In: Dixon and Aikenvald(eds) (2004) pp.223–241.

Wetzer, Harrie. (1996) *The typology of adjectival predication*, Berlin: Mouton de Gruyter.

係助詞の主観性

半藤英明

要旨

　主観、客観という観点からの語、文法の分析、識別は、発話者の認識・判断にかかる種々の論点を浮かび上がらせる。それは、文法分析上の言語の性質面にかかる原理的な課題である。言語的構成素では、概して主観的と見做し得る助詞の分類上、モダリティに深く関与する係助詞に主観性の高さを指摘し得る。また、係助詞「は」「も」「こそ」のなかでは、卓立機能を持つことで確信的な判断を示す「こそ」がさらに高い主観性を有していると考えられる。

キーワード

　主観・客観、主観性・客観性、主体性・客体性、客体概念、関係概念、反省的客体概念、現象文、判断文、係助詞、主観性の程度差

1. 論点

　世に、主観、客観および主観性、客観性という対立的な概念、用語がある。日常会話でも「それはあなたの主観だ」とか「もっと客観的に述べなさい」などと表現する。主観、客観は「見方」であり、主観性、客観性は「性質」や「あり方」である。ここでは、ごく単純に、人間個々の直観や内省的な認識・判断に基づく見方を主観とし、そのような性質やあり方を主観性と呼ぶ。また、「空が青い」のように描写的な事態・事実や「表面が硬い」のように人間一般の普遍的な共通認識に基づく見方を客観とし、そのような性質やあり

方を客観性と呼ぶ。

（1）吾輩は猫である。

（1）の文は、発話者の内省的な判断として自分は猫であると述べたものであり、描写的な事態・事実でも人間一般の普遍的な共通認識を示すものでもないから、主観的な表現である。主観的な表現は、すなわち主観性を有する表現である（そこに何らの客観性も認めないものではない）。

このとき、文の構成素である「吾輩」「猫」は、日本語母語話者において万人の普遍的な共通認識として共有される表象を意味としており、それは人間個々の直観や内省的な認識・判断に基づくものではないと考えられるから、客観的なものであるとし得る。一方「は」や「である」は表象的な実体概念に乏しく、「吾輩」「猫」が意味するものと同等の普遍的な共通認識に相当するものが見出せないから、客観的なものであるとは考え難い。このようなものを、ひとまず主観的なものと識別するならば、言語の構成素としては大きく客観的なものと主観的なものとが想定される。

動詞、形容詞、名詞など、いわゆる詞の意味するものは、概ね万人の普遍的な共通認識に基づいており、客観的なものであるが、辞である助詞や助動詞は、詞のごとき単体での自立的な意味的概念ではなく、別の語・句を承けて作用する、働きとしての機能的概念であり*1、主観・客観という対立で捉えれば、まったく客観的とは思えないから、ほぼ主観的なものである。本論で取り上げる係助詞は、当然、主観的なものである。前掲（1）のように係助詞「は」は、その文法機能として主観的な表現を作り上げる働きがある。詞の持つ意味性と辞の機能的概念とが同レベルで比較できるものであるのか、また、機能的概念を直ちに主観的なものと捉えることが妥当かの検証はすべきところではあるが、直観的また分析的に品詞の主観性、客観性をはかることは従来からなされてきたことである。

このように言語における主観、客観という見方は、言語的構成素のレベルから文・表現のレベルまでを広く対象とし得る。ただ、主観、客観の意味的概念は抽象度が高く、主観性、客観性にしても、例えば客観性の高い主観、主観性を含む客観などが想定され、主観

性と客観性は理論的に不連続ではないと思われることから、言語分析上の用語としては不安定なものを含むが、その視野をなくした文法記述は、言語の性質面にかかる本質性を欠くことにもなり、原理的な理解が不完全になることも考えられる。

　かつて、古典語「ぞ」「なむ」「こそ」の係結びを論ずるなかで、「こそ」は最高位の強調であることが言われた*2。文・表現における「強調」は、発話者の主観、主観性が関与するものである。強調の度合いが高いということは、発話における主観性の高さを代弁するものである。係結びにおける強調の程度差を科学的に、いわば数値的に説明することは難しいが、従来の議論として係結びの強調の度合いが問題視されたことは、係助詞の主観性に程度差の議論があることを示している。

　現代語の係助詞は、基本的に前項 A ＝後項 B という判断文をなす助詞のグループであり、具体的には「は」「も」「こそ」である*3。いずれも係助詞の「取り立て」機能により、発話者の内省的な認識・判断による主観的な表現を作る。本論の課題は、それらの主観性に程度差を認め得るかということである。すなわち、係結びの強調をめぐる議論のように、現代語「は」「も」「こそ」それぞれにおいて主観性が高い（強い）、主観性が低い（弱い）というような分析をしてもよいものだろうか。

2. 主体性と客体性

　人間の表現というものは、全ての場面において、その意識や認識の表明である。時枝（2007: 72–73 および 33）によれば「言語の本質は実に概念作用の如き言語主体の機能に存するということができる。」のであり、そこでは「主体的な機能をこそ言語の本質的要素と考え、これら機能によって概念され、表象された概念及び表象を素材として、言語の外に置こうとするのである。」という言語研究観が形成される。それは、言語の本質が人間の主体的活動そのものであるという言語過程説の根幹を語るものである。つまり、言語としての素材は、言語主体（＝発話者）の主体的機能によって言語

となることができる。いかなる表現も人間の意識や認識の表明であることは、言語形式の創生および存在に遡る原理である。

　英語の subjectivity は「主体性」または「主観性」と訳され、今日の文法研究には必須のテーマであるが、それらは言語の本質論と深く関わる。英語にも訳語のほうにも定義・概念規定には異同があるが、ここに本論として整理してみる。ただし、時枝の「主体的・客体的」の考え方には触れない。

　表現活動の基本的な形式である文は、素材（時枝の言う）である言語の、その構成素による集積である。青木（1992: 45）によれば、言語の構成素の全ては概念化を経たものであり、客体的である。つまり、言語の構成素は「客体性」を持つ存在である。言語の構成素の全てが人間の認識に基づく概念でしかあり得ないという考えは支持できるものである。そのようなものの集積からなる文の具現化については、発露の前提として、発話者（書き手を含む）が自らの意識や認識を表明しようとする意思があり、それを如何なる態度で示すかということにかかる判断が存在すると考えられる。

　言語という存在が既成化している以上、発話者の意思や態度を言語活動の前提とせず、成立済みの素材そのものから論を起こす立場も考えられるが、それらの前後関係は本論の問題ではない。いずれ素材たる言語と発話者の意思・態度との連続性が重要である。それは、時枝の言うように言語を人間の主体的活動そのものと捉えるに相当し、後述するように今日のモダリティ論の考え方に通ずるものである。

　ここに、上記のような発話者の意思および態度を言語の「主体性」と呼ぶならば、この「主体性」と、概念化の産物である言語的構成素に対して充当される「客体性」とは、上記の連続性にはあるものの、分析的なレベルの異なるものであり、並行的な概念ではない。主体性と客体性とは通常、対立的な概念と捉えられるが、言語的構成素の全てが客体的なものであるという立場では「客体性」という観点から文法を分析的、対照的に論ずる意味が薄い。すなわち本論の立場において、これは「客体的な表現」だが、こちらは「主体的な表現」であるというような捉え方はしない。

3. 文の主観性と客観性

　冒頭のように、詞・辞の分類に見るごとき構成素のレベルから、それらの集合である文・表現のレベルにわたり、主観性、客観性という観点から分析、対照することは、ごく一般的なものである。

　(2)　犬が歩いている。

　前掲 (1) は文として主観的な表現であったが、(2) の文は描写的な事態であり、発話者および聞き手（発話関係者）の共通認識となるものでもあるから、客観的な表現である。客観的な表現は、すなわち客観性を有する表現である（そこに何らの主観性も認めないものではない）。

　繰り返しになるが、このとき言語的構成素である「犬」「歩く」などの詞の概念は、一定の共通理解に基づいており、客観的なものと見做せる。辞「が」や連語「ている」は、それらと同一の概念とは思えず、働きとしての機能的概念であるから客観的とは見做せず、主観的なものということになる。「が」の担う主格の概念にしても「ている」のアスペクトの概念にしても表象的な実体概念に乏しく、すこぶる認識性の高い抽象概念であり、詞に想定される概念とは区別すべきものである。

　前掲の青木 (1992) は、言語的な全ての概念を客体性のものである「客体概念」（「広義客体概念」）とした。この「客体概念」には、発話者の認定以前にそう認定すべき概念が存在しているものと、発話者の認定そのものが概念となるものとがあり、前者を「客体概念」（「狭義客体概念」）とし、後者を「反省的客体概念」と呼んだ（以下、本論の「客体概念」は狭義のものを指す）。青木は、「が」のような格助詞の概念については「客体概念」のうちの「関係概念」としている。ちなみに、詞の殆どは「客体概念」のうちの「素材概念」であり、本論のこれまでによれば、それは客観的なものであるが、格助詞は主観的なものである。つまり、格助詞の「関係概念」とは「客体概念」として主観的なものである。後述するが、係助詞の概念については「客体概念」ではなく「反省的客体概念」であり、格助詞とは異なる概念である。ただ、こちらも同様の理屈で、

主観的なものである。

　文とは、その構成素のレベルで主観的なものと客観的なものとが複数接続し、それらの集合として主観的な表現か客観的な表現かで、できあがると言い得る。前掲（1）（2）は、構成素のレベルでは接続のあり方が次のように同等である。

　　（1）吾輩（→客観的）・は（→主観的）・猫（→客観的）・である（→主観的）

　　（2）犬（→客観的）・が（→主観的）・歩く（→客観的）・ている（→主観的）

　しかし「吾輩は猫である」「犬が歩いている」という文の単位で見れば、主観的な表現であったり客観的な表現であったりするのである。構成素レベル、文レベルと、異なる事柄について主観、客観をはかることは分析対象の不統一による語義の不安定さへと繋がるが、主観、客観が対立的な概念であることをもって極端に異なる性質にあることをはかるものとしては便宜的に有効である。

4．主観性と客観性の区別

　前掲（2）のように、文としては客観的な表現の、その構成素の一部に主観的なものの存在を認めることは、時枝の入れ子型構造の矛盾、すなわち、まとまりとしての詞の単位において詞とは「次元が異なる」とまで言われた辞が包含されるという矛盾に通ずるところがある。しかし、本論の関心に向けては特段の問題にならない。主観、客観が特定の問題に有効な概念であるはずがなく、それらは分析の観点として用途に応じて判断できるものである。言語的構成素それぞれ単体の概念を分析する上での主観、客観の問題と、文の内容上の主観、客観の識別とは、分析のアプローチもイメージのプロセスも異なるものであってよい。

　言語的構成素のレベルで体言「鳥」、格助詞「が（主格）」、助動詞「である（断定）」のような単体の客体概念を主観、客観の観点から分析する上では、基本的に表象上の違いが問題である。すなわち、それらの客体概念を実体的あるいは具体的にイメージし得るか、

並びに、それらの客体概念が万人に普遍的なイメージを形成し得るか、といった表象上の違いを分析する。このとき、実体的、具体的でなく、万人の普遍的な共通認識として共有される表象を有しない辞は、主観的であるということになる。

文のレベルになると、尾上（2006:9）が「文表現というものは、どのようなものであれ、すべて、存在承認か希求であるということになる。」と説くように、分析対象が情報伝達上の事態をめぐる意識や認識となる。それは個別の言語的情報が全体的、総合的なものとして完成したものであり、個々の構成素にかかる主観性、客観性を問題としていない。文における主観、客観の識別とは、構成素のレベルを超えて「事態」の分析をしていることになる。

（3）雨が降る。

（4）雨が降っている。

前掲（2）と同様に、どちらも現実的で具体的な事態（正しくは事態認識）の表現であり、その点で客観的な表現である。ゆえに従来は「現象文」とか「現象描写文」などの扱いである。このとき、そのような文のタイプの決定において「が」単独が如何なる客体概念であるのか、すなわち主観的であるのか客観的であるのか、を分析はしない。

（5）彼は学者だ。

（6）彼は学者らしい。

どちらも「彼」を「学者」として認識していることを表明し伝達するものである。「彼」「学者」は客観的な構成素であるが、それらを「は」で連結することで発話者の内省的な判断を示し、文として主観的な表現としており、こちらはいわゆる「判断文」となる。このときも「は」単独の客体概念（＝反省的客体概念）を個別的に分析して文のタイプの識別に使用しているわけではない。このような分析上の問題は、言語的構成素と文との主観、客観の分析レベルが異なるがゆえのものである。

文のレベルでの主観、客観および主観性、客観性は、文全体の内容が発話者の如何なる認識・判断に基づくものかを分析する結果である。（3）（4）のように文の内容が発話関係者の普遍的な共通認

係助詞の主観性　323

識となる事態の表現であれば客観的な表現とし、（5）（6）のように発話者の直観や内省に依存する事態認識であれば主観的な表現と分析する。その上で、前者は現象文、後者は判断文となる。ただ、事態の認識というものは本質的に主観的なものであるわけで、なれば現象文と判断文の識別（本論としては、それら以外の並行的な表現タイプを想定していない）においては、文における認識・判断の部分よりも、どちらかといえば、事態的なあり方の違いを分析して主観的であるか客観的であるかを区別しているということである。

5. 事実としての客観性と言語における客観性

現象文、判断文のように、文を内容上の主観性・客観性から分析して区別し得るにしても、言語における客観性というものは、本質的に、現実としての事態的な客観性とは質が異なる。すなわち、世の現実として客観性の事態は事実として存在するが、言語という、発話者の「主体性」により具現化したもの全ては人間の認識として取り込まれた存在であり、現実の事態レベルから人間の認識レベルへと移行したものであるので、事実としての事態と同一の客観性とは扱えない。言語が人間の認識の産物である以上、言語に事実としての事態と同質同次元の客観性は存在しない。雨が降っている事実としての事態が言語化されて「雨が降っている」となれば、それは事態の認識を述べたものとなり、事実としての事態ということだけにはならない。

現象文、現象描写文などが示す事態の表現は、実のところ事態の認識を表しているから、主観性の入り込む余地がある。例えば、砂漠のオアシスを見つけた話者が「水がある」「水！」と叫んだ場合を考えてみる。前者は現実的で具体的な事態の表現であり、客観的な表現であるから、現象文である。しかし、現象文も言語としての「主体性」のなかに存在するがゆえに、しばしば主観性を排除できない。

（7）水が<u>約100メートル先</u>にある。

（8）<u>たっぷりと</u>水がある。

これらは現象文であり、一般に判断文とは識別されない。「水が存在する」という事実としての事態が認識されたという表現は、客観的なものである。しかしながら、発話者の「主体性」によって具現化される文は、そもそも発話者の認識が入り込む蓋然性を持つ。上記の「約100メートル先に」「たっぷりと」といった修飾語は事態的であり、基本的には客観的なものと見做すことができるが、それらも発話者の認識や判断と無縁ではなく、必ずや発話者の主観性が反映されている。「約100メートル先に」「たっぷりと」は事実としての事態を言語化したはずのものだが、如何なる修飾語によって表現するかの選択において発話者の認識・判断が反映されており、それは、もはや事実としての事態そのものではない。すなわち「約100メートル先に」は発話者の当て推量を反映しており、正確な事実ではない。「たっぷりと」も発話者の認識に基づいており、その意味での主観性は排除できない。それでも、文全体の内容としては客観性が高く、それらは現象文という扱いになるのである。

　前述のように、文の客観性というものは事態的なあり方の違いを対照的に分析することであり、認識的なものを前面に押し出して分析するものではない。このとき、文の客観性が現実としての事態的な客観性とは本質的に異なるということは、現実的で具体的な事態の現象文であっても「水がある」という表現には本質的に発話者の主観性が隠れているという言い方へと換言できる。仁田（1991）において「現象描写文」が「発話・伝達のモダリティ」における「述べ立て」の一類として判断文と並立しているのは、結果として同様の発想に立つものだろう。

　なれば、現象文とは、発話者の主観性の存在を認め得るも、文全体としては客観的な表現と理解し得るものであり、狭義の現象文とは、文の情報に必須の要素となる主体、対象、受身、目標などの格表示と述語用言（とくに動詞）から成る構文であり、形式上からは発話者の主観性を認め得ず、それが潜在している事態的な表現である。

（9）　花が咲く／咲いている。

（10）犬が水を飲む／飲んでいる。

（11）太郎が犬に嚙まれる／嚙まれている。

（12）父が病院に向かう／向かっている。

　これらは、形式上の主観性を認め得ないから、狭義の現象文である。なお「花が咲いた」「犬が水を飲んだ」のようなテンス・アスペクト形式のタ形構文も、本論では現象文の範疇と見る。本論とすれば構成素「た」は主観的なものであり、時枝によっても「た」は言語主体の認定を表すが、階層的モダリティ論に従って「た」を叙述内容（＝命題）の範囲で捉える上では、文全体として客観的な表現と見ることができる。「花が咲いた」「犬が水を飲んだ」は眼前の事態ではなくても、現実的で具体的な事実の表現であり、発話者の主観性は限りなく低いと思える。

　「水！」の一語文については、文としての形式が未成熟であり、現象文とも判断文とも捉えにくく、表現形式から直ちに主観的な表現か客観的な表現かを識別しにくいが、発話意図が「水がある」とは異なるところに発話者の主観性を捉えることができる。

　一語文の特異性は発話者の心的状況を表すところにある。この例の場合は、話者の驚きや切迫感をもたらす効果である。「水！」という表現は「水」を発見した発話者の喜びや感動といった心的状況を結果として他者に伝えており、「水が存在する」という単なる事態の表現ではない点で、形式上に見られない発話者の主観性が反映される（喚体句的であることが発話者の主観性を担うということではある＊4）。文が発話者の「主体性」に基づくものであれば、いずれ主観性を完全に排除できるものではない。

　ただ上記は、ここに表現の全てが主観的であるということを言うためのものではない。表現の全ては発話者の意識・認識の表明であるが、表現の全てを主観的と見ることは言語分析上、意味がない。

　現象文「水がある」も一語文「水！」も、例えば「水が飲みたい」という願望表現とは発話者の主観性という点で大きく隔たる。前二つでは表現全体として発話者の内省的判断が希薄であり、構成素としても主観的なものはない。前述のように「水がある」には主観性が潜在しており、「水！」の主観性については場面性のもとで結果的に分析し得るものである。一方「水が飲みたい」は「〜が〜

たい」形式により発話者の意向を示す判断文であり、文としても構成素としても主観性を有している。それらを文のタイプとして区別しないことはあり得ない。

結局、現象文と判断文の区別は絶対的なものではなく、人間の主体的活動である言語が常態的に主観性と無縁ではないなか、大別される表現のタイプとして、次の二類を想定することである。無論、それらは不連続ではない。

Ⅰ　（発話者の主観性を完全に排除できるものではなくとも）現実的で具体的な事態をこそ述べるための客観的な表現、すなわち客観性の表現

Ⅱ　発話者の認識や判断そのものである主観的な表現、すなわち主観性の表現

文は、発話者の意識・認識を表明する主体的活動の一つの形式である。ゆえに現象文と判断文も不連続ではないのである。如何なる表現も、通常は発話者の内省的な認識や判断を言語化するものであり、現実的で具体的な事態を言語化する必要性は、その事態が万人の普遍的な共通認識であることをもってコミュニケーション上での使用は多くなく、現象文の出現は場面的に限られることになる。しかしながら、文として客観的な事態、客観性の表現を分析することは、文のタイプにかかる識別のみならず、概して主観的な存在である助詞にかかる主観性、客観性の議論に及ぶトピックとなる*5。

6. 格助詞の客観性

文としては客観的な表現である現象文が格表示と述語用言からなる構文であることは、格そのものが客観性を帯びていることに連関している。

前述のように、言語の構成素の全ては人間の認識による概念化を経た存在である。青木は、それらを「客体概念」のものと「反省的客体概念」のものとに大別した（前述）。本論では、辞としての助詞は表象的な実体概念に乏しく、機能的概念であるので概して主観的なものと見るのだが、青木は助詞の分類を見据え、各助詞類の

係助詞の主観性　327

概念を「客体概念」のものから「反省的客体概念」まで広く取った*6。それは、結果として助詞類を主観性、客観性の観点から差異化すべきことを示したものである。

　改めて確認すれば、格助詞の概念は「客体概念」のうちの「関係概念」であり、係助詞の概念は「反省的客体概念」である。総じて主観的なものと判断できる助詞の概念が格助詞と係助詞とで区別され、その位置づけが異なるのは、格助詞が主観的ながらも客観性を持つものであるのに対し、係助詞があくまで主観的なものであるということによる。

　従来の格に関する議論を踏まえ、格を体言と用言の間の関係概念とし*7、それらの論理的関係によって使い分けるものと捉えるとき、格は発話者の認定そのものではない。例えば、鳥が空を飛んでいる場面において、そのことを発話者が聞き手に知らせようすれば、動作主体である体言「鳥」と動作である用言「飛んでいる」との関係性を判断し、「鳥が飛んでいる」と発話する。

　　鳥（主体）………………………………………… 飛んでいる（動作）
　　　　　　関係性＝が（主格）の選択

　動作主体を動詞との関係性において「が」と認定すべきことは既定のものであり、それ以外の恣意的な判断は排除される。その意味で、日本語母語話者にとって主格表示「が」の選択は普遍的な共通認識である。「が」そのものがイメージとして実体的な表象を結ばず、主観的なものと捉えられるにしても、主格と判断されるものは「が」で表現すべきことが前提である。これが「が」の客観性である。

　つまり、格は発話者の事態認識的なものである。発話者において関係性を「が」と把握する判断はあるものの、それは文法法則を踏まえた選択的判断であり、発話者自らの認定そのものではない。このことをもって青木は、格助詞を「客体概念」のなかの「関係概念」という扱いにしたものである。主観的なものながらも発話者の認定そのものでないところが格助詞の客観性である。

　一方、係助詞「は」はどうか。例えば、彼が医者であることを

発話者が聞き手に示そうとすれば、「彼」という説明対象に対して「医者である」という説明を与えるために「は」の使用が判断され、説明対象である題目「彼」と解説「医者である」とを関係づけることになる。体言「彼」と体言「医者」の間には、もともと格関係のような、特定の関係性がなく、体言述語「医者である」にしても内在的な格は持ち得ず、格表示の必然性が存在しないので「彼が医者である」とはならずに「彼は医者である」と構成することになる。

彼 ……………………………………… 医者＋である（判断のモダリティ）
　　題目と解説の形成⇒はの使用

　格助詞と係助詞それぞれの担う関係概念は、文の構成上の環境が別物である。「彼は医者である」のような名詞述語文では格表示が表れにくい。それは、名詞述語文を構成する環境では構文的に必須の関係概念が存在しないからである。「は」は発話者が前項の題目と後項の解説とを結びつけて一定の判断を下そうとする認識に基づいて使用するものである。そのような「は」の概念（題目提示）に「客体性」が認められるとしても、主観、客観の立場からは「客観性」が見出しにくい。係助詞が「客体概念」でなく「反省的客体概念」であるのは、そのことを踏まえていると見られる。

　助詞は、言語的構成素として概して主観的なものであるが、助詞の分類上からすれば、格助詞については客観性が指摘でき、係助詞については格助詞のような客観性が見られないということになり、それらには主観性の高低差が認識されることになる。主観、客観の区別を表象上の観点ではなく、助詞の関係概念のあり方ではかる限り、格助詞とは、より客観的な辞であり、係助詞は、より主観的な辞である。

7. 係助詞の主観性

　近年の文法研究では、文には必ずモダリティがあるとする常識がある。図形的イメージとして、伝達情報としての叙述内容をモダリティが包み込む形のモデルが示されている。モダリティの概念規定

には異同があるが、仁田（1991: 18）の暫定的規定によれば、モダリティは「現実との関わりにおける、発話時の話し手の立場からした、言表事態に対する把握のし方、および、それらについての話し手の発話・伝達的態度のあり方の表し分けに関わる文法的表現」である。上記の「言表事態」とは叙述内容のことである。その規定は人間の主体的活動としての、素材たる言語と発話者の意志・態度の連続性を述べていることであり、時枝の言語過程説と仁田のモダリティ論が通底した言語観にあることを示すものである。

　仁田は、モダリティを「言表事態に対する把握のし方」であるものと「それらについての話し手の発話・伝達的態度のあり方」であるものに大別し、前者を「言表事態めあてのモダリティ」とし、後者を「発話・伝達のモダリティ」と呼んだ。前者も後者も終止形という無標形式を除けば、概して前者は認識や判断を表す助動詞が担い、後者は連語「のだ」「わけだ」や疑問、禁止および伝達態度（「ね」「よ」など）を表す終助詞が担う。すなわち、日本語の場合、モダリティとは基本的に文末決定性のものである。重ねて繰り返すが、本論からすれば、それらの構成素は主観的なものである。また、本論の考え方からすれば、モダリティは人間の主体的活動としての言語から、素材の部分に先立つ、発話者の意志・態度にかかる部分を文法的な概念として取り出し、その部分が「客体概念」（「広義客体概念」）として如何に素材化すなわち言語構成素化しているか、さらには如何に構文化するか、という範囲をはかるものである。その意味で、モダリティは主観・客観という観点よりも「主体性」という概念に馴染むものである。

　前節で述べたように、格助詞の示す論理的関係は発話者の事態認識的なものであり、発話者による任意の使用が許されない。発話者の内発的な認定に基づかないと考えられる点で、格助詞は係助詞の主観性よりも客観的な度合が高いと考えられる。

　格表示は「客体概念」（「広義客体概念」）として体言と用言の関係概念を表すものであり、そのようなものを「言表事態めあてのモダリティ」と捉えることは難しい。格助詞による「事態認識」の表示は、文全体の「言表事態」を形成する上での構成素間の関係構成

であり、主に助動詞が担う「言表事態めあてのモダリティ」の同類
としては認定できない。

　一方、必ず判断文を作る係助詞の機能は「言表事態めあてのモダ
リティ」としても「発話・伝達のモダリティ」としても捉えること
が可能である。益岡（2007: 131）は、題目の「は」を「判断のモ
ダリティの階層と発話のモダリティの階層のいずれにも位置し得
るという点で、位置する階層が非固定的であると言える」と述べ、
「は」がモダリティの範囲で把握できることを示している。それは、
係助詞が格助詞よりも主観的なものであることと繋がるものである。

　係助詞をダイレクトにモダリティと扱うかどうかの結論は留保す
るにしても、判断文の形成と関わる係助詞は、まずもって「言表事
態めあてのモダリティ」に深く関与していることは間違いない。さ
らに、文のあり方を決定することからは「発話・伝達のモダリテ
ィ」にも関わると考えられる。係助詞の構文が必ず判断文となるこ
とは、係助詞が発話態度とも連関していることである。「言表事態
めあてのモダリティ」も「発話・伝達のモダリティ」も「主体性」
のものである点において、係助詞もまた「主体性」のものである。
この点は格助詞との性質上の違いとなる。モダリティの範囲に位置
的な条件がない以上、文末決定性の構成素のみならず構成素間の関
係構成を担うものについてもモダリティと認めることはあってよい
だろう*8。

8.　係助詞の体系性と主観性のあり方

　係助詞「は」「も」「こそ」の構文は、「は」を中心として相互補
完的である。「も」構文は「は」構文の存在を前提としており、「こ
そ」構文は「は」構文や「も」構文の存在を意識した上で使用する
ものである。それらの関係性を簡単にまとめてみる。

　発話者が「彼」を判断の対象として「医者」という資格と結びつ
け、彼が医者であることを認定して表示しようとすれば、構文的に
は題目と解説の関係を示すことになるので「は」を使用する。通常
は名詞述語文として助動詞が必要となり、断定の判断であれば、

（13）彼は医者である。

となる。「は」の関係構成機能は、基本的に題目と解説の関係性を作ることであり、範列的関係の有無を通じては、主題用法になったり、例えば「彼は患者ではない」を意識下に置くような対比用法にもなる。

「も」は「は」構文で判断される事態と同類のものが他にあるという判断を構文として示すものであり、「こそ」は「は」および「も」の構文によって判断され得る複数の事態のなかから発話者として最上の判断を構文として示すというものである。すなわち、それぞれに範列的関係を持ちつつ「は」とは類縁の判断文を作っている。これが係助詞としての体系性である。

（14）彼も医者である。

（15）彼こそ医者である。

（14）は彼の他にも医者である者がいないと表現されない。つまり「彼の父は医者である」のような「は」構文（あるいは、それに相当するもの）の存在が使用上の前提である。（15）は彼の他にも医者であると判断できる者が複数程度いないと表現されない。医者らしき複数の存在を認めつつ、発話者として「彼が医者である」「彼は最も医者らしい」と確信したものが（15）である。

そのような「は」「も」「こそ」の体系性において、それぞれの係助詞に主観性という点から差異を捉えることは可能だろうか。まずは、（13）〜（15）と次例からたどってみたい。

（16）彼は医者だろう

（17）彼も医者だろう。

（18）彼こそ医者だろう。

「は」は通常、文脈の影響を受けず、構文として自立的である。「も」「こそ」は前述のような使用上の制約があり、範列的関係を踏まえた一定の文脈を必要とするから、構文としての完全なる自立性を持っていない。文脈という事態性によらない自立性は、その構文の「主体性」に関わると見えるが、そのことが主観性の差異にダイレクトに反映するとは考えない。構文の主観性は、あくまで構文内の判断のあり方と相関するものであるべきだろう。

（13）～（15）の断定の文と（16）～（18）の推量の文におい
て「は」「も」「こそ」は、断定と推量という判断内容の違いには関
与していない。「は」「も」「こそ」の支配は、断定と推量の違いに
は及ばず、いずれも「彼」が「医者」であることを認定している点
で同一の判断があると考えられる。「も」「こそ」の構文は「は」の
ように題目と解説の関係を一義的に示すものではないが、そこに
も「は」的な題目と解説に相当するものが潜在しており、題目に対
する解説を選択判断するのと同様の構造的な働きがあると見られる。
山田（1936：492）は「は」が「元來論理的性質をよくあらはすも
のなるが故に「なり」などにて結ぶこと最も頻繁にあらはる。」と
述べるが、「は」「も」「こそ」の構文は「言表事態めあてのモダリ
ティ」（前掲）に当たる断定、推量の確定前に一定の論理的判断を
下していると見るべきである。この点で発話者の主観性に差異は見
出しにくい。

　しかし、（13）～（18）の中では（18）の使用に若干の違和感が
ある。実例を見る限り「こそ」と推量表現との共起は稀ではないが、
「こそ」の選択的判断は医者らしき複数の存在から最上の適格者を
卓立的に選ぶというものであり、そこでは相当程度の確信性が認め
られるから、推量の「だろう」とは馴染みにくいと考えられる。つ
まり「こそ」は（18）よりも（15）のような確信的な判断文にこ
そ使われやすいと直観する。それは「は」「も」「こそ」の主観性の
程度をはかる端緒である。

　「は」構文の成立には語彙的な包摂関係が関わっており、前掲
（13）を「医者は彼である」とは換言できない。しかし、題目との
関係性が特定的な体言との結びつきの場合は、文の構造、発話意図
が別物となるものの、題目と解説（体言部分）の置換が可能である。
次例のように題目A＝解説BがB＝Aとしても理解可能であるこ
とは「は」が極めて緩やかにA＝Bを示していることである。

　（19）彼<u>は</u>犯人だ　⇄　犯人<u>は</u>彼だ。

　（20）熊本<u>は</u>私の故郷だ　⇄　私の故郷<u>は</u>熊本だ。

　このような置換は「も」や「こそ」の場合にはできない。それは
「も」「こそ」が構文内の前項A′＝後項B′を強く支配していること

係助詞の主観性　　333

の表れである。「も」「こそ」が範列的関係を前提とする構文であることで、それぞれの構文での構成素間の関係 A′ = B′ は、並行する事態の関係 A = B およびその類に倣ったものでなくてはならない。

「も」の働きは、ある事態の同類を示すもの（類示機能）であり、構文内の事態 A′ = B′ の是非にかかる判断に加え、並行する文などの範列的関係 A = B との対照的認定という総合性、いわば異なる判断が重なって存在するという意味の「重層性」がある。判断の重層性は「は」の対比用法の場合にも認め得るが、「も」においてはほぼ常態的なものである。「こそ」もまた「は」「も」相当に前項と後項の結びつきを認定しつつ、かつ複数の事態から最上の結びつきを認定するという判断の重層性がある。そのような判断の重層性は、少なくとも「も」「こそ」と「は」の主観性にかかる差異と認め得るだろう。

「も」の類示機能が「は」よりも明らかに高い主観性を示すかについては、「も」の実例から見て慎重さを要すると考えているが、「は」には明らかに主観性の乏しい用法がある。物語の文体では「語り」の特性から「会話はちょっと途切れる。」（夏目漱石『草枕』）のように「が」相当の「は」により現実的な事態を述べる用法が見られる。それは客観的な表現と思え、「は」構文の主観性には高低差があることになる＊9。このような用法は「も」にはなく、それは「も」の主観性の強さに関係するところと思える。

とくに「こそ」については判断の度合い、主観性の強さという点で他を上回るところがある。その連関で言えば、「は」は疑問表現を作ることができる。「は」による題目と解説の関係において発話者の判断として解説の内容が不定・不明であれば、そこに疑問詞が配置されて疑問文となる。ちなみに解説に先立つ題目の部分が不定であることはあり得ず、「は」には疑問詞が上接しない。

（21）彼は誰だろうか。

ところが「も」「こそ」は既成の事態を発話の前提とし、それとの対照を積極的に表示するものであるから、基本的に（積極的には）疑問文の構成に馴染まない。

（22）彼も誰だろうか。

（23）彼こそ誰だろうか。

（22）（23）は非文である。「は」構文との関係において「も」の真偽疑問文は「朝は来るだろうか。夜も来るだろうか」のように可能であるが、「こそ」の場合は想定しにくい。「彼は犯人だろうか」を受けての「彼も犯人だろうか」は可能であるが、「彼こそ犯人だろうか」の成立は、余程の文脈がない限り、通常は難しい。疑問文のメカニズムと「こそ」の卓立機能とは整合しない。「も」の前項には疑問詞が来る（ただし不定の意味となる）が、「こそ」では前項にも後項にも疑問詞は来ない*10。これも総じて「こそ」の卓立機能が確信的な判断と結びついていることである。

係助詞の「取り立て」機能において「こそ」の卓立機能は、この助詞の判断の度合い、すなわち主観性の強さをよく表すものである。構文における発話者の判断のあり方をたどるにおいて、係助詞「は」「も」「こそ」のなかでは「こそ」の主観性が最も高いと考えられる。次例のような強調的で感動性のある「こそ」の用法が見られるのも、その連関である。

（24）もし一緒だつたら、それこそ二進も三進もいかなかつたかも知れない。　　　　　　　　　　　　　　（島崎藤村『突貫』）
（25）葉子に離れて路傍の人の間に伍したらそれこそ狂気になるばかりだろう。　　　　　　　　　　　　　（有島武郎『或る女』）

係助詞の構文としては「は」構文が中心的なものであり、題目のなかでも「真の題目」となるのは「は」である*11 ことからも「は」構文の印象は他の構文よりも目立つ環境にあるので本論が万人の直観的な感覚と馴染むかは反論を見守るが、「こそ」「も」の構文に重層的な判断が存在していることは、必ずやそれらの主観性を分析する上での重要な判断材料である*12。

9. まとめ

言語的構成素を主観・客観および主観性・客観性の観点から考えると、概して主観的と見做し得る助詞の分類上では、モダリティに深く関与する係助詞に主観性の高さを指摘し得る。また、係助

詞「は」「も」「こそ」のなかでは、卓立機能を持つことで確信的な判断を示す「こそ」がさらに高い主観性を有していると考えられる。結果として、現代語「こそ」は古典語で指摘されてきたような秀でた主観性の高さを持ち得ている。

　今回は、モダリティ形式である終助詞については言及しなかった。「主体性」の表現形式として、助詞の中では唯一、言語行為論的な存在である終助詞が他助詞よりも高い主観性を持つことは自明だからである。

＊1　半藤（2012）参照。助動詞の概念も同類とし得る。
＊2　彦坂（1980）、長尾（1987）など。ただし根拠は必ずしも明確でない。
＊3　半藤（2003）参照。
＊4　尾上（2001: 226）では、驚きの発話である一語文が感動喚体句成立の機構そのものであるとしており、ものの存在を他者に伝達する姿勢にあれば、「もはや喚体的であるとは認めにくいであろう。」としている。
＊5　「は」と「が」の使用は、文の構造とともに主観性、客観性という性質面ともダイレクトに関係する。半藤（2015a）参照。
＊6　各助詞の概念については、青木（1992）参照。
＊7　格は主に動詞に内在するとされる。青木（1992）参照。
＊8　モダリティとの関わりを疑えるものは、ほかに一部の副助詞の用法など、数は多くない。
＊9　半藤（2015b）で「現象文類」として論じた。係助詞の「取り立て」機能は発話者の判断と結びつくものであり、「は」が主観的な表現を作ったり客観的な表現を作ったりすることは考えにくいので、それも文の位置づけとしては現象文的な判断文である。すなわち「会話がちょっと途切れる。」ならば事態的な描写の表現であり、「会話はちょっと途切れる。」は事態を発話者の意識として取り込んだ説明的な表現である。
＊10　問答において「君は誰か」に応じた「君こそ誰か」という回答は考えられるが、これは「鸚鵡返し」の対面用法であることが発生原理である。
＊11　題目の定義にも異同がある。半藤（2010）参照。ただし題目としての資格が本論の主観性に関わるとは考えていない。
＊12　係助詞の構文は判断文として基幹的なものである。半藤（2018）参照。

参考文献

青木伶子（1992）『現代語助詞「は」の構文論的研究』笠間書院.

半藤英明（2003）『係助詞と係結びの本質』新典社.

半藤英明（2010）「題目の範囲と真の題目」『熊本県立大学文学部紀要』16: pp.53–64. 熊本県立大学.

半藤英明（2012）「終助詞とモダリティ」『ひつじ意味論講座4　モダリティ II：事例研究』pp.159–177. ひつじ書房.

半藤英明（2015a）「「が」格の原理」『国語国文』84（8）：pp.42–56. 京都大学.

半藤英明（2015b）「『草枕』の「写生文」の実態」『解釈』61（11・12）： pp.20–30. 解釈学会.

半藤英明（2018）『日本語基幹構文の研究』新典社.

彦坂佳宣（1980）「係り結びの表現特性―文法論的ちかづきから―」『国語学研究』20: pp.11–26. 東北大学.

益岡隆志（2007）『日本語モダリティ探究』くろしお出版.

長尾高明（1987）「古文解釈と助詞―強調表現について―」『国文法講座3』 pp.1–33. 明治書院.

仁田義雄（1991）『日本語のモダリティと人称』ひつじ書房.

尾上圭介（2001）『文法と意味I』くろしお出版.

尾上圭介（2006）「存在承認と希求―主語述語発生の原理―」『国語と国文学』 83（10）：pp.1–13. 東京大学.

時枝誠記（2007）『国語学原論（上)』岩波文庫. 底本は『国語学原論』（岩波書店1941）による。

山田孝雄（1936）『日本文法学概論』宝文館.

主観性から見た日本語受動文の特質*

益岡隆志

要旨

日本語の受動文は、形式と意味の対応をもとに「受影受動文（直接受影受動文 vs. 間接受影受動文）vs. 中立受動文」という2類3タイプに分けられる。このように種分けされる日本語受動文は、通時的な観点からは「主観 vs. 客観」の対立を際立たせる方向に変化してきたと捉え得る。そこでは、受動文をめぐる主観的把握と客観的把握の両面が認められる。それに対して、他言語の受動文との対照の観点からは、日本語は「受影受動中心型」と見做すことができる。その点において、日本語は主観的把握を好むという言語類型的特質を持つと言える。

キーワード

受影受動文、中立受動文、視点、評価用法、主観 vs. 客観の対立、日本語からのアプローチ

1. はじめに

言語研究へのアプローチの1つとして、個別言語に顕著に見られる現象をモデル化し、それを対照研究・言語類型論の観点を通して一般化・相対化していくという方向が考えられる。そのような研究の方向性のもと、本稿ではその事例研究として日本語受動文を取り上げる。受動文は日本語を含む数多くの言語を対象に古くから研究が進められてきた。その長い研究史のなかから諸言語の受動文に認められる一般性と各言語に見られる個別的特徴が明らかになりつつ

ある。本稿は、そのような研究史に目を向けつつ、主観性に関わる
日本語受動文の特質に焦点を合わせて考察しようとするものである。

初めに、日本語受動文の形式的・意味的特徴を確認しておこう。
形式的特徴としては形態の面と統語の面が考えられるが、そのうち
の形態の面については、述語動詞が「ラレル」の付加された有標的
形態を取るという点が挙げられる。また統語の面については、主語
の交替が関わるという点が挙げられる。

それに対して意味の面については、能動文では行為が主語から発
するのに対して、受動文では行為が主語に向かう―すなわち、主語
が行為を受ける―という点がその特徴である。例えば、（1）の受
動文には（2）が対応する。

（1）　一郎が次郎に／から批判された。

（2）　一郎が次郎に／から批判を受けた。

同様に、（3）・（4）と（5）・（6）には対応関係が認められる。

（3）　かつてナポレオン三世が皇后とともにトルコを訪れた時、
　　　オスマン・トルコの皇帝に晩餐の招待を受け、…。

（村上春樹『雨天炎天』）

（4）　何年か前、奥野健男さんの娘婿である百瀬さんという新進
　　　画家から…相談を受けたことがある。

（北杜夫『カラコルムふたたび』）

（5）　かつてナポレオン三世が皇后とともにトルコを訪れた時、
　　　オスマン・トルコの皇帝に晩餐に招待された。

（6）　何年か前、奥野健男さんの娘婿である百瀬さんという新進
　　　画家から相談されたことがある。

日本語受動文の基本的な形式的・意味的特徴を以上のように押さ
えたうえで、次に、本稿の目標と構成を述べておきたい。本稿の目
標は、日本語受動文における形式（特に、統語の面）と意味の対応
を観察することを通して、主観性に関わる日本語受動文の言語類型
的特質を明らかにすることである。この目標のもと、本稿は以下の
ように構成される。まず第2節で研究史に基づいて日本語受動文を
タイプ分けし、それを受けて第3節で各タイプに関するより詳細な
観察を行う。次に第4節において、タイプ間の関係を通時的な観点

から考察するとともに、日本語の受動文を言語類型の観点から特徴づけることにする。最後に、第4節までの観察・考察をもとに、第5節で日本語の受動文が主観性の議論にどのような話題を提供するかを論じる。

2. 研究史に基づく日本語受動文の分類

日本語受動文の言語類型的特質がどこにあるのかを明らかにするという目標に向けて、まずは日本語受動文の分類に関する先行研究を眺めてみることにしよう。日本語受動文の分類をめぐっては長い研究の歴史があるが、そこには2つの大きな流れを認めることができる。その1つは松下（1930）に代表される分類の流れであり、もう1つは三上（1953）に代表される分類の流れである。以下、これら2つの研究の流れを概観する。

前者の分類の流れは、松下（1930）による「利害の被動」・「単純の被動」がそれを代表する。同様の分類に、Kuroda（1979）による "*ni* passive"・"*ni yotte* passive" という分類や益岡（1982）の「受影受動文」・「降格受動文」という分類がある。これらの分類における共通点を統語の面と意味の面でまとめれば、統語の面では、動作主（agent）が「〜ニ」（「ニ句」）で表されるかどうかという違いであり、意味の面では、影響を受けるという意味を有するかどうかという違いである。本稿では、受動文の主体（主語）が対者（ニ句）から影響を受けるという意味―以下、「受影性」（affectivity）と呼ぶ―を有するかどうかの違いに基づいて、これら2つの類を「受影受動文」・「中立受動文」という名称で呼び分けることにする。

ここで、この2つの類の例を挙げておく。（7）・（8）が受影受動文の例であり、（9）・（10）が中立受動文の例である。

（7）　一本とった学生は…レフリーに制止され、おとなしくなった。　　　　　　　　　　　　　　（司馬遼太郎『南蛮のみち』）

（8）　ギリシャの田舎のカフェニオンに行くと、時々そこにたむろしている地元のおじさんたちにすごく冷たい目でじろっと見られることがある。　　　　　　（村上春樹『雨天炎天』）

（9）国立民族学博物館の初代館長、梅棹忠夫さんの主著「日本探検」が講談社学術文庫から出版された。

(朝日新聞夕刊 2014.10.27)

（10）今定例会では、53議案が可決されました。

(「宇治市政だより」2015.3)

　（7）・（8）は動作主がニ句（「レフリーに」・「地元のおじさんたちに」）で表されており、また主語とニ句のあいだでの影響の授受の意味が認められる。一方（9）・（10）については、動作主がニ句で表されることはなく、主語が影響を受けるという意味も認められない。

　次に後者の分類の流れであるが、こちらは三上（1953）に代表される分類である。三上（1953）では、「まともな受身」・「はた迷惑の受身」という名称で種分けがなされている。同様の種分けに寺村（1982）による「直接受身」・「間接受身」という分類がある。この分類を統語の面と意味の面で見ると、統語の面では能動文が直接対応するかどうかの違いとして、意味の面では影響が直接的なのか間接的かものかの違いとして特徴づけることができる。本稿では、これら2つの類を「直接受動文」・「間接受動文」という名称で呼び分けることにする。

　この2類の違いを具体例により確認しておこう。直接受動文の例は先の（7）である。

　（7）一本とった学生はレフリーに制止され、おとなしくなった。

　この受動文には「レフリーは一本とった学生を制止した」という能動文が直接対応し、そこでは学生とレフリーのあいだでの直接的な影響関係が認められる。

　一方、間接受動文の例としては、次の（11）や（12）が挙げられる。

（11）産廃業者に書類を偽装されると、見抜くのは難しい。

(朝日新聞 2016.1.21)

（12）そのためうかうかと死なれてしまいました。

(松本清張『点と線』)

　これらの受動文には直接対応する能動文は見当たらない。また関

係する影響も、産廃業者が書類を偽装した結果の影響、当該の人物が死んだ結果の影響という意味での間接的な影響にとどまる。しばしば指摘されるとおり、間接受動文における影響は好ましくない影響（被害・迷惑）に偏る。

以上、日本語受動文の分類に関する先行研究を2つの代表的な見方に絞り込んでみたのであるが、本稿ではこれら2つの分類を次のように整理したいと考える。すなわち、日本語受動文はまず大きくは受影受動文と中立受動文という2つの類に分かれ、そのうちの受影受動文の下位タイプとして直接受動文（直接受影受動文）と間接受動文（間接受影受動文）が区別されるという分類である。言い換えれば、「受影受動文（直接受影受動文 vs. 間接受影受動文）vs. 中立受動文」という2類3タイプの分類である。

3. 分類詳説

次に、前節で提示した分類をめぐってより詳しい観察を試みる。3.1で受影受動文と中立受動文の違いについて、3.2で受影受動文における直接受動文と間接受動文の違いについて、それぞれ観察する。

3.1 受影受動文と中立受動文

まず受影受動文と中立受動文の違いをめぐって統語の面、意味の面の順に観察する。そのうちの統語の面については、項（argument）の数がポイントとなる。

前節で動作主の表示の仕方について、「～ニ」（「ニ句」）で表されるかどうかという点を話題にした。動作主が受影受動文ではニ句で表されるのに対して、中立受動文ではニ句で表されることはなく、表されるとすれば（13）のように「～ニヨッテ」などの複合形式（「ニヨッテ句」など）が用いられる。

(13) 1672年、日本海から瀬戸内海経由で江戸に至る「西回り航路」が河村瑞賢によって開拓された…。（朝日新聞2015.5.16）

この場合、動作主を表すニ句とニヨッテ句は受動文の成立に不可

欠かどうかという点で対照的な性格を持つ。すなわち、受影受動文においてニ句は文の成立に不可欠な要素であり、一方、中立受動文においてニヨッテ句は任意の要素である。動作主に関するこのような違いを、松下（1930）は「客語」（広義の目的語に相当する）と「修飾語」の違いとして、金水（1993）は「項」と「付加詞」の違いとして捉えている。

受影受動文と中立受動文のあいだに認められるこの違いを「項」の数に基づいて言い表せば、次のようになる。中立受動文では、対応する能動文に対して項の数が1つ減少する。例えば先の（13）や次の（14）において、能動文の「開拓する」や「あらわす（著す）」が2つの項を取るのに対して、それに対応する受動文の「開拓される」や「あらわされる（著される）」が取る項は1つである。

(14)『伊吹艾と亀屋佐京』という冊子が、昭和十一年、柏原の郷
　　　土史家中川泉三によってあらわされた。

（司馬遼太郎『近江散歩、奈良散歩』）

それに対して、受影受動文では項の減少は生じない。すなわち、（7）のような直接受動文（直接受影受動文）の項の数は能動文の項の数と同じである。

(7)　一本とった学生はレフリーに制止され、おとなしくなった。

また、（11）のような間接受動文（間接受影受動文）の項の数は能動文の項の数より1つ増加する。

(11)産廃業者に書類を偽装されると、見抜くのは難しい。

付言ながら、益岡（1984）で指摘したように、項は名詞修飾節の主名詞になり得る。例えば（15）では、下線部の主名詞「人」は「（その）人に相談された」という関係にあり、この場合、「（その）人に」というニ句が項の性格を持つことが示唆される。

(15)一郎は相談された人にもう一度会ってじっくり話をした。

次は意味の面である。前節では意味の面から、受動文の主体（主語）が対者（ニ句）から影響を受けるという「受影性」の意味を有するかどうかの違いに基づいて受影受動文と中立受動文を区別した。受影受動文においては、主体である受影者（affectee）と対者である与影者（affecter）は共に項を構成する。そこでは受影者が与影

者から影響を受けるという受影性の意味が関与し、"受影者と与影者の二者関係"が重要な意味を持つことになる。受影者は意味役割（semantic role）としては広義の「経験者」（experiencer）と見ることができ、そのため、通常は（7）のように有生名詞（人を典型とする）となる。

（7）　一本とった学生はレフリーに制止され、おとなしくなった。

　それに対して、中立受動文は対応する能動文と基本的に同義であり、受動文の主体は対応する能動文における「被動者」（patient）などの意味役割を維持することになる。例えば（9）の場合、主体である「日本探検」は対応する能動文における被動者の意味役割がそのまま受け継がれる。

（9）　国立民族学博物館の初代館長、梅棹忠夫さんの主著「日本探検」が講談社学術文庫から出版された。

　Kuroda（1979）の構造分析に従うなら、受影受動文は受影者を主語とし「ラレル」を述語とする複文的な構造を持ち、他方、中立受動文は対応する能動文の目的語が主語の位置に移動する、という形で両者の違いを表すことができる。

　受影受動文と中立受動文の違いという点に関わって、本節でもう1点話題にしておきたいことがある。それは、「主観 vs. 客観」という対立の問題である。この点について益岡（1991）では、受影受動文と中立受動文が「主観 vs. 客観」の対立をなすことを指摘した。

　そのような対立は視点のあり方の違いに明瞭に現れる。すなわち、受影受動文においては、当該の事象は当事者の視点から自身の経験として主観的に描かれる。益岡（2009）の言い方を用いれば、「内の視点」を取るということである。そのため、視点に関わる人称制約が生じることになる。例えば、次の（16）・（17）に示されるように、1人称と3人称が関係する場合、受動文の主体は1人称になるのが自然である。

（16）　私は鈴木さんに辞められた。

（17）?鈴木さんは私に辞められた。

　一方、中立受動文においては話者は観察者として当該の事象を客観的に描く。益岡（2009）の言う「外の視点」を取るということ

である。そのため、先に挙げた（9）や（10）がそうであるように、説明文や報道文などのジャンルで多用される*1。主語が1人称であっても、次の（18）のように当該の事象が客観的な外の視点で描かれる場合は、中立受動文が用いられる。

（18）翌年、私は最高責任者によって処分された。

3.2　受影受動文における直接受動と間接受動

　次に、受影受動文における直接受動文と間接受動文の違いに話題を移すことにする。ここでも統語の面、意味の面の順に観察を試みたいと思う。

　まず統語の面については、能動文が直接対応するかどうかの違いが問題にされてきた。すなわち、直接受動文では能動文が直接対応し、間接受動文では直接的に対応する能動文が認められないということであった。

　このうち直接受動文は、対応する能動文との関係から言えば、受動文の主語が能動文のヲ格に当たる（7）のような場合、受動文の主語が能動文のニ格に当たる（19）のような場合、受動文の主語が能動文の持ち主に当たる（20）のような場合が考えられる。

　（7）一本とった学生はレフリーに制止され、おとなしくなった。

　（19）（浩策は）山を譲られてから植林などに精出して…。

（有吉佐和子『紀ノ川』）

　（20）この人に手をひかれて、私は京都の寺々をめぐった。

（湯川秀樹『旅人』）

受動文の主語が能動文の持ち主に当たる場合は、直接受動文のなかでは間接受動文寄りのものと言えよう。

　それに対して間接受動文は、直接的に対応する能動文を持たないということであるが、それには、関係する動詞が他動詞の場合と自動詞の場合がある。関係する動詞が他動詞の場合としては、先の（11）がそれに該当する。

　（11）産廃業者に書類を偽装されると、見抜くのは難しい。

　関係する動詞が自動詞の場合の例としては、先の（12）や次の（21）が挙げられる。

346　　益岡隆志

(12)そのためうかうかと死なれてしまいました。

(21)途中で一日でも休まれると、調べに大きな穴が開き、授業
　　の準備に響いてくる。　　（宮岡伯人『エスキモー 極北の文化誌』）

　次に意味の面については、3.1で話題にした主観性の問題と関わ
って、間接受動文における受影性の意味を吟味する必要がある。間
接受動文は一般に否定的な影響（すなわち、被害・迷惑）を表すと
されているが、実際の使わ方―とりわけ、話し言葉―を観察する
と、被害・迷惑の意味を表す間接受動文のなかに、（22）のような、
"事象に対する評価"の意味を表す用法が見出される。本稿では間
接受動文におけるこの用法を「評価用法」と呼ぶことにする。

（22）こんなに暑くなられては堪らない。

　「評価用法」というのは、受影受動文の特徴である"受影者・与
影者の二者関係"という面が背景化し、代わりに"事象と話し手の
関係"が前面に出るものである。通常の間接受動文における被害・
迷惑の意味のなかに既に"好ましくない"という評価の意味が含ま
れているのであるが、評価用法はその評価の意味が前景化されたも
のと言えよう。

　"受影者・与影者の二者関係"の面が背景化している点を（22）
の場合で見てみると、当該の事象である「こんなに暑くなる」には
そもそも主体の存在が認めがたいことから、「こんなに暑くなられ
る」という受影受動の表現に与影者の存在を認めることは困難であ
る。また受影者についても、話し手を受影者と認めることは可能で
はあるが、むしろ話し手は事象の評価者として言わば"事象の外"
に身を置いており、（22）がそうであるように、文中では顕在化さ
れないのが普通である。評価用法は、事象に対する話し手の評価を
表すことから、間接受動文のなかでも主観性が際立った表現である
と言うことができる。

　ちなみに、間接受動文における評価用法は、恩恵を表すとされる
テクレル文における（23）のような用法と併せて考えることでそ
の位置づけが明確になる。

（23）ようやく涼しくなってくれた。

　テクレル文は恩恵の与え手（与益者）と受け手（受益者）のあい

だの授受関係が重要な意味を持つのであるが、(23) のような用法
では、"恩恵の与え手と受け手の二者関係"が背景に退き、"当該の
事象と話し手の関係"が前景化する。間接受動文における評価用
法と同様に、話し手は評価者として"事象の外"に身を置いており、
文中で顕在化されることはない。(23) の場合で言えば、話し手は
「ようやく涼しくなった」という事象に対してそれが好ましいこと
であるという評価を与えている。

　このように、間接受動文における評価用法は、テクレル文におけ
る (23) のような用法—これも「評価用法」と呼ぶことができる
—との協同により"利害評価"(当該の事象が好ましいか好ましく
ないかという評価)とでも言うべき表現領域を形成するものと考え
られる*2。また、間接受動文における評価用法と同じく、テクレ
ル文における評価用法も話し言葉を中心にその使用を広げているよ
うに思われる。ただし現段階では、(23) のような表現は母語話者
の容認度に揺れがあり、十分安定した状態にあるとは言えない。

4.　タテとヨコのアプローチ

　本稿の課題である主観性に関わる日本語受動文の特質を考えよう
とするとき、受影受動文と中立受動文の通時的な関係を考える文法
史の観点(「タテ」の観点)とそれに基づく言語類型の観点(「ヨ
コ」の観点)が重要な手がかりを与える。本節では、このような
「タテ」と「ヨコ」の観点から日本語受動文に迫ってみたい。

4.1　受影受動文と中立受動文の通時的関係

　まずは、受影受動文と中立受動文が通時的にどのような関係にあ
るのかというタテの観点を話題にしたいと思う。

　この問題について注目すべき指摘を行ったのが松下 (1930) で
ある。その指摘とは、「単純の被動は日本固有の言ひ方ではない」
(1930: 161) というものである。この松下の指摘を受けて、金水
(1991, 1993)・Kinsui (1997) は利害の被動が日本語固有の受動
であるのに対して、単純の被動は西洋語の翻訳を通じて発達した非

固有の受動であることを明らかにした*3。松下と金水の見方によれば、本稿でいう中立受動文は受影受動文とは異なり他言語からの借用を通じて発達してきたということになる。

このことは、言い換えれば、日本語受動文の特徴づけにおいて受影性の概念が決定的な役割を果たすということを意味する。そして、この点は受影受動文が間接受動文において評価用法を発達させている点をも了解させる。

その一方で、日本語受動文の特徴づけにおいて受影性の概念が決定的な役割を果たすという理解から、非固有の中立受動文が日本語のなかに根をおろし受動文としての地位を確立したこと、言い換えれば、受影受動文と中立受動文が受動文という1つのカテゴリーのなかで共存し得たことをどう考えればよいのかという課題が浮上してくる。ちなみに、非固有の中立受動文が日本語のなかに根をおろし受動文としての地位を確立したという点は、次の（24）のような例に明瞭に現れている。

(24)最初のボタンがかけ違えられ、それにあわせて全てが致命
　　的に混乱していた。　　　　　（村上春樹『ダンス・ダンス・ダンス』）

（24）における「ボタンがかけ違えられ」という受動は「ボタンをかけ違える」という慣用句が元になったものであり、対応する能動文と同義的であるという中立受動文の特徴を鮮やかに体現している。

非固有の中立受動文がこのように日本語受動文のなかに定着し得たのは、受動文の基本的特徴である、能動文との関係における主語の交替という点にその理由を求めることができる。能動文との関係における主語の交替は、受影受動文のなかでは直接受動文に深く関与するが、それと同時に、受動文というカテゴリー全体に備わる特徴でもある。本稿の冒頭で述べたことを繰り返すならば、日本語受動文の形式的特徴としては、形態の面については述語動詞が「ラレル」の付加された有標的形態を取るという点が、統語の面については主語の交替が起こるという点が挙げられる。

そこで、主語の交替という観点から受影受動文と中立受動文の違いを捉えなおすと、次のようになる。すなわち、受影受動文は受影

性の意味を表すことが第一次的であり、主語交替はそれに伴う副次的な存在である。それに対して中立受動文では、受影受動文において副次的な存在である主語交替が第一次的な位置を占める。主語の交替という点を共有しながら、受影性の意味が関与するかどうかで受影受動文と中立受動文が対立するわけである。

主語の交替を受動文の基本的な統語特徴として認めておくことは、受動の主語統一機能を説明するうえでも有意義である。文内で主語を一致させる傾向が強いとされる日本語においては、従属節の主語を主節の主語と一致させるために受動が用いられることが珍しくない。これが受動の主語統一機能である。具体例として、先に挙げた（19）に手を加えた（19'）を見てみよう。

（19'）浩策は親に山を譲られ、植林などに精出した。

この文では、従属節に「親に山を譲られ」という受動が用いられている。この場合、受動が用いられなければ、（25）のように、従属節の主語が「親」となり、主節の主語との統一が実現しない。（25）は（19'）に比べて容認度が低くなる。

（25）浩策は親が山を譲り、植林などに精出した。

また、受動の主語統一機能を認めておくことで、3.1で指摘した視点に関わる人称制約をより精緻なものにすることができる。3.1で指摘したことは、受影受動文においては「内の視点」を取ることから、1人称と3人称が関係する場合、（16）・（17）に示されるように、主体は1人称になるのが自然であるということであった。

（16）私は鈴木さんに辞められた。

（17）？鈴木さんは私に辞められた。

しかしながら、独立文としては不自然な「鈴木さんは私に辞められた」を（26）のような複文のなかで用いると不自然さが緩和される。

（26）鈴木さんは私に辞められて、大変困っている様子だった。

（26）において不自然さが緩和されるのは、受動が用いられることにより主語の統一が実現することに因るものと考えられる。独立文としては不自然な「鈴木さんは私に辞められた」を従属節に取る複文が、主語統一という動機に支えられて自然さを獲得するという

わけである。

　以上の考察をもとに、受影受動文と中立受動文が通時的にどのような関係にあるのかという本題に立ち戻ることにしよう。まず受動文のタイプのあいだの関係を図式化すると、客観的な中立受動と主観的な評価用法を両極とする（27）のような整理が可能である。

　(27)［客観的］中立受動 - 直接受影受動 - 間接受影受動 - 評価用法［主観的］

　次に、（27）に通時的変化の観点を取り込んでみよう。通時的変化における大きな流れとしては、受影受動を中心に、評価を表すという主観性を強める方向と、それとは逆の中立受動という客観性の方向という2つの方向が見られる。評価用法は話し言葉を中心に発達しつつあるものであり、中立受動は書き言葉を中心に確立したものである。さらに、原田（1974）、仁科（2011）、川村（2012）などで、直接受動に比べ間接受動の発達が遅れたことが指摘されている。古代語においては、間接受動はその出現が直接受動に近い性格のものに限られていたようである。

　こうした点を考慮すると、日本語受動文の通時的変化は（28）のような図式にまとめることができる（「←」・「→」の記号は通時的変化の方向を表す）。

　(28)［客観的］中立受動←直接受影受動→間接受影受動→評価用法［主観的］

　この図式に示されたとおり、日本語受動文に見られる通時的変化は大局的には「主観 vs. 客観」の対立を際立たせる方向への変化として特徴づけることができる。

4.2　受動文をめぐる言語類型

　以上のタテの観点からの検討をもとに、次に、日本語受動文を言語類型というヨコの観点から眺めてみたいと思う。そのためには、まず言語研究における受動文の通言語的規定を瞥見しておかなければならない。

　受動文の通言語的規定を論じたものには Perlmutter（1978）、Perlmutter and Postal（1983）、Shibatani（1985）、柴谷（2002）、

Keenan and Dryer（2007）など数多くのものがあるが、受動文を各言語の個別性を超えて通言語的に規定しようとすると、諸言語に共通する基本的な特徴を取り出すことが必要であり、そこから受動文のプロトタイプといった見方が浮上してくる。その代表的事例がKeenan and Dryer（2007）の言う"basic passive"である。

"basic passive"というのは、次の（29）のような文のことである。

(29) John was slapped (by Mary).

すなわち、統語の面では、対応する能動文との関係における主語の交替と項の減少とで特徴づけられ、意味の面では、対応する能動文と基本的に同義であり、項の意味役割が維持されるものとして特徴づけられる。

日本語でbasic passiveに相当するものを求めると、中立受動文がそれに該当する。中立受動文は統語的には主語の交替と項の減少が関わり、意味的には能動文との同義性と意味役割の維持が関わる。問題は、中立受動文をbasic passiveと見た場合に生じる受影受動文の位置づけである。中立受動文をbasic passiveと見做した場合、受影受動文のほうは周辺的な受動文ということになるが、日本語の内部で考えるかぎり、前節で論じたように、受影受動文は周辺的なものとして位置づけるべきではなく、むしろ中心に位置するものである。

ここに受動文をめぐる言語類型の可能性が開かれる。日本語の受影受動文を周辺的なものとして位置づけるのではなく、日本語は受影受動文が受動文というカテゴリーの中心にある言語タイプであるという見方である。受影受動文が受動文の中心にある言語タイプを認定することは、中立受動文が受動文の中心にある言語を別の言語タイプとして認定するということでもある。これは、受動文の通言語的規定を受け入れて日本語の受動文を特異なものと見るのではなく、日本語を通して通言語的規定を相対化するという"日本語からのアプローチ"とでも呼ぶべき見方に他ならない*4。

このような"日本語からのアプローチ"の見方に立つとき、受動文をめぐって「中立受動が中心となる言語 vs. 受影受動が中心とな

る言語」という言語類型の可能性が生まれてくる。受動文に関する
この言語類型を「中立受動中心型言語」・「受影受動中心型言語」と
仮称しておく。この言語類型に従えば、英語は中立受動中心型言語
であり、日本語は受影受動中心型言語であるということになる。

5．主観性の見地から

　前節のタテとヨコのアプローチによる考察をもとに、改めて日本
語の受動文を主観性という視座から見てみることにしよう。

　まずヨコの観点との関わりであるが、この点については池上
（2011）・Ikegami（2015）の見方を話題にしたい。池上（2011）・
Ikegami（2015）は日本語の言語類型的な特質に関わって「事態把
握」における「主観的把握」（subjective construal）と「客観的把
握」（objective construal）の違いに注目している。「主観的把握」、
「客観的把握」はそれぞれ「話者は問題の事態の中に自らの身を置
き、その事態の当事者として体験的に事態把握をする」、「話者は
問題の事態の外にあって、傍観者ないし観察者として客観的に事
態把握をする」として特徴づけられている（池上（2011: 52））。事
態把握における2つのタイプをこのように区別したうえで、池上
（2011）・Ikegami（2015）は日本語が主観的把握を好む類型の言
語であると主張する。

　池上（2011）・Ikegami（2015）のこの主張を受け入れるなら、
前節で述べた、日本語が受影受動中心型言語であるという点は、主
観的把握を好むという日本語の言語類型的特質の現れであると見る
ことができる。また、それと同じ趣旨で、中立受動中心型言語と見
られる英語のような言語は客観的把握を好む言語として捉えること
ができよう。

　他方、日本語受動文に関するタテの観点に目を向けると、（28）
の図式に示された「主観 vs. 客観」の対立の重要性が浮上してくる。
日本語受動文で起こっていることは、主観性が高まると同時に、そ
れと対立する客観性のほうも重要な位置を占めるということであり、
そこでは主観・客観の両面性を見て取ることができる。このことは、

主観的把握を好むという特徴づけのみで日本語受動文を捉えることが一面的理解にとどまることを示唆している。

益岡（2009）では、事象（event）の叙述において、話し手が当該の事象を内から見る「内の視点」と外から見る「外の視点」の対立が深く関与することを論じた。この点を本節の話題との関わりにおいて言い換えると、日本語の内部において主観的把握 vs. 客観的把握という捉え方の対立が重要な意味を持つということである。

このように、ヨコの観点から見ると日本語は池上（2011）・Ikegami（2015）の主張にあるように、主観的把握を好むという言語類型的特質を持つと言えるが、タテの観点からは主観的把握と客観的把握の両面を見ることが必要であろう。今後、広範な言語現象を詳しく分析することにより日本語や他言語の主観性の有り様を解明していくことが求められる。

6. おわりに

本稿の目標は日本語受動文における形式と意味の対応を観察することを通して、主観性に関わる日本語受動文の言語類型的特質を明らかにすることであった。その目標に向けて、まず研究史に基づく日本語受動文のタイプ分けの問題を検討し、全体として2類3タイプ（受影受動文（直接受影受動文 vs. 間接受影受動文）vs. 中立受動文）に分けられることを見た。

そのうえで、日本語受動文の通時的変化を「主観 vs. 客観」の対立を際立たせる方向への変化として捉え得るという見方を示し、それをもとに、「中立受動中心型言語 vs. 受影受動中心型言語」（仮称）という言語類型の可能性を提案した。

そこからさらに論を進め、日本語は他言語との対照の観点からは池上（2011）・Ikegami（2015）の主張にあるように、主観的把握を好むという言語類型的特質を持つと言えるが、日本語の内部においては主観的把握と客観的把握の両面を見る必要がある、という見方を提出した。日本語受動文を対象とする本稿の考察が主観性に関する言語学的研究に資するところがあれば幸いである。

＊本稿は、第7回中日対照言語学研究大会（2015年8月20日・21日、上海外
国語大学）における講演の内容に検討を加え原稿化したものである。

＊1　志波（2015）を参照されたい。

＊2　この点については益岡（2012）を参照されたい。

＊3　金水（1991）は利害の被動・単純の被動に加え、「叙景文」と呼ぶ受動文
のタイプを認定している。

＊4　この見方と関わって、堀江・パルデシ（2009）を参照されたい。

参考文献

原田信一（1974）「中古語受身文に関する一考察」『文学・語学』74号：
　　pp.44–52.

Haspelmath, Martin (1990) The grammaticalization of passive morphology. *Studies in Language* 14 (1): pp.25–72.

堀江薫＆プラシャント・パルデシ（2009）『言語のタイポロジー：認知類型論
のアプローチ』研究社.

Hoshi, Hiroto (1999) Passives. In Natsuko Tsujimura (ed.) *The Handbook of Japanese Linguistics*, pp.191–235. Malden: Blackwell.

Howard, Irwin and Agnes M. Niyekawa-Howard (1976) Passivization. In Masayoshi Shibatani (ed.) *Japanese Generative Grammar*, pp.201–237. New York: Academic Press.

池上嘉彦（2011）「日本語と主観性・主体性」澤田治美編『ひつじ意味論講
座　第5巻　主観性と主体性』pp.49–67. ひつじ書房.

Ikegami, Yoshihiko (2015) 'Subjective construal' and 'objective construal': a typology of how the speaker of language behaves differently in linguistically encoding a situation. *Journal of Cognitive Linguistics* 1: pp.1–21.

川村大（2012）『ラレ形述語文の研究』くろしお出版.

Keenan, Edward L. and Matthew S. Dryer (2007) Passive in the world's languages. In Timothy Shopen (ed.) *Language Typology and Linguistic Description Vol. 1: Clause Structure*, pp.325–361. Cambridge: Cambridge University Press.

金水敏（1991）「受動文の歴史についての一考察」『国語学』164: pp.1–14.　日
本語学会.

金水敏（1993）「受動文の固有・非固有性について」近代語学会編『近代語研
究』9: pp.474–508. 武蔵野書院.

Kinsui, Satoshi (1997) The influence of translation on the historical development of the Japanese passive construction. *Journal of Pragmatics* 28 (6): pp.759–779.

久野暲（1983）『新日本文法研究』大修館書店.

Kuroda, Shige-Yuki (1979) On Japanese passives. In George Bedell et al. (eds.)

Explorations in Linguistics: Papers in Honor of Kazuko Inoue, pp.305–347. Tokyo: Kenkyusha.

益岡隆志（1982）「日本語受動文の意味分析」『言語研究』82: pp.48–64（益岡隆志『命題の文法』（くろしお出版、1987年）所収）.

益岡隆志（1984）「命題核に関するいくつかの観察」『日本語・日本文化』12号：pp.27–43. 大阪外国語大学研究留学生別科.

益岡隆志（1991）「受動表現と主観性」仁田義雄編『日本語のヴォイスと他動性』pp.105–121. くろしお出版（益岡隆志『モダリティの文法』（くろしお出版、1991年）所収）.

益岡隆志（2009）「日本語の尊敬構文と内・外の視点」坪本篤朗他編『「内」と「外」の言語学』pp.3–22. 開拓社（益岡隆志『日本語構文意味論』（くろしお出版、2013年）所収）.

益岡隆志（2012）「受動文と恩恵文が出会うとき」『日語学習与研究』158：pp.1–9. 中国日語教学研究会.

松下大三郎（1928）『改選標準日本文法』紀元社（復刊：勉誠社、1974）

松下大三郎（1930）『標準日本口語法』中文館書店（復刊：勉誠社、1977）

三上章（1953）『現代語法序説』刀江書院（復刊：くろしお出版、1972）

中村芳久（2009）「認知モードの射程」坪本篤朗他編『「内」と「外」の言語学』pp.353–393. 開拓社.

仁科明（2011）「「受身」と「自発」―万葉集の「（ら）ゆ」「（ら）る」について―」青木博史編『日本語文法の歴史と変化』pp.25–44. くろしお出版.

大堀壽夫（2002）『認知言語学』東京大学出版会.

尾上圭介（2003）「ラレル文の多義性と主語」『月刊言語』32（4）：pp.34–41.

Perlmutter, David (1978) Impersonal passives and the unaccusative hypothesis. In *Proceedings of the Fourth Annual Meeting of the Berkeley Linguistics Society*, pp.157–189.

Perlmutter, David and Paul M. Postal (1983) Towards a universal characterization of passivization. In David Perlmutter (ed.) *Studies in Relational Grammar* 1, pp.3–29. Chicago: University of Chicago Press.

志波彩子（2015）『現代日本語の受身構文タイプとテクストジャンル』和泉書院.

Shibatani, Masayoshi (1985) Passives and related constructions. *Language* 61 (4): pp.821–848.

柴谷方良（1997）「「迷惑受身」の意味論」川端善明・仁田義雄編『日本語文法：体系と方法』pp.1–22. ひつじ書房.

柴谷方良（2000）「ヴォイス」仁田義雄・益岡隆志編『日本語の文法第1巻 文の骨格』pp.117–186. 岩波書店.

柴谷方良（2002）「言語類型論と対照研究」生越直樹編『シリーズ言語科学4 対照言語学』pp.11–48. 東京大学出版会.

鈴木重幸（1972）『日本語文法・形態論』むぎ書房.

寺村秀夫（1982）『日本語のシンタクスと意味Ⅰ』くろしお出版.

寺澤盾（2002）「英語受動文―通時的視点から」西村義樹編『シリーズ言語科学2 認知言語学Ⅰ：事象構造』pp.87–108. 東京大学出版会.

坪井栄治郎（2002）「受影性と受身」西村義樹編『シリーズ言語科学2　認知言語学Ⅰ：事象構造』pp.63–86. 東京大学出版会.

鷲尾龍一（1997）「他動性とヴォイスの体系」鷲尾龍一・三原健一『ヴォイスとアスペクト』pp.1–106. 研究社.

鷲尾龍一（2005）「受動表現の類型と起源について」『日本語文法』5（2）pp.3–20. 日本語文法学会.

III

モダリティと証拠性

Modality and Evidentiality

モダリティと命題内容との相互連関

仁田義雄

要旨

日本語文法研究におけるモダリティと命題の捉え方の1つに、次のようなものがある。モダリティとは、現実との関わりにおいて、発話時に話し手の立場からした、文の表す対象的な内容に対する捉え方、および、それらに対する発話・伝達的な態度のあり方を表したものであり、命題とは、話し手が現実との関わりにおいて描き取ったひとまとまりの事態を表したものである、というものである。本稿では、モダリティを問うことは命題内容を問うことにもつながる、という立場から、命題内容とモダリティの相関関係を探る。

キーワード

命題、モダリティ、認識のモダリティ、確認、確信、事態の類型、未実現事態、運用論的要因

1. はじめに

筆者は、文は、意味的に大きく性質の異なった命題とモダリティという2つの要素から成り立っている、という立場を取っている。これらは意味的な違いであるとともに、当然、文の構造にも反映されているし、また、これらの2つの部分を実現し、それに含まれる形態論的カテゴリがそれぞれに存在する。

命題とモダリティは意味的に質・タイプの異なったものではあるが、両者の間には相互に密接な関係がある。筆者は、「…、命題として描き出されている対象的な内容そのものが、モダリティと深い相関関係を有している。モダリティを問うことは、また命題を問うことにもつながっていく。」仁田（1999: 44）と述べたことがある。本稿では、このような基本的な姿勢の元、命題内容として描き出されている事態の意味的類型・意味的特性とモダリティのあり方との相関関係を粗々と考察することを目的としている。

2. 日本語の文の基本構造

　最初に、文の基本的な意味-統語構造について瞥見し、命題とモダリティについてごく簡単に見ておく。日本語の文は―日本語だけではないだろうが―、ある構造化において次のような基本構造を設定することができる。

```
┌─────────────┐
│ 命題（言表事態）│ モダリティ（言表態度）
└─────────────┘
```
日本語文の基本構造

　ただ、この層状構造の図を単純に形態の線状的なあり方のものとして理解してはならない。命題とモダリティとの関係は、意味-統語構造の問題であり、立体的なものとして理解すべきものである。

　ここで、命題（言表事態）とモダリティ（言表態度）について、ごく簡単に見ておこう。概略、それぞれ次のように規定できよう。

　〈命題（言表事態）〉とは、外界や内面世界―これらをとりあえず現実と呼んでおく―との関わりにおいて、話し手が自らの立場において描き取ったひとまとまりの事態、文の意味内容のうち、客体化・対象化された出来事や事柄を表した部分である。

　〈モダリティ（言表態度）〉とは、現実との関わりにおいて、発話時に話し手の立場からした、言表事態―文の対象的な内容―に対する捉え方、および、それらについての話し手の発話・伝達的な態度のあり方を表した部分である。

もっとも、この規定が完全に当てはまるものは、典型的で真性な
モダリティである。モダリティをどのように捉えるかにもよるが、
モダリティとしていくつかのタイプのものを取り出すことができ、
典型性・真正度が落ちるにしたがって、「発話時」や「話し手の立
場からした」という特性を、そのタイプのモダリティは欠いていく
ことになる。

　日本語の文に対して、筆者がどのような部分を命題およびモダリ
ティとして取り出しているのかを、まず具体的な例でもって概略的
に示しておく。たとえば、「ねぇ困ったことにたぶんこの雨当分止
まないだろうね。」、「梅はもう咲いたかい。」、「どうか君がＡ先生
を会場に案内して下さい。」、「僕の方で事の真相を調べておこう。」
の４つの文に対して、命題とモダリティに分ければ、概略次のよう
になる。

(1)　［ねぇ［困ったことにたぶん［この雨当分止まない］だろ
　　　う］ね］

(2)　［［梅はもう咲いた］かい］

(3)　［どうか［君がＡ先生を会場に案内し］て下さい］

(4)　［［僕の方で事の真相を調べておこ］う］

上掲の例において、それぞれその中核・中心の括弧［　］が命題部
分であり―たとえ(1)が「ねぇ困ったことにこの雨たぶん当分止
まないだろうね。」のような線条的連鎖でもって表現されていても、
命題部分が文の中核・中心部に存する、という位置づけは変わらな
い―［コノ雨ガ当分止マナイ］コト、［梅ガモウ咲イタ］コト、［君ガ
Ａ先生ヲ会場ニ案内スル］コト、［僕ノ方ガ事ノ真相ヲ調ベテオク］コト
が、(1)(2)(3)(4)それぞれの命題の表している事態に概略当
たる。

　それに対して、モダリティを表しているのは、「ネェ」「困ッタコ
トニ」「タブン」「ドウカ」「ダロウ」「ネ」「カイ」「テ下サイ」「ウ」
といった形式である。これらは、語尾であったり、助辞であったり、
自立形式の文法化したものであったり、副詞類である、といったも
のである。

　ここで、モダリティの下位的タイプについて瞥見しておく。筆者

モダリティと命題内容との相互連関　363

は、モダリティを、大きく〈事態めあてのモダリティ〉と〈発話・伝達のモダリティ〉との二類に分けている—さらに〈客体的モダリティ〉というものも取り出すが、ここでは触れない—。

〈事態めあてのモダリティ〉とは、文に描き取られている言表事態—文の対象的な内容・命題内容—に対する把握のあり方・捉え方を表したものである。真正度の最も高いタイプにあっては、この捉え方は、発話時の話し手の捉え方である。述語部分では、（1）の「ダロウ」によって表される〈推量〉や（2）の「カイ」に融合しながら表されている〈疑い〉であり、（1）の「困ッタコトニ」「タブン」も、副詞類ではあるが、事態めあてのモダリティに関係するものである。

〈発話・伝達のモダリティ〉とは、文の発話・伝達的な機能類型や文をめぐっての話し手の発話・伝達的な態度のあり方を表したものである。さらに、発話・伝達のモダリティを〈発話機能のモダリティ〉〈副次的モダリティ〉〈丁寧さ〉に分ける。発話機能のモダリティが発話・伝達のモダリティの中心である。〈発話機能のモダリティ〉とは、言語活動の基本的単位としての文が、どのような発話・伝達の機能類型を担っているかを表し分けているものである。（1）が担い帯びている〈述べ立て〉、（2）の〈問いかけ〉、（3）の〈依頼〉、（4）の〈意志表出〉などは、発話機能のモダリティの下位種である。

当然モダリティをどう捉えるか、モダリティの各種にどのようなものを設定するかは、その研究が文をどのように捉え位置づけるかなどによって、いろいろあろう。また、何がモダリティかという問題は、逆にまた命題に何をどこまで入れるかの問題でもある。そのようなことを認めた上で、本稿では、命題内容の類型とモダリティの相関関係を粗々見ていくことにする。

3. 奥田靖雄の対象内容観

ここでは、奥田靖雄が文の対象的な内容と呼んでいるものに対する奥田の捉え方・特徴づけ方を瞥見しておく。

…文の対象的な内容としての出来事も、はなし手が現実の世界
　　の出来事をうつしとることで、できあがった、はなし手の創作
　　である。このことは、文の対象的な内容そのものが主体的な存
　　在であって、そこからはなし手の主体性をぬぐいとることので
　　きないことを意味している。　　　　　　　（奥田（1985：48））

力点の置き方の違いに過ぎないのかもしれないが、仁田には、上に
引用した奥田のような述べ方は少し誤解を与えるのではないかと感
じられる。

　当然、命題内容（文の対象的な内容）も、外的世界や内面世界を
直接体験で捉え言語表現として写し取ったり、外的世界や内的世界
を元にして想像・思考・推論の中で捉えられたりした事態であるが、
機械的な反映ではなく、話し手が描き出したものであることによっ
て、話し手の立場において捉えた事態であるし、話し手の捉えた事
態でしかない。これは、直接体験による捕捉によって捉えられ描き
出された事態の場合でも然りである。文に描かれている事態を、話
し手の捉え描き出した事態であることを受け、「主体的な存在」と
位置づけているのであれば、まさにその通りであり、その意味での
文に描かれている事態の主体性は言うまでもない前提である。今地
面に落ちている木の棒を見て、「いい杖が落ちている。」と表現して
も―この場合、現実と言語表現に描き出された事態とは、かなり違
う―、それを、文の中に描き出されている意味内容総体のうち、客
体化・対象化された部分・存在である、と位置づけているのである。
文の対象的な内容である言表事態が帯びる主体性と、これもどのよ
うなタイプのモダリティを取り上げるかで違ってくるが、典型的で
真正なモダリティの帯びる主体性とは、基本的に異なる。言表事
態（文の対象的な内容）そのものに存する話し手の描き取り方の現
れ・異なりを、モダリティとはしないし、そのタイプの異なりをモ
ダリティによるものとはしない。命題内容とモダリティへの話し手
の関与に対し、両者に話し手の関与が存することを前提にした上で、
命題内容とモダリティを意味的に質的に異なる存在である、と捉え
ておく方がよいと思われる。

モダリティと命題内容との相互連関　　365

4. 命題とモダリティの相互連関に対する従来の指摘

　ここで、命題内容として描き出されている事態の意味的類型やそれを形成している成分の特徴と、その命題に現れうるモダリティのタイプとの相関関係について、従来既に指摘されていることについて、ごく簡単に見ておく。

4.1　同一形式の表すモダリティ的意味の現れ・異なり

　まず、同一のモダリティ表現形式が、命題として描き出されている事態の主体の人称性や事態の自己制御性の異なりによって、そのモダリティ的意味の現れを移行させたり、そのモダリティ的意味の現れを制限させたりしているケースについて、ごく簡単に見ておく。
　「ウ／ヨウ」「（シ）ナイカ」「（シ）ナケレバナラナイ」など、同一の形式が表すモダリティ的意味の異なりや移行がこれにあたる。ここでは、「ウ／ヨウ」についてのみ触れておく。

　（1）　よし俺がやろう。
　（2）　さあ、我々もやろう。
　（3）　君たち、静かにしましょう。
　（4）　彼ももうすぐ来よう。
　（5）　明日は晴れましょう。

（1）から（4）の表している事態は、いずれも自己制御的事態である。しかし、シヨウ形式の表すモダリティ的意味は、それぞれ異なっている。（1）は主体（ガ格）が1人称者であることによって〈意志〉を表し、（2）は1・2人称主体を取っていることによって〈誘いかけ〉を表し、（3）は2人称主体であることによって〈和らげられた命令〉を表し、（4）は、古い言い方になるが、3人称主体であることによって〈推量〉を表している。（5）は、命題に描かれている事態が非自己制御的事態であることによって―さらに、この例には主体（ガ格）が3人称者である、という要因も付け加わっている―、推量を表している。
　上で見た現象は、事態が自己制御的か非自己制御的かによる異なり・主体に来る名詞の人称性の違いによって引き起こされる同一モ

366　　仁田義雄

ダリティ形式のモダリティ的意味の現れの違いである。命題内容である言表事態とモダリティが相互に連関していることの1つの例である。

　ここで見たことは既に指摘されていることではあるが、命題が表す事態の意味的類型やその特性が、その命題に対して現れるモダリティに影響を与えることを示している。

4.2　自己制御性　行為系と判断系

　次に、事態の自己制御性の異なりがその事態に現れうるモダリティに影響を与える場合についてごく簡単に見ておく。

　行為系のモダリティの文と判断系のモダリティの文では、次のようなことが指摘できる。これも既に知られていることである。命令や意志などの行為系では、事態は自己制御的なものであり、未実現である。それに対して、述べ立て・問いかけなどの判断系では、事態は、自己制御的なものだけでなく、非自己制御的なものも、実現済みのものも出現する。判断系は、自己制御性や実現性から解放されている。

　命令形や禁止の形式について瞥見しておく。

（6）すぐ行け！

（7）明日天気になぁれ！

（6）が示しているように、形式としての命令形は、自己制御的な事態では〈命令〉を表し、（7）のように、非自己制御的な事態では〈願望〉を表す。

　ここで、事態の自己制御性のタイプ・程度が命令のタイプ・段階や禁止の可否に影響を与える現象について触れておく。

（8）　　早く行け！／二度とあそこには行くな！

（9）　　もう少し落ち着け！／??そんなに落ち着くな！

（10）＊そのことで悩め！／そんなことで悩むな！

（11）＊早く治れ！／＊簡単に治るな！

上の例文について少し考えてみよう。（8）の述語である「行ク」という動詞の表す事態は、行為の主体が実行しようと思えば、行為の過程だけでなく、行為の実現・完成までをも、自分の意志・意図

でもって制御できる事態である。この種の自己制御性を〈達成の自己制御性〉と呼んでおく。それに対して、(9)の述語の「落チ着ク」の表す事態は、命じられ要請されても、その事態の実現・完成を自分の意志・意図でもって完全に達成することはできない。主体ができるのは、たかだか「落チ着ク」ようにする努力のみである。つまり、主体ができるのは、事態の実現・完成に向けての過程を遂行することのみである。このような、事態の実現・完成への過程は自己の意志・意図でもって遂行できるものの、事態の実現・完成は自己の制御性の埒外にある、という自己制御性を〈過程の自己制御性〉と仮称しておく。(8)と(9)では命じられ実現できる事態の段階が異なる。(8)は事態の実現・完成の遂行が命じられており、(9)で主体が遂行できることは、事態の実現・完成ではなく、事態の実現・完成に向けての過程である。事態の実現・完成を命じる命令を〈達成命令〉とよび、事態の実現・完成に向けての過程の遂行を命じる命令を〈過程命令〉と呼んでおく。

　(8)の左辺と右辺が示しているように、達成の自己制御性を持った事態では、命令も禁止もともに問題なく成り立つ。それに対して、過程の自己制御性しか持たない事態である(9)では、命令を表す左辺の文は成り立つものの、禁止を表す右辺の文は逸脱性を有している。そもそも過程の自己制御性しか持たない事態に対して命令が成り立つのは、その事態の実現が望ましいものとして把握され、それへの実現に向けての過程が遂行の努力に価するものとして捉えられるからである。事態の実現（肯定事態）、事態の非実現（否定事態）のいずれが望ましいものとして把握されるかによって、事態の実現への過程が遂行の努力に価するものとして捉えられ、その遂行を命じられるか、事態の非実現への過程が遂行の努力に価するものとして捉えられ、その遂行を禁じられるかが変わってくる。(10)の述語「悩ム」にあっては、事態の非実現（否定事態）が望ましいものと把握され、そのことによって、事態実現への過程ではなく、事態非実現への過程が遂行の努力に価するものとして捉えられ、命令ではなく、禁止が適格性を持った文として成り立っているのである。

（11）は、非自己制御的な事態であることによって、命令にも禁止にも成りえない。

　相手に事態の実現を命じる命令、禁止―これは否定事態の実現―では、事態は未実現である、と述べた。このことは、文が命じその実現を要請している事態そのものの実現性、という点では貫徹していると考えられるものの、命令と否定事態の実現の要請である禁止とでは、それが発せられる現象・状況の点において少し異なってくる。

（12）喋るな！

などの禁止では、喋らないという否定事態が実現していない［喋っている人間］に対してだけではなく、喋らないという否定事態が実現している［喋っていない人間に］に対しても使える。前者の禁止を〈続行阻止〉と仮称し、後者の禁止を〈未然防止〉と呼んでおく。未然防止のタイプの禁止は、実現している事態に対して使われている。

5. 認識のモダリティへの鍬入れ

　引き続き、認識のモダリティと命題のタイプの相互連関について、少しばかり考察を加える。

5.1　断定形（スル形）の表す二種の認識型

　ここで手短に展開する考察は、基本的に仁田（1997）やその拡大版である仁田（2000）で述べたことに基づいている。

　まず、認識のモダリティという文法カテゴリを形成するとされる［スル―スルダロウ］の対立、そのメンバーである形式の表すモダリティ的意味について見ておく。この関係・対立は、形態論的には「スル」が断定形であり、「スルダロウ」が推量形と呼ばれる対立をなしている。一応こうは言えるものの、これには重大な述べ残しや保留部分がある。

　最初に次のような現象から見ていこう。

（1）　　昨日彼に会った。／*明日彼に会った。

モダリティと命題内容との相互連関　　369

(2) ＊昨日彼に会う。／明日彼に会う。

(3) 　たぶん昨日北海道は雪だっただろう。

(4) ∮昨日北海道は雪だっただろう。

(5) ∮昨日北海道は雪だった。

(6) 　たぶん昨日北海道は雪だった。

（1）と（2）の左辺の文・右辺の文の適格性・逸脱性は、次のこと
を示している。テンスという文法カテゴリでは、ル形が無標形式で、
テンス的意味として非過去を表し、タ形が有標形式で、過去を表し
ている。そのことによって、有標のタ形は、意味的に整合する過去
の時の副詞とは共起できるものの、意味的に整合しない未来の時の
副詞とは共起できない。そして、それとは逆に、テンス的意味とし
て非過去を表す無標のル形では、意味的に整合する未来の時の副詞
とは共起できるものの、意味的に整合しない過去の時の副詞とは共
起できない。これは、述語のテンス形式の表すテンス的意味と共起
する時の副詞とが、整合性を保ち呼応しあっていることを示してい
る。

　それに対して、認識のモダリティを表し分ける断定形（スル形）
と推量形（スルダロウ形）では、もう少し複雑な現象が観察され
る。スルダロウ形は、（3）が示すように、（不）確かさ（の度合）
を表す副詞（「タブン」）と共起して、不確かさを有する推し量りを
表すだけでなく、（4）から明らかなように、推し量りの副詞を何
ら共起させずとも、想像や思考や推論の元で捉えられた不確かさを
有する推し量りを表す。スルダロウ形が推量というモダリティ的意
味を担い表す形式であることを示している。ただ、無標のスル形で
は次のような現象が観察される。当然、スル形は、（5）が示すよ
うに、（不）確かさ（の度合）を表す副詞を何ら共起させず、描き
出された事態を話し手が確かであると捉えていることを表しうる―
この確かという意味合いには、二種のタイプがある―。その意味
で、スル形は断定形と一応言えよう。ところが、（6）が示すよう
に、スル形は、形式的にはスルダロウ形と対立する断定形であるに
も拘わらず、（不）確かさ（の度合）を表す副詞（「タブン」）と共
起でき、［（不）確かさの副詞＋断定形］で、文全体の認識のモダリ

ティとしては不確かさを含んだ推量を表しうる。(1)(2)から分かるように、テンスであれば、このようなことは起こらない。有標形式と整合性を持ち、無標形式とは整合性を持たない副詞が、無標形式に生じ、その文法的意味を有標タイプに変更させているのである。

　これは、スル形とスルダロウ形という、認識のモダリティを形成すると言われる二つの語形（形式）の対立は、テンス形式（ル形・タ形）の対立ほど強固なものではないし、単純（単線的）でないことを物語っている。また、これは、スル形（断定形）で表されるものが、単一でないことを示している。

　ここでスル形によって表される認識のタイプ・あり方に二種のものがあることを示し、そのことが上掲の現象を説明すること、さらにそのことから導き出される重要な事柄・問題について述べておく。まず、(5)の「昨日北海道は雪だった。」の断定形の表す断定―確か―の意味合いが単一でないことを観察しておこう。一つは、昨日の天気図や仙台でも雪が降ったことを知っていて、それより気温が低く前線が通った北海道のことを想像・推論して、「昨日北海道は雪だった。」と言う場合である。もう一つは、実際に昨日北海道にいて、降雪を体験し、「昨日北海道は雪だった。」と言う場合である。前者は、根拠や証拠から想像・思考・推論によって確かであるとして描き出した事態である。それに対して後者は、話し手の直接体験によって捕捉された事態である。ともに確かなものとして描きだされている命題内容・言表事態であるが、前者は推論によって得られた確かさであり、後者は直接捕捉から来る確かさである。

　これは、認識のあり方に想像・思考・推論による情報把握と非推論型の直接捕捉による情報把握とがあることを示しており、確かさ（不確かさ）の度合において確かであると捉えられた場合、それはともに断定形（スル形）で表される、ということを示している。前者の認識のあり方・情報把握を〈推論型〉と呼び、後者のそれを〈非推論型の直接捕捉〉と仮称しておく。完全には一致しないが、一般的に間接情報・直接情報と呼ばれるものと深く関係する。ここでは、推論型の情報把握において捉えられた確かさを〈確信〉と呼

モダリティと命題内容との相互連関　　371

び、非推論型の直接捕捉において捉えられた確かさを〈確認〉と呼んでおく。

　確認・確信は、次のように規定され、それぞれ以下に触れるような異なり・特徴を有している。〈確認〉とは、命題内容として描き出されている事態の成立・存在を話し手の直接捕捉によって捉えたことにより、疑いのはさみようのない確かなもの、その真なることを確認済みのものとして把握した、というものである。それに対して、〈確信〉とは、命題内容として描き出されている事態の成立・存在を、自らの想像や思考や推論の中で捉え、それを確かなものとして把握した、というものである。確認は話し手の直接捕捉による確かさであり、確信は話し手の推論の上での確かさである。

　次の例文を見てみよう。

（7）「あの人形のおかげで、わたしは命拾いをしました。人形が泣き声を上げなかったら、あのまま、わたしは殺されていたでしょう。」　　　　　　　　　　（山崎洋子「人形と暮らす女」）

（7）の第一文は、自らが体験したことで、したがって話し手の直接捕捉によって捉えられた確かでしかない事態であり、第二文は思考・想像・推論の中で捉えられた事態を表している。

　第一文に描き出されている事態は、非推論型の直接捕捉による事態であり、そのスル形の表している確かさは、確認と呼んだものである。直接捕捉による命題におけるスル形（断定形）は、「*あの人形のおかげで、わたしは命拾いをしたでしょう。」が示すように、対立するスルダロウ形（推量形）を出現させない。つまり、確認を表すスル形（断定形）は、対立するスルダロウ形（推量形）を持たない。「あっ、雨が降っている。←→*あっ、雨が降っているだろう。」にあって、右辺の文が逸脱性を有しているのも、左辺の文の命題内容が直接捕捉によって捉えられたものであり、そのスル形が確認を表すスル形であることによっている。

　それに対して、推論型の情報把握によって描き出された命題内容は、推論によって捉えられたものであることにより、証拠・根拠などに対する話し手の信頼のあり方・程度によって、確かさの異なりを有する。「彼はすぐ来る。←→彼はすぐ来るだろう。」、「あいつ

が犯人だ。←→あいつが犯人だろう。」が示す通りである。これら
の例文はいずれも推論型の情報把握によるものである。これらの例
文での左辺の文・右辺の文がともに適格文であることが示すように、
確信を表すスル形（断定形）は、対立するスルダロウ形（推量形）
を有する。

　スル形がスルダロウ形と対立をなすのは、すべてのスル形におい
てではない。確認を表すスル形は対立するスルダロウ形を持たな
い。スルダロウ形と対立するスル形は確信を表すスル形のみであ
る。〈認識のモダリティ〉の分化が存するのは、想像・思考・推論
によって命題内容を捉える、という推論型の情報把握の場合である。
この推論型には、確信（確かなものとして捉える「スル」）と推量
（不確かさを有するものとして捉える「スルダロウ」）とが、基本的
な形態論的な対立として存在する。さらに、蓋然性判断（確から
しさの度合いを含んで捉える「スルカモシレナイ―スルニチガイナ
イ」）や徴候性判断（存在している徴候から引き出し捉える「スル
ヨウダ／スルミタイダ／スルラシイ／（シソウダ）」）などが出現す
る。「スルダロウ」は間接的な認識のし方でしかないが、「スル」に
は、直接的な場合もあれば、間接的な場合もある。

5.2　確認（直接捕捉による情報把握）の二種

　次に、直接捕捉による情報の描き取り・捉え方のタイプについて
瞥見しておく。直接捕捉による情報把握を、〈感覚器官による直接
捕捉〉と〈既得情報〉とに分けておく―当然この中間的なものも存
在する―。

　まず、直接捕捉の代表であり典型である感覚器官による直接捕捉
から見ていく。〈感覚器官による直接捕捉〉とは、話し手が視覚や
聴覚など自らの感覚器官を通して現前に展開する状況を捉え、その
まま言語に写し取ったものである。たとえば、

（8）道路に沿って清水が流れている。　　　　（太宰治「富岳百景」）

（9）なんまんだあなんまんだあと、お経をあげる声がする。

（松谷みよこ「山んばの錦」）

（10）田所「水が濁ってきた」　　　　　（橋本忍「日本沈没」（シ））

モダリティと命題内容との相互連関　　373

(11)伊織「送るよ」／霞「困ります」

（荒井晴彦「ひとひらの雪」（シ））

(12)目が痛い。

などが、感覚器官による直接捕捉によって描き出された事態・命題内容である。（8）から（10）では、感覚器官による直接捕捉によって捉えられ描き出されている事態は外的状況であり、（11）（12）でのそれは、話し手の内的な心的状況や内的感覚である。いずれも自らの感覚器官によって直接捕捉された事態である。これらの文に現れているスル形（断定形）は、いずれもスルダロウ形（推量形）を対立項として持たない確認である。

　次に既得情報についてごく簡単に見ておく。〈既得情報〉とは、獲得され知っているものとして、話し手の保有している情報・知識の在庫というあり方で、話し手の記憶の中に蓄えられているものである。たとえば、

(13)稲垣：伊勢神宮を中心に全国八万の神社のほとんどをひとつに束ねているんですから、力があります。戦前の内務省に神社局というのがあって全国の神社を指導していましたが、神社本庁はその戦後版です。以上、おじさんの受け売り。

（井上ひさし「闇に咲く花」）

(14)59年以降、ブルターニュの議員たちが、左右両派一致して率先的に、法案の提出を再開した。委員会における審議は、二度連続してすぐれた議員報告にまでいったが、政府は国会審議でとりあげることを認めなかった。

（原聖邦訳「虐げられた言語の復権」）

などの下線部の述語から構成されている文に描き出されている事態・命題内容が、既得情報によって描き出された事態・命題内容である。上掲の文における既得情報は、人から聞いたり教えられたりすることで、獲得され知っているものとして自らの記憶の倉庫に蓄えられたものであり、それを記憶の倉庫から取り出し、文の表す言表事態・命題内容として描き出したものである。

　また、既得情報の中には、自らが体験することによって情報を獲得し、それを記憶の倉庫に蓄えておくものもある。たとえば、

(15) 笙子「…私、正直にいいます。私、一度だけ、宮津さんと
　　　…宮津さんに抱かれました」　　（荒井晴彦「ひとひらの雪」(シ)）

などは、自らが過去に直接体験した自身のことである。情報が過去
の自らの直接体験であることによって、記憶の倉庫に蓄えられたも
のであるとともに、感覚器官による直接捕捉によるタイプにつなが
っていく。

　以上見てきた非推論型の直接捕捉では、スル形は確認を表し、推
論を表すスルダロウ形を対立項として出現させない。

6. 事態の類型と確認（感覚器官による直接捕捉）との相関

　ここでは、直接捕捉による情報把握、特に感覚器官による直接捕
捉になりうる事態に対して、事態の類型から来る制限・なりやすさ
があるのか、ということを考えておく。

　本稿では、事態の類型として、動き・状態・属性を取り出してお
く。事態の類型について簡単に説明しておこう。

　まず、文の表す事態は、現象と属性に分かれる。動きと状態は、
いわゆる現象と呼ばれるものであり、その出現・存在が時間的限定
性を持っている。それに対して、属性は、あるモノ・コトが有して
いる性質のことであり、時間の中で変わることがあっても、属性そ
のものは時間的限定性を持っていない。以下、それぞれについて簡
単に規定しておく。

　〈動き〉とは、ある限定を受けた具体的な一定の時間帯の中に出
現・存在し、それ自体が発生・展開・終了していく―発生と終了が
同時的というものをも含めて―、というあり方で、具体的なモノ
（人や物を含めて）の上に発生・存在する事態である。たとえば、

　(1)　彼は大雨の中を急いで家に帰っていった。
　(2)　男が手紙を破いている。
　(3)　もうすぐお湯が沸く。

などの文が表している事態が動きである。これらの事態は、すべて、
時間的限定を持ち、事態そのものが時間的展開性を持っている。

　また、〈状態〉とは、動きと同じく現象の一種であり、その出

現・存在に時間的限定性を持ってはいるものの、事態の発生・終焉の端緒を取り出せない、つまり時間的な内的展開性を持たない、モノの等質的なありようである。

（4）この部屋に人がたくさんいる。

（5）先ほどまで僕はお腹が痛かった。

などの文が表している事態が状態である。これらの事態は、その出現・存在が時間的限定性を持ったものであるが、事態そのものは時間的展開性を持たない。

それに対して、〈属性〉とは、モノが、他のモノではなく、そのモノである、ということにおいて、そのモノが具有している側面で取るあり方・特徴である。たとえば、

（6）あの崖はとても切り立っている。

（7）奴は足が速い。

（8）彼は北海道生まれだろう。

などの文が表している事態が属性である。属性は時間の流れの中で変化することがあっても、モノとともに在り、属性自体が時間的限定性を持つことはない。

ここで、感覚器官によって直接捕捉できる事態と事態の意味的類型との相関関係に触れておく。結論から言えば、次のようなことが言える。感覚器官によって直接捕捉できる事態は、基本的に現象である動きと状態である—ただ、これには例外がある—。

（9）よく見ると、テープレコーダーの外部スピーカーの接続端子からミニプラグつきのコードが{出ている／*出テイルダロウ}。　　　　　　　　　　　　　（山村直樹他「旅行けば」）

（10）狼煙が、あがった　　　　　（吉村昭「ふぉん・しいほるとの娘」）

（11）「わぁ、空がとても{青い／*青いだろう}。」

（12）「あっ、お店が休みだ。」

などの文が捉え描き出している事態は、いずれも感覚器官によって直接捕捉された事態であり、その文でのスル形は、（9）や（11）に示したように、対立するスルダロウ形を持たない確認である。そして、事態の意味的類型は、（9）（10）が動きを表し、（11）（12）が状態を表している。感覚器官による直接捕捉の事態として、動

き・状態の現象に属する事態が来るのは当然であろう。感覚器官によって直接捕捉するためは、その事態が具体的な時空の中に出現・成立しており、感覚器官で捉えることが可能でなければならない。その種の事態がまさに動きや状態である—これは、動きや状態が非推論型の直接捕捉での事態になりうることを示しているのであり、その逆の、動きや状態が推論型での事態にはならない、ということを意味しているものではない—。

したがって、属性は、基本的に感覚器官による直接捕捉にはならない（なりにくい）。「向こうから来る人は、{ここの学生だ／ここの学生だろう}。」「この種の問題は解決が{難しい／難しいだろう}。」が示すように、属性である事態は、通例、感覚器官による直接捕捉だけでなく、さらに言えば非推論型の直接捕捉としても現れがたく、スル形とスルダロウ形が確信と推量を表す対立項として存在する、推論型の情報把握として現れる。原則はこうである。ただ、

（13）わぁ、この部屋、とても大きい。

のような例外もある、ということにも留意しておかなければならない。これは、発話時に感覚器官で捉えた属性の現れを述べたものである。

さらに言えば、これだけでなく、属性には、次のような非推論型の直接捕捉に属する一群がある。沖縄に行ってきて、「万座毛の海は美しかった。」のような、自己の直接経験による属性表現がこれである。この種の属性表現は、直接捕捉によって捉えられた事態であり、そのスル形は、対立するスルダロウ形を持たない確認である。ただ、これは、既に触れたように、過去の自らの直接体験から得られた情報として、記憶の倉庫に蓄えられたものであり、感覚器官による直接捕捉と既得情報の中間、その両者の性格を併せ持つタイプとして位置づけられるものだろう。

それに対して、既得情報では属性も現れうる。

（14）森郎「昔、昔、男と女は一体でした」

（佐藤繁子「白い手」（シ））

（15）彼に聞きましたが、Ａ先生はとても{厳しい人でした／*厳しい人でしたでしょう}

などの文が捉え描き出している事態は、いずれも、事態の意味的類型としては属性であり、(15) に示したように、対立するスルダロウ形を持たない、既得情報によって得られた情報・言表事態である。既得情報では、動きや状態だけでなく、属性も問題なく出現する。既得情報は事態の意味的類型を選ばない。

7. 条件節・理由節と確認・確信

次に、文がどのような従属節を含むかということと、情報把握のタイプとの相関関係をごく簡単に見ておく。従来ほとんど気づかれていないし、管見の限り触れられたこともないと思われるが―仁田 (1996) でこれに関連することについて少しばかり触れた―、その文が条件節を含む文か理由節を含む文か、という異なりが、その文の表す事態が、推論型の情報把握によって捉えられた事態としてしか現れえないか、それとも非推論型の直接捕捉の情報把握での事態としても現れうるか、という異なりと連関する。

まず、条件節を含む文から見ていく。条件節を含む文が表す事態は、推論型の情報把握によって捉えられた事態としてしか現れえない。たとえば、

(1)　もしも左兵衛が息をひきとったら、自分は一人 {取残される／取残サレルダロウ }。そのような境遇におちいったとしたら、生きてゆく気力もうしなわれるにちがいなかった。

(吉村昭「北天の星」)

(2)　かれは、自らを賭けてみようと決意した。ロシアの水兵たちは敵意をむき出しにしているが、柔軟な態度で迎えれば、かれらの気持ちもやわらぐかも知れない。

(吉村昭「北天の星」)

を見てみよう。(1) は「～ひきとったら」「～おちいったとしたら」、(2) は「～迎えれば」という条件節を含んだ文である。(1) の第一文は、実例ではひら仮名表記で示したスル形で現れている。ただ、それは、カタ仮名表記で示したスルダロウ形に置き換えようと思えば置き換えうるものである。スルダロウ形を対立項として持

つスル形である。つまり、そのスル形（断定形）は、確認にはなり
えず、確信に留まる。条件節で表される状況の元に生じる事態とは、
現実世界における存在ではなく、想定世界における存在である。し
たがって、事態は、想像・思考・推論の元で事態を捉えるという推
論型の情報把握であり、それでしか成立・存在しえない。

　次に、理由節を含む文について見ていく。たとえば、

（3）　風がしずまってきたので、三本の帆柱に帆がつぎつぎあげ
　　　られ、それはたちまち風をはらんでふくれ上がった。

（吉村昭「北天の星」）

（4）　やがて一人の男が近づいてきた。……。それはＩ駅の新聞
　　　売りだったから、おれもよろこんであいさつを返した。

（安部公房「水中都市」）

を見てみよう。（3）（4）は、いずれも理由節を含んだ文であり、
そして、直接捕捉による情報把握の文である。（3）は話し手（語
り手）が自らの感覚器官で捉えた事態であり、（4）は話し手（語
り手）が自ら直接体験した事態である。これらの文でのスル形（断
定形）は、スルダロウ形（推量形）との対立を持たない確認である。
ただ、このことは、理由節を含む文の表す事態が非推論型の直接捕
捉による事態として現れうることを示しているだけで、その逆の、
推論型の情報把握での事態として現れえない、ということを意味し
ているわけではない。事実、

（5）「短期的には混乱があろうし、政権基盤も弱いから、実行力
　　　に問題があるかもしれない。」　　（「朝日新聞」1993. 8. 10）

は、条件節ではなく理由節を含んだ文であるが、想像・思考・推論
の元で捉えられた事態を表している。（5）は、理由節を含みなが
ら、推論型の情報把握による事態を表している文である。その証拠
に、有標の認識のモダリティ形式「カモシレナイ」が出現している。
（事態の成立・存在の）理由には、既に実現・確認済みのものもあ
れば、頭の中で想定・考えられたものもある。

8.　未実現事態と確認・確信

　引き続き、ここで、文に描き出されている事態が未来に生起する事態であるということと、事態に対する情報把握のあり方のタイプとの連関について、ごく簡単に見ておく。

　結論から言えば、この両者の相関関係は次のようになる。未来は未実現の世界であり、未来を表す文に描き出される事態は未実現の事態である。したがって、未来を表す文にあっては、事態が未実現であることによって、基本的にその事態を直接捕捉することはできない。発話時において話し手が予測というあり方で事態の成立・出現を捉えなければならない。つまり、未来を表す文に描き出される事態は、基本的に推論型の情報把握により捉えられたものであり、非推論型の直接捕捉による情報把握によって捉えられたものではない。したがって、スル形（断定形）で表されていても、特別な場合を除いて、確認ではなく確信である。たとえば、

- （1）　30〜31 にかけて寒気が{強まる／強マルダロウ}。日本海側は雪が降り、太平洋側も山間部などで雪が{舞う／舞ウ見込ミ}。
（「朝日新聞」2007.12.30）

- （2）　伊織「宮津は君に惚れてるんだな」／伊織「…仕事はできる奴だし、優しそうだし、いい亭主になるかもしれない」
（荒井晴彦「ひとひらの雪」（シ））

などが、そのことを示している。（1）は「強まる」「舞う」が原文であるが、このスル形が使われている箇所には、「強マルダロウ」や「舞ウ見込ミ」のような、有標の認識のモダリティ形式が現われても問題はない。（2）では「なるかもしれない」のように、既に原文において有標の認識のモダリティ形式が出現している。このタイプの文の事態は、推論型の情報把握による事態であり、スル形は、スルダロウ形（推量形）と対立する確信であり、確認ではない。

　ただ、未来に生起する事態が常に推論型の情報把握としてしか現れえない、というわけではない。例外的なものとして、たとえば、

- （3）　08 年の地方選挙は、1 月 27 日投開票の大阪府知事選を皮切りに、熊本、鹿児島、山口、新潟、富山、岡山、栃木の計 8

府県で知事選があり、政令指定都市の京都市でも 2 月 17 日に市長選が{投開票される／??投開票サレルダロウ}。

（「朝日新聞」2008.1.3）

などのようなものが挙げられる。(3) は〈既得予定〉とでも仮称すればよい文である。このタイプの文では、上掲の (1)(2) とは違って、スルダロウ形などの有標の認識のモダリティ形式は出現しにくい。予定された未来は、話し手が自らの知識・情報の倉庫に保有したものであり、既得情報としての扱いを受けることになる。非推論型の直接捕捉の情報把握である。予定された未来の事態に現れるスル形は、その事態が実際に実現するか否かは別として、予定を予定として既に知っていれば、確信ではなく、確認でありうる。

　事態の生起する未来と発話時との時間的近さが、事態生起の徴候を直接捕捉できるかそれとも推論の元に捉えなければならないか、ということと関連して、未来の事態ではあるが、直接捕捉による情報把握に近いか、推論型の情報把握に近いかに関わってくる。たとえば、

　(4)　機長「やった！日本が裂けるぞ！」　（橋本忍「日本沈没」（シ））

などのような直後未来の事態は、その事態生起の徴候を感覚器官によって直接捕捉していることにより―さらに言えば、事態生起の徴候を述べている、という側面があることにより―、直接捕捉に近いタイプの情報把握と言えよう。直接捕捉寄りの事態である。このような状況の事態をスルダロウ形で表すことはあまりないだろう。「あっ、落ちる。落ちた」などの「落チル」も、直後未来を表しており、このタイプである。このタイプは、さらに「あっ、落ちそうだ。」につながっていく。シソウダ形は、徴候性判断を表す形式に一応位置づけられるが、スルヨウダ形などと少し異なって、事態の起動段階を表す「ショウトシテイル」に近づいている。

9.　事態のタイプであるとともに、運用論的要因が深く関わっているもの

　最後に、話し手が聞き手に情報を述べ伝える、あるいは話し手が

聞き手から情報を得る、という述べ立て・問いかけという伝達機能
が、その文の表し担っている事態・命題内容のタイプ・類型に影響
を与えている現象についてごく簡単に見ておく—この種の現象につ
いては仁田（1991）で少しばかり詳しく見た—。

　ここで触れる制限・傾向は、そのような事態を、述べ立て文の命
題内容にする・問いかけ文の命題内容にする、ということが、述べ
立てたり問いかけたりする、という伝達機能をまっとうにそして有
効に果していない、という運用論的な原則に反することから来る
制約・不自然さによるものである。ここで取り上げる〈述べ立て〉
〈問いかけ〉は、それぞれ発話機能のモダリティの一種である。

　〈述べ立て〉とは、直接捕捉によってであれ、想像・推論によっ
てであれ、話し手の捉えた事態を、基本的に話し手から聞き手に情
報伝達する、という発話・伝達的な機能・態度である。述べ立ての
文が、話し手から聞き手への実効的な情報伝達としての機能を発揮
するためには、述べ立て文の命題内容は、聞き手の知らない、ある
いは十分了解していないものでなければならない。このような命題
内容の情報位置のあり方を、命題内容をめぐっての話し手の聞き手
の情報位置が、［話し手＞聞き手］である、と表現しておく。述べ
立ての文にあって、その文の表す命題内容の情報位置が［話し手＞
聞き手］というあり方に明確に反する場合、述べ立てという発話・
伝達的な機能は、実効的に実現されない。命題内容と述べ立てとい
うモダリティの発話・伝達的な機能とが相反することになる。その
ことによって、この種の命題内容のタイプは、運用論的に述べ立て
文の命題内容になりにくい。たとえば、

（1）??君は明日故郷を去るつもりだ。

（2）??君は目が痛い。

などのような文は、話し手から聞き手への情報伝達である述べ立て
として、述べ立てが発揮すべき発話・伝達的な機能を実効的に果し
ていない。聞き手にとって、自らの意志的行為や自らの内的感覚・
感情などは、他から教え知らされなくとも自明の事態である。（1）
（2）の文の不自然さは、聞き手にとって自明のことを、わざわざ
情報伝達の内容にしていることによる。このことは、「??君は目が

痛かった。」のように過去の事態にしても、聞き手にとって自明の事態であることによって、述べ立ての文としては、聞き手への情報伝達という発話・伝達的な機能を実効的に発揮していないことによって、不自然な文になる。

　当然、「君は明日故郷を去るつもりでしょ。」「君、目が痛いでしょ。」などは、「でしょう」が推量ではなく、聞き手への確認要求を表していることにより、文は、単に情報を聞き手に述べ伝えているのではなく、聞き手からの確認を求めていることにより、可能になる。

　また、これらは、述べ立ての文が、話し手から聞き手への情報伝達という発話・伝達的な機能をまっとうに自然に果しているのか、という運用論的な制約であったので、運用論的な坐りの悪さを無視すれば、上述したような逸脱性・不自然さを持った文も、現実には現れうる。たとえば、予言者ぶって、「（僕には分かるのだ。）君は明日故郷を去るつもりだ。」と言えないこともない。また、「??君は目が痛いだろう。」は、まだまだ不自然ではあるが、「君は目が痛いはずだ。」は、「ハズダ」という推論を可能ならしめる根拠（思い込み）を持っている人間には、発話可能な文である。

　〈問いかけ〉とは、話し手が、自分の知らないこと・判定ができないことについて、聞き手から情報を求める、という発話・伝達的な機能・態度である。したがって、問いかけの文が話し手の聞き手からの情報要求、という発話・伝達的な機能をまっとうに実効的に発揮するためには、問いかけ文の命題内容は、クイズ・クェスチョンでもない限り、話し手は知らない、あるいは十分了解していないが、聞き手が知っていると話し手が想定できるものでなければならない。このような命題内容の情報位置のあり方を、命題内容をめぐっての話し手の聞き手の情報位置が、［話し手＜聞き手］である、と表現しておく。問いかけの文にあって、その文の表す命題内容の情報位置が［話し手＜聞き手］というあり方に明確に反する場合、問いかけという発話・伝達的な機能は、実効的に実現されない。命題内容と問いかけというモダリティの発話・伝達的な機能とが相反することになる。そのことにより、この種の命題内容のタイプは、

運用論的に問いかけ文の命題内容になりにくい。命題内容の情報位置が述べ立て文の場合と逆の関係になる。たとえば、

　（3）??僕は明日故郷を去るつもりですか。

　（4）??僕は目が痛いの？

などは、いずれも不適切で不自然な文である。命題内容が話し手自らの意志的行為や内的感覚・感情であることにより、命題内容の情報位置が［話し手＜聞き手］というあり方に明確に反している。話し手にとって自明なことを聞き手に聞く、ということは通例ありえない。

　以上、本稿では、命題内容として描き出されている事態の意味的類型・意味的特性とモダリティのあり方との相関関係を粗々と見てきた。

付記　本稿は澤田治美さんが所長を兼任していた関西外国語大学・国際文化研究所の第1回公開「言語・文化コロキアム」での話をまとめたものである。

参考文献

仁田義雄（1991）『日本語のモダリティと人称』ひつじ書房.

仁田義雄（1996）「語り物の中のモダリティ」『阪大日本語研究』8: pp.15–27. 大阪大学.

仁田義雄（1997）「断定をめぐって」『阪大日本語研究』9: pp.95–119. 大阪大学.

仁田義雄（1999）「モダリティを求めて」『言語』28（6）:pp.34–44. 大修館書店.［仁田2009に再録］

仁田義雄（2000）「認識のモダリティとその周辺」『日本語の文法3 モダリティ』pp.77–159. 岩波書店.［仁田2009に再録］

仁田義雄（2009）『日本語のモダリティとその周辺』ひつじ書房.

仁田義雄（2010）「事態の類型と未来表示」『日本語文法』10（2）: pp.3–21. 日本語文法学会.

奥田靖雄（1985）「文のこと 文のさまざまな（1）」『教育国語』80: pp.41–49. むぎ書房.

奥田靖雄（1986）「まちのぞみ文（上）文のさまざまな（2）」『教育国語』85: pp.21–32. むぎ書房.

奥田靖雄（1988）「文の意味的なタイプ―その対象的な内容とモーダルな意味とのからみあい」『教育国語』92: pp.14–28. むぎ書房.

奥田靖雄（1996）「文のこと―その分類をめぐって」『教育国語』2（22）：
pp.2–14. むぎ書房.

佐藤里美（1999）「文の対象的な内容をめぐって」『ことばの科学9』pp.87–
97. むぎ書房.

高梨信乃（2010）『評価のモダリティ』くろしお出版.

What is happening to *must* in Present-day English?

A contrastive perspective on a declining modal auxiliary

Karin Aijmer

Abstract

The aim of my paper is to contribute to the study of the grammaticalization of the modal auxiliaries by studying the translations of *must* in a contrastive English-Swedish perspective. The contrastive corpus-based study can be seen as a complement to comparative historical corpus studies of *must* and its changes over time. Translations can confirm observations which have been made on the basis of monolingual corpora about the declination of *must* and the emergence of semi-modals such as *have to, have got to* and *had better* as a result of grammaticalization processes. They can also show what the competitors are in the modal field and make it possible to describe *must* in relation to its neighbours such as *need to, should, be obliged to.* The differences are seen to depend on the whether the texts represent fiction or non-fiction and whether the obligation is associated with favourable or unfavourable effects.

（本稿の目的は、英語とスウェーデン語の対照的視点に立ち、must の翻訳を研究することを通して、法助動詞の文法化の研究に貢献することである。対照的なコーパス基盤的研究は、must とその史的変化に関する比較・歴史的コーパス研究を補足するものとみなすことが可能である。must が衰退し、文法化の結果 have to, have got to, had better などの疑似法助動詞が隆盛になったという、単一言語コーパスに基づいて既に得られている所見に関して、翻訳を通して確証することができる。さらには、モダリティの分野においてそれらの疑似法助動詞とはどういうものかを明らかにし、need to, should, be obliged to といった隣接語と比較しつつ must を記述することも可能となる。本稿では、must と、must の隣接・同意語との

違いとは、当該のテクストがフィクションか、それともノンフィクションか、その義務は好ましい結果をもたらすのか、それとも好ましくない結果をもたらすのかといった要因によるものであることを論じる。）

Keywords

grammaticalization, modal auxiliary, deontic, *must*, semi-modal, contrastive, English-Swedish Parallel Corpus.

1. Introduction

The topic of my paper is to contribute to the revival of interest in the grammaticalization of the modal auxiliaries and recent semantic changes in the modality system. I was drawn into this area by the observation that English *must* seemed to be much less frequent than its Swedish cognate *måste*. Such language-specific differences can be expected against the background of what we know about grammaticalization and how it operates. Modal auxiliaries are prime examples of the process of grammaticalization (see e.g. Hopper and Traugott 1993). They have grammatical and morphological properties distinguishing them from main verbs. Moreover, they have developed new functions associated with the modal categories epistemic or deontic. The grammaticalization of the modal auxiliaries is still under way. Even in a narrow time perspective we find changes indicating that the restructuring of the modal area is not complete. Leech et al. (2009) have for instance shown on the basis of corpora that the modal auxiliaries in general and *must* in particular has declined in frequency over the relatively short period between 1960 and 1990. The changes affect both the epistemic and deontic meaning but have been particularly drastic for deontic *must*. Leech et al. (2009) compared modal auxiliaries in corpora constructed according to the same design but from different periods. We can also compare the modal auxiliaries across languages to establish similarities and differences. The changes which have taken place in English can be highlighted by a comparison with Swedish where the same changes have not take place and by means of English translations from Swedish.

In this paper I am interested in how we should explain the low frequency of *must*. My approach is contrastive and based on the English Swedish Parallel Corpus. The comparison takes place across languages rather than diachronically. We can study both when *must* is chosen as a translation of *måste* and when a different lexical item or construction is preferred. The divergences between the systems are of interest because of what they show about the flexibility and dynamism of the area of (deontic) modality.

2. Material

My comparison is based on the occurrence of *must* and *måste* in the English-Swedish Parallel Corpus (ESPC) (see Altenberg and Aijmer 2001). The corpus contains comparable original texts in English and Swedish with their translations, altogether 2.8 million words representing both fiction and non-fiction (see Table 1).

Table 1   Size of the English-Swedish Parallel Corpus

	Number of words
Fiction	1,328,929
Non-fiction	1,475,582
Total	2,804,511

The structure of the corpus is shown in Figure 1.

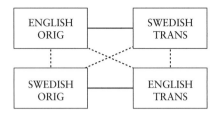

Figure 1   The structure of the English-Swedish Parallel Corpus

The English-Swedish Parallel Corpus is a bidirectional translation corpus which makes it possible to consider how a word or construction in Swedish original texts is translated into English (EO->ST) and what the English sources are of the Swedish translations (ST<-EO).

The relationship between *måste* in the original texts and its correspondences in the target texts can be exhibited as a translation paradigm showing how often *must* and *måste* correspond to each other in translation. The translations also show what the alternatives are when *must* and *måste* are not translated into each other.

The study is synchronic only but the translations also provide a window on on-going changes and variation in how we express obligation and necessity. An element which is often chosen as an alternative translation of *must* may suggest that the element is gaining ground and that *must* is losing out. Moreover, forms which are infrequent as translations can be interpreted in terms of emerging competition. The results should therefore be of interest against the background of current discussions about the present-day restructuring of modalities associated with obligation and necessity which have taken place in English in the last twenty years (see Leech et al. 2009). The translations also provide the raw material for a deeper or qualitative analysis of the functions of *must* and its competitors.

3. The frequency of *must*

Table 2 shows that English and Swedish differ in how frequently they use the cognates.

Table 2 *Must* and *måste* in the English and Swedish original texts. Normalized
figures to 10,000 words in parentheses.

	English originals ('*must*')	Swedish originals ('*måste*')
Fiction	210 (1.58)	454 (3.42)
Non-fiction	334 (2.26)	650 (4.41)
Total	544 (1.94)	1104 (3.4)

Måste was almost twice as frequent in Swedish originals than in
English original. The small number of examples of *must* in the English
original texts is interesting against the background that it has been
claimed that *must* has declined in frequency. Moreover both *måste* and
must are more frequent in non-fiction texts than in fiction. However,
the Swedish cognate was also more frequent than *must* in non-fiction
(4.41 tokens per 10,000 words vs. 2.26 tokens of *must*). The frequen-
cies indicated in Table 2 do not take into account that both *must* and
måste are polysemous. For one thing, the translator chooses a transla-
tion based on whether *must* is epistemic or deontic.

4. Deontic and epistemic *must*

The epistemic meaning of *must/måste* has been defined in terms of a
judgment by the speaker: 'a proposition is judged to be uncertain or
probable in relation to some judgment' (van der Auwera and Plungian
1998: 81).

The epistemic meaning is illustrated by:

(1) "That's Davina Flory." I guessed it <u>must</u> be," Burden said
    quietly.   (RR1)

Must can also be deontic. Deontic modality "identifies the enabling
or competing circumstances external to the participant as some
person(s), often the speaker, and/or some social or ethical norm(s)
permitting or obliging the participant to engage in the state of affairs"

(van der Auwera and Plungian 1998: 81).

Deontic meaning:

(2) I put a finger to his mouth: "Do n't bring it up again. You <u>must</u> allow me this chance in Provence to make up my mind. (BR1)

The speaker obliges another participant (the hearer) to engage in the state of affairs.

Måste is used both as an epistemic marker and a deontic marker. Table 3 shows the translation correspondences of epistemic *must* in fiction and non-fiction. The low frequency of epistemic meanings, especially in non-fiction, is striking. In the fiction texts 109 examples were epistemic to be compared with 24 examples in non-fiction.

As shown by the translations *must* has no serious competitor as translation target and the alternative correspondences only occur once or twice. In non-fiction all the examples were translated as *must*.

Table 3   The translations of epistemic *måste* (SO -> ET).

Translation	Fiction	Non-fiction	Total
must	86	24	110
(you) can be sure	2	-	2
have got to	2	-	2
could (perhaps)	2	-	2
I suppose	1	-	1
maybe	1	-	1
presumably	1	-	1
would (maybe)	1	-	1
obviously	1	-	1
perhaps would	1	-	1
doubtless	1	-	1
sounds like	1	-	1
might	1	-	1
must surely	1	-	1
ø	6	-	6
other	1	-	1
Total	109	24	133

Two examples contained (*have*) *got to* which however is typically deontic. On the other hand, there was no example of *have to* or *should* as a variant of epistemic *must*. The translations consist of modal auxiliaries (besides *must*) such as *could, might* or *would*. Other alternatives are adverbs (*obviously, presumably, doubtless, maybe, perhaps*) or verbs and adjectives (*you can be sure, I suppose, sounds like*).

In the English sources of Swedish *måste* the tendencies are the same. The figures reflect the fact that *måste* was more frequent in sources than in translations in non-fiction texts.

Deontic modality (obligation/necessity) is a more complex semantic field than epistemic modality. Table 5 shows the English translations of Swedish *måste* with deontic meaning.

In comparison with the epistemic *must* which was found in the translation in 78.9% of the examples (in fiction) deontic *must* was much less frequent (22.2 % of the examples). The translations of *måste* into English show that there are a large number of forms competing with *must* (what Leech et al. 2009 describe in diachronic terms as the

Table 4   The sources of epistemic *måste* (ST->EO).

	Fiction	Non-fiction	Total
must	91	42	133
surely	5	1	6
would	3	1	4
will	2	-	2
other	2	-	2
may	1	-	1
had got to	1	-	1
of course	1	-	1
will	1	-	1
I suppose	1	-	1
it is certain to	1	-	1
clearly	-	1	1
Total	109	45	154

Table 5   The English translations of Swedish *måste* (SO ->ET). Deontic meanings.

	ET fiction	ET non-fiction	Total
must	73 (22.2%)	237 (37.9%)	310 (44.5%)
have to	84	85	169 (17.8%)
had to	88	36	124
should	5	46	51
need to (or other forms with *need*)	9	32	41
(have) got to	12	4	16
ought to	4	11	15
is (was) to be -ed	3	5	8
is necessary, it is required, essential	-	8	8
be going to, will	4	1	5
be forced, be compelled, be made, be taken to	-	4	4
x makes sb do sth	3	-	3
had better	2	-	2
necessarily, of necessity	1	1	2
be in need of , be a need to	1	1	2
I should like to (say)	-	2	2
there is no other way but	1	-	1
be enough to	1	-	1
be due to	1	-	1
it was natural for x to do sth	1	-	1
couldn't possibly	1	-	1
emphatic do	1	-	1
it's time	1	-	1
imperative	-	1	1
it should be incumbent on	-	1	1
we deserve to be	-	1	1
appreciate the need to	-	1	1
I cannot help but	-	1	1
it was generally concluded that	-	1	1
ø	18	10	28
other	15	17	32
Total	329	626	955

present-day beneficiaries of *must*'s decline). These correspondences include (other) modal auxiliaries as well as 'grammaticalizing' so-called semi-modals.

The translation paradigm provides a panorama of the variation between elements which occupy the semantic field of obligation/necessity. In all, there were 23 different forms in the translations of *måste* in the fiction part. In addition, there were several examples where the translations involved more radical changes ('other'). A comparison with source texts (Table 6) can show if the different frequencies are due to contrastive differences between the languages or 'translation effects' (cf. Johansson 2007: 5). The translator may use a cognate even when a more 'idiomatic' translation is available. The source texts, on the other hand, show an even higher frequency of *have to* and a lower frequency of *must*. *Must* was used in 17.1% of the examples to be compared with *have to* in 29.3% of the examples in the source texts.

The frequency of a certain translation can reflect its importance as a substitute of *must* synchronically. *Have to* was even more frequent than *must* (in English sources of Swedish *måste*). We can make a comparison with Biber et al.'s observation (1999: 489) on the basis of a much larger corpus material that *must* and *have to* have the same distribution in fiction. However, in conversation *have to* was used more frequently than *must, should* or *need to* according to Biber et al. (1999). This may reflect the fact that fiction texts in the ESPC contain a great deal of dialogue.

Have to, should, need to are only used with deontic meanings as translations of Swedish *måste*. (*Have got to* was found with epistemic meaning in two examples as pointed out above.) *Must* is in variation with modal auxiliaries (in particular *should, ought to, need to, will*) where *ought to* and *need to* are less central as modal auxiliaries.

A difference between English and Swedish is that English can use so-called semi-modals to express deontic modality. The notion 'semi-modals' refers to 'a loose constellation of verb constructions ... which

Table 6   The English sources of Swedish *måste* (ET<-SO). Deontic meanings.

	EO fiction	EO non-fiction	Total
must	56 (17.1%)	222 (42.5%)	278 (32.7%)
have to	96 (29.3%)	118 (22.6%)	214 (25.2%
had to	81	45	126
need	19	53	72
have got	18	2	20
should	3	15	18
be obliged,required, induced, compelled, forced, "tied to", bound to	4	8	12
will, be going to	4	4	8
mean+-ing	2	6	8
post-modifying to-clause*	3	4	7
imperative	3	-	3
be to, be due to	3	1	4
inevitably, necessarily	1	1	2
entail the need, recognize the necessity of	-	2	2
would	-	2	2
want	1	-	1
omission	1	-	1
infinitive complementation	1	-	1
I can tell you	1	-	1
couldn't wait to	1	-	1
I don't mind	1	-	1
could only	1	-	1
the truth was that	1	-	1
can	1	1	1
the next step is to	-	1	1
to-clause as complementation	-	1	1
post-modifying –ing form	-	1	1
had better	1	-	1
stress on verb	1	-	1
passive	-	1	1
I suppose (<- I must say)	1	-	1
other**	23	34	57
Total	328	522	850

* e.g. *three important points to consider* ('three important points that one must consider')

* *includes phrases such as *I'm sorry to tell you, I regret to tell you* ('I'm sorry that I have to tell you' where Swedish uses *måste*

have been moving along the path of grammaticalization and have gradually acquired an auxiliary-like function (cf. Leech et al. 2009: 91). The semi-modals with the meaning of obligation mostly contain *have*. It is shown from the table that a form of *have to* is the most frequent translation. *Have to, have got to, had better* are semi-modals with a lexical source which have become more like auxiliaries. However, *have to* and *had to* need to be distinguished. In examples containing *had to* (the most frequent translation) the translator has had no choice. In English, *must* cannot be used in the past tense but a form of *have to* is used to fill the gap. In Swedish, on the other hand, *måste* is less grammaticalized than *must* and can be used in more contexts.

Have got to was fairly common in fiction but not as frequent as *have to*. The examples were found in direct speech:

(3) — Jag måste gå. (MS1)

"I 've got to go." (MS1T)

Had better is associated with weaker obligation than *have to* and it only occurred twice as a translation. Other variants are emphatic *do* and the imperative (including *let's have a look*). In addition there is a large number of lexicalized alternatives with an adverb, an adjective or a lexical modal verb such as *necessarily, it is necessary that, it is essential that, it is incumbent on, be forced, be compelled, be required*.

According to Leech et al. (2009: 89), semi-modals 'express obligation in a less authoritarian way' which can explain their increase in frequency. This refers, for example, to *have to* which is experienced as less face-threatening than *must*. Similarly Biber et al. (1999: 495) point out that 'the relative rarity of *must* marking personal obligation [obligation with a first or second person] in conversation is probably due to the strong directive force this modal has when used in face-to–face interaction'. *Have to* is exemplified in (4)- (5):

(4) — Jag måste bära upp vinet nu, patron. (GT1)

"I have to carry up the wine now, boss." (GT1T)

(5) — Du måste medge att det är lite dunkelt uttryckt? (MG1)

"You have to admit it 's put somewhat obscurely, to say the least," Nora said. (MG1T)

Must was, however, also found with second person subjects when more impositive force is required:

(6) — Ja, faster måste förstå mej: det är en ära att få arbeta ihop med ett sånt snille. (ARP1)

"Yes. You must understand me, Auntie. It 's an honour to be allowed to work with such a genius." (ARP1T)

Have to can be modified by another modal (usually *will*) softening its face-threatening impact by referring to the future with first or second person subjects (8 examples):

(7) Vi måste knacka dörr. (HM2)

We 'll have to start knocking on doors. (HM2T)

(8) — Då måste du stanna hemma från skolan och passa henne. (GT1)

"Then you 'll have to stay home from school and take care of her." (GT1T)

(9) Då måste jag sätta mig hos ålen. (KE1)

Then I 'll have to sit with the eel. (KE1T)

Other examples of softening are illustrated by *would have to* and *might have to*:

(10) Kanske måste jag stanna hos er en hel månad. (KOB1)

"I might have to stay with you for a whole month. (KOB1T)

(11) A visitor would have to check in with the concierge. (FF1)

En besökare måste anmäla sig hos portvakten. (FF1T)

5. Fiction and non-fiction

We also need to consider the effect of genre. By including non-fiction we can get a more detailed and richer picture of the formal variants of *must* and their functions. We are also able to study the influence of non-fiction texts on the choice of obligation marker.

As shown in Table 5, *must* was more frequent as a translation

(37.9%) in non-fiction than in fiction (22.2%) reflecting the fact that *must* has not declined in frequency to the same extent as in fiction. There was a large number of competing forms (comparable to those found in the fiction part) but the frequencies are different. In non-fiction texts *have got to* (*gotta*) was, for example, rare. *Have to,* on the other hand, had roughly the same frequency as in fiction. Another difference is that *need to, should* (and *ought to*) were strikingly more frequent in non-fiction than in fiction. In fiction texts these forms had the pragmatic function to make an imposition less face-threatening. In non-fiction texts *have to, need* and *should* are preferred to *must* because they can implicate a positive rather than negative effect of being obliged to do something (a broad basic education is for instance something favourable):

(12) Det <u>måste</u> vara en bred grundutbildning, eftersom samhället förändras i allt snabbare takt. (EAND1)

There <u>has to</u> be a broad basic education, because society is changing ever more rapidly. (EAND1T)

(13) Vidare <u>måste</u> det också vara ett livslångt lärande. (EAND1)

Furthermore, there <u>has to</u> also be life-long learning.

(EAND1T)

Should is less face-threatening than *must*. It is, for instance, associated with what is in the best interest of the speaker and the hearer (the nation, people in general).

(14) Det viktigaste <u>måste</u> väl ändå vara Sveriges ekonomi och dess förmåga att kunna ‹platsa› i sällskapet när det gäller inflation, räntevillkor osv. (EAND1)

The most important aspects <u>should</u> still be Sweden's economy and its eligibility for a place in the club in terms of inflation, interest rates and so on. (EAND1T)

The examples of *need* include both the lexical verb ('I need someone to talk to') and the semi-modal ('I need to talk to someone'). The combination *we need to* was used as a translation in 9 examples and the passive in 7 examples. According to Leech et al (2001: 111), "Here a double mitigation of imperative force occurs: not only is obligation represented as in the best interest of 'us', but by referring 'we' rather than 'you' as the people with the need. The writer imposes a collective obligation on an often rather vague community of people including the addresser and the addressees".

(15) Det måste bli en omprövning av de traditionella attityderna gentemot äldre och de roller som man vill ge dem. Speciellt gäller detta på arbetsmarknadsområdet. (EISC1)

We need to review our traditional attitudes towards senior citizens and rethink the roles we expect them to play in society. This applies particularly to the world of work. (EISC1T)

6. Conclusion

The modal auxiliaries are an area in flux where changes are still underway. This makes modality different from other grammatical systems such as tense and aspect where changes occur more slowly and are less apparent synchronically. It is a common observation that *have to* is becoming more frequent and that *must*, on the other hand, is becoming less important. As Leech et al (2009) point out, there are a number of hypotheses and assumptions about changes going on in English grammar: 'These are rarely completely unfounded, but documentation is usually very patchy, impressionistic and coloured by prescriptive prejudice. This being so, state-of-the-art corpus linguistic methodology, is … precisely the strategy to use in order to flesh out, to refine, and where necessary, to correct the picture.' (Leech et al 2009: 18) Corpora make it possible to study innovative uses in a systematic way. The study by Leech et al is organised around a collection of matching corpora which are stratified with regard to text type or genre (and in Leech et al's case also towards particular varieties of English). The present study can be seen as a complement to comparative historical corpus studies of *must* and its changes over time. Translations can confirm observations which have been made on the basis of monolingual corpora about the decline of *must* and the emergence of semi-modals.

- *must* is, for instance, the main proponent of epistemic modality
- in the area of deontic modality *must* is in variation with *have to*. In English source texts it was even more frequent than *have to*
- *have got to,* on the other hand, is more frequent in fiction than in non-fiction
- *should/ought to* and *need* frequently vary with *must* (and with *have to*)

Translation corpora (unlike monolingual corpora) can describe how *must* competes with (all) other elements in the functional domain of obligation and necessity. Translations show what the competitors are to a particular source item and make it possible to describe the decline of *must* in relation to all the other players in the modal field. Leech et al (2009: 114) used the term 'ecology' to capture the idea that each form [in the same field of meaning] 'evolves its own niche in the expression of modality, expanding, contracting or maintaining its 'habitat' in relation to other, partially competing, forms'. The translations give a panorama of these forms and raw material for describing how they can be distinguished from their neighbours in the area of modality.

References

Altenberg, B. and K. Aijmer. 2001. The English-Swedish Parallel Corpus: A resource for contrastive research and translation studies. In Mair, C. and M. Hundt (eds), *Corpus linguistics and linguistic theory. Papers from the 20th International Conference on English Language Research on Computerized Corpora (ICAME 20) Freiburg im Breisgau 1999*, 15–33. Amsterdam & Philadelphia: Rodopi.

Biber, D., Johansson, S. and G. Leech. 1999 *Longman Grammar of Spoken and Written English*. London: Longman.

Hopper, P. and E.C. Traugott. 1993. *Grammaticalization*. Cambridge: Cambridge University Press.

Johansson, S. 2007. *Seeing through multilingual corpora. On the use of corpora in contrastive studies.* Amsterdam: Philadelphia.

Leech, G., Hundt, M., Mair, C. and N. Smith. 2009. *Change in contemporary English : a grammatical study.* Cambridge: Cambridge University Press.

Van der Auwera, J. and V. Plungian. 1998. Modality's semantic map. *Linguistic Typology* 2: 79–124.

Modal concord in Swedish and Japanese*

Lars Larm

Abstract

Modal harmony occurs when a single modality is realised as two modal expressions, as in: 'Possibly this gazebo may have been built by Sir Christopher Wren' (Halliday 1970: 328). The importance of this phenomenon is reflected in publications such as those by Geurts and Huitink (2006), who coined the term 'modal concord', Hoye (1997) and Huitink (2012, 2014). This chapter aims to contribute to this discussion by presenting data from Swedish and Japanese. As for Swedish, modally harmonic combinations have been noted in, for example, the *Swedish Academy Grammar*, but much work remains to be done in investigating collocational properties, and in putting the data into the perspective of modal concord. It is, however, clear that Swedish has epistemic, evidential, and deontic concord. In the case of Japanese, there is a rich tradition in the field of modality, and research has been conducted on patterns of co-occurrence between modal adverbs and grammaticalized modal markers. There is thus a solid theoretical and empirical foundation for cross-linguistic work. I discuss collocational patterns described in the literature on Japanese modality and show that Japanese exhibits epistemic, evidential (including reportative), and possibly deontic concord.

(モダリティ調和が生じるのは、単一のモダリティが二つのモーダルな表現として実現する場合である。例えば、'*Possibly* this gazebo *may* have been built by Sir Christopher Wren'（ひょっとすると、このあずまやはサー・クリストファー・レンによって建てられたのかもしれない）（Halliday 1970: 328）といった例である。この現象の重要性は、例えば、「モダリティ一致（modal concord）

という用語を造った Geurts and Huitink（2006）や、Hoye（1997）、Huitink（2012, 2014）といった著作に反映されている。本章の目的は、スウェーデン語と日本語のデータを挙げることによってこの議論に貢献することである。スウェーデン語に関して言えば、モダリティ的に調和する組み合わせは、例えば、『スウェーデン語アカデミー文法』（*Swedish Academy Grammar*）に述べられているが、コロケーション的特質の調査やそのデータをモダリティ一致という視点で捉えることは十分になされてはいない。しかしながら、スウェーデン語に認識的一致、証拠的一致、束縛的一致といったモダリティ一致が存在することは明らかである。日本語の場合、モダリティの分野において豊かな研究の蓄積があり、モダリティ副詞と文法化されたモダリティ標識との間の共起のパタンに関して研究が積み重ねられている。それゆえ、比較・対照研究のための理論的・経験的基盤は十分に整っている。本稿は、日本語モダリティに関する文献に記述されている共起パタンを論じ、日本語には、認識的一致、証拠的（報告的も含む）一致というモダリティ一致が存在し、かつ、束縛的一致というモダリティ一致も存在する可能性もあることを明らかにする。）

Keywords

adverb-modal collocations, deontic, epistemic, evidential, Japanese, modal concord, modal harmony, Swedish

1. The topic

The term 'modal concord' (also called 'modal harmony') is used for cases where a single modality is expressed by the combination of two modal markers, as in Halliday's example below (Halliday 1970: 328, boldface added):

(1) **Possibly** this gazebo **may** have been built by Sir Christopher Wren. Halliday (1970: 331) notes that 'possibly' and 'may' in (1) "reinforce each other (as 'concord')". He shows that such examples differ from those where the modal expressions are "cumulative in meaning", as in (2) (Halliday 1970: 331):

(2) **Certainly** he **might** have built it ('I insist that it is possible' or 'I grant that it is possible').

Modal harmony in English has also been noted by Lyons (1977: 807-808) and Bybee et al. (1994: 214-225). Further, Hoye's 1997 book on adverbs and modality in English provides a wealth of examples of modal-adverb co-occurrences. The term 'modal concord' was coined by Geurts and Huitink (2006). Since then, several publications have appeared, for example, Zeijlstra (2008), who argues that "modal auxiliaries are semantically vacuous in languages like English and Dutch", and Huitink (2012 and 2014). The following examples are from Huitink (2012: 404):

(3) My eyes **must certainly** be deceiving me.

(4) My eyes **must** be deceiving me.

(5) My eyes are **certainly** deceiving me.

Huitink (2012: 404) explains: "although sentence [3] contains both a modal verb and a modal adverb, it seems to express just a single modality. In fact, [3] expresses what could also be expressed by using [4] or [5]".

For modal concord readings to occur, the modal adverb and the auxiliary must be semantically compatible in modal force. In contra-distinction to the harmonic combinations in (1) and (3), 'must' and 'possibly' in the following example, taken from Hoye (1997: 241), are not, to borrow his wording, 'collocable'. Although they are both epistemic they differ in degree of certainty:

(6) * He **must possibly** be there.

It is unclear how close in quantificational force the adverb and the modal must be. Geurts and Huitink (2006) remark, about example

(7) below, that "Perhaps, this sentence allows for a concord reading because the quantificational force of *may* is sufficiently close to that of *probably*":

(7) Pain in these diseases **may probably** influence the sleep process.

2. Types of modal concord

The previous examples (1), (3) and (7) exhibit epistemic concord in positive polarity sentences. Note that concord readings also occur with negated modality, as in (8) from Hoye (1997: 47), which has an epistemic interpretation:

(8) He **can't possibly** have left.

  'It is not possible that he has left.'

The combination 'can't possibly', with a concord reading, can also express dynamic impossibility. This was observed by Jespersen in his work on negation, where he also notes the coding strategies of Danish and German. He states (1917: 48-49):

> It has sometimes been said that the combination *he cannot possibly come* is illogical; *not* is here taken to the verb *can*, while in Danish and German the negative is referred to *possibly*: "han kan umuligt komme", "er kann unmöglich kommen". There is nothing illogical in either expression, but only redundance: the notion of possibility is expressed twice, in the verb and in the adverb, and it is immaterial to which of these the negative notion is attached.

Huitink (2012: 411) provides the following example from Dutch, which is similar to Danish and German with respect to the placement of negation.

(9) Ik **kan onmogelijk** op tijd komen.

  I can impossibly on time come

  'I cannot arrive on time.'

In the literature there are also examples of co-occurring deontic necessity markers, as in (10) and (11) below, and example (12), taken from

406   Lars Larm

the internet, hints at the existence of deontic possibility concord:

(10) Power carts **must mandatorily** be used on cart paths where provided (Geurts and Huitink 2006: 15).

(11) Students **must obligatorily** register (Zeijlstra 2008).

(12) You **may permissibly** deduct donations made to charities from your pre-tax profits but only where you make a profit.

Furthermore, Schenner (2008) was, to the best of my knowledge, the first to use the term 'evidential concord'. He poses the following question (2008: 209):

> Given one or more evidentiality markers EV_1 ..., EVn in a language L, can two or even more instances of these markers occur in the same clause or sentence? If yes, does a cumulative or concord interpretation result?

Schenner presents examples with the German *sollen* (2008: 210):

(13) Anna **soll**   **angeblich**   krank   sein.

      Anna   should   allegedly   sick   be

      Cumulative reading: 'it is said that it is said that Anna is sick'

      Concord reading: 'it is said that Anna is sick'

Note also that the English 'must' has, in addition to its deontic and epistemic readings, an evidential use. As Hoye (1997: 275) notes, it is collocable with evidential adverbs such as 'apparently', 'evidently', 'inevitably', and 'obviously', as in the example below from Palmer (1990: 27):

(14) **Evidently**, she **must** have talked to her mother about them, you see, because....

We have thus seen that English has concord combinations expressing epistemic possibility, dynamic possibility, deontic necessity, deontic possibility, and evidentiality.

3. Modal concord in the narrow and broad sense

In addition to the types exemplified above, one may also make a distinction between what I call modal concord in the narrow and broad sense. The former refers to cases where the modal expressions are clause-mates, as in all of the examples above. Consider now the following example, in which there is interclausal modal harmony between 'think' and 'may'.

(15) Mary thinks it may rain.

Portner (2009: 260) says, about (15), that "two modal elements are really present, but their combination happens to be equivalent to a single operator". In another publication (1997: 190), he provides the sentence below and explains that "[. . .] *may* does not have modal force of its own: the sentence does not mean that it's possible that it's possible that Sue wins the race. Indeed, the embedded *may* seems redundant."

(16) It is possible that Sue may win the race.

As far as I am aware, Bybee et al. (1994: 214-225) were the first to bring attention to interclausal modal harmony. In their discussion of subjunctives in complement clauses with reference to *should*, they state that "the hypothesis we want to pursue here is that the appearance of a modal element in a complement is originally motivated by a certain harmony between the meaning of the modal and the meaning of the main verb" (1994: 214). They cite several examples from Coates (1983), for example (17) and (18), on which they comment that "[. . .] the main predicate expresses necessity or imposes an obligation, and it thus creates a harmonic context for the use of *should* ".

(17) It is essential that on this point the churches should learn from each other.

(18) I suggested that they should put (a) round each carriage door a piece of beading.

The examples from Portner and Bybee et al. respectively illustrate epistemic and deontic interclausal harmony. Evidential meaning can be doubly conveyed in a similar way:

(19) It is evident that there must have been an upright post on the right of the barred opening. *1

As for epistemic modality, the meaning in the main clause can be signalled by verbs such as 'suspect' or 'believe'. Langacker (2009: 283) gives the following example and explanation:

(20) Jack suspects Jill may be pregnant.

     a.   Jack inclines to the proposition "Jill may be pregnant."

     b.   Jack inclines to the proposition "Jill is pregnant."

On one interpretation, Jack inclines to the proposition that Jill **may be** pregnant, i.e. to the proposition that her pregnancy is a possibility. On the other, more likely interpretation, Jack inclines to the proposition that she **is** pregnant. What should be noted is that the modal *may* appears in the complement clause even when the potentiality it indicates does not figure in the proposition that Jack entertains.

> Impressionistically, we can describe this as a kind of "leakage", where the inclination coded by *suspect* seeps into the subordinate clause and manifests itself as the modal *may*.

The phenomenon is also discussed by Anand and Hacquard who argue that "*doxastic* attitudes (e.g., *believe, think*) license subjective epistemics" (2009: 1).

Examples of interclausal modal concord are easily found. There may even be three modal markers in the same sentence, as in (21) from the internet.

(21) I think I may possibly be in love.

We now turn to the main sections of this chapter, namely, those on Swedish and Japanese.

4. Modal concord in Swedish

Modally harmonic combinations in Swedish have been noted by Andersson (2003: 848), and in the *Swedish Academy Grammar*, but much work remains to be done in investigating collocational properties, and in putting the data into the perspective of modal concord.

This section presents some initial observations that may, hopefully, spur further discussion.

Epistemic, evidential, and deontic concord in Swedish can be illustrated with *måste* 'must, have to', which is, similarly to the English 'must', triply ambiguous. Thus, it is collocable, for example, with the epistemic adverb *säkert* 'certainly' (22), the evidential adverb *uppenbarligen* 'obviously' (23) and the deontic adverb *obligatoriskt* 'obligatorily' (24). Example (24) is from the *Bank of Swedish*.

(22) Han **måste säkert**   ha   känt sig   väldigt dum.

     he   must certainly have felt REFL very   stupid

     'He must certainly have felt very stupid.'

(23) De   **måste uppenbarligen** ha en enorm   budget.

     they must obviously   have an enormous budget

     'They must obviously have an enormous budget.'

(24) I   bankaktiebolag   **måste obligatoriskt** finnas en

     in banking companies must   obligatorily   exist   a

     verkställande direktör.

     managing   director

     'Banking companies must (lit. 'must obligatorily) have a managing director.'

There is also the auxiliary verb *ska* (or *skall*) 'shall', which, in addition to being a marker of future or intention, can be used evidentially or deontically. In (25), it has a reportative sense, and is thus in tune with the expression *enligt källor* 'according to sources', while in (26) it is in concord with the deontic adverb *obligatoriskt* 'obligatorily':

(25) Drottning Kristina **ska enligt**   **källor** ha   varit

     queen   Christina shall according.to sources have been

     festens   hedersgäst.

     of.the.party guest.of.honour

     'Queen Christina was according to sources the guest of honour at the party.'

(26) Denna utrustning **ska** **obligatoriskt** bäras av alla.

this equipment shall obligatorily be.worn by everyone

'This equipment shall (lit. 'shall obligatorily') be worn by everyone.'

Regarding evidential concord, it also occurs with the modal auxiliary *lär*, which, when used in its evidential sense, may combine with adverbs such as *tydligen* 'evidently':

(27) Peter **lär** **tydligen** vara en skicklig violinist.

Peter EVID evidently be a skilful violinist

'Peter is reportedly a skilful violinist.'

Further, epistemic modal concord is observed with *kan* 'may' and *bör* 'should'. Similarly to the English 'may possibly', co-occurance of *kan* 'may' and *möjligen* 'possibly, perhaps' is common, and *bör* 'should' can appear with *rimligen* 'in all likelihood'. In addition, the slightly archaic *torde*, which has a similar sense to the English adverb 'probably', readily combines with *antagligen* 'presumably, probably'.

(28) Han **kan** **möjligen** ha gjort det.

he may possibly have done it

'He may possibly have done it.'

(29) Han **bör** **rimligen** vara här närsomhelst nu.

he should in.all.likelihood be here any.minute now

'He should in all likelihood be here any minute now.'

(Swedish Academy Grammar)

(30) De **torde antagligen** bli tvungna att flytta.

they will probably become forced to move

'They will probably be forced to move.'

(Swedish Academy Grammar)

As was noted in section 2, combinations expressing dynamic impossibility have been observed in English, Danish, Dutch and German. Similar examples can be found in Swedish with *kan* 'can/may' and *omöjligtvis* 'impossibly'. Notice also that this combination, in a different context, may indicate epistemic impossibility. These uses are exemplified in (31) and (32):

(31) Jag **kan omöjligtvis** studera hemma.

I can impossibly study at.home

'I can't possibly study at home.'

(32) Han **kan omöjligtvis** ha gjort det.

he may impossibly have done it

'He can't possibly have done it.'

Thus, Swedish has intraclausal modal concord to communicate epistemic possibility, epistemic and dynamic impossibility, deontic necessity, and evidentiality. However, there do not seem to be any examples of deontic possibility comparable to the English (12) in section 2, that is, harmonic combinations with the equivalents of 'may permissibly'.

The situation of modal concord in the broad sense is reminiscent of the English sentences from the previous section. In (33) and (34) the verbs *tro* 'believe, think' and *misstänka* 'suspect' of the main clauses are in harmony with *kan* 'may'.

(33) Jag **tror** att det **kan** vara så.

I believe that it may be so

'I believe that may be the case.'

(34) Jag **misstänker** att det **kan** vara så.

I suspect that it may be so

'I suspect that may be the case.'

As in English, there are examples where a single modal meaning is triply expressed:

(35) Jag **misstänker** att det **möjligen kan** vara så.

I suspect that it possibly may be so

'I suspect that may possibly be the case.'

To conclude this section, it can be stated that modal concord in Swedish, both in the narrow and in the broad sense, works in a similar way to English, although there may be differences in usage yet to be explored.

412   Lars Larm

5. Modal concord in Japanese

I now turn to Japanese. Narrog (2009: 76) states that "modal adverbs in Japanese usually co-occur with modal markers in the verbal complex". He also points out the similarity to English modal concord when saying: "this is similar to English where Hoye (1997) speaks of 'adverb satellites' for modals". Furthermore, although it seems that the terms 'modal harmony' or 'modal concord' are not used in Japanese linguistic literature, the phenomenon as such is well known. Japan has a rich tradition in the field of modality, with prominent linguists such as Haruhiko Kindaichi, Yasushi Haga, Takashi Masuoka, Akira Mikami, Fujio Minami, Yoshio Nitta, Harumi Sawada, Yukinori Takubo, Hideo Teramura, Minoru Watanabe, and the list goes on (see Larm 2006 for a review of the Japanese tradition). Japanese grammarians have described different types of 呼応 *ko'oo* 'agreement' relations, including adverb-modal co-occurrence (see for example Kudo 2000, Morimoto 2011, and Sugimura 2009). Thus, I do not claim originality regarding the data presented below. On the contrary, my point is that there is a solid theoretical and empirical foundation for cross-linguistic work.

Japanese has modal concord both in the narrow and in the broad sense. To start with the latter, epistemic modal harmony occurs interclausally between the propositional attitude verb *omou* 'think' and the subjective epistemic *daroo* as in (Larm 2009: 73): *2

(36) Ashita   wa   ame ga   fur-u   daroo
    tomorrow TOP rain NOM fall-NPAST CONJ
    to   omo-u.
    COMP think-NPAST
    'I think that it will probably rain tomorrow.'

Note that when *omou* 'think' is in the nonpast form, the cognitive agent must be the speaker. The function of this construction seems to be to reinforce the subjective modality. Although interclausal modal concord in Japanese is worth further attention, I shall not pursue it in this chapter.

As for modal concord in the narrow sense, where the modal expressions are clause-mates, Japanese has the following types of concord: epistemic, evidential (including reportative), and possibly deontic. The collocational properties of the examples below are well attested in Japanese linguistic literature. Epistemic concord occurs with the subjective and conjectural marker *daroo*, as in (37) where it harmonizes with the adverb *tabun* 'probably' (see Larm 2009 for a discussion of subjective and objective modality):

(37) Tabun   Ken   wa   ik-u   daroo.
     probably Ken   TOP   go-NPAST CONJ
     'Probably Ken will go.'

Consider also the following example and its tree representation, both of which are provided by Sawada (1993: 213-214):

(38) Tabun   karera wa   imagoro   yuushoku o
     probably they   TOP   about.now dinner   ACC
     tabe-te   i-ru   daroo ne.
     eat-GER   be-NPAST   CONJ FP
     'They are probably having dinner now, don't you think?'

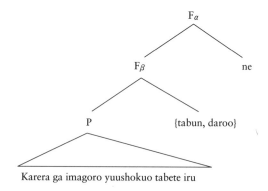

This example is also relevant in light of what Lyons has pointed out about subjective epistemic modality and modal harmony. Lyons states

(1977: 808) that "no simple utterance may contain more than a single subjective epistemic modality (though this single modality may be expressed, as in [39] in two or more places)." The example in question is (Lyons 1977: 807):

(39) He may possibly have forgotten.

We may generalize that subjective epistemic markers co-occuring in the same sentence are always harmonic. However, this may not necessarily be the case in a complex sentence such as (40) from Yamaoka (1995: 321). Although occurring in the same sentence, *tabun* and *daroo* are not in concord with one another.

(40) Tabun, ashita wa ame ni naru node,
  probably tomorrow TOP rain DAT become-NPAST because
  ensoku wa chuushi ni nar-u daroo.
  outing TOP cancellation DAT become-NPAST CONJ
  'Probably it will rain tomorrow so the outing will probably be cancelled.'

It should also be noted that Japanese has a negative conjectural particle, *mai*, which is in harmony with adverbs such as *osoraku* 'probably'. The meaning of (41) is thus the same as that of (42) where the above exemplified conjectural *daroo* takes scope over negation (examples from Larm 2014: 28):

(41) Osoraku Ken wa Pari ni ik-u mai.
  probably Ken TOP Paris to go-NPAST NCONJ
  'Probably Ken will not go to Paris.'

(42) Osoraku Ken wa Pari ni ika-na-i daroo.
  probably Ken TOP Paris to go-NEG-NPAST CONJ
  'Probably Ken will not go to Paris.'

Epistemic concord is also observed in the following examples with the objective markers *kamoshirenai* 'may' and *nichigainai* 'must'. The former often co-occurs with *hyottoshitara* 'possibly' and *moshikashitara* 'maybe', and the latter is collocable with *kitto* 'certainly':

Modal concord in Swedish and Japanese 415

(43) Hyottoshitara/moshikashitara   kare   wa   kuru

possibly/maybe   he   TOP   come.NPAST

kamoshirena-i.

SPEC-NPAST

'There is a chance that he will come.'

(44) Kitto   kuru   nichigaina-i.

certainly   come.NPAST   DED-NPAST

'There is no doubt that (s/he) will come.'

Japanese also has evidential concord. Consider the sensory evidential –*sooda* in (45), the inferential *yooda* in (46), and the external evidence marker *rashii* in (47), all three of which can collocate with *dooyara* 'apparently':

(45) Dooyara   hare-soo   da.

apparently   clear up-SENSEV   COP.NPAST

'It looks as if the weather is going to clear up.'

(46) Dooyara   ame   ga   yan-da   yoo   da.

apparently   rain   NOM   stop-PAST   INF   COP.NPAST

'It appears to have stopped raining.'

(47) Dooyara   kare   wa   hon   o   yon-de   i-ru

apparently   he   TOP   book   ACC   read-GER   be-NPAST

rashi-i.

EXEV-NPAST

'He seems to be reading the book.'

(Aoki 1986: 234, original translation, gloss modified)

There is also a subtype of evidential concord which may be called 're-portative' concord. The reportative *sooda* (not to be confused with the sensory evidential –*sooda* above) collocates with *nandemo*, which may be translated, at least in the example below, as 'reportedly':

(48) Nandemo   Ken   ga   kekkon   suru   soo   da.

reportedly   Ken   NOM   marriage   do.NPAST   REP   COP.NPAST

'I hear Ken is getting married.'

It has been difficult to find Japanese examples with deontic concord.

However, the following sentence with *kanarazu* 'necessarily' and *–nakereba ikenai* 'must', provided by my informant, seems comparable with the English sentence (11) above.

(49) Gakusei wa kanarazu tooroku   shi-nake-reba
     student TOP necessarily registration do-NEG-PROV
     ik-e-na-i.
     go-POT-NEG-NPAST
     'Students must necessarily register.'

Thus, we see that Japanese has epistemic, evidential, and possibly deontic concord.

6. Collocational range

By shifting the attention from the grammaticalized modal markers themselves to their possible combinations with modal adverbs we can get a grip of their meaning. For example, the subjective epistemic *daroo* is context dependent to the extent that it could be argued that it lacks a fixed semantic meaning. As Takubo (2009: 175) puts it, "the modal force of *daroo* is not lexically specified, so the exact translation cannot be given out of context. It can be glossed as 'will probably' or 'will without doubt' depending on the modal adverb it co-occurs with." As is well known, *daroo* may co-occur with adverbs such as *tabun* 'probably', *osoraku* 'probably', and *kitto* 'surely':

(50) Tabun/osoraku/kitto   Ken wa ik-u   daroo.
     probably/probably/surely Ken TOP go-NPAST   CONJ
     'Probably/probably/surely Ken will go.'

Daroo does not, however, co-occur with *hyottoshitara* 'possibly':

(51) *Hyottoshitara Ken wa kuru   daroo.
      possibly   Ken TOP come.NPAST CONJ
      'Possibly Ken will come.'

Kamoshirenai and *nichigainai* are more specified for modal force. As was shown in (43), *kamoshirenai* co-occurs with *hyottoshitara* 'possibly', but it does not readily combine with *osoraku* 'probably', and it cannot co-occur with *kitto* 'certainly' (examples from Sawada 1993: 228):

(52) ?Sekigunha   wa   osoraku ima, Arujeria ni
     the Red Army TOP   probably now Algeria in
     i-ru   kamoshirena-i.
     be-NPAST   SPEC-NPAST
     (Presumably intended to mean) 'Probably the Red Army may now be in Algeria.'

(53) *Sekigunha   wa   kitto   ima, Arujeria ni
     the Red Army TOP   surely now   Algeria in
     i-ru   kamoshirena-i.
     be-NPAST   SPEC-NPAST
     (Presumably intended to mean) 'Certainly, the Red Army may now be in Algeria.'

Nichigainai collocates with *kitto* 'certainly', as in (44) above, but not with *hyottoshitara* 'possibly' and *osoraku* 'probably':

(54) *Hyottoshitara kare wa   kuru   nichigaina-i.
     possibly   he   TOP   come.NPAST   DED-NPAST
     '(lit.) Possibly, he must come.'

Thus, the collocational possibilities of a modal marker make clear its range of meaning in terms of modal force. Collocability is also useful for distinguishing between evidential and epistemic modality. Evidentials do not co-occur with epistemic adverbs such as *kitto* 'certainly', *osoraku* 'probably', and *tabun* 'probably':

(55) *Kitto/*osoraku/*tabun   kuru
     certainly/probably/probably come.NPAST
     rashi-i/   ki-sooda.
     EXEV-NPAST/   come.SENSEV
     'Certainly/probably/probably (s/he) seems to come/it looks as if (s/he) is coming.'

418   Lars Larm

(56) *Kitto/*osoraku/*tabun   kuru   yooda/sooda.
     certainly/probably/probably   come.NPAST INF/REP
     'Certainly/probably/probably (s/he) appears to come/(s/he) is
     said to come.'

And, conversely, the epistemic markers *daroo* and *nichigainai* do not co-occur with the evidential adverb *dooyara* 'apparently':

(57) *Dooyara   kuru   daroo/nichigainai.
     apparently   come.NPAST CONJ/DED
     'Apparently (s/he) will/must come.'

As for *kamoshirenai*, Sugimura (2009: 242) states that it is compatible with *dooyara* as in (58), but my informant finds this example a little odd:

(58) Ashita   wa   dooyara   ame ga   fur-u
     tomorrow TOP   apparently rain NOM fall-NPAST
     kamoshirena-i.
     SPEC-NPAST
     '(Presumably intended to mean) Apparently it may rain tomorrow.'

This concludes my presentation of data from Japanese. Although the examples I have given are not exhaustive, it should, nevertheless, be emphasized that modal concord is a common feature of the language.

7. Concluding remarks

After having considered examples from English, Swedish and Japanese, the question arises: Why does modal concord occur? It is beyond the scope of this chapter to discuss this in depth, but some comments are in order (see Huitink (2012, 2014) for a more detailed review of recent approaches to the phenomenon). My remarks here will be restricted to modal concord in the narrow sense.

Huitink (2012: 410) suggests that "concord readings arise out of the need to disambiguate lexically underspecified modal expressions".

This could explain some cases in languages like English and Swedish where modals such as 'must' and 'may' have both epistemic and deontic readings (with the additional possibility of an evidential use for 'must'). In other instances, where the context is clear enough to disambiguate the modal auxiliary, the motivation might be reinforcement or strengthening. For example, Karin Aijmer (personal communication) points out that the Swedish *kan* 'may', when used epistemically, in some contexts needs assistance to make the modal meaning clearer and more salient. Further, in situations where the same modality is expressed twice although neither disambiguation nor reinforcement is called for, the doubling still produces pragmatic effects such as giving the utterance a higher degree of subjectivity. Huitink, too, clarifies that there can be other reasons than disambiguation, and presents the English example 'You might perhaps have overlooked this counterexample' where the "reason might be politeness" (Huitink 2012: 412).

It should also be pointed out that for some of the examples presented in this chapter, 'harmony' or 'concord' may not be the most appropriate descriptions. Susumu Kubo and Hirohito Kataoka (personal communication) comment, about deontic concord, that a combination such as 'must obligatorily' is an instance of 'modal specification' rather than modal concord. That is, in this example, the adverb indicates that the source of the obligation is a law or a rule.

As for Japanese, modal concord occurs with modals that are unambiguous in terms of modal flavour. That is, epistemic modals such as *daroo* and *kamoshirenai* are not used deontically, nor are they used as evidentials. As for modal force, disambiguation or modification may be involved in the case of *daroo*, which is highly context dependent, but modal concord also happens with the less ambiguous *kamoshirenai* and *nichigainai*. Srdanović Erjavec, Bekeš and Nishina (2008: 252) point out that "co-occuring of modal adverbs and clause-final modality forms in the Japanese language exhibits a strong agreement-like behaviour". Referring to the work of Kudo, they state that "the function of modal adverbs is to secondarily reinforce the primary sentence and clause-final modality" (Srdanović Erjavec, Bekeš and Nishina 2008: 254). In this connection it is to be noted that Japanese differs from English and Swedish in that some modal adverbs, for example *hyottoshitara* 'possibly' and *dooyara* 'apparently', almost require a corresponding sentence-final modal. The following examples ending with the nonpast, conclusive form are somewhat unnatural:

(59) ?**Hyottoshitara**   kare wa   kuru.

     possibly   he   TOP   come.NPAST

     '(lit.) Possibly, he will come.'

(60) ?Ashita   wa   **dooyara**   ame ga   fur-u.

     tomorrow TOP apparently   rain NOM   fall-NPAST

     'Apparently, it will rain tomorrow.'

These sentences can be rescued by making their endings less conclusive. Although this need not necessarily be done by an epistemic or evidential marker, it could still be said that the adverb has a triggering function. It primes the addressee to anticipate the sentence-final modal marker.

Thus, the motivation for modal concord may be different in Japanese in comparison to English and Swedish. Axel Svahn (personal communication) suggests that in the case of Japanese, modal concord may be explained functionally by considering the SOV constituent order and the sentence-final position of the grammaticalized modals. The modal adverbs might facilitate the processing of the sentence by signalling to the addressee, already at the outset, that a modal marker can be expected to eventually follow. It would therefore be of interest to investigate other languages with a structure similar to Japanese with respect to modal concord.

As a final note, I would like to highlight the future research potential of modal concord in Swedish, which could be further investigated from several points of view. For example, the collocational possibilities, and the frequency of the combinations, could be examined in the corpora of the *Bank of Swedish*. It would also be worthwhile to compare English and Swedish both with respect to the types of collocations that may occur and with respect to the pragmatic effects they produce.

---

* An early version of this chapter, focused on Japanese, was presented at the 14th Conference of the Pragmatics Society of Japan. I thank the audience on that occasion for their comments and encouraging interest. In 2014, I received further helpful feedback at the International Modality Workshop, which was organized by the research group on modality based at Kansai Gaidai University and headed by Harumi Sawada. I am very fortunate to be part of this network and sincerely thank the members for their guidance and support and for exciting discussions on modality. I also wish to thank Axel Svahn, Janneke Huitink, and Karin Aijmer for valuable comments on aspects of modal concord. I have not been able to incorporate all the comments that I have received during the past years, but they will certainly be useful in my future research.

*1 This example is from Evans, A. (2013). *The Palace of Minos: A Comparative Account of the Successive Stages of the Early Cretan Civilization as Illustrated by the Discoveries at Knossos*. Cambridge University Press.

*2 The abbreviations used in this paper are: ACC = accusative, COMP = complementiser, CONJ = conjectural, COP = copula, DAT = dative, DED = deductive, EVID = evidential, EXEV = external evidence, FP = final particle, GER = gerund, INF = inferential, NCONJ = negative conjectural, NEG = negative, NML = nominaliser, NOM = nominative, NPAST = nonpast tense, PAST = past tense, POT = potential, PROV = provisional, REFL = reflexive, REP =reportative, SENSEV = sensory evidential, SPEC = speculative, TOP = topic.

References

Anand, P. & Hacquard. V. (2009). Epistemics with attitude. *Proceedings of SALT 18.*

Andersson, E. (2003). Modality in Swedish. *Revue Belge de Philologie et d'Histoire 81.* 845–865.

Aoki, H. (1986). Evidentials in Japanese. In Chafe, W.L. & Nichols, J. (eds). *Evidentiality: the linguistic coding of epistemology* (Advances in Discourse Processes 20). Norwood, New Jersey: Ablex. 223–238.

Bybee, J.L., Perkins, R.D. & Pagliuca, W. (1994). *The evolution of grammar: tense, aspect, and modality in the languages of the world.* Chicago and London: The

University of Chicago Press.

Coates, J. (1983). *The semantics of the modal auxiliaries*. London: Croom Helm.

Geurts, B. & Huitink, J. (2006). Modal concord. In Dekker, P. & Zeijlstra, H. (eds), *Proceedings of the ESSLLI Workshop Concord Phenomena at the Syntax-Semantics Interface*. Málaga. 15–20.

Halliday, M.A.K. (1970). Functional diversity in language as seen from a consideration of modality and mood in English. *Foundations of Language* 6:3, 322–361.

Hoye, L. (1997). *Adverbs and modality in English*. London and New York: Longman.

Huitink, J. (2012). Modal concord: A case study of Dutch. *Journal of Semantics* 29:3: 403–437.

Huitink, J. (2014). Modal concord. Manuscript in preparation.

Jespersen, O. (1917). *Negation in English and other languages*. Copenhagen: Andr. Fred. Høst & Son.

Kudo, H. (2000). Fukushi to bun no chinjutsutekina taipu. (Adverbs and types of predicational sentences). In Moriyama, T., Nitta, Y. & Kudo, H. *Modaritii (Nihongo no bunpoo 3)* (Modality (Japanese Grammar 3)). Tokyo: Iwanamishoten. 163–234.

Langacker, R.W. (2009). *Investigations in cognitive grammar*. Berlin: Mouton de Gruyter.

Larm, L. (2006). *Modality in Japanese*. DPhil thesis. University of Oxford.

Larm, L. (2009). West meets East: a Kindaichian approach to subjective modality. In Pizziconi, B & Kizu, M. (eds), *Japanese modality: exploring its scope and interpretation*. Basingstoke and New York: Palgrave Macmillan. 56–86.

Larm, L. (2014). Modality packaging in Japanese: the encoding of modal meanings and subjectivity. *Studies in Pragmatics* 16. 20–46.

Lyons, J. (1977). *Semantics* (vol. 2). Cambridge: Cambridge University Press.

Morimoto, J. (2011). Nichieigo no shukansei o arawasu fukushi nitsuite. (On Japanese and English adverbs expressing subjectivity. In Sawada, H. (ed.), *Shukansei to shutaisei (Hitsuji imiron kooza 5)* (Subjectivity (Hituzi semantics series 5)). Tokyo: Hituzi Syobo. 211–229.

Narrog, H. (2009). *Modality in Japanese: the layered structure of the clause and hierarchies of functional categories. Amsterdam:* John Benjamins Publishing Company.

Palmer, F. R. (1990). *Modality and the English modals* (2nd edn) London and New York: Longman.

Portner, P. (1997). The semantics of mood, complementation, and conversational force. *Natural Language Semantics* 5: 167–212.

Portner, P. (2009). *Modality* (Oxford Surveys in Semantics and Pragmatics). Oxford: Oxford University Press.

Sawada, H. (1993). *Shiten to Shukansei: Nichiei Jodooshi no Bunseki* (Point of View and Subjectivity: an Analysis of Japanese and English Auxiliaries). Tokyo: Hituzi Syobo.

Schenner, M. (2008). Semantic complexity of evidentials: some typological parameters. In Kokkonidis, M. (ed.): *Proceedings of LingO 2007*. Oxford. University of Oxford: 204–211.

Srdanović Erjavec, I., Bekeš, A. and Nishina, K. (2008). Distant collocations between suppositional adverbs and clause-final modality forms in Japanese language corpora. In Tokunaga, T. and Ortega, A. (eds). *Large-scale knowledge resources: construction and application* (Proceedings of the Third International Conference on Large-Scale Knowledge Resources). Springer-Verlag. 252–266.

Sugimura, Y. (2009). *Gendai Nihongo ni Okeru Gaizensei o Arawasu Modaritii Fukushi no Kenkyuu*. (A Study of Modals Expressing Probability in Modern Japanese). Tokyo: Hituzi Syobo.

Takubo, Y. (2009). Conditional modality: two types of modal auxiliaries in Japanese. In Pizziconi, B & Kizu, M. (eds), *Japanese modality: exploring its scope and interpretation*. Basingstoke and New York: Palgrave Macmillan. 150–182.

Teleman, U., Hellberg, S., and Andersson, E. *et al.* (1999). *Svenska Akademiens Grammatik* (The Swedish Academy Grammar). Stockholm: Norstedts.

Yamaoka, M. (1995). Juuzokusetsu no modaritii (Modality in subordinate clauses). In Nitta, Y. (ed.), *Fukubun no Kenkyuu* (Research on Complex Sentences). Tokyo: Kuroshio Publishers. 309–326.

Zeijlstra, H. (2008). Modal concord is syntactic agreement. In Gibson, M. & Friedman, T. (eds). *Proceedings of SALT XVII*. Ithaca: CLS Publications.

日本語の証拠性と言語類型論*

宮下博幸

要旨

　証拠性は「情報の源」を表す文法カテゴリーとされるが、話し手の主観的な判断を表す認識的モダリティとの関係性は十分に明らかではなかった。本稿では証拠性を「情報の接近可能性」という観点からとらえることで両者の相違が理解できることを主張し、ある言語での証拠性の重要性を判断する 4 つの基準を提案した。また絵本を資料に用いて、日本語における証拠性表示の分析を行い、日本語の証拠性標識の義務性を明らかにした。さらに日本語の内的述語の人称制限の問題を証拠性の枠組みで考察することで、言語類型的な証拠性の分析に有用となりうるモデルを提案した。

キーワード

　証拠性、認識的モダリティ、人称制限、日本語、言語類型論、情報の接近可能性

1. はじめに

　本稿は証拠性という文法カテゴリーについて考察し、その観点での日本語の言語類型的位置づけを明らかにしようとするものである。証拠性は一般に「情報の源を表す文法カテゴリー」（Aikhenvald 2004: 3）とされる。しかしそれが他の文法カテゴリー、とりわけ主観性と密接に関わるモダリティとどのような関係にあるのかに関しては、今なお十分に明らかになっていない部分がある。証拠性は

特に話し手の主観的な判断を表す認識的モダリティに重なるカテ
ゴリーとしてしばしば指摘される（van der Auwera and Plungian
(1998)，de Haan（1999））。では証拠性も認識的モダリティと同
様に主観性を表すカテゴリーと考えてよいのだろうか。さらに認識
的モダリティと証拠性の関係、とくに両者になぜ重なる部分があ
るのかについては、これまでのところ明確にされたとはいいがたい。
また証拠性は近年さまざまな言語に関して議論が行われているが、
その際ある言語が証拠性をどのように、またどの程度コード化する
のかに関する基準はともすると見落とされがちである。本稿ではま
ず認識的モダリティと証拠性の相違について機能的観点から考察し、
両者の相違の明確化を試みたい。さらに証拠性を表す言語とみなす
ための基準についても考えてみたい。また日本語における証拠性の
コード化についても、これまで体系的な考察は少ない。本稿では証
拠性の機能と証拠性を表す言語の基準の考察をもとに、日本語の証
拠性を表す形式について分析を行ってみたい。さらに日本語の証拠
性の議論でもこれまで注目されることがあった感覚・感情述語の人
称制限の問題を扱う。この問題を証拠性の枠組みで考察することで、
言語類型的な証拠性の分析にも新たな視座を提供することにつなが
ると考えられる。またそのような枠組みの背景にある認知的動機づ
けについても考察してみたい。

2. モダリティと証拠性

ここではまず証拠性とはどのようなものかを確認した後、主観性、
とくに認識的モダリティと証拠性の関係について考えてみたい。

2.1 証拠性というカテゴリー

証拠性とは一般に「情報の源を表す文法カテゴリー」と言われる。
この文法カテゴリーがとりわけ注目されるのは、「情報の源」を表
す証拠性の標識を適切に付加することなしには容認可能な文を形成
できない言語があるためである。そのような言語の例としてタリア
ナ語を見てみたい。

タリアナ語（Aikhenvald（2004: 2f.））

(1) a.　Juse　irida　di-manika-*ka*
　　　　ホセ　サッカー　3単数非女性 - する - 相互. 過去. 視覚
　　　　「ホセがサッカーをした（私たちはそれを見た）」

　　b.　Juse　irida　di-manika-*mahka*
　　　　ホセ　サッカー　3単数非女性 - する - 相互. 過去. 非視覚
　　　　「ホセがサッカーをした（私たちはそれを聞いた）」

　　c.　Juse　irida　di-manika-*nihka*
　　　　ホセ　サッカー　3単数非女性 - する - 相互. 過去. 推量
　　　　「ホセがサッカーをした（視覚的証拠からそう推量する）」

　　d.　Juse　irida　di-manika-*sika*
　　　　ホセ　サッカー　3単数非女性 - する - 相互. 過去. 推論
　　　　「ホセがサッカーをした（私たちが知っていることからそう推論する）」

　　e.　Juse　irida　di-manika-*pidaka*
　　　　ホセ　サッカー　3単数非女性 - する - 相互. 過去.
　　　　「ホセがサッカーをした（私たちはそのように聞いている）」

　この言語では「ホセがサッカーをした」という出来事を伝達する場合、「ホセがサッカーをした」のみでは文として完結せず、常にその情報源が何であるか（視覚証拠・非視覚証拠・視覚的証拠からの推量・知識に基づいた推論・伝聞）を接尾辞によって明示する必要がある。このうち（1a, 1b）は話し手が直接得た情報であることを示すことから「直接証拠性」、（1c–e）は話し手が間接的に得た情報であることを示すことから「間接証拠性」とされる（Willet（1988））。このような5つの領域を区別する証拠体系を持つ言語が、証拠性を義務的に明示する言語の典型例である。証拠性とはこのように「情報の源」に関わる文法カテゴリーとされ、またそれを言語的にコード化したものが証拠性標識である。

日本語の証拠性と言語類型論　　427

2.2 モダリティと証拠性

以上の例で見た証拠性はモダリティの一種とされることも多い。例えば Palmer (2001) は命題的モダリティの下位分類として認識的モダリティと証拠性モダリティを挙げている。すなわち Palmer は証拠性を認識的モダリティと並ぶモダリティの一種とみなしている*1。それに対し証拠性と認識的モダリティは別のカテゴリーであるとする立場もある。van der Auwera and Plungian (1998) はモダリティと証拠性に重なる部分があり、それは認識的モダリティ（認識的確実性）と推論的証拠性の部分（タリアナ語の例での（1b）と（1c））であることを指摘している。また Aikhenvald (2004: 8f.) も証拠性を独自の文法カテゴリーとしており、証拠性標識がモダリティを表すことはあっても、それは証拠性標識の意味拡張によるものだとしている。de Haan (1999) は認識的モダリティと証拠性が意味的に異なる領域だとしている。認識的モダリティ表現は言明に対して話し手がどの程度コミットするかを「評価する（evaluate）」のに対し、証拠性表現は情報についての証拠の性質を「述べる（assert）」ものであり、その点で両者は大きく異なるとする*2。証拠性を（認識的）モダリティの一種と考えることの問題点はまた、上のタリアナ語の例から明らかとなる。たしかに間接証拠の推量や知識に基づく推論に関してはモダリティの一種のように見えるが、直接的証拠性の標識が「自分の目で見た・聞いた」という情報を付け加えていることからすると、証拠性が出来事に対する評価・判断を表すモダリティとは機能的に異なるカテゴリーであると言わざるを得ないように思える。de Haan が指摘するように、証拠性のカテゴリーにとって本質的なのは情報の出所を「述べる」ということであろう。ではなぜ証拠性は認識的モダリティと重なり合いを見せるのだろうか。この点について考えるために、証拠性がコミュニケーションにおいていかなる働きを持ちうるかについて考えてみたい。認識的モダリティのコミュニケーション上の機能は、出来事に対する話し手の判断を聴き手に伝達することにあると考えられる。それに対し証拠性はどのような機能を担っているのであろうか。上で見たように証拠性の機能は「情報の源の伝達」とされる。

しかしこの定義はさらなる疑問を提起するものである。では話し手は一体何のために情報源を伝えるのだろうか。上のタリアナ語の例で考えてみたい。例えば「ホセがサッカーをした」のを「実際に目で見た」と話し手が伝達することは、本来話し手にはそれほど必要ないことのように思われる。それにもかかわらずそのように伝えることが重要性を持つとするならば、それによって話し手が直接得た信頼できる情報であることを、聴き手に伝えることになるためであろう。話し手から得られた情報がどの程度信頼できるものであるかは、特に聴き手にとっては重要な点である*3。情報をどのようなものとして蓄積すべきかを判断することが、聴き手の重要な作業であるためである。証拠性の役割をこのようなコミュニケーション上の要請と照らし合わせて考えるなら、モダリティとの違いが明確となるだろう。すなわち証拠性は話し手の主観的なカテゴリーである認識的モダリティとは大きく異なり、話し手が聞き手に対し情報の信頼性を示す言語手段と考えるべきだということになる。すなわち証拠性は聴き手の情報に対する要請に関係する、間主観的なカテゴリーととらえるべきであろう*4。証拠性をこのようにとらえると、認識的モダリティとの重なり合いは次のように理解できる。証拠性は話し手の情報の信頼性に関わるため、話し手の情報が直接得たものか、間接的なものかでは信頼性に大きな差異が生じる。間接的なものでも、それが状況からの話し手の推量なのか、さらには他の情報源からの伝聞として得たのかによって、信頼性の判断が異なることになる。つまりある伝達内容が主観的判断（＝認識的モダリティ）に基づくものか否かは、聴き手にとっては情報の信頼性を判断する重要な材料になるのである。認識的モダリティは主に話し手の判断の視点からみたカテゴリーであるが、証拠性体系の中の推量や推論はさらに聴き手の視点をも組み入れることで位置づけられるカテゴリーである。両者の重なり合いは、ある発話の有する話し手、聴き手それぞれにとっての機能がそこで交差するために生じるということができよう。

2.3 証拠性の基準

ある言語の証拠性の標識について論じる際には、その言語で証拠性がどの程度の重要性を占めるのかを明確化しておく必要がある。ここではある言語での証拠性の位置づけを判断するための基準について言及しておきたい。

証拠性について問題にできる第1の基準は、証拠性の意味領域が、ある言語でどのように表現されうるかという機能的基準である。この観点では証拠性を表す手段は基本的にどの言語においても何らかの形で存在すると考えられる。日本語でも次のようにさまざまな手段で証拠性を表すことが可能である。

(2) a. 明日は雨だそうだ。(助動詞)

b. どうやら明日は雨だ。(副詞)

c. 明日は雨だって。(終助詞)

d. 明日は雨だと聞いた。(動詞)

したがってこの基準に関しては、どの言語でも証拠性を問題にすることが可能である。

次に形態的基準によって証拠性を問題にすることができる。すなわちある言語で文法化された形態の証拠性の標識が存在するかという点である。日本語は語彙的な手段のみならず、(2a,c) のように文法化した証拠性の標識が存在するので、この基準に関しても証拠性が重要な言語といえる。

3つ目の基準としては範列性が挙げられる。すなわち文法化された証拠性の標識がどの程度互いに置き換え可能かという基準である。タリアナ語の例でみたように、タリアナ語では証拠性標識が範列的に同じスロットに置かれる。日本語の証拠性標識に関してもこれはおおよそ当てはまるようである。次のように推量的な「そうだ」以外はどれも終止形の後に置かれる点で共通している＊5。

(3) 来る／らしい／ようだ／って／みたいだ／そうだ (伝聞)
／＊そうだ (推量)

4つ目の基準は統辞的なものである。すなわち証拠性の標識がその言語においてどの程度必須であるかという点である。第3節で詳しく見るように、この点に関しても日本語は証拠性に敏感な言語の

特徴を有している。

以上の４つの基準により、ある言語で証拠性がどの程度文法化しているかを測ることができる。ここで詳しくは論じられないが、これらの基準をあてはめると、英語、ドイツ語、フランス語などの言語は日本語やタリアナ語とは異なり、証拠性に関して最初の２つの基準のみしか満たさないと考えられるので、その点で証拠性が文法化した言語であるとは言いがたいことがわかる。

3. 日本語の証拠性

本節では以上の一般的な考察をもとにしつつ、証拠性が日本語においてどのように現れるかを考察してみたい。まずこれまで日本語の証拠性の標識がどのようなものと考えられてきたかを概観し、引き続き絵本テキストの分析を通して日本語で証拠性の標識がどのように現れるかを観察してみたい。

3.1 日本語の証拠性に関する研究

Aoki（1986: 233）は日本語の証拠性の標識として以下の３つを区別している。

直接証拠　がる

一般妥当証拠　のだ

伝聞もしくは推論　そうだ、って、ようだ、らしい

この区分をタリアナ語に見られるような証拠性体系と比較すると問題が浮かび上がってくる。まず伝聞・推論は間接証拠としてタリアナにも見られるため問題はないが、「一般妥当証拠」が上で見たような証拠性体系のどこに位置づけられるのか不明である。また直接証拠とされる「がる」はそもそも形容詞のみに付く接辞であるという点で一般的な直接証拠の標識とするのは難しく、また意味的にも「悲しがる」は「悲しい様子を見せる」を表し、タリアナ語のような意味での直接証拠の標識とは言えない。

これに対し Holzapfel（2006）はタリアナ語のような証拠性体系を厳密に適用して日本語の証拠性の分析を行っている。Holzapfel

（2006: 55）は日本語の証拠性の標識について次の図1のようにまとめている。

図1　Holzapfel (2006) における日本語の証拠性標識

　ここでわかるように、日本語では直接証拠性はゼロで表され、間接証拠性に関してのみ標識が存在するとみなされている*6。それゆえ間接証拠性の標識のみを対象とし、それぞれの標識の意味の分析を行っている。このような標識の記述的分析は重要ではあるが、ある言語での証拠性の文法化の度合いを考える際に重要となる証拠性標識の必須性に関してはHolzapfelには十分な言及がない。以下ではこの点を考慮しながら、日本語の証拠性標識ならびにその特徴を観察してみたい。

3.2　絵本に基づく日本語の証拠性の分析

　本稿で分析の対象としたのは絵本・児童書である。そのうち主に会話文に注目して、それらがどのような証拠性状況での発話であるかを同定した。さらにその状況でどのような証拠性標識が用いられているかを観察した。なお分析した資料はわずかであるため、日本語の証拠性標識を十分に網羅したものになっていないことをあらかじめ断っておきたい。

3.2.1　直接証拠

　まず直接証拠のうち、視覚的な証拠性が問題となる場面を観察してみたい。

　　(4)　a.　あ、くじらがひっぱっている！　　　　（『いやいやえん』）
　　　　b.　大きな犬もわしのまえではぶるぶるふるえとったよ。

『いつもだれかが』）

　（4a）はクジラがボートを引いているのを見て話し手が発した発話である。ここでは「ている」形が使われている。また（4b）も話し手の直接見て経験した出来事が述べられている発話で、「ておる」が使われている。「ている（ておる）」は通常アスペクトの標識とみなされる。しかし定延（2006）は「ている」が話し手の直接的観察を表し、証拠性の標識とみなしうる可能性を指摘している。定延（2006: 169）は次の例を挙げている。

　（5）a.　二本の平行線はどこまでも交わらずに伸びる。

　　　　b.　二本の平行線はどこまでも交わらずに伸びている。

　定延によれば、（5a）は抽象的な数学的規則が述べられているが、（5b）では目下の状況の具体的な観察が表されるという。定延はこの観察から「ている」が観察によって得られた情報を表す証拠性の標識であるとしている。この観察はたしかにこの例に関しては正しいと思われるが、終止形が常に上のような総称的な解釈になるわけではない。例えば（4a）であれば、次のように終止形で表すことも可能である。

　（6）　あ、くじらがひっぱる！

　この発話は例えばボートの周囲を泳いでいたクジラが突然ボートを引っ張ろうとする瞬間になされるのであれば不可能ではない。ここで「ている」との相違は継続した出来事であるか、今まさに起ころうとしている出来事であるかの違いであり、これは「ている」形と終止形のアスペクトの違いに帰することができる。すなわち「引っ張る」のように、文脈から状態変化的に解釈できる動詞に関しては、終止形で今ちょうど出現しようとする事態を観察的に描写することができる*7。このことを考慮するなら、「ている」形のみを日本語の直接観察（視覚的証拠）の標識であるとするのは難しいと考えらえる。むしろ「ている」形が基本であるが、終止形も状況によっては直接観察を表しうると考えるほうがよいだろう*8。

　視覚以外の証拠的状況は扱った資料には見られなかったため、以下の作例を観察してみたい。

　（7）　遠くで犬が吠えている。

日本語の証拠性と言語類型論　　433

聴覚的証拠に基づいてこのような発話を行うことが可能であるが、その際にも視覚的観察の場合との区別はなく、同様に「ている」形が用いられる。

3.2.2　間接証拠

次に間接証拠が問題となるような場面について見てみたい。まず推量的証拠性の場合である。推量的証拠性が現れるのは知覚による観察から推量された内容を伝達するような場面である。そのような場面ではどの場合にも証拠性標識が観察された。次の例を見てみたい。

(8) a.　こんやはなにかすばらしいことがおこりそうだ。

(『ベツレヘムへの道』)

　　b.　どこかがいこくのさかなにちがいない。

(『きゅうすいとうのくじら』)

(8a) は登場人物が空に輝く1つの星を見た後の発話であり、ここでは「連用形＋そうだ」が用いられている。(8b) は変わった魚を見ての発話で、「にちがいない」が使われている。また語り手が登場人物の外見について述べる際にも証拠性標識が見られる。

(9) a.　パタコトン氏はすっかりおそれいり、しばらくはこわさもわすれたみたいでした。

(『お友だちのほしかったルピナスさん』)

　　b.　おんなのひとはなつのふくのままでさむそうです。

(『くつやのまるちん』)

ここではそれぞれ「みたいだ」「連用形＋そうだ」が用いられている＊9。ではこれらの標識の使用はどの程度義務的なのだろうか。以上の状況で次のように証拠性標識なしの発話がなされたとすると容認されにくくなる。

(10)a.　？こんやはなにかすばらしいことがおこる。

　　b.　？どこかがいこくのさかなだ。

このことから日本語においては知覚証拠に基づく推量の標識は必須度が高いと考えられる。

次にすでに有する知識に基づいた推論が行われる状況を見てみた

い。このような状況での発話は次の例に見られる。

（11）あのこは、がっかりするだろうな。　　　（『ばらいろのもり』）

この発話は話し手が花好きだと知っている女の子が、花がしおれ
かけているのを見たときにどのような反応をするかを推論している
場面である。ここでは「だろう（な）」が用いられている。ではこ
の証拠性標識はどの程度義務的だろうか。この場面でこの標識をと
るとやはり容認度が低くなる。

（12）?あのこはがっかりする。

このことから知識に基づく推論に関しても、その標識が義務的な
場合が多いと考えられる。

最後に伝聞の証拠的状況が観察される場面を見てみたい。

（13）a.　ゆきのせいでひこうきがとべないって。

（『ゆきがやんだら』）

　　　b.　これまでのわるいことをあやまりたいそうです。

（『フランシスコとおおかみ』）

（13a）は母親が子どもに父親が家に帰って来られない理由を
述べる場面で、「って」により父親の発言の伝聞が表されている。
（13b）は狼の発言を登場人物が他の人たちに伝達する場面である。
ここでは「連体形＋そうだ」が用いられている。この伝聞の証拠性
の標識も日本語では義務的だと考えられる。この場面で次のような
発言は容認できなくなるためである。

（14）a. ＊ゆきのせいでひこうきがとべない。

　　　b. ＊これまでのわるいことをあやまりたい。

分析した資料に関する限りでは、間接証拠性の標識は日本語では
ほぼ義務的であった。すなわち日本語は上で見た第4の統辞的基準
をも満たしているため、タリアナ語のような直接証拠性の細分化は
見られないものの、タリアナ語とかなり近い形で証拠性が文法化し
た言語だということができる。

4.　日本語の証拠性から言語類型論へ

以上では日本語を言語類型的な研究で明らかとなっている典型的

日本語の証拠性と言語類型論　　435

な証拠性体系の枠組みに照らして考察してきた。ここで証拠性の研究においてしばしば触れられてはいるものの、上の枠組みとの関係が必ずしも明確でない現象に注目したい。それは日本語における内的述語の「人称制限」の現象である（金水（1989）、仁田（1991）、南（2002））。本節では証拠性の立場から、この現象の言語類型的位置づけについて考察したい。

4.1 内的述語の振る舞いと証拠性

日本語では感覚・感情・願望・認識を表す述語 *10 において、主語の人称に関して制限が見られることがよく知られている。この種の述語は主に経験主を伴う形容詞であるが、その経験主である主語が 1 人称の場合には次のように無標の形で表現される。

(15) a. （私は）暑い。

　　 b. （私は）さびしい。

　　 c. （私は）あの本が読みたい。

しかし経験主主語が 2 人称や 3 人称の場合には、このような無標の形が容認されにくくなる。

(16) a. （*君・*彼女は）暑い。

　　 b. （*君・*彼女は）さびしい。

　　 c. （*君・*彼女は）あの本が読みたい。

このような場合には次のように証拠性の標識の付加が必要となる。

(17) a. （君・彼女は）暑いようだ・みたい。

　　 b. （君・彼女は）さびしいようだ・みたい。

　　 c. （君・彼女は）あの本が読みたいようだ・みたい。

さらに疑問文において、無標形は 1 人称、3 人称で容認度が低くなり、問題なく容認されるのは 2 人称のみとなる。

(18) a. （?私・君・?彼女は）暑い？

　　 b. *（?私・君・?彼女は）さびしい？

　　 c. *（?私・君・?彼女は）あの本が読みたい？

この分布は次のようにまとめられる。なおここでマイナスは無標、プラスは有標であることを表している。

436　　宮下博幸

表1　日本語の内的述語における証拠性標識の分布

	平叙文	疑問文
1人称	−	+
2人称	+	−
3人称	+	+

　このような分布の背景には、しばしば機能的要因が指摘される。
金水（1989: 123）は聞き手にある状況を報告する際に、「他人の
心理状態を直接知ることはできない」という事実に基づき、「日本
語では、報告の際に、直接知ったこと、または話し手が直接決定で
きることと、そうでないことを文の形式の上で区別しなければな
らない」としている。すなわち2, 3人称に関する心理状態の言明
は、その心理状態を直接知ることができないため、何らかの標識が
必要であるということになる。これは本稿の証拠性の観点で見るな
ら、日本語には話し手が知っており信頼性を担保できる情報か、そ
うでない情報かによって形式上の区別があると言い換えられる。な
おここでさらに指摘しておきたいことは、そういった情報の確かさ
には段階が存在しうることである。すなわち話し手のみしかわから
ない情報から、他人も共有でき場合によってはその情報が反証可能
な情報、また話し手は確かだと考えるが、その真偽は定かでない情
報、さらに話し手自身も疑わしいと考えている情報といった段階で
ある。このような我々の情報に対する確かさや信頼性の度合いを本
稿では「情報の接近可能性」と呼ぶことにしたい[*11]。

4.2　日本語のような振る舞いは他の言語にも見られるか

　以上で指摘したように、日本語の人称制限が証拠性の類型的枠組
みにおいてどのように位置づけられるのかは明らかではない。これ
はタリアナ語などが示す証拠性体系が、話し手、聴き手ともに直接
観察可能な3人称的な出来事に関わる証拠に関するであるのに対し、
日本語の内的述語に関わる振る舞いは、直接観察することが難しい
内的な感覚への接近可能性に関わるためである[*12]。本節では日
本語の振る舞いを類型論的な枠組みで議論する前に、まず日本語と

類似の振る舞いが日本語以外の言語にも存在するのかを確認しておきたい。

これまでの研究でよく知られているのは、英語、ドイツ語、フランス語などのヨーロッパ言語に関しては、日本語のような人称制限が見られないということである。また中国語にもそのような制限がないとされる（上原（2011））。では日本語に類する言語は他に存在しないのだろうか。この点に関しては十分な研究があるとは言いがたいが、風間（2013）は主に「アルタイ型」に属する言語の調査に基づき、日本語と同じような内的述語に関する人称制限が朝鮮語、トルコ語、モンゴル語にも見られるとしている*13。

また興味深いのは、日本語のように内的述語のみに限定されるわけではないものの、表1に似た標識の体系をとる言語があることである。これは「並接・離接標識（conjunct/disjunct）」体系として知られている*14。この体系を持つ言語として、アワ・ピト語（コロンビア・エクアドル）の例を挙げてみたい（Curnow（2002））。この言語では1人称の平叙文では並接接尾辞 -s、2人称と3人称では離接接尾辞 -y が動詞に付加される。

(19) a.　(na = na)　　　　　　　　pala　　ku-mtu-*s*

　　　　 (1単数.（主格）＝トピック)　オオバコ　食べる - 未完了 - 並接

　　　　 「私はオオバコを食べている」

　　 b.　(nu = na)　　　　　　　　pala　　ku-mtu-*y*

　　　　 (2単数.（主格）＝トピック)　オオバコ　食べる - 未完了 - 離接

　　　　 「君はオオバコを食べている」

　　 c.　(us = na)　　　　　　　　pala　　ku-mtu-*y*

　　　　 (3単数.（主格）＝トピック)　オオバコ　食べる - 未完了 - 離接

　　　　 「彼女・彼はオオバコを食べている」

これに対し疑問文になると1人称と3人称で離接接尾辞、2人称で並接接尾辞が現れる。

(20) a.　min = ta = ma　ashap-tu-y?

　　　　 誰 ＝ 対格 ＝ 疑問　悩ます - 未完了 - 離接

　　　　 「私は誰を悩ましているのか」

　　 b.　shi = ma　ki-mtu-s?

何 = 疑問　する - 未完了 - 並接

「君は何をしているのか」

c.　min = ta = s　　　　a-mtu-y?
　　どこ = 場所格 = 奪格　来る - 未完了 - 離接

「彼はどこから来るのか」

以上の体系は次のようにまとめることができる。

表2　アワ・ピト語における並接・離接接尾辞の分布（Curnow（2002: 614））

	平叙文	疑問文
1人称	並接	離接
2人称	離接	並接
3人称	離接	離接

これは日本語では内的述語の場合に見られるような人称制限が、アワ・ピト語では「食べる」のような通常の動詞述語の場合にも見られると解釈可能である。似たような状況はラサ・チベット語にも見られる（DeLancey（1986））。

(21)a.　Ŋa las-ka byed-gi-*yod*.
　　　　私　仕事　する - 未完了 . 並接

「私は働いている」

　　b.　K'oŋ　las-ka byed-gi-'*dug*.
　　　　彼女・　仕事　　する - 未完了 . 離接

「彼女・彼は働いている」

ここで -yod は並接標識であり、-'dug は離接標識である。この言語とアワ・ピト語とが異なる点は、ラサ・チベット語においては通常2人称や3人称で出現する 'dug が、1人称でも用いられることがあることである（DeLancey 1986: 207）。次の例を見てみたい。

(22)Ŋa na-gi-'*dug*.
　　私　病気 - 未完了 . 離接

「私は病気だ」

ここでは「病気だ」という非意志的な、制御できない出来事が伝達されているが、このように話し手に制御不可能と把握される出来事について伝達する際には、（22）のように -'dug は1人称とも共

日本語の証拠性と言語類型論　　439

起する＊15 。

　以上のように並接・離接標識体系を持つ言語は日本語よりもさら
に広い範囲で人称制限に類する区別が存在すると言うことができ、
またその振る舞いは日本語のそれと非常に似ている。このような現
象も証拠性と関係すると認識されてはいるが、これまでの証拠性体
系の記述ではその位置づけが明確ではない。

4.3　日本語その他の言語が示すもの　証拠性の類型論的枠組みの拡大

　本節では以上で見た言語の特徴を再度振り返りつつ、情報の接
近可能性の観点から考察を行ってみたい。まずアワ・ピト語にお
いては、平叙文において1人称とそれ以外との標識が異なっていた。
Curnow（2002）は特に機能面の考察を行っていないが、情報の接
近可能性の観点から考えるなら、1人称での言明は自分のことであ
り、情報の接近可能性は極めて高い。具体的には1人称の話し手は
典型的な場合、その言明内容について直接的に感じたり（直接感
覚）、また多くの場合直接制御することができるが（直接制御）、聴
き手は必ずしも直接に観察できない。逆に話し手の2人称・3人称
に関する言明の際には、話し手は他人になり替わることができない
ため、その言明内容を直接に感じることができず、直接制御するこ
ともできず、単に観察ができるのみである。アワ・ピト語の話し
手はこのような1人称とそれ以外の人称に関する言明に関わる情報
の接近可能性の相違を、その文法体系にコード化しているのではな
いかと考えられる。2人称に対する疑問文のときに平叙文の1人称
の接辞が現れることもこれによって説明できる。すなわち平叙文の
1人称の接辞は情報の接近可能性の高さを示す標識と考えられるが、
2人称に対する疑問の際に、疑問文で表される命題内容に接近可能
なのは聴き手であるためである。次にラサ・チベット語の区別を考
えてみたい。この言語では1人称の言明内容が制御できない性質で
あるときには3人称で用いられる標識が用いられていることを見た。
ここでは1人称の言明内容を直接制御できるものとできないものと
いう点でさらに区分していると言える。直接制御できない内容は制

440　　宮下博幸

御できる内容に比べ接近可能性が低いと考えられるため、通常2人
称や3人称で用いられる標識が出現すると考えられる。

　以上をこれまでの証拠性の枠組みに組み入れるとすると、まず直
接証拠性に関して話し手についての発話と、話し手以外についての
発話に分ける必要があることになる。この点を考えあわせて上記の
考察と組み合わせると、アワ・ピト語とラサ・チベット語の相違は
図2のように表すことができる。

直接証拠性		
話し手に関する言明		話し手以外に関する言明
直接感覚可能	直接感覚可能	直接感覚不可能
直接制御可能	直接制御不可能	直接制御不可能
直接観察不可能	直接観察不可能	直接観察可能

アワ・ピト語　　　　　　　　　　　　　　　　-s ← 　→ -y

ラサ・チベット語　　　　　　　-yod ← 　→ -'dug

情報の接近可能性　高 ←　　　　　　　　　　　　　　　　→ 低

図2　アワ・ピト語とラサ・チベット語の直接証拠性における位置づけ*16

　では日本語はこれらの言語の中でどのように位置づけられるのだ
ろうか。日本語の位置づけを考えるにあたって、内的状態を表す動
詞について触れておきたい。次の例を見てみよう。

（23）a.　私は今日イライラする。

　　　b.　*君は今日イライラする。

　　　c.　*彼は今日イライラする。

　ここで使われている動詞「イライラする」は1人称でのみ容認可
能である。しかし（23b, c）は次のように「ている」をつけると容
認可能となる。

（24）a.　私は今日イライラしている。

　　　b.　君は今日イライラしている。

　　　c.　彼は今日イライラしている。

　「ている」を付加することで容認可能となる理由は、「イライラ
する」のような感情の場合、その感情の兆候が行動に出ることが
多く、外見的にも観察可能であるためだと考えられる*17。つま

り（24b, c）は直接の感情の描写ではなく、外的な様子の観察である。また（24a）に関しても（23a）とは異なり、話し手の感情の伝達というより、自らの感情の観察の伝達のように感じられる。このように内的述語は兆候が直接観察可能であれば「ている」形で表現することができる＊18。しかし直接観察できない場合は「らしい」「そうだ」などの間接証拠性の標識が必要となる。以上を考慮すると、日本語の内的述語の振る舞いは図3のように位置づけられる。

直接証拠性			間接証拠性
話し手に関する言明		話し手以外に関する言明	
直接感覚可能	直接感覚可能	直接感覚不可能	直接感覚不可能
直接制御可能	直接制御不可能	直接制御不可能	直接制御不可能
直接観察不可能	直接観察不可能	直接観察可能	直接観察不可能

アワ・ピト語　　　　　　　　　　　　　　　-s ← 　→ -y

ラサ・チベット語　　　　　　-yod ← 　→ -'dug

日本語　　　　　　　　　　　　-i/-u ← 　→ te iru ← 　→ rashii, soda, …

情報の接近可能性　高 ← 　　　　　　　　　　　　　　　　　→ 低

図3　アワ・ピト語、ラサ・チベット語、日本語の証拠性体系での位置づけ

　以上では日本語の内的述語の振る舞いならびにそれに関連する諸言語の現象を証拠性の観点から位置づけようと試みたが、この位置づけは、内的述語以外の述語を伴う文とどのような関係にあるのだろうか。この点に関してはここで十分に論じることはできないが、簡単にふれておきたい。

　まず話し手が直接感じ制御することができるものの、聴き手には観察不可能であるような内容について発言する場面を考えてみたい。これは典型的には意図的な行為が関わるような場合である。

（25）a.　私は今日の夕方散歩する。

　　　 b.　私は徹夜で論文を書く。

これらの文で表されるのは話し手が感じ、制御でき、また聴き手にとっては話し手の発言時点で観察不可能な状況であるが、ここでは内的述語の場合と同様、終止形が用いられる。またこれらの文が

次のように2人称で用いにくいのも、内的述語と共通している*19。

(26)a. ?君は今日の夕方散歩する。

b. ?君は徹夜で論文を書く。

一方内的述語と同じく、疑問文では2人称でも無標の終止形が問題なく容認される*20。

(27)a. 君は今日の夕方散歩する？

b. 君は徹夜で論文を書く？

問題となるのは次のように3人称で用いられた場合である。

(28)a. 彼女は今日の夕方散歩する。

b. 彼は徹夜で論文を書く。

このような例は通常容認可能とされることが多いと思われるが、実際はこのような発言ができるためには前提条件が必要である。(28a) では話し手が彼女の家族であり、彼女の計画について知っているなどの条件、(28b) では例えば話し手が論文の共著者で彼が徹夜をしなければいけない状況にあることを知っているなどの条件が必要だと考えられる。そのような情報の接近可能性が担保されない場合は、「彼女は今日の夕方散歩するらしい」「彼は徹夜で論文を書くみたいだ」のように間接証拠性の標識をつける必要がある。これは心理述語が3人称で現れる際に、証拠の標識が義務的であるのと並行している。この観察が正しいなら、「散歩する」や「書く」のような述語も、基本的に内的述語と同じような人称制限を受けることになる。すなわち日本語には広く証拠性に基づく人称制限があるが、それが最も顕著にあらわれるのが内的述語にすぎないということになる。内的述語においてこの現象が際立つのは、内的状態の情報が誰かが散歩するか、誰かが徹夜で論文を書くかのような情報に比べ接近しがたいためである。このように考えるなら、人称制限は内的述語に特有の現象ではなく、証拠性の表示に関する日本語の文形成一般の傾向の表れの一つに過ぎないことになる。

5. おわりに

本稿では認識的モダリティと証拠性との関係について考察した後、

ある言語の証拠性の位置づけを明確にするだめの4つの基準を提案した。日本語は特に統辞的基準が定める証拠性標識の義務性の度合いが強いことから、証拠性が重要な働きをしている言語であることを見た。また日本語研究では内的述語に人称制限があることが知られてきたが、この現象を他の言語の現象と関連づけ、直接証拠性のの表示に関わる現象として図3のように位置づけることが可能であることを示した。図3のモデルは比較的わずかな言語例に基づくものであるため、今後さまざまな言語を分析していく中で拡大や修正がなされる必要があるが、日本語その他の言語を証拠性の枠組みで把握するための基礎として有効なものと考えられる。

　また従来の証拠性の研究では、直接証拠性が主に視覚や聴覚その他の情報源の明示に関わるものとみなされてきたが（Willet (1988), Aikhenvald (2004))、以上では直接証拠性の領域をさらに詳細に分析する必要があることが示されたと言える。直接証拠性においてさらなる区別を行おうとする試みはこれまでまったくなかったわけではない。Plungian (2010: 37) は直接証拠性に含まれるカテゴリーとして「視覚的」「非視覚的」に加え、「直接的・個人的（direct/personal)」「参与的・自己指示的（participatory/endophoric)」を挙げている。このうち「直接・個人的」な標識はどのようなものであるかは明確にされていないが、「参与的標識」は話し手が自分の内的状況を描写するものとされ、「自己指示的標識」は話し手自身が描写される状況の参与者である場合に用いられるものとされる*21。しかし Plungian の説明には具体例が欠けており、また挙げられた領域が相互にどのような関係にあるかも不明である。本稿ではそれに対して情報への接近可能性の立場から、直接証拠性のそれぞれの領域の位置づけを試みた。提案したモデルは証拠性体系全体を把握する言語類型的モデルとして有用と考えられる。このモデルを若干簡略化してまとめると図4のようになる。

　図4は以上で提案したモデルに証拠性体系の代表的証拠カテゴリーをあてはめたものである。ここで注目しておきたいのは、証拠性の諸カテゴリーは情報の接近可能性の観点でまとめることができるという点である。視覚的証拠は非視覚的証拠より情報の接近可能性

直接証拠性			間接証拠性	
話し手に関する言明	話し手以外に関する言明			
自己的	視覚的	非視覚的	推量・推定的	伝聞的

情報源

情報の接近可能性　高←　　　　　　　　　　　　　　　　→低

図4　情報の接近可能性に基づく証拠性モデル＊22

が高いと言え、また伝聞は話し手がその判断に関与しないという意味で、推量・推定よりも情報の接近可能性は低いと考えられる。

　証拠性の体系が以上のように把握可能だとすると、通常「情報の源を表す文法カテゴリー」とされる証拠性の領域に対し、別の視点が浮かび上がってくる。すなわち証拠性は日本語等の現象をも視野に入れた場合、「情報の接近可能性を表す文法カテゴリー」としてとらえなおすことができる。証拠性はすなわち話し手の情報に対する接近可能性を表し、またこのようなカテゴリーが生じる背景には聴き手に話し手の情報への接近可能性を伝達することで、聴き手の情報処理に寄与するという動機づけがあると考えられる。

＊本稿は Miyashita (2015) に基づいているが、特に日本語を分析の中心に据え、新たな考察を加えて改稿したものである。

＊1　Palmer の分類を受け継ぐ澤田 (2006: 24) も、認識的ならびに証拠的モダリティを判断的モダリティの下位分類として位置づけている。

＊2　さらに de Haan は、証拠性表現が認識的モダリティとは異なる語彙領域から派生することを、両者の相違の根拠として挙げている。

＊3　van der Auwera and Plungian (1998) は証拠性と重なるのが認識的モダリティの中でも確実性のみであることを指摘しているが、これは証拠性が情報の信頼性に注目しているのであれば納得できることである。

＊4　本稿のような情報の信頼性を中心とした証拠性のとらえ方はこれまでさほど注目されていないが、Givón (1982) や Fitneva (2001) にも見られる。また Ifantidou (2001) も証拠性の2つの機能のうちの1つとして、類似の機能を挙げている。

＊5　ただし日本語ではこれらを組み合わせることが可能なので、厳密にはタリアナ語のようなスロットが用意されているとは言えない。

＊6　Holzapfel は間接証拠性の標識として次のものを扱っている。伝聞：そう

だ（らしい）　知覚に基づく推量：らしい、そうだ、がる、ようだ、みたいだ、ように見える　その他の情報に基づく推論：のだ、はずだ、だろう、にちがいない、かもしれない

＊7　仁田（1991）はこのような例を「並接未来の兆候」をあらわす現象描写文としている。

＊8　「ている」が観察をあらわすのは、出来事の進行について伝達する際には、通常それを観察しているという関係が成り立つことに起因すると考えられる。

＊9　これらの絵本のドイツ語版においては、語り手による描写の際に証拠性の標識はほぼ現れない。語り手の証拠性標識の使用は、日本語の絵本の特徴だと考えられる。

＊10　本稿ではこれらの述語を総称して「内的述語」と呼ぶことにする。

＊11　これは神尾（1990）の「情報のなわばり」の考え方に近いが、そこで示されている「直接形」「間接形」のような二項対立的なとらえ方ではなく、情報へのアクセスのより柔軟な概念が念頭に置かれている。

＊12　日本語の人称制限について証拠性の観点から言及している風間（2013: 97）は、証拠性の概念が「主に三人称の行為に対して、話し手がその情報をどのような情報経路を通して得たか、という点に注目して使われていたように見受けられる」としている。

＊13　朝鮮語についてはまた Chun and Zubin（1990）を参照。

＊14　このような体系をもつ言語としては他にカシャヤ語（Oswalt（1986）），オクサプミン語（Loughnane（2009）），ツァチ語（Dickinson（2000））などがある。なお Aikhenvald（2004: 23ff.）は証拠性体系との明確な関係は示していないもののこの体系について言及し、そこで日本語や朝鮮語の内的述語の振る舞いについても取りあげている。

＊15　また文の内容が話し手に既知の場合、逆に -yod が 3 人称と用いられることも可能だという（DeLancey（1986: 212））。

＊16　ここでは並接・離接体系を持つ言語を証拠性との関連で位置づけたが、並接・離接体系は人称表示体系の一種と見なされることが多く、この体系とは別に証拠性の体系を有する場合もある。ラサ・チベット語もそのような言語である。しかし並接・離接体系は機能的に見るなら証拠性に大きく関わるものと考えられる。

＊17　心理状態を表す述語で兆候が確認されることについての伝達であれば人称制限が見られなくなるという指摘はまた金水（1989: 125）に見られる。

＊18　内的形容詞述語の場合は「がる」によって兆候がわかる形に動詞化され、それに「ている」がつけられる。

＊19　仁田（1991: 80f.）もこのような判定文が 2 人称を取りにくいことを指摘している。

＊20　ただし内的述語と異なり、3 人称では「彼女は今日の夕方散歩する？」のように容認可能である。後で見るように、これは聴き手が「彼女が今日の夕方散歩する」かどうかに関する情報に比較的容易に接近可能であるためだといえる。そのため通常聴き手が容易に接近できない内容であれば容認度が下がる。例えば「彼女は今日の夕方いやいや散歩する？」は 3 人称でも容認しにくい。

＊21　この標識は Oswalt（1986）の扱う行為遂行的標識と同一のものと考えら

れる。Oswalt はこの標識を「話し手が自分自身で行為を遂行するまたは遂行したために、自分が話すことについて知っていることを表示する」(Oswalt 1986: 34) としている。

*22　Oswalt (1986: 43) も証拠性に関して基本的にこれと同様の階層を仮定し、右から左への順は普遍的性質を持つものとみなしている。

参考文献

Aikhenvald, Alexandra Y. (2004) *Evidentiality*. Oxford: Oxford University Press.

Aoki, Haruo. (1986) Evidentials in Japanese. In Chafe, Wallace L. and Johanna Nichols. (eds.) *Evidentiality: The Linguistic Coding of Epistemology*, pp.223–238. Norwood: Ablex.

Curnow, Timothy J. (2002) Conjunct/disjunct marking in Awa Pit. In *Linguistics* 40: pp.611–627.

Chun, Soon Ae and David A. Zubin. (1990) Experiential vs. agentive constructions in Korean narrative. In: *Proceedings of the Annual Meeting of the Berkeley Linguistics Society* 16: pp.81–93.

de Haan, Ferdinand. (1999) Evidentiality and epistemic modality: Setting boundaries. In *Southwest Journal of Linguistics* 18: pp.83–101.

DeLancey, S. (1986) Evidentiality and volitionality in Tibetan. In Chafe, Wallace L. and Johanna Nichols. (eds.) *Evidentiality: The Linguistic Coding of Epistemology*, pp.203–213. Norwood: Ablex.

Dickinson, Connie (2000) Mirativity in Tsafiki. In *Studies in Language* 24: pp.379–421.

Fitneva, Stanka A. (2001) Epistemic marking and reliability judgments: Evidence from Bulgarian. In *Journal of Pragmatics* 33: pp.401–420.

Givón, Talmy. (1982) Evidentiality and epistemic scale. In *Studies in Language* 6: pp.23–49.

Holzapfel, Anne. (2006) *Evidentialität im Japanischen*. Berlin: LIT-Verlag.

Ifantidou, Elly. (2001): *Evidentials and Relevance*. Amsterdam: John Benjamins.

神尾昭雄 (1990)『情報のなわ張り理論』大修館書店.

風間伸次郎 (2013)「アルタイ型言語における感情述語」『北方人文研究』6: pp.83–101.　北海道大学大学院文学研究科北方研究教育センター.

金水敏 (1989)「「報告」についての覚書」仁田義雄・益岡隆志編『日本語のモダリティ』pp.121–129. くろしお出版.

Loughnane, R. (2009) *A Grammar of Oksapmin*. Diss. The University of Melbourne.

南不二男 (2002)「談話の性格と人称制限」『近代語研究』11: pp.459–471.　武蔵野書院.

Miyashita, Hiroyuki. (2015) Evidentialität im Japanischen: eine kontrastiv-sprachtypologische Charakterisierung. In Nishina, Yoko (ed.) *Sprachwis-*

senschaft des Japanischen. Linguistische Berichte. Sonderheft 20: pp.47–71.

仁田義雄（1991）『日本語のモダリティと人称』ひつじ書房.

Oswalt, Robert L. (1986) The evidential system of Kashaya. In Chafe, Wallace L. and Johanna Nichols. (eds.) *Evidentiality: The Linguistic Coding of Epistemology*, pp.29–45. Norwood: Ablex.

Palmer, Frank R. (2001) *Mood and Modality. Second Edition*. Cambridge: Cambridge University Press.

Plungian, Vladimir. (2010) Types of verbal evidentiality marking: an overview. In Diewald, Gabriele and Elena Smirnova. (eds.) (2010) *Linguistic Realization of Evidentiality in European Languages*, pp.15–58. Berlin/New York: de Gruyter.

定延利之（2006）「心的情報の帰属と管理―現代日本語共通語「ている」のエビデンシャルな性質について」中川正之・定延利之編『言語に現れる「世間」と「世界」』pp.167–192. くろしお出版.

澤田治美（2006）『モダリティ』開拓社.

上原聡（2011）「主観性に関する言語の対照と類型」澤田治美編『ひつじ意味論講座　第5巻　主観性と主体性』pp.61–91. ひつじ書房.

van der Auwera, J. and Vladimir Plungian. (1998) Modality's semantic map. In *Linguistic Typology* 2: pp.79–124.

Willet, Thomas. (1988) A cross-linguistic survey of the grammaticalization of evidentiality. In *Studies in Language* 12: pp.51–97.

引用資料

バウアー・ユッタ　上田真而子訳（2002）『いつもだれかが』徳間書店（Bauer, Jutta. (2001): *Opas Engel*. Hamburg: Carlsen）.

いっしきよしこ・さのようこ（1975）『ベツレヘムへの道』こぐま社.

かすや昌宏・石井健吾（1994）『フランシスコとおおかみ』至光社.

かすや昌宏・渡洋子（1981）『くつやのまるちん』至光社.

中川李枝子（1962）『いやいやえん』福音館書店.

酒井駒子（2005）『ゆきがやんだら』学研プラス.

シュレーダー・ビネッテ　矢川澄子訳（1976）『お友だちのほしかったルピナスさん』岩波書店（Schroeder, Binette. (1969) *Lupinchen*. Zürich: NordSüd-Verlag）.

シュトイー・リュディガー　佐久間彪訳（2000）『きゅうすいとうのくじら』至光社（Stoye, Rüdiger. (1971) *Der Wal im Wasserturm*. Frankfurt a. M.: Moritz Verlag）.

立花えりか・永田萠（1984）『ばらいろのもり』講談社.

モダリティーの主観化について

〈必要〉を表す文の場合

宮崎和人

要旨

日本語のデオンティック・モダリティーの形式には、義務を表す、シナケレバイケナイ、シナケレバナラナイ、シナクテハイケナイ、シナクテハナラナイ、シナイトイケナイ、セネバナラナイなどがある。一方で、シナケレバ、シナキャ、シナクテハ、シナク（ッ）チャ、シナイト、セネバなど、否定の条件形で終わる形が使用されることも少なくないが、これらはただの変種と扱われることが多く、意味の独自性を追求した研究はほとんどない。本稿では、それらを「省略形」と仮称し、非省略形との意味・機能の違いを多角的に考察した結果、非省略形から省略形が分化する過程を〈必要〉のモダリティーの主観化（subjectification）として説明できることが明らかになった。

キーワード

モダリティー、主観化、必然、必要、省略形

1. はじめに

　従来のモダリティーの研究では、（1）のような、否定の条件形と「いけない」「ならない」などからなる述語形式（シナケレバイケナイ、シナケレバナラナイ、シナクテハイケナイ、シナクテハナラナイ、シナイトイケナイ、セネバナラナイ）をデオンティック・モダリティーや評価のモダリティーの形式として取り上げてい

る。それらの研究では、（2）のような、否定の条件形で終わる形式（シナケレバ、シナキャ、シナクテハ、シナク（ッ）チャ、シナイト、セネバ）が一緒に取り上げられることもある。

（1）太郎、ちゃんと学校に行かなきゃいけないよ。

（2）太郎、早く学校に行かなきゃ。

だが、（2）のような形式の位置づけについては、はっきりしないところがあり、研究者によって扱い方が異なる。以下、筆者の目にとまったものをいくつか紹介する。

まず、小矢野（2005: 315）では、「「しなければならない」の形式はこれ自体で文法形式化しているのであるが、後項要素「ならない」が省略され、「しなければ」の形だけが現れることは会話ではごく普通にみられる現象である」と述べ（ただし、後項要素の省略なのか、条件節に対する主節の省略なのかということが明確には判定しにくいケースもあるとしている）、高梨（2010: 80）では、「「なくてはいけない」は、話しことばではしばしば評価形式「いけない」「ならない」を省略した「なくては」「なければ」「ないと」の形で使われる。つまり、後半部分がなくても意味がわかるわけで、それだけ文法化が進んでいると言える」と述べている。これらの研究では、（2）のような形式は、（1）のような形式の存在を前提として存在していると考えている。

一方、高橋（1993: 23）は、「条件形は、ことがらのなりたつ条件をあらわす従属節の述語となることを本来のはたらきとする形式であるが、文を条件形でとめて、あとを省略する用法がある」として、うちけし動詞の条件形が義務をあらわす例（「じゃあ、なんとかしなければ」など）を挙げている。そして、「ふるい従属節があたらしい主節となるために、どのような過程をとおるのか。また、その機能の変化の過程のなかでどんなことがおこるのか」（同: 26）ということを課題として指摘している。つまり、従属節の主節化（条件形の述語形式化）という視点から、（2）のような形式を見ている。従属節のみで終結する「言いさし文」をテーマとする白川（2009: 199）も、「〜なければ」「〜ないと」という必要を表す表現をどう位置づけるかということを「言いさし文」研究の課題

として挙げている。

　また、藤井（2008）は、（2）のような文を「縮約構文」と呼び、そこに観察される「義務」の意味を、形式ではなく、構文の意味として考察している。すなわち、「難しい技は一年かけて仕込まないと意味がない」のような「評価的統合構文」（「〜ないといけない」などはその定型化である）から抽出される構文スキーマ（「〜ない（否定形の述語）＋接続形態素＋否定的評価述語」）の慣習化や、「難しい技は一年かけて仕込まないと、試合で使えない」のような「一般的条件接続構文」の含意のスキーマ化により、「義務」表出機能が縮約構文の意味として強化定着したと考えている*1。

　以上のように、（2）のような形式（構文）については、（1）のような形式の後項要素の省略によってできたとする説と、従属節の主節化（独立化）によってできたとする説がある。ここでこれらの説の妥当性について検討する余裕はないが、（2）のような形式は、二次的・派生的なものと見られているためか、1つの独立した形式としての意味や機能がこれまでにほとんど考察されていないということは指摘しておく必要がある*2。（1）と（2）を文法形式として区別し、比較の対象にすることは、〈必然・必要〉のモダリティーの体系を考えるうえで、重要な意味をもつと思われるのである。

　本稿では、（1）のような形式と（2）のような形式の意味や機能を対照するために、便宜的に、それぞれを「非省略形」「省略形」と呼ぶ。そして、両者の意味・機能の違いを明らかにしながら、省略形に見られる意味・機能の傾向を〈必要〉のモダリティーにおける主観化（subjectification）の現象として説明できることを明らかにする。

2. 非省略形と省略形の基本的な相違

2.1 〈必然〉と〈必要〉

　シナキャなどの省略形が非省略形の後項要素（「いけない」「ならない」）の単なる省略によって生じたものとは考えられないことを示す事実として、まず次のことを指摘しておきたい。

シナケレバイケナイなどの非省略形の表す意味は、大きく、〈必然〉と〈必要〉に分かれる（奥田（1999））。両者は、その出来事が主体の意志的な選択の結果として生じてくるものか否かによって区別される。〈必然〉とは、次の例のように、主体の意志にかかわりなく、状況や原因によって必然的に生じてくる事態を表すものである*3。

(3) 「でもね、誤解しないで下さいね、古畑さん。私、後悔なんてしてないから。私が悔しいのは、殺したことじゃなくて、あいつと出会ったこと」

　　古畑は顔を上げちなみを見つめた。

「あんな男のために、なんで私が自分の人生、<u>棒に振らなきゃいけない</u>のかしら」　　　　　　　　　　　　（古畑任三郎）

そもそも疑問文に省略形を用いることはできないが、これを叙述文に直してみても、このような〈必然〉を表す文に省略形を用いることはできない。

(4) a.　あんな男のために、私は自分の人生を棒に振らなきゃいけない。（なんてことだ。）

　　b. *あんな男のために、私は自分の人生を棒に振らなきゃ。

省略形が随意的な省略の形であるならば、あらゆる用法において省略形が存在するはずであるが、そうでないということは、省略形はそれ自体が独自の意味をもった形式として存在しているということを示唆している。

2.2 〈義務的必要〉と〈評価的必要〉

では、非省略形の文が〈必要〉を表す場合には、常に、これを省略形でも表すことができるのだろうか。

(5) a.　部長の命令で彼は休日も仕事を {<u>しなきゃならない</u>／<u>しなきゃいけない</u>／<u>しないといけない</u>}。

　　b. *部長の命令で彼は休日も仕事を<u>しなきゃ</u>。

このように、主語の人物が規範や慣習等の外的条件によって行動を規制されているというような意味での〈必要〉を、省略形（(5b)）では表すことができない。ここでは、この種の〈必要〉を

〈義務的必要〉と呼んでおく。

　省略形が表すのは、基本的に、現状を改善し、より望ましい状況を実現するために〈必要〉であると話し手が考える行動である。そのことは、（6）のように、省略形をスルベキダやシナケレバダメダに置き換えられることから確認できる。ここでは、この種の〈必要〉を〈評価的必要〉と呼んでおく。（7）のように、〈義務的必要〉の場合は、そうした置き換えはできない。

（6）思うに、彼はもっと仕事を {しなきゃ／するべきだ／しなければだめだ}。

（7）部長の命令で彼は休日も仕事を {しなきゃならない／*するべきだ／*しなければだめだ}。

　なお、省略形は〈義務的必要〉を表すことはできないが、非省略形が〈評価的必要〉を表せないわけではない（ただし、シナケレバナラナイはやや不自然）。

（8）思うに、彼はもっと仕事を {?しなきゃならない／しなきゃいけない／しないといけない}。

3.　省略形における主観化の傾向

3.1　〈評価性〉の卓越

　以上のように、非省略形が〈必然〉〈義務的必要〉の用法で使用されるのに対して、省略形はそれらの用法をもたず、〈評価的必要〉のみを表すと見られる。この違いが、そのできごとの必然性や動作の必要性を認めるにあたっての話し手の関与のしかたにもとづいていることは明らかだろう。すなわち、〈必然〉や〈義務的必要〉の場合は、話し手はそれ自体として存在する〈必然・必要〉を承認しているだけであるが、〈評価的必要〉は、話し手の立場から主観的に選択される〈必要〉である。

　このことは、〈評価的不必要〉との共起の可否からも確認できる。非省略形は、〈義務的必要〉を表すため、（9）のように、〈評価的不必要〉との共起が可能であるが、省略形は、〈評価的必要〉を表すため、（10）のように、〈評価的不必要〉との共起は成り立たな

い（「#」の記号は、文としては正しいが、文脈的に不自然である
ことを示す）。

(9) 部長の命令で彼は明日残業しなきゃいけない。本当はその
　　必要はないと思うのだが。

(10)#彼は少し休まなきゃ。本当はその必要はないと思うけど。

また、理由節の現れ方にも違いが見られるが、これについても同
じような説明が可能である。

(11)a.　彼は、長男 {なので／だから}、家を継がなければなら
　　　　ない。

　　b.　彼は、長男 {* なので／なのだから}、家を継がなきゃ。

非省略形の場合、理由節は、ノデでもカラでも表せるが、省略形
の場合は、ノデの使用は不可能である。省略形では、理由節が〈必
要の理由〉ではなく〈主張の根拠〉として働いているのである。さ
らに、省略形では、カラよりもノダカラが使用されやすいというこ
とも注目される。ノダカラ節には、すでに知られているはずの事実
を改めて提示することで、その主張の当然性を強調する働きがある
（野田（1995））。(11a) は、「彼」の置かれている状況を客観的に
伝えているのに対して、(11b) は、話し手の意見を強く押し出し
ているのである。

　以上のような非省略形との意味的特徴の違いを、省略形におけ
る主観化（subjectification）の傾向と呼ぶならば、次に示すように、
この傾向は、さらに〈評価性〉の卓越という方向に進んでいく。ま
ず、相手の行動の必要性を表す場合、非省略形は、〈忠告〉にとど
まるが、省略形では、そのように行動しなかった相手に対する〈非
難〉という意味になりやすい。

(12)a.　困ったら先生に相談しなきゃいけないよ。

　　b.　困ったら先生に相談しなきゃ。

また、次のような自己の行動の〈正当化〉とでもいうべき用法が
省略形には見られる。

(13)「どうしたものだろうね」と母が父に聞こえないような小
　　　さな声で私に云った。母の顔は如何にも心細そうであった。
　　　私は兄と妹に電報を打つ用意をした。けれども寝ている父

には、殆んど何の苦悶もなかった。話をするところなどを見ると、風邪でも引いた時と全く同じ事であった。その上食慾は不断よりも進んだ。傍のものが、注意しても容易に云う事を聞かなかった。

「どうせ死ぬんだから、旨いものでも食って死ななくっちゃ」 （こころ）

(14)「おや、もう一時ですね」

と谷口は腕時計を見て、「じゃ、失礼しなくては。──社へ戻らなくていいんですか？」

「平社員はたっぷり休みを取らなくっちゃ」

純子は平然として言った。 （女社長に乾杯！）

(15)「あれ、今日はお一人」

「たまにはね、羽根伸ばさないとね」 （古畑任三郎）

(12b) がそれを行わなかったことに対する否定的な評価であるとすれば、これらは、それを行うことに対する肯定的な評価であるといえよう。

さらに、次のような省略形の使用にも、〈評価性〉の卓越が見られる。話し手の個人的な嗜好や価値観、期待が示されていて、もはや必要を表す文ではなくなっている。動詞以外の例が多いのが特徴である。

(16)食卓は約束通り座敷の縁近くに据えられてあった。模様の織り出された厚い糊の硬い卓布が美くしくかつ清らかに電燈の光を射返していた。先生のうちで飯を食うと、きっとこの西洋料理店に見るような白いリンネルの上に、箸や茶碗が置かれた。そうしてそれが必ず洗濯したての真白なのに限られていた。

「カラやカフスと同じ事さ。汚れたのを用いる位なら、一層始から色の着いたものを使うが好い。白ければ純白でなくっちゃ」 （こころ）

(17)「やったじゃない」

と純子は伸子に声をかけた。

「だって、あんまり分からないんだもの、言ってることが。

──生活がかかってるもの、こっちも必死よ」

　　純子は改めて伸子を見直した。人間、ただおとなしいだけ
　ではだめなんだ。<u>ああでなくっちゃ！</u>　　　（女社長に乾杯！）

(18)「今日はいくらなんでも活動写真の話ばっかししすぎたかし
　　ら？」

　　と、しばらく経って彼女は考えた。

　　「でも、あれでいいんだわ。あの人はもっと活動を<u>見なくっ
　ちゃ</u>。そうだ、そのうちに二人で活動を見に行こう。そう
　すれば、もちろん……」

　　こうして、やがて新しい学期が始まってからのちも、幾度
　か二人は楡病院の近所で落合い、乳くさい、なんというこ
　ともない一刻の散歩を共にした。　　　　　（楡家の人びと）

3.2　一人称文・二人称文における〈言い聞かせ〉のニュアンス

　省略形の場合、主体が三人称である例は、非省略形の場合に比べ
ると少なく、一人称や二人称の例が多数を占める（非省略形は、二
人称の例が少ない）。

　一人称の例は、省略形・非省略形とも豊富に見出せるが、両者の
意味は明確に異なる。次は、地の文の非省略形の例である。

(19)楽屋に戻ると、薫は必死に怒りを静めながらメイクを始め
　　た。なんとしてでも「北京の冬」を<u>弾かねばならない</u>。こ
　　うなったら仕方がない。舞台に立った時に、ピアノを覗い
　　て、弦のことを発見したことにしよう。そしてその場で急
　　遽、演奏曲を変更した振りをするのだ。事前にピアノに近
　　付けなかったので、それしか手はなかった。　　（古畑任三郎）

　この非省略形「弾かねばならない」は、工藤（1995）のいう
〈内的独白〉（意識の直接的再現＝内的視点）としての現在形であ
る。これを過去形「弾かねばならなかった」にすると、工藤のいう
〈描出話法〉（作中人物の意識の対象化＝外的視点化）となる。で
は、この例を省略形の「弾かねば」に変えると、どうなるだろうか。
〈内的独白〉であることに変わりないが、原文の非省略形に比べて、

リアルタイムに心の中でその行為の必要性を自分に言い聞かせているニュアンスが際立つだろう。純粋な〈内的独白〉になるといってもよい。

次は、地の文のおける〈自分への言い聞かせ〉の用法の省略形の例である。

(20)四月中もこのバイトをやることにした。できたらズッとやっていこうと思う。サア下宿探しだ。昼学校で夜バイトはしんどいぞ。体を大事にしなくちゃ。　　　（二十歳の原点）

(21)昌也の着替えを一式、それにカミソリ、ついでにサングラスも買い込んだ。大分本格的な逃亡らしくなって来た。

さて、これでいい。昌也の言っていた場所へと急がなくては。

伸子はタクシーを停めて、乗り込んだ。　　　（女社長に乾杯！）

(22)周囲に立ちこめる硝煙の匂い、饐えた血潮のどんよりとした流れ、そしてどさりとにぶく重苦しく肉塊の倒れるひびき、――そうした涯しのない夢想は、やがてジリジリと間のびのしたベルの音と共に何年も前の時代劇が始まるまで飽かず続けられた。そして周二は、うそ寒げに肩をすぼめながら、心にこう呟いた。

――とにかく、そのときまで生きていなければ。それまで無駄死にをしてたまるものか。　　　（楡家の人びと）

一人称の省略形の例は、会話文にも多数見られる。次のような例は、上に挙げた、地の文の内的独白の例と基本的に変わらない。声に出しているとしても、聞き手はいないか、いたとしても、必要性の判断は自分に向けられている。

(23)智子は四十三歳。一人息子もやっと高校へ――金のかからない都立へ――入って、ホッとした所。そろそろ〈女として、私の人生はムナシカッタノデハナイカ〉などということを考えるヒマの出来始める頃である。

「さて、これから少し私も自分の好きなことをやらなきゃ！」

と鏡に向かって言ってみても、それにはやはり多少の元手

がかかり、それには亭主の給料は決して充分とは言えなか
った。　　　　　　　　　　　　　　　　　　　（女社長に乾杯！）

(24)何時に起きてもいい、いや、起きなくてもいい、というこ
とは、起きたところで、何の意味もない、ということであ
る。そうなると、起きることが辛くなる。いっそ、一日中
眠りこけていようかという気になるのだ。
「だめだわ、しっかりしなきゃ」
伸子は気を取り直して、自分を励ますために声を出してそ
う言った。　　　　　　　　　　　　　　　（女社長に乾杯！）

(25)雅人「いいお父さんだな」
奈緒「心配かけてばかり。親孝行、早くしなきゃ」
　　　　　　　　　　　　　　　　　　　　　　（結婚前夜）

　　次のような会話文の例も、やはり、その行為の必要性を自分に言
い聞かせているが、必要であると自分に言い聞かせる行為は、相手
にも関係のあることであり、一種の意志表明になっている。

(26)「でも ── 伸子さんのご親戚だし……」
「構やしないわ。あなたの威勢のいい啖呵を聞いててね、こ
んなことでくよくよしてちゃ社長なんて勤まらない、と思
ったの。親類のことよりまず社員のことを考えなくちゃ。
あなたのおかげで目がさめたような気分よ。ありがとう」
「よしてよ」　　　　　　　　　　　　　　（女社長に乾杯！）

(27)「あなたにこんなことまでさせて」
「いいえ、どういたしまして」
「何かお礼しなくちゃ」
「一緒に食事していただきましたよ」　　　（女社長に乾杯！）

(28)迫坪は電話を切った。脇で心配げにチーママが見守る。
「用が出来た。すぐに行かなくちゃ」
「なんかあったの」
迫坪は鞄を抱えると店を飛び出した。そして電話ボックス
に駆け込んではずれた受話器を元に戻すと、自分の車へ向
かった。　　　　　　　　　　　　　　　　　（古畑任三郎）
　　次は、一人称の非省略形の例である。

(29)「私はあのとき、成城によらないのか、と言ったと思う。寄
　　らなかったのはまずかったな」
　　「院長先生がそんなことをおっしゃっては困りますよ。……
　　この手紙は、母親の情です。理屈ではありません。しかし、
　　現在の僕は、理屈に従っていなければなりません。理と情
　　をともに実践できる人間など、とてもいないと思います」
　　「しかし、これは、どう考えても、きみの方が悪いな。きみ
　　が理を重んじたとしても、安坂さんの葬式から戻ったとき、
　　それをお母さんに手紙で一言しらせるべきだった」（冬の旅）
　この例には、ここでいう〈言い聞かせ〉の意味合いはさほどなく、
〈評価的必要〉にとどまると思われる。話し手がそうすべきである
と考えていることを聞き手に説明しているのである。
　一人称文に限ってだが、非省略形と省略形の意味の違いを指摘し
ている研究がある。澤田（2006: 306）では、「ねばならない」を
縮めた口語的な言い方に「ねば」や「なきゃ」があるとし、例えば、
「毎晩この薬を飲まねばならない」の「毎晩」は、以前から続いて
いる習慣としての毎晩とも、これからスタートする日課としての毎
晩とも解釈できるが、「毎晩この薬を飲まねば」の「毎晩」は後者
の意味での毎晩としか解釈できないという違いがあることが指摘さ
れている＊4。澤田のこの指摘も、上述の観察を支持しているとい
えよう。つまり、「毎晩この薬を飲まねばならない」が〈義務的必
要〉であるのに対して、「毎晩この薬を飲まねば」は、日課を自分
に言い聞かせているのである。
　また、高梨（2010: 204）は、「なくてはいけない」は、義務や
規則ではなく、話し手のその行為を行うことへの強い意欲を表すよ
うな場合には、「なくちゃ」「なきゃ」「ないと」形をとることがほ
とんどであると指摘している。これも、一人称文の省略形に見られ
る意味的特徴を捉えたものであるが、「彼には悪いけど、断らなき
ゃ」のように、仕方なくやることにも省略形は用いられることから、
「強い意欲」とするよりも、「自分への言い聞かせ」としておくのが
よいと思われる。また、「言い聞かせ」という特徴づけは、次に見
るように、一人称文だけでなく、二人称文にも当てはまるのである。

では、二人称文における省略形の使用についても見てみよう。

(30)「社費でマンションでも借りたら？」

「とんでもない！　この苦しいときに」

「あなたも少し、社長の立場を<u>利用しなくっちゃ</u>」

「社長としてやるべきことをやったら利用させていただくわ。

何もしない内に利用だけじゃ失格よ」　　　　　（女社長に乾杯！）

(31)「参ったわ」

伸子はぐったりと椅子に腰をおろした。

「何もかも台無しね」

「そんな弱気でどうするのよ。<u>しっかりしなくちゃ</u>。焼けた

のは、事務用品だけじゃないの！」

「それだけじゃ済まないわよ」　　　　　　　　（女社長に乾杯！）

(32)「だったら早いとこ──」

「時機が肝心です。焦ってはだめですよ」

柳がたしなめる。「強引にやっては、社員の反発を食らいま

す。社員の心が、あの社長から<u>離れて行くのを待たなくて</u>

<u>は</u>」　　　　　　　　　　　　　　　　　　　（女社長に乾杯！）

(33)「分ったわ、分ったから……」

「いいえ、きっと治るわ、ねえ治るわよ」

「だから、早く<u>休まなくちゃ</u>」

荻江は吟子の肩口を支えて寝かせようとした。　　　（花埋み）

(34)奈緒「もんじゃ、食べるだけよ」

真由「もんじゃ……フレンチじゃないんだ（と肩すかしだ

が、盛り上げてやろうと思い）でも、いいと思うよ。奈緒

ちゃんはもっと外に出て<u>遊ばなきゃ</u>」　　　　　（結婚前夜）

(35)奈緒「推理作家の人たちのパーティがあるんだって。女性

同伴が基本らしくて……高杉さん、奥さんいらっしゃらな

いし、仕方ないから私を連れてくのよ」

真由「選り取り見取りの中から奈緒ちゃんを選んだんだよ。

誇りに<u>思わなきゃ</u>……いいなあ、あたしもそういう所で若

さと美貌をひけらかしたいなあ」　　　　　　　（結婚前夜）

これらは、スルベキダ、シナケレバダメダに置き換え可能である

460　　宮崎和人

ことからもわかるように、〈評価的必要〉の例と考えられるが、聞き手に対する〈忠告・勧告〉というニュアンスを伴っている。

このような用法は、非省略形にも見られる。実際、（36）の非省略形は、省略形の「しっかりしないと」に置き換えられる。

（36）「あのわきに居たのは早川と云うんだろう」

　　　「気がつかなかった」

　　　「馬鹿だね、君は。お母さんの居たのは気がついたか」

　　　「お母さんらしい人が居たらしい」

　　　「君はしっかりしないといけないぜ。君はあんまり杉子さんのことばかり思っていては駄目だぜ。君は早川の敵じゃないね。しかし僕は従妹にそう云ってやろう。早川を杉子さんが信用しないように。あの男は信用の出来ない男だ」

（友情）

だが、次のような非省略形の例は、聞き手に対する〈忠告・勧告〉を表しているにもかかわらず、省略形にはならない。

（37）武子がそれに気がついて近づくとさすがに笑って見せた。

　　　大宮は野島に近づいた。

　　　「僕は君の幸福を祈っているよ」大宮はそういきなり云った。彼は泣きたいような気がした。大宮も涙ぐんでいるように見えた。

　　　「ありがとう。君は身体を大事にしてくれないといけないよ」

　　　「ありがとう。僕が向うに行っている内に二人で来給え。旅費位、どうでもするよ」

（友情）

ここで再び、（30）〜（35）を見るならば、これらの省略形の例には、相手の意識を変えるべく、言い聞かせることが必要な場面での〈忠告・勧告〉であるという共通性があることがわかる。つまり、二人称文においても、〈言い聞かせ〉という意味的特徴が省略形にはあると考えられる。（36）は、それに類する場面での発話であるが、（37）は、相手の意識を変える必要のない場面なので、省略形は使用できない。なお、（36）における言い聞かせのニュアンスは、終助詞「ぜ」の働きによるところが大きいだろう。

モダリティーの主観化について　461

4. おわりに

以上に見てきたように、シナケレバイケナイなどの非省略形とシナキャなどの省略形とは、単なる文体的な変種なのではなく、日本語の〈必然・必要〉のモダリティーの体系において、主に客観的な意味の側面と主観的な意味の側面を表現する形式として、連続しながら、役割を分担しているといえる。この関係は、次のように図示できる（＞は主観化の方向を示す）。

必然 ＞ 義務 ＞ 評価 ＞ 言い聞かせ

非省略形

省略形

〈必然・必要〉のモダリティーの形式としてのシナケレバイケナイなどの成立が第一段階の文法化（grammaticalization）だとすれば、subjectification（Traugott（1986, 1995））あるいはagent-oriented から speaker-oriented へ（Bybee *et al.*（1994））という意味変化を伴った、非省略形から省略形への短縮化は、モダリティーの内部での第二段階の文法化であるといえよう。

ただし、非省略形から直接省略形ができたのではなく、省略形は主節の省略あるいは従属節の主節化という別ルートでできたという可能性も十分に考えられる。この場合の主観性は、否定の条件形が述語形式化する過程でもつことになったムード（のべかた）と理解されるだろう。

付記 本稿は、韓国日本学連合会第5回学術大会と国際シンポジウム（2007年7月7日、誠信女子大学校）において行った同一タイトルの研究発表の内容を拡張したものであり、日本学術振興会平成28年度科学研究費補助金基盤研究（C）「現実性の概念にもとづく日本語モダリティー論の新展開」（課題番号：26370537、研究代表者：宮崎）による成果の一部である。

＊1　なお、藤井は、考察の過程で、「〜ないといけない」「〜なきゃいけない」などの定型的慣用表現における語と語の共起知識に基づいて、発話末の評価述語が欠落した発話でもその評価述語が自動的に補って解釈できるという可能性は十分に考えられるとしている。

＊2　ただし、高梨（2010）は、（2）のような形式に特有の用法を一人称文において指摘し、澤田（2006）にも、一人称文で両者の意味の解釈に違いが出てくる事例の指摘がある。これらの指摘は、あとで取り上げる。

＊3　〈必然〉には、（3）のような〈因果的必然〉のほかに、「彼にはアリバイがあるのだから、犯人は他にいなければならない」のような〈論理的必然〉がある。前者の例は、否定的な意味を伴っていることが多い。

＊4　興味深いことに、こうした「ねばならない」と「ねば」の意味的な違いは、have to と have got to のそれと平行する面があるという。

参考文献

奥田靖雄（1999）「現実・可能・必然（下）」言語学研究会編『ことばの科学9』pp.195–261. むぎ書房.

工藤真由美（1995）『アスペクト・テンス体系とテクスト―現代日本語の時間の表現』ひつじ書房.

小矢野哲夫（2005）「ディオンティック・モダリティをめぐって―言語行動の観点からの「しなければならない」の事例分析」佐藤喜代治博士追悼論集刊行会編『日本語学の蓄積と展望』pp.300–320. 明治書院.

澤田治美（2006）『モダリティ』開拓社.

白川博之（2009）『「言いさし文」の研究』くろしお出版.

高梨信乃（2010）『評価のモダリティ―現代日本語における記述的研究』くろしお出版.

高橋太郎（1993）「省略によってできた述語形式」『日本語学』12（10）：pp.18–26. 明治書院.

野田春美（1995）「「のだから」の特異性」『複文の研究（上）』pp.221–245. くろしお出版.

花薗悟（1999）「条件形複合用言形式の認定」『国語学』197: pp. 左39–53. 国語学会.

藤井聖子（2008）「8章　「〜ないと」「〜なきゃ」「〜なくちゃ」の文法　話しことばの談話データを用いた文法研究―日常会話で構文機能が強化する？」長谷川寿一・C. ラマール・伊藤たかね編『こころと言葉―進化と認知科学のアプローチ』pp.129–149. 東京大学出版会.

Bybee, Joan, Revere Perkins and William Pagliuca(1994)*The Evolution of Grammar: Tense, Aspect and Modality in the Languages of the World.* Chicago: University of Chicago Press.

Palmer, Frank R.(2001)*Mood and Modality (Second edition).* Cambridge: Cambridge University Press.

Traugott, Elizabeth C.(1982)From proposition to textual and expressive meaning. In Lehmann, W. P. and Y. Malkiel (eds.) *Perspectives on Historical Linguistics,* pp.245–271. Amsterdam: John Benjamins.

Traugott, Elizabeth C.(1986)From polysemy to internal semantic reconstruction, *Proceedings of the Twelfth Annual Meeting of the Berkeley Linguistic Society*: pp.539–550.

Traugott, Elizabeth C.(1995)Subjectification in Grammaticalization. In Dieter Stein and Suzan Wright (eds.) *Subjectivity and Subjectivization: Linguistic Perspectives,* pp.31–54. Cambridge: Cambridge University Press.

用例出典

赤川次郎『女社長に乾杯！』、北杜夫『楡家の人びと』、高野悦子『二十歳の原点』、立原正秋『冬の旅』、夏目漱石『こころ』、武者小路実篤『友情』、渡辺淳一『花埋み』（以上、新潮文庫）、野沢尚『結婚前夜』（読売新聞社）、三谷幸喜『古畑任三郎 1・2』（扶桑社文庫）

英語法副詞と英語法助動詞の共起と
話し手の心的態度について

岡本芳和

要旨

　本稿の目的は、岡本（2016）で論じた英語法副詞と英語法助動詞の共起の仕組みについて様々な観点から考察することである。両者の共起に関しては、認識的法助動詞と法副詞の共起だけが問題となるのではない。認識的意味以外の法助動詞と法副詞の共起も考慮に入れなければならない。そこで、調和的共起と構成的共起の2種類を提案し、その仕組みを説明した。また、この共起については、法助動詞の2種類の意味（認識的・非認識的）の区別だけでなく、主観性と客観性の観点からも分析を試みた。

キーワード

　英語法副詞、英語法助動詞、調和的共起、構成的共起、認識的・非認識的意味の法助動詞、主観性・客観性、話し手の断言

1.　はじめに

　本稿では、岡本（2016）で論じた英語法副詞と英語法助動詞の共起についてさらなる考察をすることである（以下、英語法副詞は法副詞、英語法助動詞は法助動詞とする）。法副詞と法助動詞の共起に関する分析は決して少なくはない（Lyons (1977)、Coates (1983)、Palmer (1990[2])、Hoye (1996)、Cinque (1999)　などを参照）。しかしながら、両者の共起に関しては、認識的な（epistemic）法助動詞と法副詞の共起だけが問題となるのではない。次の

例を見てみよう。

(1) Well perhaps I should choose a London map if I'm going to look at Clapham.　　　　　　　　（Coates 1983: 59, 以下下線筆者）

(1) の下線部の should は束縛な（deontic）意味で、これが法副詞 perhaps と共起している。Coates (1983: 59) はこの共起については詳しく説明していないが、この should は主観的で、弱いと分析している。このように、組み合わせによっては、認識的意味以外の法助動詞と法副詞の共起も考慮に入れなければならない。また、この共起については、法助動詞の2種類の意味（認識的・非認識的）の区別だけでなく、主観性と客観性の問題も関係しているように思える。本稿では、法副詞と法助動詞の共起に焦点を当て、確信性を表す certainly と法助動詞の共起に関する事例を検証し、法副詞と法助動詞の共起についてまとめてみたい。

2. 先行研究

本節では、「調和（harmony）」の観点から法副詞と法助動詞の分析を行った先行研究を説明する。

2.1　Lyons (1977)

Lyons (1977: 807) は法副詞と法助動詞の組み合わせに言及している。Lyons によると、possibly と may が認識的意味で使用される場合、同じモダリティの程度を表現しているので調和が取れている（harmonic）と考え、一方では、certainly と may は法的に調和が取れていない（non-harmonic）としている*1。

(2) He may possibly have forgotten.　　　　　（Lyons (1977: 807)）

2.2　Coates (1983)

Coates (1983: 46) は認識的 must と結びつき、調和的な組み合わせに使用される法副詞 surely や certainly について、コーパスに前者が4例、後者が3例あることを指摘している。また、Coates (1983: 138) は、コーパスに認識的 may と共起する perhaps が8例、

possibly が 1 例存在すると述べている。perhaps と共起する例を挙げておく。

(3) as chairman of our court, he <u>may</u> <u>perhaps</u> sometimes feel that ....

(Coates (1983: 138))

2.3 Palmer (1990^2)

Palmer (1990^2: 67–68) は認識的法助動詞と共起する可能性がある、数少ない法副詞について論じている。法助動詞と共起する法副詞は主に判断や話し手の自信を表すものに関係しており、冗語的に (pleonastically) 響くと主張している。

(4) a. You <u>may</u> <u>possibly</u> prefer that one.

b. Here, <u>perhaps</u> we <u>may</u> see the natural man.

c. It <u>must</u> <u>surely</u> be just a beautiful relic from the past.

(Palmer (1990^2: 68))

2.4 Hoye (1996)

Hoye (1996: 75) は、法副詞と法助動詞の調和的組み合わせによって法助動詞の種類を明確に区別できるとしている。

(5) a. She <u>may</u> <u>possibly</u> have forgotten.

b. * She <u>may</u> <u>certainly</u> have forgotten.

(6) a. They <u>must</u> <u>certainly</u> have taken the later train.

b. * They <u>must</u> <u>possibly</u> have taken the later train.

(Hoye (1996: 75–76))

(5a) では、認識的 may が確信性の低い法副詞 possibly と共起している。この共起に関しては、確信性が低いことを表すもの同士の組み合わせであるため、文の解釈における容認度は落ちない。しかしながら、調和的組み合わせとならない (5b) は容認不可能としている。これは may と確信性が高いことを表す certainly とが調和が取れていないため容認不可能となる。(6b) も調和が取れていないため容認不可能となる。

英語法副詞と英語法助動詞の共起と話し手の心的態度について　　467

3. 法副詞と法助動詞の共起について

本節では、法副詞と法助動詞の共起に関して2種類の共起（調和的共起と構成的な共起）を提案し、それについて論じてみたい。

3.1 調和的な共起 (harmonic co-occurrence)

まず、この調和的な共起については、次のような条件が挙げられる。

(7) 調和的な共起を作る条件：

法副詞・法助動詞ともに認識的な意味を持ち、それぞれの組み合わせにおいて確信度が同じレベルの法副詞と法助動詞が共起可能である。

この条件を図式化すると、次のようになる。

(8) 調和的な共起が見られるパターン：

Ad (E1)〔M (E2) (P)〕　　(Level of certainty: E1 = E2)

〔Ad = Adverb、E = Epistemic、M = Modal、P = Proposition〕

(8) は、まず認識的意味の法助動詞（M (E2)）が命題内容（(P)）を修飾し、次にそれが認識的的意味を含む法副詞によって修飾されていることを表している。また、法副詞と法助動詞が表す確信度のレベルは同じでなければならないことを表している。例を挙げて説明すると、次のようになる。

(9) a.　Perhaps, it may be raining.

Perhaps (E1) [may (E2) (P: it is raining)]

(Level of certainty: E1 = E2)

b.　*Perhaps, it must be raining.

Perhaps (E1) [must (E2) (P: it is raining)]

(Level of certainty: E1 ≠ E2)

c.　*Certainly, it may be raining.

Certainly (E1) [may (E2) (P: it is raining)]

(Level of certainty: E1 ≠ E2)

(9) の例からわかるように、確信度のレベルがマッチする共起は

容認されるが、それにミスマッチが起こる共起は容認されない。

　次に、この共起に関する話し手の心的態度について考えてみよう。話し手はこの共起によって起こるモダリティをどのように捉えているのだろうか。基本的には、文中に二つのE（認識的意味）があっても、全体として一つのEのようにモダリティを捉えているということなる。つまり、それぞれを個別にEモダリティとして捉えているのではないということである。調和的な共起が作り出す文の解釈においては、どちらか一つを取り除いたとしてもその解釈には大きな影響を与えない。（9a）を法副詞と法助動詞を一つずつ取り出すと、次のようになる。

（10）a.　Perhaps, it is raining.

　　　b.　It may be raining.

（10a）と（10b）の両例において、話し手は命題内容が実現する可能性は低いと考えている。意味解釈においてはどちらか一つを取り除いたとしても、解釈には大きな差はないと述べたが、元の（9a）のようにperhapsを付け足すということは話し手の心的態度には少しの違いがあると考えたい。このことについては、3.3. で論じてみたい。

3.2　構成的な共起（compositional co-occurrence）

　次に、構成的な共起については、次のような条件が挙げられる。

（11）構成的な共起を作る条件：

　　　法副詞は認識的な意味を持っているが、法助動詞は非認識的な意味を持っている。しかし、これらの共起においては確信度の同レベルの調和は起こらない。

この条件を図式化すると、次のようになる。

（12）構成的な共起が見られるパターン：

　　　Ad (E) [M (NE) (P)] (Level of certainty: no relation)

　　　〔Ad = Adverb、E = Epistemic、M = Modal、NE = Non-Epistemic、P = Proposition〕

（8）と違って、（12）は法副詞には認識的意味が含まれているが、法助動詞には認識的意味が含まれていないことを意味している。そ

して、法助動詞の意味を含んだ命題内容を法副詞が修飾している。この共起においては、確信度の高低に関する調和的な組み合わせは関係していない。次の例を用いて確認してみたい。

(13) Maybe / Certainly, he can answer the question easily.

Maybe / Certainly, (E1) + can (NE) the answers the question easily.

(Level of certainty: no relation)

(13) の maybe や certainly が表す確信度は異なっているが、非認識的意味 can（能力）と共起できる。一見、構成的な共起では、「調和」という制限がないために様々な組み合わせが考えられるが、そうではない。次の may と must not は非認識的意味でそれぞれ許可と禁止を表している。

(14) a. * Maybe, you may enter this building now.

b. * Certainly, you may enter this building now.

c. * Certainly, you must not enter this building now.

(14) の may や must not は maybe や certainly とは共起しない。その理由は、発話時に話し手が許可や禁止事項を与える場合、それを与えているにも関わらず、推量するのは奇妙であるからである*2。

一方、次の must not は非認識的意味で禁止を表しているが、共起に問題はない。話し手がある映画の予告編を見て、その内容が少し暴力的であると感じる。そこで、話し手は「R-15指定」といったルールがあることを思い出し、次のように言う。

(15) "The preview was somewhat violent, so, maybe, children under 15 must not watch this movie."

「15歳未満の子供は、暴力描写の強い映画を見てはならない」というルールの中で与えられた禁止事項は客観的であることを表す。より客観性が強いことを表す禁止事項の場合は、法副詞との共起において衝突は起こらない。同じ束縛的意味を表す法助動詞が使用されているのに、(14) と (15) のような違いが生じる理由については次節で論じることにする。

ここでも、この種の共起に関する話し手の心的態度について考えてみよう。話し手はこの共起によっておこるモダリティをどのよう

に捉えているのだろうか。この共起においては、前節の共起とは異なり、EとNEがワンセットではなく、それぞれ独立して働いていることが考えられる。そこで、構成的な共起が作り出す文の解釈においては、どちらか一つを取り除いたとしたならば、文の意味解釈が変わってくることが考えられる。(13) の例を用いて、それを説明してみたい。(13) の法副詞と法助動詞をそれぞれの一つずつ取り出した文にすると、次のようになる。

(16) a.　<u>Maybe</u>, he answers the question easily.

　　 b.　He <u>can</u> answer the question easily.

(16a) の解釈は命題内容について推量していることになり、(16b) の文は彼の能力を断言していることになる。構成的な共起においては、法副詞と法助動詞の意味がそれぞれ独立して働いているので、どちらか一つを取り除くと、正確な意味が伝わらなくなってしまう。従って、話し手はEとNEのそれぞれのモダリティを別々に捉えており、そしてこれら二つは別々に働き、意味を構成していると考えられる。

4.　法助動詞の主観性と客観性

　法助動詞の主観性と客観性についてはこれまで盛んに議論されてきた (Halliday (1970)、Lyons (1977)、Coates (1983)、Perkins (1983)、Traugott (1989)、澤田 (1993, 2006)、Verstraete (2002)、Nuyts (2006)、Collins (2009) など参照)。本稿においても、法助動詞には主観的な意味と客観的な意味があるという立場で議論を進めてみたい。なぜならば、両共起において、法副詞と法助動詞の組み合わせに制約があったり、組み合わせにある程度自由度があったりするのは主観性の問題が関係しているのではないかと考えられるからである。また、この2種類の意味を想定することによって、例えば、(13) と (14) のような対立を説明することも可能となる。

4.1　調和的な共起における法助動詞の主観性と客観性
　ここでは、調和的な共起における法助動詞の主観性と客観性に

ついて考察してみたい。もう一度（9a）の例を振り返ってみよう。（9a）を（17）として再掲する。

(17) Perhaps, it <u>may</u> be raining.

Perhaps (E1) [may (E2) (P: it is raining)]

(Level of certainty: E1=E2)

(17) に見られる E1（認識的）と E2（認識的）は共に主観的な意味になり、「ひょっとしたら、雨が降っているかもしれない」と解釈される。話し手は雨が降っている可能性に言及しているが、法副詞 perhaps がその言及を少し弱めている。次の例の認識的 have to は客観的な意味である。

(18) <u>Certainly</u>, the students who go to X University <u>have to</u> be diligent.

(18) の解釈は、「X 大学に通う学生はきっと勤勉であるに決まっている」となり、have to は客観的な意味として解釈される。これら 2 つの分析を意味の主観性と客観性に基づいてまとめると、次のように法副詞と法助動詞の組み合わせを表すことができる。

(19) E1（認識的）＋ E2（認識的）

主観　　　　　　主観 or 客観

まとめると、調和的共起においては、E1 と E2 の確信度のレベルにおいては同じレベルのものが来なければならないが、認識的意味の法助動詞は主観的、または、客観的な意味の組み合わせが可能になる。

4.2　構成的な共起における法助動詞の主観性と客観性

次に、構成的な共起における法助動詞の主観性と客観性について考えてみよう。次の例の must は非認識的意味で必要性を表している。

(20) All students <u>must</u> register for the examinations by Monday 10th March.　　　　　　　　　　　　　　(Leech (2004³: 79))

(20) は、例えば、大学が学生に対して掲示板で発表したものであると考える。そうなると、この内容は大学が定めた規則であると考えることができ、この must は客観的であると判断できる。そして、

法副詞を用いて、(20) を推量することはできる。大学のクラスメイトに試験の申込期限はいつかと尋ねられた場面を想像してもらいたい。その場合、聞き手は次のように答えることができる。

(21){Maybe/Probably/Certainly}, all students <u>must</u> register for the examinations by Monday 10th March.

(21) に示された法副詞の確信度は異なるが、法助動詞とは共起可能である。

次の例の must は非認識的で義務を表している。

(22) You <u>must</u> be back by 10 o'clock ('You are obliged [by me] to …'). (Leech (2004³: 78))

(22) の must は発話時に話し手によって課された義務を表している。発話と同時に、話し手は聞き手にその義務を課しており、主観的にそれを捉えていることになる。注目すべきことは、(20) とは異なり、法助動詞が主観的な意味を持っている場合は、法副詞と共起できないことである。

(23){*Maybe/*Probably/*Certainly}, you <u>must</u> be back by 10 o'clock.

「10時までに戻ってこなければならない」という発話時に発令された強い命令に対して、「たぶん、しなければならない」とか、「きっと、しなければならない」と解釈するのは不自然であるからである。従って、この場合は法副詞とは共起できないのである*3。

最後に、法助動詞が弱い主観的な意味を持っている例について考えてみたい。

(24) Well <u>maybe</u> you <u>should</u> just let things let him think about what he's doing first. (Collins (2009: 45))

Collins (2009: 45) はこの should は主観的で、maybe が忠告の強さを弱めていると分析している。Collins は maybe と should の共起については直接触れていないが、この例は法副詞と弱い主観的な意味を持つ非認識的法助動詞が共起することを表している ((1) の例も同様)。

これまでの分析をまとめると、次のようになる。

英語法副詞と英語法助動詞の共起と話し手の心的態度について　　473

（25）E1（認識的）　＋　NE（非認識的）
　　　主観　　　　　　弱い主観 or 客観

構成的共起においては、E と NE の確信度のレベルは関係ないが、NE が作る命題内容は客観化された内容、もしくは、弱い主観的な意味を持つ法助動詞によって修飾された内容でなければならない。（14）や（23）が示すように、発話時に言語行為を遂行させるような強い主観的なモダリティと結びつく「義務」、「禁止」、「許可」といった表現は生起しないことになる。

4.3　共起における法副詞の機能

　ここでは、共起に見られる法副詞の機能について説明してみたい。なぜ話し手はわざわざ法副詞を付け足してまで態度を表出しようとしているのだろうか。法副詞に見られるモダリティは命題内容に対する話し手の心的態度を表している。話し手は命題内容に対する自信のなさを法副詞を用いることによって表明していると考える。つまり、その自信のなさが低ければ、certainly や probably といった確信度の高い法副詞が用いられ、逆にそれが高ければ、perhaps, possibly や maybe のような確信度の低い法副詞が用いられるということになる。次の例を見てみよう。ここで使用されている will は主観的な認識的 will（=「予測・断言」）を表している。

（26）Certainly, he will win the next game and advance to the quarterfinals.

（26）において、話し手は命題内容（「彼は次の試合に勝利し、準々決勝に進出する」）を信じており、次の試合に勝つと思っている。しかしながら、「必ず勝つ」という自信はないが、高い確信度があるので、certainly を用いてその態度を表明しているのである。これを次のような尺度で表すことができる。

(27)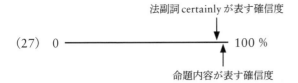

(26)はwillを含む命題内容が表す確信度はかなり高いが、certainlyは話し手の断言を和らげる働きがあるということを表している。

次の例を見てみよう。

(27) Perhaps, it may be raining. (= (8a))

法助動詞mayによって表現される命題内容(「雨が降っているかもしれない」)は約50%の確率を表している。これにperhapsが付加されていることは、その確信度より少し弱い可能性を表している。これを次のような尺度で表すことができる。

(28)

(26)とは違って、mayが作り出す可能性は高くない。その可能性は約50%を表すので、そこからその可能性を弱めていることになる。

まとめると、法副詞は法助動詞の意味を含んだ命題内容に対して、話し手の自信のなさを表すために使用される。その自信のなさが低ければ、確信度の高い法副詞が選択され、自信のなさが比較的高ければ、確信度の低い法副詞が選択される。

4.4 法助動詞の主観性・客観性を重視した分析

最後に、2種類の共起と法助動詞の主観性と客観性の両方について考えなければ、説明できないような例を取り上げる。次の例は非常に珍しい事例に属するかもしれないが、法副詞certainlyと認識的mayが共起されている。このような例をどのように説明した

らよいかを考えてみよう。精神医学センター所長エンサー（=she）は検屍局長スカーペッタと廊下を歩いている。そこで次のように話しかけた。

(29)'Although, after a number of years here, they certainly may get chummy with my staff,' she kept talking as we walked, our heels clicking over tile. 'The lawyer in question, who worked with Miss Grethen from the beginning, will most likely arch her back at any questions you might ask.'

(P. Cornwell, *Point of Origin*, 下線筆者)

調和的な共起では、certainly（E1）と may（E2）の確信度のレベルに衝突が起こり、調和が取れていない。従って、容認不可能となるが、そのようになってはいない。次に、この may が主観的な認識的意味では解釈はできないが、客観的な認識的意味であると考えると、解釈可能である。本文の解釈は、「彼らはうちのスタッフと仲良くなる可能性が確かにある」となり、パラフレーズすると(30b)のようになる。

(30)a. They certainly may get chummy with my staff.

　　b. The speaker is certain that there is possibility of their getting chummy with my staff.

話し手は、何年もいれば、彼らがうちのスタッフと仲良くなるという可能性を客観的に捉え、その可能性を certainly を用いて弱く断言しているのである。この説明が正しいと仮定すると、(29) に見られる certainly と may の共起は調和的な共起ではなく、構成的な共起として分析される。

5. 実例検証

　本節では、法副詞 certainly と法助動詞の共起について考察する。これまでに説明した2種類の共起がどのように起こっているのかを実例を使って、検証してみたい。

5.1 調和的な共起を作り出す組み合わせ

ここでは、certainly と認識的法助動詞 cannot、should、must の共起例について論じる。次の例は certainly と認識的 cannot（否定推量）が共起した例である。ローマ・カトリック教会の組織の一つ、オプス・デイの代表アリンガローザはヴァチカンの国務省長官（(31) では "He" で表されている）に呼び出され、オプス・デイが 6 か月後にヴァチカンの属人区と見なされないことを知る。そこでアリンガローザは次のように言う。

(31) "But ... that is impossible!"

"On the contrary, it is quite possible. And necessary. His Holiness has become uneasy with your aggressive recruiting policies and your practices of corporal mortification." He paused. "Also your policies regarding women. Quite frankly, Opus Dei has become a liability and an embarrassment."

Bishop Aringarosa was stupefied. "An *embarrassment?*"

"Certainly you cannot be surprised it has come to this."

"Opus Dei is the only Catholic organization whose numbers are growing! We now have over eleven hundred priests!"

"True. A troubling issue for us all."

(D. Brown, *The Da Vinci Code*, 斜体原文，下線筆者)

下線部は、話し手、国務省長官から聞き手、アリンガローサへの発話である。「こうなること（it has come to this）」、すなわち、「オプス・デイが困惑の種になること」に聞き手がきっと驚くはずがないと話し手が確信している場面である。話し手は「驚くはずがない」と断言したいのだが、それに自信がないために、certainly を用いてその断言を弱めている。「調和」の観点から考えると、法助動詞 cannot は主観的で、確信度は高く、法副詞が表す E1 と法助動詞が表す E2 の確信度にはうまく調和が起こっている。

次の例は certainly と認識的 should（推量）が共起した例である。聖杯（Holy Grail）の研究をしている大学教授ラングドンがその聖杯の特徴を説明している場面である。

英語法副詞と英語法助動詞の共起と話し手の心的態度について　　477

(32) Langdon grinned again. "Holy Grail is arguably the most sought-after treasure in human history. The Grail has spawned legends, wars, and lifelong quests. Does it make sense that it is merely a Cup? If so, then <u>certainly</u> *other* relics <u>should</u> generate similar or greater interest — the Crown of Thorns, the True Cross of the Crucifixion, the Titulus — and yet, they do not. Throughout history, the Holy Grail has been the most special."

(D. Brown, The Da Vinci Code, 斜体原文，下線筆者)

下線部では、話し手（＝ラングドン）は聖杯に関する知識を基にして、「もし聖杯が単なる杯であるなら、他の聖遺物も似たような、あるいは、それ以上の興味をきっと呼び起こすはずだ」と推論している。この should は主観的であり、法副詞が表す E1 の確信度は「高」、法助動詞が表す E2 の確信度も「高」となり、うまく調和が取れている。

最後の例は certainly と認識的 must（推量）が共起された例である。大学教授ラングドンと宗教史学者ティービングは墓場（the place）の場所が書かれた資料を基にその場所にたどり着いたが、侍者にその場所が墓場ではないと告げられる。そこでラングドンは次のように言う。

(33) "Leigh," Langdon whispered. "No bodies? What is he talking about?"

Teabing looked distraught. "I don't know. I always thought ... <u>certainly</u>, this <u>*must*</u> be the place. I can't imagine he knows what he is talking about. It makes no sense!"

"Can I see the poem again?" Langdon said.

Sophie pulled the cryptex from her pocket and carefully

(D. Brown, The Da Vinci Code, 斜体原文，下線筆者)

下線部のところでは、話し手（＝ティービング）はその場所が墓場であるという資料を証拠として持っており、それを基に「ここが墓場であるにちがいない」と推量している。しかしながら、侍者の返答によって、その内容に自信が持てなくなり、certainly を用

いて、それを伝えている。この must は主観的で、やはりここでも certainly は話し手の断言を弱めていると考えられる。また、法副詞と法助動詞の調和も取れている。

5.2　構成的な共起を作りだす組み合わせ

ここでは、certainly と非認識的法助動詞 can、could、will、would の共起例について説明する*4。次の例の can は力動的意味（能力「できる」）を表している。国家偵察局局長ピカリングと同局局員レイチェルの 2 人のやりとりである。レイチェルの父が民間企業から賄賂を受け取っていることをピカリングから聞かされる。

(34) Pickering stopped five yards away, focusing on Rachel. "Your father is taking bribes, Rachel. Payoffs from private space companies. He plans to dismantle NASA and open space to the private sector. He had to be stopped, as a matter of national security."

Rachel's expression was blank.

Pickering sighed. "NASA, for all its flaws, *must* remain a government entity." *Certainly she can understand the dangers*. Privatization would send NASA's best minds and ideas flooding into the private sector. The brain trust would dissolve.　　　(D. Brown, *Deception Point*, 斜体原文，下線筆者)

ここで話し手（ここでは書き手）は NASA が解体されるとそれがどのような危険を生むのかをレイチェルが理解する能力があると考えているが、それに対して 100 ％の確信がないため、certainly を用いて話し手の断言を和らげていると考える。また、能力を表す can は客観的である。

次の例は仮定法で使用される could の例である。国家偵察局局員レイチェルとハーニー大統領の会話である。レイチェルは NASA の今回の成功について次のようにコメントする。

(35) "So why hasn't NASA gone public about this recent success?" Rachel challenged. "They certainly could use some good news right now."

"NASA is being silent," the President declared, "because I *ordered* them to be." (D. Brown, *Deception Point*, 下線筆者)

話し手（＝Rachel）の発話に注目してみよう。「なぜNASAは今回の成功を公表しなかったのか」と自問自答し、立て続けに「彼らは、今すぐにそのいいニュースを使おうと思えばきっと使えるのに」と言っている。このcouldは次のようにパラフレーズされ、能力を表し、客観的な意味である。

(36) They certainly would be able to use some good news right now.

話し手は仮想世界を想定し、「使おうと思えば使うことができる」と断言したいのだが、その断言に自信がないためにcertainlyを用いてそれを和らげているのである。

　次の例のwillは予測的条件文の後件で使用されている＊5。フランス司法警察暗号解読官ソフィーは秘密のメッセージを入れるための鍵のついた容器、クリプテックス（cryptex）をどのように扱えばいいのか大学教授のラングドンに尋ねている場面である。

(37) Sophie nodded. "What do we do with the cryptex? We probably shouldn't leave it out here, but if Leigh sees it, he'll certainly want to know what it is."

"Not to worry," Langdon said, removing his jacket as he stepped out of the car. He wrapped the tweed coat around the box and held the bundle in his arms like a baby.

(D. Brown, *The Da Vinci Code*, 下線筆者)

この場面でcertainlyを取り除いた解釈は、「ソフィーはリーがクリプテックスを見れば、その正体を知りたがる」である。後件にwillを伴う予測的条件文の解釈は「前件の内容が満たされれば、後件の事態は必ず起こる」となるため、その可能性は100%である。しかしながら、話し手はその可能性に少し自信がないために、certainlyを用いている。つまり、話し手の断言を弱めているのである。また、このwillは単純未来を表しているので客観的な意味であると分析できる。

　最後に、仮定法の帰結節で使用されるwouldとcertainlyの共起

について考えてみたい。フランス司法警察暗号解読官ソフィーは
ATM で口座の暗証番号を入力しようとしているが、その番号がで
たらめだと言う。しかし、大学教授のラングドンはそれがおかしい
と思い、次のように考えている。

(38) Every bank advised its customers to choose PINs at random
so nobody could guess them. Certainly clients *here* would be
advised to choose their account numbers at random.

(D. Brown, *The Da Vinci Code*, 斜体原文，下線筆者)

ラングドンは「たいていどんな銀行でも他人に推測されないように
顧客にでたらめな数字を暗証番号に選ぶよう勧めている」と考えい
る。そして、下線部の certainly を除いた命題部分の解釈は「そう
なるとここの顧客であれば、そのように言われることになる」と
なる。would は 100 ％の確信を表す*6 がここでは「仮に…したら、
〜する」という 100% の確信が持てないために certainly を用いて、
自らの断言を弱めているのである。この文を if 節を用いて書き換え
ると、次のようになる。

(39) If one were a client here, certainly one would be advised to
choose one's account number at random.

この would は予測的条件文の後件で使用される will が仮定法のバッ
クシフトを受け、would になったと考えられる。従って、客観的
意味を持っていると分析できる。

6. まとめと今後の課題

これまで法副詞と法助動詞の共起について論じてきた。まず、共
起については、調和的な共起と構成的な共起の2種類の共起を提案
した。調和的な共起については、法副詞と認識的意味の法助動詞の
確信度が同程度の場合（高高、低低）は調和が起こり、容認可能な
文として解釈される。確信度が異なる場合（高低、低高）は調和を
保てず、容認不可として判断される。構成的な共起は法副詞と非認
識的意味の法助動詞の組み合わせになる。一見、この共起について
は理論上様々な組み合わせが可能であるように見えるが、そうなる

英語法副詞と英語法助動詞の共起と話し手の心的態度について　481

とは限らない。そこで、法助動詞の主観性と客観性の観点から両共起についてさらに考察をした。そして、次のようにまとめることができた。

（40）①調和的な共起

　　　法副詞（認識的）＋法助動詞（認識的）［主観・客観］

　　②構成的な共起

　　　法副詞（認識的）＋法助動詞（非認識的）［弱い主観（非遂行的）・客観］

調和的な共起の場合、認識的意味の法助動詞には主観的な意味、もしくは、客観的な意味のどちらも共起可能である。しかしながら、構成的な共起の場合、発話時に聞き手に言語行為を遂行させるような主観的な意味をもつ非認識的な法助動詞はこないことがわかった。

　次に、これら共起における法副詞の役割について分析した。法副詞は、法助動詞を含む命題内容に対する話し手の心的態度を表明し、話し手の断言を弱めるために使用される。話し手は命題内容に対し自信があれば、確信度の高いことを表す certainly や probably のような法副詞を使用し、自信がなければ、確信度の低いことを表す perhaps や maybe のような法副詞を使用する。

　最後に、法副詞 certainly を取り上げ、それと共起する法助動詞について分析を試みた。分析の中では、調和的な共起と構成的な共起のそれぞれの例について取り上げ、法副詞と法助動詞の共起がコンテクストの中でどのように使用されているのかを説明した。今後の課題としては、他の法副詞と法助動詞の共起や法副詞と用いられる法助動詞の主観性についてもさらに考察することである。

付記　本研究は学術振興会科学研究費基盤研究 C（課題番号 16K02782）の助成を受けている。

＊1　同様の指摘は、Halliday（1970: 331）にも見られる。Halliday は 'harmonic combinations' という用語を使用している。

*2　ネイティブスピーカーによると、(14a) の例であっても、may が客観的な許可 (=一般的な許可「〜することは許されている」) を表す場合は容認可能とする。例えば、聞き手はビジネスマンで、このビルにオフィスのある、別のビジネスマン、すなわち、話し手と建物の入り口にいる。話し手はこの建物にはセキュリティがなく、許可をとることなく、自由に入れることを知っている。そこでこの建物の直接関係者でないが、同じビジネスマンである聞き手に対して建物に入ってもよいことを告げているのである。you=office worker と考えると、客観的な状況として、この状況を考えることもできる。

*3　have to を用いた場合、義務は外的要因によって課されるので、客観的に捉えられ、容認可能となる。

{Maybe/Probably/Certainly}, you have to practice tennis hard every day (because you were beaten in the first-round match).

*4　残念ながら、今のところ、小説等において certainly と弱い主観的な非認識的法助動詞の共起の実例は見つかってはいない。

*5　「予測的条件文」は Dancygier (1998) で使用されている用語で、この種の条件文の動詞形式には、前件に動詞の現在時制、後件に will+ 動詞の原形) が使用されるのが通例である。

*6　同様の指摘は澤田 (2014: 273) にも見られる。

参考文献

安藤貞雄 (2005)『現代英文法講義』大修館書店.

Cinque, Guglielmo. (1999) *Adverbs and Functional Heads: A Cross-Linguistic Perspective*. New York: Oxford University Press.

Coates, Jennifer. (1983) *The Semantics of the Modal Auxiliaries*. London: Croom Helm.

Collins, Peter. (2009) *Modals and Quasi-modals in English*. Amsterdam and New York: Rodopi.

Dancygier, Barbara. (1998) *Conditionals and Prediction*. Cambridge: Cambridge University Press.

Greenbaum, Sidney. (1969) *Studies in English Adverbial Usage*. London: Longman.

Halliday, Michael. (1970) Functional Diversity in Language as Seen from a Consideration of Modality and Mood in English. *Foundations of Language* 6, pp.322–361.

Hoye, Leo. (1996) *Adverb and Modality in English*. London and New York: Longman.

Huddleston, Rodney. and Pullum, Geoffrey K. (2002) *The Cambridge Grammar of the English Language*. Cambridge: Cambridge University Press.

小西友七編 (1989)『英語基本形容詞・副詞辞典』大修館書店.

Leech, Geoffrey N. (2004³) *Meaning and the English Verb*. London: Longman.

Lyons, John. (1977) *Semantics* Ⅱ. Cambridge: Cambridge University Press.

Nuyts, Jan. (2006) Modality and Linguistic Issues. In Frawley, William, and Eschenroeder, Erin. (eds.) *The Expression of Modality*, pp.Berlin: Mouton de Gruyter.

岡本芳和 (2016)「英語法副詞 probably と英語法助動詞の共起について―意味論の観点から」『平成27年度国際モダリティワークショップ―モダリティに関する意味論的・語用論的研究 ― 発表論文集』9: pp.169–184.

Palmer, Frank R. (1990^2) *Modality and the English Modals*. London: Longman.

Palmer, Frank R. (2001^2) *Mood and Modality*. Oxford: Oxford University Press.

Perkins, Michael R. (1983) *Modal Expressions in English*. Norwood, N.J. : Ablex Publishing Corporation.

澤田治美 (1993)『視点と主観性』ひつじ書房.

澤田治美 (2006)『モダリティ』開拓社.

澤田治美 (2014)『現代意味解釈講義』開拓社.

澤田治美 (2016)『続・現代意味解釈講義』開拓社.

Simon-Vandenbergen, Anne-Marie. and Aijmer, Karin. (2007) *The Semantic Field of Modal Certainty. A Courpus-Based Study of English Adverbs*. Berlin: Mouton de Gruyter.

Traugott, Elizabeth C. (1989) On the Rise of Epistemic Meanings in English : An Example of Subjection in Semantic Change. / *Language* / 65, p.31–55.

Verstraete, Jean-Christophe. (2002) Subjective and Objective Modality: Interpersonal and Ideational Functions in the English Modal Auxiliary System. *Journal of Pragmatics* 33, pp.1505–1528.

束縛的モダリティを表す need to と have to をめぐって
動機づけとメンタル・スペースの観点から

長友俊一郎

要旨

　本研究では、「動機づけ」（motivation）と「メンタル・スペース」（mental spaces）の概念を援用し、（「義務」や「許可」といった）「束縛的モダリティ」（deontic modality）を表す need to と have to に関与する義務の強さ、種類、特定性、義務を理由づけている要因、関連する言語行為、前提に関して考察する。話し手の心的態度、義務の性格、動機づけの好ましさ、あるいは場面などによって束縛的モダリティを表す表現は変化する。本稿の目的は、「動機づけ」と「メンタル・スペース」の観点からその一端を解明することにある。

キーワード

　モダリティ、心的態度、英語（疑似）法助動詞、動機づけ、メンタル・スペース

1.　はじめに

　Leech（2003）は、コーパスを活用し、英語（疑似）法助動詞の使用頻度等に関して、2つの時代間における比較を行った。対象コーパスは、Brown（アメリカ英語、1961年収集、書き言葉）、Frown（アメリカ英語、1992年収集、書き言葉）、LOB（イギリス英語、1961年収集、書き言葉）、F-LOB（イギリス英語、1991年収集、書き言葉）である。分析対象の法助動詞は、would, will,

can, could, may, should, must, might, shall, ought (to), need(n't)、
疑似法助動詞は、be going to, gonna, be to, (had) better, (have) got
to, gotta, have to, need to, want to, wanna, used to である。主とし
た分析結果は（1）の通りである。

(1) Leech（2003）における分析：

  i. アメリカ英語の Brown と Frown を比較した際、すべて
   の法助動詞において 90 年代では使用頻度が低くなって
   いる。イギリス英語の LOB と F-LOB においても大ま
   かには同様である。例外として、日頃から頻繁に用い
   られる can は、90 年代では使用頻度が 2.2 ％高くなり、
   could は 2.4 ％高くなっている。

  ii. 日頃から頻繁に用いられることのない shall, ought to,
   （イギリス英語の）need は、90 年代で大幅に使用頻度
   が低くなっている。

  iii. F-LOB において疑似法助動詞の使用頻度が 90 年代に
   8.5% 高くなっている。Frown では 18.1 ％高くなって
   いる。

  iv. 意味的に対応する法助動詞と疑似法助動詞（たとえば、
   will と be going to）を比較すると、一般的に前者の方
   が後者より使用頻度が高い。have to は Frown において
   must に使用頻度が近づいており、F-LOB では must よ
   り多く用いられている。

  v. need to の使用頻度が 90 年代に著しく高くなっている。

 上の分析（i）–（v）のうち、（iv）と（v）は言語変化の点からも
興味深い事実である。本稿では、90 年代に使用頻度の面で顕著な
伸びを示している、need to と have to に注目する。両表現は、共通
の文法的特徴を有する。Coates（1983: 54–55）や Leech（2004:
102）では、（2）の特徴が挙げられている。

(2) a. 倒置は do による：

   Does she {*need to* / *have to*} …?

  b. 否定は do による：

   We didn't {*need to* / *have to*} …?

c. 三人称単数現在の -s 形式がある：

She {*needs to* / *has to*} rest.

d. 遠隔形がある：

She {*needed to* / *had to*} rest.

（「義務」といった）「束縛的モダリティ」（deontic modality）を表した場合の両者の意味にも類似点が見られるようである。OALD では、need to の意味が have to に相当すると記述されている。

(3) … it [need] has two meaning: …2. To *have to* or to be obliged to do sth: Will we *need to* show our passports?

(OALD 6th ed.)

高校生用検定済教科書においても、同様である。(4) では、「〜しなければなりません」という訳語が（must に置き換えられた）have to と need の双方に当てられている。

(4) You *must* [*have to* / *need to*] come between nine and ten.

9時から10時の間に来なければなりません。

（『Big Dipper English Expression II』数研出版）

以下、「動機づけ」と「メンタル・スペース」の概念を援用し、need to と have to に関与する義務の強さ、種類、特定性、義務を理由づけている要因、関連する言語行為、前提に関して考察してみたい。第2節では、束縛的モダリティを表す need to と have to に関しての先行研究を素描する。第3節では、need to と have to に動機づけの関与があることを述べ、動機づけとメンタル・スペースの観点から両表現の特徴を明らかにする。第4節は、まとめとモダリティ研究への示唆である。

2. need to と have to の特徴

2.1　need to に関しての先行研究

まず、次の例を見られたい。

(5) I {*need to* / *have to*} get up at 7 am every day.

（Westney（1995: 98））

束縛的モダリティを表す need to と have to をめぐって　**487**

Westney（1995: 98）は（5）の事例を挙げ、（6）のように、need to は（have to によって表される）必然性ではなく、ある行為における個人を動機づけている理由の存在に焦点を置いているとしている。

(6) An evident distinction here is that *need to* focuses on the existence of personally motivating reasons for an action rather than its necessity. (Westney（1995: 98））

Smith（2003: 244）は、need の表す義務と、have to などの他の表現が表す義務との違いを（7）のように述べている。典型的には、義務というものは、動作主の外側に存在する源から発すると感じられるものであるが、need の場合は、内的に動機づけられた義務を表す。同様の指摘は、Harder（1996: 364）や Collins（2009: 75）にも見られる。

(7) ... they [NEED and NEED TO] express obligation that is internally motivated, that is, for the agent's (or "doer's") own sake, whereas obligation is prototypically felt to come from a source external to the agent. (Smith（2003: 244））

次の例を見られたい。

(8) You {?*need to* / *have to*} stay home tonight, because I say so.

(9) I {*need to* / *have to*} stay home to study for the test.

((8)–(9)：Sweeter（1990), qtd. in Smith（2003: 244–245））

Smith（2003: 244–245）によれば、（8）の need to で容認性の揺れがある理由は、you need to と because I say so を組み合わせることにより、「動機づけの源」(motivational source) が一致しないことにある。(8）で need to が座りが悪い理由は、"because I say so" が基本的には外的な動機づけであるからである。一方で、（9）では、テスト勉強をすることは、外的な動機づけにも内的な動機づけにもなり得る。Smith によれば、一般的に、（9）や（10）に示されるように、need to を含む文は、外的要因に由来する義務について明示することはない。

(10) You *need to* get a hair-cut. (Smith（2003: 245））

さらに、Smith は、話し手が何かの利益を得ようとして、need to の内的義務性を利用することがあるとする。すなわち、（10）は、聞き手の利益になる「勧め」（recommendation）にも、関心を考慮した上での「忠告」にも、「間接的な指示」（indirect instruction）ともなり得る。

Perkins（1983: 62）によれば、need to は、主語の「内部」（within）からもたらされる「強制」（compulsion）を意味する。（11）のように、「私は休む必要がある」（I 'need to' rest）場合、自分自身の内部からもたらされる「強制」を話し手は感じている。

(11) It [=NEED TO] indicates a compulsion which comes from *within*. If I 'need to' rest, I feel a compulsion which, although it may be non-personal and beyond my control, is still felt to originate within myself. (Perkins（1983: 62）)

このような強制は、主語の内部に由来するものと見なされ得るが、一人称主語のケースにおいても客観的なものとなる。すなわち、その強制は、話し手自身では制御することができない。喉の渇きが制御できないため、「私は飲み物を飲む必要がある」（I 'need to' drink）。話し手自身の中にある何かが、自身の現在の生き方に対して反乱するため、「私は新しい生き方をする必要がある」（I 'need to' make a new ways of life）と述べている。

(12) However, although such compulsions are seen to originate within, and in some cases where the subject of the sentence is in the first person are seen to originate within the speaker himself, they are still explicitly objective, as is the case with HAVE(GOT)TO, since they come from a part of the speaker over which he has no conscious control. If I 'need to' drink, it is because I cannot control my thirst. If I 'need to' make a new start in life, it is because something within me rebels against the way of life I am currently leading.

(Perkins（1983: 62）)

関連して、次の事例を見られたい。

(13) I *need to* get some fresh air. (Duffley（1994: 224））*1

(14) I *need to* hear a good loud alarm in the mornings to wake up.

(Bybee et al.（1994: 177））

(15) I *need to* be loved.　　　　　　（Dixon（1991: 190））

　Duffley（1994: 224）は（13）の「義務」は、主語の「内的気質」（internal disposition）に由来するとしている。Bybee et al.（1994: 177）によれば、（14）においては、行為を完結せずにはいられない気持ちにさせる、主語の身体的条件の存在が述べられている。Dixon（1991: 190）は、（15）の need to は、主語の身体的状態や感情的状態と関連している可能性があるとしている。

　Leech（2004: 102）は（16）のように、need to は must よりも弱く、should/ought to より強いとしている。Leech によれば、need to の使用により「義務」や「必然性」が主張されることになるが、その際に must に伴う「不可避性」（certainty）と、should/ought to に伴う「不確定性」（doubt）は伝達されない。

（16）

SCALE OF INTENSITY

(1)　You must get a hair-cut (mosut categorical)

　　　(2)　You need to get a hair-cut

　　　　　　(3)　You ought to get a hair-cut (least categorical)

(Leech（2004: 102））

次の例を見られたい。

(17) And the rest of you *need to* gather around. One or two of you can lay on the ground.　　　　（Collins（2009: 74））

　Collins（2009: 73–74）によれば、need to は二人称主語の場合に強い主観性を表し、明らかな上下関係がある場合、（17）のような発話は「指令型」（directive）の力を有するとする。

(18) Strong subjectivity is most likely when *need to* occurs with a 2nd person subject. In contexts where there is an apparent authority structure the utterance will have the force of a directive.　　　　（Collins（2009: 73–74））

　Collins（2009: 73–74）は、（19）–（20）のような事例も提出し

て（21）のように、聞き手の欲求に関連する文は「勧め」や「勧告」の役割を担うようになっているとしている。

(19) Maybe you *need to* try to do that through your GP locally.

(20) ... then you *need to* have your teeth extremely thoroughly cleaned, as soon as possible.

(21) Statements pertaining to an addressee's needs come—via indirect illocutionary force—to serve the role of recommendations or exhortations.　　　((19)–(21)：Collins (2009: 73))

Wesntney（1995）は、特定的・個人的義務と習慣的・一般的義務という観点から、義務的な must, have to, have got to, need to との比較を試みている。（22）に見られるように、特定的・個人的義務の場合は、1回だけの遂行であると解釈され、習慣的・一般的義務の場合は、①複数回の遂行であるか、②1回だけの出来事か反復される出来事かどうかは特定されない。

(22) Specific reference to an obligation is understood to refer to one performance, while habitual or general reference either relates to a series of performances or fails to specify whether a unique or repeated event is in question.

(Westney（1995: 131))

Westney（1995: 134）によれば、need の場合、（23）のように義務が一般的な場合と、（24）のように特定的な場合とに分かれる。

(23) I *need to* get up at 7 am every day.　　　(Westney（1995: 98))

(24) but you see the trouble is that, for example, what I *need to* know is if we're going to go away in August some time.

(Westney（1995: 112))

2.2　have to に関しての先行研究

Westney（1995: 112, 117）によれば have to は、必然性の存在や、現存する要求・義務を明らかにする表現である。まず、Quirk et al. (1985: 226) や Palmer（1990: 114）に指摘されているように、have to の場合、主語以外の外的な力が関与する。

(25) I'm afraid I *have to* go now.　　　　(Quirk et al.（1985: 226））

(26) も同様である。if you say this is not so や I'm not offering you knowledge という表現から裏づけられるように、have to には、主語以外の力の関与がある。

(26) I then went on to say, well, *if you say this is not so*, then I *have to* accept that it isn't so, this is just what I think at the moment, and I kept stressing, you know, *I'm not offering you knowledge.*　　　　(Westney（1995: 108））

また、(27) のように、「私はそれは馬鹿げていると思う」といった表現が have to には後続可能である。よって、have to に関与する力は話し手からもたらされてはいないと分析可能である。

(27) My girl *has to* be home by midnight—I think it's idiotic.
　　　　(Lakoff（1972: 925））

Larkin（1976: 392）は、(28) の must を含む文と (29) の have to を含む文とを提出し、(30) のように述べている。must の場合、話し手は述べられている禁止に「同調する」ことを含意するのに対して、have to の場合はそれがはっきりしない。

(28) My girl *must* be home by ten.

(29) My girl *has to* be home by ten.

(30) Sentence [28] implies that the speaker "goes along with" the prohibition that the sentence states, while [29] is neutral in this regard.　　　　((28)–(30)：Larkin（1976: 392））

Westney（1995: 117）は (31) の事例を提示し、(32) のように have to には、話し手以外の力の関与があることを述べている。

(31) You *have to* be back in camp by ten.

(32) … the addressee infers that such an obligation has an existence, and perhaps source, that is independent of the speaker.　　　　((31)–(32)：Westney（1995: 117））

関連して、Coates（1983: 56）は、コーパスの事例において、have to の場合、話し手の関与のある主観的な事例は一例も存在しないと述べている。Perkins（1983: 60, 62）は、have to の「中核的な意味」（core meaning）に、話し手の関与はないとしている。

同様の指摘は、Palmer（1990: 115）や Leech（2004: 80）にも見られる。

　have to に関与する力は特定されないとされる。Leech（2004: 80）は（33）の事例を提出し、束縛する力は、医者や雇用主、政治、「環境」などになり得るとしている*2。

（33）a.　You *have to* be back by 10 o'clock ('It is obligatory ...').

　　 b.　She'll *have to* sleep in the kitchen.

　　 c.　I *have to* take five of these pills every day.

（Leech（2004: 80））

　have to の力の強さに関して、Dixon（1991: 171）は should/ought to と違って、have to は must と同様に事象の実現が含意されるという特徴を提出している。

（34）I {*should/ought to*} finish this essay tonight

　　　（but I don't think I will）

（35）I {*must/have to/have got to*} finish this essay tonight

　　　（and I will, come what may）　　（(34)-(35)：Dixon（1991: 171））

　need to の場合と同様に（例（10）参照）、have to が含まれる発話においても、語用論的に「勧め」や「指示」の言語行為が観察される場合があることが指摘されている。Collins（2009: 62）によれば、（36）のように2人称が主語となる場合、話し手から発せられる聞き手への「強い忠告」（strong advice）が見られる。

（36）You'll *have to* see if dad'll pick you up afterwards.

（Collins（2009: 62））

　（37）では、聞き手にとって、「好ましい変化」（desirable change）が述べられている。Westney（1995: 126）は、need to が三人称主語と共に使われ、「好ましい変化」を表しているような場合には、have to には置き換えられず、should で置き換えるのが好ましいことを指摘している。

（37）is there a view that the 18th century {*needs to / should / ??have to*} be strengthened in the teaching.

（Westney（1995: 126））

束縛的モダリティを表す need to と have to をめぐって　　493

（37）における「好ましい変化」とは、「18世紀が教育において
より強化される」ということであろう。

Westney（1995: 118）は、Bybee et al.（1991: 23）の分析を援
用し、（38）では話し手による「命令」、あるいは「要求の報告」
が表されていると述べている。

(38) Todd, you *have to* go home now.

(Bybee et al.（1991: 23）, qtd, in Westney（1995: 118）)

特定的・個人的義務と習慣的・一般的義務に関して、Westney
（1995: 109, 118）は、A Corpus of English Conversation における
have to の大半は、（39）のように、習慣的・一般的義務を表すと
している。

(39) I *have to* get up at 7 am every day.

(Coates（1983: 54）, Westney（1995: 131）)

3. need to, have to と動機づけ

3.1 動機づけ

Tregidgo（1982: 78）は、束縛的モダリティを表す must の意味
構造を（40）のように提示した。

(40) a *must* b = X DEMAND Y—Y CAUSE—ab

ここでの X と Y は、それぞれ、義務づけの行為の主体と客体
を表している。DEMAND は、「要請」を表している。すなわち、
must の意味構造は、「X が Y に対して [a が b する] という命題内容
を引き起こすように要請する」とされる。たとえば、（41）は、

(41) You *must* go! (Tregidgo（1982: 79）)

「話し手（= X）が聞き手（= Y）に対してすぐに謝ることを要
請する」と分析され得る。Tregidgo によれば、（42）では、「私」
もしくは「礼儀」、（43）では、「バス会社の規則」、（44）では、
「文法」が主体となるとされている。

(42) You *must* apologise at once!

(43) All cars *must* have number-plates.

(44) The verb *must* agree with its subject.

((42)–(44)：Tregidgo（1982：79））

Sweetser（1990）によれば、英語法助動詞の意味は、根源的、認識的、言語行為的に分けられる。これらの意味は、各法助動詞の「イメージスキーマ的な構造」（image-schematic structure）の領域から領域への「メタファー的写像」（metaphorical mapping）によって生じるものであるとされている。次の例を見られたい。

(45) You *must* come home by ten. (Mom said so.)

(Sweetser（1990：61））

must のイメージスキーマが現実世界領域に適用された場合、(46) のような、社会物理的な抗い難い「強制」(compulsion)の力関係が表わされるとされる（(Sweetser 1990：61））。

(46)（母の権力という）直接的な力があなたに 10 時までに帰宅するように強制する。

Johnson（1987：51）は、must のイメージスキーマを、「強制のイメージスキーマ」（compulsion schema）と称し、以下のように図示している。ここでの実線の矢印は直接的な力のベクトルを表し、F1 は義務づけの主体を表し、四角は義務づけの客体を表している。破線は、その主体がたどらざるを得ない事象の実現への潜在的な道筋を表している。

(47)

COMPULSION

(47) では、「母の権力」がFに対応し、「あなた」が四角に対応する。また、実線の矢印は、母の権力のジョンに対する直接的な強い力を表し、破線の矢印は、10 時までに帰る方向に向かわされるジョンがたどらざるをえない道筋を表している。

(47) から、義務づけは、主体が客体の自由意志を奪い、緊張関係を生みだしかねないものであることが明らかになる。澤田(1999：58ff.)は、このような場合、「理由」、「目的」、「条件」といった、義務づけのための「動機づけ」の関与があることを論じ、(48) のスキーマを提示した。なぜなら、それ相応の動機がなけれ

ば、相手に義務という負担を負わせることは不合理であるからである。このスキーマは、主体（X）の力の行使には、動機づけ（Z）が関与することを明示するものである。

(48)

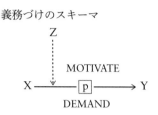

義務づけのスキーマ

（澤田（1999: 61, 2006: 312））

　ここでのXは義務づけの主体であり、Yは義務づけの客体であり、義務の着点（goal）である。pは義務の内容である。Zは義務づけの動機づけを表している。Westney（1995）やSmith（2003）などの研究などでも、motivationやmotivational forceといった「動機づけ」という術語が用いられている。それらの概念は、(48)における「動機づけ」と重なる面が少なくはないが、義務づけの主体と動機づけを区別してない点において特徴を異にする概念である。(48)によって捉えられる「動機づけ」の概念は、管見の限り、澤田（1999）によってはじめて本格的に導入されたものである。その後、澤田（2006, 2018）、長友（2009, 2012, 2013）によって研究の発展を見せている。おそらくは、この概念は、人のなす言語行為や人の心的態度の表出と深いかかわりがある。

　動機づけは、「理由」、「目的」、「条件」といった意味内容によって実現する場合が多い（澤田（2006: 312-320））。

(49) Now in Africa you *must* be careful of snakes because some of them are poisonous.　　（BNC F72 104）（以下、下線／斜体筆者）

(50) To move explosively you *must* flex the knees slightly, keeping the upper leg muscles under tension.　（BNC A0M 535）

(51) All in all , if you want to keep a pet , you *must* choose very carefully.　　　　　　　　　　　　　　　（BNC BNL 2072）

(49)では、下線部の「有毒の蛇もいるから」という理由が、ア

フリカでは蛇に注意をしなければならないことの動機づけとして機能している。（50）では、「急激に動くためには」という目的が膝を曲げなければならないことの動機づけとなっており、（51）では、「ペットを飼いたいというのなら」という条件が、とても慎重に選ばなければならないことの動機づけとなっている。

動機づけは、顕在的に明示される場合もあれば、潜在的に含意される場合もある。後者の事例において、澤田（2006: 321–323, 2018: 138–139）で論じられているように、動機づけが主語の概念の中に内在化されていると見なすことができるものがある。

(52) All of a sudden Laura was in the river. ... I screamed and ran downstream and got hold of her by the coat; ... She was sopping like a wet sheep, and I was pretty wet myself. Then I shook her. By that time she was shivering and crying.

...

"... Now come on, you *have to* get dry ..."

(M. Atwood, *The Blind Assassin*)

（52）では、Laura が体を乾かせる必要がある理由（＝動機づけ）は、顕在的に述べられていない。「早く体を乾かす」ことは、主語の「ずぶ濡れのローラ」にとっては当然のことであり、「あなたはずぶ濡れだから」といった、主語の特徴から含意される自明な動機づけはここでは述べられていない。

3.2　need to と have to における動機づけの関与

need to と have to においても（53）が当てはまると考えることができる。

(53) 束縛的モダリティ（＝義務・必要）においては、原則として動機づけが存在する。

Leech（2004: 80）によれば、（54）–（55）ような、to 不定詞や条件節では「目的」が述べられており、have to を含む節では必要条件が述べられている。この「目的」は、本研究における動機づけに相当する。

(54) To keep warm, elk *have to* eat and move around.

(55) The garden *has to* be watered every day if the plants are to flourish.　　　　　　　((54)–(55)：(Leech（2004：80））

　(56) と（57）は、have to に関わる動機づけが、それぞれ、「理由」と「条件」の意味内容で実現している事例である。

(56) "I can't! Tonight is going to be a nightmare. If I didn't have to go, I wouldn't, but I *have to* go because I'm selling the condos for Roger."　　　　　　　　　　　　　　（COCA FIC 2013）

(57) ... if you're old like I am, you *have to* use the anti-aging products.　　　　　　　　　　　　COCA SPOK 2014（140109）

　(56) では、下線部の「ロジャーにコンドミニアムを売っている」という理由が、話し手が行かなければならないことの動機づけとなっており、（57）では、「私のように年配者であるというのなら」といった条件が、アンチエイジングの商品を使わなければならないことの動機づけとなっている。

　need to においても動機づけとの呼応がみられる。（58）、（59）、（60）は、need to に関わる動機づけが、それぞれ、「目的」、「理由」、「条件」の意味内容として実現している事例である。すべて、2人称主語を持っていることに注意されたい。

(58) Let's also keep in mind, Karl Rove has won a lot of elections as well. And in order to win, you *need to* make enemies.
　　　　　　　　　　　　　　（COCA SPOK 2007（20070815））

(59) '... You *need to* cut your hair because you're going to look ridiculous with all that longhair pushed up under a wig.'
　　　　　　　　　　　　　　　　　　　　（COCA MAG 2012）

(60) "... If that's your objective, then you *need to* get ready for it."
　　　　　　　　　　　　　　（COCA NEWS 2012（120327））

　(58) では、「（選挙に）勝つためには」という目的が、敵を作ることが必要であることの動機づけとなっている。（59）では、「長い髪では愚かに見えそうだから」といった理由が、髪を切る必要があることの動機づけとなっている。（60）では、「それがあなたの目的というのなら」という条件が「あなたが準備をする必要がある」動機づけとなっている。

3.3 動機づけの好ましさとモダリティ

Wierzbicka（1988: 210）によれば、人は出来事に対して「良い／好ましい」、もしくは、「悪い／好ましくない」という観点から見る傾向にあり、自然言語は普遍的にこの見方を反映するという。

(61) Human beings tend to see events in terms of good and bad. Natural languages reflect this perspective. The categorization of events as either good or bad is so widespread in natural language that it seems reasonable to hypothesize it as a linguistic universal.

（Wierzbicka（1988: 210））＊3

(62) と (63) を見られたい。ここでの or と and は、それぞれ、「さもないと…」と「そうすれば…」といった「非対称的」(Lakoff 1971: 126ff.) な解釈であることと、前半の節では好ましい事柄が述べられていると想定する（澤田（2018: 146–148）参照）。

(62) You {*must* / ??*should* / *had better*} read Jane Austen <u>or you won't feel better.</u>（束縛的）（前半＝好ましい事柄、or 節＝「さもないと…」）

(63) You {*must* / *should* / *had better} read Jane Austen <u>and then you'll feel better.</u>（束縛的）（前半＝好ましい事柄、and 節＝「そうすれば…」）　　　　　　　　　（長友（2009））

(62) と (63) では、それぞれ、好ましい動機づけと好ましくない動機づけ（＝下線部）が must, should, had better と共起している。通例、should は好ましい動機づけのみと共起し、must は好ましい動機づけと好ましくない動機づけの双方と共起し、had better は好ましくない動機づけとのみ共起する。この共起パタンは、（疑似）法助動詞の表出する力の強さと意味に関連すると考えられる。(64) のように、must と had better は事象の実現が前提とされることから表出する力が強く、should は事象の実現が前提とされないことから表出する力が弱いと見なすことができる。

(64) You {*must / *should* / *had better} do as he says, but I know you won't.

束縛的モダリティを表す need to と have to をめぐって　499

（62）のように、好ましくない動機づけが見られる場合、X or/ otherwise Y により、X と X をしない場合の結果が好ましくない Y を提示し、話し手は強く X を強要している。よって、強い力を表出する must と had better と好ましくない動機づけは調和すると考えられる。（63）のように好ましい動機づけが見られる場合、本質的に聞き手に対する「気遣い」を含意する。これは、X and Y により、X と X をする場合の結果の好ましい Y を提示し、Y がとてもよいことなので、X をすると Y という良いことがプラスされると述べられるためであると考えられる。「助言」を表す should のみではなく、must も使用可能である。気遣いを表明しつつ、強く聞き手に事象の実現を促すことは、聞き手の利益を考慮する丁寧な発話においては自然であることにあると考えられる。had better には「ぜひとも〜」という用法がないため、（63）では通例使用不可能である。

3.4　need to と動機づけ

Sweetser（1990: 540）　は、must は「抵 抗 不 可 能 な 力」（irresistible force）であるのに対して、have to, need to, ought to は「抵抗可能な力」（resistible force）としている。しかしながら、（65）から裏づけられるように、need to は ought to/should とは異なり、事象の実現を前提とする表現として特徴づけることができる。Leech（2004: 102）が述べているように、need to は should/ought to よりも強い力を表すと考えることができる。

(65) You {??*need to* /*should* / *ought to*} do as he says. But I know you won't.

need to が強い力を表すと想定すると、好ましくない動機づけとの共起が予測されるが、事実はその通りである。

(66) You *need to* get help or you're going to die.

(COCA SPOK 1996)

(67) You *need to* give me a license or you're going to jail.

(COCA SPOK 1988)

(68) "You don't have time to go anywhere," my mother said.

"You *need to* change clothes or you'll be late."

(COCA FIC 2017)

　(66) では、「あなたは死にそうだから」という好ましくない動機づけをもとに、助けを得ることが必要だと述べられている。(67) では、「刑務所に入ることになる」という好ましくない動機づけをもとに、免許書／証明書を渡すことが必要だと述べられている。(68) では、着替えることが必要と述べられているが、その動機づけは「遅刻するから」という好ましくない状況となっている。

　上述のように、強い力を表すモダリティ表現と好ましい動機づけも呼応可能である。(69)–(71) では、you need to が好ましい動機づけと共起している。これらの二人称主語を持つ事例は、Smith (2003: 245) や Collins (2009: 73) が述べるように、need to は主語の関心や利益を考慮する際に用いられる表現であることを支持するものと言えよう。関連して、need to は「勧め」、「忠告」、「勧告」といった言語行為との関連があるとする、Smith (2003: 260)、Leech (2004: 103)、Collins (2009: 73) の見解も支持するものでもある。

(69) You *need to* answer right, and you'll win the grand prize.

(COCA SPOK 2016 (160125))

(70) 'You *need to* lose 20 pounds and you'd be beautiful.'

(COCA SPOK 1998 (19980226))

(71) "Well, you *need to* find a doctor, and you'll definitely have chemo."　(COCA MAG 2010 (Oct 2010))

　(69) では、「大賞を取ることができる」という好ましい動機づけが、正解する必要があることの動機づけとなっている。(70) では、20 ポンド痩せることが必要であると述べられているが、その動機づけは「美しくなる」という好ましい状況である。(71) では、「化学療法を受けられる」という好ましい動機づけをもとに、医師を見つけることが必要であると述べられている。

　Westney (1995: 131) が述べるように、need to は特定的な義務と一般的な義務の双方を表すことができる。前出の事例は、前者の事例として解釈される。たとえば、(66) と (69) において、主語

束縛的モダリティを表す need to と have to をめぐって　501

を不特定の人物を表す one に置き換えたり、一般性／習慣性を表す always を挿入すると、それぞれの事例のパラフレーズにならない。

(72)(=(66)) You *need to* get help or you're going to die.

≠ *One needs to* get help or one is going to die.

≠ You *always need to* get help or you're going to die.

(73)(=(69)) You *need to* answer right, and you'll win the grand prize.

≠ *One needs to* answer right, and you'll win the grand prize.

≠ You *always need to* answer right, and you'll win the grand prize.

同様の分析は、一人称複数形が主語の場合にも可能である。

(74) We're rich, and we *need to* give everything away otherwise, like, my whole family is going to go to hell.

(COCA SPOK 2016 (161114))

(75)'We've just got do do things right and win some games,' Koenning added. 'We *need to* win some games so I can get some more years on my contract, so we can enjoy some of the fruits of our labor...' (COCA NEWS 2002 (20020828))

一方、一般的な動機づけと need to が呼応する場合、need to は一般的な義務を表すことがある。

(76)"*Everyone needs to* feel ownership of the church. When that happens, people donate more," says Nikki Lux of Pylesville, Maryland. (COCA MAG 2004 (Apr))

(77) As users of these data, we *always need to* know their production and expiry dates, because the environment changes and using old foresight information can surely spoil our plans and lead our decisions and activities to irrecoverable failure. (COCA MAG 2013))

(76) では、「それが起こると、人々はより多額を教会に寄付するものだから」という好ましい一般的な動機づけをもとに、みんなが教会は自分のものだと感じる必要があると一般的な義務が述べられている。(77) では、「環境は変化するものであり、古い情報を

502　長友俊一郎

使用することは間違いなく我々の計画を使えなくし、我々の決定と活動を取り返しのつかない失敗へと導く場合がある」という一般的な好ましくない動機づけをもとに、我々はいつも製品と満期を知る必要があるといった一般的な義務が述べられている。

3.5　have to と動機づけ

Dixon（1991: 171）が述べるように、have to も need to 同様に、should/ought より強い力を表出すると見なすことができる。通例、have to も事象の実現を前提とする。

(78)??You *have to* do as he says, but you won't.

よって、have to も好ましくない動機づけと好ましい動機づけの双方と共起することが予測されるが、事実はその通りである。(79)–(82) は、前者の事例である。

(79)Run to the forest! You *have to* leave or you will die.

(COCA FIC 2010)

(80)You *have to* shoot him. Otherwise you'll be dead.

(COCA SPOK 1993 (19930502))

"Mom, promise me this. You *have to* be calm; otherwise, you'll get shocked by the news I have for you."

(COCA 2006 Spring)

(81)You *have to* … help them or you'll feel guilty for the rest of your life.　(COCA ACAD: 1993 (Nov/Dec))

(82)… you *have to* be careful with fame because fame is tricky.

(COCA SPOK 2016 (160111))

(79) と (80) では、「命を落としてしまう」といった好ましくない動機づけをもとに、それぞれ、「去らなければならない」と「撃たなければならない」と述べられている。(81) では、「残りの人生で後悔する」という好ましくない動機づけをもとに、手助けをしなければならないと述べられており、(82) では、「名声には落とし穴がある」という好ましくない動機づけとともに、名声には気を付けなければならないと述べられている。

恒常的に当てはまる動機づけの状況が述べられている (81) と

（82）においては、習慣的・一般的義務が表されている。これは、前出の Coates（1983: 54）、Leech（2004: 109）、Westney（1995: 109）の見解と一致するものである。（81）と（82）は、主語を不特定の人物を表す one に書き換えても、習慣性を表す always を挿入しても、伝達意図に違いを生じさせるものとはならない。

(83)（=(81)）You *have to* help them or you'll feel guilty for the rest of your life.

= *One has to* help them or you'll feel guilty for the rest of your life.

= You *always have to* help them or you'll feel guilty for the rest of your life.

(84)（=(82)）You *have to* be careful with fame because fame is tricky.

= *One has to* be careful with fame because fame is tricky.

= You *always have to* be careful with fame because fame is tricky.

一方、(79)–(80) の事例における義務は、特定的であるように思われる。主語に不特定的な one を用いたり、習慣性を表す always を挿入すると、それぞれの事例のパラフレーズにはならない。

(85)（=(79)）Run to the forest! You *have to* leave or you will die.

≠ Run to the forest! *One has to* leave or you will die.

≠ Run to the forest! You *always have to* leave or you will die.

(86)（=(80)）You *have to* shoot him. Otherwise you'll be dead.

≠ *One has to* shoot him. Otherwise you'll be dead.

≠ You *always have to* shoot him. Otherwise you'll be dead.

have to は好ましい動機づけとも共起可能である。前述のように強い力を表出する中で気遣いを表し、好ましい動機づけを提示することは可能である。次の事例は、Collins（2009: 62）の言うところの「強い忠告」に相当する事例と言えよう。

(87) This is TODAY on NBC. ... So we have to watch TODAY. ... Monday, you *have to* watch -- it will be worth watching.

(COCA SPOK 2016 (2016 0118))

(88) It's hard to sit in a saddle from dark to dark (or, as they say in the West, "from can till can't") day after day, and keep your edge. But you *have to*, because it usually works out that when your concentration, interest, and enthusiasm are at their lowest ebb, things happen. (COCA MAG 1997 (NOV))

(87) は、「月曜日の番組は見る価値がある」という特定的な好ましい動機づけとともに、番組を見なければならないと特定的な義務が述べられている。(88) では、「通常うまくいくから」といった習慣的に当てはまる好ましい動機づけとともに、努力しなければならないと一般的義務が述べられている。

前出のように、Westney (1995: 126) は、三人称主語の事例を提示し、「好ましい変化」について述べる際には、have to の使用が不自然となる可能性を示唆している。(89) と (90) はその反例となり得ると思われる事例である。

(89) He *has to* have some convictions and then he'll pick up more bipartisan support. (COCA SPOK 1993 (19930513))

(90) "I shared my strong view that the North American Free Trade Agreement has been a far greater benefit to Mexico than it has to the United States, and it *has to* be improved so that workers in the United States can benefit."

(COCA MAG 2016 (16–08–31))

(89) や (90) において、「好ましい変化」を述べる should の使用が可能である。

(91) He *should* have some convictions and then he'll pick up more bipartisan support.

(92) ... and it *should* be improved so that workers in the United States can benefit.

3.6　一人称主語の need to における動機づけの内在化

　COCA コーパスにおいては、I need to の後に（動機づけを導入する代表的表現の一つである）because が 9 語以内で用いられる事例は 146 例しかなく、全 I need to 使用のうち 1.5% に過ぎない。I have to の場合、741 例において because が後続し、I have to 使用全体の 2.6% を占める。なお、I must 使用全体の 3.1% の事例にbecause の後続が見られる。すなわち、一人称単数主語の need toによって表される義務の動機づけは内在化される傾向にあると言えよう。以下に見るように、I need to に関与する動機づけは、自明なものになる傾向にあると思われる。

　次の例を考えてみよう。ここでは、カールがロティに対して、マックスと自分（＝カール）を苦しめに男をわざわざ連れてきたのかと述べる。それに対し、ロティは「私が？」、「座らなきゃ」と述べる。直後に、既に顔が真っ青になっていたロティは倒れる。

(93) At that question, Carl turned to stare at him.

　　　 "Where the hell did you come up with that name? Lotty, what do you know about this? Did you bring this man here to taunt Max and me?"

　　　 "I?" Lotty said. "I—*need to* sit down."

　　　 Her face had gone completely white. I was just in time to catch her as her knees buckled.　　　(S. Paretsky, *Total Recall*)

ここでは斜字体部でロティが座る必要があると述べているが、「このままだと倒れるから」、「具合が悪いから」といった話し手自身の身体状態に由来する自明な動機づけは顕在的に表現されていない。インフォーマント調査によると、(93) における have to の使用は不自然となるという。(93) では、内部的義務が表されているため、外面的には表されにくく、内在化すると考えられる。

(94) I?" Lotty said. "I—{*need to* / ??*have to*} sit down."

(コンテクスト＝ (93))

　次の例も同様である。話し手はマリと会い、「仮説がある。ただ、それをテストする必要がある。午後にノースサイドで会ってくれない？」と述べている。

(95) I managed to reach Murray at his desk. "I have a hypothesis, but I *need to* test it. Can you meet me on the North Side this afternoon?"

"This anything to do with young Messenger?" Murray rumbled at me.　　　　　　　　　(S. Paretsky, *Tunnel Vision*)

ここでは、仮説を実証する必要があると述べられているが、「私にとって重要だから」、「どうしても実証したいから」といった話し手自身の心的状態に由来する自明な動機づけは、言語化されていない。(93) 同様、ここでの need to から have to への書き換えも不自然となる。

(96) I have a hypothesis, but I {*need to* / ??*have to*} test it.

（コンテクスト＝(95)）

動機づけが、聞き手にも自明になる、すなわち動機づけが前提となる現象はメンタル・スペース理論の枠組みで、以下のように説明可能である。メンタル・スペース理論はモダリティ・ムードの研究への貢献が期待できる理論であるが、その枠組みでのモダリティ／ムードの研究は非常に少ない（Boogaart and Fortuin (2016: 520)）。その中で、Mejias-Bikandi (1996) は、メンタル・スペースの概念を用い、スペイン語の前提に関する研究を行っている（Boogaart and Fortuin (2016: 520) 参照）。(97) を考えてみよう。

(97) a.　Tal vez　su　hijo　está　　　　　en la　　cárcel.
　　　　maybe　　his　son　be.3SG.PRES　in　DET　jail
　　　　'Maybe his son is in jail.'

　　b.　Tal vez　su　hijo　esté　　　　　en la　　cárcel.
　　　　maybe　　his　son　be.3SG.IRR　in　DET　jail
　　　　'Maybe his son is in jail.'

(Mejias-Bikandi 1996:159, qtd. in Boogaart and Fortuin 2016: 520)

(97b) とは対照的に、(97a) において、聞き手は話し手が「彼」には息子がいると思っていることを想定する、もしくは当然のことと思う。その理由がメンタル・スペースの概念を用いて、次のように述べられている。hijo（「彼の息子」）は前提 P「x には息子がいる」という情報を所有するとされる。P は、tal ves「おそらく」と

いうスペース導入語句によって構築された可能スペースM内に存在することになる。(97a)の直説法の場合、前提Pは、Mの親スペースR(「現実世界」／「話し手の現実」)に受け継がれる。接続法が用いられている(97b)の場合、その前提は親スペースRには受け継がれない。このメンタル・スペース構築は、(98)のように図示されている。

(98) (97a)における親スペースによって受け継がれた前提
(Mejias-Bikandi (1996:160))：

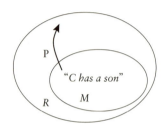

パラレルな分析が、動機づけが潜在化される I need to を含む文に関しても可能であると思われる。(93)の事例をもう一度考えてみたい。

(99) (=(93)) At that question, Carl turned to stare at him.
"Where the hell did you come up with that name? Lotty, what do you know about this? Did you bring this man here to taunt Max and me?"
"I?" Lotty said. "I—*need to* sit down."
Her face had gone completely white. I was just in time to catch her as her knees buckled.　　(S. Paretsky, *Total Recall*)

主語のI(「私」／「ロティ」)は、動機づけに相当する前提Z「このままだと倒れる」、「具合が悪い」といった主語の内部に内在化された前提を持つ。Zは need to というスペース導入語句によって構築されたスペースN(eed to)に構造を付与される。(99)の場合、前提ZはNの親スペースRに受け継がれる。よって、「このままだと倒れる」、「具合が悪い」という状況は、聞き手のカールにとっても自明な状況となっている。

(100) I need to における親スペースによって受け継がれた動機づけ：

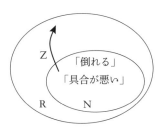

4. 終わりに

　本研究は、動機づけとメンタル・スペースの概念を用い、(i) need to と have to にも「束縛的モダリティには原則として動機づけの関与がある」という原則が当てはまること、(ii) 両表現は、義務の強さ、種類、特定性、関連する言語行為の面で類似した特徴を有すること、(iii) 一人称単数主語が用いられ、動機づけが内在化されるケースにおいて need to と have to は振る舞いを異にすること、(iv) 動機づけが内在化される際、前提が現実スペースに受け継がれることを論じた。

　最後に、本稿がモダリティ研究に与える implication に触れておきたい。澤田（2018: 6）では、モダリティは（101）のように特徴づけられている（澤田 2006: 2 参照）。

(101) モダリティとは、事柄（すなわち、素材、命題内容）に関して、単にそれがある（もしくは真である）と述べるのではなく、その事柄に関する情報はどのようにしてもたらされたのか、その事柄はどのようにあるのか、あるべきなのかということを表したり、その事柄に対する知覚や感情を表したりする意味論的なカテゴリーである。（澤田 2018: 6）

　Palmer（2003: 5）や澤田（2018: 6）で示唆されているように、モダリティは断言・確言をしない表現／断言・確言を避ける表現と関連すると思われる。（101）の特徴づけによれば、モダリティは

言語主体による事柄の捉え方と深く関わっている。たとえば、「その事柄はどのようにあるべきなのか」を問題にする場合、「なぜ、何のために、どのような目的で、そうあるべきなのか」がポイントになり得る。同じく、「義務づけ」といっても、話し手の心的態度、義務の性格、動機づけの好ましさ、あるいは場面などによって表現は変化する。本稿の目的は、「動機づけ」と「メンタル・スペース」の観点からその一端を解明することにあった。

付記　本研究は学術研究助成基金助成金（基盤研究（C）（18K00671））を受けたものである。

---

*1　Duffley（1994: 217, 224–226）は、Jacobsson（1974: 39）の分析する形で、(i) のような場合、(ii) のように、have to と同様に外的環境によって課される義務が表されているとしている。

(i)　The slums *need to* be replaced by good housing.

(Duffley（1994: 217, 225））

(ii)　... the notion of a *need* internal to the subject is not applicable to all uses of the full verb. Nevertheless, this sentence can be said to evoke a need as having a real existence of its own.　（Duffley（1994: 226））

*2　Leech によれば、ポライトネスの方略により、have to は間接的に話し手の関与を含意することがある。たとえば、Someone will have to do the shopping（e.g. spoken by one spouse to the other）は「私はそれをあなたにして欲しい」を含意する場合がある。Smith（2003: 245）が述べるように、話し手が何かの利益を得ようとして、need to の内的義務性を利用することがあるとするとすれば、Leech の分析は、need to にも当てはまると言えよう。

*3　次の例を考えてみよう。

(i)　Tim sent Tom some poison.

(ii)　The warden issued the prisoners handcuffs.

((i)–(ii) : Wierzbicka（1988: 362））

(i) と (ii) は、それぞれ、「ティムはトムに毒物を送った」と「看取長が囚人に手錠を発行した」というものである。これらの「内的与格構文」（internal dative construction）においては、一見否定的な含意がありそうな文であっても、それぞれの行為の結果は、ターゲットの人物にとっては好ましいものになり得る（Wierzbicka（1988: 362））。

参考文献

Aijmer, Karin. (1972) *Some Aspects of Psychological Predicates in English*. Stockholm: Almqvist & Wiksell.

Boogaart, Ronny and Egbert Fortuin. (2016) Modality and Mood in Cognitive Linguistics and Construction Grammars. In Nuyts, Jan and Johan Van Der Auwera (eds.) *The Oxford Handbook of Modality and Mood*, pp.514–533. Oxford: Oxford University Press.

Coates, Jennifer. (1983) *The Semantics of the Modal Auxiliaries*. London: Croom Helm.

Collins, Peter. (2009) *Modals and Quasi-modals in English*. New York: Rodopi B. V.

Bybee, Joan L., William Pagliuca, and Revere Perkins. (1991) Back to the Future. In Traugott, Elizabeth C. and Bernd Heine (eds.) *Approaches to Grammaticalization Vol 2. Focus on Types of Grammatical Markers*, pp.17–58. Amsterdam: Benjamins.

Bybee, Joan L., William Pagliuca, and Revere Perkins. (1994) *The Evolution of Grammar: Tense, Aspect, and Modality in the Languages of the World*. Chicago: Chicago University Press.

Dixon, R. M. W. (1991) *A New Approach to English Grammar, on Semantic Principles*. Oxford: Clarendon Press.

Duffley, Patric. (1994) *Need* and *Dare*: The Black Sheep of the Modal Family. *Lingua* 94: pp.213–243.

Harder, Peter. (1996) *Functional Semantics: A Theory of Meaning, Structure and Tense in English*. Berlin: Walther de Gruyter.

Jacobsson, Bengt. (1974) The Auxiliary *Need*. *English Studies* 55: pp.56–63.

Johnson, Mark. (1987) *The Body in the Mind: The Bodily Basis of Meaning, Imagination, and Reason*. Chicago: University of Chicago Press.

Lakoff, Robin. (1971) If's, And's, and But's about Conjunction. In Charles J. Fillmore and D. Terence Langendoen. (eds.) *Studies in Linguistic Semantics*, pp.114–149. New York: Holt, Rinehart, and Winston.

Lakoff, Robin. (1972) Language in Context. *Language* 48: pp.907–927.

Langacker, Ronald W. (1991) *Foundation of Cognitive Grammar, vol. II: Descriptive Application*. Stanford: Stanford University Press.

Langacker, Ronald W. (2004) Aspects of the Grammar of Finite Clauses. In Michel, Achard and Suzanne Kemmer. (eds.) *Language, Culture and Mind*, pp.535–577. Stanford: CSLI Publications.

Larkin, Don. (1976) Some Notes on English Modals. In James D. McCawley. (ed.) *Syntax and Semantics. Vol.7: Notes from the Linguistic Underground*, pp.387–398. New York: Academic Press.

Larreya, Paul. (2003) Irrealis, Past Time Reference and Modality." In Facchinetti, Roberta, Manfred Krug, and Frank Palmer (eds.) *Modality in Contemporary English*, pp.21–46. Berlin: Mouton de Gruyter.

Leech, Geoffrey. (2003) Modality on the Move: The English Modal Auxiliaries 1961–1992. In Facchinetti, Roberta, Manfred Krug, and Frank Palmer. (eds.) *Modality in Contemporary English*, pp 223–240. Berlin: Mouton de Gruyter.

Leech, Geoffrey. (2004) *Meaning and the English Verb*. Third Edition. Tokyo: Hituzi Syobo /London: Longman.

Lunn, Patricia. (1995) The Evaluative Function of the Spanish Subjunctive. In Bybee, Joan and Suzanne Fleischman. (eds.) *Modality in Grammar and Discourse*, pp.429–449. Amsterdam: John Benjamins.

Mejias-Bikandi, Errapel. (1996) Space Accessibility and Mood in Spanish. In Fauconnier, Gilles and Eve Sweetser. (eds.) *Spaces, Worlds, and Grammar*, pp.157–178. Chicago: The University of Chicago Press.

長友俊一郎（2009）『束縛的モダリティと英語法助動詞』リーベル出版.

長友俊一郎（2012）「英語モダリティと動機づけ」澤田治美編『ひつじ意味論講座　第4巻　モダリティⅡ：事例研究』pp.17–35. ひつじ書房.

長友俊一郎（2013）「束縛的モダリティを表す（疑似）法助動詞をめぐって」『平成25年度科学研究費による国際モダリティワークショップ―モダリティに関する意味論的・語用論的研究―発表論文集』4: pp.75–102. モダリティ研究会.

Perkins, Michael R. (1983) *Modal Expressions in English*. London: Frances Pinter.

Palmer, Frank R. (1976) *Modality and the English Modals*. London: Longman.

Palmer, Frank R. (1990) *Modality and the English Modals*. Second Edition. London: Longman.

Palmer, Frank R. (2003) Modality in English: Theoretical, Descriptive, and Typological Issues. In Facchinetti, Roberta, Manfred Krug, and Frank Palmer. (eds.) *Modality in Contemporary English*, pp 1–20. Berlin: Mouton de Gruyter.

Quirk, Randolph., Sidney Greenbaum, Geoffrey Leech, and Jan Svartvik. (1985) *A Comprehensive Grammar of the English Language*. London: Longman.

澤田治美（1999）「語用論と心的態度の接点」『言語』28（6）：pp.58–63. 大修館書店.

澤田治美（2006）『モダリティ』開拓社.

澤田治美（2018）『意味解釈の中のモダリティ（上）』開拓社.

Smith, Nicholas. (2003) Changes in the Modals and Semi-modals of Strong Obligation and Epistemic Necessity in Recent British English. In Facchinetti, Roberta, Manfred Krug, and Frank Palmer. (eds.) *Modality in Contemporary English*, pp.241–266. Berlin: Mouton de Gruyter.

Souesme, Jean-Claude. (2009) MAY in concessive contexts. In Salkie, Raphael, Busuttil, P. and van der Auwera, J. (eds.) *Modality in English: Theory and Description*, pp.159–176. Berlin: Mouton de Gruyter.

Swan, Michael. (2005) *Practical English Usage*. Third edition. Oxford: Oxford University Press.

Sweetser, Eve. (1990) *From Etymology to Pragmatics: Metaphorical and Cultural Aspects of Semantic Structure.* Cambridge: University of Cambridge Press.

Tregidgo, P. S. (1982) MUST and MAY: Demand and Permission. *Lingua* 56:75–92.

Westney, Paul. (1995) *Modals and Periphrastics in English Equivalents.* Tübingen: Niemeyer.

Wierzbicka, Anna. (1988) *The Semantics of Grammar.* Amsterdam: John Benjamins.

例文出典文学作品

Atwood, Margaret. 2000. *The Blind Assassin.* New York: Anchor Books.

Paretsky, Sara. 1994. *Tunnel Vision.* New York: A Dell Book.

Paretsky, Sara. 2001. *Total Recall.* New York: A Dell Book.

辞書・コーパス

OALD: Hornby, A. S. (2000) Oxford Advanced Leaner's Dictionary of Current English. Sixth edition. Wehmeier, Sally (ed.) Oxford: Oxford University Press.

BNC: British National Corpus

COCA: Corpus of Contemporary American English.

IV

命題・文に対する態度

Propositional and Sentential Attitudes

Logic and lexical semantics of propositional attitudes

Daniel Vanderveken

Abstract

According to the standard logic of attitudes human agents are logically omniscient and either perfectly rational or completely irrational. I will formulate a more adequate logic of attitudes that accounts for our imperfect but minimal rationality and is compatible with contemporary philosophy of mind. My primary purpose will be here to explicate possession and satisfaction conditions of *propositional attitudes* which are the simplest attitudes of individual agents at a single moment of time. Propositional attitudes consist of a psychological mode M with a propositional content P. In my view psychological modes have other components than their basic Cartesian category of cognition and volition. I will define recursively the set of all psychological modes and I will characterize the intentionality and rationality of agents having propositional attitudes. Agents of voluntary actions and illocutionary acts have intentions and other propositional attitudes. In performing *elementary illocutions* like assertions and requests speakers express propositional attitudes like beliefs and wishes. One can integrate my logic of attitudes within a general theory of actions and illocutions explicating the primacy of intentional actions and their success-conditions. I will explain why propositions with the same truth-conditions are not the contents of the same propositional attitudes and elementary illocutions and why we, human agents, are neither logically omniscient nor perfectly rational but always remain minimally rational in the exercise of thought and language use. I will provide a reasoned lexical analysis of a lot of English terms naming kinds of propositional attitudes.

(態度に関する標準的な論理によるならば、人間の動作主は、論理的に全知であり、完全に合理的であるか、完全に非合理的であるかのいずれかである。筆者は、態度に関するより妥当な論理を提案する。この論理は、動作主が有する不完全であるが最小限の合理性を説明し、また、精神の現代哲学と両立するものである。本稿の主たる目的は、「命題態度」(propositional attitudes) の所有と充足の条件を明らかにすることである。この命題態度は、ある瞬間における個々の動作主の最も単純な態度である。命題態度は、命題内容 P を持つ心理的モード M から構成されている。筆者の見解では、心理的モードは、認識と意志というデカルト的カテゴリー以外の構成要素を有している。本稿では、すべての心理的モードの集合を再帰的に定義し、命題態度を持つ動作主の志向性と合理性を特徴づける。自由意志的行為と発語内行為の動作主は、意図や意図以外の命題態度も有している。例えば、確言、依頼といった「基本的発語内行為」(elementary illocutions) を遂行する際には、話し手は、信念、願望といった命題態度を表出している。態度に関する筆者の論理は、意図的な行為とその成功条件の最重要性を明らかにする、行為と発語内行為の一般理論の中に組み込むことが可能である。本稿では、同一の真理条件を持つ命題が同一の命題態度や基本的発語内行為の命題内容となるわけではないのはなぜか、さらには、人間の動作主が、論理的に全知でも完全に合理的でもなく、思惟活動と言語使用において、変わることなく常に最小限に合理的であるのはなぜかについて説明し、様々な命題態度を命名する多数の英語の語彙に関する論理的な語彙分析を提出する。)

Keywords

Propositional Attitudes, psychological mode, propositional content, conditions of possession and satisfaction of attitudes, propositional identity, intentionality, minimal rationality, psychological commitment, logic of attitudes, lexical semantics of English attitude verbs

1. Introduction

As Brentano pointed out, agents of attitudes and voluntary actions have *intentionality*: they are *directed at* objects and facts of the world. The *possession* and *satisfaction conditions* of attitudes are logically related. Whoever *possesses* an attitude can determine what must happen in the world in order that his attitude be satisfied. Beliefs are *satisfied* when they are *true* and desires when they are *realized*. To believe is to represent how things are in the world and to desire how one would prefer things to be in the world. Attitudes are logically related in various ways by their possession and satisfaction conditions. Certain attitudes are *incompatible*: no agent could simultaneously possess them. One cannot intend to do something and believe that one is unable to do it. Other attitudes cannot be simultaneously satisfied, for example beliefs whose propositional contents are incompatible. There are four basic logical *relations* of *implication* between attitudes. Certain attitudes *strongly commit* their agent to having others: one could not possess them without possessing the others. Whoever enjoys something desires it. Some attitudes have more satisfaction-conditions than others. When an aspiration is fulfilled so is the corresponding hope. One cannot possess certain attitudes unless others are satisfied. Whoever knows something has a true belief. Conversely, some attitudes cannot be satisfied unless others are possessed. Whoever executes a project possesses the intention of executing that project. The single most important objective of the logic of attitudes is to formulate all fundamental laws governing their conditions of possession and satisfaction.

Propositional attitudes of the form *M(P)* with a *psychological mode M* and a *propositional content P* are the simplest kinds of *first-level* attitudes of individual agents at a single moment of time. Their analysis is important for the purpose of illocutionary logic (Searle and Vanderveken (1985) and Vanderveken (1990–1991, 2001, 2004) which aims to analyze the felicity-conditions of *illocutionary acts* that are the primary units of meaning in the use of language. For illocutions (like assertions, promises, requests, refusals, permissions, gifts, etc.) are intrinsically intentional actions. Whoever attempts to perform an illocution intends to perform that illocution and believes to be able to perform it. In performing elementary illocutions with a *force F* and *a propositional content P* speakers *express propositional attitudes* of the form *M(P) about the fact* represented by that content. In making an assertion they express a belief in the existence of the represented fact. In making a request they express a wish that the hearer does the requested action.

According to Hintikka (1962), human agents are either perfectly rational or totally irrational. I will advocate an intermediate position according to which they are not perfectly but minimally rational. In order to account for *minimal rationality* I will exploit the resources of a non-classical *predicative logic* that distinguishes propositions with the same truth-conditions that do not have the same cognitive or volitive value. I will first explain my analysis of propositions. Next I will analyze components of psychological modes and explicate possession and satisfaction-conditions of propositional attitudes. I will explicate why we are imperfectly and minimally rational. At the end, I will formulate my lexical analysis of English terms naming attitudes and draw semantic tableaux showing relations of comparative strength between psychological modes.

2. Analysis of propositional contents of attitudes

Propositions with the same truth-conditions are not the contents of the same attitudes and illocutions. We do not know the necessary truth of many propositions. We have to learn most *essential properties* that objects *really* possess in every possible circumstance. One essential property of each human agent is to have certain parents. Some of us do not know their parents. Others are wrong about their identity; they have then necessary false beliefs.

According to standard epistemic logic, possible circumstances are compatible with the truth of agents' beliefs at each moment of time. An agent *believes a proposition* when that proposition is true in all possible circumstances that are compatible with what that agent then believes. So human agents are *logically omniscient*. They believe all necessarily true propositions and their beliefs are closed under logical implication. Moreover, they are either *perfectly rational* (when at least one possible circumstance is compatible with what they believe) or they are totally irrational and they believe every proposition.

One could consider *impossible circumstances* where necessarily false propositions would be true. But this assumption is *ad hoc* and neither necessary nor sufficient. In my approach, all *circumstances* remain *possible*. So objects keep their essential properties and necessarily false propositions remain false in all circumstances. In order to account for human inconsistency, let us distinguish formally *subjective* and *objective possibilities*. My non-classical propositional logic (Vanderveken 2005, 2015) is *predicative*: it considers acts of predication that we make in expressing propositions. Each proposition has a finite *structure of propositional constituents*. It predicates *properties* or *relations* of *objects subsumed under concepts*. We understand a proposition when we understand which attributes objects of reference must possess in a possible circumstance in order that this proposition be true in that circumstance. As Frege (1977) pointed out, we always *refer to* objects by subsuming them under senses. We have in mind *concepts* of individuals and we *indirectly* refer to them through these concepts. Our attitudes are directed towards *individuals under a concept* (an *individual concept*) rather than towards pure individuals. By recognizing the indispensable role of concepts in reference, predicative logic explains referential opacity and accounts for attitudes directed towards inexistent and impossible objects.

Logic needs a *better explication of truth-conditions*. We understand most propositions without knowing in which possible circumstances they are true, because we ignore *real denotations* of most attributes and concepts in many circumstances. One can refer to a friend's wife without knowing who she is. However we can always think of persons who could be his wife. So in any possible use of language, there are many *possible denotation assignments to attributes and concepts* in addition to the standard *real denotation assignment* which associates with each propositional constituent its *actual denotation* in every possible circumstance. They are functions associating with each individual concept a unique individual or no individual at all in every possible circumstance. According to the real denotation assignment, my friend's wife now is his real wife when he is married and nobody otherwise. According to other possible denotation assignments, his wife can be another person. All possible denotation assignments respect *meaning postulates* that we internalize in learning language. According to any, a wife is a woman. When we conceive concepts and attributes, only some possible denotation assignments to them *are compatible with* our beliefs. Suppose that according to me your wife is 30 years old. Possible denotation assignments according to which you are married to an older woman are then incompatible with my beliefs. In my logic possible denotation assignments rather than possible circumstances are compatible with agents' attitudes. So I account for subjective possibilities.

My truth definition is relative to both possible circumstances and denotation assignments. An elementary proposition predicating an extensional property of an object under a concept is true in a circumstance according to a denotation assignment when according to that assignment the object which falls under that concept has that property in that circumstance. In understanding most propositions we do not know whether they are true or false. We just know that their truth in a circumstance is compatible with certain possible denotation assignments to their constituents. Of course, in order to be *true in a circum-*

522   Daniel Vanderveken

stance a proposition has to be *true in that circumstance according to the real denotation assignment.*

Identical propositions make the same predications and are true in the same circumstances according to the same possible denotation assignments. My finer criterion of propositional identity explains why many logically equivalent propositions have a different cognitive or volitive value. Propositions requiring different predications have a different structure of constituents. So are propositions that mothers are women and that erythrocytes are red. One can understand one without understanding the other. My logic also distinguishes propositions that we do not understand to be equivalent: they are not true according to the same possible denotation assignments to their senses. So are necessary propositions that whales are animals and that whales are mammals. Few necessarily true propositions are *obvious tautologies* that we know *a priori*. A proposition is *necessarily true* when it is true in every possible circumstance according to the real denotation assignment. In order to be *obviously tautological*, that proposition must be true in every circumstance according to every denotation assignment to its constituent senses. Unlike the proposition that my mother is a woman, the necessarily true proposition that she is Gabrielle Charron is not obviously tautological. A proposition is *subjectively possible* when it is true in a possible circumstance according to at least one possible denotation assignment. In order to be *objectively possible* it must be true in a circumstance according to the real denotation assignment.

Philosophical logic requires a *ramified conception of time* compatible with indeterminism. Our attitudes and actions are undetermined. When we do or think something, we could have done or thought something else. In branching time, a *moment* is a complete possible state of the actual world at a certain instant and the *temporal relation* of *anteriority / posteriority* between moments is partial rather than linear. There is a single causal route to the past. However, there are multiple future routes. The set of moments of time is a *tree-like frame* of the following form:

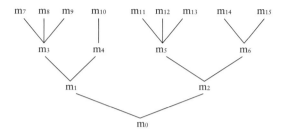

A maximal chain h of moments of time is called a *history*. It represents a *possible course of history of our world*. As Belnap (2001) pointed out, each *possible circumstance* is a pair of a moment m and of a history h to which that moment belongs. Thanks to histories temporal logic can explicate settled truth and historic necessity. Certain propositions are true at a moment according to all histories. Their truth is then *settled at that moment* no matter how the world continues. So are propositions according to which agents possess propositional attitudes. Whoever desires something at a moment then desires that thing no matter what happens later. Contrary to the past, the future is open. The world can continue in various ways after indeterminist moments. The truth of future propositions is not settled at such moments. For their actual future continuation is not then determined.

As Ockham (1321–23) pointed out, if the world continues after a moment, it will continue in a unique way. The actual historic continuation of each non-final moment is unique even if it is still undetermined at that moment. Human agents, who are directed by virtue of their intentionality towards things and facts of the world, are intrinsically oriented at each moment towards the real continuation of the world. We all ignore now how the world will continue but we distinguish at each moment the real continuation of that moment from other possible continuations. Whoever foresees or wishes future facts foresees or wishes that these facts happen in the real future. In my approach

(Vanderveken 2013) our first-level illocutions and attitudes at each moment have or will have a certain satisfaction value, which is still undetermined when they have a future propositional content. In order to keep a present promise and execute a present intention to do things later, an agent must do these things in the real continuation of the world.

According to my temporal logic every moment m has a *proper history* in each interpretation. When a moment continues, all moments that belong to its proper history have the same historic continuation. A proposition is *true at a moment* according to a denotation assignment when it is then true in the history of that moment according to that assignment. Two moments of time are *coinstantaneous* when they belong to the same instant. Coinstantaneous moments are on the same horizontal line in each tree-like frame. One explicates *historic necessity* by quantifying over coinstantaneous moments. A proposition P is *historically necessary* at a moment when its truth is established at all coinstantaneous moments. It represents a fact which is not only established but inevitable. According to philosophy there are no inevitable actions and intentions. Moreover the possible causes and effects of actions of any agent at a moment are limited to those which are possible outcomes of the way the world has been up to that moment. In order to explicate *historical relevance* we must consider coinstantaneous moments having the same past so-called *alternative moments*. m_{14} and m_{15} are alternative moments in the last figure. A proposition *is logically necessary* when it is true in all possible circumstances. It represents a fact which is always objectively inevitable. The notion of *obvious tautology* is the strongest modal notion. A proposition is *obviously tautological* when it is true in every possible circumstance according to any possible denotation assignment. It represents a fact which is analytically inevitable subjectively as well as objectively.

3. My new approach in the logic of propositional attitudes

Our attitudes concern objects that we represent under concepts. Each agent has consciously or potentially in mind at each moment a certain set of attributes and concepts. In order to have a propositional attitude one must have in mind all attributes and concepts of its content. Otherwise, one would be unable to determine under which conditions that attitude is satisfied. As Wittgenstein (1953) pointed out, an attitude with entirely undetermined satisfaction-conditions would be an attitude without content. It would not be an attitude.

Secondly, possible denotation assignments to propositional constituents rather than possible circumstances are compatible with the satisfaction of agents' attitudes (Vanderveken 2008, 2009, 2011a). So there corresponds to each agent a and moment m in each interpretation a unique set $Belief_m^a$ of possible denotation assignments to attributes and concepts that are compatible with the truth of beliefs of that agent at that moment. When an agent a has no attribute or concept in mind at moment m, all possible denotation assignments to senses belong to $Belief_m^a$. That agent has then no attitudes. Otherwise, some but not all denotation assignments are compatible with the truth of his beliefs at that moment. Whoever thinks respects meaning postulates governing senses. In my view, an agent a *believes a proposition* at a moment m when he has then in mind all its concepts and attributes and that proposition is true at that moment according to all possible denotation assignments of $Belief_m^a$ compatible with the truth of his beliefs at that moment.

Similarly, to each agent a and moment m there corresponds in each interpretation a unique nonempty set $Desire_m^a$ of possible denotation assignments to attributes and concepts that are compatible with the realization of all desires of that agent at that moment. There is a difference between desire and belief. Agents can believe, but they cannot desire, that objects have properties without believing that they could be otherwise. For any desire contains a *preference*. Whoever desires something distinguishes two different ways in which objects could be in the actual world. In the preferred ways objects are in the world as the agent desires, in the other ways, they are not. The agent's desire is realized in the first case, it is unrealized in the second case. In order that an agent *a desires the fact represented by a proposition P* at a moment *m*, it is not enough that he has then in mind all attributes and concepts of *P* and that the proposition *P* is true at that moment according to all denotation assignments compatible with the realization of his desire at that moment. That proposition must moreover be false in at least one circumstance according to him.

My analysis accounts for unconscious and conscious attitudes. Whoever has an unconscious belief or desire has unconsciously in mind some of its attributes and concepts. But he could then express them thanks to his language. It also explicates why *human agents are neither logically omniscient nor perfectly rational*. Agents do not have in mind all possible concepts and attributes. So they *ignore* the truth of many necessarily true propositions including obvious tautologies. Our knowledge is limited: we ignore which objects possess many properties in most circumstances, especially in future circumstances. Assignments associating different denotations to these properties in these circumstances are then compatible with our beliefs. We have false beliefs and unsatisfied desires when the real denotation assignment is incompatible with the satisfaction of our beliefs and desires. Possible denotation assignments compatible with our beliefs and desires can violate essential properties of objects. In that case we have necessarily false beliefs and unrealizable desires. We are then *inconsistent.*

My predicative analysis explains why propositions true in the same circumstances are not the contents of the same beliefs and desires. We can believe necessary truths without believing others. We can also believe incompatible propositions that we do not understand to be incompatible. Few necessary truths or falsehoods are obvious tautologies or obvious contradictions.

However *human agents remain minimally rational*: they *are never totally irrational*. Agents cannot believe nor desire everything since some possible denotation assignments are compatible with the satisfaction of their attitudes. Moreover, whoever possesses certain attitudes is *committed to* possessing others. Indeed all denotation assignments compatible with our beliefs and desires respect meaning postulates. Human agents are therefore *minimally logically omniscient*: they cannot have in mind an obvious tautology without knowing that it is necessarily true. We can neither believe nor desire obviously contradictory things. Some hope that arithmetic is complete (a necessarily false proposition if Gödel is right). But agents could never believe nor desire both the completeness and the incompleteness of arithmetic.

Agents could not desire the existence of facts represented by obvious tautologies. One can desire to drink and desire not to drink. But one cannot desire to drink or not drink. My predicative logic explicates a new *strong* propositional *implication* that is much finer than logical implication and important for the analysis of strong and weak psychological and illocutionary commitments. A proposition *strongly implies* another when whoever expresses that proposition can express the other and it cannot be true in a circumstance according to a possible denotation assignment unless the other proposition is also true in that circumstance according to that assignment. *Strong implication is finite, tautological, paraconsistent, decidable* and *a priori known*. Whoever believes a proposition P does not believe many propositions containing new senses that P logically implies. But he believes all the propositions that P strongly implies because he knows that P could not be true otherwise. All rules of elimination of natural deduction generate strong implication because the senses of their conclusion are expressed by their premises.

528   Daniel Vanderveken

4. Analysis of psychological modes and propositional attitudes

Descartes (1649) analyzed a lot of attitudes. Contemporary logic only considers few paradigmatic attitudes, belief, knowledge, desire and intention. Descartes used the two basic categories of *cognition* and *volition* to analyze attitudes. Belief, conviction, persuasion, faith, confidence, knowledge, certainty, presumption, pride, vanity, arrogance, surprise, amazement, stupefaction, prevision, anticipation and expectation are cognitive attitudes. They all contain a belief. Desire, wish, will, intention, ambition, project, hope, satisfaction, pleasure, enjoyment, delight, gladness, joy, elation, amusement, fear, sadness, sorrow, grief and terror are volitive attitudes. They all contain a desire. I advocate a general category of volition applying to all kinds of desires directed towards the past (shame), the present (lust) or the future (aspiration), including desires known or believed to be satisfied (pleasure) or unsatisfied (regret) and desires directed at past actions that the agent would wish not to have done (remorse).

Descartes tended to reduce all such attitudes to beliefs and desires. However many different kinds of attitudes reduce to the same sums of beliefs and desires. Moreover, our intentions are more than a desire to do something with a belief that we are able to do it. *Beliefs* have the proper *mind-to-things direction of fit*. Whoever possesses a cognitive attitude intends to represent how things are then in the world. In order to be satisfied the propositional content of a cognitive attitude must correspond to things as they are or will be in the world. On the contrary, *desires* have the opposite *things-to-mind direction of fit*. Volitive attitudes are or will be satisfied only if things in the world fit their propositional content. Each direction of fit between mind and the world determines which side is at fault in case of dissatisfaction. When a belief turns out to be false, the agent is at fault, not the world. He should think differently about the world. In that case, the agent easily corrects the situation in changing his beliefs. However, when a desire turns out to be unsatisfied, it is not the agent but the world which is at fault. Objects should have been different. The agent sometimes corrects the situation in abandoning or changing his desire. When he keeps his desire he remains unsatisfied.

Psychological modes divide into other components than their *category of cognition* or *volition*. Complex modes have a *proper way* of believing or desiring, proper *conditions on their propositional content* or proper *preparatory conditions*. We feel our beliefs and desires in many ways. Many modes require a special *cognitive or volitive way* of believing or desiring. A *confidence* is a belief so evident that one feels *sure* of the existence of the represented fact (cognitive way and preparatory condition). *Knowledge* is a confidence based on a strong evidence that guarantees the truth of the belief. *Certainty* is a special kind of knowledge whose evidence makes the agent feel *certain* of the existence of the known fact (cognitive way). Whoever has an *intention* feels such a strong desire that he is disposed to *act* sooner or later in order to satisfy his desire. Sometimes the agent has a *prior intention*: he intends to act at a posterior moment in the real future in order to satisfy his desire. Often he has earlier formed that intention. Sometimes the agent intends to act at the very moment of his intention. He has then an *intention to act in the present*, an *intention in action* (Searle 1983). Whoever has the *intention to act in the present* forms his intention at that very moment and he then attempts to execute it. An intention in action is both a state and a mental act. Agents spontaneously form intentions in action like to move their body.

A *cognitive or volitive way* restricts the basic psychological categories of cognition or volition. Like forces, modes have *propositional content* and *preparatory conditions*. *Previsions* and *anticipations* are directed towards the future. *Intentions* are desires to carry out a present or future action. Any agent of an attitude or an illocution *presupposes* certain propositions. His attitude and illocution would be

530   Daniel Vanderveken

defective if these propositions were then false. *Promises* and *intentions* have the preparatory condition that the agent is then able to do the action represented by their propositional content. In the illocutionary case the speaker can lie in order to mislead the hearer. However no agent who has an attitude can lie to himself. So whoever has an attitude both believes and presupposes that the preparatory conditions are fulfilled.

I can now formally distinguish modes of attitudes which reduce to the same sums of beliefs and desires. They have different additional components. Possession-conditions of propositional attitudes are entirely determined by components of their mode and their propositional content. An agent *a possesses a cognitive (or volitive) attitude of the form M(P) at a moment m* when he then *believes* (or *desires*) the propositional content P, he feels that belief or desire that P *in the cognitive or volitive way* ω_M proper to psychological mode M, the *proposition P then satisfies propositional content conditions* θ_M and finally that *agent then presupposes and believes all* propositions determined by *preparatory conditions* $\sum_M$ of mode M with respect to the content P. Thus an agent *intends P* at a moment when proposition P then represents a present or future action of that agent, he desires so much that action that he is disposed to doing it and moreover he then presupposes and believes that he can do it. An *attitude strongly commits an agent to another at a moment* when he could not then have that attitude without having the second. Some attitudes strongly commit the agent to another at particular moments. Whoever believes now that it will rain tomorrow foresees rain tomorrow. The day after tomorrow the same belief won't be a prevision. An attitude *contains another* when it strongly commits any agent to that other attitude at any moment.

There are *strong and weak psychological commitments*, just as there are strong and weak illocutionary commitments. An illocution *strongly commits the speaker to* another when he could not then perform that illocution without performing the other. All predictions contain an assertion but not conversely. Assertions about the past are not predictions. As Searle and I pointed out, speakers are *weakly committed* to illocutions that they do not overtly perform. Whoever promises to be kind to every man is weakly committed to promising to be kind to you, even if he does not make any reference to you and does not overtly make the second promise. There is a reflexive and symmetrical relation of *agentive compatibility* in the logic of action (Vanderveken 2005b, 2014). Two moments are *compatible as regards an agent* when that agent could simultaneously perform all actions that he performs at these two moments. In my approach (Vanderveken 2004, 2013) a speaker is *weakly committed* to an illocution at a moment when he could perform that illocution at any moment that is compatible as regards him. For he could perform that illocution in any context which is illocutionarily compatible with the context of utterance.

Similarly let us distinguish between the overt possession of and a weak commitment to an attitude. Whoever believes that every man is mortal is weakly committed to believing that Nebuchadnezzar is mortal, even when he has not Nebuchadnezzar's concept in mind and does not then overtly possess the second belief. One explicates weak psychological commitments of agents by quantifying over the set of moments that are psychologically compatible with their attitudes at every moment. Two moments m and m' are *psychologically compatible as regard an agent* in an interpretation when that agent could have all the attitudes that he has at both moments. In that case he could of course make at one moment all actions that he makes at the other moment. The two relations of *psychological compatibility* and of *agentive compatibility* between moments are identical. An agent is *weakly committed* to an attitude at a moment when he could have that attitude at any moment psychologically compatible with that moment as regards him. When an illocution weakly or strongly commits the speaker to another, the attitudes that he expresses in performing that illocution weakly or strongly commit him to the attitudes that he expresses in performing the other.

There is a *recursive definition of the set of all psychological modes*. The two primitive modes of *belief* and *desire* are the simplest cognitive and volitive modes. All other more complex modes are obtained by adding to one primitive mode finitely many special cognitive or volitive ways, propositional content conditions or preparatory conditions. The mode of *prevision* $M_{foresee}$ is obtained by adding to the mode of belief the propositional content condition θ_{future} that associates with each agent and moment the set of propositions that are future with respect to that moment. $M_{foresee} = [\theta_{future}]Belief$. Whoever makes a prediction expresses a prevision. A *forecast* is often a weather prevision or prediction (propositional content condition). The mode of *expectation* is obtained from prevision by adding the cognitive way that the agent is then in a state of expectation. $M_{expect} = [\omega_{expectation}]M_{foresee}$. The mode of *hope* is obtained from *desire* by adding the cognitive way that the agent is then uncertain as regards the existence and the inexistence of the represented fact and the preparatory condition that that fact is then possible. The mode of *satisfaction* is obtained from *desire* by adding the *preparatory condition* that the desired fact exists. The mode of *contentment* has, in addition, the *volitive way* that the agent is so satisfied that he is content and the preparatory condition that the desired fact is good for him. Because all operations on psychological modes add new components, they generate *stronger* modes. Attitudes $M(P)$ with a complex mode *contains* attitudes $M'(P)$ whose modes have less components.

The notion of *satisfaction condition* is based on *correspondence*. Agents of attitudes and illocutions are directed towards facts of the world; they generally establish a correspondence between their ideas and their words and represented things. Their attitudes and illocutions have for that reason *satisfaction-conditions*. In order that the attitude or illocution of an agent at a moment be *satisfied*, his ideas or words must correspond to represented things in the history of that moment in the world. Agents live in an indeterminist world. Their future is open. At each moment where they think and act they ignore how the world will continue. However, their attitudes and actions are directed toward the real historic continuation. In order that a present wish directed at the future be satisfied, it is not enough that things will be at a posterior moment as the agent now desires. They must be so later in the real future. So the *satisfaction* of propositional attitudes and elementary illocutionary acts of an agent at a moment requires the *truth at that very moment* of their propositional content in its proper history. The notion of *satisfaction* is a generalization of *actual truth* that covers attitudes and illocutions with a nonempty direction of fit. Just as a *belief* and an *assertion* are *satisfied* at a moment when they are *then true*, a *wish* and a *desire* are *satisfied* when they are *then realized*; a *directive* when it is then *followed*, a *prevision*, an *expectation*, a *hope* and an *aspiration* when they are then *fulfilled*; an *intention* and a *project* when they are *then executed*, a *promise* when it is then *kept* and a *fear* and a *fright* when the feared thing does not *then* happen.

There are four possible directions of fit between ideas and things, just as there are four possible directions of fit between words and things. Like assertive illocutions, *cognitive attitudes* have the *mind-to-world direction of fit*. In order to be *satisfied* their propositional content must be *true* at the moment under consideration or turn to be *true* in its real historic continuation. The agent's ideas must correspond to things as they are then or will become in the world. In the cognitive case, when the agent realizes that there is no correspondence, he immediately changes his ideas. This is why the *truth predicates* characterize well *satisfaction* and *dissatisfaction* for *cognitive* attitudes and *assertive* illocutions. However, truth predicates do not apply to *volitive* attitudes and *commissive* and *directive* illocutions whose direction of fit goes from things to ideas or to words. For the world and not the agent is at fault in the case of dissatisfaction of these attitudes and illocutions. The agent can keep his ideas and remains dissatisfied. Generally agents having a *volitive* attitude *desire the fact* represented by the propositional content *no matter how that fact turns to be existent in the world*. So most volitive attitudes that agents have at a moment are or will be *satisfied* when their content is or turns to be true, no matter for which reason. Things are then such as the agent desires them to be, no matter what is the cause of their existence. The satisfaction of a wish depends on the course of nature or on the good will of someone else.

The only exceptions to this rule are *volitive attitudes* like *will, intentions, projects, pretensions* and *ambitions* whose proper volitive way requires that things fit the agent's ideas because he wants them in that way. The volitive modes of *will* and *intention* have the preparatory condition that the agent has *means* in order to satisfy his desire. Such attitudes and illocutions expressing them (orders, commands, pledges and promises) have *self-referential satisfaction-conditions*. Their satisfaction requires that the represented fact turns to be existent in order to satisfy them. So in order to execute a prior intention, an agent must do more than realize the intended action in the real future; he must realize that action because of that previous intention. If the agent does not act for that reason, (if he has forgotten the intention or does not act freely), he does not then execute his prior intention. Like illocutionary logic, my logic of attitudes explains self-referential satisfaction by relying on *intentional causation*. The agent's attitude is then a *practical reason* why the represented fact turns to be existent.

Agents of attitudes like *joy, gladness, pride, pleasure, regret, sadness, sorrow,* and *shame* do not establish a correspondence between their ideas and things in the world. They just presuppose either correspondence or lack of correspondence. In the case of *joy, gladness, pride* and *pleasure*, they believe that the desired fact exists. In the case of *regret, sorrow* and *shame*, they believe that it does not exist. The first attitudes have the special preparatory condition that their propositional content is then true, the second that it is then false. Volitive attitudes with such special *preparatory conditions* have the *empty direction of fit*. They do not have *satisfaction-conditions*. They are just *appropriate* or *inappropriate*. They are appropriate when their preparatory condition of actual truth or falsehood is fulfilled and when their proper psychological mode suits the represented fact. No agent should be ashamed of an action that he has not made or that is exemplary and good. As de Sousa Melo (2002) showed, declaratory acts of thought have the *double direction of fit between mind and world*. In making verbal and mental *declarations*, the speaker changes represented things of the world just by way of thinking or saying that he is changing them. We can define a new concept by making a mental declaration. In that case, our mind gives a definition. *Attitudes* which are *states* and not *mental actions* cannot have the double direction of fit.

5. Lexical analysis of English terms naming propositional attitudes

There is *no one-to-one correspondence* between psychological modes and English words naming attitudes. Certain modes are not lexicalized. Many words naming attitudes are ambiguous. Some like "agreement" name *speech-acts* and *attitudes*. One can *give* one's agreement and *be* in a state of agreement. The named attitude is a sincerity condition of the named illocution. Words like "sure" name different modes. One can be *sure* that a fact happened (cognitive mode) and that one will act (volitive mode). The named cognitive and volitive modes have the same component (the special *way* of being in a state of *confidence*). Certain words are ambiguous in the two ways. One can verbally agree with someone that a proposition is true (assertive illocution) and to do something (commissive illocution). One can have a cognitive and a volitive attitude of agreement.

Furthermore many expressions having the same syntactical behavior name kinds of attitudes whose logical form is different. Unlike "desire", "wish" and "will", terms like "regret", "deception", "fear" and "sorrow" name forms of propositional attitudes rather than psychological modes. A *regret* is not a volitive attitude with the mode of regret. It is a *desire* of the negation ¬P of its propositional content which has the preparatory conditions that that content is false and that the agent previously hoped that it would be true. There are *complex attitudes* irreducible to propositional attitudes. So are *conditional attitudes* like conditional intentions and *denegations* and *sums of simpler attitudes* (Vanderveken 2017). One possesses the *denegation of an attitude* like a disbelief when one feels that one does not possess the denegated attitude (the belief). A *doubt* is the sum of three attitudes. Whoever *doubts* whether P disbelieves P, disbelieves the negation of P and believes that P is possible.

The object-language of my logic is *ideographical.* The apparent syntactic forms of terms naming modes show their components. We know that an *expectation* is a *prevision* and a *prevision* a *belief.* That strong psychological commitment is visible in my ideography where $M_{foresee}$ = $[\theta_{future}]Belief$ and M_{expect} = $[\omega_{expectation}]M_{foresee}$. Complex mode-terms show how stronger modes are obtained from simpler. Attitudes whose modes contain opposite components are incompatible.

My reasoned analysis of English words naming attitudes explains which name stronger, weaker or incompatible attitudes. Let me now analyze new modes named by English terms. Let us begin with cognitive modes. To be *convicted* of something is to be cognitively sure of it because one is convicted. A *conviction* is a confidence with the preparatory condition that one is convicted. The mode of *persuasion* is obtained from that of conviction by adding the preparatory condition that one is persuaded. Conviction and persuasion are perlocutionary acts which consist in provoking a belief in the mind of someone. To have *faith* is to be so persuaded that one feels a complete confidence (cognitive way and propositional content condition). *Trust* is a special kind faith directed at the behavior of a person.

The attitude of *pride* is both cognitive and volitive. To be *proud* is to feel a strong belief and pleasure over achievements or qualities of oneself or of close agents. The cognitive and volitive ways of the mode of pride determine the special propositional content condition that it represents a fact concerning the person of the agent and the preparatory condition that the fact exists and is good for him. *Vanity* is excessive pride (cognitive and volitive mode and preparatory condition) and *arrogance* exaggerated vanity (preparatory condition). To be *haughty* is to be arrogantly superior and disdainful (volitive way and propositional content and preparatory conditions). *Pretention* is a vanity that is a claim, sometimes not founded (cognitive and volitive way). A *surprise* is a belief surprising the agent (cognitive way) whose content represents a fact unexpected by him (preparatory conditions). An *astonishment* is a surprise which puts the agent in a state of astonishment and a *stupefaction* an astonishment that stupefies the agent (more and more special cognitive ways). Presuppositions, assumptions and presumptions are speech-acts and attitudes. A *presupposition* is an implicit belief that one expects to be true and shared (preparatory condition) often based on a speech-act of presupposition. An *assumption* is a presupposition that one assumes to be true (preparatory condition). To *presume* is to assume something that is not known but acceptable and sometimes required by law (the presumption of innocence) in the absence of reasons to the contrary (more preparatory conditions).

The *cognitive mode* of *agreement* or *accord* is obtained from belief by adding the preparatory condition that one is in agreement with someone, just as the *assertive force of agreement* is obtained from assertion by adding the preparatory condition that one shares the expressed belief. A cognitive *disagreement* or *discord* is the illocutionary or psychological denegation of a cognitive agreement or accord. Assent, consent, acquiescing, complaisance and approbation are both cognitive modes and assertive forces. To *assent* is to agree with the additional preparatory condition that one is persuaded and the special mode of achievement or volitive way of some reluctance. A *dissent* is the denegation of an assent. To *consent* to the existence of a fact is to assent with the preparatory condition that one has reasons for disbelieving it and that one would not have adopted that belief if one had not been persuaded. To *acquiesce* is to consent with reluctance (preparatory condition and volitive way or mode of achievement). To be cognitively *complaisant* is to agree that a fact exists in order to please (propositional content condition and cognitive way). An *approbation* is a positive and favorable feeling of support for a fact or an action. An assertive or cognitive approbation is an assertion or belief that one supports a fact (propositional content condition) with the preparatory condition that it is good. To *recognize* is to believe or to assert something with the preparatory conditions that it was proposed by someone else and is against what one would have thought.

Here are new volitive modes. To have *appetite* is generally to desire to eat (special propositional content conditions). *Hunger* is a stronger volitive attitude than appetite. To be *hungry* is to desire to eat in feeling a strong need of food like hunger pangs (special volitive way). In one sense, *thirst* is a strong desire e.g. of revenge (volitive way with a strong degree of strength). To be *thirsty* is also to desire and feel a need to drink (volitive way and special propositional content condition). The mode of *hope* is obtained from *desire* by adding the special cognitive way that the agent is then uncertain as regards the existence and the inexistence of the represented fact and the preparatory condition that the fact is then favorable and possible. The volitive mode of *expectancy* has the additional propositional content condition that it is directed towards the future. $M_{\text{expectancy}} = [\theta_{\text{future}}] \, M_{\text{hope}}$. Hope can concern the past, expectancy always the future. The mode of *aspiration* is obtained from expectancy by adding the propositional content condition that it concerns the agent and the preparatory condition that it is a pursued goal. *Ambition* is a strong aspiration to achieve something important like wealth and glory (special volitive way and propositional content and preparatory conditions).

Pleasure is stronger than contentment and satisfaction. Whoever is *pleased* is so content that he feels pleasure. Whoever *enjoys* something is in a conscious state of pleasure. In the state of *lust* one feels sensual enjoyment (propositional content condition). *Concupiscence* is lust of the flesh (volitive mode). *Joy* is a state of great pleasure (special volitive way). To *rejoice* over something is to feel joy with the preparatory condition that it is very good. To be *merry* is to feel joy in being happy (special volitive way). To be *cheerful* is to be merry and in a state of good mood and gaiety (more special volitive way). The mode of *bliss* is stronger than that of cheerfulness. To be *blissful* is to be in a state of great happiness and serenity, sometimes even in ecstasy (volitive mood).

A *deception* is a regret with the preparatory conditions that the propositional content is false although the agent previously believed that it would be true. The attitudes of sadness, sorrow and terror are obtained from regret by putting the agent in more and more unpleasant states. To be *sad* is to regret in feeling sadness (volitive way). A *sorrow* is an intense sadness (more special volitive way). To be *terrified* is to be so sorry that one is in a conscious state of terror. To *fear* is to desire the inexistence of a fact that one presupposes possible but that one dislikes (special preparatory conditions). A *worry* is a fear that puts the agent in a state of concern and anxiety (special volitive way). A *fright* is the fear of a danger (propositional content condition) that one feels with emotion and apprehension (more special volitive way). All preceding attitudes (regret, deception, fear, sorrow, worry and fright) contain a feeling of insatisfaction and discontent. To be *unsatisfied* is to feel that one is not satisfied with something. The complex attitude of *insatisfaction* is the denegation of that of satisfaction. Similarly *discontent* is the denegation of content.

Agents having intentions have the *will* to execute their intentions. They presuppose that they have means. The volitive mode of *agreement* or *accord* is obtained from that of intention by adding the volitive way and the preparatory condition that one feels to be in agreement with someone. Similarly the *commissive force of agreement* or *accord* is obtained from that of commitment by adding the mode of achievement and the preparatory condition that one agrees to commit oneself to doing something. When one verbally agrees that someone else does something, one expresses one's agreement to allow him to act. A volitive *disagreement* or *discord* is the denegation of a volitive agreement or accord. Volitive modes and commissive forces of assent, consent and acquiescing have the same additional components as the corresponding cognitive modes and assertive forces. A volitive or commissive *assent* is an agreement to act which has the preparatory condition that one is persuaded and the mode of achievement or volitive way that one feels reluctance. A volitive or commissive *dissent* is the denegation of a volitive or commissive assent. A volitive or commissive *consent* is an assent to an action which has the preparatory condition that one has reasons for not doing it and that one would not intend or commit oneself to doing it if one had not been persuaded. To *acquiesce* to act is to consent with reluctance (preparatory condition and volitive way or mode of achievement of the commissive point). The volitive mode of *complaisance* can be obtained from the two modes of agreement and pleasure. A *complaisant* agent agrees to act in order to please others and he feels pleasure in being accommodating (propositional content condition and volitive way).

One distinguishes formally prior intentions from present intentions by their propositional content conditions. *Prior intentions* are intentions to do an action in the future. $M_{\text{prior intention}} = [\theta_{\text{future}}] \, M_{\text{intention}}$. *Present intentions* are intentions to do an action at the very moment of that intention. Agents who have a present intention are in a special volitive state $\omega_{\text{intention in action}}$; they form their present intention and they attempt at that moment to execute it. $M_{\text{present intention}} = [\theta_{\text{now}}] \, [\omega_{\text{intention in action}}] \, M_{\text{intention}}$, where $[\theta_{\text{now}}]$ is the propositional content condition that associates with each agent and moment the set of propositions that are true at that very moment. Certain prior intentions are formed after deliberations. Deliberations (Vanderveken 2013) are discourses which serve to deliberate how to act in the world. A *project* serves to deliberate how one will act in order to realize a projected action (thematic condition). Plans are more elaborated than projects. Agents form and generally keep their prior intention to realize projected and planned actions. So projects and plans are also prior intentions that agents keep during an interval of time and that they fill in, as time goes by, with more specific intentions concerning means and preliminary steps (volitive way).

References

Belnap Nuel *et al.* (2001) *Facing the Future Agents and Choices in Our Indeterminist World.* Oxford University Press.

Descartes, R. (1649) *Les passions de l'âme.* Reedited in R. Descartes (1953). *Œuvres et lettres.* Gallimard.

de Sousa Melo, C. (2002) "Possible Directions of Fit between Mind, Language and the World" In Vanderveken, D. & Kubo, S. (eds.) *Essays in Speech Act Theory.* Amsterdam: Benjamins, pp.111–129.

Frege, G. (1977) *Logical Investigations.* Yale University Press,

Hintikka J. (1962) *Knowledge and Belief.* Cornell University Press.

W. of Ockham (1321–23) *Tractatus de Praedestinatione.* Reedited in 1945. Franciscan Institute Edition.

Searle, J.R. (1983) *Intentionality.* Cambridge University Press.

Searle, J.R. & Vanderveken D. (1985) *Foundations of Illocutionary Logic.* Cambridge University.

Vanderveken, D. (1990–1991). *Meaning and Speech Acts.* Volume 1 *Principles of Language Use.* Volume 2 *Formal Semantics of Success and Satisfaction.* Cambridge University Press.

Vanderveken, D. (2001) "Illocutionary Logic and Discourse Typology". In issue 216, Volume 55 of *Revue international de philosophie.* pp.243–255.

Vanderveken, D. (2004) Success, Satisfaction and Truth in the Logic of Speech Acts and Formal Semantics. In S. Davis & B. Gillan (eds.) *Semantics: a Reader.* pp.710–734. Oxford University Press.

Vanderveken, D. (2005a) Propositional Identity, Truth according to Predication and Strong Implication. In D. Vanderveken (ed.) *Logic, Thought & Action.* pp.185–216. Dordrecht: Springer.

Vanderveken, D. (2005b) Attempt, Success and Action Generation: A Logical Study of Intentional Action. In D. Vanderveken (ed.) *Logic, Thought & Action.*

pp.316–342. Dordrecht: Springer.

Vanderveken, D. (2008) A General Logic of Propositional Attitudes. In C. Dégrémont *et als.* (eds) *Dialogues, Logics and Other Strange Things.* pp.449–483.London, College Publications.

Vanderveken, D. (2009) "Beliefs, Desires and Minimal Rationality" in the issue *Logic, Ethics and All That Jazz* of *Uppsala Philosophical Studies.* Volume 57. pp.357–372.

Vanderveken, D. (2013) "Towards a Formal Pragmatics of Discourse" In issue 1, Volume 5 of *International Review of Pragmatics.* pp.34–69.

Vanderveken, D. (2014) Intentionality and Minimal Rationality in the Logic of Action. In T. Müller (ed.) *Nuel Belnap on Indeterminism and Free Action.* pp.315–341. Dordrecht: Springer.

Vanderveken, D. (2015) "Quantification and Predication in Modal Predicative Propositional Logic" In issue 229 of *Logique et Analyse.* pp.35–55.

Vanderveken, D. (2017) "On the Intentionality and Imperfect but Minimal Rationality of Human Speakers" pp.1–32. In issue 40 of *The Journal of Intercultural Studies.* pp.1–32.

Wittgenstein, L. (1953) *Philosophical Investigations.* Oxford: Blackwell.

APPENDIX: SEMANTIC TABLEAUX

Here are two semantic tableaux whose nodes are English terms naming cognitive or volitive modes. The initial node of the first tableau, the term "belief", names the primitive cognitive mode. The initial node of the second, the term "desire", names the primitive volitive mode. Any mode-term that is the immediate successor of another in a tableau names the stronger psychological mode obtained by applying successively to the mode named by its predecessor operations whose nature is indicating by symbols in the branch between the two terms. These tableaux show relations of comparative strength between modes.

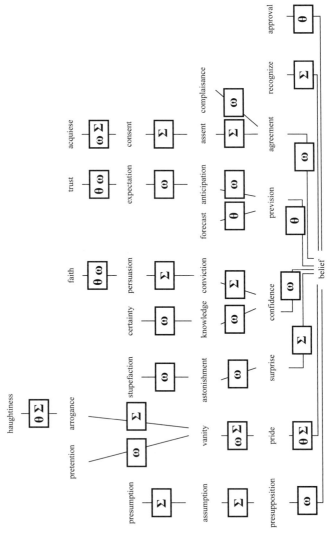

Figure 1. Cognitive Modes

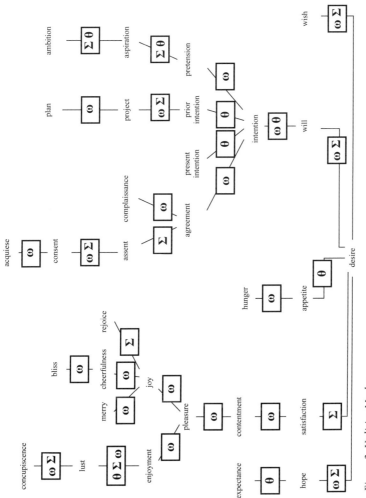

Figure 2. Volitive Modes

Logic and lexical semantics of propositional attitudes 545

累加の接続詞とその論理

森山卓郎

要旨

　累加とは、文脈としての主張（文脈主張）を強化するために、同類の文脈的属性（アドホックに設定される）であることを有標のこととして示し、後件の事態や主張を付け加える接続である。累加の接続詞の用法は、同一事態について言えるか、事態を分割できるか（「さらに」「その上」のタイプは継起性がある等）、後続部にモダリティの制約があるか（「それに」は疑問文の連結もできる等）、といった観点から整理できる。使用の観点では、文脈的意味の把握をする点で、言語に習熟していない段階では累加の接続詞は使われない傾向がある。

キーワード

　しかも、さらに、その上、それに、累加、接続、アドホックカテゴリー、文脈的属性、文脈的主張

1. はじめに

　ここでは、「しかも、そればかりか、それに、その上、おまけに、さらに」など、同類の文脈的属性であることを有標のこととして付け加える、累加の接続詞について取り上げたい。これらは「それだけではない」という気持ちを表すものとも言える。例えば、

(1) 山道を歩いている間に足が痛くなった。[　　]おなかまで痛くなってきた。

という二つの文の間に「そして」を入れることもできるが、「しかも、その上、それに」などの累加の接続詞を入れることもできる。累加の接続詞を使えば、単に出来事をつなげるだけではなく、例えばこの例では「困ること」が重なったといった文脈的な意味が出てくる。

　これらの累加の接続詞の用法は同じなのだろうか。実は、これらの接続詞には、例えば、

　（2）　どこへ行く？｛それに／* その上｝、いつ行く？

のように疑問文が続くかどうかといった違いがある。本稿では、これらの接続詞がいかに整理できるか、文脈としてのいわゆる主観的な意味がいかに構築されるかについて、見ていきたいと思う。

2.　従来の研究

　国語教育的な観点から接続を整理する市川（1978）では「累加・単純な添加、序列、追加、並列、継起」といった累加型の分類の中で、これらの接続詞を「追加」として整理する。しかし、十分な用法の検討はない。累加、追加といった用語は類似しているが、本稿では、累加を「同類の文脈的属性の追加によって、文脈的主張を強化すること」とし、一般的な「追加」とは区別したいと思う（累加という用語には意味的に重ねていくという意味があるからである）。

　伊豆原（2004）は、「追加」とされる接続詞の「それに」「その上」「しかも」を取り上げ、具体的に整理した議論として注目される。「Xそれに Y」は「話し手にとって当然言及すべき情報のうち、重要な情報をまず X（複数であることもある）でのべ、次に従情報を Y で表すのに使われる」としている。一方、「X その上 Y」は「X だけでも十分なのに／大変なのに／問題なのに、Y も」ということを表し、前件を踏まえて後件を述べる」、「前件 X が主情報であっても、後件 Y もまた前件に劣らず重要なものであるという話し手の事態のとらえ方を述べる」と整理する。「X しかも Y」は、添加される後件 Y の性質により大きく３つの型（「ゴーン社長事故

る、しかもポルシェで」のような累加型、「激安、しかも高品質」のような逆接型、「7つの泉質しかも源泉」のような注釈型）に分類し、逆接型と注釈型は後件が前件と同じ範疇のことでなくてもいいということも述べている。いずれも「話し手が強調したいのは後件Yであり、それは後件で事態のとらえ直しが行われていることからくる」とする。

「それに」の前件が主、後件が従であるのに対して、「その上」では前件も後件も重要であるといった記述は興味深い。ただ、「主従」の関係は必ずしも実証されているわけではなく、認定も難しい。また、その基準が言い換えによるものであり、必ずしも意味・用法の一般的な整理とは言えない側面がある。記述において、「前件をふまえて後件を述べる」というのはどういうことかなど、累加という意味についての検討は引き続き必要であろう。使い分けについて明示的に整理することや、全体を統一的なモデルで整理することなども課題と言える。

日本語記述文法研究会（2009）は、累加の接続詞を「先行部に表された事態と共通点を持つ事態を後続部で提示する」として整理し、「それに、その上（に）、おまけに、ほかにも」は「後続部が先行部で示した事柄や状態に加えられるべき第二の事柄や状態であることを示す」、「そればかりか、ひいては」は「先行部と共通点を持ち、さらに意外で影響力の大きい事態を後続部で示す」、「しかも、それも」は先行部で表された事態よりさらに程度のはなはだしい事態を後続部で示す」というように整理する。ただし、記述において必ずしも「言えない条件」についての検討が十分ではない。取り上げられた接続詞には、

　(3)　この改革が我々のチームのため、ひいては会社全体のためにもなるのです。　　　　　　　　　　（日本語記述文法研究会2009）

のような例もあるが、「ひいては」は、

　(4)　宝くじで一億円が当たった。{＊ひいては／その上} 莫大な遺産を相続した。

のように、一般的な累加では使えないなど、同じタイプの接続詞とはしない方がよいと思われる。「ほかにも」も、文脈としての主張

を強化するものではないので、ここでは取り上げないことにする。

石黒（2015）は接続詞の用法を解説する中で、「それに」系として、「ダメを押す」「それだけでなくまだ他にもある」という特徴付けをし、「しかも」は「同じ対象に別の側面からさらに深く突っ込んで、たたみかける」ニュアンスといった記述をしている。ただし、これも使用条件を明らかにする点や全体的な整理を与える点では課題が残っている。

なお、森山（2016）は、「そして」と「また」について整理し、前者が継起的な事態を表せる一方で後者が継起を表すことができないことなどを述べ、別類を立てるという把握となるかどうかという観点から整理している。

(5) 雨が降ってきた。{そして／*また}、彼は洗濯物を取り入れた。

小学生は「そして」系をよく使い、「また」はあまり使わない、など、言語への習熟と接続詞の使用についても報告している。

3. 文脈的属性の強化と累加

3.1 「同類」と接続関係におけるアドホックな文脈的属性

まず累加という意味について整理しておきたい。例えば、

(6) 彼は七時に一人で朝ごはんを食べた。{そして／?しかも／?さらに／?その上／?それに}、自転車で仕事に行った。

では、累加の接続詞は使いにくい。しかし、文脈情報の調整によって「同類」の累加的接続ができることはある。例えば「負傷後の回復」という文脈的属性を先行させれば、

(7) 彼は事故後、ようやく回復した。彼は七時に一人で朝ご飯を食べた。{それに／その上／さらに／しかも}自転車で仕事に行った。

というように累加の接続関係に違和感はない。ここから、累加の接続詞とは、前件に何らかの文脈的属性があることを認定し、接続される後件において、同類の文脈的属性がより強化される方向であることを予告するものといえる。

この文脈的属性とは、おのおのの文脈においてアドホックに推論される属性で、事態のあり方を質的にとらえるものである。例えば（7）では「事故後の回復の度合」を示すものとしての動きの「質」が想定される。そもそも累加とは質的側面への着目であって、累加の接続をする以上、何らかの焦点化すべき属性があることを表すことになっている。その属性そのものを個別に定義することはできないが、有標性をもって事態を捉えているということが指定され、そこに何らかの属性が読み込まれるものと言えよう。このように私たちは、事態について、主観的に「属性」を認定することがあり、それは文脈や一般的な百科事典的知識に支えられている。それを文脈的属性と呼びたい。

3.2　「文脈的属性」をめぐって

　文脈的属性とは、文脈内部で推論によって臨時的に（アドホックに）形成される属性であり、属性としての「同類性」を含意する。こうした「同類性」は日本語でも様々な表現に関連して素朴に認められる。

　例えば「や」は森山（2005）で指摘したように文脈的属性としての同類のアドホックカテゴリーを構成する。これは、モダリティにも関連し、並列の論理的内実も違ってくる。まず、

　（8）せんべいやキャラメルを食べた。

では、「せんべいとキャラメル＋それ以外」が表される。その一方で、

　（9）せんべいやキャラメルがほしい。

では「せんべい」ないし「キャラメル」のいずれかのみでも構わないという意味になるのではないだろうか。これは、「や」による連結が「せんべい」「キャラメル」を例とする同類のアドホックカテゴリーを形成するからである。「食べた」のような事実的文脈であれば、同類の例示を表す点で「他の同類」の存在が含意される。一方「ほしい」のように事実として成立していない場合、「例示されたものの同類が求められる」だけであって、いずれか一つであっても文脈を充足させることができる。

累加の接続詞とその論理　551

こうしたことは「と」が「老人と海」のような無関係なものでも
並列できるのに対して「や」が同類を表し、一般には「老人や海」
と言えないこととも関わる（これも名詞といったカテゴリー化をす
ることはできる）。このように、「や」は連結する二要素を中心とす
る同類のアドホックカテゴリーを形成する。アドホックカテゴリー
が形成されるということは、その背景に共通する文脈的属性が想定
されるということでもあり、累加における「文脈的属性」と共通し
た位置づけができる。

　文脈的属性があることを反映させた文末表現にも触れておきたい。
「〜だけだ」「〜にすぎない」のようなとりたての文末表現も文脈内
部でのアドホックな属性の把握に通じる（森山（2002））。これら
はその属性の程度性の把握となるからである。例えば、

　(10)私は彼を押した {だけだ／に過ぎない}。

という場合、「押す」ことが「たいしたことではない」という把握
となっている。「だけだ」がつくことで、「押す」という事態に、例
えばその事態の重大さや影響の大きさといった属性的な把握があり、
その評価が大きくないということが読み込まれるのである。従って
(9)は属性が問題になる文脈でなければ不自然であり、文脈のな
い会話冒頭などでは安定しないのがふつうである。

　累加の接続詞もこうした文脈的属性の程度が累進する方向での文
の累加を表す。例えば、

　(11)彼は私を押した。さらに、私の腕をたたいた。

のように言う場合、(10)とは対照的に、同一の文脈的属性の程度
が大きくなる方向で事態が累加することが表される。

　このように累加の接続詞では、文脈としての事態の属性（文脈的
属性）が読み込まれ、その程度が累進する方向での接続関係が構成
される。こうした文脈的属性のいわば主観的な読み込みは接続詞以
外の他の言語形式においても共通することを確認しておきたい。

4. 属性レベルでの累加

4.1 同一事態で言えるか

以下、それぞれの接続詞について検討してみたい。広義の累加の接続詞はこうした文脈的属性が同じであるということを含意するものであるが、接続される事態のあり方には違いがある。

まず、「しかも」「それも」は、同一事態内部の情報の付与が可能だという特徴がある。例えば、

(12) 小学生の彼は一人で京都まで行った。{しかも／それも }、彼は歩いて行った。

(13) 小学生の彼は一人で京都まで行った。{* それに／* その上／* さらに／?? おまけに} 彼は歩いて行った。

のように、「しかも」「それも」は同じ一つの事態について使うことができる[*1]。述語が違う場合も同様である。例えば、

(14) 同僚が二人もダウンした。{しかも／それも }、インフルエンザだった。

のように言え、「ダウンした」ことと「インフルエンザだった」こととが同じ一つのことだという解釈ができる。一方、「それに」「その上」「さらに」「おまけに」においては同一事態について言う用法はない。

(15) 同僚が二人もダウンした。{* それに／* その上／* さらに／?? おまけに}、インフルエンザだった。

「それに」「その上」「さらに」はいわば別に起こった事態の累加として解釈されるのであればこの文は成立するが、「ダウンした」ことと「インフルエンザにやられた」こととを同じこととして解釈するのであれば不自然になる。「おまけに」は事態の累加を表すが、情報としての累加も表すような用法にも多少拡張しており、その用法では同一事態でも出現できる（この判定にはゆれもある）。

「しかも」と「それも」には違いもある。次のように別の属性について「それも」は使えない。例えば料理がまずいということと高いということとは、レストランにおいて低評価という同一方向の文脈的属性と言えるが属性そのものは違う。この場合「それも」は使

累加の接続詞とその論理　553

えない。

（16）ここの料理はまずい、｛しかも／??それも／それに／その上／さらに｝高い。

「それも」は、同一事態の同一属性についてその属性に関わる情報を付け加えることに限定される。例えば「まずい」なら、「それも極めてまずい」のように程度情報を補足する方が典型的な用法ではないだろうか。これに対して、「しかも」は「まずい」「高い」のように事態のあり方そのものは違うという場合でも使える。属性そのものが同じでなくてもマイナス価値という文脈的属性が共通するという点で、「まずい」「高い」を並列できるのである。同一の文脈的属性で、別事態を累加するものと言える。「それに」「その上」「さらに」「おまけに」も同様である。

4.2　継起的分割ができるか

一般に事態を連続して叙述する場合、時空の表現があれば、累加の接続詞も継起的な発生を表すことはできる。ただし「それも」は前述のように同一事態の同一属性について使われ、前件の事態に付随する属性をさらに詳しく述べるものであった。その点で、

（17）彼はとんかつを三枚食べた。｛しかも／おまけに／それに／その上／さらに／*それも｝、その後、追加で二枚食べた。

のように継起的な発生を表すことはない。

さらに、同一の事態が時間をおいて発生する場合、それを接続詞だけで分割できるかどうかを考えるとここにも違いがある。「しかも」も「それも」と同じく接続詞だけでの事態の分割はできない。すなわち「その後」のような時間を設定する成分を除くと、前件と後件を別の事態として扱うことはできず、文として安定しない。

（18）彼はとんかつを三枚食べた。｛??しかも／??それも｝、追加で二枚食べた。

というように、「それも」はもちろん、「しかも」も、接続詞だけで別の事態が発生することを導入できないのである。

一方、「それに」「その上」「さらに」「おまけに」は、同一の文脈的属性の方向で事態が続けて起こることを表すことができる。いわ

ば事態を切りわけることができるのである。

(19)彼はとんかつを三枚食べた。{それに／その上／さらに／お
　　まけに}、追加で二枚食べた。

のように「その後」のような時間を設定する成分がなくても、事態
の発生を後続させられる。

　同じ述語の場合、「三枚食べた」ことと「二枚食べた」ことと
は、続いて起こったことであり、動詞は同じだが事態の発生は違う。
「しかも」「それも」は、それだけでは二つの事態が継起するという
意味にはならず、発生そのものを分割的に言えない。これに対して、
「それに」「その上」「さらに」「おまけに」は、それだけで事態を分
割できるのである。

　従って、例えば、

(20)彼は不適切な発言をした。{それも／／しかも／／それに／
　　その上／さらに／おまけに} 大声で怒鳴った。

という場合、「それも」は同一属性なので「不適切な発言」そのも
のが「怒鳴ったこと」であるという読みしかできない。一方「しか
も」の場合、続けて「怒鳴った」という読みと「不適切な発言その
ものが怒鳴ったことである」という読みとの両方ができる。さら
にこれらに対して、「それに」「その上」「さらに」「おまけに」で
は、「発言してから、時をおいて同種の別事態として、大声で同じ
文脈的属性での接続を表すが、怒鳴った」という解釈がふつうであ
る*2。

　このように累加の接続詞は、

(21)事態発生的累加（同一事態は不可）：その上、さらに、それ
　　に、おまけに
　　文脈的属性に着目しての累加（同一事態可）：しかも
　　文脈属性が同一属性の累加（同一事態可）：それも

というように特徴付けができそうである。「それも」は同一事態の
同一属性についてしか言えないため、その程度や様態の情報の累加
に使用される。「しかも」は、同一事態での属性の累加も別の事態
の累加も述べることはできるが、同一種の事態発生の継起的分割は
できない。「その上」「さらに」「それに」「おまけに」は、むしろ事

累加の接続詞とその論理　　555

態を別のものとして分割するとらえ方となり、別事態の累加を表す。先に述べたように、同一事態としてしか解釈できない場合については言えないということの裏返しでもある。

5. モダリティと接続

5.1 疑問のモダリティの後続

そもそも累加の接続詞は、同じ文脈的属性の内容が後続することを表す。ここから後続文のモダリティは原則として文脈的属性を主張するものでなければならない。特に、「しかも」「それも」などの事態の属性的側面に着目した累加は、別事態を切りわける機能がないのであって、基本的に平叙文が後続する。そのため、情報の欠損を表す疑問のモダリティとは共起しにくい。

　（22）入学できますか？　{?しかも／?それも}、卒業できますか？

などは不自然である。ただし、少し注釈も必要である。すなわち、疑問文といっても形式だけが問題となるわけではない。いわゆる修辞疑問文は形の上では疑問文だが、実質的には文脈的属性として「主張」を持つと言える。その場合にはその主張としての文脈的属性が問題になるのであって、共起はできる。例えば、

　（23）（来週旅行へ行こうといい加減な夫に言われたしっかり者の妻の発話）旅行できるお金なんてある？{しかも／それも}、来週仕事休んで行ける？

のように言える。疑問文が位置しているが、修辞的に「旅行に行けない」という主張として解釈されるのであれば、そうした主張として文脈的属性を累加することとして成立するのである*3。

　一方、「その上」「さらに」「それに」「おまけに」などの別事態を後続させる累加は、接続詞による違いがある。特に「さらに／それに」は、いわば発話行為的な段階での累加を表すことができ、情報の欠損を表す疑問のモダリティとも共起できる。

　（24）入学できますか？{さらに／それに／?その上／?おまけに}、卒業できますか？

(25) どこに行く？｛さらに／それに／＊その上／＊おまけに｝、
　　　いつ行く？

のように言うことに問題はない。次のような例でも疑問文が後続し
ている。

(26)（略）クリーニングしていると思いますが、夫らのアレル
　　　ギー症状と関連があるのでしょうか？さらに（／？それに／
　　　＊その上／＊おまけに）、こういう場合、仲介の不動産会社
　　　に責任（賠償、移転補償など）を求められますか？

（Yahoo! 知恵袋　BCCWJ）

　この場合は、いわば疑問文が続くといった関係であるが、文脈的
属性が比較的希薄な場合にも「さらに」はよく使われるようである。
これに比べると、「それに」の方は明確に文脈的属性を問題にして、
たたみかけるような疑問文の連続を構成する。

(27) こうした入試問題を文部省の担当者や大学の先生に出題し
　　　たら、何人が正しい答えを書けるだろう。それに（／＊その
　　　上／＊おまけに／？さらに）、そもそもこの問いに正解があ
　　　るのだろうか。　　　　　　　（朝日新聞社説 900116）

　このように、「さらに」「それに」はニュアンスの違いはあるもの
の、疑問があるという点での文脈的属性の累加など、発話行為的段
階での累加ができる。

　一方、「その上」は概念的なメタファーとして、同一の文脈属性
の事態を積み重ねるような追加を表し、属性がより焦点化されてい
る。「おまけに」「そればかりか」「それだけでなく」「それのみなら
ず」などは、そうしたメタファー的な意味はないが、追加を明示す
る点で同様であろう。特に「その上」は、例えば、

(28)「（略）何かが脳のどこかを圧迫して、人を苛立たせて、そ
　　　れであることないこと言わせるのよ。それはわかっている
　　　の私にも。でもわかっていても傷つくわよ、やはり。これ
　　　だけ一所懸命やっていて、その上（／？さらに／？そればか
　　　りか／？それに／？おまけに）なんでこんなこと言われなき
　　　ゃならないんだってね。情けなくなっちゃうの」

（村上春樹『ノルウェイの森』）

累加の接続詞とその論理　　557

のように、「それにも関わらず」とも置き換えられるように、「その上」は属性を焦点化し、意外性の追加をニュアンスとして表す。この例で言えば「一所懸命やっていても報われない」ことと「なんでこんなこと言われなきゃならない」ということとが、いわば「理不尽さを表す」といった文脈的意味で累加されているが、属性を焦点化する「その上」は意外性をも表すことができると言える。

ここから、「さらに」「それに」「おまけに」「その上」という順で、属性への焦点化は大きいと言えそうである。「さらに」はいわば「そして」などの属性への関わりを薄くした累加に連続する。

5.2　命令のモダリティの後続

命令文の場合（意志形による表現も同じことが言えるがここでは命令文で代表することとする）、まず「しかも」「それも」は基本的に使えないようである。

(29)東京へ今すぐ行け。{??しかも／??それも }、その報告書を今日中に出せ。

のように言えない。別事態を導入する用法がないため、累加すべき文脈的属性の事態が後続しないのである。もっとも、修飾部分を「しかも」「それも」で接続することはできる。すなわち、

(30)東京へ［今すぐ、{しかも／それも }、自費で］行け。

と言うことはできる*4。基本的にこれらの接続詞が属性を追加する点で、属性を累加するという用法であれば命令文の内部でも使用はできる。

一方、「その上」「おまけに」「それに」「さらに」では、接続詞の個別性がある。属性をどれだけ焦点化するかに違いがあり、「その上」「おまけに」「それに」などは命令文の接続はできない。

(31)東京へ今すぐ行け。{??その上／??おまけに／?それに／さらに }、その報告書を今日中に出せ。

のように、「その上」「おまけに」「それに」は言いにくい。一方、「さらに」は使える。「さらに」は、先行事態の後で関連する次の事態を順序づけで発生させるというように、文脈的属性のあり方が比較的希薄であっても使えるようである。これは先述のように発話行

為的な意味での累加も表せるということとも関連している。従って、

(32) 11 好きなサッカーチーム　12 好きな選手を書いてください。
さらに（／*しかも／*その上／*それに／そして）、右の
応募券を切り取り（コピー不可）、はがき裏面に張り、（略）
まで送ってください。

『POPEYE』2003 年 6 月 23 日号　BCCWJ）

のような指示内容を羅列するような用法も「さらに」には見られる。
いわば事態発生を順序づけるような用法であり、「そして」にもや
や近い。

　ただし、「それに」は相対的に文脈的属性が濃厚に読み込まれる
ようになると命令文でも後続させることができ、「さらに」に近い
側面がある。

(33) 言葉遣いに気をつけなさい。{さらに／それに}、ネクタイ
はきちんとしめなさい。

のような場合、注意内容とでもいった属性が読み込める点で「それ
に」で命令文を後続させた累加が可能である。

　なお、「しかも」「それも」が同一事態について使えるのに対して、
「その上」「おまけに」「それに」「さらに」は事態を分割するのであ
った。そのため、

(34) 東京へ今すぐ{？その上／？おまけに／？それに／？さらに}、
自費で行け。

のように文内部にまとめて副詞的な修飾成分を累加させて命令文の
内部で使用することも一般的ではない。

　事態を切りわけることができるタイプ、すなわち、同一事態につ
いて言えないタイプの累加として「その上」「それに」「さらに」が
位置づけられるのであるが、文脈的属性のいわば濃淡がある。すな
わち、「その上」、「おまけに」、「それに」、「さらに」の順で属性へ
の焦点化が希薄化する。

5.3　平叙文のモダリティの後続

　こうした特性は後続文のモダリティに反映しているばかりでなく、
平叙文としての用法にも関連する。例えば、

(35)香港経済にとって貿易とともに大きな比重を占める観光事業をみると75年下半期からは石油危機以降の不振から脱却し順調に観光客数は増え始めた。さらに（／そして）建設業界でも需要減退による不振からわずかながらも建設意欲の盛上りの兆しがみえ始めてきた。（通商白書1976　BCCWJ）

では、「観光事業」に「建設業界」のことが「さらに」で累加されている。大きくは「不振からの脱却」という文脈的属性を共有する累加的表現であるが、その属性の取り上げ方は希薄であり、「そして」にも近い用法となっている。「そして」は並列的付加を中立的に表す点で、文脈的属性の累加という意味は持たないが、単なる付加と文脈的属性が希薄な場合での累加ということとの間には連続性があると言えそうである。ただし、あくまで「そして」を使えば事態の文脈的な属性は読み取れず、単なる接続という意味になるのに対して、「さらに」は、付加する場合でも同じ文脈的属性であるということが暗示される。

　このように、「さらに」は属性への焦点化が希薄であって、

(36)特捜部の調べによると、金丸前副総裁は第一公設秘書だった生原正久被告（四九）に指示して日本債券信用銀行から八七年に二億円、八九年十月に約六億五千万円の「ワリシン」を購入。さらに（／そして／その上）、八九年一月にも故悦子夫人が岡三証券を通じて前副総裁の持ち分として、日本興業銀行発行の「ワリコー」やワリシンなど十億円を購入していた。（朝日新聞930323）

のように、「改めて」「ひきつづき」に相当するような情態副詞にも連続する。事態の連続的進展ということと、文脈的属性が希薄になった場合の累加という事態の付加とはいわば隣接する。付言ながら、(36)で「その上」「おまけに」を使うと「購入」の事態の累加性をより有標的に表し、客観的な報道というよりも、文脈的属性をとりあげる点で、文脈としての主張を強くすることになる。

6. 語形との関わり

6.1　同類の文脈的属性の累加としての語形　「しかも／それも」

「しかも／それも」は、同じ一つの事態においても同類の属性を累加することができる一方で、接続詞での継起的分割はできないのであった（特に「それも」は属性が同じものというニュアンスがある）。これらには語形として「も」がある。語形という側面からも簡単に見ておきたい。

「しかも」は語形が、「しか＋も（＝そうであっても）」という形になっているように、同じ文脈的属性があるという述語情報を付加することになっている。同様に「それも」も「それ＋も」という形で、同じ事態についての同一性の付加を表す「も」を持つ。いずれも、「も」を持つことで、同じ文脈的属性を累加することが表されている。同一事態での累加という意味とこの形は無関係ではないであろう。「それ」という指示詞によって前件の内容を取り上げ、同一の事態についての累加という用法になるのである。

6.2　「おまけに」「その上／さらに／それに」と語形

「おまけに」「その上」「さらに」「それに」は、前述のごとく同一事態については基本的に言いにくく、同一の事態において、その属性を付加するという用法は安定しない。むしろ別の事態を累加するものであった。こうした特性は語形とも関連している。

「おまけに」には「おまけ」という語彙的意味が反映されている。「同類である」「共存することが特別」という含意を語彙的に表すことになっている。「その上」は属性の累加を上方に積み重ねるように表す概念メタファーを表す。「その上」と、「おまけに」は類似するが、「おまけ」という語のニュアンスからどちらかといえば文体的特徴としてカジュアルである。

「さらに」は「さら」という新たな状況の導入が原義だと思われる。そこから、改めて同一の文脈属性の内容を述べ、属性の程度の深化や事態の連続性を焦点化するという意味になったのであろう。

「さらに」は属性への焦点化が相対的に希薄であり、モダリティの制約が小さく、疑問文や命令文も累加できる。これも、同じ文脈属性の上で「新たに述べ直していく」という特性としての「さら＋に」という語形も無関係ではないように思われる。

接続詞としての「それに」は、ほかの接続詞での「に」と少し用法を異にしていて、名詞の並列的累加に連続する形式と言える。

（37）物音といえば、林の木の葉がかすかに風にそよぐ音。それに、部屋のなかで、時どき思い出したようにおこる深いため息。
　　　　　　　　　　　　　　　　　　　　　　　　　（ボッコちゃん）

では、「それ」で指示される名詞に対して、並列を表す「に」による情報が追加されている。文レベルでの接続を表すわけではないので狭義の接続詞ではないが、名詞における追加の仕方に形の上での連続性があると言える。

名詞の「に」による並列には、一種の臨時性がある。

（38）みかん｛に／?や｝、りんご｛に／?や｝、鉛筆を買ってきた。

のように言えば、「みかん、りんご、鉛筆」をその場で思いついて列挙するようなニュアンスがある。「や」の場合一般に「みかん、りんご、鉛筆」が類となるカテゴリーは考えにくいので、「や」は少し使いにくい。しかし、「に」はその場で各要素を列挙する点で使用ができる。ただし、「と」に比べると「に」は集合として閉じていない可能性がある。「に」の場合、その場で計画性がなく列挙するという意味になるので、集合としては閉じないのである。例えばスタジアムでの飲み物の販売員が、

（39）いかがですかあ？　ピーナツにビール。　（cf. ピーナツとビール）

という場合、「に」を使うと売り物をその場で適当にリストアップしているという意味になり、セットとしての扱いにならない。これに対して、「と」を使うとセットとしての読みが出てくる可能性があり、売り物としても「ピーナツ」「ビール」に限定される。このように、「に」における並列の無計画性（その場で思いついたというニュアンス）は、次のような名詞句を作る場合の不自然さにもつながる。すなわち、「みかんとりんごと栗の買い物」のような名詞句をつくることはできるが、

(40)＊みかんにりんごに栗の買い物

といった名詞句のまとまりは作りにくいのである＊5。

　このように「に」による並列は、いわば「その場で思いついた」といった列挙の仕方となっている。これは接続詞としての「それに」の用法の一部にも指摘できるニュアンスである。例えば、

(41)「一緒に行ってもらおう。それに（／？さらに）、いろいろ証
　　拠品も持っていかなくちゃならねえからなあ。短刀と鉄砲
　　と……それから……」　　　　　（佐左木俊郎『恐怖城』BCCWJ）

では、その場で追加するというニュアンスがある。こう考えると、「それに」は、カジュアルな発話で、同じ文脈的属性の内容をその場で累加するという意味で使えるものと言える。そこで、

(42)返せないね。いまさら返せと言われても困るんだよ。｛それ
　　に／？その上／？さらに｝あんたにはいつも迷惑しているん
　　だ。　　　　　　　　　　　　（日本語記述文法研究会（2009））

のような違いも、発話の計画性と関連した「それに」による累加として説明できるように思われる。（42）はその場で思いついたようなニュアンスがある。

7.　言語習熟と接続詞選択

　以上検討してきた累加の接続詞の用法は、言語への習熟の度合いにも関わる可能性がある。すなわち、習熟の度合いによって、文脈的属性の解釈がより反映させられるかどうかに違いがある可能性がある。そこで、アドホックな文脈的属性の推論の発動の有無を見てみることとした（2016年7月）。対象は、大学生（早稲田大学文学部の日本文法1の受講者で母語話者）、山形県の公立小学校の4年生および6年生の児童。使用した文脈は次のようなものである。

(43)わたしたちは、山道で道にまよってしまいました。道をさ
　　がしているあいだに、まわりがどんどんくらくなってきま
　　した。［　　　　　　］、雨がふってきました。

「山道に迷う」「暗くなってくる」「雨が降ってくる」という事態の連続であるが、これらの文から、「困ること」という文脈的属性

表1　小学生と大学生での文脈的属性に応じた接続詞補充（人）

	4年89人	6年89人	大学76人
さらに	6** （ 6.7)	17 （19.1)	40** （52.6)
しかも	11 （12.4)	11 （12.4)	7 （ 9.2)
そして	35* （39.3)	27 （30.3)	13** （17.1)
その他	37 （41.6)	34 （38.2)	16** （21.1)

χ^2値 = 49.61　P<0.01　括弧内はパーセント
* は5％、** は1％水準での有意差を表す

が推論される。

　この括弧の中に入れる接続詞を自由に記述してもらった。

　この結果は表1の通りである（「その他」には「とうとう」など接続詞以外のものも含めた）。「そして」系の単純接続は小学校4年で39パーセント、6年で30パーセントであるが、大学生では17パーセントしかない。一方、「さらに」「しかも」などは小学生4年生でそれぞれ7パーセント、12パーセント、小学校6年生でそれぞれ19パーセント、12パーセントであるのに対して、大学生では、53パーセント、9パーセントとなっている。大学生では、「さらに」が有意に多く、「そして」が有意に少ないのに対して、小学4年生では「さらに」が有意に少なく、「そして」が有意に多い。大学生では文脈的属性に着目した接続が意識されていると言えそうである。もちろん、「そして」による連結が悪いわけではないが、文脈的属性を反映させた接続も選べるということ自体は大切なことのように思われる。

　表2は国立国語研究所（1989）（47万語の児童作文の語彙調査）

表2　児童作文での接続詞の出現学年と出現度数

学年	1	2	3	4	5	6
しかも	0	0	3(3)	4(3)	5(5)	14(10)
おまけに	2(2)	0	3(3)	7(7)	0	7(7)
その上	0	1(1)	3(3)	7(7)	10(9)	13(13)
さらに	0	0	2(2)	6(6)	5(5)	16(15)
それに	16(15)	16(14)	48(42)	53(40)	80(64)	85(68)
そして	163(106)	262(157)	276(157)	244(140)	346(191)	366(191)

（括弧内は人数）

をもとに作成した小学校の作文での接続詞の使用度数の比較である。ここでも似たような分布が見られる。

　文脈属性に着目した累加の接続は決して使われていないというわけではないが、一般的な接続と比べると多くは使われておらず、特に低学年では使用数が少ない。ただし、「それに」は小学校低学年でもある程度の使用がある。これは、非計画的な発話で使えるといった意味も関連している可能性がある。

　文脈属性に着目し、様々な接続のバリエーションが増えることで、その論理に合わせた適切な接続関係が構築でき、表現も豊かになるのではないだろうか。

8.　おわりに

　以上、事態や主張が同じ文脈的属性であることを有標のこととして表す接続詞として、いわゆる累加の接続詞を位置づけた。この文脈的属性はアドホックに認定される属性であり、その推論は接続詞使用のみならず「〜だけだ」などの文末形式にも関連する。

　こうしてグループ化される累加の接続詞は、同一事態で言えるかどうか、共起モダリティはどうか、といった観点から表3のように連続性をもって整理できる。ここでは○×で表したが、事態をどう解釈するかには幅もあり、その意味でも連続性はあろう。こうした用法の違いは、接続詞の形式にもある程度相関していると言える。

　なお、ここでいう共起モダリティとは、表面的な形式ではなく、表現効果としての発話意図が関わる。修辞疑問などは、形式的には

表3　累加の接続詞の用法

	同一属性	同一事態言換	継起的分割	非平叙文追加
属性の累加：それも	○	○	×	×
しかも	×	○	×	×
事態の累加：その上（属性濃厚）	×	×	○	×
おまけに	×	×	○	×
それに（臨時性）	×	×	○	△
さらに（属性希薄）	×	×	○	○

疑問文であっても情報要求的な意味でない場合がある（これは文脈としての意味を取り上げる接続詞だからこその意味である）。

「それに」「さらに」は、相対的に属性への焦点化が希薄であるが、単なる付加や臨時的な発話の追加などにも連続する用法がある。その点で、これらは追加を表す「そして」などへも連続する。

ここでは、アドホックカテゴリーとしての文脈的属性という概念を提案したが、カテゴリー統合（「同様に」「同じく」）、カテゴリー分離（「一方」「他方」）、高次の話題カテゴリーの転換（「なお」「さて」「ところで」など）との関連からさらに考えていくことも必要である。非習熟学習者、非母語話者の使用傾向の分析と豊かな使用のための方策づくりも含めて今後の課題としたい。

＊1　この例では後続部の述語を繰り返すことになっている。その点で、「しかも、歩いて」のような「連用形＋て」の形で終止する方が表現としての座りはよいかもしれない。

＊2　「おまけに」の場合、発言そのものが「どなった」ことという解釈もできるかもしれない。

＊3　同様の理由で、クイズ型の疑問文も共起はできる。「彼はとんかつを三枚食べた。{しかも／おまけに／それも} どうしたと思う？」のように、もともと累加の意味で接続される事態があって、その内容をクイズ的に問うにすぎないからである。

＊4　「それも」は同一属性なので、「生き方の指定」といった別属性の場合は少し言いにくいように思われる。

＊5　こうした現場での非計画的なリストアップという意味は、例の抽出における暫定性に関わる「ビールでも {飲んでいてくれ／*飲んでいた}」の「でも」などにも関わる暫定抽出という手続き的意味に関連する。ただし、その振る舞いは同じではない。詳しい検討は別途考える必要がある（森山（1998））。

参考文献

伊豆原英子（2004）「添加の接続詞「それに、その上、しかも」の意味分析」『愛知学院大学教養部紀要』52（1）：pp.1–17.
石黒圭（2015）『文章は接続詞で決まる』光文社新書.
市川孝（1978）『国語教育のための文章論概説』教育出版.
国立国語研究所（1989）『児童の作文使用語彙』東京書籍.

市川保子（2000）『続・日本語誤用例文小辞典』凡人社.

グループ・ジャマシイ編著（1998）『教師と学習者のための日本語文型辞典』くろしお出版.

日本語記述文法研究会（2009）『現代日本語文法7』くろしお出版.

森田良行（1980）『基礎日本語2』角川書店.

森田良行（1982）「接続詞・副詞類各説」日本語教育学会編『日本語教育辞典』大修館書店.

森山卓郎（1998）「例示のデモと文末制約」国立国語研究所編『日本語科学』3.国書刊行会.

森山卓郎（2002）「とりたて助詞の文末用法をめぐって」佐藤喜代治編『国語論究』10.明治書院.

森山卓郎（2005）「「と」と「や」の違いをどう説明するか」『京都教育大学国文学会誌』32：pp.1–10.

森山卓郎（2006）「「並列」「累加」の接続詞の機能」『日本語文法の新地平3複文・談話編』くろしお出版.

森山卓郎（2012）「言語習熟論あるいは社会的言語習得論」『日本語学』31（13）：pp.46–55.明治書院.

森山卓郎（2016）「文法と論理の意識を育てる―累加の接続詞「そして」「また」を中心に」『日本語学』35（2）：pp.26–33.明治書院.

Grice, H.P. (1989) "Studies in the Way of Words" Harvard University Press.

Barsalou L. W. (1983) Adhoc categories "Memory & Cognition" 11(3): pp.211–227.

「気持ちの言語化」の日中対照

井上優

要旨

本論では、話者の気持ちの言語化について次のことを述べる。

①「想定と違ってこうだ／ほかでもなくこれだ」という気持ちは、日本語では音声的強調で表せるが、中国語では副詞で表す。これは、日本語は一つの表現に複数の意味がこめられるが、中国語は特定の意味の表現を組み合わせて事象を構成的に描き出すためである。

②日本語では話し手の気持ちの動きを感動詞等で頻繁に表出するが、中国語ではそうしないことが多い。これは、中国語はやりとりを続けて文脈を構築すること、日本語は自分と相手が領域を接していることを示すことが対話の基本課題となるためである。

キーワード

強調、副詞、集合、スケール、感動詞（感嘆詞）、相手との距離感

1. はじめに

言語には「コトガラの叙述」「話し手の気持ちの表出」という二つの側面がある。本論では、このうち話し手の気持ちの表出のあり方に関して、日本語と中国語で大きな相違が見られることを述べるとともに、その背景について考察する。とりあげるのは次の二つの現象である。

Ⅰ　日本語では音声的強調（気持ちをこめて言う）により表出できる気持ちを、中国語では副詞で表出することが多い。

Ⅱ 日本語では話し手の気持ちの動きを感動詞（感嘆詞、フィラー）等で頻繁に表出するが、中国語ではそうしないことが多い。

Ⅰは「日本語で音声的強調によりできることが、なぜ中国語ではできないのか（中国語では副詞が必要なところで、なぜ日本語では必要ないのか）」という問題、Ⅱは「日本語では感動詞が必要なところで、なぜ中国語では必要ないのか」という問題である。音声的強調や感動詞の機能について考察するだけでは、これらの疑問に答えることはできない。以下、第2節では現象Ⅰ、第3節では現象Ⅱについて考察する。

なお、本論では「音声的強調」を「気持ちをこめて言う」という意味で用いる。音声的には「強く（高く）言う」、「念を押すように言う」、「りきむ」、「大げさに言う」など、さまざまな形をとる。音声的に強調される（気持ちをこめて述べられる）部分を表示する場合は、「私のはこれだ」、「これが私のだ」のように、強調される部分に点を付す。

2. 音声的強調・副詞による気持ちの表出

2.1 日本語と中国語の「強調」のあり方

次の文章は、中国語の副詞の重要性について述べたものである。（引用中の下線は本稿筆者による。［ ］は本稿筆者による注。以下同様。）

(1) 星野博美著『愚か者、中国を行く』（光文社新書2008年）は、なかなかおもしろい中国滞在記である。その一節、夜汽車の中、大声で携帯電話をかけ、眠りを妨げられ腹をたて、やめさせようとする場面。

中国語でなんといえばこちらの怒りが通じるのか？ どうしよう？……

…と考えているうちに、私は中国語で叫んでいた。

「いま何時なんだ‼」

一瞬静まりかえったと思ったら、なんとうるさい乗客

は「いま？三時二〇分よ」と親切に時間を教えてくれ
たのである。普通、「いま何時なんだ！」といったら、
「うるさい」の意味に決まっているだろう。（322頁）

　中国語が書いていないので想像するしかないが、星野さ
んはなんと言ったのだろう？

　"现在几点钟？"［今何時？］だったとしたら、答は"现
在？三点二十分"［いま？三時二〇分よ］以外ないだろう。
日本語でも私の語感では「うるさい」の意味で時間を問う
としたら「何時だと思っているのだ」と「思っているのだ」
が必要である。中国語も同様である。（略）"现在几点钟？"
に副詞と文末助詞を加えると「何時だと思ってる」のニュ
アンスを出すことができる。どうすればいいだろうか、こ
れも次回。

＊　＊　＊

　前回の「今何時だと思ってるの？」を「思う」なしで中
国語にすると"现在都儿点钟了？"となる。中国語の一音
節の副詞を的確に使うのは難しい。

（中川正之「ちょこっと話しチャイナ！」Vol.1-2、http://www.ritsumei.
ac.jp/confucius/column/previous_backnumber1/#vol.1)

　中国語の副詞"都dōu"（すべて、すっかり）には、"都…了"
（了le：状況変化）の形で、「本来のタイミングを完全に逃してい
る」という気持ちを表す用法がある。次の(2)では、「就寝すべ
き（ごはんがおいしく食べられるはずの）タイミングを完全に逃し
ている」という気持ちが"都…了"で表されている*1。

(2) a.　都　十二点　了，　　还　不　睡！
　　　もう 12時　状況変化　まだ 否定 寝る

　　　((もう)12時なのに、なんでまだ寝ないんだ。)

　　b.　饭　都　凉　　了，　　快　吃　　吧。
　　　ごはん もう 冷たい 状況変化 早く 食べる 指示

　　　（ご飯が（もう）冷えてしまった、早く食べなさい。）

（小学館中日辞典第2版：363、日本語訳一部改変）

(1)の"现在都儿点钟了？"においても、「何を考えているんだ。

大声で話してよい時間はとうに過ぎている。今何時かよく考えろ」という気持ちが"都…了"で表されている。日本語では、「おいおい」「あのねえ」という気持ちで「おい、今何時だよ！」、「ちょっと〜、今何時？」と言えば、そのような気持ちの発話になるが、中国語では、"现在几点钟？"と言うかぎりは時刻を尋ねる発話にしかならない。(2) についても、日本語では「12時」「冷えてしまった」を「本当にもう」という気持ちで強調すれば、「本来のタイミングはとうに過ぎている」という気持ちの文になるが、中国語ではその気持ちを"都…了"で表す必要がある。

　次の (3) と (4)（(3) の中国語訳の訳注）も、「すごいなあ」という賛嘆の気持ちを表すには、中国語では副詞"还hái"（なお、まだ）が必要なことを述べたものである。

(3)　「へぇー、キミはフランス語も話せるんだ」のような賛嘆の気分を含む感嘆詞は中国語には見当たらない。<u>賛嘆の気分を中国語で表すには、『なお、まだ』といった意味の副詞〈還〉［簡体字では〈还〉］の助けを借りなければならない。</u>中国語の感嘆詞は驚きを表せても賛嘆の気分を表すことはできないようである。　　　　　　　　　　　　　　　（中川 (2005: 20)）

(4)　この発話［＝<u>へぇー</u>、キミはフランス語<u>も</u>話せるんだ］は"嗨，你还会说法语啊"と訳せる。訳者個人の語感では、"嗨"［辞書では hēi］という感嘆詞の驚きには賛嘆の語気が含まれる。ただし、<u>副詞"还"は省略できない。</u>

　　　　　　　　　　（杨・王・张訳 (2014: 11)、原文中国語）

　日本語では、「予想外」の気持ちを表す「も」を用いなくても、「すごいなあ」という気持ちをこめて「キミ、フランス語が話せるんだ」と言えば、「通常想定されるレベルを超えている」という賛嘆の気持ちを含む発話になる。しかし、中国語では、"还"（なお）を用いずに"你会说法语啊"（啊a：強調・驚き）と言うと、「え？キミ、フランス語を話せるのか（知らなかった）」と意外な情報に接して驚いているという意味にしかならない（"嗨"は低く始まり上昇する「へぇー」とはニュアンスが異なるようだが、その点はここでは問題にしない）。「通常想定されるレベルを超えている」とい

う気持ちを表すには"还"が必要である。

　これらの例に限らず、一般に「想定と異なり現実はこうだ」という気持ちを表出する場合、日本語では「こうだ」という部分を音声的に強調すればよいが、中国語では副詞が必要である。以下類例をあげる。

　日本語では、「程度が通常のレベルをはるかに超えている」という気持ちで形容詞に音声的強調を加えれば感嘆文になる。しかし、中国語で形容詞を感嘆文にするには、"真 zhēn"（実に）、"好 hǎo"（なんとも）、"太 tài（…了 le)"（すごく）などの副詞が必要である（中川（2005: 21））。

(5) a.　うまい！

　　 b.　<u>真</u>　好吃！
　　　　 実に　おいしい

(6) a.　気持ちいい〜！

　　 b.　<u>好</u>　　舒服　　　啊！
　　　　 なんとも　気持ちいい　感嘆

(7) a.　よかった〜！

　　 b.　<u>太</u>　　好　<u>了</u>！
　　　　 すごく　よい　感嘆

　次の例でも、日本語では「早い」を音声的に強調すれば「早すぎる」という気持ちの発話になるが、中国語では過度を表す副詞"太"が必要である。

(8) a.　彼はまだ20歳だよ。結婚はまだ早いよ。

　　 b.　他　才　二十岁，结婚　还　<u>太</u>　　早。
　　　　 彼　まだ　20歳　　　結婚　まだ　すぎる　早い

(9) もこれに類する例である。

(9)（医師から「食生活に注意するように。脂っこいものはひかえめに」と言われて、「確かに承知した」という気持ちで）

　　 a.　はい、（必ず）気をつけます。

　　 b.　好，我　<u>一定</u>　注意。　　　　　　　　（楊（2007: 38））
　　　　 はい　私　必ず　気をつける

日本語では、「必ず」という気持ちをこめて「気をつけます」と

言えば、「約束する」という気持ちの発話になる。一方、中国語では、"我注意"は「"注意"するかしないかと言えばする」というだけであり、「約束する」という気持ちを表すには"一定 yídìng"（必ず）が必要である。

次の（10）〜（13）は、タイミングが想定と異なることを述べる文である。日本語では、「もう」「やっと」「まだ」と言わなくても、時間・場所・年齢を音声的に強調すれば「想定より早い（遅い）」「想定未満」という気持ちの発話になる。しかし、中国語でその気持ちを表すには、副詞"就 jiù"（もう）、"才 cái"（やっと、まだ（未満））が必要である（井上（2012: 11））。

(10)（通勤の際、ふだんは座れない最寄り駅のA駅でめずらしく座れた）

　　a.　今日はA駅で（もう）座れた。

　　b.　今天 在 A站 就 坐上 座位 了。（井上（2012: 11））
　　　　今日 で A駅 もう 座る 座席 状況変化

(11)a.　公演は7時半に始まるが、彼は7時に（もう）劇場に着いた。

　　b.　演出 七点半 开始，他 七点 就 到 剧场 了。
　　　　公演 7時半 始まる 彼 7時 もう 着く 劇場 状況変化

(12)a.　公演は7時半に始まるが、彼は8時に（やっと）劇場に着いた。

　　b.　演出 七点半 开始，他 八点 才 到 剧场。
　　　　公演 7時半 始まる 彼 8時 やっと 着く 劇場

　　　　　　　　　　　　((11)(12)の中国語文は刘・潘・故（2001: 247))

(13)a.　彼は（まだ）20歳だよ。結婚はまだ早いよ。　(=(8a))

　　b.　他 才 二十岁，结婚 还 太 早。　(=(8b))
　　　　彼 まだ 20歳　結婚 まだ すぎる 早い

(14)でも、日本語では、バスを待ちながら「（来るはずなのに）来ないなあ」と言えば、「本来の時間を過ぎているのに来る様子がない」という気持ちの発話になる。中国語では、"不来"だけでは「（未来において）来ない」という意味にしかならず、「本来の時間を過ぎているのに」という気持ちを表すには"还"（まだ、相変わ

らず）が必要である（黄（2000:344））。

(14)（待っているバスが現在来る様子がない）

    a. 困ったなあ。（まだ）来ないなあ（＝来る様子がない）。

    b. 怎么搞的，<u>还</u>　不来　呀。
         困ったなあ　まだ　来ない　強調　　　　　　（黄 2000:337）

「ほかでもなくこれだ」と答えを絞り込む場合（あるいは聞き手にそれを要求する場合）も、日本語では結論部分を音声的に強調すればよいが、中国語では副詞が必要である。

(15)（「人が生活するとはどういうことか」について述べたあとで）

    生活　<u>就</u>　是　这样，　　这　<u>就</u>　是　生活。
    生活　まさに だ　このような　これ　まさに だ　生活

    （生活とはこういうものなのだ。これが生活なのだ）

                （杉村（1994:222）、日本語訳一部改変）

(16)（妥協して）

    a. まあ（<u>ほかの可能性もあるが、結論としては</u>）そんなもんだよ。

    b. <u>也</u>　<u>就</u>　那样　了。
         も　まさに　ああだ　状況変化

(17)a. （もうまさに）これで安心です。

    b. 这下 我　可　　<u>就</u>　放心　了。
         これで 私　それはもう まさに 安心する 状況変化

(18)A：ちょっと、どういうことですか。

    哎，这 是　怎么回事　啊？
    おい これ だ　どういうこと 強調

    B：別に特別なことはないよ。

    没　怎么　呀。
    ない　どう　強調

    A：だから、（いったい）どういうことって聞いているんだよ。

    问你呢，　　<u>到底</u>　怎么回事　呀。
    聞いているんだよ　いったい　どういうこと 強調

（グループ・ジャマシイ（1998）／徐一平ほか訳（2001:247）、「（いったい）」を追加）

「気持ちの言語化」の日中対照　　575

日本語では、文中の要素を音声的に強調すれば、「(それはもう)まさに」、「(ほかの可能性もあるが)結論としては」、「いったい」という気持ちの文になるが、中国語でそのような気持ちを表すには、"就"(まさに、ひとえに)、"也 yě"(も)、"可 kě"(それはもう)、"到底 dàodǐ"(いったい)などの副詞が必要である。冒頭であげた「おい、今何時だよ！／ちょっと～、今何時？」と"现在都几点了？"も、聞き手に「ほかでもなくこれだ」という回答を要求するという面がある。

2.2　背景―「集合中の一要素」「スケール上の一段階」の表し方

　「想定と異なり現実はこうだ」、「ほかでもなくこれだ」という気持ちを音声的強調により表出できることは、日本語の感覚では当然のことである。音声的強調は文中の焦点部分を卓立させるものであり、他の要素との対比で「想定と異なり現実はこうだ」、「ほかでもなくこれだ」という気持ちで指定する部分は、文の焦点部分にほかならないからである。では、なぜ中国語ではそのような気持ちを音声的強調ではなく副詞で表す必要があるのか。
　一般に、事物には「一つの独立した存在」という側面と「ある集合中の一要素」という側面がある。例えば、「私は井上だ」と言う場合は、「私」という個体を視野に入れて、その属性について述べている（図 (19a)）。一方、「(ほかの人ではなく) 私が井上だ」と言う場合は、その場で想定されている候補の集合を視野に入れて、そこから特定の要素を選び出しており、「私」は集合中の一要素として述べられている（図 (19b)）。

　(19) a.　私は井上だ。　　　b.　私が井上だ。

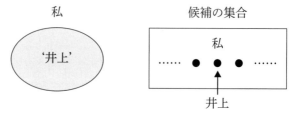

中国語では、「私は井上だ」は"我是井上"（我：私、是：だ）と言えばよいが、「（ほかの人ではなく）私̇が̇井上だ」と言う場合は、"我就是井上"のように"就"（まさに）が必要である。日本語では、「私」は個体を表すことも集合中の一要素を表すこともできるが、中国語では、"我"は個体を表すだけであり、その個体が集合中の一要素であることを表すには、集合から特定の要素を選び出すことを"就"で述べる必要がある。

次の例も同じように説明できる。

(20) a. A駅で快速に乗り換えました。
  b. 我　在　A站　换上　　快车　了。
    私　で　A駅　乗り換える　快速　状況変化

(21)（通勤の際、ふだんは座れない最寄り駅のA駅でめずらしく座れた）
  a. 今日はȦ駅で̇（もう）座れた。 （＝(10a)）
  b. 今天　在　A站　就　坐上　座位　了。 （＝(10b)）
    今日　で　A駅　もう　座る　座席　状況変化

「駅」には、空間領域としての側面と、「…B駅→A駅→C駅…」という移動経路中の一段階という側面がある。(20)では、A駅という空間領域のみを視野に入れて、その中で乗り換えという出来事があったことを述べている（図(22a)）。また、(21)では、A駅を含む移動経路を視野に入れて、想定とは異なるA駅の段階で座席に座れたことが述べられている（図(22b)）。

(22) a.　（→(20)）   b.　（→(21)）

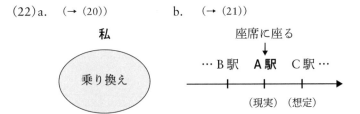

日本語の「A駅で」は、駅が持つ二面性に対応して、単独で空間領域も移動経路中の段階も表すことができる。そして、「A駅で」を音声的に強調すると、「他の駅でなくȦ駅で̇」というように「A駅で」が移動経路中の一段階として表される。一方、中国語の"在

Ａ站"（在：で）は、単独では空間領域しか表さず、移動経路中の一段階を表すようにするには、タイミングが想定とずれていることを表す副詞を使う必要がある（井上（2012: 10–13））。(21b) で"就"（想定より早い）を用いずに"今天在Ａ站坐上座位了"（今日はＡ駅で座った）と言うと、「今日・Ａ駅」という場面（時空間）のみを視野に入れて、その中で「座席に座る」という出来事があったことを述べるというナンセンスな文にしかならない。

　時点・年齢の場合（例（2）、（11）〜（13））も同じである。時点には、時間領域としての側面と、「…7時→7時半→8時…」という時間のスケール上の一段階という側面がある。年齢にも、人間の属性としての側面と、「…19歳→20歳→21歳…」という時間のスケール上の一段階という側面がある。日本語では、時点表現が単独で時間領域と段階の両方を表現でき、年齢も単独で属性と段階の両方を表す。そして、時点や年齢を音声的に強調すれば、「他の時点（年齢）ではなくこの時点（この年齢）で」のように、時点・年齢が時間のスケール上の一段階として表される。一方、中国語では、時点は単独では時間領域しか表さず、年齢も単独では属性しか表さない。"我七点在Ａ站换上快车了"（私は7時にＡ駅で快速に乗り換えた）のように、「いつどこでどういうことがあったか」を述べる場合は時点表現を単独で用いるが、時点を時間のスケール上の一段階として述べるには、"七点就到了"（7時に（もう）着いた）、"八点才到"（8時に（やっと）着いた）、"都十二点了"（（もう）12時だ）のように、タイミングが想定とずれていることを副詞で述べる必要がある（井上（2012: 10–13））*2。年齢を時間のスケール上の一段階として述べる場合も、"才二十岁"（（まだ）20歳だ）のように副詞が必要である。

　(14) の「（まだ）来ないなあ」と"还不来呀"については、次のように考えればよい。日本語ではバスが来るかどうか意識しながら「来ない」と言えば、時間の流れの中で「来るはずの段階なのに現実は「来ない」だ」と感じていることを述べることになる。一方、中国語では"不来"は単独では「来る予定がない」ということしか表さず、「来るはずの段階なのに」という気持ちを表すには、未実

現を表す"还"（まだ）が必要である。

このように、中国語では「当該の要素のみを視野に入れた叙述」を「当該の要素を含む集合やスケールを視野に入れた叙述」にするには副詞の助けが必要である。「ほかでもなくこれだ」と答えを絞り込む文（例（15）〜（17））、あるいは聞き手に答えを絞り込むことを要求する文（例（1）、（18））において副詞が必要なのも、結論となる事物を指定するためには、その事物を含む集合を視野に入れることが必要だからである。

（3）（4）についても次のように考えればよい。「フランス語」は特定の言語であると同時に、「世界の言語」という集合の一要素であり、「話せることの価値のランキング」における一ランクとしても意識される。日本語では、「キミはフランス語が話せるんだ」のように音声的強調を加えれば、「フランス語」が「話せることの価値のランキング」で上位に位置することが表されるが、中国語では"法语"（フランス語）は特定の言語を表すだけであり、ランキングで上位に位置するものとして述べるためには、"还"（なお）のような想定とのずれを表す副詞が必要になる。

形容詞に音声的強調を加えた文（例（5）〜（8））については、次のように考えることができる。日本語の形容詞、例えば「大きい」は「一定の大きさがある」ということを表し、それ自体が程度の意味を含む。そして、形容詞を音声的に強調することにより、程度が通常想定されるレベルを超えていることが表される。一方、中国語の形容詞、例えば"大"は「大きさがある」というだけで、程度の意味を含まない。「大きい＝一定の大きさがある」ということを表すには、"很 hěn"（とても）と組み合わせて"很大"と言う（井上（2012: 14-18））。程度が通常想定されるレベルを超えていることを表す場合も、"真"（実に）、"好"（なんとも）、"太（…了)"（すごく、…すぎる）などの副詞が必要になる。

（9）のように、「約束する」という気持ちを表出する場合も同じである。日本語の「気をつけます」は「一定の程度で保証する」という気持ちを含む発話であり、音声的に強調して「気をつけます」と言えば、保証する気持ちを強調することになる。一方、中国語の

「気持ちの言語化」の日中対照　　579

"我注意"は「"注意"するかしないかと言えばする」というだけであり、「約束する」という気持ちの発話にするにはその気持ちを表す副詞が必要である。

　以上見てきたように、日本語では、言語表現が「一つの独立した存在」も「集合中の一要素」も表すことができ、「想定と異なり現実はこうだ」、「ほかでもなくこれだ」という気持ちで事物を集合中の一要素として述べるためには、音声的強調を加えればよい。一方、中国語では言語表現は一つの独立した存在を表すのみであり、それを集合中の一要素として述べるには副詞の助けが必要である。これは、日本語の名詞は類名と具体物の両方を表すが、中国語の名詞は類名を表し、具体物を指す場合には量の限定を加える（大河内（1997）の言う量詞の個体化機能、例（23）、（25））、あるいは、日本語では内部に空間を持つモノを表す名詞がモノ名詞にも場所名詞にもなるが、中国語では内部の空間を指すためには方位詞"里"（中）の助けが必要であるという現象（例（24）、（25））と同種の現象である。

(23)a.　私はビールが飲みたい。（類名）

　　b.　我　想　喝　啤酒。
　　　　私　たい　飲む　ビール

(24)a.　昨日、冷蔵庫を買った。（モノ）

　　b.　昨天　买了　一台　冰箱。
　　　　昨日　買った　1台　冷蔵庫

(25)a.　冷蔵庫（の中）に（1本の）ビールがある。（空間・具体物）

　　b.　冰箱里　　有　一瓶　啤酒。
　　　　冷蔵庫-中　ある　1本　ビール

　日本語の表現は「容器」のようなものであり、一つの表現に複数の意味をこめることができる。一方、中国語の表現は特定の意味を表す「素材」であり、複数の素材を組み合わせることによりコトガラを構成的に描き出していく（井上（2012）参照）。日本語では音声的強調により表出できる気持ちを中国語では副詞により表出することも、この違いに由来するものである。

3．感動詞による気持ちの表出

3.1 「受け（反応）」「渡り」

次に、日本語では話し手の気持ちの動きを感動詞（感嘆詞、フィラー）等で頻繁に表出するが、中国語ではそうしないことが多いという現象（現象Ⅱ）について述べる。

この現象の典型は「あいづち」である。日本語では、対話において相手が何か言うたびにあいづちで反応する。何かしら音声を発して反応してみせないと相手の話を聞いていることにならない。一方、中国語では、対面状態の対話ではあまりあいづちをうたない。いちいち音声を発して反応するのは、逆に相手の話を妨げることになる＊3。

（3）の「へぇー、キミはフランス語も話せるんだ」の「へぇー」も、賛嘆の気持ちを表すという側面のほかに、相手の発話に対して反応してみせているという側面がある。あいづちと同様、相手の発話に感動詞で反応することは日本語では普通のことであり、反応を示さずにいきなり「キミはフランス語も話せるんだ」と言うのは唐突な印象を受けるが、中国語では感動詞による反応がなくても唐突という印象はない（以下の例文では、日本語文と中国語文の対応関係を示すことを優先し、中国語文の逐語訳は省略する）。

（26）甲：私はフランス語が話せます。

　　　　　我会说法语。

　　　乙：a．へぇー、キミはフランス語も話せるんだ。

　　　　　　哟，　　你还会说法语啊。（哟 yō：ああ）

　　　　　b．キミはフランス語も話せるんだ。（唐突）

　　　　　　你还会说法语啊。

因・上垣（1997）は、日本語の対話において、相手の発話に対してまず反応する部分を「受け」、新しい情報を発信する部分を「発信部」、両者の間に挿入される、発信の準備をしていることを示す部分を「渡り」と呼び、日本語の対話においては「受け」と「渡り」が本質的に重要な役割を担うことを指摘している。インタビューで質問に対して「はい（受け）」と反応してから答えたり、「そう

ですね（渡り）」と考えてみせてから答えたりするのは、その典型
である。

　「受け」は相手の発話によって生じた気持ち、「渡り」は情報を発
信する際の話し手の気持ちであるから、「受け」「渡り」が重要な役
割を担うとは、すなわち「気持ちの動きを表出してから情報を述
べる」ことが重要ということである。次の（27）のＢの発話でも、
「え（そのように言われるとは意外だ）」（受け）、「だって（自分に
は正当な理由がある）」（渡り）と気持ちの動きを表出してから、発
信部（寒いんだもん）を述べている。中国語では、「受け」「渡り」
にあたる部分がなくても唐突な印象はない。

　（27）Ａ：　どうして外で遊ばないの。

　　　　　　你怎么不到外面去玩儿啊？

　　　　Ｂ：　え〈受け〉、だって〈渡り〉寒いんだもん〈発信部〉。

　　　　　　　　外面冷嘛〈発信部〉。
　　　　　　　　（外は寒い<u>んだもん</u>。）

　（グループ・ジャマシイ（1998）／徐一平ほか訳（2001:263）、「え」を追加）

　　次の三つの文章も、日本語の対話では感動詞等による気持ちの表
出が本質的に重要だが、中国語の対話では情報の発信のほうが重
要なことを述べたものである。（28）（29）の「さあ、ちょっと〜」、
（30）の「うーん、誰のかなあ？」は、ともに「受け」「渡り」に
相当する発話である。

　（28）日本人が「○○さん、××のことを知っていますか」と聞
　　　　く。すると中国人が「知りません」と答える。知らないか
　　　　ら、「知らない」と答えたまでである。

　　　　　しかし、日本人はこういうとき「知らない」とは答えな
　　　　い。たいてい、「さあ、ちょっと〜」とか、あいまいな言
　　　　い方をする。いきなりズバリ「知りません」とは答えない。
　　　　だから中国人の答え方は非常にぶっきらぼうに響くのだ。

　　　　　　　　　　　　　　　　　　　　（相原（2011:217））

　（29）フィラーに関して日本語の特徴と思えるのは、何といって
　　　　も「あからさまに儀礼的なフィラー」の存在だろう（略）。
　　　　「このあたりに交番はありませんか？」と訊かれて「さー、

ちょっとわかりません」などと答えることは、日本語会話として特に不自然ではない。だがよく考えてみると、フィラー「さー」は、見込みのない検討専用のフィラーではないだろうか。(略) 交番のありかを訊ねられた日本語話者が、「ええと」でもなく「あのー」でもなく、「さー」の発音へと口を動かし始めている段階で、その話者はこれから始める検討が見込みのないものであることを知っている。では何のために「さー」と言いながら見込みのない検討をするのかといえば、言下に「知りません」と言うと冷淡な印象を与えてしまうことがしばしばあり、それよりも、相手の前でしばし検討してみせることが、相手に対して丁寧だからである。(略)

「日本人に道を訊ねると、よく『さー』と言うでしょう。あれは、答えられる見込みがないけれど、あなたのために悩んでみせているのです」と、或る日本語学習者 [母語は中国語] に言ってみたところ、その人は「答えられる見込みがないとわかっているなら、なぜすぐそう言わないのか」と怒りだした。いま自分がおこなう検討に見込みがないなら、検討などしてみせずに、さっさと「わからない」あるいは「交番はない」と言うべきだ。事実、われわれの母国語ではそうやっている。 (定延 (2004:3-4))

(30) 日本人にはごく自然だが、中国人には違和感のある日本人の発話がある。それは、相手から何か聞かれたときに、質問について考えながら、同じ内容の疑問文を発することである。

　① 「これ誰の？」「うーん、誰のかなあ。」

(略) ①の「これ誰の？」は、「知っていたら教えて」という質問であり、(略) 中国語では、知っていれば誰のものかを言い、知らなければ、あるいは分からなければ、"不知道"（知らない、分からない）と言う。「誰のかなあ」では質問に見合った発話にならない。

日本語では、①のように、「誰のかなあ」と言って相手

と疑問を共有することはごく自然である。むしろ、すぐに
「知らない（分からない）」と言うと、そっけない感じがし
たりする。　　　　　　　　　　　　　　　　（井上 (2013:10–11)）

　「わからない」と言われれば「了解した」と言えるが、「わからな
い」と言われなければ「了解した」と言うタイミングが計りづらい。
中国語の感覚ではこれは「あいまい」だが、日本語の感覚では「さ
あ、ちょっと〜」、「うーん、誰のかなあ」は「現在検討中だが、答
えが見つかる見込みは今のところない」という気持ちを明確に表出
しており、決してあいまいではない。中国語は情報の発信が、日本
語は気持ちの表出が相対的に重要というだけのことである。日本語
で言いさし表現が多用されることも、情報発信の部分に「渡り」的
な性格を持たせるという面がある＊4。

(31) a.　あの、こんなものがあったんですけど（どうしましょ
　　　　　うか？）。

　　 b.　すみません。今日はちょっと用事があるんで（帰りま
　　　　　す）。

　　 c.　いや、気にしないでいいから（気にしないで）。

　日本語の対話においては気持ちの表出が本質的に重要であるが、
中国語においては必ずしもそうではないことは、次の日本語のスキ
ットとその中国語訳にも反映されている。

(32)（学校を出るとき）

　　カリン：あ、　　雨降ってる！
　　　　　　呦 yōu,　下雨啦！

　　ユキ　：え、ほんと？　全然聞こえなかった。
　　　　　　　　是吗？　　怎么一点儿声音都没有啊。

　　　　　　あ、　ほんとだ。　すごく降ってるね。
　　　　　　哎 āi,　真的下雨啦、还挺大的呢。

　　カリン：う〜ん。困ったなあ。これじゃ、帰れない。
　　　　　　　　　　这下坏了，　我没法儿回家了。

　　ユキ　：え、　傘、ないの？
　　　　　　　　你没带雨伞吗？

　　カリン：うん。昨日から見つからないんだ。

　　　　　　　我昨天就找不着了。

ユキ　　：学校で取られたのかなあ。

　　　　　　　是不是在学校被谁拿错了？

カリン：<u>ううん</u>、そんなことない。家にあると思うんだけど…。

　　　　　　　不可能。　　　我想还是忘在家里了。

ユキ　　：<u>そう</u>。じゃあ、私の傘に入らない？

　　　　　　　那，　　　咱们打一把伞吧。

カリン：<u>あ</u>、入れてくれる？

　　　　　　　行吗？（いい？）

ユキ　　：<u>うん</u>。

　　　　　　　没问题。（大丈夫。）

カリン：嬉しい！

　　　　　　　太好了！（よかった！）

　　　　　（池上・守屋編著（2009: 172, 199）。日本語文と中国語訳を併記）

　このスキットは、日本語において感動詞が重要な役割を担うこと
（池上・守屋編著（2009: 147–151））をふまえて作られている。中
国語訳の担当者（徐一平氏）は同書の著者の一人であり、スキット
作成の意図は承知されているはずである。しかし、中国語訳で感動
詞が用いられているのは、雨が降っている状況を見て驚いたときに
限られ、相手の発話に対する反応として発される感動詞は中国語に
訳されていない。中国語でも感動詞で相手の発話に反応することは
あるが、日本語のように相手が何か言うたびに感動詞で反応するこ
とはない。「受け答え」という表現に象徴されるように、日本語で
は、あいづちを含め、「受け」が発話の往復としての対話を円滑に
進行させるうえで有効に機能するが、中国語では「受け」が発話の
往復を一時的に止めることにつながり、相手の発話にいちいち感動
詞で反応することは対話の進行を妨げることになる。

　日本語において感動詞の使用が本質的に重要であることは、一瞬
でも感動詞を発することが多いことからもわかる。例えば、日本語
の電話会話では、相手が電話に出たり何か言ったりするたびに短く
「あ」と反応することがあるが（山根（2002: 181–183））、中国語
ではそのようなことはしない。

　　　　　　　　　　　　　「気持ちの言語化」の日中対照　　**585**

(33)（相手が電話に出た）

　あもしもし、田中先生のお宅でしょうか？

　　喂,　　　是田中老师家吗？

（相手が「はい」と言った）

　あ私、麗澤大学の井上と申します。

　　我是丽泽大学的井上。

　相手の発話に対して「そうですか」と反応したり、「なんで？」と問い返したりする場合も、中国語では相手の発話に続けて"是吗 shìma？"（そうなんですか）、"为什么 wèishénme？"（なぜ）と言えばよいが、日本語では相手の発話に続けて「そうですか」「なんで」と言うのはどこか唐突であり、一瞬でも感動詞を添えたほうが自然な受け答えになる。中国語でも、相手の発話に対して"哦 ò"（あ）、"欸 éi"（え）などの感動詞で反応することはあるが、感動詞を一瞬だけ添えることはない。

(34)（相手の話を聞いて）

　a.　あ、　そうですか。

　　哦 ò,　是吗？

　b.　あそうですか。

　　　是吗？

(35)（相手の話を聞いて）

　a.　え、　なんで？

　　欸 éi,　为什么？

　b.　えなんで？

　　　为什么？

　何かを強調して述べる場合も、日本語では感動詞を一瞬添えることがよくあるが、中国語ではそのようなことはない。

(36)A：　彼にも本当困ったもんだよねえ。

　B：　いや本当ですよ。　人が何か言うとすぐ反論するんですよね。

　　　可不是嘛,　人家一说点儿什么,　他马上就反驳。

(37)（どれくらいの時間がかかるか聞かれ、少し考えて）

　　ま1週間もあれば大丈夫でしょう。

　　有一个星期就足够了吧。

(38) 今度そんなことやったら、もう絶対に許さないからね。
　　　下次你再干这样的事情，　　我绝对饶不了你。

3.2 背景―「相手との関係維持」のための方略

　このように、日本語では感動詞等による気持ちの表出が本質的に重要だが、中国語ではそうではない。この相違は、日本語と中国語とでコミュニケーションの基本的なあり方が異なることから生ずる。
　中国語のコミュニケーションは、「相手の発話に合わせて話を先に進め、文脈を構築していく」のが基本である。先の（27）の対話においても、相手が質問（情報要求）をしてきたことに合わせて情報提供をおこなうというように、互いに協力し合って文脈を構築している。口頭のコミュニケーションであっても、紙にメッセージを書いて見せ合うのと本質的には同じである。
　(39)中国語

　一方、日本語のコミュニケーションは、「発話にともなう気持ちの動きを表出してみせる」ことが本質的に重要である。(27)のやりとりでも、相手の発話という刺激により生じた話し手の気持ちの動きを「え」「だって」と表出している。言語表現を用いたコミュニケーションであっても、表情や身ぶりを見せ合って意思疎通をしているのと大差ないとも言える。

(40) 日本語

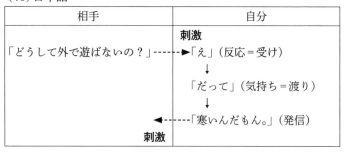

　このような相違は、対話の場における領域感覚が日中両語で異なることから生ずる。コミュニケーションの基本課題は相手との関係を維持することである。そして、中国語のコミュニケーションは、「自分と相手は距離が離れており、やりとりがあれば〈関係あり〉だが、やりとりがなければ〈関係なし〉」という感覚を基本とする（井上（2013: 132-134））。それゆえ、中国語では、相手との関係維持のために、互いに相手の発話の内容に見合う内容の発話を返してやりとりを維持しようとする。卓球で均衡状態が続く（ラリーが続く）ように、互いに相手が受けやすい球を打ち合うのと同じである。相手の発話にいちいち感動詞で反応することが対話の円滑な展開を妨げるのも、「言われたらそれに合わせて言い返す」というリズムが崩されるからである。

(41) 中国語

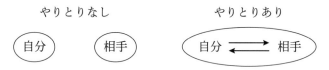

　一方、日本語のコミュニケーションは、「自分と相手は領域を直に接しており、互いに相手に気をつかえば、やりとりがなくても〈関係あり〉」という感覚を基本とする（井上（2013: 132-134））。相手との関係維持のために必要なのも「自分と相手の領域が直に接していることを示し続ける」ことであり、それには、相手の発話によって生じた気持ちの動きを敏感に表出し、相手から直に刺激を受けていることを示すことが有効である。相撲で均衡状態が続く（組

み合った状態が続く）ようにするには、相手が力を加えてきたらそれに敏感に反応することが必要だが、日本語の対話もそれと同じである。金（2013）は、日本語の対話において発話の重なりが多く見られることを指摘しているが、これも発話が重なるくらい敏感に相手の発話という刺激に反応するということである＊5。

(42) 日本語

4. おわりに

本論では次のことを述べた。

①「想定と異なり現実はこ̇う̇だ̇」、「ほかでもなくこ̇れ̇だ̇」という気持ちは、日本語では音声的強調により表出できるが、中国語では副詞の助けが必要である。これは、日本語が一つの言語表現に複数の意味をこめられる言語であるのに対し、中国語が特定の意味を表す言語表現を組み合わせて事象を構成的に描き出す言語であることによる。

②日本語では相手の発話により生じた気持ちの動きを感動詞等で頻繁に表出するが、中国語ではそうしないことが多い。これは、中国語は「やりとりを続けて文脈を構築する」ことを、日本語は「自分と相手が領域を接していることを示す」ことを対話の課題とするためである。

個別言語研究では、各言語が持つ言語的手段の機能（すなわちその言語的手段によりできること）について詳細な分析がなされる。対照研究では、それに加えて「ある言語でできることが他の言語でできるか？ できないとすればそれはなぜか？」、「ある言語で必要なことが他の言語で必要か？ 不要とすればそれはなぜか？」ということも問題になる。本論は、そのような問題意識にもとづき、日本語と中国語の「話し手の気持ちの表出」のあり方について考察したものである。

＊1　中国語の副詞、特に一音節副詞は多様な用法を有する。以下の議論でも、同じ副詞に対して異なる日本語訳を付すことがある。

＊2　焦点構文"（是）…的"も、場所や時間を集合中の一要素として述べる手段になる。

　　　　・（「今日はどこで座れたの？」と聞かれて）
　　　　　今天　我　（是）　在　A站　坐上　的　座位。
　　　　　今日　私　だ　で　A駅　座る　の　座席
　　　　　（今日は（他の駅でなく）A駅で座れた。）

　　　　・（「彼は何時に着いた」と聞かれて）
　　　　　他　（是）　七点　到　　的。
　　　　　彼　だ　7時　着く　の
　　　　　（彼は（他の時間でなく）7時に着いた。）

＊3　小野（2018）は、中国語でも、相手の発話を受け止めたことを示すだけの"嗯 ng"は比較的頻繁に使用されることを指摘している。

＊4　日本語では、副詞が主題や従属節を超えて文頭で用いられることがある。これも発話のベースにある気持ちを副詞で先に表出するものであり、副詞が「渡り」的な機能を果たしている。

　　　　・とっても今日は気分がいい。
　　　　・めったに彼は人の悪口を言わない。
　　　　・絶対に今度こんなことをやったら許さないからね。

＊5　ここで述べた日中両語の相違は、いわゆる report-talk（知識や情報を客観的に伝える話し方）と rapport-talk（相手の情緒に働きかける話し方）とは別の事柄である。report-talk であれ rapport-talk であれ、中国語では相手の発話に合わせて話を先に進めることが、また日本語では発話にともなう話し手の気持ちの動きを表出してみせることが重要である。

参考文献（言及したもののみ）

相原茂（2011）『ふりむけば中国語』現代書館.

池上嘉彦・守屋三千代（編著）(2009)『自然な日本語を教えるために—認知言語学をふまえて』ひつじ書房.

井上優（2012）「テンスの有無と事態の叙述様式—日本語と中国語の対照」『日中理論言語学の新展望2　意味と構文』くろしお出版.

井上優（2013）『相席で黙っていられるか—日中言語行動比較論』岩波書店.

大河内康憲（1997）『中国語の諸相』白帝社.

小野秀樹（2018）『中国人のこころ—「ことば」からみる思考と感覚』集英社新書.

金珍娥（2013）『談話論と文法論—日本語と韓国語を照らす』くろしお出版.

グループ・ジャマシイ（1998）『日本語文型辞典』くろしお出版（徐一平ほか訳（2001）『日本語句型辞典』くろしお出版）.

黄麗華（2000）「否定表現の日中対照―「まだＶしない」と「还不Ｖ」」『日本
　　と中国ことばの梯　佐治圭三教授古希記念論文集』くろしお出版.

定延利之（2004）「音声コミュニケーション教育の必要性と障害」『日本語教
　　育』123、日本語教育学会.

杉村博文（1994）『中国語文法教室』大修館書店.

因京子・上垣康与（1997）「接触場面の対話における発話型―「受け答えのよ
　　さ」とは何か：伝達能力記述の試み」『比較社会文化』3、九州大学大学院
　　比較社会文化研究科.

中川正之（2005）『漢語からみえる世界と世間』岩波書店（岩波現代文庫版、
　　2013年）（杨红・王庆燕・张丽娜译（2014）《日语中的汉子　日本人的世
　　界》、北京：北京大学出版社).

山根智恵（2002）『日本語の談話におけるフィラー』くろしお出版.

楊凱栄（2007）『語感を磨く中国語』日本放送出版協会.

刘月华・潘文娱・故韡（2001）《实用现代汉语语法　增订本》北京：商务印书
　　馆.

The discourse-pragmatic properties of the Japanese negative intensifier *totemo*

Osamu Sawada（澤田治）

Abstract

This paper investigates the discourse-pragmatic usage of the Japanese negative intensifier, *totemo*, which is used on the non-propositional level. Unlike the regular intensifier *totemo* 'very,' the negative *totemo* behaves as a negative polarity item (NPI) which can only be used within a negative sentence. However, its discourse-pragmatic function is quite different from the functions of regular NPIs.

In this paper, I will argue that the negative *totemo* is an expressive (a conventional implicature-triggering expression) that intensifies the unlikelihood or impossibility of the given proposition *p* (without a negative modal) in a situation where *p* is activated and expected to be true. I will show that the negative *totemo* is a discourse-oriented NPI that is deeply involved in the given utterance situation.

（本稿では、非命題レベルで用いられる否定用法の「とても」の意味および談話的特性について考察する。否定用法の「とても」は、通常の程度副詞の「とても」と異なり、否定文でしか使われないという点で、否定極性項目（negative polarity item）と考えることができるが、その意味・機能は、通常の否定極性項目のそれとは大きく異なる。

本稿では、否定の「とても」は、ある命題 *p* が発話状況の中で活性化され、真であることが期待されている中で、話し手が *p* のありえなさ・不可能性を強調する感情表出表現であるということを論証し、否定の「とても」は発話状況と深く関わった「談話志向的な」NPIであるということを明らかにする。）

Keywords

intensifier (強調詞)、negative *totemo* (否定の「とても」)、rejection/refusal (拒否)、negation (否定)、discourse structure (談話構造)、negative polarity items (否定極性項目)、conventional impliciture (慣習的推意)、expressives (感情表出表現)

1. Introduction

The Japanese intensifier *totemo* 'very' can intensify the degree of a gradable predicate:

(1) Kono   ie-wa   totemo {ookii/ *ookiku-nai}.
    This   house-TOP   very   big/big-NEG
    'This house is very big.'

This use of *totemo* is a positive polarity item (PPI) because it cannot co-occur with logical negation, as shown in (1). However, *totemo* can also intensify a negative modal statement:

(2) a. Tetsuya-nado   totemo {deki-nai/*dekiru}.
       Staying up all night-NADO TOTEMO can-NEG/can

       'Staying up all night is impossible.'
       (Implication: I am emphasizing the impossibility.)

    b. Taro-ga   shiken-ni   ukaru-nado   totemo
       Taro-NOM   exam-in   pass-NADO   TOTEMO

       {arisooni-nai/*arisoo-da}.
       likely-NEG/likely-PRED
       'It is unlikely that Taro will pass the exam.'
       (Implication: I am emphasizing the unlikelihood.)

In (2a), *totemo* emphasizes that "I cannot stay up all night," and, in (2b), *totemo* emphasizes the modal statement that "Taro is unlikely to pass the exam." Descriptively, in (2a), *totemo* emphasizes the degree

594   Osamu Sawada (澤田治)

of inability (e.g. Morita (1989); Watanabe (2001); Osaki (2005)), whereas in (2b) *totemo* emphasizes the degree of unlikelihood. Since *totemo* in (2) can only appear in a negative context, it is safe to say that it is a negative polarity item (NPI).(In this paper I will refer to *totemo* in (2) as the negative *totemo*.)

The interesting property of the negative *totemo* is that it is highly discourse-pragmatic. In (2) there is a tone of "rejection" to an expected proposition. Where does the meaning of rejection come from? What are the semantic properties of the negative *totemo*? In this paper, I will investigate the meaning and use of the Japanese negative *totemo*, and will argue that the negative *totemo* is an expressive (a conventional implicature-triggering expression) that intensifies the unlikelihood or impossibility of the proposition p (without a negative modal) that is activated within discourse and is expected to be true. It will be claimed that the discourse-oriented meaning often leads to the speech act of rejection/refusal.

I will compare the negative *totemo*'s meaning and function with those of the typical emphatic NPIs, such as *zenzen* 'at all' and *mattaku* 'at all.' This will show that the properties of activation and expectation of a proposition in the negative *totemo* are not seen (obligatory) in the typical emphatic NPIs.

In the last part of this paper, I will look at related phenomena and show that the so-called positive use of *zenzen* behaves like a partial mirror image to the negative *totemo* in terms of discourse structure.

This paper suggests that the negative *totemo* is a discourse-oriented NPI concerned with the contrast or gap between the current situation and an established assumption/expectation.

2. The difference between the ordinary *totemo* and negative *totemo*

Before analyzing the meaning and use of negative *totemo*, let us consider the empirical difference between the ordinary (adjective-medifying) *totemo* and negative *totemo* in terms of meaning. Although the ordinary *totemo* and negative *totemo* have various differences (e.g. modification structure (adjective vs. modal), polarity sensitivity), the most fundamental difference between them in terms of meaning is that while the ordinary *totemo* is semantic (truth-conditional), the negative *totemo* is pragmatic (non-truth-conditional). More specifically, the negative *totemo* has triggers a conventional implicature (CI).

In Gricean pragmatics, CIs are considered a part of the meanings of words, but they are independent of "what is said" (e.g., Grice (1975); Potts (2005, 2007); Horn (2007); McCready (2010); Sawada (2010, 2018); Gutzmann (2011)). Furthermore, CI expressions are speaker oriented (Potts (2007)). Typical examples of CIs are expressives like *damn*.

(3) a. That bastard Kresge is famous. (Expressive/CI: Kresge is bad, in the speaker's opinion.)

    b. Arthur has lost the blasted key. (Cruse (1986))

    c. Ouch, I've hit my thumb! (Kaplan (1999))

    d. It's hot, man. (McCready (2009))

For instance, the expression *That bastard* in (3a) conveys that the speaker has a negative attitude toward Kresge. This has the property of CI. This idea is corroborated by the fact that denial cannot target the CI meaning of bastard (see Potts (2005, 2007)):

(4) A: That bastard Kresge is famous.

        At-issue: Kresge is famous.

        CI: Kresge is bad, in the speaker's opinion.

    B: No, that's not true!

(4B) is only denying the at-issue part of (4A).

Furthermore, the fact that *damn* can never be within the scope of logical operators like negation, modal, or conditionals also supports the idea that its meaning is a CI (Potts (2005)). For example, the following sentence cannot be read as negating the speaker's disapprobation of Sheila's dog:

(5) It's just not true that Sheila's damn dog is on the couch!

(Potts (2005: 159))

It is just negating the at-issue part of the sentence; that is, Sheila's dog is on the couch.

We can say that the negative *totemo* also has the property of a CI. There is much evidence to support this idea. First, similar to the case of *damn*, denial cannot target the CI part of *totemo*.

(6) A: Konna   muzukashii   mondai   boku-ni-wa
        Such   difficult   problem-TOP   I-to-TOP

        totemo   tok-e-nai.
        TOTEMO   solve-can-NEG

        At-issue: I cannot read such a difficult problem.

        CI: I am emphasizing the impossibility.

    B: Iya   sore-wa   uso-da.
        No   that-TOP   false-PRED

        'No, that's false.'

In this conversation, the speaker (6B) is challenging the at-issue part of (6A) (i.e., staying up all night is impossible for A), but not the CI part. It would be odd to presume that speaker B is challenging the CI part of (6B) because that would mean that he/she is objecting to A's feeling. Generally speaking, we cannot object to a speaker's emotion. It is odd to say "no, that is not true" after someone says "ouch!"

Note that things are radically different in the case of the ordinary "semantic" (adjective-modifying) *totemo*. As the following dialogue shows, the denial can target the meaning triggered by the ordinary semantic *totemo*:

(7) A: Ano   jugyoo-wa   totemo   omoshiroi.
        That   class-TOP   very   interesting

        'That class is very interesting.'

    B: Iya   sore-wa   uso-da.
        No   that-TOP   false-PRED

'No, that's false.'

Here B is challenging A's idea that the class is very interesting.

The next bit of evidence for the idea that the negative *totemo* is a CI is that the negative *totemo* cannot be placed under the scope of logical operators like modal, negation, or a past tense. Let us consider this on the basis of the example in which the modal negative sentence with *totemo* is embedded under another modal expression such as *daroo* 'probably':

(8) Tetsuya-o   suru-nado   totemo
     Staying up all night-ACC   do-NANTE   TOTEMO

     deki-nai-daroo.
     can-NEG-EPI.MOD

     At-issue: Probably, staying up all night will be impossible for him/her.

     CI: I am emphasizing the degree of impossibility.

Here, the meaning of *totemo* does not fall within the scope of *daroo*; that is, the speaker is not saying that there is the possibility of an emphatic emotion toward the impossibility. The speaker's emphatic attitude is not within the scope of the epistemic operator *daroo* 'probably.'

Similarly, the negative *totemo* cannot be within the semantic scope of negation:

(9) Tetsuya-nado   totemo   deki-nai.
     Staying up all night-NADO   TOTEMO   can-NEG

     At-issue: Staying up all night is impossible.

     CI: I am emphasizing the impossibility.

In (9), there is no reading like "it is not the case that I am emphasizing the possibility."

Finally, this may be descriptive evidence, but the negative *totemo* and not the semantic *totemo* can be paraphrased by the clearly idiomatic expressive *totemo-ja-nai-ga* 'very-NEG-although':

(10) Tetsuya-o   suru-nado
    Staying up all night-ACC   so-NADO

    {totemo/totemo janaiga}   deki-nai.
    TOTEMO/TOTEMO JANAIGA   can-NEG

    At-issue: Staying up all night is impossible.

    CI: I am emphasizing the impossibility.

Although *tomemo-jana-ga* contains a negative morpheme and the clause-linker *ga* 'but', they are not interpreted literally. In (10), *totemo-ja-nai-ga* as a whole serves to strengthen the impossibility or inability of a given proposition. Note that *totemo-ja-naiga* cannot be used for an adjective modifying purpose:

(11) Koko-wa   {totemo/*totemo.ja.nai.ga}   anzen-desu.
    Here-TOP TOTEMO/TOTEMO.JANAI.GA   safe-PRED
    'It is very safe here.'

Based on these discussions, we can conclude that the negative *totemo* is a CI.

Note that in some cases, *totemo* can be ambiguous between the semantic *totemo* and negative *totemo*.

(12) Totemo   kichoona   hikouki-wa   haibi-deki-nai.
    TOTEMO/very   valuable   airplane-TOP   deploy-can-NEG

    Reading 1:   We cannot deploy a VERY VALUABLE airplane.
                  (contrastive negation)

    Reading 2:   We cannot deploy a valuable airplane. (CI: I am
                  emphasizing the impossibility.)

In Reading 1 (the semantic reading), *totemo* modifies the adjective *kichoona*, while in Reading 2 (the negative reading) *totemo* modifies a negative modal phrase *haibi-deki-nai*. In the negative reading, there is a mismatch between surface syntax and logical structure in terms of the position of *totemo*.

3. Analysis of the negative *totemo*

Let us now analyze the meaning of the negative *totemo* in a formal way. I assume that the semantic *totemo* has the following meaning. (The superscript *a* stands for an at-issue type. This type is used to calculate an at-issue meaning.)

(13) (The semantic *totemo*)

$$[[\text{totemo}_{SEM}]]: \langle G^a, \langle e^a, \langle i^a, \langle s^a, t^a \rangle \rangle \rangle \rangle$$

$$= \lambda G_{ADJ} \lambda x \lambda t \lambda w \, \exists d[d \text{>!!STAND} \wedge G(d)(x)(t)(w)]$$

The semantic *totemo* denotes that the degree of target *x*, with respect to the scale associated with *G*, is much greater than a standard at *t* in *w*. ">!!STAND" means "much greater than a standard" (Kennedy and McNally (2005)). The semantic *totemo* directly combines with a gradable predicate. As for the meaning of this gradable predicate, I posit that it represents the relationships between individuals and degrees (e.g. Kennedy and McNally (2005)):

(14) $[[\text{ookii}]]: \langle d^a, \langle e^a, \langle i^a, \langle s^a, t^a \rangle \rangle \rangle \rangle$

$$= \lambda d \lambda x \lambda t \lambda w . \text{big}(x)(t)(w) = d$$

Let us now consider the meaning of the negative *totemo*. I argue that as with the regular semantic *totemo*, the negative *totemo* takes a gradable predicate, but the gradable predicate that the negative *totemo* takes is a negative modal gradable predicate. More formally, I propose that the negative *totemo* is "mixed content" (e.g., McCready (2010); Gutzmann (2011, 2012); Sawada (2014)), taking a negative modal predicate at both at-issue and CI dimensions while intensifying the degree only at the CI dimension. (Regarding type, G_{MODAL} is an abbreviation for a gradable modal predicate of type $\langle d^a, \langle p^a, \langle i^a, \langle s^a, t^a \rangle \rangle \rangle \rangle$, and *p* is an abbreviation for a proposition of type $\langle i^a, \langle s^a, t^a \rangle \rangle$):

(15) $[[\text{totemo}_{NEG}]]: \langle G^a, \langle p^a \langle i^a, \langle s^a, t^a \rangle \rangle \rangle \rangle \times \langle G^a, \langle p^a \langle i^a, \langle s^a, t^s \rangle \rangle \rangle \rangle$

$$= \lambda G_{MODAL} \lambda p \lambda t \lambda w \, \exists d[d \text{>STAND} \wedge G_{MODAL}(d)(p)(t)(w)] \blacklozenge$$

$$\lambda G_{MODAL}\lambda p\lambda t\lambda w\ \exists d'[d'>!!STAND \wedge G_{MODAL}(d')(p)(t)(w)]$$

(where $\max(G_{MODAL}) = 0$, p is activated in discourse and p is expected)

The left side of ♦ is an at-issue domain, and the right side of ♦ is a CI domain. In the CI component, there are also requirements that the maximum degree of $G_{MODAL}= 0$, p is activated or under discussion (Zimmermann 2011) and p is expected.

Let us consider how the meaning of the sentence with the negative *totemo* can be computed, based on the following example:

(16) Tetsuya-o   suru-nado   totemo   deki-nai.
     Staying up all night-ACC   do-NADO   TOTEMO   can-NEG/can

At-issue: Staying up all night is impossible.

CI: I am emphasizing the impossibility.

The important point of this analysis is that a negative modal expression as a whole (i.e., modality plus a negative element) behaves as a single gradable predicate. I assume that these represent relationships between individuals and degrees. For example, the denotations of negative modal predicate (G_{MODAL}) such as *deki-nai* 'impossible' and *arie-nai* 'unlikely' have the following meanings (cf. Lassiter (2011); Klecha (2012)):

(17) a. [[deki-nai]]: $\langle d^a, \langle p^a, \langle i^a, \langle s^a, t^a \rangle \rangle \rangle \rangle$ =
      $\lambda d\lambda p\lambda t\lambda w.\text{impossible}_{ABIL}(p(t)(w)) = d$
  b. [[soo-ni-nai]]: $\langle d^a, \langle p^a, \langle i^a, \langle s^a, t^a \rangle \rangle \rangle \rangle$ =
      $\lambda d\lambda p\lambda t\lambda w.\text{unlikely}(p(t)(w)) = d$

The negative *totemo* is then combined with a negative modal expression using mixed application (McCready (2010); Gutzmann (2011)):

(18) Mixed application:

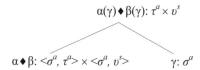

(Based on McCready 2010: 20)

Superscript *a* stands for an at-issue type, and superscript *s* stands for a shunting type. Superscript *s* is used for the semantic interpretation of CI involving an operation of shunting (cf. Potts's (2005) CI application). I will also assume following McCready (2010) that the following rule applies for the final interpretation of the CI part of mixed content:

(19) Final interpretation rule:

Interpret $\alpha \blacklozenge \beta : \sigma^a \times t^s$ as follows: $\alpha : \sigma^a \bullet \beta : t^s$

(Based on McCready (2010))

The following figure illustrates a part of a semantic derivation of (16):

(20)

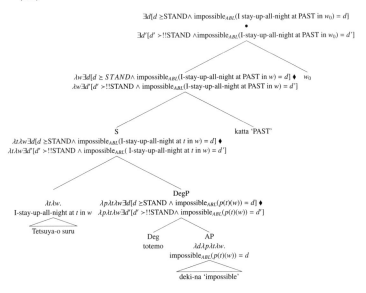

The question is why the negative *totemo* has to appear in a negative sentence?

(21) a. * Sonna koto boku-ni-wa totemo dekiru.
         Such   thing I-to-TOP   TOTEMO possible

   At-issue: I can do such a thing.

   b. * Ame-wa   totemo   yami-soo-da.
        Rain-TOP TOTEMO   stop-seem-PRED

The rain seems to stop.

I argue that G_{MODAL} must be a negative gradable modal predicate because the negative totemo presupposes that the maximum degree of G_{MODAL} is 0 in terms of probability, as represented in the parenthetical part in (15):

(22) $\max(G_{MODAL}) = 0$

If a given G_{MODAL} is a positive modal gradable predicate like *arieru* 'likely', then its maximal degree will be 1 (i.e., 100 percent). Thus, the sentence becomes infelicitous. However, if a modal predicate is negative, its maximal degree will be 0 (i.e., 0 percent). Thus, the resulting sentence is well formed (see Sawada (2017) for a detailed discussion on the polarity sensitivity of the negative *totemo*.)

4. Combination with modal-like/semi-modal expressions

We have so far considered examples with *totemo* where there is an explicit negative modal expression. However, *totemo* can also combine with pseudo-modal expression, which are semantically related to modality. The word *muri* has a negative modal meaning 'impossible'. Note that *muri* is written in Kanji as 無理. Literally, *mu* means 'no/zero' and *ri* means 'reason', but it is a single word meaning 'impossible.' This is a single word (adjective) that can be paraphrased as *deki-nai*:

(23) Tetsuya-nado   totemo {muri-da   /deki-nai}.
    Staying up all night}-NADO TOTEMO impossible-PRED/can-NEG

Staying up all night is impossible.

                                 (CI: I am emphasizing the impossibility.)

Semantically, muri has the same meaning as *deki-nai* 'can-not':

(24) [[muri]]: $\langle d^a, \langle p^a, \langle i^a, \langle s^a, t^a \rangle \rangle \rangle \rangle$ =
$\lambda d \lambda p \lambda t \lambda w.\text{impossible}_{ABIL}(p(t)(w)) = d$

Furthermore, the ability-related verbs such as *toora-nai* 'pass-not' and *ukara-nai* 'past-not' can also directly combine with negative *totemo*

(See also Osaki (2005) for the other related verbs):

(25) Ima-no   jituryoku-de-wa   shiken-ni-wa   totemo
     Now-GEN   ability-with-TOP   exam-to-TOP   TOTEMO

{toora/ukara}-nai-yo.
pass/pass-NEG-Prt

At-issue: You will not be able to pass the exam considering
your current ability.

CI: I am emphasizing the inability/impossibility.

(26) Subete-no   kagu-o   jisha-de
     All-GEN   furniture-ACC   own company-with

tuku-ttei-te-wa   totemo   maniawa-nai.
make-TEIRU-TE-TOP   TOTEMO   meet-NEG

At-issue: If we make all furniture by ourselves, it will be
impossible to meet the requirements.

CI: I am emphasizing the impossibility of meeting the
requirements.

(http://www.ikea.com/ms/ja_JP/ikea_business/Testimonials/

ib_20160112_ecobito.html)

The expression *yoyuu-wa nai* 'cannot afford to' and the idiomatic
expression *te-ga denai* 'cannot afford to; lit. a hand does not reach' can
also combine with negative *totemo*:

(27) Kono   kyuuryoo-de-wa   totemo   chokin-suru
     This   salary-PRED-TOP   TOTEMO   save-do

yoyuu-wa nai.
room-TOP NEG

At-issue: With this amount of salary, I cannot afford to save
money.

CI: I am emphasizing the unaffordability.

(http://www.mynewsjapan.com/reports/808)

(28) Kookyuu-sugi-te   totemo   te-ga de-nai.
     Luxury-too-TE   TOTEMO   hand-NOM reach-NEG

At-issue: Since it is too luxurious, it is beyond my grasp.

CI: I am emphasizing the beyondness (impossibility).

(http://handle-marche.com/handle/miryoku/)

Furthermore, negative *totemo* can combine with the idiomatic negative expression X-*dokoro-de-wa nai* 'lit is not the place to do/spend/enjoy X':

(29) Isogashiku-te   totemo   shougatsu-dokoro-de-wa-nai.
Busy-because   TOTEMO   new year-place-PRED-TOP-NEG

At-issue: Because I am busy, I cannot afford to spend New Year's holiday.

CI: I am emphasizing the impossibility.

According to *A Handbook of Japanese Grammar Patterns for Teachers and Learners* (Group Jammassy (2015)), *dokoro-de-wa nai* attaches to verbs and action nouns to convey the meaning that "this is not a situation or case in which such-and-such can be done."

These examples clearly show that the predicate negative *totemo* does not need to combine with a grammaticalized modals, but can also combine with various non-modal expressions (in a strict sense) if they semantically have to do with a meaning of 'impossibility/unlikelihood.' These data suggest that the dependency between negative *totemo* and a gradable modal is semantic rather than syntactic.

5. Discourse-pragmatic properties of the negative *totemo*

Let us now consider the discourse-pragmatic properties of the negative *totemo* in detail. As we have shown in the examination of the lexical meaning of the negative *totemo* in (15), it is used under the assumption that the at-issue proposition p (without a negative modal) is activated in discourse and that p is expected to be true:

(30) A: Kono   mondai   tok-e-masu-ka?
This   problem   solve-can-PRED.POLITE-Q

'Can you solve this problem?'

B: Iya,   boku-ni-wa   totemo   tok-e-masen.

No   I-to-TOP   TOTEMO solve-can-NEG.PRED.POLITE

'No, I can't solve this problem.' (CI: I am emphasizing the inability.)

In this conversation, Speaker A expects Speaker B to solve the problem. Formally, it is an open question, but there is an expectation of a positive answer. As Watanabe (2001) observes, the negative *totemo* is often used in contexts where the speaker thinks that the at-issue proposition/event is preferable or is necessarily the case.

From the viewpoint of information structure, this means that p is activated in discourse, and p is expected to be updated in the *cg* (: common ground)*1. This is supported by the fact that it is unusual to use *ga* in these contexts, which conveys new information:

(31) Tetsuya-{-nado/??-ga}   totemo   deki-nai.
Staying up all night-{NADO/NOM} TOTEMO can-NEG

At-issue: Staying up all night is impossible.

CI: I am emphasizing the inability

The discourse particle *nado* in (31) signals that the speaker negatively construes the discourse's given proposition ("to stay up all night"). Crucially, the above asymmetry disappears if we delete the negative *totemo*:

(32) Tetsuya-{nado/-ga}   deki-nai.
Staying up all night-{NADO/NOM}   can-NEG

'Staying up all night is impossible.'

CI: I am emphasizing the inability

Notice that it is not always the listener who expects p to be true. As the following example shows, it can be the speaker, not the listener, who expects p:

(33) (Context: The speaker is looking at the score of a trial examination and is thinking about whether she/he can pass the entrance exam of a desired university.)

Kibou-suru daigaku-ni-wa totemo   ukari-soo-ni-nai.
Hope-do   university-to-TOP TOTEMO pass-likely-to-NEG

At-issue: It is highly unlikely that I can pass the entrance examination of a desired university.

CI: I am emphasizing the impossibility.

(http://www.gmm.co.jp/maeda.html)

Since the negative *totemo* is emphasizing the unlikelihood or impossibility of the proposition which is expected, the meaning (speech act) of "rejection" or "refusal" often emerges in the use of the negative *totemo*. More technically, the negative *totemo* is often used in the context in which the speaker rejects/refuses to update the common ground (*cg*) with the expected proposition.

Let us now compare the function of the negative *totemo* and other emphatic NPIs. In Japanese, there are many emphatic NPIs in the sense of Israel (1996), such as *mattaku*, *zenzen*, and wh-*mo*:

(34) a. {Mattaku /zenzen} okane-ga nai.

At all /at all money-NOM NEG.EXIST

'There is no money at all.'

b. Tabemono-ga nani-mo nai.

Food-NOM what-MO NEG.EXIST

'There is no food at all.'

As with the negative *totemo*, these NPIs have emphatic negative meanings[*2]. However, unlike the negative *totemo*, these expressions do not require that the at-issue proposition (without negation) is activated in discourse. This is supported by the fact that the speaker can naturally utter the sentences in (34) in "out-of-the-blue" contexts. Notice that there is *ga* in the sentences.

With regard to the requirement of expectation, one might think that these NPIs also require that *p* is expected to be true. In (34), it is natural that the speaker expects the propositions "there is money" and "there is food" to be true.

However, as the following examples show, *mattaku*, *zenzen*, and wh-*mo* can appear in contexts in which *p* (without negation) is not expected.

(35) a.　{Mattaku /zenzen}　mondai-wa　nai.

　　　　At all　　/at all　　problem-TOP　NEG.EXIST

　　　'There is no problem at all.'

　　b.　Nani-mo　ijou-wa　　nai.

　　　　What-MO　unusual-TOP　NEG.EXIST

　　　'There aren't any unusual things/events.'

In the above sentences, "there is a problem" or "there is an unusual thing" are "unexpected" propositions.

The above discussions suggest that the negative *totemo* and the typical emphatic NPIs are fundamentally different in terms of discourse structure. The question is why the negative *totemo* has the requirement of activation and expectation. It would seem that this is because the negative *totemo* always combines with a negative modal, which has to do with the unlikelihood/impossibility of a proposition.

6.　The Japanese positive *zenzen*: A (partial) mirror image of the negative *totemo*

We have so far focused on the negative *totemo*, but if we look at other degree-related expressions, we see a similar discourse function in other degree expressions. In this section, we will show that the so-called positive *zenzen* has a function of denial (or refusal), and it behaves as a mirror image of the negative *totemo*.

The Japanese *zenzen* has both a negative polarity use and a positive polarity use as shown in (36) and (37):

(36) Kono　hon　zenzen　omoshiroku-nai-desu.

　　This　　book　at all　　interesting-NEG-PRED.POLITE

　　'This book is not interesting at all.'

(37) Kono　hon　zenzen　omoshiroi-desu.

　　This　　book　at all　　interesting-PRED.POLITE

　　'This book is *zenzen* interesting.'

On the one hand, the negative *zenzen* is just similar to ordinary NPIs like 'at all'. On the other hand, the positive *zenzen* does not have the meaning of emphasis of negation, and its meaning is more discourse-oriented. Namely, the positive *zenzen* is used in a situation where p is expected to be "not p" (Arimitsu (2002); Odani (2007); Sawada (2008)).

(38) A: Kono hon omoshiroku-nai-to kii-ta-kedo,
This book interesting-NEG hear-PAST-but

omoshiroi?
interesting

'I heard that this book is not interesting, but is this interesting?'

B: Zenzen omoshiroi-desu-yo.
ZENZEN interesting-PRED.POLITE-YO
'Zenzen interesting!'

In (38), B is opposing A's utterance. Namely, speaker B is using *zenzen* to refer to the previous assumption that the book is not interesting. It appears that *zenzen* in (38) is also intensifying the degree associated with a gradable predicate (G) at the at-issue level. Therefore, it is mixed content in that it intensifies a degree at the at-issue level and at the same time also conventionally implicates that the speaker is refusing to accept the negative expected proposition that "x is not G."

Interestingly, as McCready and Schwager (2009) observe, the positive *zenzen* can operate on the speech act:

(39) Aitu zenzen hasitta zyan!
He completely ran PT

'He totally ran, dude!'   (McCready and Schwager (2009))

In the above example, the intensifier acts on the entire asserted proposition, not on a property. This example is also used in situations where the opposite of the proposition (not p) is assumed or expected.

7. Conclusion

In this paper, I investigated the meaning and the use of the Japanese negative *totemo*, and argued that the negative *totemo* is an expressive that intensifies the unlikelihood or impossibility of the proposition *p* (without a negative modal) that is activated in discourse and is expected to be true. I claimed that due to its discourse-pragmatic properties, the negative *totemo* often triggers the speech act of rejection.

In this paper I also compared the negative *totemo* to the positive use of *zenzen*, and claimed that *zenzen* serves as a mirror image of the negative *totemo* in terms of discourse structure. Namely, *zenzen p* requires that "not *p*" is activated in discourse and expected to be true.

The theoretical implication of this paper is that the negative *totemo* is a discourse-oriented NPI, which is concerned with the contrast or gap between the current situation and an established assumption/expectation. It seems that there are various related NPI phenomena that behave similarly to the negative *totemo*. For example, Japanese *nani-mo* 'what-MO' has a not-at-issue use, and in this use, it must appear in a negative modal environment, where it has a function of opposition:

(40) Nani-mo　ima　sore-nituite　hanasu-hituyoo-wa
　　　What-MO　now　it-about　　　talk-need-TOP

　　　{nai/*aru}.
　　　NEG/BE

　　　At-issue: You do not need to talk about it now.

　　　CI:　The at-issue proposal is going too far. (I have a negative feeling toward the current proposal (i.e. toward talk about it)).

(41) Nani-mo　ima　sore-o　　yara-nakereba.naranai-to
　　　What-MO　now　that-ACC　do-must-that

　　　i-tteiru-node-wa-nai.
　　　say-TEIRU-NODA-TOP-NEG

　　　At-issue:　I am not saying that you must do it now.

CI: The at-issue proposal is going too far. (I am refusing to update the given proposition mildly.)

In the above example, *nani-mo* conventionally implicates that the at-issue proposition is going too far. Therefore, similar to *totemo*, it serves the pragmatic function of rejection. In (40) and (41), *nani-mo* conventionally implicates that the at-issue proposition is going too far. Therefore, similar to *totemo*, it serves the pragmatic function of rejection.

∗1 The common ground (*cg*) is the set of propositions mutually presupposed by participants in the conversation (Stalnaker (1974, 1978)).

∗2 Although I translate *zenzen* and *mattaku* as "at all," strictly speaking, there is a semantic difference between them. Sawada (2008) argues that *mattaku* is absolute in the sense that it denotes a lower endpoint of scale, while *zenzen* is relative in the sense that it posits a contextually determined standard and denotes that the actual degree is "far removed" from it. As we will discuss in section 6, *zenzen* also has a positive/expressive use.

References

Arimitsu, Nami. (2002) Hiteiteki bunmyaku to hiteikyokusei koumoku ni kansuru iti kousatu: not at all vs zenzen o tyuushinni (Notes on the negative context and negative polarity items: *not at all* vs. *zenzen*). *Papers in Linguistic Science* 8: pp.63–80.

Cruse, Allan D. (1986) *Lexical semantics*. Cambridge, UK: Cambridge University Press.

Grice, Paul H. (1975) Logic and Conversation. In Peter. Cole and Jerry. Morgan (eds.), *Syntax and Semantics, iii: Speech Acts*, pp.43–58. New York: Academic Press.

Group Jammassy. (2015) *A Handbook of Japanese Grammar Patterns for Teachers and Learners*. Tokyo: Kuroshio Shuppan.

Gutzmann, Daniel. (2011) Expressive Modifiers and Mixed Expressives. In Oliver. Bonami and Patricia. C. Hofherr (eds.), *Empirical Issues in Syntax and Semantics* 8, pp.123–141.

Gutzmann, Daniel. (2012) *Use-conditional Meaning. Studies in Multidimensional Semantics*. PhD thesis. University of Frankfurt.

Horn, Laurence R. (1989) *A Natural History of Negation*. Chicago: University of Chicago Press.

Horn, Laurence R. (2007) Toward a Fregean Pragmatics: Voraussetzung, Nebengedanke, Andeutung. In Istvan. Kecskes and Laurence. R. Horn (eds.), *Explorations in Pragmatics*, pp.39–69. Berlin: Mouton de Gruyter.

Israel, Michael. (1996) Polarity Sensitivity as Lexical Semantics. *Linguistics and Philosophy* 19 (6): pp.619–666.

Kaplan, David. (1999) The Meaning of Ouch and Oops: Explorations in the Theory of Meaning as Use. Ms. University of California, Los Angeles.

Kennedy, Christopher and Louise McNally. (2005) Scale Structure, Degree Modification, and the Semantics of Gradable Predicates. *Language* 81: pp.345–381.

Klecha, Peter. (2012) Positive and Conditional Semantics for Gradable Modals. *Proceedings of Sinn und Bedeutung* 16, pp.363–376.

Lassiter, Daniel. (2011) *Measurement and Modality: The Scalar Basis of Modal Semantics*. Doctoral dissertation, New York University.

McCready, E (2009) What man does. *Linguistics and Philosophy* 31: pp.671–724.

McCready, E (2010) Varieties of Conventional Implicature. *Semantics & Pragmatics* 3: pp.1–57.

McCready, Eric and Magdalena Schwager. (2009) Intensifiers. Paper presented at the workshop on expressives and other kinds of non-truth-conditional meaning.

Morita, Yoshiyuki. (1989) *Kiso Nihongo Jiten* (A Dictionary of Basic Japanese). Tokyo Kadokawa: Syoten.

Odani, Masanori. (2007) Koubun no kakuritu to goyouron teki kyouka: Zenzen ...nai no rei o tyuushin ni (The establishment of construction and pragmatic strengthening: The case of Japanese "zenzen ... nai" construction). *Proceedings of the 9th Conference of the Pragmatic Society of Japan*, pp.17–24.

Osaki, Shiho. (2005) Hitei to koou suru toutei to totemo ni tsuite. (Co-occurrence Restrictions of Adverbs Totei and Totemo). *Tsukuba Journal of Applied Linguistics* 12: pp.99–111.

Potts, Christopher. (2005) *The Logic of Conventional Implicatures*. Oxford: Oxford University Press.

Potts, Christopher. (2007) The Expressive Dimension. *Theoretical Linguistics* 33 (2): pp.165–197.

Sawada, Osamu. (2008) Two Types of Adverbial Polarity Items in Japanese: Absolute and Relative. *Proceedings of the 10th Conference of the Pragmatics Society of Japan*, pp.263–270.

Sawada, Osamu. (2010) *Pragmatic Aspects of Scalar Modifiers*. Doctoral Dissertation, University of Chicago.

Sawada, Osamu. (2014) Polarity Sensitivity and Update Refusal: The Case of the Japanese Negative *Totemo* 'very'. *Proceedings of the 11th International Workshop on Logic and Engineering of Natural Language Semantics* (LENLS 11), pp.313–326.

Sawada, Osamu. (2017) The Japanese Negative *Totemo* 'Very': Toward a New Typology of Negative Sensitive Items. In Jessica Kantarovich, Tran Truong, and Orest Xherija (eds.), *Proceedings of the 52nd Annual Meeting of the Chicago Linguistic Society*, pp.437–451.

Sawada, Osamu. (2018) *Pragmatic Aspects of Scalar Modifiers: The Semantics-Pragmatics Interface*. Oxford: Oxford University Press.

Stalnaker, Robert. (1974) Pragmatic Presuppositions. In Milton K. Munitz and Peter Unger (eds.) *Semantics and Philosophy*, pp.197–213. New York: New York University Press.

Stalnaker, Robert. (1978) Assertion. In Peter. Cole. (ed.), *Syntax and Semantics 9: Pragmatics*, pp.315–332. New York: Academic Press.

Watanabe, Minoru. (2001) *Sasuga! Nihongo* (Sasuga Japanese). Chimuma Sinsyo. Tokyo.

Zimmermann, Malte. (2011) Discourse Particles. In Claudia. Maienborn, Klaus. von Heusinger, and Paul. Portner (eds.), *Semantics: An International Handbook of Natural Language Meaning Volume 2*, pp.2011–2038. Berlin: Mouton de Gruyter.

日本語の自動詞・他動詞・受身の選択
日韓中母語話者の比較

杉村泰

要旨

　日本語では（1）と（2）のように似たような表現でも自動詞・他動詞・受身の選択が様々になることがある。これは話し手の対象に対する主観的な把握の仕方の違いによるものである。（選択されやすい表現を下線で示す。）

（1）冷蔵庫によく {冷えた／冷やした／冷やされた} ビールがある。

（2）ビール {が5℃に冷え／を5℃に冷やし／が5℃に冷やされ} ている。

　本研究では12事態60場面の自他受身選択テストを実施して、日本語母語話者、中国人日本語学習者、韓国人日本語学習者の自動詞・他動詞・受身の選択意識の違いについて論じる。

キーワード

　日本語母語話者、中国人日本語学習者、韓国人日本語学習者、有対動詞、自他動詞、受身、内発的変化、被害、動作主の意図、動作主の責任

1. はじめに

　日本語の自動詞・他動詞・受身の選択は日本語学習者にとって習得の難しい項目の1つである。次の（1）〜（3）はいずれも対象の変化を表す人為的事態であるため、日本語学習者は他動詞を選

択する傾向がある。しかし、日本語母語話者は（1）では自動詞の「焼ける」を選択し、（2）では自動詞の「入る」と他動詞の「入れる」を選択し、（3）では他動詞の「切る」を選択するという違いがある。（選択されやすい表現を下線で示す。）

（1）さあ、肉 {が焼けた／を焼いた／が焼かれた} から食べよう。

（2）さあ、お茶 {が入った／を入れた／が入れられた} からひと休みしよう。

（3）さあ、ケーキ {が切れた／を切った／が切られた} から食べよう。

また、日本語教育では（4）と（5）のような表現も問題になる。両者は似たような表現であるが、日本語母語話者は（4）では自動詞の「冷える」を選択し、（5）では自動詞の「冷える」、他動詞の「冷やす」、受身の「冷やされる」のいずれも選択するという違いがある。しかし、この違いが日本語学習者には掴みにくいものとなっている*1。

（4）冷蔵庫によく {冷えた／冷やした／冷やされた} ビールがある。

（5）ビール {が5℃に冷え／を5℃に冷やし／が5℃に冷やされ} ている。

さらに日本語教育では（6）のような表現も問題になる。日本語では上司や先生に結婚の報告をする際に、他動詞的に「結婚することにしました」と言うと、話し手の意志が強く出すぎて「親の反対を押し切っても結婚する」などの意味に取られてしまう。そのため、話し手の意志を強調する場合でない限り、たとえ自分の意志で結婚する場合であっても、自動詞的に「結婚することになりました」と言った方が好まれる。これにより特定の個人の意志を捨象することができ、本人だけでなく相手の意志や親の承諾、さらには何かの御縁というものも含みこむ表現となる。

（6）今度結婚することに {なりました／しました}。

一方、親や友達に結婚の報告をする際には他動詞的に「結婚することにしました（結婚します）」と言った方が自然である。親や友

達のように自分の意志を明確に告げてもよい、または告げるべき人に対して「結婚することになりました」と言うと、自分の意志ではなく他人の意志や神のお告げで結婚するように取られてしまう。そのため、話し手の意志で結婚するのであれば、他動詞表現の方が好まれる。しかし、日本語教育では、日本語では自動詞表現が好まれるということが強調されるため、日本語学習者は他動詞表現が自然な場合にでも自動詞表現を過剰使用してしまうこともある。

このように自動詞・他動詞・受身の選択は単純に「自動詞＝非人為的事態（自然現象）」、「他動詞＝人為的事態」、「受身＝被動や被害を表す事態」という図式では捉えられず、場面や事態に対する話し手の主観的な把握の仕方が関わってくる*2。本研究の目的は、日本語母語話者（以下「日本人」と呼ぶ）、韓国語を母語とする日本語学習者（同「韓国人」）、中国語を母語とする日本語学習者（同「中国人」）の自動詞・他動詞・受身の選択意識の違いを見ることにより、ヴォイスの面から場面と主観性の関係を見ることにある。

2. 先行研究

日本語学習者にとって有対動詞の自動詞・他動詞・受身の選択が困難であることは、守屋（1994）、小林（1996）、中村（2002）、曾（2012）など多くの先行研究で指摘されている*3。このうち、守屋（1994）は中級前半から中頃程度の学習者（中国語母語話者60名、韓国語母語話者49名、英語母語話者21名）を対象に、（7）や（8）のようなアンケートを23問実施した。

（7）　ドア［を／が］風でバタンと（閉めた／閉まった）。

（守屋（1994）の例①）

（8）　（焼肉店で）「さあ、（焼いた／焼けた）肉から、順番に召し上がって下さい」　　　　（守屋（1994）の例⑯）

その結果、守屋（1994）は日本語の自動詞と他動詞の選択基準には図Ａのような条件が関わるとして、条件2～4の場合には人為的なイベントであっても自動詞が選択されると述べている。また、「動詞の自他の選択の難しさは、程度の差はあれ、自動詞選択のむ

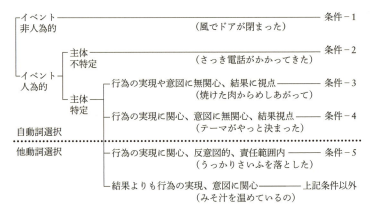

図A　守屋（1994）の自他動詞の選択条件

ずかしさにある」（p.163）として、図Aの条件のうち「1から4へと次第に習得が難しくなっていく」（p.163）ことを指摘している。

　守屋（1994）は日本語の自他選択には①人為的行為か否か、②動作主が特定的か否か、③話し手の関心が行為にあるのか結果にあるのかが関わることを示し、日本語学習者は①②③の順にその処理が難しくなると指摘している。しかし、次の点でなお改善の余地があると思われる。

・日本語学習者については複数の被験者からデータを取っているが、日本人については守屋本人の内省のみに頼っている。日本人についても複数の被験者からデータを取った方がよい。
・日本語学習者は中級学習者だけでなく、初級学習者や上級学習者も見た方がよい*4。
・人為的事態は細かく分類しているが、非人為的事態は1種類にしか分類していない。しかし非人為的事態にも様々なものがある。
・主体の特定・不特定の分類基準が不明瞭である。これについては、動作主が特定の個人または複数の人物の場合は「主体特定」、動作主が不特定多数や社会一般の場合や動作主を不問にする場合は「主体不特定」とすると、より明確な分類となる。また、図Aの「さっき電話がかかってきた」は、電話をかけた人が誰か分かっている時でも「さっき田中さんから電話がかかってきた」のように言うと思われる。この例は電話をかけた人が誰か分かっている

か否かにかかわらず、誰か特定の人がいることに変わりはないため、「主体特定」の例とした方がよい。
・条件3と条件4は内容にあまり違いがないので、合わせて考えた方がよい。
・守屋（1994）のアンケートには自動詞と他動詞しか選択肢がないが、受身との選択も関わるため、受身も選択肢に入れるとよい。

これを受け、杉村（2013a–c, 2015）では守屋（1994）の事態の分類を図Bのように修正し、アンケートの選択肢に受身を加えて、日本人、中国人、韓国人、ウズベク人（ウズベク語母語話者）の自動詞・他動詞・受身の選択を比較した。もちろん図Bは日本人の目線から見た事態の分類であり、必ずしも日本語学習者がこのように事態を分けているとは限らない。調査の結果、日本人は自然現象であればたいていの場合に自動詞を選択するのに対し、日本語学習者は「電池が切れて時計が止まった」のように対象の内発的変化を

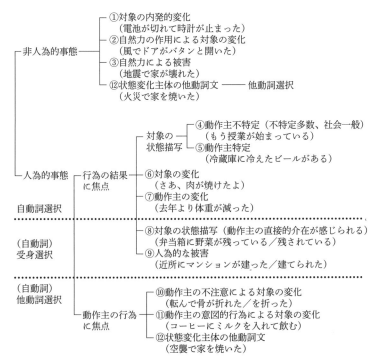

図B　本研究における事態の分類と日本人の選択傾向

表す場合には自動詞の選択率が高いものの、風力など外力の影響を受ける場合には他動詞や受身の選択率が上がることなどを指摘した。さらにこれを受け、本研究では新たに場面設定をして、日本人、韓国人、中国人の自動詞・他動詞・受身の選択意識の違いを比較する。

3. 調査の概要

本研究では先の図Bに示した12の事態にそって（9）のような選択テストを60問作成した*5。これを下記の被験者に与え、自動詞・他動詞・受身のうち最も適当だと思うものを1つ選択させた。

(9) 電池が切れて時計（が止まった／を止めた／が・を止められた）。

〔被験者〕
・日本語母語話者116名
　名古屋大学の学生（2015年10月に実施）
・韓国語を母語とする上級日本語学習者（N1合格レベル）66名
　ソウル大学、韓国芸術総合大学、啓明大学、韓国外国語大学、名古屋大学、名古屋工業大学、東京大学の学生（2015年9, 12月に実施）
・中国語を母語とする上級日本語学習者（N1合格レベル）212名
　北京理工大学、北京第二外国語学院、北京外国語大学、杭州師範大学、上海外国語大学の日本語専門の学生（2015年9, 12月に実施）

以上の調査をもとに被験者の母語ごとに自動詞・他動詞・受身の選択率を集計した*6。これをグラフにすると4節の図1〜図60のようになる。

4. 場面別に見る自動詞・他動詞・受身の選択傾向

本節では図Bで分類した事態①〜⑫の順に、日本人、韓国人、中国人の自動詞・他動詞・受身の選択意識の違いを見ていく。

4.1 対象の内発的変化を表す場合（事態①）

本節では対象の内発的変化を表す場合について論じる（図1〜図6）。これは外力によらず時間的経過による対象の自発的変化を表すものである。図1〜図5の場合、日本人はほぼ全員が自動詞を選択し、韓国人と中国人も80％以上の人が自動詞を選択している。これは電池の消費、髪の成長、家の老朽化、コンクリートの腐食、病気の発生は自然発生的に起きる現象だからである。ただし、老朽化、腐食、病気は自然力による作用とも捉えられるため、韓国人と中国人の中には他動詞や受身を選択する人もいる。

一方、図6の場合はこれらと様子が違っている。落葉は自然現象であるため、中国人はほぼ全員が自動詞を選択している。しかし、日本人は自動詞と他動詞の選択率が1対1で、韓国人は2対1になっている。これは日本人や韓国人は落葉を自然現象と捉える（自動

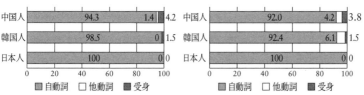

図1　電池が切れて時計（が止まった／を止めた／が・を止められた）。

図2　髪（が伸びた／を伸ばした／が・を伸ばされた）から美容院でカットする。

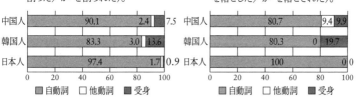

図3　老朽化して家の外壁（が割れた／を割った／が・を割られた）。

図4　コンクリートが腐食して橋（が落ちたC を落とした／が・を落とされた）。

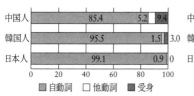
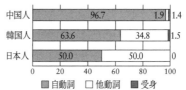

図5　病気で去年より体重（が減った／を減らした／が・を減らされた）。

図6　落葉樹は秋になると葉（が落ちる／を落とす／が・を落とされる）。

詞選択)だけでなく、擬人的に樹木が自分の葉を落下させていると捉える(他動詞選択)こともあるためである。この感覚が中国人には捉えにくいと思われる。

4.2 自然力の作用による対象の変化を表す場合(事態②)

本節では風や熱や光など自然力の作用による対象の物理的変化を表す場合について論じる(図7〜図11)。図7〜図10の場合、日本人はほぼ全員が自動詞を選択しているのに対し、韓国人や中国人は受身を選択する人もいる。このことから、日本人は内発的変化であろうと外力による変化であろうと同じ自然作用として捉えるのに対し、韓国人と中国人はこれを自然力による被動とも捉えることが分かる。また、日本人や韓国人はほとんど他動詞を選択しないのに対し、中国人の中には他動詞を選択する人も1割ほどいる。この点で中国人は日本人や韓国人に比べて自然力を動作主として捉えやすいことが分かる。

一方、図11の場合はこれらと様子が違っている。太陽光による水温の上昇は自然力の作用によるものであるが、日本人も韓国人も中国人も自動詞の選択率は50％ほどしかなく、他動詞や受身の選択率が高くなっている。これは太陽光による水温の上昇は自然力に

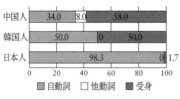

図7 強風でドア(が開いた/を開けた/が・を開けられた)。

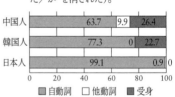

図8 強風で蝋燭の火(が消えた/を消した/が・を消された)。

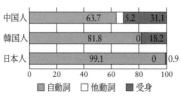

図9 ガス爆発でガラス(が割れた/を割った/が・を割られた)。

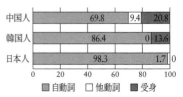

図10 体温でポケットの中のチョコレート(が溶けた/を溶かした/が・を溶かされた)。

図11 太陽の光でコップの水（が温まった／を温めた／が・を温められた）。

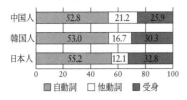

よる「働きかけ」という側面が強く感じられるためであると考えられる。この場合、受身が使われると学術論文の記述のような客観的な表現となる。

4.3　自然力による被害を表す場合（事態③）

本節では自然力による被害を表す場合について論じる（図12〜図16）。これは事態②に被害の意味が伴ったものである。図12〜図14の場合、日本人はほぼ全員が自動詞を選択するのに対し、韓国人は相対的に受身の選択率が高くなり、中国人はさらにその選択率が高くなっている。この点で事態②の場合と共通している。また、図14と図15はいずれも火災による対象の焼失を表しているが、図15は何度も火災に遭ったという被害の意味が強いため、日本人も約3割の人が受身を選択し、韓国人と中国人は7割以上の人が受

図12　台風でリンゴの実（が落ちた／を落とした／が・を落とされた）。

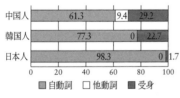

図13　地震で家（が壊れた／を壊した／が・を壊された）。

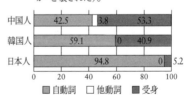

図14　火災で家（が焼けた／を焼いた／が・を焼かれた）。

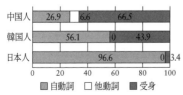

図15　奈良の大仏は火災で何度も（焼けて／焼いて／焼かれて）いる。

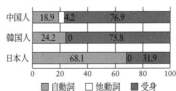

図16 洪水で家(が流れた／を流した／が・を流された)。

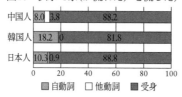

身を選択している。このように自然力による被害を表す場合、日本人は被害の意味を強く感じれば受身を選択するが、そうでなければ自然現象と捉えて自動詞を選択するのに対し、韓国人や中国人はこれを自然力による被動と捉えて日本人よりも受身を選択しやすいという違いがある。

しかし、図16の場合はこれらと様子が違っている。洪水による家の流失は自然力による被害であるが、日本人も韓国人も中国人も自動詞の選択率が低く、受身の選択率が80％以上と高くなっている。これはリンゴの落下、家の崩壊、家の焼失は、対象自体に内在的にそうなる可能性を含んでいるのに対し、家の流失は水上に浮かんでいる家でもなければ通常そのような可能性はなく、自発的な意味を帯びにくいためであると考えられる。

4.4 対象の状態描写（動作主不特定）を表す場合（事態④）

本節では人為的行為の結果、対象が当該の状態になっていることを表す表現のうち、動作主が不特定（不特定多数、社会一般、動作主不問）の場合について論じる（図17〜図22）。図17〜図20の場合、日本人も韓国人も中国人も自動詞の選択率が80％以上と高

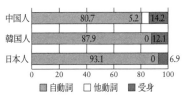

図19 都市開発でこの町の風景(が変わった／を変えた／が・をを変えられた)。

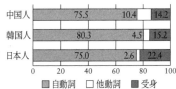

図20 ドアに鍵(がかかって／をかけて／が・をかけられて)いる。

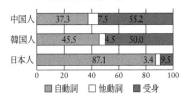

図21 丘の上に塔(が建って／を建てて／が・を建てられて)いる。

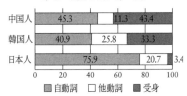

図22 丘の上に我が家(が建って／を建てて／が・を建てられて)いる。

くなっている。これは人為的事態であっても動作主の行為には関心がなく、対象の状態に焦点が当たるためである。

　また、図21と図22はいずれも丘の上にある建造物の存在を描写するものである。しかし、日本人は自動詞の選択率が高いのに対し、韓国人と中国人は自動詞と受身の選択率がおよそ1対1になっている。このことから日本人に比べて韓国人や中国人の方が建築した人の存在を想起しやすいことが分かる。また、図21と図22を比べると、日本人と韓国人は塔よりも我が家の場合に他動詞の選択率が上がっている。我が家の場合は話し手自身の行為として捉えやすいため、他動詞の選択率が上がると考えられ[7]。

4.5　対象の状態描写（動作主特定）を表す場合（事態⑤）

　本節では人為的行為の結果、対象が当該の状態になっていることを表す表現のうち、動作主が特定（特定の個人または複数の人物）の場合について論じる（図23～図26）。図23と図25を見ると、日本人は動作主が特定であっても対象の状態に焦点を当てて自動詞を選択するのに対し、韓国人と中国人は動作主の存在を想起して他動詞や受身の選択率が上がっていることが分かる。特に図23では

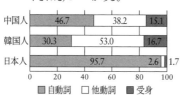

図23 冷蔵庫によく(冷えた／冷やした／冷やされた)ビールがある。

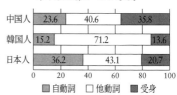

図24 冷蔵庫に5℃に(冷えた／冷やした／冷やされた)ビールがある。

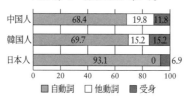

図25 彼のコーヒーには砂糖(が入って／を入れて／が・を入れられて)いる。

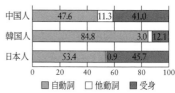

図26 彼のコーヒーには毒(が入って／を入れて／が・を入れられて)いる。

図27 彼のコーヒーには虫（が入って／を入れて／が・を入れられて）いる。

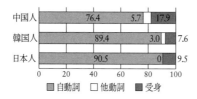

ビールを冷やした人の意志が感じられやすいため、他動詞の選択率が高くなっていると考えられる。

　ここで図23と図24を比べると、図24では日本人も他動詞と受身の選択率が高くなっている。これはビールを5℃に冷却しようとする目的意識が強くなるためである。

　また、図25と図26を比べると、図26の場合は日本人も自動詞の選択率が低く、受身の選択率が高くなっている。これはコーヒーの内容物が毒であり、被害の意味が生じるためである。この場合、韓国人は自動詞の選択率が高くなっているが、中国人は日本人同様に受身の選択率が高くなっている。この点で、図26は事態⑤と事態⑨「人為的な被害」の両方にまたがる場面であると考えられる。ここで図27と比べると、コーヒーの内容物が虫の場合には、日本人も韓国人も中国人も自動詞の選択率が高くなっている。この場合、

もし虫が人為的に入れられたとしたら被害の意味が生じて受身が選択されるが、特にそのような文脈がなければ、虫が自分で入ったと捉えて自動詞が選択されるのである。この場合、虫に意志があったかどうかは不問にされ、「ゴミが入っている」と同じ状態描写となる。図27は図Bにはない別の非人為的事態（対象の移動による結果存在）として位置付けられる。

4.6　対象の変化を表す場合（事態⑥）

　本節では人為的行為の結果、対象が変化したことを表す場合について論じる（図28～図35）*8。この場合、日本人が自動詞を選択しやすいもの、他動詞を選択しやすいもの、自動詞も他動詞も選択するものなど様々ある。これに関しては、杉村（2013a、2013b）で論じたように、日本語では1つの変化の中に「（人為作用）→（自然作用）」という2つの過程を見出し、人為作用に注目した場合は他動詞表現を選択し、自然作用に注目した場合は自動詞表現を選択するという規則がある。例えば焼き肉の場合は「肉の焼き上がり」までの過程を「肉を火にかける（人為作用）→火による肉の化学変化（自然作用）」という2つの過程に分け、誰かのために肉を焼いたなど話し手の意志や目的を強調する場合には他動詞を選択し、そうでない場合には自動詞を選択するという規則である。ただし、いかなる場合に話し手の意志や目的が前面に出るかは文化的な問題になるため、日本人も日本語学習者も経験的に覚えていくしかない。

　残る図35のケーキの切断は、人が最後までナイフを入れないと切れず、自然作用の要素は考えにくいため自動詞が選択されにくいのである。日本人で自動詞を選択している人も1割ほどいるが、こ

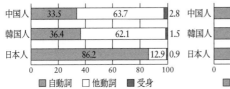

図28　問題(が解けたら／を解いたら／が・を解かれたら)手を挙げてください。

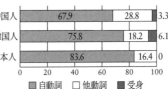

図29　さあ、今日の夕食のメニュー(が決まった／を決めた／が・を決められた)よ。

日本語の自動詞・他動詞・受身の選択　　627

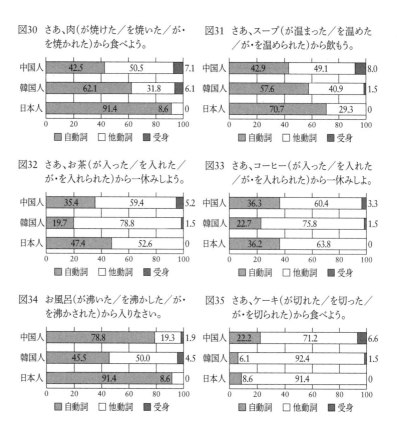

れは「切れた」を可能の意味で捉えたものと思われる。図35は事態⑥と事態⑪「意図的行為による対象の変化」の両方にまたがる場面であると考えられる。

4.7 動作主の変化を表す場合（事態⑦）

本節では人為的行為の結果、動作主自身の身体や身体の付属物の変化を表す場合について論じる（図36〜図40）。図36と図37を比較すると、同じ体重の減少を描写する場合でも、図36では動作主の意志性が感じられないため、日本人も韓国人も中国人も自動詞の選択率が高くなる。これに対し、図37ではダイエットによる動作主の意志が感じられるため、日本人も韓国人も中国人も相対的に他動詞の選択率が上がっている。しかし、それでも日本人は韓国人や中国人に比べて自動詞の選択率が高くなっている。これは体重の

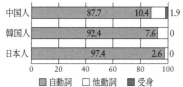
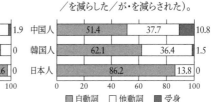

減少には「ダイエットをする（人為作用）→脂肪の燃焼（自然作用）」という二つの過程があり、取り立てて動作主の意志を強調する場合でなければ、日本人は自然作用に注目して自動詞を選択するためである。

一方、図38や図39のように動作主の身体の一部や付属物の変化を表す場合は、日本人も韓国人も中国人も他動詞の選択率が高い。そのため、図38と図39は事態⑦と事態⑪「意図的行為による対象の変化」の両方にまたがる場面であると考えられる。また、図40の場合、眼鏡は体重と違って自然には変化しないため、日本人は他動詞の選択率が高くなる。しかし、中国人と韓国人の半数はこれを状態描写と捉えて自動詞を選択している。

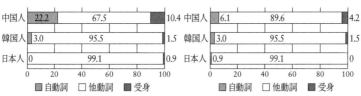

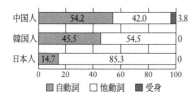

日本語の自動詞・他動詞・受身の選択　　629

4.8 対象の状態描写（動作主の直接的介在）を表す場合（事態⑧）

本節では人為的行為の結果、対象が当該の状態になっていることを表す表現のうち、動作主の直接的介在が感じられる場合について論じる（図41～図42）。図41の場合、日本人は対象の存在に注目して自動詞を選択する人が多いが、息子による被動とも捉えられるため、受身を選択する人もいる。これが韓国人では受身の割合が増え、中国人ではさらに増えており、日本人よりも動作主の介在を意識しやすいことを示している。

一方、図42の場合、花壇の花は植えた人の意志を感じやすいため日本人や韓国人は動作主（「誰かによって」）を伴う受身を選択しやすいのに対し、中国人の半数はこれを状態描写と捉えて自動詞を選択している。この点で中国人は図42を先の図40に近い感覚で捉えているものと思われる。

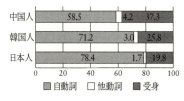

図41 息子の弁当箱に野菜（が残って／を残して／が・を残されて）いる。

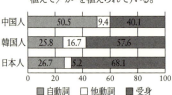

図42 向こうの花壇に花（が植わって／を植えて／が・を植えられて）いる。

4.9 人為的な被害を表す場合（事態⑨）

本節では人為的な被害を表す場合について論じる（図43～図47）。この場合、日本人は韓国人や中国人に比べて全体的に自動詞

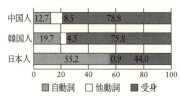

図43 高層マンション（が建って／を建てて／が・を建てられて）、日当たりが悪くなった。

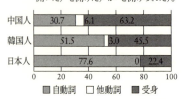

図44 部屋で着替えをしている時、急にドア（が開いた／を開けた／が・を開けられた）。

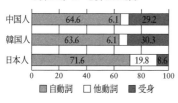

図45　鉄パイプで殴られて骨（が折れた／を折った／が・を折られた）。

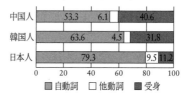

図46　強盗に殴られて前歯（が折れた／を折った／が・を折られた）。

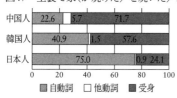

図47　空襲で家（が焼けた／を焼いた／が・を焼かれた）。

の選択率が高く、受身の選択率が低くなる。ただし、人為的な被害は動作主の存在を意識しやすいため、自然力による被害に比べて受身の選択率が高くなる。

4.10　動作主の不注意による対象の変化を表す場合（事態⑩）

本節では動作主の不注意による対象の変化を表す場合について論じる（図48〜図55）。この場合、日本人は動作主に意志がなくても、すべき注意を怠ったという責任に着目して、動作主の行為に焦点を当てた他動詞を選択しやすい。しかし、必ずしも常に他動詞が選択されるわけではないため、日本語学習者はこの感覚を掴むのが難しい。

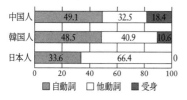

図48　転んで骨（が折れて／を折って／が・を折られて）しまった。

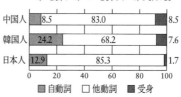

図49　遊んでいる時、不注意で梅の枝（が折れて／を折って／が・を折られて）しまった。

図50 不注意で皿(が割れて／を割って／
　　が・を割られて)しまった。

中国人	18.9	66.5	14.6
韓国人	33.3	60.6	6.1
日本人	20.7	79.3	0

■自動詞 □他動詞 ■受身

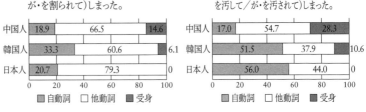

図51 カレーを食べた時に、シャツ(がS汚れて／
　　を汚して／が・を汚されて)しまった。

中国人	17.0	54.7	28.3
韓国人	51.5	37.9	10.6
日本人	56.0	44.0	0

■自動詞 □他動詞 ■受身

　まず図48～図51を見ると、日本人は図48と図51のように動作主に再帰的に被害が及ぶ場合には相対的に自動詞の選択率が高くなり、図49と図50のように他者である対象に被害が及ぶ場合には相対的に自動詞の選択率が低くなっている。一方、韓国人と中国人は、他者に被害が及ぶ場合は日本人に近い感覚で選択しているが、動作主に再帰的に被害が及ぶ場合は特に中国人の選択率が日本人と異なっている。また、韓国人と中国人は、日本人にはほとんど見られない受身を選択している。これは動作主の不注意による対象の変化には被害の意味を伴うためであると思われる。

　次に図52と図53において、財布の落下や体の故障は、自然現象によるとも動作主の不注意によるとも捉えられる。この場合、日本人と韓国人は他動詞の選択率の方が高く、中国人は両者がほぼ1対1になっている。この場合も韓国人と中国人には日本人にはない受身が見られる。

　一方、図54の場合、日本人は自分の不注意であっても他動詞ではなく自動詞を選択しているのに対し、韓国人や中国人は受身の選択率が高くなっている。これは事態③「自然力による被害」の図14で見た火災による家の焼失の場合とよく似ている。日本人の場

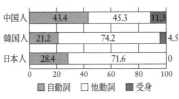

図52 不注意でポケットから財布(が落ちて／
　　を落として／が・を落とされて)しまった。

中国人	43.4	45.3	11.3
韓国人	21.2	74.2	4.5
日本人	28.4	71.6	0

■自動詞 □他動詞 ■受身

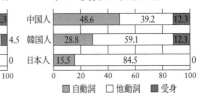

図53 働きすぎて体(が壊れて／を壊して
　　／が・を壊されて)しまった。

中国人	48.6	39.2	12.3
韓国人	28.8	59.1	12.1
日本人	15.5	84.5	0

■自動詞 □他動詞 ■受身

図54 火の不始末で家(が焼けた／を焼いた／が・を焼かれた)。

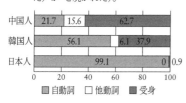

図55 英語の単位(が落ちて／を落として／が・を落とされて)留年した。

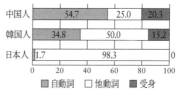

合、火の不始末は自然火災と同じような感覚で捉えられていると思われる。

　最後の図55は英語の単位の不取得を表す場合である。単位の不取得は本人の勉強不足による自己責任であるため、特に文脈がない限り日本人は他動詞を選択する。しかし、韓国人の中にはこれを自然現象のように自動詞で表現したり、被害と捉えて受身で表現したりする人もおり、中国人はさらにその割合が大きくなっている。もちろん日本人も成績表を見て「あっ、単位が落ちた」と言ったり、先生のせいにして「単位を落とされた」と言ったりすることもあるが、特にそのような場面設定をしなければ他動詞が選択される。

図56 コーヒーにミルク(が入って／を入れて／が・を入れられて)飲む。

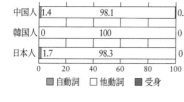

図57 鍵でドア(が開いて／を開けて／が・を開けられて)部屋の中に入った。

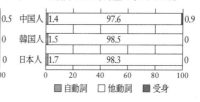

図58 電子レンジで冷えたスープ(が温まった／を温めた／が・を温められた)。

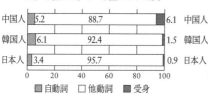

図59 犯人は放火で家(が焼けた／を焼いた／が・を焼かれた)。

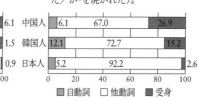

日本語の自動詞・他動詞・受身の選択　　633

4.11 動作主の意図的行為による対象の変化を表す場合 （事態⑪）

本節では動作主の意図的行為による対象の変化を表す場合について論じる（図56〜図59）。この場合、動作主の意志が前面に出るため、日本人も韓国人も中国人も他動詞の選択率が100％近くになる。ただし、図59では犯人の家が放火に遭ったと捉えて受身を選択した韓国人や中国人も結構いた。

4.12 状態変化主体の他動詞文の場合 （事態⑫）

本節では状態変化主体の他動詞文の場合について論じる。天野（1987）は状態変化主体の他動詞文について、「他動詞文の形式を備えながら主体から客体への働きかけの意味を表さず」（p.1）、「他者の引き起こした動きによって、主体の状態がある状態から違う状態へと変化したことを表している」（p.5）として、（10）〜（12）の例を挙げている。

(10)私たちは、空襲で家財道具をみんな焼いてしまった。

(11)勇二は教師に殴られて前歯を折った。

(12)気の毒にも、田中さんは昨日の台風で屋根を飛ばしたそうだ。　　　　　　　　　　　　　　（順に天野（1987）の例（3）〜（5））

状態変化主体の他動詞文は、出来事の引き起こし手が台風や落雷のように自然力の場合もあれば、空襲や教師のように人間の場合もある*9。前者は4.3節の図12〜図16、後者は4.9節の図45〜図47において他動詞が選択された場合の文である。しかし、今回の調査ではいずれの場面においても日本人も韓国人も中国人も他動詞をあまり選択していなかった。

ここで状態変化主体の他動詞文と自動詞文、受身文の違いを見ておく。次の（13）において自動詞文の「家が焼けた」を使うと、空襲をした動作主が背景化され、対象である家の焼失を情景描写する文になる。また、受身文の「家が/を焼かれた」を使うと、主体（「私は」など）が動作主（「敵に」など）から被害を受けたことを述べる文になる。これに対し、他動詞文の「家を焼いた」を使うと、動作主が背景化され、まるで主体（「私は」など）のせいで当該の

事態が生じたかのような意味の文になる。この場合、主体は受身的に当該の事態に遭った経験者であると同時に、その事態の発生に関わった責任者としての役割も担う。この点で状態変化主体の他動詞文は、動作主の不注意による対象の変化を表す表現と似ている。両者の違いは、前者の主体は事態の受け手であるのに対し、後者の主体は事態の引き起こし手である点にある。

(13) 空襲で家 {が焼けた／を焼いた／が・を焼かれた}。

このように状態変化主体の他動詞文は主体の被害と責任という二重の意味が伴うため、場面設定を細かくしないと選択されにくいのである。

4.13　人為的事態とも非人為事態とも取りうる場合

本節では人為的事態とも非人為事態とも取りうる場合について論じる。図60の場合、窓ガラスを割ったのは人間かもしれないし、そうでないかもしれない。そのような状況で割れた窓ガラスを見た場合、日本人と中国人は自動詞と受身の選択率がおよそ2対1になるのに対し、韓国人はほとんどの人が自動詞を選択している。この違いについては今後検討していきたい。

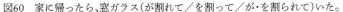
図60　家に帰ったら、窓ガラス（が割れて／を割って／が・を割られて）いた。

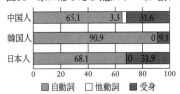

5. まとめ

以上、本稿では日本人、韓国人、中国人における日本語の自動詞・他動詞・受身の選択意識の違いについて論じた。その結果、いずれの話者も対象の内発的変化を表す場合（事態①）には自動詞を選択し、動作主の意図的行為による対象の変化を表す場合（事態

⑪）には他動詞を選択することを見た。しかし、それ以外の場合は必ずしも単純に「自動詞＝非人為的事態（自然現象）」、「他動詞＝人為的事態」、「受身＝被動や被害を表す事態」という図式では捉えられず、日本語学習者にはその感覚が掴みにくいことを指摘した。

　日本人は動作主の意志や目的を前面に出す場合や、動作主の不注意による対象の変化を表す場合には他動詞を選択するが、そうでない場合には人為的事態であっても対象の状態に注目して自動詞を選択する傾向がある。また、日本人は１つの変化の中に「（人為作用）→（自然作用）」という２つの過程を見出し、人為作用に注目した場合は他動詞を選択し、自然作用に注目した場合は自動詞を選択する。これらのことを踏まえれば、日本語学習者も当該の場面をいかに主観的に捉えればよいか理解しやすくなるであろう。

＊1　早津（1987）は「有対他動詞は動作主の働きかけを表現し、有対自動詞は被動者の変化を表現している」（p.96）と述べている。日本語学習者もこのことは理解しやすいが、当該の事態に対して動作主の働きかけに焦点を当てればいいのか、被動者の変化に焦点を当てればいいのかを判断するのが難しいのである。

＊2　澤田（1993）の分類のように自他動詞や受身は文の要素としては客観的成分であるが、そのうちのどれを選択するかということは話し手の主観によるものである。

＊3　これに関しては杉村（2013b）で論じているので、ここでは省略する。

＊4　これに関しては本研究でも上級学習者のデータについてのみ論じている。

＊5　杉村（2013a–c、2015）では守屋（1994）にならって「電池が切れて時計（が／を）（止まった／止めた／止められた）。」のように格助詞と動詞を別々に選択させた。このようにすると「が＋他動詞」や「を＋自動詞」といった「ねじれ」を見ることができる。しかし、今回は回答しやすいように格助詞と動詞を同時選択させた。

＊6　選択率は小数点以下第２位を四捨五入してあるため、自動詞・他動詞・受身の合計は必ずしも 100 ％になっていない。

＊7　佐藤（2005）の「介在性の他動詞文」に相当する。

＊8　この場合、中国語では順に"解答好／決定好／烤好／熱好／泡好／沏好／焼好／切好"のように「他動詞＋好（〜になる。動作の結果を表す）」という構造で表される。

＊9　佐藤（2005）は（10）のような例について、「「空襲で」とある以上、「私

たち」は意図的な動作主でも間接的な引き起こし手でもない。文脈的に意図性が否定されていて、しかも事態との関係性が読み込まれる以上、受身的に事態を経験したという意味にならざるをえない」(p.124)と説明している。

参考文献

天野みどり(1987)「状態変化主体の他動詞文」『国語学』151: pp.左1–14. 国語学会.

小林典子(1996)「相対自動詞による結果・状態の表現—日本語学習者の習得状況」『文藝言語研究・言語篇』29: pp.41–56.筑波大学文芸・言語学系.

佐藤琢三(2005)『自動詞文と他動詞文の意味論』笠間書院.

澤田治美(1993)『視点と主観性—日英語助動詞の分析—』ひつじ書房.

杉村泰(2013a)「対照研究から見た日本語教育文法—自動詞・他動詞・受身の選択」『日本語学』32 (7): pp.40–48.明治書院.

杉村泰(2013b)「中国語話者における日本語の有対動詞の自動詞・他動詞・受身の選択について—人為的事態の場合」『日本語／日本語教育研究』4: pp.21–38.日本語／日本語教育研究会.

杉村泰(2013c)「中国語話者の日本語使用に見られる有対動詞の自・他・受身の選択—被害や迷惑の意味を表す場合」『漢日語言対比研究論叢』4: pp.275–286.漢日対比語言学研究(協作)会.

杉村泰(2015)「日・中・韓・ウズベク語話者における日本語の有対動詞の自動詞・他動詞・受身の選択」『東アジア日本語・日本文化研究』19特別号: pp.1–18.東アジア日本語日本文化研究会.

曾婉婷(2012)『中国語母語話者における有対他動詞の受身表現と自動詞の使い分けについて』名古屋大学修士学位論文.

中村祐理子(2002)「中級学習者の受身使用における誤用例の考察」『北海道大学留学生センター紀要』6: pp.21–36.北海道大学留学生センター.

早津恵美子(1987)「対応する他動詞のある自動詞の意味的・統語的特徴」『言語学研究』6: pp.79–109.京都大学言語学研究会.

守屋三千代(1994)「日本語の自動詞・他動詞の選択条件—習得状況の分析を参考に」『講座日本語教育』29: pp.151–165.早稲田大学日本語研究教育センター.

中古語の実在型疑問文をめぐって
『枕草子』を資料として

高山善行

要旨

　中古語の疑問文にはモダリティ形式（「ム」など）を含むタイプと含まないタイプがある。前者を「観念型疑問文」、後者を「実在型疑問文」と呼ぶことにする。疑問文におけるモダリティ形式の機能を知るためには両タイプの比較が必要である。本稿では、『枕草子』を資料として中古語の実在型疑問文を取り上げ、場面との関係の観点から記述分析を試みた。このタイプの疑問文では、現場のヒトの存在を問うものや指示詞などのダイクシス表現を伴う例が多い。また、会話文において質問と応答が揃っている場合が多く、「ゾ」などの終助詞の使用が目立つ。実在型疑問文は現場をリアルに描写する際に有効であり、『枕草子』で頻出するのはその性質によるものである。

キーワード

　中古語、疑問文、実在型疑問文、観念型疑問文、モダリティ形式、存在詞、ダイクシス表現、対話、描写、『枕草子』

1. はじめに

　日本語の疑問文の研究は未開拓の部分が多く残されている。それは古代語疑問文の研究において、より顕著であると思われる。筆者はモダリティの観点から古代語疑問文の再検討を進めている。本稿はその一環として、モダリティ形式を含まない疑問文（実在型疑問

文と呼ぶ）を取り上げ、場面・文脈とどのように関わるか考えてみたい。本稿の構成は以下のとおりである。2.では本稿の目的と方法について述べる。3.で実際に実在型疑問文を観察し、その特徴を明らかにする。4.では前節で見た特徴をもとに、実在型疑問文の性質について述べる。5.は今後の課題と展望である。

2.　本稿の目的と方法

2.1　古代語疑問文の記述法

　日本語の文法研究において、疑問文の記述分析は進んでいるとはいえない。近年、疑問文をテーマに分野横断的な共同研究が行われ、配慮表現の研究で疑問文の運用面に光が当てられるなど注目されるようになったが*1、研究が手薄な状態であることに変わりはない。古代語については疑問文の体系的な記述がなされておらず、個別的記述にとどまっている。これまでの古代語の疑問文研究は、疑問系係助詞「カ」「ヤ」を中心に行われてきた。だが、それらのほとんどは係り結び研究の一部としてなされたもので、疑問文の研究を志向するものではなかった。一方で、文中に生起する係助詞以外の要素（疑問詞、モダリティ形式等）の記述がほとんど進んでおらず、その点が疑問文研究の停滞を招いているように見える。

　筆者は古代語疑問文の記述方法の再検討が必要と考えている。従来、疑問文の枠組みとしては、疑問詞疑問文、真偽疑問文、選択疑問文といったタイプ分けが一般的である。本稿ではそれとは異なり、疑問文の構造的側面に重点を置いた、下図のような記述法を提案したい*2。

	疑問詞（W）	係助詞（K）	モダリティ形式（M）／終助詞（F）
疑問文	疑問詞 φ	カ／ヤ φ	ム、ラム、ケム／ゾ、カ φ

図1　古代語疑問文の記述法

注：各要素を、「W」「K」「M」「F」と略記する

例： 疑問詞＋カ＋ム　　誰か行かむ　　　［WKM］

　　　φ＋ヤ＋ム　　　花や咲きけむ　　［φKM］

　　　疑問詞＋φ＋ゾ　　何ぞ　　　　　　［WφF］

　疑問文の体系的記述は別稿に譲らなければならないが、本稿の趣旨を明確にするため、記述法の概要について述べておく。

　まず、疑問文の主要な構成要素として、「疑問詞」「係助詞（「カ」「ヤ」)」「モダリティ形式」「終助詞」が挙げられる。疑問文はこれらの要素が連携しており、各要素の組み合わせによって記述することができる。具体的には以下のようである。

　疑問文に3つのスロットを想定し、それぞれを疑問詞、係助詞、モダリティ形式／終助詞が埋める。空の場合は「φ」を入れておく。この方法でほとんどの疑問文が記述可能である*3。この記述法では、「φとの対立」が捉えることができる。つまり、構成要素非生起との比較によって、疑問文における各構成要素の機能を浮かび上がらせるというわけである。

2.2　実在型疑問文と観念型疑問文

　高山（2016a）では、モダリティ形式の有無によって疑問文を二つに分け、モダリティ形式を含むタイプを「観念型疑問文」、含まないタイプを「実在型疑問文」と呼んだ（以下、「前稿」)。

（1）a.　［観念型］誰か来つらむ。［WKM］

　　　b.　［実在型］誰か来つるφ。［WKφ］

　　　c.　［実在型］花や咲く。［φKφ］

　（1a）はモダリティ形式「ラム」を含むが、（1b、c）はモダリティ形式を含んでいない。このようなタイプの疑問文を実在型疑問文と呼ぶのである。なお、文末が終助詞「ゾ」によるものも、モダリティ形式が生起しないので、このタイプとして扱う。

　古代語の疑問文はモダリティ形式を含む「観念型」が圧倒的に多く、前稿の調査では、70％以上を占めている。古代語疑問文の多くにモダリティ形式が含まれるという事実はよく知られている。しかしながら、「なぜ古代語疑問文にモダリティ形式が生起しやすい

のか」という問題については、合理的な説明がなされていない。この問題を考える上では、両タイプの疑問文の性質を比較し、疑問文中のモダリティ形式の機能を解明しなければならない。前稿は主に観念型について論じたものであり、実在型については粗い記述にとどまっていた。本稿では、実在型疑問文（以下、「実在型」と略記する）を取り上げ、場面との関わりについて見ていく。

2.3　資料と研究対象

　本稿で用いる資料と研究対象の範囲について述べておく。前稿の調査は、中古の主要な文芸作品を資料としたものであった。どの作品においても観念型の方が用例数が多いのだが、『枕草子』は実在型の使用率がきわめて高く、他作品と異なる傾向を示していた。『枕草子』からは、実在型のまとまった用例が確実に得られる。使用率の高さの理由が明らかでなく、その点の解明も必要である。そこで、本稿では『枕草子』を資料として用いることにする。使用テキストは、新全集本（小学館）を用い、挙例の際には同書の現代語訳を付しておく。

　『枕草子』から実在型の例を抽出するのであるが、以下の場合は観察・分析の対象から除く。まず、述語を含まない簡略な疑問文である。疑問詞一語だけのもの（およびその繰り返し）、疑問詞を応答詞的に用いているものは対象としない。また、「〜にや」で文を終止しているものは、「あらむ」が省略されているという解釈が可能であり、観念型として扱うのが妥当であろう。これも対象から除いておかなければならない。結局のところ、研究対象から除外するのは以下のような例である。

　（2）対象外の例
　　　a.　「<u>いかに</u>」と問はせたまへば、155
　　　b.　「<u>いかが</u>。さりとも聞き知りなむ」367
　　　c.　「<u>いかにいかに</u>」と、誰も誰も問ひたまふ。80
　　　d.　事なし草は、思ふ事をなす<u>にや</u>と思ふもをかし。119
　　　e.　空よりおりたる<u>にや</u>とぞ見ゆる。283
以上、資料と研究対象について述べた。

3. 観察・分析

この節では、実在型疑問文の特徴を見ていく。『枕草子』には実在型疑問文が204例見られた。以下、存在詞、ダイクシス表現、対話性の観点から観察、分析を行っていく。

3.1 存在詞

動詞「あり」とその敬語形（「おはす」「侍り」など）を一括して存在詞として扱う。今回の調査では存在詞は39例生起しており、全用例の約1/5を占める。述語は多種多様なものが考えられるから、この使用率は際立っているといえる。

まず、疑問の対象について見てみよう。ヒトを対象とするものが16例ある。『枕草子』という作品は、宮中という狭い空間が舞台であり、作者の人間観察がこの作品の特色といえる。素材としてヒトが取り上げられやすいのは自然である。

金水（2006）は、存在表現の意味的タイプとして「空間型」と「限量型」を立てている。「空間型」は「物理的な空間と空間と存在対象との結びつきを表す表現」であり、「物理的な時間、空間を対象が占有することを表す出来事の一種である」という。一方、「限量型」は「特定の集合における要素の有無を表す表現」で、「話し手の立場から下す、世界についての判断の一種である」とされる。本稿ではこの二つのタイプを分けて扱う。

まず、空間型の例を見てみよう。

(3) 空間型

    a. 厨女の清げなるが、さし出でて、「なにがし殿の人や<u>候ふ</u>」など言ふもをかし。114
        （台所ばたらきの女の、こざっぱりしているのが、家から出てきて、「何々様のお供の人はおひかえですか」などと言っているのもおもしろい。）

    b. 「院の殿上には、誰々か<u>ありつる</u>」と人の問へば、「それかれ」など、四、五人ばかり言ふに、…212
        （「院の殿上にはだれだれがいたか」と、人がたずねる

と、「その人あの人」などと、四、五人ぐらい言うのに、
…）

c. 「さて雪は今日まで<u>ありや</u>」と仰せ言あれば、163
（「そのまま、雪は今日までちゃんとあるのか」と仰せ
あそばしてあるので、）

d. 「碁盤は<u>べり</u>や。まろと碁打たむとなむ思ふ。…」288
（「碁盤はございますか。わたしは御一緒に碁を打ちた
いと思いますが、…」）

（3a,b）は、疑問の対象は現場にいるヒトの存在である*4。
（3c,d）のように、「雪」「碁盤」といった、モノの存在を対象とす
る例もある。

限量型の例は以下のようなものである。

（4）限量型
若き人々出で来て、「男や<u>ある</u>」「子や<u>ある</u>」、「いづくにか
住む」など、口々問ふに、…。152
（若い女房たちが出て来て、「夫はいるのか」「子供はいる
か」、「どこに住むのか」などと、口々に聞くと、…）

（4）は、子どもの所有の有無が疑問の対象となっている。これ
らは実際の現場の空間に位置づけられるものではない。ヒトを対象
とする用例数の内訳は、空間型14例、限量型2例であり、空間型
に偏る。

存在詞の周辺に位置する「タリ」も頻出する。「タリ」は「テア
リ」に起源し、存在詞の一種の変容形といえる。

（5）「タリ」
a. 「殿は何にかならせたまひ<u>たる</u>」など問ふに、いらへに
は、「何の前司にこそは」などぞ、かならずいらふる。
61
（「殿は何におなりになったのか」などとたずねると、
その答としては「何々の国の前司ですよ」などと、必
ず応じる。）

b. 「いかが言ひ<u>たるぞ</u>」とのたまふめれば、三位中将、
「いとなほき木をなむ押し折り<u>ための</u>」と聞えたまふに、

644　高山善行

80

（「どう言っていたのか」とおっしゃる様子なので、三
位の中将が、「至極まっすぐな木を無理に押し折ってい
るようなものです」と申しあげなさると、）

c. 「～。帝の御むすめやは得たる」と言へば、144

（「～。涼は仲忠のように帝の御娘を手に入れましたか」
と言うと、）

d. 「いみじく思へるなる仲忠が面伏せなる事は、いかで啓
したるぞ。…」150

（「そなたがたいへんひいきに思っているはずの仲忠の
面目をつぶすようなことを、どうしてわたしに言上し
たのか。」）

　実在型疑問文に生起するテンス・アスペクト形式を整理すると表
1のようになる。

表1　テンス・アスペクト

キ	ケリ	ツ	ヌ	タリ	リ	φ	ズ	計
7[*]	1	15	2	11	3	42	5	86

※複合形としてタリシ3例、ザリシ1例がある

　表1によれば、動詞裸の形（「φ」で示す）が圧倒的に多く42例
もある。さらに、「ツ」「タリ」「リ」「ヌ」と現在時を表す形式が
ほとんどである。いわゆる「過去の助動詞」では、「キ」7例、「ケ
リ」にいたっては1例のみである。「キ」は近過去の事態について
用いられており、「ツ」とさほど差がないように見える。疑問文と
テンスとの関係については、今後掘り下げてみたい。

3.2　ダイクシス表現

　ここでは、ダイクシス表現について観察する。実在型疑問文では、
ダイクシス表現の使用がきわめて多く75例を数える。

　これは、実在型の用例全体の約4割という使用率の高さである。
以下、時間、場所、人称詞、指示詞について順に用例を見ていくこ
とにしたい。

中古語の実在型疑問文をめぐって　　645

表 2　ダイクシス表現

時間	4
場所	2
人称詞	3
指示詞	27
指示副詞	39[※]
計	75

※「かかる」「さる」を含む

　まず、時間表現について見ていこう。時間を表す状況語の例には、以下のようなものがある。

（6）〈時間〉

　　a.　「翁まろか。このごろかかる犬やはありく」と言ふに、「翁まろ」と言へど、聞きも入れず。40
　　　　（「翁まろか。このごろこんな犬が歩きまわっているはずがない」と言って、「翁まろ」と名を言うけれど、聞き入れもしない。）

　　b.　「寅の時になむわたらせたまふべかなる。などか今までまゐりたまはざりつる。…」と告ぐ。405
　　　　（「寅の時に、中宮様はお出かけあそばすはずだということです。どうして今まで参上なさらなかったのですか。…」と、一人の女房がわたしに告げる。）

　　c.　「今日の雪をいかにと思ひやりきこえながら、何でふ事にさはりて、その所に暮しつる」など言ふ。304
　　　　（「今日の雪をどう御覧になるかとはるかに御推察申しあげながら、何ということに妨げられて、その場所で日を暮らしてしまった」などと言う）

　「このごろ」「今」「今日」が用いられている*5。先述のテンス・アスペクト形式の場合と同様、〈現在〉との結びつきが強い。過去については、「キ」「ツ」などの形式が担い、未来については「ム」などが担うのであろう。

　次に、場所について見てみよう。

（7）〈場所〉

a. 「ここにても人は見るまじうやは。などかはさしもうち
解けつる」と笑はせたまふ。34

（「ここでだって、見る人がいないということがあろう
か。どうしてそんなに気を許してしまったのか」とお
笑いあそばされる。」）

b. 源中将の声にて、「ここに草の庵やある」とおどろおど
ろしく言へば、136

（源の中将の声で、「ここに草の庵はいるか」と仰々し
く言うので、）

直接的に場所を表す表現として、「ここ」が2例用いられている。

次に、人称詞について見よう。人称詞では、一人称の「われ」
「まろ」の例がある*6。

(8)〈人称詞〉

a. 物など仰せられて、「われをば思ふや」と問はせたまふ。
312

（何かお話しあそばされたついでに、中宮様が、「わた
しを思うか」とおたずねあそばす。）

b. 「われをばいかが見る」と仰せらる。411

（「わたしの様子をどう思うか」と中宮様は仰せにな
る。）

c. また、いどみ隠して、「まろは何か。ただあらむにま
かせてを」など言ひて、「例の、君の」などにくまる。
398

（また、互いに競争し秘密にして、「わたしは何で用意
などしましょうか。ただ、あるので間に合せて何とか」
などと言って、相手から「いつものとおり、あなたっ
たらとぼけて」などとにくまれる。）

(8a,b)の「われ」は中宮定子を指す。自分自身を疑問の対象と
するのは、待遇性の面では興味深い。このように一人称詞を疑問対
象とする用法は、上位者のみに限られるのかもしれない。(8c)の
「まろ」は女房を指しているが、一般論として述べているのであり
特定の女房を指していないことに注意する必要がある。

中古語の実在型疑問文をめぐって　　647

ここまで、時間、場所、人称について見てきた。「いま・ここ・わたし」をダイクティックセンターと呼ぶが、実在型にはそれらがすべて見られるのである。

次に、指示詞について見よう。実在型には指示詞を含む例が68例あり、全体の約1／3を占めている。内訳は、表3のとおりである。

表3　指示詞

コ系	コ	7	15
	コレ	6	
	コノ	2	
ソ系	ソレ	3	6
	ソノ	3	
カ系	カレ	2	3
	カノ	1	
ア系	アレ	2	3
	アノ	1	
小計			27

用例を挙げておく。

(9) 〈指示詞〉

a. 「何とかこれをば言ふ」と問へば、とみにも言はず、「いま」など、これかれ見合わせて、「耳無草となむ言ふ」と言ふ者のあれば、「むべなりけり。聞かぬ顔なるは」と笑ふに、237

（「なんと、この草の名はいうの」とたずねると、子供たちは、急にも答えないで、「今お答えします」などと、あれこれお互いに顔を見合わせて、「耳無草と言うのです」と言う者がいるので、「なるほどそうだったのね。聞かない顔をしているのは」と笑ったところ、）

b. 「それは誰ぞ」と言へば、「弁候ふなり」とのたまふ。104

（「そこにいるのはどなたですか」と言うと、「弁がお伺

いしているのです」とおっしゃる。)

c. 「かれは、何事言ふぞ」と言へば、声つくろひて、「仏
の御弟子に候へば、御仏供のおろし給べむと申すを、
この御坊たちのをしみたまふ」と言ふ。152

（「あれは、何事を言うのか」と言うと、その女法師は
声をとりつくろって、「仏のお弟子でございますから、
仏のお供えのおさがりを頂戴したいと申しあげるのを、
このお坊さまがたが物惜しみをなさるのです」と言
う。）

d. 「あれは誰そや。かの御簾の間より見ゆるは」ととがめ
させたまふに、「少納言が物ゆかしがりて侍るならむ」
と申させたまへば、203

（「あれはだれだろう。あの御簾の間から見えるのは」
とおとがめあそばされるので、「少納言が何かと拝見し
たがってひかえているのでしょう」と中宮様が殿に申
しあげあそばすと、）

　(9a〜d) の「これ」「それ」「かれ」「あれ」は、いずれも現場指
示の例である。(9a)「これ」は、手にとった草を表し、(9b〜d)
では、ヒトを指している。

　指示副詞も頻出している。たとえば、次のようなものである。

(10)〈様態〉

a. 「〜、「あのにくの男や。などかうまどふ。竈に豆やく
べたる。この殿上の墨筆は、何の盗み隠したるぞ。飯、
酒ならばこそ、人もほしがらめ」と言ふを、また笑ふ。
211

（「〜、「あの、にくらしい男ときたら。どうしてこんな
にあわてるのか。かまどに豆をくべているのか。この
殿上の間の墨や筆は、いったい何者が盗んで隠したの
か。飯や酒ならば、人もほしがるだろうが」と言うの
を、また笑う。）

b. 「誰も見つれど、いとかう縫ひたる糸、針目までやは見
とほしつる」とて笑ふ。145

中古語の実在型疑問文をめぐって　　649

（「だれもが見たけれど、徹底的にこんなに縫ってある糸や針目までも見通してしまったろうか」と言って笑う。）

c. 便なき所にて、人に物を言ひける、胸のいみじう走りけるを、「など、<u>かくある</u>」と言ひける人に、452
（具合の悪い場所で、ある男と話をした時に、胸がひどくどきどきしたのを、「どうしてそんななのか」と言ったその男に、）

d. 「など<u>さ</u>はする事ぞ」とのたまはすれば、「斎院より御文の候ふには、いかでかいそぎ上げはべらざらむ」と申すに、158
（「どうしてそんなことをするのか」と仰せあそばされるので、「斎院からお手紙がございましたからには、どうして急いで格子を上げないわけにまいりましょう」と申しあげると、）

e. 「〜何事を<u>さ</u>は言ひ明かすぞ」など言ひ笑ふに、…425
（「いったい何事を、あんなに語り明かすのか」などと言って笑っていると、）

具体的な様態の表現に際しては、「かく（う）」は15例、「さ」は13例見られる。連体詞的用法として、「かかる」が4例、「さる」が7例用いられている。

3.3 対話性

ここでは文タイプについて見ていく。文タイプとしては、地の文、会話文、心内文、手紙、和歌などがある。それぞれの用例数を表4で示しておこう。

表4　文タイプ	
地の文	31
会話文	163
心内文	2
歌	5
手紙	2
その他	1
計	204

実在型は会話文での使用率が高く、約8割にのぼる。特に、対話場面での使用が目立つようである。つまり、作者の疑いの表明ではなく、登場人物同士のやりとりで用いられるのである。質問と応答がセットで表現される例は、以下のようなものである。

(11) 質問―応答

a. 「それは誰ぞ*7」と言へば、「弁候ふなり」とのたまふ。
「何かさも語らひたまふ。大弁見えば、うち捨てたてまつりてむものを」と言へば、いみじう笑ひて、「誰かかかる事をさへ言ひ知らせけむ。『それさなせそ』と語らふなり」とのたまふ。104 ［作者→藤原行成］
（「そこにいるのはどなたですか」と言うと、「弁がお伺いしているのです」とおっしゃる。「何だってそんなに親しく話していらっしゃるのですか。大弁が現れたら、あなたをお見捨て申しあげてしまうでしょうのに」と言うと、たいへん笑って、「だれがこんなことをまであなたに言って知らせたのでしょう。『それを、どうかそうしないでくれよ』と話し込んでいるのです」とおっしゃる。）

b. 馬場といふ所にて、人おほくてさわぐ。「何するぞ」と問へば、「手つがひにてま弓射るなり。しばし御覧じておはしませ」とて、車とどめたり。185 ［作者→その場にいる人］
（馬場という所で、人が大勢で騒いでいる。「何をするのか」とたずねると、人が「競射の演習があって、弓を射るのです。しばらくご見物あそばしてください」と言うので、車を止めた。）

c. 「さる事やありし」と問はせたまへば、「知らず。何とも知らではべりしを、行成の朝臣の取りなしたるにやはべらむ」と申せば、249 ［定子→作者］
（「そんなことがあったのか」とおたずねあそばすので、「存じません。何ともしらないでおりましたのを、行成の朝臣がそんなふうにわざとこしらえて受け取ったのでございましょうか」と申しあげると、）

d. 「大御門はさしつや」など問ふなれば、「今まだ人のおはすれば」など言ふ者の、なまふせがしげに思ひてい

中古語の実在型疑問文をめぐって　651

らふるにも、…。300［使用人→使用人］

（「総門は錠をさしてしまったか」などと、たずねているような声がすると、「今はまだお客がいらっしゃいますから」などと、答える者がいいかげん迷惑そうに思って応じるのに対しても、…。）

　（11a）は、作者と藤原行成との対話場面である。「それは誰ぞ」は作者が発した質問文であり、それに対して、行成が「弁候ふなり」と応答する。つまり、質問と応答のセットである。（11b）は、人が騒いでいる場面に遭遇した作者が、「何するぞ」と人に尋ねたところ、「手つがひにてま弓射るなり」という返答がきている。（11c）は、中宮定子が「さる事やありし」と尋ねたのに対して、作者が「知らず」（存じません）と答えている。このような「知らず」は現代語「わかりません」に相当する応答詞である。（11d）は、使用人同士の会話場面である。「大御門はさしつや」に対して、「今だ人のおはすれば」と言いさしで答えている。このように、実在型は、疑問と応答が揃っている例が多く38例を数える。物語の地の文では、〈疑い〉だけで〈答え〉が表現されない場合がよく見られるのと対照的である。

　さらに、対話的要素として、終助詞「ゾ（ソ）」がしばしば用いられている。上記の（11a,b）がそれにあたる。他にも以下のようなものがある。

（12）終助詞「ゾ（ソ）」

　　a.　「何事ぞ」と問ふに、「なほかく思ひはべりしなり」とて、…157

　　　　（「何事か」とたずねると、「やはりこう思いましたのですか」と言って、…）

　　b.　「それはいづこのぞ」と問へば、「斎院より」と言ふに、…158

　　　　（「それはどこからのか」とたずねると、「斎院から」と言うので、…）

　　c.　「何する所ぞ」と問ひしに、「御輿宿り」と言ひしも、いとめでたし。420

（「何をする所か」とたずねたところ、「御輿宿りです」
と言ったのも、とてもすばらしい）

終助詞の用例数を示すと、表5のようになる。

表5　終助詞

	ゾ	63
	カ	21
	ヤ	11
その他	カハ	2
	ヤハ	1
	ソヤ	1
	～カ～カ	1
	～ヤ～ヤ	1
計		101

表5より、「ゾ（ソ）」は63例あり、「カ」「ヤ」に比べてかなり
多いことがわかる。それぞれの終助詞がどのように使い分けられて
いるかは、今後の研究課題である。

以上、存在詞、ダイクシス表現、対話性の観点から観察してみた。

4．まとめ

3.で観察してきた実在型疑問文の特徴をまとめると以下のように
なる。

・述語では存在詞の使用率が高く、ヒトの存在を対象とする例が多
　い。存在詞は空間型に偏り、限量型は少ない。
・動詞裸の形が圧倒的に多く、「タリ」の例もかなりある。〈現在〉
　との結び付きが強い。
・ダイクシス表現を含む例が多い。具体的には、時間、場所、人称
　詞の表現が生起する。指示詞の使用も目立つ。
・指示副詞「カク」「サ」によって様態描写が行われる例が多い。
・もともと会話文での使用率が高いが、特に、「質問―応答」のセ
　ットになる例が多い。

中古語の実在型疑問文をめぐって　653

- 対聞き手的要素として終助詞「ゾ（ソ）」「カ」「ヤ」等が用いられやすい。終助詞のなかでは、「ゾ（ソ）」の使用が最も多い。

　これらの特徴を総合し、実在型疑問文の性質を考えてみよう。このタイプの疑問文は、発話の現場におけるリアルな質疑応答において用いられやすい性質をもつ。つまり、現場との密着度が高い表現である。こうした表現は、『枕草子』のように描写場面が多い作品ではきわめて有効であったといえる。現場の再現性、臨場感が求められるテキストでは有効だが、そうした必要がないテキスト（『伊勢物語』など）においては用いられにくいのであろう。疑問文のタイプは、文芸作品においては場面の描き方とかかわりをもつといえるのである。

5. おわりに

　本稿は、モダリティ形式を含まない実在型疑問文を取り上げて、存在詞、ダイクシス表現、対話性という観点から記述分析をおこなった。その結果、このタイプの疑問文は、きわめて現場性との結びつきが強いことが明らかになった。本稿はまだ基礎的作業の段階であり、もう一方の観念型疑問文と場面との差異については十分検討されていない。観念型疑問文との比較については別稿を期すことにしたい。古代語疑問文の研究は、未開拓領域が多く残されている。本稿の試みが領域開拓にいくらかでも貢献できれば幸いである。

謝辞　筆者は、学生時代から古代日本語のモダリティに関心をもち、澤田先生の御著書、翻訳書を通して学んできた者である。先生の御専門は英語学であり分野は異なるが、法助動詞の意味分析など参考にさせていただいた点が多かった。また、モダリティワークショップやパネルディスカッションで発表する機会を与えていただき、たいへんありがたかった。心より御礼申し上げる次第である。本稿は、平成28年度科学研究費補助金（課題番号26580083）の研究成果の一部である。

＊1　国立国語研究所共同研究プロジェクト「日本語疑問文の通時的・対照言語学的研究」は、多様な分野の研究者が日本語や他言語の疑問文に向き合い、主に情報構造の観点等から分析を行っている。その成果は、金水（2014）（2015）（2016）に報告書としてまとめられている。古代語疑問文については、近藤要司氏が係助詞「ヤ」「カ」の記述を中心に精力的に研究を進めている。野田・高山・小林（2014）では、疑問文（反語文を含む）の運用面に目を向け、今後の研究の方向性に示唆を与えている。

＊2　衣畑（2014）は、記述に係助詞ゼロを組み込んでいる優れた研究である。

＊3　これらの要素の組み合わせによって、理論的には膨大な種類の疑問文が産出されることになるが、実際には共起制約によって出力が制限される。たとえば、文末のモダリティ形式と終助詞とは選択的であり、原則として両者は共起しない。高山（2002）では、中古語のモダリティ形式と終助詞との共起関係を記述している。選択的であるが、ベシ、マジはその例外となる。これらは、モダリティ形式のプロトタイプからはずれるものであり、接尾語に近い性質をもつとされる。

　また、文中の係助詞と終助詞が共起する例は少ない。近藤（2000）参照。「第6章　中古語の係助詞「なむ」の特性」では、文中の係助詞と終助詞（間投助詞）の共起に光を当てている。係助詞の〈係り〉機能を考える上で重要な視点である。

＊4　コトを対象とする場合は、「カハ」「ヤハ」によって反語文になることが多い。

・〜さりとてほどより過ぎ、何ばかりの事かはある。316

（そうかといってすでに年をとって、どれくらいのよいことがあるか、ありはしない。）

　これらは、専ら地の文で用いられる。作者がコトの存在について、「このようなコトはありえない」という評価を述べるものである。コトの存在は会話において質問の対象とはなりにくいといえるのではないか。

＊5　「明日はいかなる事をか」と言ふに、〜「人間の四月をこそは」といらへたまへるが、いみじうをかしきこそ。285

（「明日はどのようなことを」と言うと、〜「『人間の四月』をこそ朗詠しよう」と応じられたのが、とてもおもしろかったのだ。）

　この例では、「明日」が用いられているが、「いかなる事をか」の後に、「せむ」が省略されている可能性がある。そうだとすれば、「観念型」に位置づけられるので、ここでは用例の指摘にとどめ、保留しておきたい。

＊6　一人称詞の用例しか見られないが、もともと二人称詞は省略されやすく、三人称詞はこの時代には未発達であったことを考慮する必要がある。

＊7　下位者から上位者への質問文であるが、無敬語である。新全集頭注では、「全然敬語を使っていないのは、わざと知らないふりをして不審尋問した形だからであろう」と解釈している。もしこの解釈が正しいとすれば、女房である作者が藤原行成に対して横柄な口調で尋問官役を演じていることになり、一種の役割語的な表現であったと思われる。

使用テキスト

松尾聰・永井和子校注『枕草子』新編日本古典文学全集、小学館

参考文献

衣畑智秀（2014）「日本語疑問文の歴史変化―上代から中世」『日本語文法史研究2』pp.61–80. ひつじ書房.

金水敏（2006）『日本語存在表現の歴史』ひつじ書房.

金水敏（2014）（2015）（2016）『日本語疑問文の通時的・対照言語学的研究 研究報告書（1）～（3）』国立国語研究所.

近藤泰弘（2000）『日本語記述文法の理論』ひつじ書房.

近藤要司（2016）「中古語ニヤアラムの淵源」『日本語文法史研究3』pp.23–46. ひつじ書房.

野田尚史・高山善行・小林隆（2014）『日本語の配慮表現の多様性―歴史的変化と地理的・社会的変異』くろしお出版.

高山善行（2002）『日本語モダリティの史的研究』ひつじ書房.

高山善行（2015）「疑問文とモダリティ形式の関係について―文法史の観点から」『モダリティの意味論的・語用論的研究 A Semantic and Pragmatic Study of Modality 3』pp21–34. モダリティ研究会.

高山善行（2016a）「疑問文とモダリティ形式の関係」『国語と国文学』東京大学国語国文学会、pp.29–41. 明治書院.

高山善行（2016b）「ケム型疑問文の特質―間接疑問文の成立論のために」『日本語文法史研究3』pp.47–64. ひつじ書房.

「語り」におけるスペイン語直説法過去完了の機能

和佐敦子

要旨

　本稿では、本来は発話時現在を基準時とする時間副詞 *ahora* (now) が、「語り」の文脈で直説法過去完了と共起する点に着目し、認知意味論の観点から、「語り」のテキストにおけるスペイン語直説法過去完了の機能を考察した。その結果、「過去における過去」を表す用法では、「語り」の冒頭では読み手の注意を喚起し、終結部では〈回想〉や〈詠嘆〉の機能を持つことが分かった。また、「語り」の文脈で *ahora* が用いられるのは、先行する事態との対比・強調の場合と事態の展開の局面を強調する場合であり、*ahora* には語られる事態を前景化する機能があることを示した。

キーワード

　語り、スペイン語直説法過去完了の機能、過去における過去、時間副詞 *ahora* との共起、前景化

1. はじめに

　スペイン語の直説法過去完了は、会話文では発話時から見た過去よりも前に起こった事態を表すのに用いられる。

(1)　– ... *cuando llegué había desaparecido.*

　　 'when I arrived he *had disappeared*.'

　　（私が着いた時、彼はいなくなっていた。）

　　　　　　　　　　　　　　　（*El otro 11S... desconocido*）

（1）では、*cuando llegué*（私が着いた時）は発話時から見た過去であり、それよりも前に起こった*había desaparecido*（彼がいなくなっていた）という事態を表すために直説法過去完了が使用されている。

一方、発話時が基準とならない物語や小説の地の文などの「語り」の文脈では、テンス形式の意味・機能が異なってくることがある。たとえば、*ahora*（now）は本来発話時を基準とする時間副詞で、会話文では現在進行形、直説法現在、直説法現在完了、直説法未来と共起する。これに対し、「語り」の文脈では、*ahora*は次のように直説法過去完了と共起することがある。

（2）... El sol **ahora** *había salido* a pleno.

'The sun **now** *had risen* fully.'

（太陽は今や完全に出ていた。）

（Ricardo Canaletti, *Crímenes sorprendentes de la Historia argentina*）

（3）... **ahora** *había llegado* la hora de la venganza.

'**now** the time of revenge *had come*.'

（今や復讐の時がやってきたのだ。）

（Jorge Sanabria, *Crónicas de un adicto*）

このように、本来は発話時を基準とする時間副詞*ahora*（now）が、なぜ「語り」の文脈ではプロトタイプから逸脱して直説法過去完了と共起可能になるのだろうか。また、「語り」におけるテンスの用法は、会話文の場合とどのような違いがあるのだろうか。

「語り」の時間は、基本的に結末に向かって進行するが、必ずしも時系列的に進むわけではない。過去に戻ることも、未来に飛ぶことも可能であり、それを決めるのは語り手自身である。本稿では、語り手が表現の選択の中でどのように状況を解釈し、描き出すかという認知意味論の観点から、「語り」のテキストにおける直説法過去完了の機能を包括的に捉えることを目指す。

2. 先行研究と問題の所在

最初に、「語り」とは何かについて明らかにしておきたい。

Comrie（1985）は「語り（narrative）」について、次のように定義している。

> ... a narrative is by definition an account of a sequence of chronologically ordered events (real or imaginary).
>
> （語りとは定義上、（真実であれ虚構であれ）時系列的に並んだ出来事の連続の報告である。）　　　　　　　　（Comrie（1985: 28））

この定義に基づき、本稿では「語り」を「時系列的に並んだ出来事の連続の記述を中心として展開される言説のタイプ」と定義し、物語や小説の地の文における「語り」を考察の対象とすることにする。

高橋（1999: 208）は、スペイン語の「語り」における時制について考察し、「語りのテキストにおいて無標なテンス・アスペクト形式は、アオリスト・未完了過去・過去完了の３つである。発話時に対するダイクティックなレファレンスを欠いた語りのテキストにおいて、これら３つのテンス・アスペクトは、発話時に関しての過去時、というテンス本来の意味が失われ、アスペクト機能は、出来事の相対的な前後関係を示すタクシス機能*1 として提示されることになる。そして、この時には語り手の存在は稀薄化し出来事はあたかもひとりでに語られているかのように感じられる。」と述べている。この指摘は、「語り」における直説法過去完了の機能が出来事の相対的な時間関係を表すことであることを示している。

一方、「語り」における直説法過去完了には、テンスとしての本来の機能から拡張したのではないかと思われる用法がみられる。Kohan（2015）によれば、「語り」のテキストにおいて、次の（4a）と（4b）は同じ過去の事態を表すが、（4b）のように直説法過去完了を使用すると、通常よりもより遠い過去（pasado más remoto de lo normal）に見えるようなニュアンスを表すという。また、このような「語り」における直説法過去完了の用法はガブリエル・ガルシア＝マルケスの *Cien años de Soledad*（百年の孤独）のようにノスタルジックなタッチで描かれる小説に多く見られるという。

(4) a.　El joven *llegó* a la estación dos horas después.

'The young man *arrived* at the station two hours later.'

b. El joven *había llegado* a la estación dos horas después.

'The young man *had arrived* at the station two hours later.' (Kohan (2015: 81))

したがって、(4b) のような直説法過去完了の用法は、テンスとしての説明だけでは捉えきれず、語られる事態に対する語り手の何らかの心的態度が関与しているものと考えられる。

これまでの研究では、本来発話時を基準とする時間副詞 *ahora* (now) が1節で挙げた (2)、(3) の例のように、なぜ「語り」のテキストでは直説法過去完了と共起するのか、また、「語り」の文脈の中で *ahora* がどのような意味機能を持つのかについては考察されていない。

これらの点を明らかにするために、スペイン語の「語り」のテキストにおける直説法過去完了の機能を用例に基づき考察していく。

3. 「語り」における直説法過去完了の機能

3.1 直説法過去完了の2つの用法

Comrie (1985) は、英語の過去完了 (pluperfect) に関して次のように述べている*2。

… The meaning of the pluperfect is that there is a reference point in the past, and that the situation in question is located prior to that reference point, i.e. the pluperfect can be thought of as 'past in the past'.

（過去完了の意味は、過去に参照点があり、当該の状況がその参照点よりも前に位置づけられるということである。すなわち、過去完了は「過去における過去」と考えることができる。）

(Comrie (1985: 65))

Aldai (2009: 22) は、Comrie (1976, 1985) に基づき、スペイン語の直説法過去完了には、「過去における完了 (el perfecto en el pasado)」と「過去における過去 (el pasado en el pasado)」の2つの主な用法があることを指摘し、次のような例を挙げている。

(5)「過去における完了（perfecto en el pasado」の例

    a.   La película **ya** se *había terminado* cuando yo llegué.

            'The movie *had* already *finished* when I arrived.'

            （私が着いた時、映画はすでに終わっていた。）

    b.   Yo llegué cuando **ya** se *había terminado* la película.

            'I arrived when the movie *had* already *finished*.'

            （私は映画がすでに終わっていた時に着いた。）

    c.   Pedro llegó a las 5. Para entonces **ya** *había ocurrido* el accidente.

            'Pedro arrived at 5. By then the accident *had* already *happened*.'

            （ペドロは 5 時に着いた。その時までにもう事故は起こっていた。）

(6)「過去における過去（pasado en el pasado）」の例

Pedro llegó a las 5. El no presenció el accidente. En realidad, el accidente *había ocurrido* a las 4 en punto.

'Pedro arrived at 5. He did not witness the accident. In reality, the accident *had happened* at 4 sharp.'

（ペドロは 5 時に着いた。彼はその事故を目撃しなかった。実際には、事故は 4 時ちょうどに起こっていたのである。）

（Aldai（2009: 23））

この 2 つの用法の違いについて、（5c）と（6）を例に考えてみよう。

（5c）では、*para entonces*（その時（=5 時）までに）という参照点（reference point）があり、それまでに完了したということが直説法過去完了で表されている。これに対し（6）では、先行する事態 P：*El no presenció el accidente.*（彼はその事故を目撃しなかった。）が起こったのはなぜかという理由が後続する事態 Q: el accidente *había ocurrido* a las 4 en punto.（事故は 4 時ちょうどに起こっていたのである。）で直説法過去完了を使って述べられている。

Aldai（2009）によれば、（5c）では「5 時」という参照点は直

「語り」におけるスペイン語直説法過去完了の機能   **661**

説法過去完了の使用に必須であるが、(6) では、「5 時」という参照点は重要性を失っているという。それゆえ、(5c) では直説法過去完了を直説法点過去に置き換えることはできないが、(6) では、直説法点過去に置き換えても許容できることを指摘している。

(5c')   *Pedro llegó a las cinco. Para entonces **ya** <u>ocurrió</u> el accidente.

       'Pedro arrived at 5. By then the accident already *happened*.'

(6')   ?Pedro llegó a las cinco. El no presenció el accidente. En realidad, el accidente <u>ocurrió</u> a las cuatro en punto.

       'Pedro arrived at 5. He did not witness the accident. In reality, the accident *happened* at 4 sharp.'

(Aldai (2009: 23))

したがって、(6) のような「過去における過去 (pasado en el pasado)」の用法では、参照時との関係というよりもむしろ先行する事態より前であるという相対的な時間関係を表すために直説法過去完了が使用されていると考えられる。

ここで注目したいのは、(5) のような「過去における完了 (perfecto en el pasado)」を表す用法は、会話文にも「語り」のテキストにもみられるが、(6) のような「過去における過去 (pasado en el pasado)」の用法は、「語り」のテキストに特徴的な用法であるということである。そして、直説法過去完了のテンス形式としての意味・機能からの逸脱が起こり、時間副詞 *ahora* が現れるのは、この「過去における過去 (pasado en el pasado)」の用法においてではないかということである。

次節では、物語や小説の「語り」において、この「過去における過去 (pasado en el pasado)」を表す直説法過去完了の用法がどのような機能を示すのかについて考察する。

3.2 「語り」の冒頭部と終結部における直説法過去完了の機能

Kohan (2015: 79) は、物語や小説において、基本的に「語り」

は直説法線過去（imperfecto）、直説法点過去（pasado）、直説法過去完了（pluscuamperfecto）、直説法過去未来（condicional）で表され、会話文は直説法現在完了（pasado compuesto）、直説法現在（presente）、直説法未来（futuro）で表されると述べている。

また、Kohan（2015: 81）は、「語り」における直説法過去完了は「過去における過去（pasado en el pasado）」を表し、「語られる行為よりも前の行為を思い出させるため（para recordar acciones anteriores a las narradas）」に用いられると指摘している。したがって、直説法過去完了は、物語の冒頭で使用され、これから語られる事態に対する読み手の関心を喚起する機能を持つことがある。

次の（7）は、アルゼンチンの作家フリオ・コルタサルの短編集 *Final del juego*（遊戯の終わり）に収められている "Continuidad de los parques（続いている公園）" の冒頭部分である。

(7) *Había empezado* a leer la novela unos días antes. La abandonó por negocios urgentes, volvió a abrirla cuando regresaba en tren a la finca; se dejaba interesar lentamente por la trama, por el dibujo de los personajes.

'He *had started* to read the novel a few days before. He abandoned it due to urgent business, opened it again when returning by train to his country house; letting himself get interested again by the plot, by the characters drawings.'

(Julio Cortázar, *Final del juego*)

（彼は2、3日前にその小説を読み始めた。急用があり一度投げ出したが、農場にもどる列車の中でふたたび手に取ってみた。物語の筋と人物描写が少しずつ彼の興味を引きはじめた。）　　　　　　　　（木村榮一訳『遊戯の終わり』）

さらに、この直説法過去完了の機能は、次のように小説の各章の冒頭部分にもみられることがある。

(8) La noche *había caído* sobre El Escorial. Lentamente, Alfonso caminó por los amplios corredores que conducían hasta la capilla.

'Night *had fallen* over El Escorial. Slowly, Alfonso walked along the corridors that lead to the chapel.'

（夜の帳がエル・エスコリアル修道院に落ちていた。アルフォンソはゆっくりと礼拝堂に通じる廊下を歩いた。）

(María Pilar Queralt, *De Alfonso la dulcísima esposa*)

（8）では、直説法過去完了を用いることによって、次に直説法点過去で表される事態の背景として、読み手の注意を喚起しているものと考えられる。（7）、（8）にみられる直説法過去完了の用法は、「語り」のテキストに特徴的なものであり、物語や小説において読み手を引き付けるための「語り」の技巧の1つとして用いられていると言えるだろう。

Kohan（2015: 79）は、「語り」における直説法過去完了のもう1つの機能として、"retrospección（回顧、回想）"を表すことを指摘し、回顧的色彩の濃い「語り」のテキストにおいてよく用いられると述べている。この直説法過去完了の機能はどのような文脈で現れるのだろうか。

次は、イサベル・アジェンデの *Cuentos de Eva Luna*（エバ・ルーナのお話）の中に収められている"Con todo el respeto debido（人から尊敬される方法）"の結びの部分である。

（9）a. Pero las malas lenguas no lograron destruir el magnífico efecto del secuestro y una década más tarde los Toro-McGovern se *habían convertido* en una de las familias más respetables del país.

(Isabel Allende, *Cuentos de Eva Luna*)

b. But no evil tongue could destroy the glorious result of the kidnapping, and a decade later the Toro-McGoverns *were known* as one of the nation's most respectable families.'

(Translated by Margaret Sayers Peden, *The Stories of Eva Luna*)

c. しかし、悪口が誘拐事件の素晴らしい効果を壊すには至らず、10年後にはトロ＝マクガヴァン夫妻は、国内でもっとも尊敬されている一家として知られるようになった。）　（木村榮一・窪田典子訳『エバ・ルーナのお話』）

664　和佐敦子

(9a) で注目すべきは、"una década más tarde（10 年後）" とあるように、先行する事態よりも後の事態に直説法過去完了が使用されているということである。一方、(9b) の英語訳では、直説法過去完了は使用されず、"were known" と訳されていることに注目したい。(9a) の直説法過去完了は 直説法点過去に代えて *se convirtieron*（became）とすることも可能である。ここで語り手があえて直説法過去完了を使用しているのは、2 節で述べた「通常よりも遠い過去（pasado más remoto de lo normal）」を表すためであると考えられる。語り手は、「語り」の終結部に直説法過去完了を用いることによって、実現した過去の事態を過去よりも遠い過去に置くことになり、その結果として、過去の〈回想〉や〈詠嘆〉のニュアンスを付加していると言えるだろう。したがって、(9c) の日本語訳は、(9a) の直説法過去完了のニュアンスを出すために、「知られるようになった」ではなく、「知られるようになったのである」または、「知られるようになったのだった」とした方が適切であるように思われる。

　和佐（2016）は、このような直説法過去完了の用法は、日本文学作品の翻訳にもみられることを指摘した。次は、川端康成の『雪国』の 1 節である。

(10)雨のなかに向うの山や麓の屋根の姿が浮び出してからも、女は立ち去りにくそうにしていたが、宿の人の起きる前に髪を直すと、島村が玄関まで送ろうとするのも人目を恐れて、あわただしく逃げるように、一人で抜け出して行った。そして島村はその日東京に帰ったのだった。

（川端康成『雪国』）

　(10) で注目したいのは、「のだった」が使用されている事態は、先行する事態よりも後に起こっているという点である。(10) のスペイン語訳では、次のように「のだった」が直説法過去完了で訳出されている。

(11)Rápidamente, la muchacha se arregló el peinado y salió de la estancia casi huyendo, volando casi, no sin antes haber impedido vivamente a Shimamura que la acompañara hasta la puerta como éste había tenido intención de hacer. Era preciso que no los vieran juntos.

Aquel mismo día, Shimamura *había vuelto* a Tokio.

(That same day, Shimamura *had returned back* to Tokyo.)

(Yasunari Kawabata, *País de Nieve*)

（10）では、次のように、「のだった」を使用しなくても、文法的には問題がないが、「のだった」を使用した場合に日本語母語話者に感じられる表現効果は除かれるように思われる。

（10'）… あわただしく逃げるように、一人で抜け出して行った。

　　そして島村はその日東京に帰った。

したがって、（10）で用いられている「のだった」は、事態に対する語り手の〈詠嘆〉の心的態度が込められたモダリティ形式であると考えられる*3。スペイン語訳では、この「のだった」の用法に〈回想〉や〈詠嘆〉のニュアンスを付加する機能をもつ直説法過去完了が使用されていることに注目したい。

4. 直説法過去完了と共起する時間副詞 *ahora* の機能

次に、時間副詞 *ahora*（now）は、どのような「語り」の文脈で直説法過去完了と共起するのかを考察する。

用例を見ていくと、「語り」の文脈において時間副詞 *ahora*（now）と共起する直説法過去完了の用法には2種あることが分かった。

4.1　先行する事態との対比・強調

第1の用法は、先行する事態との相対的な前後関係を表すものである。この場合、次の（12）、（13）に見られるように、時間副詞 *antes*（before）が前置され、*ahora*（now）と対比されている。

(12) **Antes** el cuerpo era una ayuda para la poderosa alma de Adán; **ahora** *había caído* y su poder fue limitado por la cubierta de la carne.

'**Before** the body was a help to Adam's powerful soul; **now** the soul *had fallen*, and his power was circumscribed by the shell of the flesh.'

（かつて肉体はアダムにとって強靭な精神の助けとなっていたが、<u>今やそれは衰え、その力は肉の覆いによって制限されている。</u>） (*La caída del hombre*)

(13) Los padres, preocupados, acudieron al Rabino. Obedientes, siguieron su consejo, pero el niño aún se negaba a estudiar la Ley. De hecho, mientras **antes** sólo se aburría, **ahora** *había tomado* una actitud rebelde.

'The anxious parents went to the Rabbis. Obediently, they followed his advice, but the boy still refused to study the Law. In fact, while **before** he only was bored, **now** he *had taken* a rebellious attitude.'

（両親は心配してラビのところに行った。彼らは従順にその助言に従ったが、その子はまだ法典を勉強することを拒否していた。実際、以前は退屈していただけだったが、<u>今は反抗的な態度をとっていた。</u>）

(http://www.mesilot.org/esp/relatos/aprenditora.htm)

また、*antes*（before）のような明示的な時間副詞は現れないが、次の（14）、（15）のように、「語り」の時点での過去と現在を*ahora*（now）によって対比させている用例もみられる。

(14) Había trabajado más de noventa horas en cinco días, lo mismo que todos los funcionarios del Ministerio. **Ahora** *había terminado* todo y nada tenía que hacer hasta el día siguiente por la mañana.

'He had worked more than ninety hours over five days, the same as all staff members of the Ministry. **Now** he had finished all and he had nothing to do until the next morning.'

（彼は5日間に90時間以上働いていた、それは省のすべての役人と同じだった。<u>今はすべてを終え、</u>翌日の朝まで何もしなくてもよかった。）

(http://pendientedemigracion.ucm.es/info/bas/utopia/html/1984_209.htm)

(15) Aquel bellísimo crucero era el orgullo de la Royal navy y **ahora** *había sido hundido*.

'That very beautiful cruise ship was the pride of the Royal navy and **now** it *had been sunk*.'

（あの大変美しい巡洋艦は王立海軍の誇りだったが、今は沈められていた。）

(http://www.historialago.com/av_0330_b_bismarck.htm)

1節で挙げた（2）の例も、この用法の1つであると思われる。次に、（2）の文脈を見てみよう。

(2') <u>El sol salía y se ocultaba</u>. Faltaban veinte minutos para la ocho de la mañana. ... . Grossi caminó despacio pero ninguno lo apuró. El sol **ahora** *había salido* a pleno.

'The sun rose and set. ... Grossi walked slowly but nobody hurried him. ... The sun **now** had risen fully.'

（太陽は出たり隠れたりしていた。...（中略）グロッシはゆっくりと歩いたがだれも彼をせかさなかった。太陽は今や完全に出ていた。）

(Ricardo Canaletti, *Crímenes sorprendentes de la Historia argentina*)

（2'）において、直説法過去完了が *ahora*（now）と共起している文の2段落前に遡ると、以前の状況を表す *El sol salía y se ocultaba*.（The sun rose and set.）が現れている。したがって、この文脈における時間副詞 *ahora*（now）は、以前の状況と対比し、変化を前景化するために必須の要素として用いられていることが明らかである。

このような例は、日本語で書かれた文学作品の翻訳にも見られる。

(16) a.　Los truenos fueron intensificándose. **Ahora** *se había puesto* a llover. Como en un arrebato de ira, la lluvia golpeaba de lado los cristales de la ventana sin cesar.

(Haruki Murakami, *1Q84*)

　　b.　雷鳴は更に激しさを増していた。今では雨も降り始めていた。雨は怒りに狂ったみたいに横殴りに窓ガラスを叩き続けている。

（村上春樹『1Q84』）

（16）のように事態の変化を前景化する用法において、スペイン語では「*ahora*＋直説法過去完了」が日本語の「今では〜ていた」と対応している。

工藤（1993）は、日本語の小説の地の文の時間構造を分析し、日本語の地の文では、会話文ではありえないテンス形式と時間副詞との共起「今〜していた」が存在することを指摘している。次は、工藤の挙げている例である。

(17)別の日、彼は野川の向こうの楯状の台地を越えて、府中の方まで足を延ばした。彼の選んだ古い街道は新しい自動車道路とどこまでもからみあって続いた。かつての立川飛行場の付属施設には、いまは白いチャペルが十字架を輝かしていた。防火演習があるらしく、高く中空に上った水に細い虹がかかっていた。 （武蔵野夫人）

（工藤（1993: 30））

したがって、この用法での *ahora* に相当する日本語は、過去の事態との対比を表す「今は」「今では」、また「今」に強意の間投助詞「や」を付加した「今や」と訳出することが適切であると思われる。

以上の事実から、時間副詞 *ahora*（now）は、先行する事態からの変化の文脈で使用され、先行する事態と「語り」の文脈における今現在を明確に対比するために必要不可欠な副詞であると考えられる。

「語り」のテキストにおいては、直説法過去完了は事態を背景化（backgrounding）する機能を持つ（Aldai（2009: 22））ため、この文脈における時間副詞 *ahora*（now）の使用は、変化を以前と対比し、事態を前景化（foregrounding）するために必須であると言えるだろう。

4.2　事態の展開の局面を強調

第2の用法は、時間副詞 *ahora*（now）が「語り」の展開の局面で使用される場合に見られる。前述した（3）の文脈を見てみよう。

(3') El enemigo había esperado con mucha paciencia aquella oportunidad y no tenía la mínima intención de desperdiciarla; **ahora** *había llegado* la hora de la venganza, le tocaba su turno de pagarle con la misma moneda y disfrutaría el momento.

'The enemy had waited for that opportunity with much patience and didn't have the slightest intention of missing it. **Now** the time of revenge *had come,* it came his turn to pay him in the same coin and he would enjoy the moment.

（敵はその機会を辛抱強く待っていて、それを見逃すつもりは全くなかった。<u>今まさに復讐の時がやってきたのだ。</u>お返しをする番がやってきて、彼はその瞬間を楽しむだろう。）

　（3'）は、復讐の様子を描写した「語り」の文脈であるが、いよいよその時がやってきた緊迫した場面で *ahora*（now）が使用されている。

　次の（18）の例も同様である。

（18）Transcurrieron exactamente veintinueve años desde que el proyecto se puso en marcha y **ahora,** *había llegado* el momento de comenzar con la parte más fascinante. Todo estaba previsto para ese instante.

'Exactly twenty-nine years elapsed since the project was launched and now, the moment had come to begin the most fascinating part. Everything was planned for that moment.'

（その計画が動き出してからちょうど29年が過ぎ、<u>今まさに最も魅惑的な部分に着手する時がやってきたのだ。</u>その瞬間のためにすべてのお膳立てはできていた。）

(Tomás Morilla Massieu, *Al final del abismo*)

　（3'）（18）において、この文脈における時間副詞 *ahora*（now）は、事態の展開の局面を強調するための必須の要素として、緊迫した事態を前景化するために用いられている。このような文脈における *ahora* の日本語訳は「今まさに」とし、スペイン語の直説法過去完了は「〜たのだ」と訳出するのが適切であると思われる。

　以上の考察から、時間副詞 *ahora*（now）が「語り」の文脈で直

説法過去完了と共起するのは、先行する事態からの変化を表す場合と「語り」における事態の展開の局面を表す場合であり、いずれにも語られる事態を前景化する機能があることが明らかになった。本来は発話時を基準とする時間副詞 *ahora*（now）の直説法過去完了との共起は、語り手が物語世界の中に入り込み、〈物語世界内の視点〉（工藤（1995: 30））から語るときにこそ可能になると言えるだろう。

5. おわりに

本稿では、本来は発話時現在を基準時とする時間副詞 *ahora*（now）が、「語り」の文脈で直説法過去完了と共起する点に着目し、認知意味論の観点から、「語り」のテキストにおける直説法過去完了の機能を考察した。主な論点は、次の通りである。

1) 「語り」における直説法過去完了には、「過去における完了（el perfecto en el pasado）」と「過去における過去（el pasado en el pasado）」を表す用法があり、「過去における過去（pasado en el pasado）」の用法は、「語り」のテキストに特徴的な用法である。

2) 直説法過去完了は、物語や小説などの冒頭に使用され、これから語られる事態に対する読み手の関心を喚起する機能を持つ。

3) 直説法過去完了は、物語や小説の各章の終結部などで、先行する事態よりも後の事態に使用される。この用法における直説法過去完了は、〈回想〉や〈詠嘆〉のニュアンスを付加する機能を示す。

4) 「語り」の文脈で直説法過去完了と共起する時間副詞 *ahora*（now）が用いられるのは、先行する事態との対比・強調の場合と事態の展開の局面を強調する場合であり、いずれも語られる事態を前景化する機能がある。

日本語には直説法過去完了に相当する固有のテンス形式がないことから、物語や小説などの翻訳に際しても、会話文と「語り」の文

脈ではテンス・アスペクト形式にどのような違いがあるのかを明確にする必要がある。本稿における考察を出発点にして、「語り」においてテンス・アスペクト・モダリティがどのように表されるのかを日西対照の観点から記述していくことが今後の課題である。

付記 本稿は、日本イスパニヤ学会第62回大会（於：神戸市外国語大学）において口頭発表した内容に加筆・修正したものです。当日、貴重なご指摘・ご意見をいただいた皆様に感謝申し上げます。

---

*1 他の出来事との時間的関係（時間的順序性＝タクシス）（工藤（1995: 301-2））。工藤（1995: 303）は「〈かたり〉という有標のテクストのタイプ、あるいは、非基本的な〈従属文〉では、実在的発話行為の場とのアクチュアルな関係が目標とされないがゆえに、テンス形式が、ダイクシスとして機能しえず、相対的テンスとしてのタクシス機能を担うことになる。」と述べている。
*2 Comrie（1985: 66）は、John had already left at ten o'clock. のような文における時間副詞句 *at ten o'clock* は2つの解釈を受けることができるとしている。1つは、10時が参照点でそれよりも前にジョンが出発していたというもので、もう1つの解釈は、10時はジョンが出発した時間であるというもので、この場合は文脈のどこかに参照点を求めなければならない、と指摘している。
*3 野田（1997: 103）は、「のだった」は、物語的過去に用いられ、関係づけの場合と、物語の進行の中で重要な意味を持つ出来事の発生を述べる場合、詠嘆の場合があることを指摘している。

参考文献

Aldai, Gontzal. (2009) Aoristo perifrástico, perfectivo y pluscuamperfecto: Leizarraga vs. Lazarraga. *ASJU* 43(1): pp.19-36. Universidad del País Vasco.

Bermúdez, Fernando. (2008) Había sido o no había sido, he ahí la cuestión : Pluscuamperfecto y evidencialidad en castellano. *Studia Neophilologica* 80(2): pp.203-222. New York: Routledge.

Comrie, Bernard. (1976) *Aspect : An introduction to the study of verbal aspect and related problems.* Cambridge: Cambridge University Press.

Comrie, Benard. (1985) *Tense.* Cambridge: Cambridge University Press.

García Fernández, Luis. (1999) *Los complementos adverbiales temporales. La subordinación temporal.* En Bosque I. y V. Demonte (eds.) *Gramática Descriptiva de la Lengua Española III*, pp.3129-3208. Madrid:Espasa-Calpe.

Garrido Gallardo, Miguel Ángel. (1983) La narración en presente (Notas sobre el tiempo verbal del relato en español). *Actas del VIII Congreso de la Asociación Internacional de Hispanistas*: pp.22–27. Asociación Internacional de Hispanistas.

堀田知子（2005）「「語り」と過去時制」『英語のテンス・アスペクト・モダリティ』英宝社.

Kohan, Silvia Adela. (2015) *El tiempo en la narración.* Barcelona: Alba.

工藤真由美（1993）「小説の地の文のテンポラリティー」言語学研究会（編）『ことばの科学』6: pp.19–65. むぎ書房.

工藤真由美（1995）『アスペクト・テンス体系とテクスト―現代日本語の時間の表現』ひつじ書房.

野田晴美（1997）『「の（だ）」の機能』くろしお出版.

Real Academia Española y Asociación de Academias de la Lengua Española. (2009) *Nueva gramática de la lengua española I.* Madrid: Espasa Libros.

高橋節子（1997）「「対話」と「語り」のテキストにおける「過去未来」の機能」『HISPÁNICA』41: pp.40–52. 日本イスパニヤ学会.

高橋節子（1999）「語りのテキストにおける語り手の介入―スペイン語の時制に関して」『白鴎大学論集』13（2）: pp.195–211. 白鴎大学.

和佐敦子（2016）「「語り」に見られる事態把握の日西対照研究」『国際モダリティワークショップ発表論文集』9: pp.41–50. モダリティ研究会.

V

言語行為と談話

Speech Acts and Discourse

モダリティの透明化をめぐって
疑似法助動詞 have to を中心として

澤田治美

要旨

　従来、疑似法助動詞が表すモダリティは、それ単独で考察されることが多く、法助動詞や他の疑似法助動詞との共起（すなわち、多重モダリティ）、あるいは、進行形や完了形を取った形式に関しては十分な光が当てられてこなかった。本稿は、この問題について、特に疑似法助動詞 have to の事例研究を通してアプローチする。疑似法助動詞の様々なバリエーションの解釈をめぐって、「モダリティの透明化」という観点から論じ、「テンス・アスペクト・モダリティの転移効果」という観察を提示する。

キーワード

　モダリティ、疑似法助動詞、テンス・アスペクト・モダリティの転移効果、含意述語

1.　はじめに

　従来、疑似法助動詞が表すモダリティは、単体で研究されることが多く、法助動詞や他の疑似法助動詞との共起（すなわち、多重モダリティ）、あるいは、進行形や完了形を取った形式に関しては十分な光が当てられてこなかった。Coates (1983)、Westney (1995)、Palmer (1990^2, 2001^2)、Facchinetti, Krug and Palmer (eds.) (2003)、Klinge and Müller (eds.) (2006)、Collins (2009) などは法助動詞と疑似法助動詞助動詞との意味的な対照に関する重

要な研究ではあるが、それらとても十分とは言い難い。本稿は、この問題について、特に疑似法助動詞 have to の事例研究を通してアプローチする。疑似法助動詞の様々なバリエーション（例えば、単純現在形、単純過去形、進行形、完了形、完了進行形、法助動詞や別の疑似法助動詞と共起した形式など）は話し手が当該のモダリティをどう捉えているのかに関係している。本稿では、この問題をめぐって、「モダリティの透明化」という観点から論じ、「テンス・アスペクト・モダリティの転移効果」という観察を提示する。さらに、「透明化」をめぐる問題に関して「含意述語」に内在する「前提」という、より広い観点から考察を加えると共に、この現象がモダリティ論にどのような示唆を与えるのか、場面や話し手の心的態度とどう関係するのかについて触れる。

　はじめに、以下の例（クリスティ『ABC 殺人事件』第 7 章から）を解釈してみよう。アンドーヴァー（Andover）という町で、小さなたばこ屋を営んでいたアリス・アッシャー（Alice Ascher）という老婆が何者かによって殺害された。現場には、『ABC』という鉄道案内があった。ポアロは、犯行推定時刻にたばこを買いに店に入ったというリデル氏に話を聞く。ポアロが「そこ（＝店のカウンター）に鉄道案内が置いてありましたか？」と尋ねると、リデル氏は「あったよ。伏せたままでね。婆さん、いやおうなく突然に列車で出かけるはめになって、店を閉め忘れたのかもしれないと、ふと思ったんだ。」と答える。

(1)　'Was there a railway guide lying about?'

　　'Yes, there was — face downwards. It crossed my mind like that *the old woman might have had to go off sudden by train and forgot to lock shop up*.'

　　　　　　　　　　　（Agatha Christie, *The ABC Murders*）（斜体筆者）

　斜体部では、might で表された主観的な認識的モダリティ（＝可能性）と、have had to という完了形で表された、過去における客観的な束縛的モダリティ（＝義務）とが共起して、いわゆる「多重モダリティ」を形成している。この斜体部はどのようなプロセスを経て解釈できるであろうか。

第一に、認識的 might に後続する完了の have は過去標識である。これは had だけでなく、and の後ろの forgot にもかかっている。すると、上の斜体部は以下のようにパラフレーズ可能となる。

(2) ... *perhaps* the old woman *had to* go off sudden by train and *forgot to* lock shop up.

第二に、(2) の "had to go off sudden by train"（＝突然列車で出かけざるを得なかった）は、"went off sudden by train"（＝突然列車で出かけた）を含意（imply）している。すると、この場合、have to の表す客観的な束縛的モダリティ（＝義務）は透明化され（すなわち、意味が希薄化され）、主張部分は「その老婆が突然に列車で出かけたこと」である。主張部分とは、以下の通りである。

(3) ... the old woman *went* off sudden by train and *forgot to* lock shop up.

こうした have to の透明化は、意味解釈上の文法的プロセスと深く関わっている。(4) はこのプロセスを示している（丸括弧は透明化を示す）。

(4) ... perhaps the old woman had (to) go off sudden by train and ...
(have) -ed

(4) では、had（＝過去時制形式）は動詞 have と過去時制形態素の -ed に「分解」され、-ed は「透明な」（＝意味が希薄化された）have to を飛び越えて、後ろの補文動詞 go に転移する（go + -ed ＝went）。こうした転移現象は、比喩的に言えば、-ed 形態素の「浸透現象」と言えよう。すなわち、ある要素が意味の薄い領域から意味の濃い領域に移動するのである。

2. モダリティの解釈と透明化

2.1 テンス・アスペクト・モダリティの転移効果

本節では、疑似法助動詞の様々なバリエーションを解釈するために、以下に挙げる「テンス・アスペクト・モダリティの転移効果」を提示する。

（5）テンス・アスペクト・モダリティの転移効果：
　　　主文動詞のテンス・アスペクト・モダリティが後続する補
　　　文動詞に転移する。

この効果によって、例えば、have to においては、客観的な束縛
的モダリティ（＝義務・必要）は、「やむなく」、「いやおうなく」、
「しかたなく」、「どうしようもなく」、「必要に迫られて」のように、
一方、客観的な認識的モダリティ（＝必然性）は、「きっと」、「間
違いなく」のように、「副詞的に」、すなわち、主張部分からはずさ
れて解釈されることになる。このことは、疑似法助動詞 have to が
当該の文において占める本動詞としての位置が背景化されて相対的
に低下し、意味が希薄化され、重要度が減って、焦点は後続する補
文動詞に移ることを意味する。

2.2　現在形

第一に、現在時制を取り上げる。

（6）In my job I *have to* work from nine to five.　(Swan (2005^3: 336))

ここでは、"have to work" の have に内在する現在時制の形態
素は、透明な have to を飛び越えて、後ろの補文動詞 work に転移
し、結果的に " In my job I work from nine to five."（私の仕事では、
（職場の決まりで）9 時から 5 時まで勤務することになっている」
（＝現在の習慣））を含意することになる。

次の例における have to は客観的な認識的モダリティ（＝必然性）
を表している。

（7）a.　There *has to* be some reason for his absurd behaviour.

　　　b.　You *have to* be joking.

(Leech (2004^3: 80–81))

こうした例においても、have to は透明化され、「きっと〜だ」の
ような意味で、以下の例を含意していると考えられる。

（8）a.　There *is* some reason for his absurd behaviour.

　　　b.　You *are* joking.

ただし、以下のような例においては、上の転移効果は見られない。

（9）I have to get up early tomorrow.　My flight leaves at 7:00.

(Murphy (2000²: 60))

この場合、「明日早起きする」という未来の行為が現在時点にお
いて既に決定されている。すなわち、現在と未来との間に時間の
食い違いが存在する。それゆえ、この例は、"I get up early tomor-
row."を含意することはできない。

2.3　未来形

第二に、未来形を取り上げる。

(10) If we miss the bus tonight, we *will have to* walk home.

(Leech (2004³: 97))

(11) When you leave school, you'*ll have to* find a job.

(12) You can borrow my car, but you'*ll have to* bring it back
before ten. (Swan (2005³))

これらの例においては、will have to の will（＝単純未来）は透
明な have to を飛び越えて、後ろの補文動詞（walk, find, bring）に
転移し、結果的に "will walk home"、"will find a job"、"will bring
it back" と解釈される（「今夜そのバスに乗り遅れたら、私たちは
やむなく徒歩で帰宅するはめになる」、「あなたは、卒業したらやむ
なく就職探しをすることになる」、「すみませんが、10時までには
その車を返していただきます」）。これらは、現在生じている義務で
なく、未来に生じる義務を表している。すなわち、現時点では、そ
の義務を負ってはいないということである。（12）のような場合、
「今でなくてもいいですよ」という、聞き手に対する話し手の心遣
いが感じられる。

「心遣い」（もしくは、心的距離）という観点から、さらに以下の
例（マリオ・プーゾ『ゴッドファーザー』第一部第9章から）を見
てみよう。

(13) "Thank you, "Michael said. "I'll sit with him for a while.
OK?"

She smiled at him. "*Just for a little bit and then I'm afraid
you'll have to leave.* It's the rules, you know."

(Mario Puzo, *The God Father*)（斜体筆者）

モダリティの透明化をめぐって　681

マイケルが病院の看護師に、「しばらく父の傍に座っていよう。かまわないかい？」と聞くと、彼女は、「少しの時間だけにしてくださいな。そしたら、すみませんが、帰っていただきます。」と答える。この場面では、「病院の規則上、それはやむをえない」というモダリティが表されている。will have to の will は、条件的な then（＝しばらくしたら）と呼応していると考えられる。この表現からは、未来のある時点で帰ってもらわざるを得ないという「未来の義務」に言及することによって、今のところはかまわないという配慮がうかがえる。

以下の例（マリオ・プーゾ『ゴッドファーザー』第六部第23章から）も同様に解釈される。

(14) But I must tell you that if your intentions are serious about my daughter, we *will have to* know a little more about you and your family ...　　　　(Mario Puzo, *The God Father*)（斜体筆者）

シシリー島で、島の美しい娘に求婚したマイケルに対して、娘の父親は「娘に対するあなたの気持ちが真剣であるにしても、私はもう少しあなたとあなたの家族について知らなければならない」と答える。will have to が用いられていることから、「知る」ことは現時点での必要性ではなく、未来の時点での必要性であることがわかる。言い換えれば、（このあと）もし結婚を承諾するとしたら、もう少しあなたとあなたの家族について知らなければならないのである。時間的な距離が心的距離となっている。

さらに、次の例を比較してみよう。

(15) a.　He's *got to* go again next Tuesday.

　　　 b.　He *has to* go again next Tuesday.

　　　 c.　He'll *have to* go again next Tuesday.

(Matthews (1991: 269))

Matthews (1991: 268ff.) は、（診察などの）予約があって出かけるという場面を想定した場合、(15a) のほうが (15b) よりも普通であると述べている。両者とも、「来週の火曜日に再び行く」という義務を現時点において持っている。has got/has と不定詞 to go 以下との間には、現在と未来という時間的な「溝」があり、この溝

のためにこれらの例に対しては、「テンス・アスペクト・モダリティの転移効果」は起きない。言い換えれば、has の現在時制が透明な have to を飛び越えて、後ろの補文動詞 go に転移し、結果的に "goes again …" と解釈されることはない。

　他方、(15c) では、義務のモダリティは、現在ではなく、未来に生じる。その場合の「未来」とは、「来週の火曜日」である。「(今ではなく) 来週の火曜日になったら、再び行くという義務が生じる」という心的態度である。この場合、義務の時間も「再び行く」という行為の時間も未来に属するために、「テンス・アスペクト・モダリティの転移効果」が起き、(15c) は (16) を含意することになる。

(16) He'll go again next Tuesday.

2.4　完了形

第三に、完了形を取り上げる。

(17) I've *had to* go to hospital every week for tests.

(Leech (2004³: 83))

ここでは、現在完了形 have had to の過去分詞 had に内在する完了形態素 -en (すなわち、had=have -en) は透明な have to を飛び越えて、後ろの補文動詞 go に転移し、結果的に "I have gone to hospital …" と解釈される (「これまでずっと仕方なく検査のために病院通いをしてきている」) (＝現在までの習慣)。

さらに、次の例を比較してみよう。

(18) a.　He's *had to* go for dialysis every two days.

　　 b.　He's *been having to* go for dialysis every two days.

(Matthews (1991: 269))

(18a) の場合、モダリティ (＝「義務」) は単純な現在完了形であり、命題内容 (＝「義務の内容」) も同様である。厳密に言えば、現在完了形が用いられているために、(18a) の習慣は「これまでやってきた習慣」として解釈される。すると、(18a) は (19) を含意することになる。

(19) He has gone for dialysis every two days.

完了形 has had to の過去分詞 had に内在する過去分詞形態素 -en は透明な have to を飛び越えて、後ろの補文動詞 go に転移し、結果的に "He has gone..." と解釈されるのである（「これまでずっと彼は仕方なく二日おきに透析に通ってきた）。このように解釈することによって、have to の have が状態動詞であるにもかかわらず、（「継続用法」ではなく）、「現在までの習慣用法」（Leech (2004^3: 39)）になっていることが自然に説明可能となる。この用法においては、状態動詞ではなく、出来事動詞が一般的なのである。なお、(19) のような「習慣の現在完了」は、以下のような例が典型的である。

(20) a.　Mr. Phipps has sung in this choir for fifty years.

　　 b.　I've always walked to work.

(Leech (2004^3: 39))

一方、(18b) の場合も同様な分析が可能である。現在完了進行形が用いられているために、(18b) の習慣は「これまで一時的に継続している習慣」として解釈されよう。すると、(18c) は、命題内容が現在完了進行形であるために、下の (21) を含意することになる。

(21) He has been going for dialysis every two days.

(21) は、現在完了進行形 has been having to の現在分詞 having に内在する進行形態素 -ing が透明な have to を飛び越えて、後ろの補文動詞 go に転移し、結果的に "He has been going..." と解釈されたものである（これまでずっと彼は仕方なく二日おきに透析に通い続けている／いた）。なお、(21) のような「一時的な習慣」を表す現在完了進行形は、以下のような例が典型的である。

(22) a.　He's *been scoring* plenty of goals so far this season.

　　 b.　I've *been going* to hospital every week for tests.

(Leech (2004^3: 51))

ここで、次の例を比較してみよう。

(23) a.　Lynn and Josh *have lived* in that house since their marriage.

　　 b.　Lynn and Josh *have been living* in that house since their marriage.

(Leech (2004[3]: 48))

Leech (2004[3]: 49) によれば、上の2例の意味は同じではない。すなわち、(23a) は「これまでやってきた習慣」と解されるものの、(23b) は「これまで継続している一時的な習慣」を述べており、それゆえ、リンとジョシュが新婚生活を送っているような状況で使われやすいという。後者の場合、二人はまもなく引っ越す可能性もあるのである。

最後に、次の例（Huck and Goldsmith (1995: 87) から）における客観的な認識的モダリティ（＝必然性）を見てみよう。

(24) *By 1969, it had to have been clear* within the Generative Semantics community that Interpretivism was not only not going to disappear, but was, if anything, well on the way towards gaining a firm upper hand, especially at MIT.

(斜体筆者)

ここでは、1960年代後半における生成意味論と解釈意味論との対立について述べられている。この例は、「1969年までに、生成意味論のコミュニティ内でいやおうなく明らかになっていたことは、解釈意味論が消滅しないばかりか、逆に、より有利な状況に位置に立ちつつある（とりわけMITで）ということであった」と解釈される。では、斜体部分はなぜそのように解釈されるのであろうか。重要なポイントは、(24) の冒頭の部分 "By 1969, it had to have been clear..." が "By 1969, it had been clear..."（＝過去完了形）と解釈されるということである。これは次のように示される。

(25) By 1969, it had to have been clear...

　　　　　　(have)　-ed

(25) では、had to が透明化された結果、"By 1969, it had been clear..." と、過去完了形として解釈されるのである。

2.5　進行形

第四に、進行形を取り上げる。

(26) Families *are having to* hold down two – sometimes three – jobs to make ends meet.

(Leech (2004[3]: 83))

現在進行形 are having to の現在分詞 having に内在する進行形態素 -ing（すなわち、having=have -ing）は透明な have to を飛び越えて、後ろの補文動詞 hold に転移し、結果的に "Families are holding down ..." と解釈される（「今やどの家庭も仕方なく収支を合せるために二つ、時には三つ仕事をかけ持ちしている）（=一時的な進行状態）。このように解釈することによって、have to の have が状態動詞であるにもかかわらず、進行形になっていることが自然に説明可能となる。以下の例は上の例と平行した「限られた期間における習慣」の内実を表している。

(27) a.　I'm taking dancing lessons this winter.

b.　At the moment Glyn is cycling almost twenty miles a day.

(Leech (2004[3]: 33–34))

以下の例を比較してみよう。

(28) a.　He's *got to* go for dialysis every two days.

b.　He *has to* go for dialysis every two days.

c.　He *is having to* go for dialysis every two days.

(Matthews (1991: 269))

Matthews (1991: 268ff.) によれば、二日おきに透析を受けに出かけるという習慣的な場面では、(28a)（=「彼は二日おきに透析に行かなきゃ！」）よりも (28b)（=「彼はしかたなくこのところ二日おきに透析に行っている」）のほうが普通であるという（Coates (1983: 54)、澤田 (2014b: 386ff.) 参照）。(28a) の習慣はこれからスタートする習慣として解釈できないが、(28b) の習慣は前々から存在している習慣である。(28c) の場合、現在進行形が用いられているために、その習慣は今だけの一時的な習慣として解釈される。(28c) は (29) を含意している。

(29) He is going for dialysis every two days.

(29) は、(28c) の "is having to" の have to の部分を透明化し

686　　澤田治美

て、進行形形態素の -ing を補文動詞 go に転移させた結果として解
釈される。以下の例における"was having to"も同様の線に沿っ
て解釈可能である。

(30) It was several months before Johann was well enough to help
his father. And Veronika, his elder sister, had married and
left home, so old Mendel *was having to* work harder than
ever.　　　　　　　　(R. Border, *Six Great Scientists*)（斜体筆者）

この例においても、メンデル老人がやむなくそれまで以上に努力
して仕事をしていたことが述べられている。

ただし、以下のような例では、「テンス・アスペクト・モダリテ
ィの転移効果」は見られない。

(31)　 a.　To speak excellent English, you *don't have to* be living
in an English-speaking country.　　 (Leech (2004³: 100))

(31)においては、"don't have to"の have to の部分を透明化し
て、否定辞 not と現在時制辞を補文動詞の be に転移させてしまう
と、"To speak excellent English, you are not living in an English-
speaking country."となってしまい、意味をなさなくなってしまう。

2.6　未来進行形

第五に、未来進行形を取り上げる。

(32) After this day he *will be having to* obey his wife.　　 (BNC)

未来進行形 will be having to の現在分詞 having に内在する進行
形態素 -ing は have to を飛び越えて、後ろの補文動詞 obey に転移
し、結果的に "... he will be obeying his wife" と解釈される。本
来、"will be 〜ing"構文は、①「未来における進行中の状況」、②
「ことのなりゆき」、③「現在における進行中の状況に関する推量」
という三つのタイプに分類可能である（詳しくは、澤田（2006:
455ff.）参照）。この場合の "will be -ing" は「ことの成り行き」
と解釈される（「このままゆくと、彼は仕方なく妻の尻にしかれる
ことになる）（＝ことの成り行き）。仮に、「テンス・アスペクト・
モダリティの転移効果」に基づくことなく、未来進行形 will be
having to... という進行形はあくまで状態動詞 have の未来進行形で

モダリティの透明化をめぐって　　687

あるとみなすならば、状態動詞 have がなぜ進行形になっているのかが説明不可能であり、「ことの成り行き」を示す "will be -ing" 構文の正体を正しく把握することもできない。

2.7　Be going to 形

第六に、be going to have to を取り上げる。

(33) a.　'I'm going to have to travel up to London every day of the week,' Meredith said with some regret.　　(BNC)

　　 b.　Mr Lumsden is going to have to take two mortgages out.　　(Palmer (1990²: 116))

これらの例における疑似法助動詞 be going to が「意図」を表していると想定した場合、be going to の to は、透明な have to を飛び越えて、後ろの補文動詞（travel, take）に転移し、結果的に、"I'm going to travel up to London every day of the week..." （いやだけど、私は仕方なくその週は毎日ロンドンに行くつもりだ）、"Mr Lumsden is going to take two mortgages out." （ラムスデン氏は、仕方なくローンを二つ組むつもりだ）と解釈されることになる。このように分析してはじめて、意図を表す be going to の後ろに状態動詞 have が生起していることが説明され得る。

2.8　法助動詞 + 進行形

第七に、may be having to を取り上げる。

(34) ... chiefs in Aberconwy have issued hygiene advice to flood victims who may be having to cope with flood-water contaminated with sewage. They say that by following basic advice illnesses, such as sore throats and diarrhoea, can be avoided.　　(BNC)（斜体筆者）

認識的 may に続く be having to の現在分詞 having に内在する進行形態素 -ing は、透明な have to を飛び越えて、後ろの補文動詞 cope に転移し、結果的に、"who may be coping with flood-water contaminated with sewage" と解釈されることになる。-ing の転移は以下の（35）のように樹形図によって表示可能である。

(35)

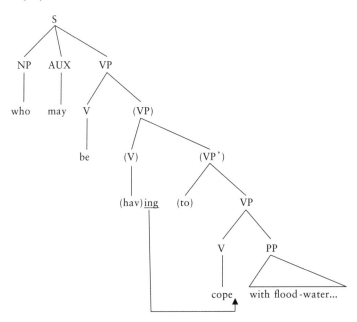

　実は、この例は多義的である。一つの解釈は、①「もしかすると（今）洪水の犠牲者たちは仕方なく下水で汚染された洪水と格闘しているかもしれない」（= who are perhaps coping with flood-water contaminated with sewage）（＝現在における進行中の状況に関する推量）であり、もう一つの解釈は、②「（このまま大雨が降り続くと）もしかすると（将来）洪水の犠牲者たちは仕方なく下水で汚染された洪水と格闘することになるかもしれない」（= who will perhaps be coping with flood-water contaminated with sewage）（＝ことの成り行きに関する推量）である。②の解釈ではなく、①の解釈においてのみ、認識的 must（＝推量）を用いた以下の書き換えが可能となる。

(36) ... flood victims who *must be having to* cope with flood-water contaminated with sewage.

　なぜなら、認識的 must は未来の状況に言及することはできないからである（澤田（2006: 12, 2014b: 37）参照）。こうした解釈の問題は、「テンス・アスペクト・モダリティの転移効果」を想定し

ない場合には、説明困難であろう。

2.9　仮想形

第八に、would have had to という仮想条件文の帰結形式を取り上げる。

(37) If the fire had taken hold of the building, he *would have had to* clamber out on to the roof.　　　　　(Leech (2004³: 127))

仮想の法助動詞 would に続く完了形 have had to の過去分詞 had に内在する完了形態素 -en（すなわち、had=have -en）は透明な have to を飛び越えて、後ろの補文動詞 obey に転移し、結果的に "he would have clambered out on to the roof" と解釈される（「あの時仮に火が建物に広がっていたとしたら、彼はやむなく屋根の上によじ登っていた）（＝過去の事実に反する仮想）。

さらに、次の例を考えてみよう。

(38) Nevertheless, for McCawley's argument to have had the force of Halle's, he would have had to have demonstrated that there was a principle of Interpretive theory that *required* postulation of both rule T and rule R.

　　　　　(Huck and Goldsmith（1995: 70）（斜体原文、下線筆者）

(38) の下線部においては、仮想の法助動詞 would に続く完了形 have had to の過去分詞 had に内在する完了形態素 -en（すなわち、had = have -en）は透明な have to を飛び越えて、後ろの補文動詞 have に転移し、結果的に以下のような形が出来上がる。

(39) *...he would have had demonstrated ...

しかし、この文は完了の have が2回繰り返されるために、have は一つ削除されなければならない。(39) は例外的であるが、文全体は「マコーレイの論証がハレの論証ほどの力を持っていたのであれば、彼はいやおうなく、規則Tと規則Rの両方を仮定することを必要とするような意味解釈規則の原理が存在することを論証したのだが」と解釈可能であろう。

3. 含意性

3.1 含意述語

これまで、疑似モダリティにおける「透明化」について、have to を中心に見てきた。疑似法助動詞が透明化するということは、補文が含意されるということである。　本節では、have to の透明化をより広い視点から見るために、含意について見ておきたい。

よく知られているように、Karttunen (1971) は、補文に to 不定詞を従える述語を二つに大別した。含意述語（implicative predicates）と非含意述語（non-implicative predicates）である。

(40) 含意述語：manage, remember, bother, get, dare, care, venture, condescend, happen, …

　　　非含意述語：agree, decide, want, hope, promise, plan, intend, try, be likely, be eager, …

3.2 含意性

含意述語と非含意述語の違いとして、重要な点は以下のようなものである。第一に、含意述語は、非含意述語と異なって、補文の内容が真であることを表す。以下の例で、含意述語を持つ（41）の各例は（42）の各例を含意するが、非含意述語を持つ（43）の各例はそうではない。

(41) a.　John managed to solve the problem.

　　　b.　John remembered to lock his door.

(42) a.　John solved the problem.

　　　b.　John locked his door.

(43) a.　John hoped to solve the problem.

　　　b.　John had in mind to lock his door.

(Karttunen (1971: 341))

このことは、以下の例で、（44a）は不適格であるが、（44b）は適格であることがらも明らかである。

(44) a.　* John managed to solve the problem, but he didn't solve it.

b. John hoped to solve the problem, but he didn't solve it.

(Karttunen (1971: 342))

3.3 否定

第二に、含意述語は、非含意述語と異なって、否定されると、補文述語を否定することになる。含意述語を持つ（45）の各例は（46）の各例を含意するが、非含意述語を持つ（47）の各例はそうではない。

(45) a. John didn't manage to solve the problem.

b. John didn't remember to lock his door.

(46) a. John didn't solve the problem.

b. John didn't lock his door.

(47) a. John didn't hope to solve the problem.

b. John didn't have in mind to lock his door.

(Karttunen (1971: 343))

このことは、以下の例で、(48a) は不適格であるが、(48b) は適格であることからも明らかである。

(48) a. *John didn't manage to solve the problem, but he solved it.

b. John didn't hope to solve the problem, but he solved it.

(Karttunen (1971: 343))

ただし、含意述語を否定することは、その含意述語に含まれている前提を否定することではない。例えば、"John didn't manage to solve the problem."（ジョンはがんばったが、その問題を解けなかった。）は、"John made an attempt to solve the problem."（ジョンはその問題を解こうとがんばった）という前提を否定してはいない。それゆえ、"John didn't manage to solve the problem." と "John didn't solve the problem."（ジョンはその問題を解けなかった）とは「同値」ではあるが、「同義」ではない。manage には「ある人物がその行為をやり遂げることは困難である」という前提がある。この前提は、否定されることはない。

3.4 モダリティ

以下の例では、モダリティは、含意述語を越えて、補文述語にかかっていると解釈される。

(49) John ought to remember to lock his door.

(Karttunen (1971: 345))

すなわち、上の例は以下の例と同値である。

(50) John ought to lock his door. (Karttunen (1971: 345))

こうした現象は、ought to の意味が束縛的（＝義務）であろうと、認識的（＝推量）であろうと変わりはない。しかしながら、非含意述語の場合には、法助動詞は補文述語にかかることはない。すなわち、(51) は (50) と同値ではない。

(51) John ought to be eager to lock his door.

(Karttunen (1971: 345))

すると、以下の実例（クリスティ『ABC殺人事件』第7章から）において、

(52) 'With great haste, my friend, *we might manage to catch the 7.02*. Let us dispatch ourselves quickly.'

(Agatha Christie, *The ABC Murders*)（斜体筆者）

斜体部は「大急ぎで行けば、7時2分の列車になんとか乗れるかもしれない」と解釈される。この場合、ポアロは、might は、含意動詞である manage to（＝なんとかして～する）の可能性ではなくて、それを「飛び越して」、補文動詞 catch（＝乗る）の可能性を問題にしているのである。

テンスという観点から見ても、含意述語の場合には、含意述語の時制と補文述語の時制とは一致していなくてはならないという制約がある。それゆえ、時間的な観点から、以下の例は不適格となる。

(53) a. * John remembered to lock his door tomorrow.

b. * John managed to solve the problem next week.

(Karttunen (1971: 346))

これらの例からわかることは、含意述語の補文が主文の時制と衝突する時間副詞を含んでいてはならないということである。　重要なことは、非含意述語の場合には、主文の時制が過去でも、補文の

時制は未来の時間副詞を含む可能性を排除しないということである。

(54) a.　John agreed to lock his door tomorrow.

　　 b.　John hoped to solve the problem next week.

(Karttunen (1971: 346))

(53) と (54) の違いは、前者が含意述語を、後者が非含意述語を含んでいるという点にしかない。非含意述語の場合、その述語と補文との間には時間的な「溝」があり、この溝のためにこれらの例に対しては、含意性は存在しない（主文の時間と補文の時間との間における時間的同一性に関する興味深い議論については、Wierzbicka (1998: 59ff.) 参照）。

4. 終わりに

本稿では、特に疑似法助動詞 have to の様々な形式の解釈をめぐって、モダリティの透明化（＝希薄化）の観点から論じ、とりわけ、「テンス・アスペクト・モダリティの転移効果」（＝テンス・アスペクト・モダリティが後続する補文動詞に転移する）という条件を提出した。さらに、透明化をめぐる問題に関して「含意述語」（例えば、manage to 構文など）に内在する「前提」という、より広い観点から考察を加えた。疑似法助動詞（例えば、have to）の透明化と含意述語（例えば、manage to）の前提が示唆する「単文化」現象はどこでつながっているのであろうか。Palmer (1990^2: 120)) は have to が過去時制形になった had to の場合、疑いもなく「実現性」(actuality) の含意があると述べているが、「実現性」があるということは、すなわち、had to が透明化されたということに他ならない。

一つのカギは、含意述語の持つ前提性にある。前提とは背景的意味であるとすれば、含意述語が「背景化」され、その文の焦点が補文述語に移ることは不思議ではない。それゆえ、透明化と背景化とは共通した現象であることは確かであるが、透明化と背景化を一つに統合できるかどうかについては今のところ不明である。

モダリティの背景化に関しては、モダリティの種類が関係してい

る可能性がある。以下の例を考えてみよう。

(55) a. In the last game, the quarterback was able to complete only two passes.

b. Ten years ago, John was able to seduce any woman in Torrance.

(Karttunen (1971: 355))

(56) a. He was going to sue me, but I persuaded him it would be pointless.

b. The car was going to crash, but with the last wrench of the wheel I brought it to safety.

(Leech (2004[3]: 60))

まず第一に、力動的モダリティ（＝可能・能力）を表す be able to の場合、Karttunen (1971: 355) によれば、(55a) ではクォーターバックがパスを2本決めたことを含意するが、(55b) ではジョンがトランスでいかなる女性をも誘惑したことを含意しないという。すなわち、この場合には、be able to の持つ力動的モダリティ（＝能力）は背景化されていないということである。このことは、be able to には含意的意味と非含意的意味があることを示している。含意的意味は背景化されるが、非含意的意味は背景化されない。非含意的意味は以下のような例から明らかである。

(57) a. John was able to come but he didn't come.

b. * John wasn't able to come but he came.

(Karttunen (1971: 356))

(57b) は、否定文の場合には、含意性（＝単方向含意）があることを示している。しかし、一般的に言えば、be able to の場合、含意述語として使用されることのほうが一般的である。Coates (1983: 128) によれば、be able to がたんに可能である（能力がある、許可されている）というモダリティに焦点を当てた意味になるのは稀で、was/were able to は、通常、以下の例におけるように、動的な意味を持つ（すなわち、含意的に用いられて、「首尾よく〜した」を意味する）という。

(58) As Hardy develops as a writer it is interesting to observe

モダリティの透明化をめぐって　695

the growing maturation of this device of pictorial illusion, which in his hands becomes a unique skill. In the later novels *he is able to employ* it in ways that go far beyond a purely descriptive intention.　　　　　　(Coates (1983: 128))（斜体筆者）

（ハーディが小説家として成長するにつれて、こうした絵画的錯覚の手法が成熟していくのを観察するのは興味深いことである。この手法は彼の手の中で独自の技術となっている。後期の小説においては、かれは首尾よくこの手法を純粋に描写的意図を超えたやり方で採用している。）

　Coates はこの例における is able to は manages to/succeeds in の意味であるとしている。この場合、is able to の代わりに can を用いることはできない。can は含意的ではなく、それゆえ、実現を伴わないからである。「実現性の含意」は、過去時制形 was/were able to の場合により顕著である。澤田（2014b: 350）は、"was/were able to (p)" は、「過去において（＝あの時）、うまい具合に（首尾よく）p した」と解釈されるとしている。

　第二に、(56) の各例に関しては、be going to の場合には、過去時制に関するモダリティの背景化は生じないことを示している。このことは日本語においても成立するように思われる。

(59) a.　彼は私を<u>告訴しようとしていた</u>が、私はそれをやめさせた。

　　 b.　その車は危うく<u>衝突しそうだった</u>が、危うく難を逃れた。

　モダリティの透明化と背景化には複雑な要因がからんでいる。例えば、モダリティの透明化と背景化はモダリティの種類と関係があるのか。透明化と背景化の可能性はテンスやアスペクト、場面、主観性などとどう関係しているのか。

　重要な問題は「テンス・アスペクト・モダリティの転移効果」の適用可能性の広さである。例えば、以下の seems to の繰り上げ構文を見てみよう。

(60) a.　Mary seems to know everything.

　　 b.　* Tomorrow's weather seems to be cloudy.

ここで、seems to が客観的な認識的モダリティ（＝様相、判断）を表していると想定してみよう。すると、seem to を透明化してみるならば、"seems to" の seems に内在する現在時制の形態素は、透明な seem to を飛び越えて、後ろの補文動詞（know, be）に転移し、結果的に以下の例を含意することになる。

(61) a.　Mary knows everything.

　　 b.　* Tomorrow's weather is cloudy.

(58) の各例の適格性は、それぞれ、(59) の各例の適格性に対応している。こうした例の研究も進めていく必要がある。

さらに、本稿では取り上げなかったが、以下のような例も存在する。

(62) ... the colliding object *might have had to have been* much larger, about three times the size of Mars.　　　　　(BNC)

この例は、「もしかすると衝突物体は間違いなくはるかに大きかった―火星の約3倍はあった―」と解釈される。興味深いことに、(38) の例と同じように、ここでは、*might have had to be* ではなく、*might have had to have been* となっている。すなわち、補文動詞までも完了形になっている。解釈プロセスは以下の通りである（より詳しくは、澤田（2014b: 399ff.）参照）。

(62) の下線部においては、認識的 might に続く完了形 have had to の過去分詞 had に内在する完了形態素 -en（すなわち、had=have -en）は透明な have to を飛び越えて、後ろの補文動詞 have に転移し、結果的に以下のような形が出来上がる。

(63) *... the colliding object *might have have been* much larger ...

しかし、この文は完了の have が2回繰り返されるために、have は一つ削除されなければならない。(39) の例と同じく、(62) の例も例外的である。こうした「二重完了形」構文の分析に関しては、今後の課題にしておきたい。

モダリティが疑似法助動詞で表されることが一般的なドイツ語などにおいても、「テンス・アスペクト・モダリティの転移効果」は存在するのであろうか。

(64) Er hat zu gehorchen gehabt.

He has to obey had

'He has had to obey.' (Askedal (2005: 192))

この例では、束縛的モダリティ（＝義務・必要）が完了形になっており、「テンス・アスペクト・モダリティの転移効果」のために、「彼は（やむなく）従った」ことを含意していると思われる。

今後は、疑似法助動詞あるいはそれに類する述語どうしの「透明度」の違いについても考察しなければならない。例えば、次のような「透明度」の高さの違いを仮定することができる。

(65) have to> be able to> be going to

さらには、透明化と意味解釈プロセス（もしくは、認知プロセス）とはどのように結び付くのかという重要な問題も残されている。

透明化はこうした様々な興味深い問題に関係している。さらなる研究は他日を期したいと思う。

＊1　本稿は澤田（2018a: 153–177）に大幅な加筆修正を施したものである。

参考文献

Askedal, John Ole. (2005) The Syntactic and Paradigmatic Patterning of Modality in Modern German. In Alex Klinge and Henrik Høeg Müller (eds.) *Modality: Studies in Form and Function*, pp.187–213. London: Equinox.

Chapin, P. G. (1973) Quasi-modals. *Journal of Linguistics* 9(1): pp.1–9.

Collins, P. (2009) *Modals and Quasi-modals in English*. Amsterdam: Rodopi B. V.

Coates, Jennifer. (1983) *The Semantics of the Modal Auxiliaries*. London: Croom Helm（澤田治美訳（1992）『英語法助動詞の意味論』研究社）.

De Haan, Ferdinand (1997) *The Interaction of Modality and Negation: A Typological Study*. New York: Garland.

Heltoft, Lars. (2005) Modality and Subjectivity. In Alex Klinge and Henrik Høeg Müller (eds.) *Modality: Studies in Form and Function*, pp.81–101. London: Equinox.

Karttunen, L. (1971) Implicative Verbs. *Language* 47(29): 340–358.

Klinge, Alex and Henrik Høeg Müller. (2005) *Modality: Studies in Form and*

Function. Longon: Equinox.

Leech, G.N. (2004³) *Meaning and the English Verb*. London: Longman.

益岡隆志（1991）『モダリティの文法』くろしお出版.

Matthews, R. (1991) *Words and Worlds: On the Linguistic Analysis of Modality*. Frankfurt am Main: Peter Lang.

Murphy, Raymond. (2000²) *Grammar in Use: Intermediate*. Cambridge: Cambridge University Press.

仁田義雄（1991）『日本語のモダリティと人称』ひつじ書房.

仁田義雄（2000）「認識のモダリティとその周辺」森山卓郎・仁田義雄・工藤浩（著）『モダリティ』pp.79–159. 岩波書店.

仁田義雄（2014）「日本語モダリティの分類」澤田治美編『ひつじ意味論講座　第3巻　モダリティⅠ：理論と方法』pp.63–83. ひつじ書房.

Palmer, Frank. (1990²) *Modality and the English Modals*. London: Longman.

Palmer, Frank. (2001²) *Mood and Modality*. Cambridge: Cambridge University Press.

Palmer, Frank. (2003) Modality in English: Theoretical, Descriptive and Typological Issues. In Roberta Facchinetti, Manfred Krug and Frank Palmer (eds.) *Modality in Contemporary English*, pp.1–17. Berlin: Mouton de Gruyter.

澤田治美（1975）「日英語主観的助動詞の構文論的考察―特に「表現性」を中心として」『言語研究』68: pp.75–103. 日本言語学会.

澤田治美（1993）『視点と主観性』ひつじ書房.

澤田治美（1995）*Studies in English and Japanese Auxiliaries: A Multi-Stratal Approach*. Tokyo: Hituzi Syobo.

澤田治美（2006）『モダリティ』開拓社.

澤田治美（2011a）「モダリティにおける主観性と主体性」澤田治美編『ひつじ意味論講座　第5巻　主観性と主体性』pp.25–48. ひつじ書房.

澤田治美（2011b）（編）『ひつじ意味論講座　第5巻　主観性と主体性』ひつじ書房.

澤田治美（2012a）「日英語の認識的・証拠的モダリティと因果性」澤田治美編『ひつじ意味論講座　第4巻　モダリティⅡ：事例研究』pp.63–82. ひつじ書房.

澤田治美（2012b）（編）『ひつじ意味論講座　第4巻　モダリティⅡ：事例研究』ひつじ書房. 澤田治美（2012c）「モダリティとコンテクスト」澤田治美（編）『ひつじ意味論講座　第6巻　意味とコンテクスト』pp.123–146. ひつじ書房.

澤田治美（2012d）（編）『ひつじ意味論講座　第6巻　意味とコンテクスト』ひつじ書房.

澤田治美（2014a）「英語モダリティの分類と否定の作用域」澤田治美編『ひつじ意味論講座　第3巻　モダリティⅠ：理論と方法』pp.153–173. ひつじ書房.

澤田治美（2014b）『現代意味解釈講義』開拓社.

澤田治美（2016）『続・現代意味解釈講義』開拓社.

澤田治美（2018a）『意味解釈の中のモダリティ』（上）開拓社.

澤田治美（2018b）『意味解釈の中のモダリティ』（下）開拓社.

Swan, Michael. (2005³) *Practical English Usage*. Oxford: Oxford University Press.

Sweetser, Eve. (1990) *From Etymology to Pragmatics*. Cambridge: Cambridge University Press.（澤田治美訳（2000）『認知意味論の展開』研究社）.

Westney, Paul. (1995) *Modals and Periphrastics in English*. Tübingen: Max Niemeyer Verlag.

Wierzbicka, Anna. (1988) *The Semantics of Grammar*. Amsterdam: John Benjamins.

山梨正明（2009）『認知構文論―文法のゲシュタルト性』大修館書店.

例文出典

Christie, Agatha. (1936) *The ABC Murders*. London: Harper.

Huck, Geoffrey J. and John A. Goldsmith (1995) *Ideology and Linguistic Theory*.

Puzo, Mario. (1969) *The God Father*. New York: A Signet Book.

アイデンティティと同定
言語行為論における一つの説明

久保進

要旨

　本稿では、言語行為論の枠組みの中で、「同定」という言語行為の特性を明らかにするために、まず、成功条件の観点から、それを満足する「妥当な同定行為」と、そのうちの予備条件を満足しない「首尾よくいくが欠陥のある」妥当性を欠く同定を考察し、その後、話者の主観性が反映される「思いもよらない同定」について考察する。そこでは、前者2つは、言明型の発語内行為であり、そのモダリティは、それぞれ確実性、不確実性であるが、後者は非言明型の発語内行為に属し、必然的に感嘆性、驚嘆性のモダリティを伴うことが明らかにされる。

キーワード

　アイデンティティ、客観性、主観性、弱い言明行為、同定、同定対象、同定目標、成功条件、感嘆性、驚嘆性

1.　はじめに

　本稿では、言語行為論の枠組みの中で、**アイデンティティ**（identity）と**同定**（identification）について考察する。アイデンティティとは、それによって**同定対象**（the object of identification）が誰か、あるいは、何かを明らかにできる特徴や条件である。厳密には、アイデンティティとは、同定対象が、現実世界において、**同定目標**（the target of identification）であるための必要十分条件を成り立たせている命題の集合である。その意味では、アイデンティティは**主観性**（subjectivity）ではなく**客観性**（objectivity）を求めるものである。そして、それによって規定される同定は、「言葉から世界への合致の方向を持つ」強い言明の発語内行為である。しかし、現実の対人コミュニケーションにおいて我々は、同定目標のアイデンティティを構成するすべての条件を知る必要はない。言い換えると、現実のやり取りにおける同定を決定するアイデンティティは、所与の発話の背景において同定目標を顕著に特徴付ける言明の集合であり、それによって規定される同定は、「言葉から世界の一部への合致の方向を持つ」**限定された客観性しか担保されない**弱い言明の発語内行為である。

　従来、アイデンティティは、社会言語学において、民族アイデンティティ（ethno-identity）、個人アイデンティティ（individual identity）、国籍アイデンティティ（national identity）に分類されている（Holmes（2013）、箕浦（2010）、Smakman and Heinrich（2015））。例えば、Holmes（2013: 35）は、英語を母語としない英語話者の民族に特有のアイデンティティは、「彼らの用いる英語に点在するタグや語句 'tags and phrases interspersed with their English'」を見れば一目瞭然であるとする。例えば、次例では、話者は、Miss Buckley の発話に 'fey' という英語の母語話者であれば日常の会話では用いない文語が使われていることに気づいて驚いている。併せて、話者は、彼女のイントネーションの特徴についても言及している。

（1）　"Nick seems quite fey to-night," she remarked. "I don't know what's the matter with her. She seems in the wildest spirits."

　　　That word—fey! It sent a shiver through me. Also, something in the intonation of her voice had sent me wondering,

　　　"Are you Scotch, Miss Buckley" I asked, abruptly.

　　　　　　　　　　　　　　　　　　（Christie, *Peril at End House*）

本稿では、社会言語学や異文化理解研究とは異なり、「アイデン

ティティ」を個人が社会的あるいは文化的脈絡の中で自らの価値を位置づける手立てとして考察するのではなく、同定という言語行為における一つの役割として考察する。すなわち、本論では、同定に際して、同定対象が特定の同定目標の**同定基準**（the norm of identification）であるアイデンティティを満足するか否かを、**同定者**（the identifier）が吟味し認定する行為を**同定**（identification）と呼ぶ。

　従って、認定は同定を意味的に包摂する。また、同定の際に、あるいは、同定に随伴して遂行される複合的発語内行為を**同定の発語内行為**（illocutionary act of identification）と呼ぶ。言い換えると、同定の発語内行為は、同定という心的行為（mental act）が遂行される際に、あるいは、その直後にその行為を言語化したものである。

　第2節では、同定の発語内行為の成功条件について言語行為論の枠組みで論じる（久保（1999）、Vanderveken（1990））。一般に、妥当な同定（valid identification）は言明型の発語内行為に分類される。概ね、この型の同定に関わるモダリティは確実性である。第3節では、同定の発語内行為の成功条件のうち、予備条件を満たさない「首尾よくいくが欠陥のある」妥当性を欠く同定（invalid identification）について考察する。第4節では、「思いもよらない同定（unexpected identification）」について考察する。この節では、日英語におけるいくつかの定型構造を通して、このタイプの同定が、言明型の発語内行為とは異なった型に属することを観察する。「思いもよらない同定」は、主観的で必然的に**感嘆性**（exclamativity）、**驚嘆性**（mirativitiy）のモダリティを伴う（Aikhenvald（2004）、和佐（2012）、Wasa（2013）、Wasa（2014））*1。最後の章では、これまでの同定についての考察に基づいて当座のまとめを行う。

2.　妥当な同定行為とその成功条件

　言語行為論の主たる研究目的は発語内行為の**成功と充足の条件**（Conditions of success and satisfaction）を明らかにすることである（Vanderveken（1990））。本節では、会話のやり取り（interaction）

における同定の発語内行為の成功条件について論じる。

2.1 同定の達成の様式

達成の様式（Mode of achievement）は、発語内行為の発語内目的を達成するために、その行為に固有の達成の仕方を定めるものである。同定は本来、証拠に基づいてなされるものである。その意味では、客観的で同定の達成の様式の基盤には**証拠性**（evidentiality）がある。つまり、証拠性を源として、確実性や不確実性、驚嘆性はその延長上に（派生的に）在ると捉える（Aikhenvald（2004: 207））。ただし、ここで、いう基盤としての証拠性は、Aikhenvald のいう**言語学的証拠性**（linguistic evidentiality）とは重なるが同一ではない。Aikhenvald（2004: 4）が、'All evidentiality does is supply the information source. (証拠性が行うことは情報源を与えることに限られる)'とする点については重なるが、本稿での取り扱いは、Aikhenvald と違って、情報源を、証拠性をマークする束縛形態素・文法カテゴリーに限っていない[2]。我々は、情報源を Aikhenvald（2004:3）が証拠性マーカーに対して随意的あるいは付加的解説的と位置付ける語彙や定型構文、そして常套句や文彩にも求める[3]。Aikhenvald が記述に用いている新大陸の原住民の言語のような多くの抱合語（polysynthetic language）あるいは日本語のような膠着語（agglutinative language）と違って、証拠性マーカーとして働く形態素や文法カテゴリーが乏しい言語においては、それらの語彙や文脈が発話の中で果たす情報源提供の役割は、証拠性マーカーに対して随意的あるいは、付加的解説的ではない。本稿では、同定の研究に際して、言語学的証拠性の定義を踏まえつつ、情報源を明示する文法カテゴリーを持たない言語の発話における証拠性をも考慮する。

　現実のやりとりにおける同定は多分に知覚的である。**同定者**は、同定行為の遂行に際して、**同定目標**についての知識を利用するのみならず、その利用に際して視覚、聴覚、味覚、嗅覚、触覚のうちいずれかの、または、複数の感覚を用いる。「この目でしかと見た」、「この耳でしかと聴いた」という言い回しは、知覚的であり、かつ、

704　　久保進

話者のモダリティを反映している。同定の達成の様式は、同定者が、人や物の同定に際して、満たすべきであると了解する同定要件の確認を、視覚、聴覚、味覚、嗅覚、触覚といった感覚のうちいずれの感覚をどのように用いて行うかを規定する。

次例は、同定目標が備えていると同定者が理解している外見上他者にないユニークなアイデンティティによって被同定者すなわち同定対象の同定がなされている場合で、同定に視覚が用いられている。下線部の発話では、話者（=Hastings）の指摘によると、同定者（=Lady Edgware）が、伝聞いている同定目標（=Poirot）の他者にない外見上の特徴（すなわち、アイデンティティ）〔**伝聞証拠性** non-firsthand evidential〕である口髭によって、つまり視覚的に同定を行っていることになる〔**視覚的証拠性** visual evidentiality〕。

(2)　　"You have made a hit, Poirot. The fair Lady Edgware can hardly take her eyes off you."

　　　　"Doubtless she has been informed of my identity," said Poirot, trying to look modest and failing.

　　　　"I think it is the famous moustaches," I said. "She is carried away by their beauty."

　　　　Poirot caressed them surreptitiously.

　　　　"It is true that they are unique," he admitted.

(Christie, *Load Edgware Dies*)

(3) は聴覚を持ちいる同定のケースで、下線部の発話で、話者（=Mrs. Oliver）は、受話器を通して耳に聴こえる声（＝同定対象）の特徴を既知の人声のうち特定の人物の声（＝同定目標）のアイデンティティに対応させられなかったと述べている。

(3)　　He picked up the receiver. "Allo," he said.

　　　　"Are you—is that M. Poirot?"

　　　　"I, myself."

　　　　"It's Mrs. Oliver—your voice sounds different. I didn't recognise it at first."

(Christie, *Third Girl*)

アイデンティティと同定　　705

2.2　同定の命題内容条件

　発語内行為の遂行に際して、その命題内容に関して満たされなければならない事柄を、**命題内容条件**（Propositional content condition）と呼ぶ。同定の発語内行為の命題内容は、同定対象を同定目標に同定するためのアイデンティティを表す内容でなくてはならない。従って、同定の発話は、通例、言明型の発語内行為である。(2) では、Hastings は、"I think it is the famous moustaches. She is carried away by their beauty" によって、同定者（=Lady Edgware）は、口髭を同定目標（=Poirot）のアイデンティティとして同定対象（＝眼前の人物）を同定しているとして、(2) に先行する彼女の発話が、命題内容条件を満足していると言明している。

　(4) の Poirot の発話も同定の命題内容条件を満足している。というのも、下線部の発話では、その発語内行為の命題内容が、同定対象（=Miss Adams）が、同定目標（＝ユダヤ女性；The Jewess）の持つ民族アイデンティティを満足している〔**直接経験的証拠性** firsthand/ visual evidential〕と同定者（=Hastings）が信じている内容であるからである＊4。

(4)　"（前略）But as to your question, Miss Adams, I think, will succeed. <u>She is shrewd and she is something more.</u>　You observed without doubt that she is a Jewess?"

　　　I had not.　But now that he mentioned it, I saw the faint traces of Semitic ancestry.　Poirot nodded.

(Christie, *Load Edgware Dies*)

これらの事例では、そのモダリティは "without doubt" や "doubtless" との共起が示すように、**必然性**（inevitability; necessity）あるいは、**確実性**（certainty）が関わっている。

2.3　同定の予備条件

　会話参与者の能力など発話の発語内行為の遂行に際して、満たされなければならない前提となる条件を**予備条件**（preparatory condition）と呼ぶ。同定の発語内行為の遂行に際して、話者は、同定の基準となる同定目標のアイデンティティを知っており、それに基

づいて、人や物事を識別し、比較し、確認・同定する能力を持って
いなければならない。

　（4）では、同定者 Poirot は、ユダヤ女性を特徴付けるアイデン
ティティについての十分な情報を持っており、同定対象がそのアイ
デンティティを満たすか否かの判断する能力を持っている。

　また、（5）では話者は、幼なじみであり、大学も同じであった
という歴史的事実の羅列とそれに伴う同定目標についての知識〔直
接経験的証拠性〕によって、同定対象が同定目標の持つアイデンテ
ィティを満足するか否かを判定する能力を、自身が十全に備えてい
ると主張している。

（5）　　"I've known Charles since he was a boy.　We were at
　　　　　Oxford together.　He's always been the same—a better actor
　　　　　in private life than on the stage! Charles is always acting! He
　　　　　can't help it—it's second nature to him."

(Christie, Three Act Tragedy)

　従って、（4）、（5）の事例では、同定者は同定の予備条件を満足
している。

　また、（6）では、同定者（=Caroline）は、冒頭の発話で、同定
対象（＝隣室で物音を発てている人物）を同定目標（=James）に
同定するための問いかけを行っている。一般に、「話者が、問いの
答えを知らない」ことが「問い」の発語内行為の予備条件であるか
ら、発話の後に示されている聴者の解釈（下線部）に従えば、この
発話は予備条件を満たしていないことになる。しかし、この場合、
聴者の思いとは別に予備条件が満たされていると考えられる場合も
ある。というのも、聴者（=James）にすれば、姉の問いかけは不
要と思えるかもしれないが、姉（=Caroline）にすれば、帰宅後す
ぐに姉に帰宅の声をかけまっすぐに食卓につくべき弟が、そうせず
に隣室からやってこないとなると、何を逡巡しているのかと不審な
思いを抱いて問い返さずにはおられないからである＊5。

（6）　　"Is that you, James?"
　　　　　<u>An unnecessary question, since who else could it be?</u>

（中略）

As I stood hesitating in the hall, with all this passing through mind, Caroline's voice came again, with a sharper note in it.

"What on earth are you doing out there, James? Why don't you come and get your breakfast?"

(Christie, *The Murder of Roger Ackroyd*)

2.4　同定の誠実条件

誠実条件（sincerity condition）とは、発話に際して話者に自身の心的状態（あるいは、志向性）に無矛盾な行為の遂行を求める条件である。同定の発語内行為は、一般に言明型の発語内行為であるから、その誠実条件は、同定者が自身の信念に忠実な発語内行為を遂行することである。

（7）の引用では、Mr. Satterthwaite は、脚本家が実際は女性であるがその事実を隠して、Anthony Astor という男性の筆名を使っていること（一種の成り済まし）を知っていて、その事実を提供する（下線部）ことで会話を楽しんでいる。言い換えると、同定者である Mr. Satterthwaite は、同定目標が**意図的に背景化**された女性というアイデンティティを**前景化**することで、同定対象（＝Anthony Astor）が誤った同定をされないように振舞っている。その意味では、彼は、同定の誠実条件を満たしている。

（7）　"Then there's Anthony Astor, the playwright."

"Of, course," said Mr. Satterthwaite. "she wrote <u>One-Way Taffic</u>. I saw it twice. It made a great hit."

He rather enjoyed showing that he knew that Anthony Astor was a woman.　　　(Christie, *Three Act Tragedy*)

3.　妥当性を欠く同定行為

本節では、会話が首尾よく行かず頓挫する場合と会話自体はうまく運んでいるにもかかわらず、成功条件の一部が満たされないために、同定行為に欠陥がある場合についていくつかの定型表現や不定

表現の観察を通して考察を加える。

　そのうち後者は言語行為論では、その成功条件が首尾よくいくが欠陥のある発語内行為である。そして、発語内行為の予備条件あるいは誠実条件が満足されない場合が、首尾よくいくが欠陥のある発語内行為の場合である（Vanderveken（1990））。いずれの場合も、同定に際して、同定対象が同定目標のアイデンティティを満足するか否かは十全に認定されない。いいかえると、これらの場合には、同定対象のアイデンティティは未認定に終わる。

　以下本節では、3.1 で首尾よくいくか欠陥のある同定について、そして、3.2 で首尾よくいかない場合について考察する。

3.1　首尾よくいくが欠陥のある同定

3.1.1　'can't mistake the type'

'can't mistake the type（見違えるはずはない）' は同定の常套句である。(8) では、同定者たちは、同定対象（＝ Sir Charles）を見た目だけで判断し、「退役した海軍軍人だ。見誤るはずがない」と言い切っている。従って、この発話は、命題内容条件を満たしている。しかし、実際には、同定対象は海軍の軍人ではないから、同定者たちは、同定対象を適切に同定する能力と知識に欠けていることになる。この発話を含む会話は、明らかにうまく運んでいるから、会話自体は首尾よくいっているが、予備条件を満たしていない発話自体には欠陥があることになる。また、この発話は、言明型の発語内行為であるが、現実世界における同定対象を正しく描写していない（すなわち、言葉から世界への合致がなされていない）から充足条件も満たしていない。

（8）　Sir Charles was a well-built, sunburnt man of middle age. He wore old grey flannel trousers and a white sweater. He had a slight rolling gait, and carried his hands half closed as he walked. Nine people out of ten would say, "Retired Naval man—can't mistake the type. The tenth, and more discerning, would have hesitated, puzzled by something indefinable that did not ring true. （Christie, *Three Act Tragedy*）

次に、不定表現を 2 つ見てみよう。これらは、不確実性のマーカーでもある。

3.1.2 '(or) something'

(9) の「とか何とか言った（or something）」は、同定対象を同定する際に、同定者が、同定目標の持つアイデンティティについての知識を十全に持っていないことを意味し、かつ、同定能力が不十分であることを意味する。そして、その意味では、このような不定表現を含む発話も予備条件を満たさない首尾よくいくが欠陥のある発語内行為ということになる。しかし、話者（＝同定者）が、このような不定表現を用いる場合は、それに加えて、(9) のように、その表現に先行するアイデンティティ（(9) では 'journalist'）が同定に際して重要ではないという含意を持つ場合がある。

(9)　"（前略）That's all. Oh, yes, there's a young fellow called Manders, he's a journalist, or something. Good-looking young fellow. That's completes the party."

(Christie, *Three Act Tragedy*)

類例には、(10) がある。この場合の 'something' は、Horsefield という名字が思い浮かばなかったので代わりに用いている。実際に、この会話において、Sir Roderick の名字がなんであるかは会話参与者にとってさほど重要ではない。

(10)　"There lives there then, Mr. and Mrs. Restarick, the distinguished elderly uncle. Is his name Restarick too?

"It's Sir Roderick something."　　(Christie, *Third Girl*)

3.1.3 'a + Given Name + Family Name'（〜という人）

不定冠詞が後に固有名をとる形式の定型表現を使って同定対象を言及する際も、同定者は、その同定対象が同定目標であるか否かの確証を持たない。このことは、同定者の同定能力が不十分であることを意味する。従って、この場合も予備条件を満たさず、首尾よくいくが欠陥のある発話内行為とみなされる。例えば、(11) では、話者は、「ずいぶん前にここに住んでいたメアリー・ジョーダンと

いう名前の人」（＝同定対象）が、同名の隣人（同定目標）に該当するか否か知人の仄聞以上の情報を持ち合わせてはいない。

(11) '（前略）But anyway, this friend of mine, Gwenda, she thought you might be interested to know because she says as she had heard of a Mary Jordan what (sic.) lived here a long time ago.'　　　　　　　　　　　　　(Christie, *Postern of Fate*)

首尾よくいくが欠陥のある同定には、妥当な同定とは対照的に、(9)、(10)、(11) に見るように**不確実性**（uncertainty）のモダリティが関わる。

3.2　首尾よくいかない同定

(12) において、同定者は、同定対象（＝Poirot）が、同定目標（＝猫の髭）の持つアイデンティティを満足するか否かを判定する能力があると言明している。そこでは、同定者自身は、猫にとって髭は身の回りの情報を嗅ぎつけるアンテナという性格を持つから「猫の髭」は「有能な探索者」を意味すると信じている。しかし、やりとり相手の Poirot は、その意味を理解できない。しかも、彼は、自身の口髭を人一倍自慢にしていることもあり、自身を「猫の髭」と呼ばれたことに困惑している。言い換えると、同定者の発話は、独りよがりと言ってもいいくらいのもので、真意を聞き手に伝達することができていない。従って、会話のやり取りにおいて、この同定の発語内行為は首尾よくいっていない。

(12) "I've heard that you're the cat's whiskers, M. Poirot."

"*Comment*? The cat's whiskers? I do not understand."

"Well—that you're *It*" *6

"Madame, I may or may not have brains– as a matter of fact I have—why pretend? But your little affair, it is not my *genre*."　　　　　　　　　　　　　(Christie, *Load Edgware Dies*)

次は、同定者が、同定目標本人のアイデンティティについての知識を全く持たないにも拘らず、同定目標に繋がる状況的・背景的情報に依存する形で同定対象を誤って同定目標だと誤同定した首尾よくいかない同定の例である。(13) の例では、同定対象（＝

Poirot）が、同定目標（=Bouc）が使用していた客室にいたという外在的事情で、同定者（=Arbuthnot）は、ポアロを鉄道会社の役員のブックと誤同定している。

(13) Arbuthnot turned to Poirot and spoke in careful British French.

"*Vous êtes un directeur de la ligne, je crois, Monsieur. Vous pouvez nous dire—*"

Smiling Poirot corrected him.

"No, no," he said in English. "It is not I. You confound me with my friend M. Bouc.

"Oh! I'm sorry."

"Not at all. It is most natural. I am now in the compartment that he had formerly."

(Christie, *Murder on the Orient Express*)

4. 思いがけない同定

4.1 はじめに

本節では、同定者が、自身が予期していた人物の集合に入らない同定目標（＝**思いがけない同定目標**）に眼前の同定対象を同定する場合を、**思いがけない同定**（unexpected identification）と呼ぶ。思いがけない同定は、これまでの同定発話と異なり、客観性を重んじる言明型の発語内行為ではなく、主観性を伴う非言明型の発語内行為である。モダリティについては、感嘆性や驚嘆性などが文のタイプに反映される*7。

言語形式としては、英語では、思いがけない同定には、否定条件節を伴う 'never' 否定文、WH 節を目的語に取る Look 命令文などの定型文が、また、日本語では、「A は A だ」、「A も A だ」、「A って A」のようなコピュラ定型文が用いられている。

4.2 英語の思いがけない同定

4.2.1 'Never + if-not'

712　久保進

（14）はでは、同定者（=Chief Inspector Japp）は、ずいぶん前に南米に行ってしまってロンドンにはいないはずの同定目標（=Hastings）が眼前に同定対象としていることがあまりに思いがけず、驚きながら同定している。ここでは、思いがけない同定とそれに関わる驚嘆性は、条件節を伴う2重否定文で表されている。

（14）　'Well, I never,' he exclaimed. 'If it isn't Captain Hastings back from the wilds of the what do you call it! Quite like old days seeing you here with Monsieur Poirot. You're looking well, too. Just a little bit thin on top, eh? Well, that's what we're all coming to. I'm the same.' (Christie, *The ABC Murders*)

4.2.2　'Look + (WH clause)'-imperative

（15）では、本来この場に居るはずのない同定目標（=Wakizaka）に眼前の同定対象を同定せざるを得ないことに対する驚きを同定者（=Takegaki）は、表現している。下の発話のWH節は、同定情報を得るための問いの発語内行為ではなく、驚きの感情を表現する非字義的発語内行為である。ここでは、思いがけない同定とそれに関わる驚嘆性は、WH節を目的語にをとるLook命令文で表されている*8。

（15）　As Wakizaka entered the club, Takegaki, who'd been writing a report, raised his eyes. "Well, look who's here."

(Queen (Ed.), *Ellery Queen's Japanese Detective Stories*)

（16）のWH節は、命令文を伴わないが、類例と見てよい。この発話を理解するためには、この場面に至るまでの、話者と聴者のこれまでの関わりについて述べておかなくてはならない。彼らは、過年コロンビアで特大のエメラルドをめぐって取り合った宿敵同士である。前者は後者にエメラルドを取られた上、過酷な獄中生活を強いられたため、後者を恨み抜き、その後を現在地であるモンテカルロまで追いかけてきたのである。従って、前者は、後者を知り尽くしているつもりでいた。しかし、やっと後者を追い詰め償いをさせようとした矢先に、後者の全財産とも言える外洋ヨットが爆発してしまったのである。従って、話者は、WHを用いた発話で、聞き

アイデンティティと同定　713

手の素性を尋ねているのではない。暗闇王子というありえない素性の持ち主（＝同定目標）と同定してよいものかどうかを字義的に尋ねることで間接的に、発話に先行して起こった異常事態に対する驚きを表明しているのである。言い換えると、この定型表現と暗喩を用いた発話は、字義的には、同定情報を得るための問いの発語内行為であるが、非字義的には驚嘆性を表現する思いがけない同定の発語内行為である。

（16）　"The boat blew up! THE BOAT BLEW UP !"

　　　　"Who ARE you? Are you the prince of darkness?"

(Rosenthal and Konner, *The Jewel of the Nile*)

（17）は、WH が 'why' の場合である。この場合も、同定対象の思いがけない出現に、同定者は驚いている。

（17）　On inquiry at the Three Boars I found that Captain Paton had just come in. I went up his room and entered unannounced. For a moment, remembering what I had heard and seen, I was doubtful of my reception, but I need have had no misgiving.

　　　　"Why, it's Sheppard! Glad to see you."

(Christie, *The Murder of Roger Ackroyd*)

「驚き」の他に、〈久しぶりに会った旧友を評する場面で〉「いつもながら感服いたします」、「お盛んなことで」、「相変わらずだね」、「懲りないね」、などといった発話は、心的同定行為の遂行の際に「感嘆・感服 amazed/ astonished」、「呆れ disgusted/ ridiculed」といった心的状態（mental state）を伴っている。言いかえると、同定者は、眼前の同定対象（＝旧友）が、同定目標（＝以前の旧友）のアイデンティティ（＝並外れた行動様式）を満足するという並みの人ではありえないことが成り立っていることに対する同定者の驚きを表している。従って、このような場合に遂行される、同定の発語内行為は、感情表現型発語内行為に属する。そして、通例、これらの発語内行為は、それぞれ、個別に、感嘆・感服の発語内行為、羨望の発語内行為、驚きの発語内行為、呆れの発語内行為などと呼ばれるが、そこでは、思いがけない同定の発語内行為が同時に遂行

されているのである。

　例えば、(18) では、同定者（=Poirot）は、同定対象（＝眼前のHastings）を同定目標（＝同定者の知るHastings）と比較しアイデンティティが変わらないことに呆れて（amazed）「きみはあいかわらずだね」という同定の発話を遂行している。

(18)　'Do you mean your hair is turning from grey to black instead of from black to grey?'

　'Precisely.'

　'But surely that's a scientific impossibility!'

　'Not at all.'

　'But that's very extraordinary. It seems against nature.'

　'As usual, Hastins, you have the beautiful and unsuspicious minds. Years do not change that in you!'

(Christie, *The ABC Murders*)

4.3　日本語の思いがけない同定

ここでは、3つのコピュラ構造を考察する。Aikenvald（2004: 293）は、「コピュラ構造は「結果的意味（resultative meanings）を持つかも知れない」とのべている*9。驚嘆性構文と呼べよう。

4.3.1　「AはAだ」構造

「AはAだ」構造の発話は、「AはAであるためのアイデンティティを十全に備えている」を意味するトートロジーの発話で、同定対象と同定目標が同一の指示対象を指す。例えば、「お前はお前だ」という発話は、聞き手にとって、あくまでもトートロジーの発話に過ぎず、後の「お前」は、初めの「お前」同様、聞き手自身を指し、旧情報である。一方、会話のやり取りにおいて、この発話は、「お前は、昔のままのいいやつだ」、「お前は昔からそうだった。少しも変わらんなあ」を意味する感嘆（amazed）の台詞となる場合がある。その場合、話者にとって、初めの「お前」は、同定の対象である聞き手を指し、後の「お前」は聞き手のアイデンティティを意味する。従って、話者にとっては、後の「お前」は、（変わらな

アイデンティティと同定　715

いことの発見であり）文脈上の新情報である。この場合、同定者は、この発話を遂行することによって新たなアイデンティティを対象者のアイデンティティに付け加えている（Fougère（2000））*10。従って、この同定の発話は、アイデンティティの更新を伴う宣言の発語内行為である。併せて、話者は、感嘆の気持ちを表明する感情表現の間接的発語内行為を遂行している。

(19)「お熊。お前は、えらいやつだ」

「へ……？」

「なぁに……むかしから、お前はお前ということだ。」*11

「それにきまっているじゃねえか」

「これ、お熊。お前は今日から、彦十や粂八、伊三次、五郎蔵夫婦と同じように、盗賊改方の御用に、はたらいてもらうことにする。つつしんで、お受けするか？」

「するとも。するとも、大するだ！！」

（池波正太郎『鬼平犯科帳10』）

4.3.2 「(Aは) BもBだ」構造

(20) では、同定者は、人の親であり子である当該の同定対象が一般に親あるいは子が満たすべき同定目標のアイデンティティを著しく満たさないことに「どちらも救いようがなく呆れ果てて）」いる。この場合、同定者は、この発話を遂行することによって新たなアイデンティティを対象者のアイデンティティに付け加えている。従って、この同定の発話も、アイデンティティの更新を伴う宣言の発語内行為である。また、話者は同時に、「呆れ果てた」気持ちを表明する感情表現の間接的発語内行為を遂行している。

(20)a.　お前のところは、親が親なら、子も子だ。（どちらも救いようがない。）

　　b.　お前のところは、子も子だが、親も親だ。（どちらも救いようがない。）

4.3.3 「AってB」構造

「って」は取り立ての係助詞で、「と言えば」の転とある（『大辞

泉』）。（21）の下線部の発話は、「あなたが優しい人であるということに私は今初めて気づいた」を意味する。つまり、話者は、この発話で、眼前の同定対象である聞き手が新たな同定目標である優しい人の集合のアイデンティティを満足すると宣言している。従って、この同定の構造は、その構造を持つ発話の遂行によって、同定対象の同定目標の更新を実現する。また、話者は同時に、喜びの気持ちを表明する感情表現の間接的発語内行為を遂行している。

Wasa（2013）は、nannte に関して、'express the speaker's psychology distance from the proposition' としているが、（21）の A の発話でも、話者は「優しかったことを」新ためて知ったのであるから、その命題内容は新情報であり、確認には時間がかかっている。従って、命題に対して、心的距離を置いていると言えよう。

(21) A:　あなたって、優しいのね。＊12

　　　 B:　今頃、わかったのかい。

ちなみに、「私ってかわいそう」は自己同定（self-identification）の発語内行為である。そこでは話者は、同定対象（＝自身）が同定目標（＝可哀想な者）の持つアイデンティティを満足すると信じてこの発語内行為を遂行している。同定者（＝話者）は、この発話を遂行することによって新たなアイデンティティを自身の同定に付け加えている。従って、この自己同定の発話も、アイデンティティの更新を伴う宣言の発語内行為である。併せて、話者は、自己憐憫の気持ちを表明する感情表現の間接的発語内行為を遂行している。

5. 結びに変えて

本項では、言語行為論の枠組みで、アイデンティティと同定について考察を加えた。本論で、同定に関して明らかになったことがらは、概ね、以下の 7 点である。

（1）同定は、同定者、同定対象、同定目標の 3 者の関係である。

（2）同定目標はアイデンティティの集合により規定される。

（3）同定には、他の発語内行為と同様に成功条件がある。

（4）同定に際して、アイデンティティは、

（i）妥当な同定においては認定される。

（ii）妥当性を欠く同定においては、未認定に終わる。

（iii）思いがけない同定においては、発見され、更新される。

（5）字義的な言語行為において、妥当な同定と妥当性を欠く同定は、言明型の発語内行為であるが、思いがけない同定は、英語では行為指示型、そして、日本語では宣言型の発語内行為である。

（6）思いがけない同定においては、併せて感情表現の間接的発語内行為が遂行されている。

（7）モダリティに関して、妥当な同定と妥当でない同定には、それぞれ、確実性と不確実性が対照的に関わるが、思いがけない同定には感嘆性と驚嘆性が関わる。

以上を、まとめると表1のようになる。

表1　言語行為論における同定

同定	発語内行為の型			モダリティ	同定に伴うアイデンティティ
妥当な同定	言明型			確実性	認定される
妥当性を欠く同定	言明型			不確実性	未認定に終わる
思いがけない同定	字義的行為		非字義的行為	感嘆性・驚嘆性	発見され更新される
	英語	行為指示型	感情表現型		
	日本語	宣言型			

＊1 Aikhenvald（2004: 195）は、'Mirativity covers speaker's 'unprepared mind, unexpected new information, and concomitant surprise.' とする。また、和佐（2012）は、「なんと」を驚嘆性マーカーに挙げている。類例は、以下に見るように、発話文中に、（「見たこと」「聞いたこと」に対する）感情的・主観的評価を表す形容詞をとる断定文は、「なんて」、「ああ」、「まあ」などの感嘆詞を選択的にとって眼前の事態や伝聞した事態に対する驚嘆を表す。その場合、「なんて、恐ろしい（の）！」、「ああ、恐ろし（や）！」、「まあ、嫌な（こと）！」のように文末に選択的に「の」「こと」「や」などがつくことがある。

＊2 言語学的証拠性の研究では、情報源が、視覚、聴覚、間接的類推、伝聞のうちのどれかを規定する（Aikhenvald（2004: 1））。

＊3 Aikhenvald（2004: 3）は、'An evidential can be, optionally, rephrased with a lexical item, or one can add a lexical explanation to an evidential.' とする。

＊4 この場合の民族的アイデンティティが視覚的であることは、'saw the faint traces of Semitic ancestry' から明らかである。

＊5 姉の弟の行動に対する不信感は澤田治美先生のご指摘による。答えが解っていながら尋ねるというこの行為は、予備条件に違反するが、敢えてこの条件に違反しながらも確認せざるをえない姉の気持ちがこの発話には含まれている。一種の、逆用（exploitation）である。

＊6 "（…）you're It." の和訳は、「あなたはまさに猫の髭そのものよ」となる。下線部の It は、Wisdom によると「《話》大切な事；まさにそのもの（the thing）」である。形の上では、It は猫の髭を指すのであるが、先行文では猫の髭は、moustaches と複数になっていることに注意。

＊7 Fougère（2000: 188）は、'The role of 'surprise' is important: sensemaking can be described as 'a thinking process that uses retrospection to explain surprise' とする。

＊8 'Look, who's here!' は、'Look' が命令形で WH 節を取る慣用表現。

＊9 'Reanalysis of a copula construction may result in the creation of a non-firsthand evidential. These constructions often involve an existential verb; they may have resultative meanings, and follow the same path of development as resultatives and perfectives（Aikenvald（2004: 293）、underline mine).'

＊10 Fougère（2000: 188）は、アイデンティティの創発性を 'identities are best understood as being continually constructed through interactions' とする。

＊11 「XということはYということだ」構造についての分析が、益岡（2007: 223–225）や益岡（2014: 2–14）にある。益岡の提案に従うと、母型となるコピュラ文に相当する「お前(モノ)はえらいやつ（モノ）だ」（お前はエライやつの集合に属する：カテゴリー所属）が「お前がえらいというコトは、お前はお前だというコトだ」と拡張される事情説明のケースである。

＊12 「…のね」構造の発話を遂行する際には、「…たんだ」構造の発話と同様に、話者は、命題内容に対して心理的距離を置いている。

　　a. あんたって、優しかったんだ。
　　b. 知らぬ間に、眠ってたんだ。（自己同定：自身の客体化）

参考文献

Aikhenvald, Alexandra Y. (2004) *Evidentiality*. Oxford: Oxford University Press.

Fougère, Martin. (2000) Adaptation and Identity. In Helen Spencer-Oatey (ed.) *Culturally Speaking–Culture, Communication and Politeness Theory*. London: Continuum International, pp.187–204.

Holmes, Janet. (2013) *An Introduction to Sociolinguistics*. London: Routledge.

久保進（1999）『日本語の発語内効力命名動詞の研究―発語内効力命名動詞辞典のモデルの作成』松山大学総合研究所.

久保進（2013）「不確定性：不定表現と調整行為」『科学研究費による国際モダリティワーショップ　モダリティに関する意味論的・語用論的研究発表論文集第4巻』pp.33–50. 関西外国語大学.

Kubo, Susumu. (2014) On Pretending: A Regulation Theoretic Account. 『科学研究費助金によるモダリティワークショップ―モダリティに関する意味論的・語用論的研究　第6巻』pp.79–98. 関西外国語大学.

Kubo, Susumu. (2015) Pretending revisited: how pretense works for the production of disjunctions. 『科学研究費補助金によるモダリティワークショップ―モダリティに関する意味論的・語用論的研究　第6巻』pp.25–44. 関西外国語大学.

益岡隆志（2007）『日本語モダリティ探究』くろしお出版.

益岡隆志（2014）「拡張コピュラ構文の意味分析」『科学研究費補助金によるモダリティワークショップ―モダリティに関する意味論的・語用論的研究　第6巻』pp.1–18. 関西外国語大学.

箕浦康子（2010）「本質主義と構築主義―バイリンガルのアイデンティティ研究をするために」『母語・継承語・バイリンガル教育（MHB）研究6』pp.1–22.

Smakman, Dick and Patrick Heinrich. (2015) *Globalising Sociolinguistics*. London: Routledge.

Vanderveken, Daniel. (1990) *Meaning and Speech Acts*. Cambridge: Cambridge University Press.

和佐敦子（2012）「モダリティと驚嘆性」『科学研究費補助金によるモダリティワークショップ―モダリティに関する意味論的・語用論的研究　予稿集』pp.99–105. 関西外国語大学.

Wasa, Atsuko. (2013) Mirativity in Spanish and Japanese. *Proceedings of the* International Modality Workshop via Grant-in-Aid for Scientific Research, Vol.3, pp.65–74. Kansai Gaidai University.

Wasa, Atsuko. (2014) Exclamative Sentences and Mirativity. *Proceedings of the* International Modality Workshop via Grant-in-Aid for Scientific Research, Vol.5, pp.109–114. Kansai Gaidai University.

引用作品

Christie, Agatha. (1926/2011) *The Murder of Roger Ackroyd*. New York: HarperCollins.

Christie, Agatha. (1931) *Peril at End House*. Glasgow: William Collins Sons & Co. Ltd.

Christie, Agatha. (1933) *Load Edgware Dies*. Glasgow: William Collins Sons & Co. Ltd.

Christie, Agatha. (1934/ 2011) *Murder on the Orient Express*. New York:

HarperCollins.

Christie, Agatha. (1934) *Three Act Tragedy.* Glasgow: William Collins Sons & Co Ltd.

Christie, Agatha. (1936/ 1962) *The ABC Murders.* London: Fontana.

Christie, Agatha. (1966) *Third Girl.* Glasgow: William Collins Sons & Co. Ltd.

Christie, Agatha. (1973) *Postern of Fate.* Glasgow: William Collins Sons & Co. Ltd.

池波正太郎（1981）『鬼平犯科帳 10』文藝春秋.

Queen, Ellery. (ed.). (1978) *Ellery Queen's Japanese Detective Stories.* Tokyo: Tuttle.

Rosenthal, Mark and Lawrence Konner. (1985) *The Jewel of the Nile.* LosAngeles: Twentieth Century Fox Film Corporation.

Wilder, Jone. (1985) *The Jewel of the Nile.* New York: Corgi/ Avon Books.

Meaning in the use of natural language

Candida de Sousa Melo

Abstract

In the logical trend of analytical philosophy, to understand the meaning of an utterance is basically to understand its *truth-conditions*. In the second trend of natural language analysis of analytic philosophy, meaning is rather related to the *use of language*. Since H.P. Grice meaning is linked to speakers' attitudes and actions. According to speech-act theory developed by J.L. Austin, J.R. Searle and D. Vanderveken, to *mean* is mainly to *use words with the intention of performing* speech-acts of the kind called *illocutionary acts* which have felicity-conditions instead of truth-conditions. The aim of this paper is to clarify the nature of meaning in the second trend. In my view, to mean something is mainly to *attempt* to perform illocutionary acts. Such an attempt is an intentional action which is constitutive of the intended illocutionary act. On the basis of this idea I will characterize the nature of acts of meaning and analyse their felicity-conditions.

（分析哲学の論理学的な流れにおいては、発話の意味を理解することとは、基本的に、その発話の真理条件を理解することである。一方、分析哲学の自然言語分析の第二の流れにおいては、意味はむしろ言語の使用と関係している。H.P. Grice 以来、意味は話し手の態度や行為と結びついている。J.L. Austin、J.R. Searle、D. Vanderveken によって発展した言語行為論によると、意味することとは、基本的に、真理条件でなく、適切性条件を有する類の発語内行為と呼ばれる言語行為を遂行する意図を持ってことばを用いることに他ならない。本稿の目的は、第二の流れの観点から、意味の本質を明らかにすることである。筆者の見解では、意味することとは、基本的に、発語内行為を遂行することを試みることである。こ

うした試みは志向的行為であり、この行為は志向された発語内行為から構成されている。筆者は、こうした観点から、意味行為の本質を特徴づけ、その行為の適切性条件を分析する。)

Keywords

Meaning, intentionality, use, natural language, speech acts, illocutionary acts, propositional attitudes, attempts, action, felicity conditions, conditions of satisfaction.

1. Introduction

Following many philosophers, any adequate analysis of the nature of linguistic meaning must clarify the basic links between mind, language and the world. In the contemporary philosophical analysis of natural language[*1] and of mind in general, any account of the role and place of meaning in discursive interactions has to explain how the words that we use can represent both our ideas and the things to which we refer, as well as how our mind establish a correspondence between language and the world.

From the point of view of Grice (1957), Austin (1962), Searle (1979, 1983), Vanderveken (1990, 2013) and others, the representational character of language and mind is based on their directionality. Whenever we use words and express ideas we are directed towards objects and facts of the world. This is logically linked to the *intentionality* of human agents according to Brentano (1874). Thanks to intentionality we link our ideas to the words that we use and to the facts of the world that we represent. In traditional philosophy of mind, we are directed towards objects and facts in two ways; the mode of *sensorial perception*, and the mode of *conceptual representation*. When we have visual, oral, auditory, gustative and tactile perceptions, we have *sensorial presentations* of the facts towards which our mind is directed *2. When we have propositional attitudes like beliefs, desires and intentions, when we perform mental acts like judgements and decisions, and elementary illocutions like assertions, promises and directives, we refer to objects under concepts and we have propositional representations of the facts towards which our mind is directed. Propositional attitudes and elementary illocutions are paradigmatic cases of conceptual representations; *propositional attitudes* have a proper *psychological mode* and *elementary illocutions* a proper *illocutionary force* in addition to their *propositional content*. As Frege (1892) *3 pointed out, we always indirectly refer to objects through concepts in expressing propositions. So concepts that we conceive as well as properties and relations that we predicate of objects of reference are propositional constituents.

On the basis of such considerations, we can deduce that *intentionality* is the key of the relation between mind, language and world. Intentionality enables us to have access to the world in which we live (thanks to our five senses and our conceptual representations) so that we can experience and represent existing facts and, it gives us the possibility to transform the world as we need or want (thanks to our actions).

Since Grice's analysis *4, the notion of meaning is related to intentional properties. It now belongs to the field of philosophy of mind and action as well as to the field of philosophy of language. Grice analysed meaning in mental terms. According to him, meaning is derived from the intentions, beliefs and actions of interlocutors. Of course the words of any language are bearers of meaning in virtue of conventions adopted by the linguistic community of agents who use that language *5. Moreover the particular meaning of each specific utterance depends on the speaker's intentions. Grice defends the idea that both meaning and communication are ontologically dependent on the speaker's intentionality. His notion of speaker's meaning is based on certain propositional attitudes, namely *the speaker's intentions to produce certain effects on the hearer(s)*. Whoever makes an assertion intends to convince the hearer of the truth of the asserted proposition. Whoever gives an order intends to influence the hearer's behavior by trying to get him or her to carry out the ordered action. According to Grice, illocutions are then related to intentions to perform perlocutionary acts like acts of convincing and of influencing hearers. The basic notions of the taxonomy of speech-acts are due to Austin (1962) who was influenced by Frege's (1892, 1918–1923) considerations on meaning *6. In Frege's philosophy of language *7, *forces*, *senses* and *denotations* are the three basic components of sentence-meaning. According to Austin, speakers who use language in order to mean something to hearers, have in addition to the intention of producing oral sounds or graphic or gestural signs the intention of performing speech-acts that he called *locutionary*, *illocutionary* and *perlocutionary* acts. Here is an example which serves to distinguish these three types of speech-acts. When I use the sentence "Khan is a very wild dog" I intend to perform: first, a *locutionary act*: namely to *produce tokens* of the successive words of that sentence and to use its subject and verb phrases respectively to *refer to* Khan and to *predicate of* him the property of being a very wild dog *8; second, an *illocutionary act*: namely to assert the proposition that Khan is a very wild dog; and third a *perlocutionary act*: namely to get the hearer to pay attention to the represented fact.

Austin contributed to clarify illocutionary features of meaning. He first came to distinguish performative utterances from constative utterances. *Constative utterances* are by definition *true* whenever their propositional content represents a fact existing in the world and they are false otherwise. Unlike constative utterances, *performative utterances* are neither true or false but rather *felicitous* or *infelicitous* according to Austin. Thanks to felicitous performative utterances speakers have the power not only to describe but also to transform the world by doing what they say. As Austin pointed out, in the performative

726   Candida de Sousa Melo

use of language speakers do things with words. By making felicitous utterances of performative sentences as "I promise you to come" they perform present actions represented by performative verbs just saying they perform these actions by virtue of their utterance. Later, Austin generalized his theory. He admitted that even in making constative utterances of declarative sentences as "It is snowing" speakers intend to perform assertive illocutionary acts. Thus Austin gave to meaning a pragmatic dimension and insisted on the primacy of illocutionary acts. After all, meaning is linked to different kinds of speech-acts that we do in language use, and primarily to illocutions.

Grice, Austin and later other contemporary philosophers of language as Searle and Vanderveken have contributed to a systematic analysis of mental and illocutionary features of meaning. According to these authors, the basic units of meaning and communication in the use and comprehension of natural languages are entire illocutionary acts with felicity-conditions instead of propositions with truth-conditions. In their view, meaning and speech acts are inseparable. In order to be able to speak and understand a natural language we, linguistically competent speakers, must first of all be able to perform and understand certain speech-acts; illocutionary acts in particular. For that reason, their analysis of meaning and communication establish a link between mind, language and action. On one hand, our mind needs language in order to fully describe and change the world. On another hand, any meaningful use and comprehension of language require that we are provided with intentionality and even conscience so that we can *have* and *form* certain types of mental states (above all beliefs, intentions and desires) and moreover *make* certain speech-acts (above all acts of utterance, reference and predication, illocutionary and perlocutionary acts).

Having all this in mind, my primary aim here is to further develop the analysis of the very nature of meaning. In my view, in order to mean and communicate something we must inevitably attempt to perform illocutions, which are acts of conceptual thoughts directed towards objects and facts of the world. Now as Vanderveken (2005, 2008) pointed out, attempts are *per se* intrinsically intentional actions that we make rather than attitudes that we have. Consequently, meaning does not reduce to speaker's attitudes as Grice thought, but rather to speakers' attempts at performing illocutions, which are speech-acts of a new kind that neither Grice nor Searle considered*9. Such attempts can succeed or fail. As Austin pointed out, in order to succeed in performing an illocution a speaker must utter appropriate words in a good context. Thus meaning does not require the successful performance of attempted illocutions, as many philosophers and linguists wrongly think. In my view, whoever attempts to perform a public illocution by emitting signs makes a meaningful utterance, no matter whether he or she succeeds or fails to perform the attempted illocution. Notice that not all attempts we make to mean and communicate are acts of conceptual thoughts like attempts at performing illocutionary acts. Some are non verbal and non conceptual as voluntary attempts to move the body to emit sounds or produce graphic or gestural signs. Acts of utterance also require voluntary movements of the speaker's body, which are not conceptual acts.

I have made introductory and historical remarks on meaning in the first section. I will now successively analyse the very nature and the felicity-conditions of the act of meaning in the second and third sections. I will present my results in the conclusion.

2. On the Nature of Meaning

Traditionally, linguistic meaning is considered as a basic relation between language and the world. This relation is established thanks to sentences which are syntactic combinations of words serving to represent things and facts about which we think. However, words and sentences are not *per se* bearers of meaning. Their use is not sufficient for meaning * 10. Similarly facts that we represent do not have *per se* meaning. What is, then, the very nature of meaning?

To answer this question, I will assume on the basis of previous considerations that whoever really means something perform certain intentional, conscious and personal acts in making their utterances. In my view, artificial agents (like machines and robots) which follow programs but are deprived of consciousness and intrinsic intentionality do not really mean and understand what they say when they contribute to so-called intelligent automatic dialogues. They just *simulate* meaning and understanding as Searle (1980) pointed out in his Chinese room argument.

We are in principle free to choose the sentences that we use and we select our words with the purpose of performing illocutionary acts provided with felicity-conditions that we represent. In speech act theory, the main felicity-conditions of illocutionary acts are their conditions of success and of satisfaction * 11. Obviously, the existence of objects and facts in reality is in general ontologically independent from thinking agents. However, without us, used signs and represented objects and facts would not have any role in semiotic systems. For, semantic attributes or functions are not intrinsic to signs and even to utterances. We create and determine the meaning possibilities by virtue of our own intentionality.

There are two trends in contemporary philosophy of language. The logical trend founded by Frege, Russell and the first Wittgenstein explains how language is linked to the world and analyses meaning mainly thanks to the theory of reference and truth. In the traditional theory of truth by correspondence, a sentence expresses a true proposition when it represents an existing fact in the word * 12. According to the logical trend, the primary objective of semantics is to analyse the truth-conditions of expressed propositions. According to most philosophers of the logical trend, we understand the meaning of declarative utterances when we understand the truth-conditions of expressed propositional contents. Unlike others, Frege*13 noticed that many meaningful utterances do not serve to make assertions but other kinds of speech acts. He pointed out that interrogative sentences serve to ask questions, imperative sentences to give directives and exclamatory sentences to express attitudes. He discovered that meaningful utterances have a *force* in addition to a propositional content and argued that force is a component of meaning in addition to *sense* and *denotation*. Frege's discovery of forces influenced very much Austin who used Frege's term*14 in his general theory of speech-acts but did not make any reference to Frege's ideas in his book *How to Do Things with Words* that became central in the development of speech act theory in the trend of natural language analysis.

According to Grice, Austin, Searle and Vanderveken and most philosophers of the trend of natural language analysis, speakers who use language to represent facts link the propositional contents they express to the world with various illocutionary forces. They mainly intend to perform particular speech acts of the type called by Austin illocutionary acts which have felicity*15 rather than truth-conditions. The success-conditions of elementary illocutions are the conditions that must be fulfilled in a context of utterance in order that the speaker succeeds in performing these illocutions in that context. A success-condition of a promise is that the speaker commits himself to doing something. The notion of a satisfaction condition is a generalisation of the notion of truth that covers all illocutionary forces. Just as an assertion is satisfied when it is true, a promise is satisfied when it is kept, a command when it is obeyed and a request when it is granted. In speech-act theory, in order to understand a meaningful utterance one must understand under which conditions the speaker succeeds in performing the intended illocutionary act and what must happen in the world in order to that act be satisfied. The theory of meaning must then analyze mental and illocutionary features of illocutions in addition to the truth-conditions of propositions.

As I said earlier, Grice and Austin were the first to contribute to the analysis of mental and illocutionary aspects of the meaning. Searle (1969, 1979) who studied under Austin's direction in Oxford further developed speech-act theory and improved the analysis of meaning of his two Oxford masters (Austin and Strwason). Like them he claimed that meaning was logically linked to language use, speakers' attitudes and particularly to intended illocutionary acts * 16. But he went farther and developed a new and more adequate taxonomy of illocutionary acts * 17 and performative verbs * 18. He made important critical remarks against Austin's notion of locutionary act * 19 and introduced the new notions of *act of utterance* and *propositional act*. Utterance-acts serve to utter tokens of sentences. Propositional acts serve to express entire propositional contents. Searle also analysed important components of force like illocutionary points and preparatory conditions. In the eighties he developed entirely new ideas on language use when he developed his philosophy of mind in books like *Intentionality* and *The Rediscovery of the Mind*. Searle's analysis of meaning is now integrated in his general theory of intentionality, consciousness and action. Let us now consider Searle new ideas.

Searle criticised Grice in distinguishing sharply the meaning intention from the communication intention. According to him:

> We need a clear distinction between representation and communication. Characteristically a man who makes statements both intends to represent some fact or state of affairs and intends to communicate this representation to his hearers. But his representing intention is not the same as his communication intention. Communicating is a matter of producing certain effects on one's hearers, but one can intend to represent something without caring at all about the effects on one's hearers. (1983: 165)

Searle defends here two important ideas: First, he underlines the link between meaning and representation. There is no meaning without representation. The intention to represent is part of the meaning intention. On the other hand, he makes a clear distinction between meaning and communication. According to him, the relation between the two types of intentions is not symmetric. For one can intend to represent without intending to communicate. For example:

> One can make a statement without intending to produce convictions or beliefs on one's hearers or without to get them to believe that the speaker believes what he says or indeed without even intending to get them to understand it at all. There are therefore, two aspects to meaning intentions, the intention to represent and the intention to communicate.   (Searle 1983: 165)

Thus the communication intention depends on the meaning intention but not the opposite. On Searle's approach, we can have private thoughts in mind without being obliged to communicate them to anybody. Naturally, we can, in principle, always publicly express and communicate our private thoughts using a public language[*20]. Such a communication is even necessary when we want to interact with others. However, and this is very important, we can express thoughts without wanting to communicate. It is the reason why Searle and Vanderveken pointed out:

> First, we need to distinguish those acts that require an overt public performance from those which can be performed in silent soliloquy. Declaring war and resigning from office require a public performance, conjecturing and asserting do not. All hearer-directed acts where the hearer is not identical with the speaker require a public performance.   (1985: 180)

In short, we can, in our mind, represent how things are and even, I will add, commit ourselves to future actions, without being obliged to communicate that to anyone. On Searle's analysis, the agent's intention to communicate is simply the intention that the hearer understands his or her meaning intention. We can sometimes have the meaning intention without having the communication intention but the converse is impossible. Many assertive and commissive illocutions do not require a public performance. Only in particular cases where the success of the attempted illocutionary act requires a public performance directed at a different hearer, we cannot intend to mean without intending to communicate. Thus, we cannot accept an offer, supplicate, command or fire someone else without intending to communicate our meaning intention to that person. Nevertheless, the two intentions can be logically distinguished: for they have different conditions of satisfaction. Suppose I promise to help someone who does not understand my utterance. Because of a noise he or she was unable to hear my words. I have tried to make that promise. So, I have meant something even if I failed to communicate.

Later Searle adopted an evolutionary point of view for meaning which is a consequence of his evolutionary approach of the mind. He argued that meaning is a type of intentionality of a very sophisticated level which only human beings can have:

> From an evolutionary point of view, just as there is an order to priority in the development, language and meaning, at least in the sense in which humans have language and meaning, come very late. Many species other than humans have sensory perception and intentional action, and several species, certainly the primates, have beliefs, desires, and intentions, but very few species, perhaps only humans, have the peculiar but also biologically based form of Intentionality we associate with language and meaning. (1983: 160)

In his view, language and meaning are peculiar to the human species. Because meaning requires the understanding of felicity-conditions of attempted speech acts, Searle argues that meaning is a matter of imposing conditions of satisfaction on conditions of satisfaction. According to Searle:

> The key element in the analysis of meaning intentions is simply this: For most types of speech acts, meaning intentions

are at least in part intentions to represent, and an intention to represent is an intention that the physical events which constitute part of the conditions of satisfaction (in the sense of things required) of the intention should themselves have conditions of satisfaction (in sense of requirement).

(1983: 167–168)

Let us remember that in philosophy of mind the notion of a condition of satisfaction is also a generalisation of the notion of truth that covers all psychological modes. Just as *beliefs* are *satisfied* when they are *true*, *desires* are *satisfied* when they are *realised* and *intentions* when they are *executed*. In Searle's analysis, we impose to the satisfaction-conditions of our first intention (to utter a token of the selected sentence) the satisfaction-conditions of our second more important intention (to perform the intended illocutionary act). We voluntarily make our utterance with the intention to perform a certain illocutionary act and this attempted act is what we mean. Thus Searle proposes a more unified theory of language use: speech-act theory is now based on the theory of intentionality and the theory of meaning is based on the two theories.

But what is exactly the process of imposing conditions of satisfaction to other conditions of satisfaction in Searle's philosophy? In order to answer this question I will analyse in detail (in the next section) the felicity-conditions of the act of meaning conceived as a linguistic attempt to perform an illocution. What are its proper success and satisfaction conditions? Attempts to perform speech acts are by nature intrinsically intentional actions that speakers can only make voluntarily. As Vanderveken (2008, 2014) pointed out, attempts are necessarily successful actions, in the sense that whoever attempts to make an attempt *eo ipso* makes that attempt by *forming* his or her intention to make it. Unlike most other actions, it is sufficient to attempt to make an attempt in order to make it. However any agent who makes an attempt intends to do something else. We have another more important objective that we want to achieve by making that attempt. The objective of an attempt to raise one's hand is to raise the hand. In order to achieve an objective we must make a good attempt in the right circumstance. We can form the intention to raise one's hand without succeeding in raising it when we are prevented. An attempt is by definition *satisfied* if and only if the agent succeeds in achieving its objective.

In my view, to mean is first of all to attempt to use words of a sentence. The speaker achieves the objective of that first attempt when he or she succeeds in producing a token of the chosen sentence. When we do not succeed in uttering the right words (we are unable to produce our tokens) or when we utter wrong words (we make a slip of the tongue), our first intention is not executed; we fail to make the intended utterance. When we succeed in making the intended utterance and mean what we say, that utterance constitutes a second attempt to perform the illocutionary act expressed by the uttered sentence. In making an act of utterance we make more than produce sounds or marks; we give moreover a meaning to the words that we use in the context. We utter them in order to perform the expressed illocutionary act. We therefore add to the satisfaction-conditions of the first attempt (whose sole objective is to utter the right sentence), the satisfaction-conditions of the second attempt (whose purpose is to perform the intended illocutionary act). In summary, in any meaningful utterance the speaker attempts to utter a sentence with the intention to perform an illocutionary act mentally or publicly. The satisfaction-conditions of the main attempt are identical with the success-conditions of the intended illocutionary act.

3. Conditions of felicity of the act of meaning

In speech-act theory, illocutionary acts are intrinsically *21 intentional actions. We cannot perform them involuntarily. Performed illocutions are always attempted. The success-conditions of elementary illocutionary acts of the form $F(P)$ with a force F and a propositional content P are defined with precision in *Foundations of Illocutionary Logic*. Here are the success-conditions of acts of meaning given the nature of attempted illocutionary acts. As I said earlier, in order to make an attempt it is sufficient to *form the intention* to make that attempt. Some attempts to move the body are more difficult than others. It is relatively easy to form the intention to raise one's hand. It is more difficult to form the intention to make other body movements like to jump higher than 2 and half meters. The same holds for attempts to perform illocutionary acts. It is relatively easy to form the intention to assert one's existence. It is more difficult to form the intention to confirm Goldbach's conjecture. Whoever tries to perform an elementary illocutionary act of the form $F(P)$ in a context must attempt to achieve the following objectives:

1) First, he or she must try to make the right utterance in order to express the intended illocutionary act. For that purpose, he or she must make certain body movements. In the case of oral utterances, he or she must activate vocal cords, larynx, muscles of the mouth (tongue, lips, jaw), in the case of written utterances, he or she must move muscles of the arm, hand and fingers. In the philosophy of action, such voluntary attempts to move the body are presentations rather than representations of the attempted act. They are by nature non-conceptual actions.

2) In making his or her utterance, the agent must perform the right propositional act, that is to say express the propositional content P of the attempted illocutionary act. For that purpose he or she must make adequate acts of reference and of predication. Whoever expresses a proposition predicates properties or relations to objects of reference. Moreover, he or she understands under which conditions that proposition is true.

3) In making his or her utterance, the agent must also express the illocutionary force F and relate the propositional content P to

the world with that force. Whoever expresses an illocutionary force has in mind all its components *22. Whoever attempts to perform an illocution knows under which conditions he or she can succeed.

4) For that reason, the agent must try to achieve the illocutionary point of force F on the propositional content P with the mode of achievement proper to F. Whoever attempts to resign from a position must attempt to terminate his or her tenure of that position by virtue of the utterance.

5) He or she must also express a propositional content P that satisfies the propositional content conditions of the force F in the context of utterance. The propositional content of an attempted prediction must be a future proposition with respect to the moment of the utterance. Predictions are directed towards the future.

6) He or she must moreover presuppose that all preparatory conditions of illocutionary act $F(P)$ are fulfilled in the context of utterance. Whoever attempts to make a promise must presuppose that the promised action is good for the hearer.

7) Finally, the agent must attempt to express with the degree of strength of F all mental states that enter in the sincerity conditions of the illocution $F(P)$. Whoever attempts to apologise must try to express regret.

By virtue of its intentional nature, the act of meaning is directed towards reality. It has conditions of success. I have distinguished the different kinds of actions that any act of meaning contains: attempts to move the body and to perform speech acts like acts of utterance, propositional acts, acts of presupposition and attempts to achieve illocutionary points and to express attitudes. In order to make all these attempts the agent must form at the moment of utterance the corresponding intentions-in-action (Searle 1983) *23. In that case, he or she succeeds in making a meaningful utterance. For short, a meaning-act is successful in a context when the agent *forms* the intention to perform all constitutive actions of the attempted illocution. One executes one's meaning intention when one succeeds in performing the attempted illocution. As I already said, the satisfaction-conditions of an attempt are the success-conditions of the attempted action. As we can expect, acts of meaning with stronger satisfaction-conditions have stronger conditions of success. When an illocution strongly commits the speaker to another, whoever attempts to perform the first illocution attempts to perform the second. We cannot attempt to make a prediction without attempting to make an assertion.

4. Conclusion

On the basis of previous considerations, I will give short answers to questions raised on the nature of meaning.

First question: What is meaning in language use?

Meaning is before all an act. To mean linguistically is to make a double attempt: first to try to move one's body in order to utter words; second to try to perform thanks to one's utterance an illocutionary act. The first attempt to move the body is neither conceptual nor verbal. The second attempt is a conceptual thought. The act of meaning has therefore both a presentational and a representational aspect.

The second question is linked to the first: Why do we make a distinction between the act of meaning and the illocutionary act?

We mean something when we attempt to perform an illocution, no matter whether we succeed or fail. In order to mean something it is sufficient to attempt to perform an illocution. For that purpose it is sufficient to form the intention to make that attempt. However in order to succeed to perform an attempted illocution, we must make a good attempt and use appropriate words in the right context. For example, in order to give an object to someone, we must well name that object and also possess it. Whoever uses a wrong name of the object that wants to give or refers to a wrong object fails to give the object in question. However, he or she meant something when he or she tried to give it. From a logical point of view, the success of the meaning act is independent from the success of the attempted illocution. Only the satisfaction of the meaning act depends of the success of the attempted illocution.

Third question: What are the essential features of the act of meaning?

Because they are attempts, acts of meaning have all features of intrinsically intentional actions. As Vanderveken pointed out, they are personal, voluntary, and free. Only the agent himself can make his or her own attempts; no one else can make them. Nobody can make an involuntary attempt. Whoever makes an attempt could not make it. So our acts of meaning are free and voluntary like illocutionary acts. However, unlike illocutions which can in general be performed by several people, our acts of meaning are private, in the sense that only the agent can mean what he or she personally means in making an utterance. Different speakers can of course attempt to perform the same illocution in different contexts but they make these attempts by making different voluntary movements of their body.

The fourth question is linked to the first: What is the direction of fit of the act of meaning?

Acts of meaning like all attempts and intentions have the direction of fit from world to mind. When we succeed in meaning something, our attempt to mean something by our use of language causes our act of meaning. When moreover we succeed in performing the attempted illocution, our attempt to perform that illocution causes that very illocution. Similarly, when we execute a meaning intention, that intention is a cause of the intended illocution.

The fifth question is linked to the previous one: How is it possible to go from the physical level to the semantic level?

I mentioned above the capacity of the mind to represent objects and facts of the world by the means of conceptual thoughts. As Searle (1995) pointed out, this capacity is linked to the capacity to symbolize which is proper to human mind. We are able to attribute to objects and purely physical entities (like words and their instances) statutes and functions that they do not have intrinsically. Doing that, we pass from the physical level to the semantic level. So by virtue of our power to represent and to symbolise, we can transform the world. We can bring about that certain things (words) have in certain conditions semantic properties which are totally foreign to them.

The sixth question is an extension of the previous one: Why do we have to distinguish between linguistic meaning and speaker meaning?

Words alone cannot mean anything. Only intentional agents who use them in order to express and communicate their thoughts can give them meaning. Linguistic meaning is derived from the intentionality of agents. Agents of linguistic communities can assign a linguistic meaning to word types by adopting conventions. Agents who adopt conventions make declarations. Now there are ambiguous words with two senses. When agents use words in order to make a meaningful utterance, they must give a specific sense to ambiguous words and express one illocutionary act. They can moreover mean something else than what they say when they speak ironically, metaphorically or indirectly. In that case they can attempt to perform a non-literal illocution that is different from the illocution expressed by the sentence that they use. The speaker's meaning is then different from the sentence meaning in the context of utterance.

---

*1   Like Lycan W. G (1999) I use the expression "natural language" instead of "ordinary language" to refer to languages developed through time by human communities in opposition to formal or artificial languages invented by mathematicians, logicians and computer engineers.

*2   The features of our conscious sensorial impressions are distinct from the features of objects perceived. In order to be real perceptions, our sensorial presentations of facts must of course be caused by them. Otherwise, they are hallucinations. The features of our conscious sensorial impressions are distinct from the features of objects perceived.

*3   This account was developed by Frege (1918–23).

*4   Paul Grice is may be the first contemporary philosopher to sustain the idea that linguistic meaning is completely derived form human thoughts (attitudes). In his paper (1957) Grice wants to reduce the meaning of utterances to speakers' intentions.

*5   Thanks to intentionality, the agents can attribute to objects and physical events like graphic and oral signs semantic properties they do not have intrinsically. See Searle (1998).

*6   See Geach P & Black M (1977). Also Frege (1892).

*7   See Dummett M (1981).

*8   According to Austin locutionary acts contain *phonetic* acts of producing sounds, *phatic* acts of uttering words and *rhetic* acts of using them in order to refer.

*9   See Vanderveken D (2013).

*10   See the Chinese room argument presented by Searle (1980).

*11   Felicity-conditions are now considered in the theory of intentionality and the general theory of action.

*12   Of course propositions can have different truth values in different possible circumstances. The proposition that it is raining in Natal is true at certain moments and false at other moments of utterance.

*13   See his paper Der Gedanke. (In English 1977).

*14   Frege used the German term "Kraft" that means force. Austin who traduced Frege's book *Foundations of Arithmetic* in English borowed this Frege's notion and call illocutionary force.

*15   The terms "illocutionary" and "felicity" come from Austin's terminology.

*16   See Searle (1969 chap. 2).

*17   See his paper A Taxonomy of Illocutionary Acts (1975).

*18   See Searle and Vanderveken (1985 ch 9).

*19   Searle (1968) Austin on Locutionary and Illocutionary Acts. Philosophical Review Vol LXXVII n° 4.

*20   Searle (1969) advocated a general principle of expressibility of conceptual thoughts following which anyone has a conceptual thought can in principle express it using language.

*21   About that see Melo and Vanderveken (2018).

*22   The componentes of a force are its Illocutionary point, mode of achievement of point, propositional contente, preparatory conditions and its degree of strength.

*23   See chapter 3 on intentions-in-actions.

References

Austin J. L. (1962) *How to Do Things with Words*. Clarendon Press.

Brentano F. (1911) (1874) *Psychology from an Empirical Standpoint*. Routledge.

Dummett M. (1981) *Frege: Philosophy of Language*. Cambridge University Press.

Frege G. (1892) Sinn und Bedeutung. Translated in English in P. Geach & M. Black (eds.) *Translations from the Philosophical Writings of Gottlob Frege*. Oxford: Blackwell, pp.56–78, 1970.

Frege G. (1918–23) Der Gedanke. Die Verneinung. Gedankengefüge. Translated in English in G. Frege (1977) *Logical Investigations*. Yale: Yale University Press.

Geach P. & Black M. (eds.) (1977) *Translations from the Philosophical Writings of Gottlob Frege*. Basil Blackwell.

Grice H.P. (1957) Meaning. In *Philosophical Review* Vol.66 pp.677–688.

Lycan W.G. (1999) Philosophy of Language. In R. Audi (ed.) *The Cambridge Dictionary of Philosophy 2ª ed*. Cambridge University Press pp.673–676.

Melo, C. de S. and Vanderveken, D. (2018) "On the Intrinsically Intentional Nature of Illocutionary Acts" In *Studies in Language and Literature*. Vol.38, No.1–2, pp.59–91.

Searle J.R. (1968) Austin on Locutionary and Illocutionary Acts. *Philosophical Review* Vol. LXXVII n°4.

Searle J.R. (1969) *Speech Acts*. Cambridge University Press.

Searle J.R. (1975) A Taxonomy of Illocutionary Acts. In K. Gunderson (ed.) *Language, Mind and Knowledge*. University of Minesota Press.

Searle J.R. (1979) *Expression and Meaning*. Cambridge University Press.

Searle J.R. (1980) *Minds, Brains and Programs*. Behavioral and Brain Sciences Vol.3 pp.417–57.

Searle J.R. (1983) *Intentionality*. Cambridge University Press..

Searle J.R. and Vanderveken D. (1985) *Foundations of Illocutionary Logic*. Cambridge University Press.

Searle J.R. (1998) *Mind, Language and Society*. Basic Books

Vanderveken D. (2005) Attempt, Success and Action Generation: A Logical Study of Intentional Action. In D. Vanderveken (ed.) *Logic, Thought and Action*. Springer pp.315 – 342.

Vanderveken D. (2008) Attitudes, tentatives et actions. In D. Vanderveken & D. Fisette (eds.) *Actions, Rationalité & Décision – Actions, Rationality & Decision*. College Publications.

Vanderveken D. (2013) Towards a Formal Discourse Pragmatics. In *International Review of Prgmatics* Vol.5 n°1 pp.34–69.

Vanderveken D. (2014) Intentionality and Minimal Rationality in the Logic of Action. In T. Müller (ed.) *Nuel Belnap on Indeterminism and Free Action*. Dordrecht: Springer. pp.315–341.

Wittgenstein L. (1922) *Tractatus logico-philosophicus*. Kegan Paul.

ドイツ語の談話標識 Weißt du was?
［英 You know what?］の通時的発達
説教集、戯曲、小説、映画における言語使用から見る変化の経路

佐藤恵

要旨

Traugott（1982）のモデルによれば、言語形式はマクロレベルで見ると「命題的＞テクスト的＞表出的」という経路で変化する。ドイツ語の Weißt du was? という表現には、このモデルに合致した通時的発展が確認できる。「あなたは、何が〜かを知っているか」という《命題的な意味》をもたず、テクストとテクストをつないで、《話し手の後続の発言に対して聞き手に注意喚起する》という用法が 17 世紀末に生じた。これがさらに 18 世紀後半からは、後続する《提案》にとくに注意喚起する用法も加わった。《表出的な》機能は、Weißt du was? についてはまさに 21 世紀初めの現在において進行中であるとみなすことができる。

キーワード

言語変化、談話モデル、文法化、話しことば、ドイツ語史、辞書記述

1. はじめに

1.1 談話標識とはなにか

例えば日本語の場合、「実は」と言われると、聞き手はこのことばを手がかりにして「今から（後続する発話に）、打ち明けのような大事な内容がくる」と予測することができる。また、「ところで」と言われると、聞き手はこのことばを手がかりにして「後続の

発話に今までとは別の、新しい話題がくる」ということを予想する。このような「実は」とか、「ところで」といった表現が、談話標識 (discourse marker) と呼ばれるものである。Fraser のことばを借りるならば、談話標識は、話が進行するなかで「話し手の潜在的なコミュニケーション上の意図を伝える、言語による手がかり」(Fraser (1996: 169)) として機能している。このような手がかりが談話のなかに置かれることによって、聞き手は「発話が生産され、解釈されるべきその時々のコンテクスト」(Schiffrin (1987: 326)) に合致した理解をすることができるのである。談話標識は、談話が進行するなかで「コンテクスト上の座標を提供する装置」(Schiffrin (1987: 41)) として機能する。そして、談話標識は形式的な文法範疇ではなく、機能として見たときに、初めてひとつの範疇として成立するのである（Brinton (2010: 285–286) を参照）*1。

　ドイツ語に関しても、英語に関する談話標識研究に依拠しながら談話標識の研究が始まり、Diskursmarker という少しドイツ語化された呼称のもと、Peter Auer と Susanne Günthner が研究を推進してきた。その成果として、従属接続詞 weil [英 because] と obwohl [英 though]、関係節を形成する副詞 wobei [英 whereby, whereat] の談話標識化の研究を挙げることができる。これらの語は、発話の左方周辺部（LP : Left Periphery）*2 に置かれ談話標識化して、従属節では定動詞後置の語順（動詞が従属節の最後に置かれる語順）であるはずのところ定動詞第 2 位（動詞が 2 番目に置かれる語順）となり、先行発言に対する話し手による主観的な根拠づけ、制限づけ、訂正などが行われることがわかっている*3。

1.2　談話標識に至る経路

　さて本論文では、ドイツ語の Weißt du was?（Wissen Sie was?/ Wisst ihr was?）*4 [英 You know what?] という文形式の談話標識の通時的発達を論じる。談話標識に関する通時的研究は、「文法化・主観化・間主観化との関係で描かれ」（高田・椎名・小野寺 (2011: 30)) てきた。Traugott (1982) の「一方向仮説」によれば、談話標識も含むさまざまな言語形式は、「文法化」するなかで、

命題的 propositional ＞テクスト的 textual ＞表出的 expressive
という意味論的・語用論的経路（path）に従って発展する。「テクスト的」になるとは、単なる命題的な機能を脱して、先行する発話と後続する発話をつなぐ働きをし、「結束性を持った談話を作り上げる」（Traugott（1982: 248））機能を持つことである。一方「表出的」になるというのは、「目下進行中の発話の内容、テクストそのもの、また他者に対する話し手の態度」（ibid.）を表す機能を持つこと、Brinton（2008）の表現では、「対人関係的な機能」（Brinton（2008:17））を持つことである。

　本論文の研究対象である談話標識の Weißt du was? は、例えば「いいこと？」という日本語に訳すことができる。「いいこと？」と言われると、聞き手はこのことばを手がかりにして、後続の発話に注意すべき重要な内容がくると予想する。またさらに、状況によっては「いいこと？！」という表現には主観的なニュアンスが加わっていて、苛立ちなどの話し手の態度を表出することもある。本来は「良い事（事柄）である」という命題的な意味内容を表していたものが、発話と発話をつなぐ談話標識となり、さらにその談話標識が話者の態度も表すようになっていると考えると、「いいこと」という日本語の表現は一方向仮説に合致していると考えることができる。「談話標識は、その分布と機能の面で言語による特有性が高い。しかしそれにもかかわらず、マクロレベルでは極めて類似した経路が存在すると思われる」（Traugott and Dascher（2002: 156））と、Traugott and Dascher（2002）は主張する。ではドイツ語の Weißt du was? も、「命題的＞テクスト的＞表出的」という変化の経路をたどってきているのであろうか？

2. 通時的変化を捉える方法

2.1 用例の採取（談話標識としての最初の用例）

筆者は、バイエルン州立図書館をはじめとする図書館でデジタル化が進められている 1750 年までの印刷書籍（62 冊）、*Deutsche Literatur von Lessing bis Kafka*（1997）および *Deutsche Literatur von Frauen* (2001) に収められた文学作品（121冊）、そして Projekt Gutenberg-DE (2013) に収められた戯曲（79冊）をデータとして、Weißt du was? の用例を探った。その結果、談話標識と判断される Weißt du was? が計122例採取できた。その内訳は、以下の通りである：

1)　1686〜1748年の説教集（賛美歌も含む）全21点に31例
2)　1741〜1916年の文学作品全61点に91例（うち戯曲21点に37例）

筆者が調査した限りにおいて、談話標識としての Weißt du was? の用法が初めて確認できたのは1699年の説教集においてであった。次の2つの用例を比較しておこう。どちらも説教集からの例である。

（1）Anonym (1630)『神の奇跡について』（説教集）

Nun gehe ich nicht in trawrigen Gedancken: <u>Weißt du was ich gedencke?</u>
(1630: 71)

「いまや私は悲観などしていない。<u>そなたには何を私が考えているかわかるか。</u>」

（2）Anonym (1699)（説教集）

Hochwehrteste Zuhörer/ wissen sie was? Amor vult amari: Die Lieb erfordert gegen-Lieb: dann dem Sprichwort gemeß […]
(1699: 164)

「高貴なる聴衆のみなさん、 いいですか、 愛はまた、愛されることを必要とするのです。ことわざにもあるように……」

（1）では Weißt du（「そなたは知っているか？」）が疑問詞 was（「なに」英 what）に導かれた従属節を目的語としていて、「あなたは、何が〜であるか知っていますか？」という実質的な内容を問う「命題的」な意味がある。それに対して、（2）では、疑問詞 was に導かれた従属節が縮約して疑問詞 was だけになっていて、命題的意味は希薄化し、談話が進行するなかで話し手は後続の発言（「愛はまた、愛されることを必要とするのです。」）に対して聞き手の注意を喚起するテクスト構成上の働きをしている。つまり談話標識化しているのである。

　3節以下で、Weißt du was? が談話のなかで談話標識化していく

歴史的経路についてより詳細に見ていくが、その前に、そもそも「談話」とは何か、「談話」をどう捉えることができるのかについて考えておきたい。

2.2　Schiffrin (1987) の談話モデル

Schiffrin (1987) は、5つの観点から談話を分析するモデルを提案している。

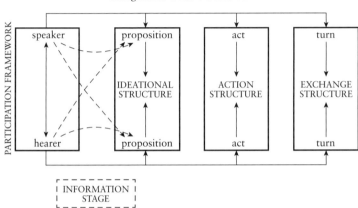

図1　Schiffrin (1987) の談話モデル (Schiffrin (1987: 25))

その5つの観点は、A) から E) までナンバリングして、次のようにまとめることができる*5。

A) 参加者構造 (participation framework)：
「話し手と聞き手は、お互いに関係し合っている（話し手と聞き手の関係）。それと同時に、話し手と聞き手は（中略）トーク、つまり彼らが生み出すものにも関わっている（話し手・聞き手と発話の関係）。」(Schiffrin (1987: 27))

B) 情報構造 (information state)：
「情報構造は、（中略）知識とメタ知識に関わる認知的なものである。（中略）話し手と聞き手の知識とは、話し手が知っていること、聞き手が知っていることである。（中略）話し手・聞き手のメタ知識とは、話し手と聞き手が互いに何を知っているかについて把握している知識のことであり、またそれぞれの知識の基礎となるものの、どの部分を相手と共有しているかについて把握している（もしくは、把握していると仮定している）知識のことである。」(Schiffrin (1987: 28))

C) 観念（命題）構造 (ideational structure)：
「観念構造における単位は、意味に関わるものである。つまり命題、あるいは観念と私が呼ぶものである。」(Schiffrin (1987: 25))
D) 行為構造 (action structure)：
「どのような行為が先行するのか、どのような行為が意図されているのか、どのような行為を後続させようと意図されて、実際にどのような行為が後続するのか。（中略）行為は無秩序に並んでいるわけではなく、パタンがあり、その行為を予測することが可能である。」(Schiffrin (1987: 25))
E) やりとり構造 (exchange structure)：
「やりとり構造におけるトークの単位を（中略）、私はターン（話順）と呼んでおく。それには問い－返答、挨拶－挨拶といった、状況により重要な隣接応答ペアも含まれる。」(Schiffrin (1987: 24))

　以下では、この Schiffrin (1987) の談話モデルに依拠して、Weißt du was? がたどってきた変化の経路を検証したいと思う。すなわち、話し手と聞き手とがどのような関係にあり〔A：参加者構造〕、発話内容は話し手と聞き手によって共有された知識であるのか〔B：情報構造〕、発話がどのような意味内容を表しているのか〔C：観念（命題）構造〕、発話のなかでどのような行為（例えば提案、批判）が行われているのか〔D：行為構造〕、ターン（話順）はどう展開されるのか〔E：やりとり構造〕という観点から談話を分析しながら、Weißt du was? についての歴史的考察を行う。

3. 機能変化の歴史

3.1 段階 1a：後続の発言に対して注意喚起する機能（談話標識）

　Schiffrin (1987) の談話モデルにしたがって分析すると、2.1で見た（1）と（2）は、次のように分析できる。（1）、（2）ともに、話し手（書き手）は説教者、聞き手（読み手）は聴衆である〔A：参加者構造〕。また、どちらの例においても話し手は、聞き手が当該の情報を知っているかどうかを知らない、もしくは聞き手は知らないと仮定している。つまり、後続の情報は聞き手にとって重要な新情報であると言える〔B：情報構造〕。「D：行為構造」と「E：や

りとり構造」については、この（1）と（2）は次に述べる点で大きく異なっている。つまり、（1）では話し手が示す内容について聞き手が知っているかどうかを問うという「行為」が行われているのに対して、（2）では「高貴なる聴衆のみなさん」という呼びかけの直後に置かれたこの談話標識は、聞き手の注意を喚起し、後続の発言への関心を高めるという行為がなされているのである〔D：行為構造〕。また、（1）では話し手が問うことで、聞き手が答えるよう話し手は聞き手にターン（話順）を与えている（ただし、修辞疑問文的で、ターン交替を実際には促していないという解釈も可能であろう）が、（2）では Wissen Sie was? と言うことで、話し手がターン（話順）を取っている〔E：やりとり構造〕。

　（2）のように、〈話し手が聞き手の注意を喚起し、聞き手にとっての新情報を話し手が提示することを予告し、自らのターンを保持する〉用例を、「段階 1a：後続の発言に対して注意喚起する機能（談話標識）」と呼んでおく。18 世紀前半の説教集から、このタイプの例をもうひとつ見てみよう。

　（3）　説教集『聖人たちの最高の栄誉と徳について』（1722）

　　　Weist du was Prediger? ich will eines thun: um diese Seel zu
　　　gewinnen [⋯]　　　　　　　　　　　　　　　　　　（1722: 292）
　　　「実は司祭様、私にはやりたいことがあるのです。この魂を
　　　得るために、私は……」

　ここでは、話し手は信者であり、聞き手は司祭である〔A：参加者構造〕。また、（2）の場合と同様、後続の情報は聞き手にとって重要な新情報である〔B：情報構造〕。話し手であるその信者は、「司祭様」という呼びかけを直後に置いて、聞き手である司祭の注意を喚起し、後続の発言への関心を高めるという行為を行っている〔D：行為構造〕。また Weist（Weißt）du was と言うことで、話し手がターンを保持している〔E：やりとり構造〕。

　談話標識としての Weißt du was? の例が説教集に見出せたのは、偶然ではないであろう。談話標識は、典型的には、まさに話される「談話」において出現するものである。それがゆえに、談話標識としての用法は、説教者が（バーチャルな読者を含む）聞き手に話し

ドイツ語の談話標識 Weißt du was?〔英 You know what?〕の通時的発達　749

かける説教集においては期待できるのである。

3.2　段階 1b：　後続の提案に対して注意喚起する機能（談話標識）

さらに時代が下って 18 世紀後半になると、説教集だけではなく、戯曲をはじめとする文学作品のなかの会話部分に談話標識 Weißt du was? の例が多く見られた。Henne (1980) は、「劇作家は、会話を戯曲の筋書きのなかで構想しているという点で、自らが談話分析者である」(Henne (1980: 94)、高田・椎名・小野寺 (2011: 16)) と述べ、文学作品における会話部分を過去の話しことばの資料とすることを支持する発言をしている。また Coulthard (1985) は、「劇のテクストは、疑似会話を遂行するための台本であり、もともと実際の会話を分析するために開発された技術を使ってうまく接近できるものである」(Coulthard (1985: 182)、クールタード (1999: 287)) としている。さらに Betten (1977) によれば、文学作品における会話は、談話の特徴が様式化されているという面がある一方で、談話の特徴が「凝縮」(Betten (1977: 359)) されている。「自然な会話の場合のほうが、テクストの組織化がはるかに緩く」(ibid.)、疑似会話のほうに凝縮された会話特徴が見られるという指摘である。

さて、実際に文学作品の会話文中で用いられている Weißt du was? を見てみると、興味深いことがわかった。説教集では多くの場合 Weißt du was? の後には命題を表す文（事実を述べる文）が続くのに対して、文学作品の会話部分には、談話標識に命題を表す文が後続するのではなく、聞き手に対して依頼（「〜して下さい」）、勧誘（「〜しましょう」）する文や、話し手が意思表明（「〜したいと思います」）する文が相当数あるという点である。それは、聞き手に注意を喚起するだけでなく、聞き手に提案するという「行為」を行うタイプである。これを「段階 1b：後続の提案に対して注意喚起する機能（談話標識）」と呼んでおく。文学作品に見出された全 91 例の談話標識のなかに、このタイプが 47 例確認できた。

その最初の例は、レッシング (Gotthold Ephraim Lessing, 1729–

1781)の『ミンナ・フォン・バルンヘルム』（1767年）という喜劇
からの例である。ここでは七年戦争（1756–1763）に勝利したプロ
イセンの男性と、敗れたザクセン地方の女性との恋が描かれている。
令嬢ミンナが、あるホテルの主人に「提案」をする場面で Wissen
Sie was が使用されている。

（4）レッシング『ミンナ・フォン・バルンヘルム』（1767）

第2幕第2場

Das Fräulein.　Franciska, bist du toll? – Herr Wirth, die
　　　　　　　　Nasenweise hat Sie zum besten. –

Der Wirth.　　Ich will nicht hoffen! Zwar mit meiner Wenigkeit
　　　　　　　　kann sie scherzen so viel, wie sie will; nur mit
　　　　　　　　einer hohen Policey –

Das Fräulein.　Wissen Sie was, Herr Wirth? – Ich weiß mich
　　　　　　　　in dieser Sache nicht zu nehmen. Ich dächte, Sie
　　　　　　　　ließen die ganze Schreiberey bis auf die Ankunft
　　　　　　　　meines Oheims. [...]

（Lessing 1770 [1767]: 50）

令嬢　フランツィスカ、ばかな真似はおよしなさいったら！－ね
　　　え、御主人、この子、生意気にあなたをからかっているの
　　　ですよ。－

主人　そういうことは、なさらないでいただきたいものです。私
　　　ごときものをおからかいになるのはいっこうにかまいませ
　　　んが、警察までおからかいになりますと－

令嬢　こうしたらどうかしら、御主人？この件、どう扱ったら
　　　いいのか、わたしにはわかりませんから、その書類への記
　　　入は、伯父が到着してから全部まとめてなさったらいかが
　　　でしょう？　　　　　　　　　（レッシング（1972: 112））

この場面での話し手は貴族の令嬢、聞き手は宿泊先の主人であ
る〔参加者構造〕。ホテルの主人が主人公である令嬢（ミンナ）に
宿泊の目的を尋ねたところ、代わりに令嬢の女中フランツィスカ
が「王様のところから、（ミンナの元婚約者である）将校さんをか
っさらって行くため」であると話す。女中フランツィスカの発言を

ドイツ語の談話標識 Weißt du was?［英 You know what?］の通時的発達　　751

受けて令嬢は（この場面で）ホテルの主人に「フランツィスカはあなたをからかっているだけ」であると言い、"Wissen Sie was, Herr Wirth?"「こうしたらどうかしら、御主人？」と聞き手の注意を喚起し、話題を本来の「旅の目的」に戻している。そしてその後、宿泊者の個人情報や旅の目的などについて書類に記入するのは（後から来ることになっている）自分の伯父がホテルに到着してからにすればどうかという提案を行っている〔行為構造〕。「やりとり構造」という観点から見ると、ホテルの主人が女中フランツィスカに話しかけているところに令嬢が割り込む形で Wissen Sie was? と話しかけているので、この談話標識でもって話し手のミンナはターンを取っていると言える。そして後続の情報は、聞き手にとって重要な新情報である〔情報構造〕。

次に挙げるのは、レンツ（Jakob Michael Reinhold Lenz, 1751–1792）による喜劇（1774 年）からの例である。

（5）レンツ『家庭教師』（1774）第 1 幕第 5 場

Fritz. Sie werden nicht Wort halten Gustchen. Sie werden mir nicht schreiben, wenn Sie in Heidelbrun sind, und dann werd' ich mich zu Tode grämen.

Gustchen. Glaubst Du denn, daß Deine Juliette so unbeständig seyn kann? O nein; ich bin ein Frauenzimmer; die Mannspersonen allein sind unbeständig.

Fritz. Nein, Gustchen, die Frauenzimmer allein sinds. Ja wenn alle Julietten wären!—Wissen Sie was? Wenn Sie an mich schreiben, nennen Sie mich Ihren Romeo; thun Sie mir den Gefallen: ich versichere Sie, ich werd' in allen Stücken Romeo seyn, und wenn ich erst einen Degen trage. O ich kann mich auch erstechen, wenn's dazu kommt. （Lenz（1774 [1771]: 21–22））

フリッツ グストヒェン、きっと君は約束を守らないよ。君がハイデルブルンに行っても、手紙もくれないさ。それで、ぼくは悶死するのだ。

グストヒェン ねえ、あなたのジュリエットはそんなに移り気

だってお思いになって？あら、とんでもないわ、わたしは女。男の方こそ、移り気よ。

フリッツ　いや、グストヒェン、女こそ移り気さ。ほんとうに、女が皆ジュリエットならば！－そうだ、いい考えがあるよ、手紙を書くときは、ぼくを君のロミオと呼んでおくれ。頼むから。そしたら約束するよ、ぼくはすべての点でロミオになるって。そして、剣を帯びるようになったら、ああ、ぼくだって然るべきときは、自分を刺し殺してみせるさ。

(レンツ 2013: 20)

　話し手のフリッツ・フォン・ベルクは聞き手グストヒェン（少佐の娘）の従兄であるが、同時にこの2人は恋人同士でもある〔参加者構造〕。フリッツは大学進学のためグストヒェンのもとを去らなければならず、2人が別れを前に愛を誓い合うという場面である。ここで話し手フリッツは Wissen Sie was?「そうだ、いい考えがあるよ」とターンを取り〔やりとり構造〕、聞き手の注意を喚起したあと、「手紙を書くときは、ぼくを君のロミオと呼んでおくれ」という提案を行っている〔行為構造〕。

　さらにもうひとつ、オーストリアの劇作家ライムント（Ferdinand Raimund, 1790–1836）によるウィーン民衆劇と呼ばれる作品からの例（1823年）を見てみよう。

（6）ライムント『晴雨計職人 魔法の島に行く』（1823）

　　第2幕第18場

Quecksilber. [⋯] (Zu Zadi) Lieber Freund, wie soll ich Ihnen meinen Dank abstatten?　Wollen Sie mir nicht zweihundert Gulden leihen?

Zadi.　　　Zweihundert Prügel kannst Du haben.

Quecksilber. Ich weiß nicht, wie die Münzen bei Ihnen heißen.

Linda.　　　Ach, wir werden nicht verhungern. Weißt Du was? Ich verkauf' den Leuten solche Feigen [⋯], so bekommen wir Geld in Menge.

(Raimund (1837 [1823]: 73–74))

ドイツ語の談話標識 Weißt du was? ［英 You know what?］の通時的発達　　753

クヴェックジルバー	[⋯]（ツァーディーに向かって）ねえ、君、おれはあんたにどうお礼を言ったらいいか－つまりその、おれに二百グルデン、貸してくれないだろうか？
ツァーディー	ああ、いいとも！二百ムチウチをくれてやろう。
クヴェックジルバー	おカネの名前があんたの国じゃなんていうのか、おれは知らないんだけど。
リンダ	あら、わたしたち、飢え死になんかしないわよ。<u>いいこと？</u>　わたしはそのイチジクをひとに売るの。[⋯] そしたらいっぱいおカネが儲かるわ。　（ライムント（2000: 41））

　この場面で話し手となっているのは、魔法の島の支配者の娘に仕える侍女リンダ、聞き手はウィーンの晴雨計職人クヴェックジルバーであり、話し手リンダは聞き手に好意を抱いている〔参加者構造〕。無一文の職人クヴェックジルバーが森の住人ツァーディーに借金を申し込んでいるところに、リンダが Weißt Du was?「いいこと？」と聞き手のクヴェックジルバーの注意を喚起し、ターンを取って〔やりとり構造〕、その後「（魔法の）イチジクを売って金儲けをしよう」と提案している〔行為構造〕。後続の情報は、聞き手にとって重要な新情報である〔情報構造〕。

　グリム童話にも、後続の提案に対して注意喚起する機能の談話標識が確認される。

(7)　グリム童話「ヘンゼルとグレーテル」（1843）

Wie er sich nun Abends im Bett Gedanken machte, und sich vor Sorgen herumwälzte, seufzte er und sprach zu seiner Frau 'was soll aus uns werden? Wie können wir unsere armen Kinder ernähren, da wir für uns selbst nichts mehr haben?' ' Weißt du was, Mann', antwortete die Frau, 'wir wollen Morgen in aller Frühe die Kinder hinaus in den Wald führen, wo er am dicksten ist, da machen wir ihnen ein Feuer an, und geben jedem noch ein Stückchen Brot, dann gehen wir an unsere Arbeit, und lassen sie allein. Sie finden den Weg nicht wieder nach Haus, und wir sind sie los.' […]　　(Brüder Grimm 1843, Band 1: 91, 15. Hänsel und Grethel)

この先、どうやって生きのびたらいいのか。木こりは夜も眠れない。「どうすりゃいいんだ、もう手がねえや」寝返りを打ちながら、ため息まじりに、おかみさんにいった。「二人の子どもを、どうやってやしなうんだ。おれたちの食べる分さえ、こと欠いているのに」「ねえ、おまえさん、ものは相談だがさ」と、おかみさんがいった。「あすの朝早くに、子どもたちを森へつれていく。パン一切れを、ふんぱつしてやろうじゃないか。火をおこしてさ、それから、二人を置いてきぼりにするのさ。わたしたちは、さっさと仕事にいっちまう。子どもの足だもの、もどってこれるものか。やっかい払いができるってものじゃないか」

(グリム (1989: 83–84))

話し手と聞き手は夫婦である〔参加者の構造〕。貧困のために子どもたちを養育することができないと嘆く夫に、妻が「ねえ、おまえさん、ものは相談だがさ」と話のターンを取り〔やりとり構造〕、聞き手である夫の注意を喚起したのち、子どもたちを森に置き去りにしようと提案している〔行為構造〕。このような後続の提案に対して注意喚起する用法は、筆者が調査した限り、グリム童話の6作品に確認できた*6。

最後に挙げるのはスイスの作家ケラー (Gottfried Keller, 1819–1890) の長編小説『緑のハインリヒ』(1879) からの例である。

(8) ケラー『緑のハインリヒ』(1879)

„Ich bin augenblicklich ohne Meister und denke es zu bleiben, so lang es geht.“

„Es wird gewiß gehen, denn fleißig sind Sie ja von früh bis spät, das haben wir gesehen und oft zu einander gesagt! […] Haben Sie denn schon zu Nacht gegessen?“ „Noch nicht! Und Sie?“

„Auch noch nicht! Wissen Sie was, da ich allein bin, so könnten wir zusammen legen und miteinander essen, dann stellen wir auch ein Pärlein vor!“

Ich fand diesen Vorschlag sehr angenehm und klug und

ドイツ語の談話標識 Weißt du was? [英 You know what?] の通時的発達　　755

wurde von einem Wohlgefühl erwärmt, unversehens so gut untergebracht zu sein.　　　　　　　　　　　　(Keller (1879: 113))

「今のところ、親方はないんです、なしですむ間は、なしですませるつもりです。」

「きっとなしですむわ。あなたって、本当に朝から晩まで一所懸命に働くんですもの。それはあたしたちも見て知っているのよ、そしてよくそのうわさをしましたわ。[…] あなた、もう御夕食を召し上がって？」

「まだです。あなたは？」

「やっぱりまだよ。 ねえ、いいことがあるわ 、わたしはひとりぼっちなんだから、お金を出しあって一緒に御食事をいただきません？そうすればあたしたちも組になれますから。」

これは非常に賢明な申し出だった、私は思いがけなくいい相棒のできたうれしさに、心の暖まる思いがした。

　　　　　　　　　　　　　　　　　　　　(ケラー（1941: 95-96))

　話し手はフルダという名前の少女、聞き手は主人公ハインリヒで、顔見知りでお互いに好意を持っているものの、ことばを交わすのはこの場面が初めてである〔参加者構造〕。主人公はレストランで偶然、男女6人（恋人3組）、そしてこのフルダという少女と相席になる。話し手である少女は、まずハインリヒに夕食を済ませたかを尋ね、そのあと「ねえ、いいことがあるわ」とターンを保持して〔やりとり構造〕、一緒に食事をしようという提案を行っている〔行為構造〕。

　以上、ここまで見てきた（4）〜（8）は、後続の発言で「提案」という行為を行うことを話し手が聞き手に予告する用例であった*7。

3.3　辞書における記述

　実は、このような談話標識としての Weißt du was? の存在に、同時代の言語学者も気付いていなかったわけではない。18世紀末にアーデルング（Johann Christoph Adelung, 1732–1806）が辞書である Adelung（1786）のなかで、次のように説明している（高田

（2007: 74）を参照）。

> Weißt du was? もしくは Wissen Sie was? 新しいことまたは予
> 期せぬことを予告する一般的な言い回し。
>
> （Adelung（1786: 1581））

この「新しいことまたは予期せぬこと」という説明は、20 世紀
に入るまで、その後長く、ドイツ語辞書のなかで踏襲された。

> 一般の生活において、Weißt du was? もしくは Wissen Sie was?
> は、新しいこと、または予期せぬことを伝えたいときに用いら
> れる。　　　　　　　　　　　　　　（Campe（1811: 746））
>
> Weißt du was? もしくは Wissen Sie was? は、新しいこと、ま
> たは予期せぬことを予告するためにふつう用いられる。
>
> （Heyse（1849, vol. 3: 1964））
>
> 後続する何か予期せぬことに対する導入として。Weißt du
> was? Wissen Sie was?
>
> （Sanders（1876: 1637）; Sanders-Würfing（1912: 1637）も同じ）

Sanders（1876）と Sanders-Würfing（1912）において、「後続す
る」内容に新情報があるというテクスト構成上の説明が加わってい
るのは、辞書の記述史におけるひとつの進歩である。
　ただ、前節で挙げた戯曲や小説で見たような「後続の提案に対し
て注意喚起する」（段階 1b）という用法について、一言も触れられ
ていないのは不思議である。筆者が調べた限り、辞書記述において
Weißt du was? が「提案」という概念で捉えられたのはおそらくは、
Grimm（1960）が初めてである。

> 発言もしくは提案に対して注目することを要求する言い回し。
> Weiszt du または wiszt ihr was.　　　　　　（Grimm（1960: 96））

前節で最初に挙げた 1767 年のドラマ（(4) レッシング『ミン

ナ・フォン・バルンヘルム』) ではすでに、「提案」を導入する談話標識として Wissen Sie was? が使われていたにもかかわらず、その「後続の提案に対して注意喚起する」用法が辞書に記載されるまでに、実に 200 年近くタイムラグがあったということになる。ことばのニュアンスや変化に鋭敏な感覚をもっているはずの言語学者であっても、今日「談話標識」と呼ばれる言語現象にいち早く気づくのは難しく、したがって辞書に記述されるまでには多くの時間を要するのだろう。このグリムの辞書記述以降、現代ドイツ語の辞書では「提案」を導入する機能が書き表され、Paul (2002) では「話や提案を切り出す」(Paul (2002: 1147)) という説明が、そして Duden (2002) では「私は提案する」(Duden (2002: 4538)) という言い換えがなされている。

4. 現在進行中の新たな機能を求めて

4.1 映画からの用例採取

さて、ここまでは「命題的意味」から「段階 1a：後続の発言に対して注意喚起する機能（談話標識）」、「段階 1b：後続の提案に対して注意喚起する機能（談話標識）」への発展の経路を見てきた。冒頭に紹介した Traugott (1982) の「一方向仮説」が Weißt du was? にも有効だとすれば、「段階 2：話し手の態度に関わる表出的機能（談話標識）」という新たな用法はすでに誕生しているのであろうか。仮に Weißt du was? が話し手の態度に関わる機能をすでに獲得している、もしくは現在進行形で獲得中である場合、前節で述べたタイムラグのことを考えると、言語学者であれ、一般の人であれ、その用法にまだほとんど気づかれていないのかもしれない。

そのような現在まさに誕生しつつあるような談話標識の機能を観察しようと思ったとき、そもそもどのような資料にあたればよいであろうか。筆者は、「映画の場合、状況設定に関する基本的な情報を映像によって示すことができるので、戯曲と比べて台詞に無駄がなく、その意味で自然な会話により近いと言える」(Betten (1977: 361–362)) という発言に依拠して、現代の（1950 年以降の）ドイ

ツ映画21作品におけるドイツ語の台詞部分について調査し、談話標識としての Weißt du was? の用例を探してみた。そこで得た、談話標識としての Weißt du was? の用例は、30例であった。

4.2　段階2：　話し手の態度に関わる表出的機能（談話標識）

その30例を精査するなかで、話し手が Weißt du was? と言った後に、感情や心情、とくに苛立ちのような話し手の態度が表されていると判断することができる用例が6例あった*8。このように人間関係に関わる感情が表出されていると解釈できるものを、「段階2：話し手の態度に関わる表出的機能（談話標識）」と呼んでおく。この6例はすべて2001年以降の映画に確認されたものであるので、遅くとも20世紀末には誕生していた機能であると言えよう。以下、この6例すべてを示すことにする。

「マーサの幸せレシピ」（2001）というドイツ映画の中から、次の2つの例を比較していただきたい。1つめ（9）は「段階1b：後続の提案に対して注意喚起する機能（談話標識）」、2つめの例（10）が「段階2：話し手の態度に関わる表出的機能（談話標識）」の用例である。主人公のマーサはフランス料理店で働くシェフなのだが、ある日彼女の姉が娘のリナとマーサの家へ遊びに来る途中、事故に遭ってしまう。以下に示すのは、事故で1人生き残り入院している姪のリナをマーサが訪ねるシーンである（以下、左にドイツ語の台詞、右に筆者による日本語訳を示す）。

（9）「マーサの幸せレシピ」（2001）

映画開始後00:17:11〜00:18:08

Martha: Tut's noch doll weh? Willst du denn gar nichts essen?	マーサ：まだすごく痛む？何も食べたくないの？
Weißt du was?	いいこと？
Wenn du hier raus darfst... dann koche ich dir das beste Essen, das du jemals gegessen hast.	退院したら…あなたが食べたことないような世界一おいしい料理を、おばさんが作ってあげるわ。
Lina: Ist Mami tot?	リナ：ママは死んじゃったの？
Martha: Ja.	マーサ：ええ。

話し手は主人公のマーサ（叔母）、聞き手は姪のリナである。姪

ドイツ語の談話標識 Weißt du was?［英 You know what?］の通時的発達　　759

といっても、マーサはリナとほとんど会ったことがなく、子ども
の扱いにも慣れていない〔参加者構造〕。そのマーサは、母を亡く
して落ち込んでいるリナに Weißt du was?「いいこと？」と言って、
自分の後続発言に聞き手であるリナの注意を喚起し、ターンを保持
して〔やりとり構造〕、なんとか姪を元気づけようと、「退院したら、
世界一おいしい料理を作ってあげる」という提案をしている〔行為
構造〕。2つめの例は、一緒に生活をし始めたマーサと姪リナの口
論のシーンである。リナはマーサに心を開かず、学校も無断で早退
し、部屋に閉じこもってしまう。この（10）が「段階2：話し手の
態度に関わる表出的機能（談話標識）」の用例であると考えられる。

（10）「マーサの幸せレシピ」（2001）

　　　映画開始後 01:10:21〜01:10:50

Martha: Lina, lass mich rein.	マーサ：リナ、中に入れて。
Lina: Geh weg! Ich hasse dich!	リナ：あっち行って！大嫌い！
Martha: Es reicht jetzt, mach die Tür auf!	マーサ：さっさとここを開けなさい！
Lina: Lass mich in Ruhe! Du kannst mir gar nichts befehlen!	リナ：私のことはほっといて！偉そうに命令しないで！
Martha: Wenn du nicht sofort die Tür aufmachst, dann werde ich ...	マーサ：早く開けなさいと、こじ開けるわよ！
Lina: Du bist nicht meine Mutter und wirst es auch nie werden!	リナ：あんたは絶対、私のママになんてなれないんだから！
Martha: Weißt du was? Ich will gar nicht deine Mutter sein und ich hab auch nie darum gebeten! Verdammt nochmal!	マーサ：いい？ 私はあんたのママになるつもりなんかないし、そんなこと頼んだこともないわ！もうたくさん！

　マーサはリナの部屋のドアを叩きながら、鍵を開けるように言う
のだが、姪のリナは頑なな態度を崩さず、激しく抵抗する。すると
今度は、「あんたは絶対、私のママになんてなれないんだから！」
というリナのことばにマーサが怒り、Weißt du was?「いい？」と
言って、自分の後続発言に聞き手であるリナの注意を喚起し、ター
ンを取って〔やりとり構造〕、そのあと「私はあんたのママになる
つもりなんかないし、そんなこと頼んだこともないわ！」と強い口
調で反論している。談話標識 Weißt du was? が話し手の激しい感情

が表出されている場面で使用されていることがわかる。

次に「ウェイヴ」(2008)というドイツ映画の例を見てみよう。

(11)「ウェイヴ」(2008)　映画開始後 00:45:30〜00:45:35

Lisa:	Du bist so Scheiße, weißt du das?	リーザ：	あんた最低ね、自分でわかってる？
Karo:	Ich bin Scheiße, ja? Ich möcht dich mal sehen wenn ich mit deinem Freund über eure Beziehungsprobleme rede.	カロ　：	私が最低だって？ 私もあんたの彼氏に恋愛相談してもいいの？
Lisa:	[...] Weißt du was? Maja war heute sogar richtig gut. Viel besser als du. Aber dir geht's ja sowieso nicht um die Rolle.	リーザ：	(中略) いいこと？ 今日のマヤは演技が上手かった。あんたよりずっとね。でもあんたにとっては、どうせどうでもいいことよね。

ここに登場するのは、同じ高校に通う同級生の少女、リーザとカロである〔参加者構造〕。演劇部の稽古を無断で欠席したために、カロは主役を外され、マヤという少女が自分の代わりに主役を務めたということをリーザから聞かされる。しかも恋人のマルコが自分の知らないところで同級生のリーザに恋愛相談をしていたことを知って2人は口論になるのだが、逆にリーザはカロのことを傲慢だと責める。話し手のリーザは Weißt du was?「いいこと？」とターンを保持して〔やりとり構造〕、その後、代役を務めたマヤの方が本来の主役であるカロよりも演技がずっと上手だったと言い放っている。

次に挙げるのは、トルコ系移民の少年たちが主人公であるドイツ映画「チコ」(2008年)からの例である。カーリーとチベットは、麻薬組織と関わる大ボスのブラウニーを狙撃しようと企てるが、現場に友人のチコがいることに気付き、カーリーがチベットを止める。そこで2人は口論になる。カーリーとチベットは遊び仲間であり、友人同士である〔参加者構造〕。

(12)「チコ」(2008)　映画開始後 00:46:29〜00:46:39

Curly:	Sind wir Freunde oder was? He? Was ist los mit dir? Was ist los, he? Bist du blöd oder was? Alter, verpiss dich!	カーリー：	俺らが友達だって？ どうしたんだよ、おい？ おまえは馬鹿か？ とっとと失せろ！
Tibet:	Du bist genau so 'ne Muschi wie...die anderen alle hier.	チベット：	おまえは弱虫だ、ここにいる他の奴らみたいにな。
Curly:	Weißt du was? Du bist krank, Digger. Tibet, du bist krank!	カーリー：	いいか？ おまえはどうかしてるよ。チベット、おまえは頭がおかしくなっちまったんだ！

　カーリーは、Weißt du was? と言って、自分の後続発言に聞き手チベットの注意を喚起し、ターンを取って〔やりとり構造〕、「おまえはどうかしている」とチベットを責めている。二人が口論しているところにチコがやって来て、喧嘩を止めようとするのだが、激高したチベットは拳銃で威嚇射撃をする。すると不運にも弾が友人のカーリーに当たり、カーリーは病院に搬送される。

　次のシーン（13）は処置中のカーリーを病院の待合室で待つチコとチベットの会話である。チコとチベットは親友同士なのだが〔参加者構造〕、ここで話し手のチコは、意図的でなかったにせよ、友人のカーリーを傷つけたチベットに対して激しい苛立ちをぶつけている。

（13）「チコ」（2008）映画開始後 00:48:21〜00:48:34

| Chiko: | Weißt du was, Mann? Hau ab. Hau ab! | チコ： | おい、いいか？ おまえ。失せろ。失せろよ！ |
| Tibet: | Für mich ist der Scheiß nicht durch. | チベット： | 俺にとっちゃ、まだ終わってねえんだ。 |

　このような「段階2：話し手の態度に関わる表出的機能（談話標識）」の Weißt du was? は、次の口論のシーンでも用いられている。話し手のメリエムと聞き手のチコとは恋人関係であるが〔参加者構造〕、ここではメリエムがチコに対して怒りをぶつけたことをきっかけに、2人は激しい口論を始める。

（14）「チコ」（2008）映画開始後 01:10:12〜01:10:16

Meryem:	Weißt du was?	メリエム：	いい？ 私はあんたのことなん
	Ich scheiß auf dich und...		てどうだっていいのよ、あん
	deinen Fotzen-Freund!		たのクソみたいな友達のこと
			もね！
Chiko:	Was? Was denn, hä?	チコ：	何だと？おい、何だって？

　最後の例は、2013年の"Die Grossstadtklein"という映画からの例である。話し手と聞き手は、友人同士である〔参加者構造〕。聞き手のオーレは職業訓練を受けるため、大都市ベルリンへ行くことになるのだが、オーレが地元と離れることをよく思わない友人ロニーが、「いいか、オーレ？」と言って自らの後続発言に注意を喚起し、自分たちの友情もこれで終わりだと告げるシーンである。ここでも話し手の感情（苛立ち）が表現されている。

（15）"Grossstadtklein"（2013）映画開始後 00:06:32〜00:06:37

Ronny:	Weißt du was, Ole?	ロニー：	いいか、オーレ？
	Das ist ein...		俺たちの友情も終わりだな。
	Freundschaftsbruch!		
Ole:	Quatsch, das ist 'n	オーレ：	馬鹿な、インターンに行くだけ
	Praktikum.		だよ。
Marcel:	Wir können ja noch mal	マルセル：	オーレの両親といっぺん話して
	mit seinen Eltern reden.		みようか。
Ronny:	Halt die Klappe, Marcel!	ロニー：	マルセル、おまえは黙ってろ！
Marcel:	Wieso?	マルセル：	なんでだよ？
Ronny:	Halt die Klappe!	ロニー：	黙ってろってば！（オーレに）
	Was ist dir wichtiger?		おまえにとってどっちが大事な
	Ein Praktikum oder deine		んだよ、インターンか友達か？
	Freunde?		

　以上、本章では談話標識 Weißt du was? の現在進行中と想定できる「段階2：話し手の態度に関わる表出的機能（談話標識）」の例を見てきた。この「段階2」は、「段階1b：後続の提案に対して注意喚起する機能（談話標識）」とどう違うのかについて疑念が生じるかも知れない。しかし、Weißt du was? に後続する内容を見れば、両者の違いは明らかにある。つまり、筆者が「段階2」とした談話標識の後には、提案ではなく、聞き手に対する批判や罵りのことば

ドイツ語の談話標識 Weißt du was?［英 You know what?］の通時的発達　　763

が続くのであり、もはや「段階1b」のような中立的な提案ではない。これが、筆者が上に挙げた6例を「表出的」と判断する理由である。

5. 結び

以上、17世紀以降の説教集、18～20世紀の文学作品、20世紀後半以降の映画を言語資料として、談話標識 Weißt du was? の機能変化の経路を追ってきた。まず Schiffrin（1987）の談話モデルに従って、Weißt du was? の通時的変化をまとめると、次の表1のような試案を示すことができる。

表1　談話標識 Weißt du was? の通時的変化

	段階1a	段階1b	段階2
	17世紀末～	18世紀後半～	20世紀末～
行為構造	**注意喚起：** 聞き手の注意を喚起し、後続の発言への関心を高める。	注意喚起＋提案： 聞き手の注意を喚起し、後続の発言への関心を高めたうえで提案を行う。	注意喚起＋**話し手の態度を表出：** 聞き手の注意を喚起し、**話し手の感情**（苛立ちなど）を表出する。
参加者構造	話し手と聞き手が近い関係であるとは限らない。	話し手と聞き手が近い関係であることが前提とされることもある。	話し手と聞き手が近い関係であることが前提とされることが多い。
情報構造	後続の情報は、聞き手にとって重要な新情報である。		話し手と聞き手にとって既知の情報である場合もある。
観念（命題）構造	話し手が聞き手の知識を問う質問ではない。		
やりとり構造	話し手がターンを取る、もしくは保持する。		

「行為構造」から見ると、Weißt du was? は、後続発言への注意喚起（段階1a）、とりわけ提案の提示（段階1b）、話し手の態度表出（段階2）といった経路で変化してきた。しかし、「観念（命題）構造」と「やりとり構造」から見ると、談話標識としての Weißt du was? はずっと変化してはおらず、どの段階での用法でも、「あ

	17世紀	18世紀	19世紀	20世紀	21世紀
質問	**				
段階1a: 注意喚起		**************************************			
段階1b: 提案			****************************		
段階2: 表出					***

図2　談話標識 Weißt du was? に見られる行為構造の通時的変化

なたは知っているか？」と話し手が聞き手の知識を問う質問の意味ではなく、話し手はこの表現を使うことによってターンを取る（もしくは保持する）。「情報構造」から見ると、1a と 1b の機能では、後続の発話は聞き手にとって新情報であるが、2 の機能では、聞き手にとって必ずしも新しい情報ではないと考えることができる[9]。「参加者構造」については、時代が下るにしたがって、Weißt du was? は、話し手と聞き手が近い関係にあることが前提とされることが多くなってきているのではないかと、筆者は今のところ考えている[10]。

　行為構造に焦点を当てて、談話標識 Weißt du was? が通時的にたどってきた変化を表すと、次の図のようになる（福元（2006: 88）の表示法を参考にした）。

　このように、談話標識 Weißt du was? の場合、Traugott (1982) がマクロレベルで提示した《命題的＞テクスト的＞表出的》という文法化の発展の経路にまさに合致する。Weißt du was? は、聞き手に「あなたは、何が〜であるかを知っているか」と知識を問う疑問文であったのが、その意味内容が希薄となり、話し手が自らの後続発言に対して聞き手の注意を喚起したり、後続発言に提案があることを指し示す談話標識となっていった。そして現在では、この談話標識の機能は主観化しつつあり、話し相手（の発言）に対する苛立ちなどの「話し手の主観的な信念状態・態度を表すように」（Traugott (2010: 35)、日本語訳は澤田（2011: xxxii）による）なったわけである。Schiffrin (1987: 14–20) の概念を援用すれば、従来は「語りの」（narrative）のディスコースにおいて用いられていたのが、現代においてはさらに「議論の」（argument）ディスコースでも使用されるようになり、話し手の「苛立ちの表明」という行

為を導入する談話標識として機能を拡大させたと言うことができるだろう。

付記　本章は、科学研究費補助金（特別研究員奨励費）による研究課題「言語意識史から見た言語変化—17世紀から19世紀のドイツ語の文法形式を例として」（佐藤恵、課題番号14J10892）による研究成果の一部である。ここに記し、謝意を表する。

＊1　FraserやBrintonは、談話標識の代わりに「語用論的標識」（pragmatic marker）という呼称を用いている。用語の並立状態については、Jucker and Ziv (1998: 1–2) を参照。Jucker and Ziv (1998: 2) によれば、「談話標識」という呼称が一番普及しており、また適用範囲に関する制限が最も少ない。

＊2　小野寺 (2014) は（左方）周辺部の第三の機能として、談話標識の「これから行われる話者の行為（actionまたはact）を知らせる」機能を挙げている。左方周辺部 (LP) は、ドイツ語学では「前前域」（Vor-Vorfeld）と呼ばれることが多い。

＊3　wobeiに関して説明すると、認容の意味を表す関係節を作るwobeiが談話標識化することで、「あとになってから、先行する発言の妥当性が制限される、もしくは完全に撤回される」（Günthner 2000: 25）。実例を次に挙げる。A: … und der Restmüll. B: Gelber Sack. Das ist dann jeden zweiten Montag. A: Mhm. (B blättert im Kalender.) B: Wobei das ist seltener. Das ist nicht alle zwei Wochen.〔A：そしてその他のゴミは。B：黄色い専用袋に入れて、隔週で月曜日に。A：ええっと。（Bはカレンダーをめくる。）B：だけど、そんなのおかしい。隔週の月曜日じゃない。〕（Günthner（2000: 14）より。表記法を一部、一般的な正書法に変更した。）

＊4　ドイツ語の2人称代名詞には「あなた」という〈敬称のSie〉、「君」という〈親称のdu〉（複数形はihr「君たち」）があるので、Wissen Sie was?/ Wisst ihr was? という形もあるが、以下ではWeißt du was? で代表させて表記する。

＊5　「行為構造」、「やりとり構造」という訳語は小野寺 (2014) に従う：「Schiffrin (1987) の提案する談話モデルの「やりとり構造」（話順に関係した構造）と「行為構造」（行為に関係した構造）は、コミュニケーション（相互作用）に直接関係する。会話運営・管理をつかさどる部分と言っても良い。」（小野寺 2014: 21）

＊6　「ブレーメンの音楽隊」Die Bremer Stadtmusikanten (Grimm (1843, Band 1: 172))、「狐と馬」Der Fuchs und das Pferd (Grimm 1843, Band 2: 263)、「幸せハンス」Hans im Glück (Grimm 1843, Band 1: 497)、「なまけ者の糸つむぎ女」Der faule Spinnerin (Grimm 1843, Band 2: 241)、「小人の靴屋」Der Wichtelmänner (Grimm 1843, Band 1: 245)、「どろぼうの名人」Der Meisterdieb (Grimm 1843,

Band 2: 495)

＊7　本論文では説教集、また戯曲を含む文学作品のみを調査の対象としたので用例には含めていないが、ゲーテ（Johann Wolfgang von Goethe, 1749–1832）の手紙に談話標識とみられる用法が 2 例確認できた。そのうちの 1 例（友人 Friedrich Heinrich Jacobi 宛 の 手 紙） を 挙 げ る： Weist du was ! ich will ihn deinem Mädgen erziehen, einen hübschern und bessern Mann kriegt sie doch nicht, da ich doch einmal dein Schwiegersohn nicht werden kann. [⋯] Weimar d. 11. Sept. 1785. 「 そうだ ！ 私は彼を君のお嬢さんに引き合わせよう。結婚相手として彼ほど感じのよい好青年はいないよ。僕は君の義理の息子にはなれないんだからね。[⋯] ワイマールにて、1785 年 9 月 11 日」（日本語訳は筆者による。）

＊8　ドイツ連邦共和国マンハイムにある「ドイツ語研究所」（IDS）は、話しことばコーパス Datenbank für Gesprochenes Deutsch (DGD) を公開している。このコーパスから採取できた Weißt du was? の全用例（1955 年～2015 年までのデータ、25 例）には、話し手の態度を表すような例は確認できなかった。http://dgd.ids-mannheim.de/dgd/ pragdb.dgd_extern.welcome?v_session_id=8A6AD232EC843308B95F3042193D5EEE

＊9　談話標識 Weißt du was? は典型的には新情報を伝達するマーカーであるが、「段階 2」では聞き手にとって新情報であるのか既知の情報であるのか、区別しづらい用例もあった。

＊10　17 世紀以降の説教集は基本的に、説教者（司教や神父）が不特定多数の信者（読者）に向けて書いたモノローグである。したがって、話し手（書き手）と聞き手（読み手）の関係は近いとは限らない。18 世紀以降の戯曲や文学作品では、対話のテクストに Weißt du was? が出現している。話し手と聞き手は初対面であることもあるが、それと同時に夫婦や恋人同士、友人同士と近い関係にあるという設定も多く見られた。現代ドイツ映画では、筆者が調査した限り、談話標識 Weißt du was? が使用される場面においては、話し手と聞き手は親友や恋人、友人といった近い関係にあるという設定になっていた。現代ドイツ語においては談話標識 Weißt du was? が使用される場合には、話し手と聞き手が近い関係にあることが前提とされることが多いと言うことが許されよう。

参考文献

データ（本稿で引用した資料のみ）

Anonym. (1630) *Göttliches Wunderbuch.*

Anonym. (1699) *Iubilaevm Vindelico-Evcharisticum.* München.

Brüder Grimm. (1843) *Kinder und Hausmärchen.* Gesammelt durch die Brüder Grimm. Erster Band/Zweiter Band. Grosse Ausgabe. Fünfte, stark vermehrte und verbesserte Auflage. Göttingen: Dieterischen Buchhandlung. （グリム、ヤーコプ・グリム、ヴィルヘルム　池内紀訳（1989）『グリム童話（上）』筑摩書房．）

Deutsche Literatur von Frauen. (2001) (digitale bibliothek, vol. 45) Berlin:

Directmedia Publishing.

Deutsche Literatur von Lessing bis Kafka. (1997) (digitale bibliothek, vol. 1) Berlin: Directmedia Publishing.

Keller, Gottfried. (1879) *Der grüne Heinrich.* Neue Ausgabe in vier Bänden. Vierter Band. Stuttgart: Göschen'sche Verlagshandlung. (ケラー、ゴット フリート (1941)『緑のハインリヒ（四）』伊藤武雄訳 岩波書店.)

Lenz, Jakob Michael Reinhold. (1774) *Der Hofmeister oder Vortheile der Privatzierziehung, Eine Komödie.* Leipzig: Weygandsche Buchhandlung. (レ ンツ、J・M・R 佐藤研一訳 (2013)『家庭教師／軍人たち』鳥影社.)

Lessing, Gotthold Ephraim. (1770[1767]) *Minna von Barnhelm oder das Soldatenglück. Ein Lustspiel in fünf Aufzügen.* Zweyte Auflage. Berlin: Voß. (レッシング、ゴットホルト 有川貫太郎・浜川祥枝・南大路振一訳 (1972) 『レッシング名作集』白水社.)

Partinger, Franz. (1722) *Ehr- und Tugend-Cron Aller Heiligen, und Gerechten Gottes Freunden.* Augsburg & Grätz: Veith.

Projekt Gutenberg-DE. (2013) Edition 13. DVD-ROM: Klassische Literatur in deutscher Sprache.

Raimund, Ferdinand. (1837 [1823]) Der Barometermacher auf der Zauberinsel. In *Ferdinand Raimund's sämmtliche Werke.* Dritter Theil. Wien: Rohrmann und Schweigerd. (ライムント、フェルディナント ウィーン民衆劇研究会 編訳 (2000)『ライムント喜劇全集（下）』中央大学出版部.)

Bella Martha「マーサの幸せレシピ」(2001) [DVD] Regisseur: Sandra Nettelbeck, Pandora Film Produktion GmbH.

Die Welle「ウェイヴ」(2008) [DVD] Regisseur: Dennis Gansel, Constantin Film.

Chiko「チコ」(2008) Regisseur: Özgür Yildirim, Studio: ALIVE.

Die Grossstadtklein (2013) Regisseur: Tobias Wiemann, Studio: Warner Home Video.

辞書

Adelung, Johann Christoph. (1774/1775/1777/1780/1786) *Versuch eines voll-ständigen grammatisch-kritischen Wörterbuches Der Hochdeutschen Mundart, mit beständiger Vergleichung der übrigen Mundarten, besonders der Oberdeutschen.* 5 vols. Leipzig: Breitkopf.

Campe, Joachim Heinrich. (1807/1808/1809/1810/1811) *Wörterbuch der Deutschen Sprache.* 5 vols. Braunschweig: Schulbuchhandlung.

Duden. (2002) Das große Wörterbuch der deutschen Sprache in 10 Bänden. Mannheim: Duden.

Grimm, Jacob and Wilhelm Grimm. (eds.) (1960) *Deutsches Wörterbuch.* Vol. 27. Leipzig: Hirzel.

Heyse, K. W. L. (1833/1849/1849) *Handwörterbuch der deutschen Sprache.* 3 vols. Magdeburg: Heinrichshofen.

Paul, Hermann. (2002) *Deutsches Wörterbuch. Bedeutungsgeschichte und Aufbau unseres Wortschatzes.* 10., überarbeitete und erweiterte Auflage. Helmut Henne, Heidrun Kämper and Georg Objartel (eds.) Tübingen: Max

Niemeyer.

Sanders, Daniel. (1876) *Wörterbuch der Deutschen Sprache*. 3 vols. Leipzig: Otto Wigand.

Sanders, Daniel and Ernst Würfing. (1912) *Handwörterbuch der deutschen Sprache*. Leipzig&Wien: Bibliographisches Institut.

二次文献

Auer, Peter and Susanne Günthner. (2003) Die Entstehung von Diskursmarkern im Deutschen – ein Fall von Grammatikalisierung? http://kops.uni-konstanz.de/bitstream/handle/ 123456789/3832/Inlist38. pdf?sequence=1&isAllowed=y（2016.06.27閲覧）

Betten, Anne. (1977) Moderne deutsche Dramen- und Filmdialoge und ihr Verhältnis zum spontanen Gespräch. In Gaberell Drachman. (ed.) (1977) *Akten der 2. Salzburger Frühlingstagung für Linguistik*. Tübingen: Max Niemeyer, pp.357–371.

Brinton, Laurel J. (2008) *The Comment Clause in English: Syntactic Origins and Oragmatic Development*. Cambridge: Cambridge University Press.

Brinton, Laurel J. (2010) Discourse Markers. In Andeas H. Jucker and Irman Taavitsainen. (eds.) *Historical Pragmatics*. Berlin & New York: De Gruyter Mouton, pp.285–314.

Coulthard, Malcolm. (1985) *An Introduction to Discourse Analysis*. 2nd ed. London&New York: Longman.（クールタード、マルコム 吉村昭市・貫井孝典・鎌田修訳（1999）『談話分析を学ぶ人のために』世界思想社.）

Fraser, Bruce. (1996) Pragmatic Parkers. *Pragmatics* 6(2): pp.167–190.

Fraser, Bruce. (2009) An Account of Discourse Markers. In *International Review of Pragmatics* 1: pp.293–320.

福元広二（2006）「英語史における語用論標識の文法化」『語用論研究』8: pp.83–92. 日本語用論学会.

Günthner, Susanne. (2000) *"wobei* (.) es hat alles immer zwei Seiten." Zur Verwendung von wobei im gesprochenen Deutsch. (Interaction and Linguistic Structures, No. 18) http://www.inlist.uni-bayreuth.de/issues/18/inlist18.pdf.

Günthner, Susanne. (2004) Grammatikalisierungs-/Pragmatikalisierungserscheinungen im alltäglichen Sprachgebrauch. Vom Diskurs zum Standard? In Ludwig M. Eichinger and Werner Kallmeyer. (eds.) *Standardvariation. Wie viel Variation verträgt die deutsche Standardsprache?* IDS-Jahrbuch 2004. Berlin&New York: De Gruyter, pp.41–62.

Günthner, Susanne. (2016) Diskursmarker in der Interaktion – Formen und Funktionen univerbierter *guck mal-* und *weißt du-*Konstruktionen. (Interaktion Sprache Arbeitspapierreihe, Arbeitspapier Nr. 68) http://arbeitspapiere.sprache- interaktion.de/ arbeitspapiere/arbeitspapier68.pdf（2016.09.30閲覧）

Heine, Bernd. (2013) On Discourse Markers: Grammaticalization, Pragmaticalization, or Something else? In *Linguistics* 51 (6): pp.1205–

1247.

Henne, Helmut. (1980) Probleme einer historischen Gesprächsanalyse. Zur Rekonstruktion gesprochener Sprache im 18. Jahrhundert. In Horst Sitta (ed.) *Ansätze zu einer pragmatischen Sprachgeschichte. Zürcher Kolloquium 1978.* Tübingen: Max Niemeyer, pp.89–102.

Imo, Wolfgang. (2007) *Construction Grammar und Gesprochene-Sprache-Forschung. Konstruktionen mit zehn matrixsatzfähigen Verben im gesprochenen Deutsch.* Tübingen: Max Niemeyer.

Imo, Wolfgang. (2016) Diskursmarker: grammatischer Status – Funktionen in monologischen und dialogischen Kontexten – historische Kontinuität. (Interaktion Sprache Arbeitspapierreihe, Arbeitspapier Nr. 65) http://arbeitspapiere.sprache-interaktion.de/arbeitspapiere/arbeitspapier65.pdf (2016.09.30 閲覧)

Jucker, Andreas H. and Yael Ziv. (eds.) (1998) *Discourse Markers: Description and Theory.* Amsterdam&Philadelphia: John Benjamins.

Nübling, Damaris. (2013) *Historische Sprachwissenschaft des Deutschen. Eine Einfühung in die Prinzipien des Sprachwandels.* 4., komplett überarbeitete und erweiterte Auflage. Tübingen: Gunter Narr.

小野寺典子（2014）「談話標識の文法化をめぐる議論と『周辺部』という考え方」金水敏・高田博行・椎名美智編『歴史語用論の世界』pp.3–27. ひつじ書房.

Onodera, Noriko. (2011) The Grammaticalization of Discourse Markers. In Narrog, Heiko and Bernd Heine (eds.) *The Oxford Handbook of Grammaticalization.* Oxford: Oxford University Press.

Onodera, Noriko. (2014) Setting Up a Mental Space: A Funktion of Discourse Markers at the Left Periphery (LP) and Some Observations about LP and RP in Japanese. In Kate Beeching and Ulrich Detges (eds.) *Discourse Functions at the left and right Periphery,* pp.92–116. Leiden: Brill.

澤田治美 (2011)『ひつじ意味論講座　第5巻　主観性と主体性』ひつじ書房.

Schiffrin, Deborah. (1987) *Discourse Markers.* Cambridge: Cambridge University Press.

高田博行 (2007)「歴史語用論の可能性―甦るかつての言語的日常」『月刊言語』36 (12)：pp.68–75. 大修館書店.

高田博行・椎名美智・小野寺典子編著 (2011)『歴史語用論入門―過去のコミュニケーションを復元する』大修館書店.

Traugott, Elizabeth Closs. (1982) From Propositional to Textual and Expressive Meanings: Some Semantic-pragmatic Aspects of Grammaticalization. In Winfried P. Lehmann and Jakov Malkiel (eds.) *Perspectives on Historical Linguistics,* pp.245–273. Amsterdam & Philadelphia: John Benjamins.

Traugott, Elizabeth Closs. (1995) The Role of Discourse Markers in a Theory of Grammaticalization. Paper Presented at the 12th International Conference on Historical Linguistics. Manchester: August.

Traugott, Elizabeth Closs. (2003) From Subjectification to Intersubjectification.

In Hicky, Raymond (ed.) *Motives for Language Change*. Cambridge: Cambridge University Press, pp.124–139.

Traugott, Elizabeth Closs. (2010) (Inter) subjectivity and (Inter) subjectification: A Reassesment. In Kristin Davidse, Lieven Vandelanotte, and Hubert Cuyckens (eds.) *Subjectification, Intersubjectification and Grammaticalization*. Berlin & New York: Mouton de Gruyter, pp.29–71.

Traugott, Elizabeth and Richard B. Dascher. (2002) *Regularity in Semantic Change*. Cambridge: Cambridge University Press.

あとがき

　言葉の研究は、周知のように、伝統的には文法を中心とする研究が主流をなしている。この文法中心の研究の背後には、文法は形式と意味の関係からなる自律的な記号系であり、この記号系の分析に際しては、言葉の使用に関わる主体、言葉の伝達に際しての場面、状況、等の要因は捨象して分析を進めることが可能である、という暗黙の前提が存在する。

　しかし、近年の言語学と言葉に関わる関連分野の研究動向をみた場合、この種の自律的な記号系を前提とする文法観は、根源から問い直されてきている。特に、語用論、機能言語学、認知言語学、認知類型論、会話分析などを中心とする近年の言語研究では、形態、文法、プロソディー、等の言葉の形式面に関する研究だけでなく、語彙レベル、文レベルの概念体系（ないしは意味体系）に関する研究も、言葉の伝達における場面、状況に関わる要因や、（発話意図、モダリティ、事態把握に関わる視点、意味づけ、等に関わる）言語主体の主観性の問題を考慮しない限り、言語現象に関する有意味な記述と説明が不可能であるという問題意識を背景に、地道な研究が進められている。

　本書は、このような近年の言語研究の問題意識を背景として編集された論文集である。私も、この論文集の編者の一人（および執筆者の一人）としてご縁をいただいたが、本書を中心になって企画された澤田治美氏は、関西外国語大学の私の同僚であるだけでなく、日本語用論学会で、その設立以来、20年以上に渡ってお付き合いしてきた学問的戦友でもある。

　私達がこの学会を設立した際の動機は、まさに上に述べた従来の言語研究の根源的な問い直しにあったと言える。語用論のパラダイムは、言葉の伝達における場面、状況に関わる要因や、言語主体の

773

主観性の問題を考慮しない限り、言語現象に関する実質的な記述・説明は不可能であるという視点から研究を進めていくプログラムである。

この問題意識は、まさに本書のタイトル（『場面と主体性・主観性』）に反映されている。これまでの言語研究においても、言葉の背後に存在する話し手、聞き手、場面、状況、等を考慮した地道な研究はいくつか存在する。本書も、このような問題意識のもとに編集された一冊であるが、本書の独自性は、特に、学際的にクロスオーバーする言語研究の隣接分野の論考が収録されている点にある。本書では、現代日本語学、歴史日本語学、中国語学、ドイツ語学、スペイン語学、スウェーデン語学、言語類型論、比較対照言語学、認知言語学、語用論、談話・テクスト分析、言語哲学、等の多岐に渡る論考が収録されている。このように多岐に渡る、学際的な研究のスコープを背景として企画された論文集は、これまでの言語研究の文献においても稀であると言える。

現在の言語学の研究には、一方では、言葉の主観性、言葉の運用面に関わる要因を捨象した形式的統語論のアプローチを前提とする文法研究（特に、統語論の自律性を前提とする生成文法の研究）も存在する。確かに、言葉の研究に関するアプローチは多様であり、ある意味で自律的に制度化された言語研究のアプローチも存在する現実は理解できる。しかし、文法の自律性を前提とする形式文法の研究は、言葉の形式、意味、運用という言語現象の包括的で、健全な言語研究の視点からみた場合、袋小路に入り込んでいるのが現状である。

言語研究がより健全な言葉の科学として進展していくためには、どのような方向を目指すべきか（あるいは、どのように研究を健全な方向に推進していくべきか）が厳しく問われるべき時期に来ている。この意味で、本書は、今後の言語学の研究と言葉の関連分野の研究を進めていく上で、きわめて重要な指針を与えてくれる論文集であると言える。

山梨正明

執筆者一覧

編者

澤田治美（さわだ はるみ）

関西外国語大学・教授

主な著書・論文：『視点と主観性―日英語助動詞の分析』（ひつじ書房、1993）、『モダリティ』（開拓社、2006）

仁田義雄（にった よしお）

大阪大学・名誉教授

主な著書・論文：『日本語のモダリティと人称』（ひつじ書房、1991）、『副詞的表現の諸相』（くろしお出版、2002）

山梨正明（やまなし まさあき）

関西外国語大学・教授

主な著書・論文：『修辞的表現論―認知と言葉の技巧』（開拓社、2015）、『自然論理と日常言語―ことばと論理の統合的研究』（ひつじ書房、2016）

執筆者（五十音順）

阿部宏（あべ ひろし）

東北大学・教授

主な著書・論文：『言葉に心の声を聞く―印欧語・ソシュール・主観性』（東北大学出版会、2015）、「作中世界からの声―疑似発話行為と自由間接話法」（平塚徹編『自由間接話法とは何か―文学と言語学のクロスロード』、ひつじ書房、2017）

飯田隆（いいだ たかし）

慶應義塾大学・名誉教授

主な著書・論文：『言語哲学大全 I–IV』（勁草書房、1987–2002）、『規則と意味のパラドックス』（ちくま学芸文庫、2016）

井上優（いのうえ まさる）

麗澤大学・教授

主な著書・論文：「日本語と中国語の真偽疑問文」（共著、『国語学』184、1996）、『相席で黙っていられるか―日中言語行動比較論』（岩波書店、2013）

今仁生美（いまに いくみ）

名古屋学院大学・教授

主な著書・論文：『意味と文脈』（共著、岩波書店、2000）、「否定と意味論」（加藤泰彦・吉村あき子・今仁生美編『否定と言語理論』、開拓社、2010）

岡本芳和（おかもと よしかず）

金沢星稜大学・教授

主な著書・論文：『話法とモダリティ―報告者の捉え方を中心に』（リーベル出版、2005）、「疑問文における日英語法副詞のはたらき」（中村芳久教授退職記念論文集刊行会編『ことばのパースペクティヴ』、開拓社、2018）

加藤重広（かとう しげひろ）

北海道大学・教授

主な著書・論文：『日本語修飾構造の語用論的研究』（ひつじ書房、2003）、『日本語統語特性論』（北海道大学出版会、2013）

久保進（くぼ すすむ）

松山大学・名誉教授

主な著書・論文：*Essays in Speech Act Theory* (co-eds. with Daniel Vanderveken, John Benjamins, 2001)、『言語行為と調整理論』（ひつじ書房、2014）

佐藤恵（さとう めぐみ）

獨協大学・専任講師

主な著書・論文：»Wegen dem Clavier«. Die Beethovens und der Rektionswandel der Präpositionen *wegen, statt* und *während* im Zeitraum 1520–1870. (In *Muttersprache. Vierteljahresschrift für deutsche Sprache* 125，2015)，「ドイツ語の前置詞wegenの歴史的変遷―文法化と規範化」（高田博行・小野寺典子・青木博史編『歴史語用論の方法』、ひつじ書房、2018）

澤田治（さわだ おさむ）

三重大学・准教授

主な著書・論文：An utterance situation-based comparison (*Linguistics and Philosophy* 37，2014)，*Pragmatic Aspects of Scalar Modifiers: The Semantics-Pragmatics Interface* (Oxford University Press, 2018)

澤田淳（さわだ じゅん）

青山学院大学・准教授

主な著書・論文：「日本語の授与動詞構文の構文パターンの類型化―他言語との比較対照と合わせて」（『言語研究』145、2014）、「ダイクシスからみた日本語の歴史―直示述語、敬語、指示詞を中心に」（加藤重広編『日本語語用論フォーラム１』、ひつじ書房、2015）

杉村泰（すぎむら やすし）

名古屋大学・教授

主な著書・論文：『現代日本語における蓋然性を表すモダリティ副詞の研究』（ひつじ書房、2009）、「副詞とモダリティ」（澤田治美編『ひつじ意味論講座第４巻　モダリティⅡ：事例研究』、ひつじ書房、2012）

高見健一（たかみ けんいち）

　　学習院大学・教授

　　主な著書・論文：*Functional Constraints in Grammar: On the Unergative-unaccusative Distinction* (共　著、John Benjamins, 2004)、『日本語構文の意味と機能を探る』（共著、くろしお出版、2014）

高山善行（たかやま よしゆき）

　　福井大学・教授

　　主な著書・論文：『日本語モダリティの史的研究』（ひつじ書房、2002）、『文法史』（シリーズ日本語史3、共著、岩波書店、2011）

長友俊一郎（ながとも しゅんいちろう）

　　関西外国語大学・准教授

　　主な著書・論文：『束縛的モダリティと英語法助動詞』（リーベル出版、2009）、「英語モダリティと動機づけ」（澤田治美編『ひつじ意味論講座第4巻モダリティII：事例研究』、ひつじ書房、2012）

野田尚史（のだ ひさし）

　　国立国語研究所・教授

　　主な著書・論文：『「は」と「が」』（新日本語文法選書1、くろしお出版、1996）、『日本語のとりたて—現代語と歴史的変化・地理的変異』（共編、くろしお出版、2003）

林宅男（はやし たくお）

　　桃山学院大学・教授

　　主な著書・論文：『プラグマティックスの展開』（共著、勁草書房、2002）、『談話分析のアプローチ—理論と実践』（編著、研究社、2008）

半藤英明（はんどう ひであき）

　　熊本県立大学・教授

　　主な著書・論文：『日本語助詞の文法』（新典社、2006）、『日本語基幹構文の研究』（新典社、2018）

藤井聖子（ふじい せいこ）

東京大学・教授

主な著書・論文：A corpus-based analysis of adverbial uses of the quotative TO construction: Speech and thought representation without speech or thought predicates (*Japanese/Korean Linguistics* 22, 2014), Conditionals (*The Cambridge Handbook of Japanese Linguistics*, 2018)

堀江薫（ほりえ かおる）

名古屋大学・教授

主な著書・論文：『言語のタイポロジー——認知類型論のアプローチ』（共著、研究社、2009）、Subordination and insubordination in Japanese from a crosslinguistic perspective (*Handbook of Japanese Contrastive Linguistics*, Walter de Gruyter, 2018）

益岡隆志（ますおか たかし）

関西外国語大学・教授

主な著書・論文：『命題の文法—日本語文法序説』（くろしお出版、1987）、『日本語構文意味論』（くろしお出版、2013）

宮崎和人（みやざき かずひと）

岡山大学・教授

主な著書・論文：「認識的モダリティの意味と談話的機能」（澤田治美編『ひつじ意味論講座第4巻　モダリティⅡ：事例研究』、ひつじ書房、2012）、「分析的な表現手段の存在意義—可能性の形式をめぐって」（藤田保幸・山崎誠編『形式語研究の現在』、和泉書院、2018）

宮下博幸（みやした ひろゆき）

関西学院大学・教授

主な著書・論文：「ドイツ語におけるムードとモダリ
ティ」（澤田治美編『ひつじ意味論講座第 3 巻 モダ
リティⅠ：理論と方法』、ひつじ書房、2014）、
Evidentialität im Japanischen: eine kontrastiv-
sprachtypologische Charakterisierung (*Linguistische
Berichte*, Sonderheft 20, 2015)

森山卓郎（もりやま たくろう）

早稲田大学・教授

主な著書・論文：『日本語動詞述語文の研究』（明治
書院、1988）、『モダリティ』（共著、岩波書店、
2000）

和佐敦子（わさ あつこ）

関西外国語大学・教授

主な著書・論文：『スペイン語と日本語のモダリティ
―叙法とモダリティの接点』（くろしお出版、2005）、
「スペイン語接続法と事態認知」（山梨正明他編『認
知言語学論考　No.13』、ひつじ書房、2016）

Karin Aijmer

Professor emerita, University of Gothenburg

主な著書・論文：*Conversational routines in English:
Convention and Creativity* (Longman, 1996), *English
Discourse Particles: Evidence from a Corpus* (John
Benjamins, 2002)

Lars Larm

University lecturer, University of Gothenburg

主な著書・論文：West meets East: a Kindaichian approach to subjective modality (In Pizziconi, B & Kizu, M. (eds), *Japanese Modality: Exploring its Scope and Interpretation*, Palgrave Macmillan, 2009), Modality packaging in Japanese: the encoding of modal meanings and subjectivity (*Studies in Pragmatics* 16, 2014)

Candida de Sousa Melo

Professor, Federal University of Paraiba

主な著書・論文：Possible directions of fit between mind, language and the world (In Daniel Vanderveken and Susumu Kubo (eds), *Essays in Speech Acts Theory*, John Benjamins, 2001), Intentionality and meaning in natural languages (*The Journal of Intercultural Studies* 39 , 2014)

Daniel Vanderveken

Retired Professor from Université du Québec à Trois-Rivières

主な著書：*Meaning and Speech Acts*, Vol. 1 (Cambridge University Press, 1990), *Meaning and Speech Acts*, Vol. 2,(Cambridge University Press, 1991)

ひつじ研究叢書〈言語編〉第148巻

場面と主体性・主観性

Situation and Subjectivity
Edited by Sawada Harumi, Nitta Yoshio, and Yamanashi Masa-aki

発行	2019年4月26日　初版1刷
定価	15000円＋税
編者	©澤田治美・仁田義雄・山梨正明
発行者	松本功
ブックデザイン	白井敬尚形成事務所
組版所	株式会社 ディ・トランスポート
印刷・製本所	株式会社 シナノ
発行所	株式会社 ひつじ書房
	〒112-0011　東京都文京区千石2-1-2　大和ビル2階
	Tel: 03-5319-4916　Fax: 03-5319-4917
	郵便振替00120-8-142852
	toiawase@hituzi.co.jp　http://www.hituzi.co.jp/

ISBN978-4-89476-844-4

造本には充分注意しておりますが、落丁・乱丁などがございましたら、
小社かお買上げ書店にておとりかえいたします。
ご意見、ご感想など、小社までお寄せ下されば幸いです。